I0815722

QUILTS

COLCHAS, PRENDAS Y ACCESORIOS DE PATCHWORK ACOLCHADO

QUILTS

COLCHAS, PRENDAS Y ACCESORIOS DE PATCHWORK ACOLCHADO

GUÍA COMPLETA PASO A PASO

Christina West
Kacey Crutchfield

CONTENIDO

Introducción

¡Bienvenidos a *Quilts*! Hacer quilts nos ha aportado mucha felicidad además de un objetivo: ha sido esa de vía de escape creativa tan necesaria en los buenos y los malos momentos, nos ha ayudado a descubrir una comunidad (y recíprocamente) y nos ha enseñado lecciones cruciales sobre nosotras mismas, a ser más pacientes y no estresarnos en busca de la perfección. Nuestros más de veinte años de experiencia en la costura y el acolchado, incluidos el diseño y la edición de patrones de quilts, y en la enseñanza nos han dotado de conocimientos que estamos encantadas de compartir en estas páginas.

Este libro te guiará a través de todo el proceso de elaboración de un quilt, desde la elección y el corte de las telas hasta el montaje de las unidades y, finalmente, el ensamblaje, el acolchado y el ribeteado del quilt. Ya se trate de confeccionar un primer quilt como de perfeccionar métodos de acolchado, las técnicas que se explican aquí son válidas para todos. Ten en cuenta que hacer un quilt es un viaje sin límites: puedes aprender lo básico rápidamente y luego, con la práctica, llegar más lejos de lo que creías posible.

Queremos insistir en que no hay una forma *correcta* de acolchar: solo existe la que mejor funcione para ti. En último término, lo que importa es haber hecho un quilt y haber disfrutado haciéndolo. Este libro te muestra cómo lograrlo con instrucciones y fotografías paso a paso, esperando que adquieras la seguridad suficiente para crear los quilts más bellos diseñados por ti.

Christina West
Kacey Crutchfield

Edredón arcoíris (arriba, izda.) p. 250
Conexiones en fuga (arriba, dcha.) p. 212
Prisma estelar (abajo, izda.) p. 204
Jardín florido (abajo, dcha.) p. 220

¿Qué es un quilt?

Un quilt consta de tres capas de tejido unidas por costuras. La acción de unir las capas con costuras se denomina acolchado, pero también recibe este nombre el proceso completo de cortar las telas, montar los retales, superponer y sujetar las capas, acolchar y ribetear el quilt.

El arte de elaborar quilts ha servido tanto para fines prácticos como creativos en respuesta a la necesidad de abrigarse de las personas, con estilos y técnicas que han ido cambiando con el avance de la tecnología. Durante siglos, los quilts se confeccionaron montando retales y acolchando a mano, hasta que, a mediados del siglo XIX, la máquina de coser contribuyó a popularizar y finalmente convertir una actividad artesanal en una industria multimillonaria. Hoy disponemos de infinidad de tejidos y herramientas y de máquinas avanzadas para elaborar quilts. Aun así persiste la tradición de añadirles etiquetas con la fecha y el nombre del creador (p. 183).

El acolchado siempre ha sido una tradición comunitaria. Las primeras reuniones para elaborar colchas a mano en un espacio seguro, donde las personas (mayoritariamente mujeres) pudieran compartir habilidades e historias, evolucionaron a través de culturas y generaciones hasta convertirse en gremios de *quilters* y comunidades en línea, donde las personas siguen reuniéndose para colaborar, inspirarse y apoyarse mutuamente.

Los quilts han desempeñado múltiples funciones a lo largo del tiempo, según la intención con que se crearan: proporcionar abrigo, satisfacer una necesidad creativa, servir de medio de protesta y reivindicación, o transmitirse como una reliquia a las futuras generaciones.

Los quilts funcionales, confeccionados con fines prácticos, para proporcionar calor y confort, suelen usarse como cubrecamas o mantas. Aunque la funcionalidad prima sobre la expresión artística, la creatividad encuentra su espacio en la elección de telas y diseños. En fechas más recientes, la tradición del acolchado ha llegado a las prendas de vestir, dando nueva vida a los antiguos quilts como piezas de moda o ropa funcional.

Los quilts artísticos, destinados únicamente a ser obras de arte, suelen combinar técnicas tradicionales y modernas, en ocasiones incorporando materiales y métodos alejados de la tradición, como el montaje libre o improvisado, para crear diseños abstractos o realistas y detallados, y pueden exhibirse como tapices o en galerías de arte.

Los quilts activistas, creados para concienciar sobre temas sociales o políticos, o expresar creencias personales, pueden incorporar símbolos, texto, imágenes o materiales personales reciclados para transmitir eficazmente su mensaje. Pueden exhibirse en espacios privados o públicos, usarse para la reivindicación o la protesta, o exponerse en galerías para generar diálogo e incitar a la reflexión.

Los quilts tradicionales son apreciados por su valor sentimental o histórico, como los destinados a ser transmitidos en herencia de generación en generación. Incluyen los quilts de la amistad, los de recuerdo y los que se regalan en ocasiones importantes como bodas y nacimientos, y pueden usarse, exhibirse o guardarse cuidadosamente para su preservación.

Cómo usar este libro

Comienza tu camino o avanza hacia la confección de tu quilt adquiriendo los conocimientos básicos y aprendiendo más de 200 técnicas de montaje y acabado. En el apéndice de este libro hallarás la información de referencia a la que siempre puedes acudir en busca de ayuda.

TÉCNICAS

PRIMEROS PASOS (PP. 48–81)

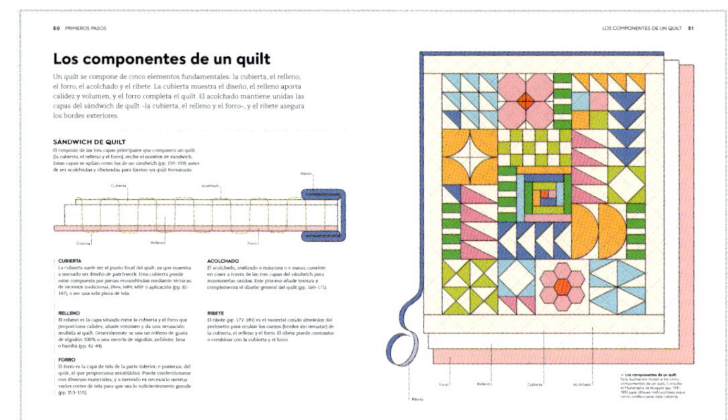

Los componentes de un quilt

SÁNDWICH DE QUILT

CUBIERTA

ACOLCHADO

RELLENO

RIBETE

FORRO

Aprende los fundamentos para prepararte para el montaje, como calcular la tela necesaria para un quilt perfecto, elegir y preparar las telas, cortar con precisión y establecer un margen de costura adecuado.

MONTAJE TRADICIONAL (PP. 82–107)

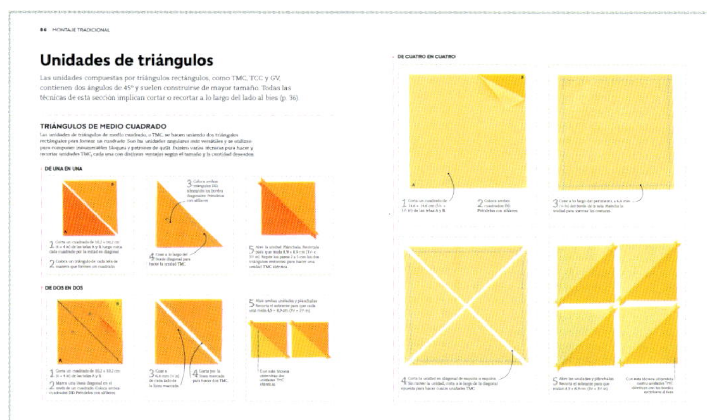

Unidades de triángulos

TRIÁNGULOS DE MEDIO CUADRADO

Sigue las instrucciones paso a paso para confeccionar 15 unidades de patchwork comunes mediante más de 40 técnicas de montaje y acabado que pueden utilizarse para elaborar cualquier cubierta de quilt.

TÉCNICAS DE MONTAJE LIBRE Y OTRAS (PP. 108–147)

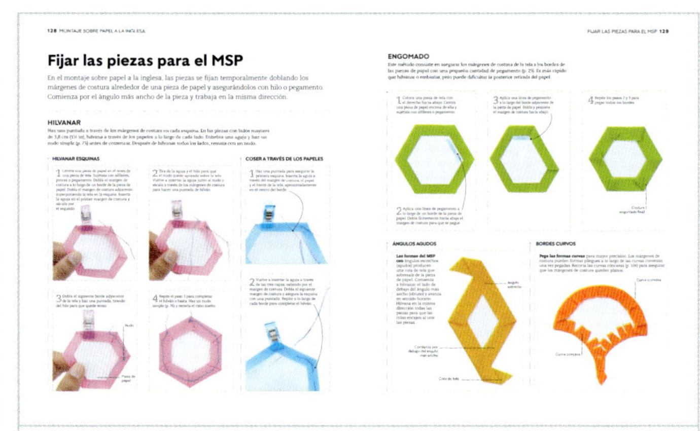

Fijar las piezas para el MSP

HILVANAR

ENGOMADO

Estas cinco secciones explican técnicas de montaje alternativas, como el montaje libre, el montaje sobre una base de papel, el montaje a mano, el montaje sobre papel a la inglesa y la aplicación, que pueden combinarse para completar una cubierta de quilt.

ACABADO (PP. 148–185)

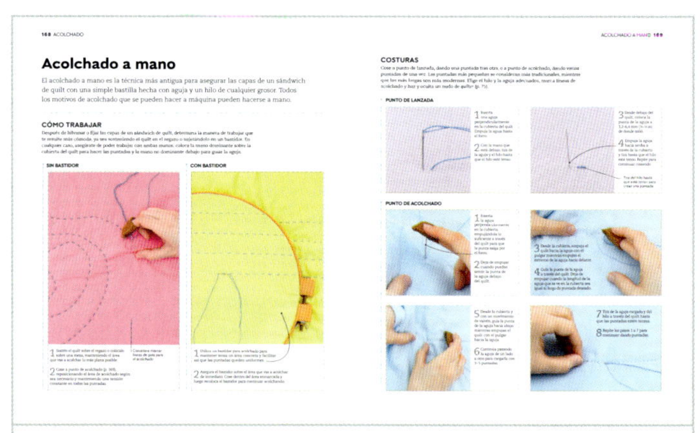

Acolchado a mano

CÓMO TRABAJAR

COSTURAS

Aprende a preparar, ensamblar y fijar las capas de un sándwich de quilt, así como las técnicas para ribetear y acolchar a máquina o a mano, y cómo cuidar tus quilts una vez terminados.

PATRONES (PP. 186–263)

Los patrones completamente ilustrados comprenden las instrucciones de corte y montaje paso a paso para confeccionar nueve quilts modernos y una serie de mini quilts con cuatro opciones de acabado. En la primera página de cada patrón encontrarás la lista detallada de los materiales y telas necesarios, así como un diagrama de referencia de colores y consejos para elegir las telas.

PLANTILLAS Y RECURSOS EN LÍNEA

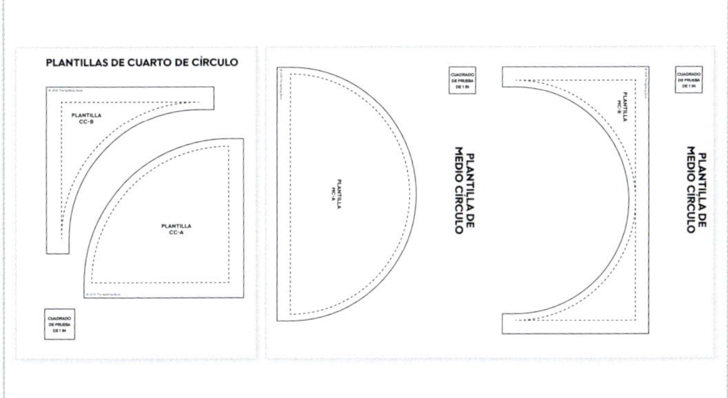

Algunas técnicas y patrones requieren plantillas impresas. Descarga las plantillas necesarias, así como etiquetas y páginas para colorear para cada patrón de quilt en PDF desde **qr.dk.com/quilts** e imprímelas a escala 100 %.

También puedes usar este código QR para acceder a las plantillas en línea.

OTRAS SECCIONES ÚTILES

EQUIPO Y MATERIALES (PP. 12–45)

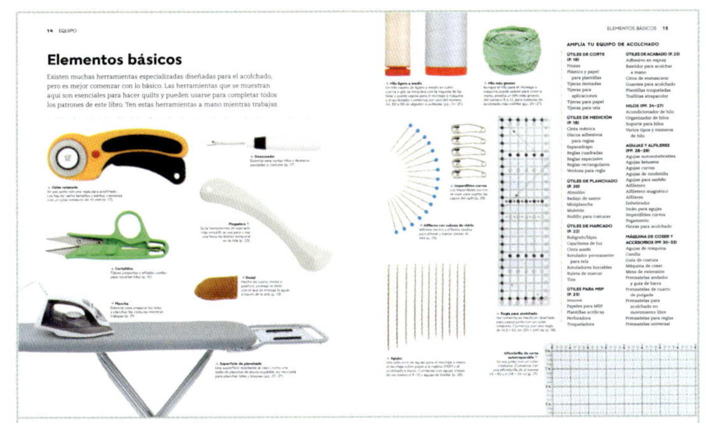

Estas dos secciones contienen información sobre las herramientas y los materiales esenciales para poner en práctica cualquiera de las técnicas que se enseñan en este libro. Desde los útiles de corte y medición hasta telas, hilos y rellenos, cada elemento se describe para ayudarte a elegir lo necesario para cualquier patrón.

MUESTRARIO DE BLOQUES Y APÉNDICE (PP. 264–295)

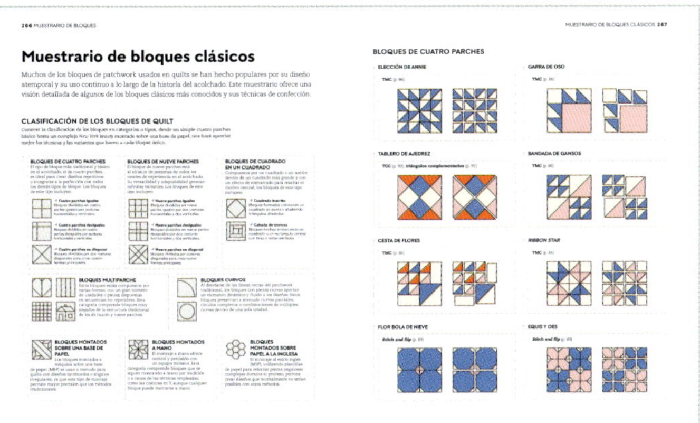

Estas secciones presentan 85 diseños de bloques de quilt clásicos y 18 tablas con las medidas necesarias, en el sistema métrico y el anglosajón, para confeccionar las unidades comunes de la sección de Montaje tradicional, así como un glosario para la consulta rápida del vocabulario específico del acolchado utilizado a lo largo del libro.

EQUIPO

Elementos básicos

Existen muchas herramientas especializadas diseñadas para el acolchado, pero es mejor comenzar con lo básico. Las herramientas que se muestran aquí son esenciales para hacer quilts y pueden usarse para completar todos los patrones de este libro. Ten estas herramientas a mano mientras trabajas.

▲ **Cúter rotatorio**
Se usa junto con una regla para acolchado. Los hay de varios tamaños y estilos; comienza con un cúter rotatorio de 45 mm (p. 17).

▲ **Descosedor**
Esencial para cortar hilos y deshacer puntadas o costuras (p. 17).

Plegadera ▶
Es la herramienta de marcado más versátil; se usa para crear una línea de doblez temporal en la tela (p. 22).

▲ **Cortahílos**
Tijeras pequeñas y afiladas usadas para recortar hilos (p. 16).

◀ **Dedal**
Hecho de cuero, metal o plástico, protege el dedo con el que se empuja la aguja a través de la tela (p. 29).

◀ **Plancha**
Esencial para preparar las telas y planchar las costuras mientras trabajas (p. 21).

▲ **Superficie de planchado**
Una superficie resistente al calor, como una tabla de planchar de altura regulable, es necesaria para planchar telas y bloques (pp. 20–21).

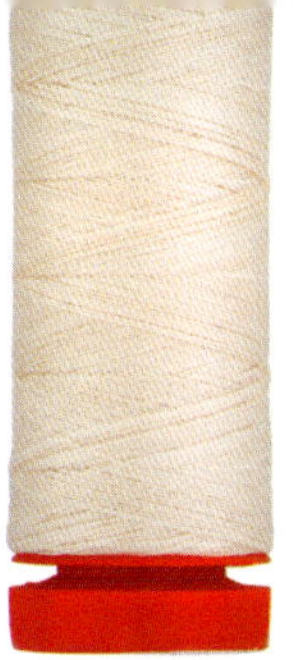

▲ **Hilo ligero a medio**
Un hilo neutro de ligero a medio en color crema o gris se mezclará con la mayoría de las telas y puede usarse para el montaje a máquina y el acolchado. Comienza con uno del número 40, 50 o 60 de algodón o poliéster (pp. 24–27).

▲ **Hilo más grueso**
Aunque el hilo para el montaje a máquina puede usarse para coser a mano, prueba un hilo más grueso, del número 8 o 12, para costuras de acolchado más visibles (pp. 24–27).

▲ **Imperdibles curvos**
Los imperdibles curvos se usan para sujetar las capas del quilt (p. 29).

◀ **Alfileres con cabeza de vidrio**
Alfileres rectos y afilados usados para alinear y sujetar piezas de tela (p. 29).

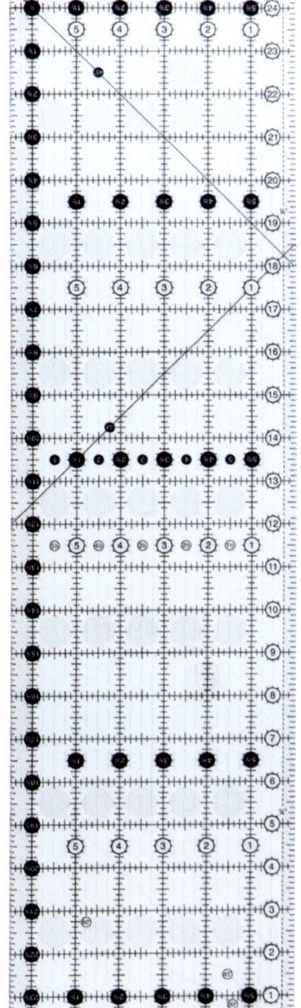

▲ **Regla para acolchado**
Herramienta de medición diseñada para usarse junto con un cúter rotatorio. Comienza con una regla de 16,5 × 62 cm (6½ × 24½ in) (p. 18).

▲ **Agujas**
Una selección de agujas para el montaje a mano, el montaje sobre papel a la inglesa (MSP) y el acolchado a mano. Comienza con agujas *sharps* de los números 8–10 y agujas de bordar (p. 28).

Alfombrilla de corte autorreparable ▶
Se usa junto con un cúter rotatorio. Comienza con una alfombrilla de al menos 45 × 60 cm (18 × 24 in) (p. 17).

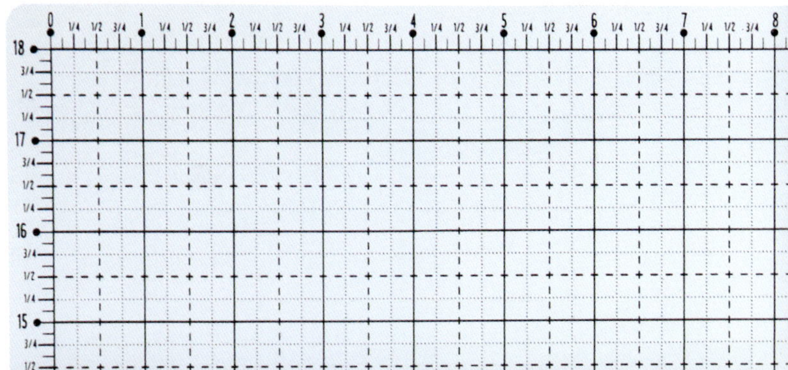

AMPLÍA TU EQUIPO DE ACOLCHADO

ÚTILES DE CORTE (P. 16)
- Pinzas
- Plástico y papel para plantillas
- Tijeras dentadas
- Tijeras para aplicaciones
- Tijeras para papel
- Tijeras para tela

ÚTILES DE MEDICIÓN (P. 18)
- Cinta métrica
- Discos antideslizantes para reglas
- Esparadrapo
- Reglas cuadradas
- Reglas especiales
- Reglas rectangulares
- Ventosa para regla

ÚTILES DE PLANCHADO (P. 20)
- Almidón
- Badajo de sastre
- Miniplancha
- Muletón
- Rodillo para costuras

ÚTILES DE MARCADO (P. 22)
- Bolígrafo/lápiz
- Caja/mesa de luz
- Cinta *washi*
- Rotulador permanente para tela
- Rotuladores borrables
- Ruleta de marcar
- Tiza

ÚTILES PARA MSP (P. 23)
- Imanes
- Papeles para MSP
- Plantillas acrílicas
- Perforadora
- Troqueladora

ÚTILES DE ACABADO (P. 23)
- Adhesivo en espray
- Bastidor para acolchar a mano
- Cinta de enmascarar
- Guantes para acolchado
- Plantillas perforadas
- Toallitas atrapacolor

HILOS (PP. 24–27)
- Acondicionador de hilo
- Organizador de hilos
- Soporte para hilos
- Varios tipos y números de hilo

AGUJAS Y ALFILERES (PP. 28–29)
- Acerico
- Agujas autoenhebrables
- Agujas *betweens*
- Agujas curvas
- Agujas de modistilla
- Agujas para *sashiko*
- Alfiletero magnético
- Alfileres
- Enhebrador
- Imán para agujas
- Imperdibles curvos
- Pegamento
- Pinzas para acolchado

MÁQUINA DE COSER Y ACCESORIOS (PP. 30–33)
- Agujas de máquina
- Canilla
- Guía de costura
- Máquina de coser
- Mesa de extensión
- Prensatelas andador y guía de barra
- Prensatelas de cuarto de pulgada
- Prensatelas para acolchado en movimiento libre
- Prensatelas para reglas
- Prensatelas universal

Útiles de corte

Uno de los pasos cruciales para la confección de un quilt es cortar la tela de manera precisa y eficiente (pp. 68–71), usando un cúter rotatorio y una regla. Elige la herramienta más adecuada para la tarea.

TIJERAS

Elige las tijeras de acuerdo con su uso, ya sea para cortar hilos, tela o papel. Existen tijeras diseñadas para personas diestras y zurdas.

Cortahílos ▶
Pequeñas tijeras afiladas que se usan para recortar hilos.

▲ **Tijeras para tela**
Tijeras que se usan para cortar tela o guata.

▲ **Tijeras dentadas**
Las hojas dentadas cortan formando un zigzag; se usan para cortar tela que de otro modo se deshilacharía.

▼ **Tijeras para papel**
Resérvalas para cortar papel, como piezas de plantilla, ya que el papel podría desafilar las tijeras para tela.

Tijeras para aplicaciones ▶
Se usan para cortar capas de tela o hilos a ras del tejido; el diseño de pico de pato, o de pelicano, de las hojas evita cortes no deseados en otras capas de tela.

CÚTERES ROTATORIOS

Eficientes y precisos, los cúteres rotatorios son la principal herramienta utilizada para cortar telas al confeccionar quilts. Úsalos siempre con una alfombrilla de corte y asegúrate de cerrar la cuchilla después. Muchos cúteres rotatorios pueden usarlos indistintamente diestros y zurdos.

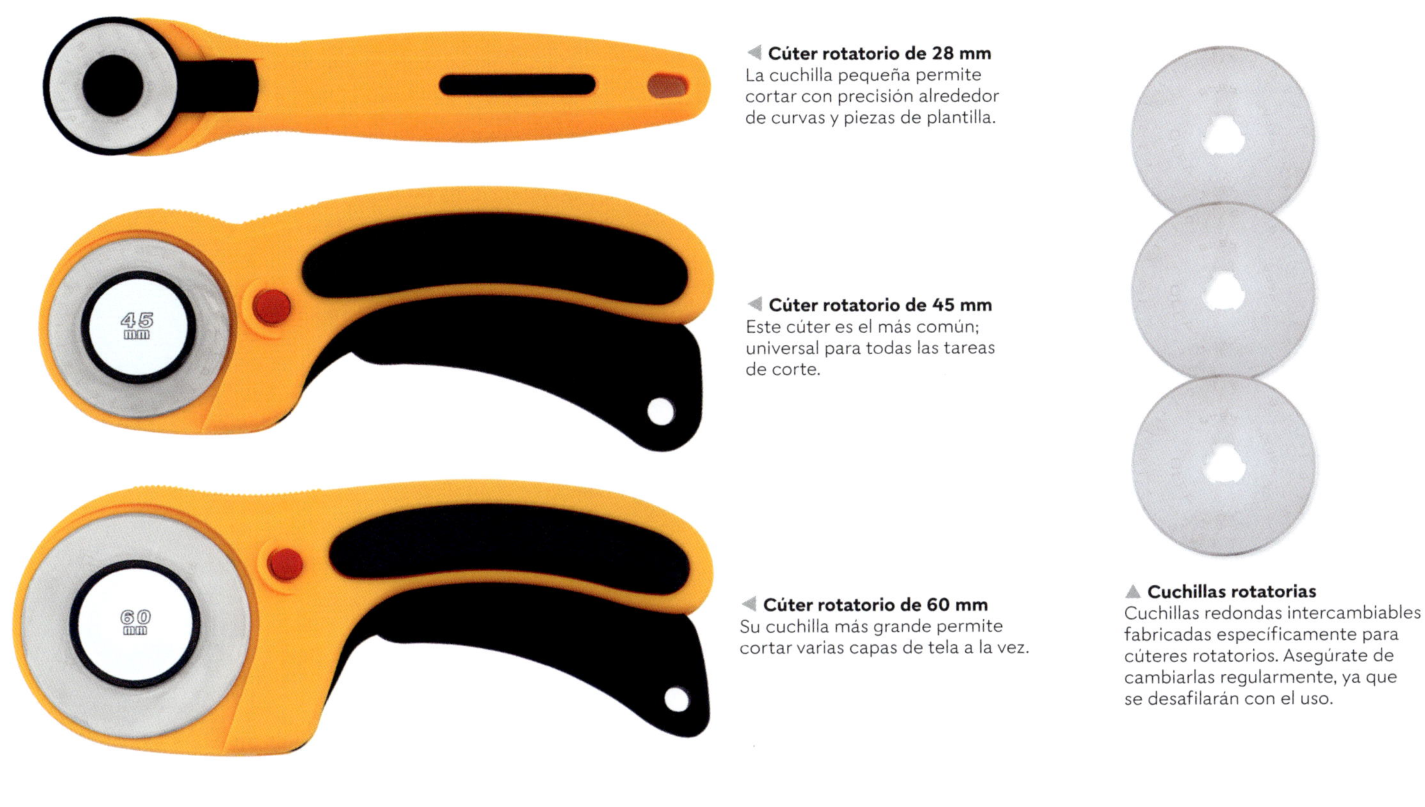

◄ **Cúter rotatorio de 28 mm**
La cuchilla pequeña permite cortar con precisión alrededor de curvas y piezas de plantilla.

◄ **Cúter rotatorio de 45 mm**
Este cúter es el más común; universal para todas las tareas de corte.

◄ **Cúter rotatorio de 60 mm**
Su cuchilla más grande permite cortar varias capas de tela a la vez.

▲ **Cuchillas rotatorias**
Cuchillas redondas intercambiables fabricadas específicamente para cúteres rotatorios. Asegúrate de cambiarlas regularmente, ya que se desafilarán con el uso.

OTROS ÚTILES DE CORTE

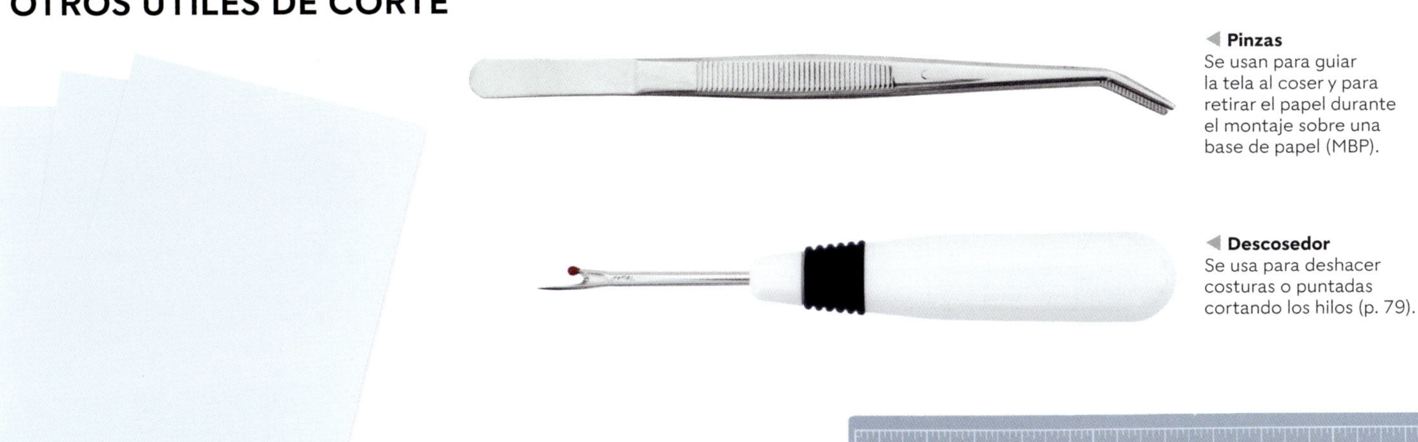

◄ **Pinzas**
Se usan para guiar la tela al coser y para retirar el papel durante el montaje sobre una base de papel (MBP).

◄ **Descosedor**
Se usa para deshacer costuras o puntadas cortando los hilos (p. 79).

▲ **Plástico y papel para plantillas**
Se usan para hacer piezas de patrones y facilitar el corte. Traza o corta alrededor de la plantilla con un cúter rotatorio o unas tijeras (p. 71).

Alfombrilla de corte ►
Las alfombrillas de corte suelen llevar impresa una cuadrícula de 1 cm o 1 in y se usan junto con un cúter rotatorio. Las hay en una gran variedad de tamaños y colores, de tipo estándar o autorreparables.

Útiles de medición

Las reglas para acolchado, hechas de acrílico transparente, se usan junto con un cúter rotatorio y una alfombrilla de corte. Las hay de varios tipos y tamaños: elige la que mejor se adapte al patrón o consulta abajo los tamaños más comunes. Muchas de ellas están graduadas en el sistema anglosajón, en pulgadas (in), pero algunas lo están en el sistema métrico o en ambos.

REGLAS ESTÁNDAR

Se usan para medir y cortar tela con precisión. Las reglas para acolchado están marcadas con una cuadrícula en pulgadas o centímetros.

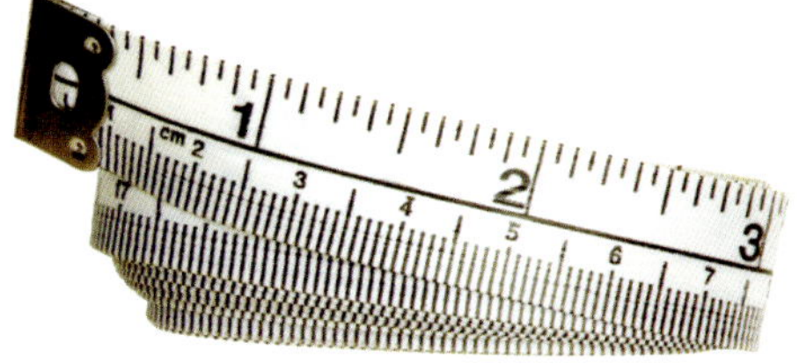

◀ **Cinta métrica**
Hecha de hule, plástico o fibra de vidrio, se usa para medir telas o dimensiones del quilt.

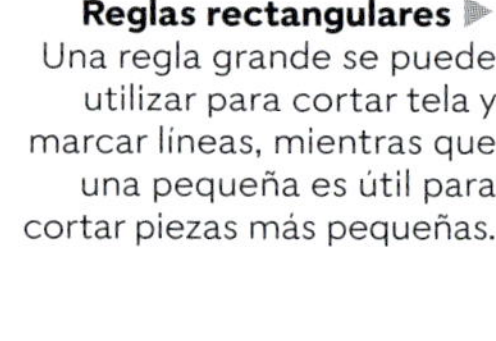

Reglas rectangulares ▶
Una regla grande se puede utilizar para cortar tela y marcar líneas, mientras que una pequeña es útil para cortar piezas más pequeñas.

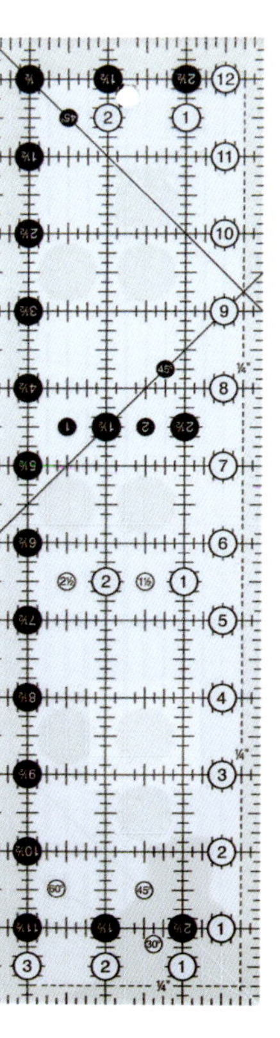

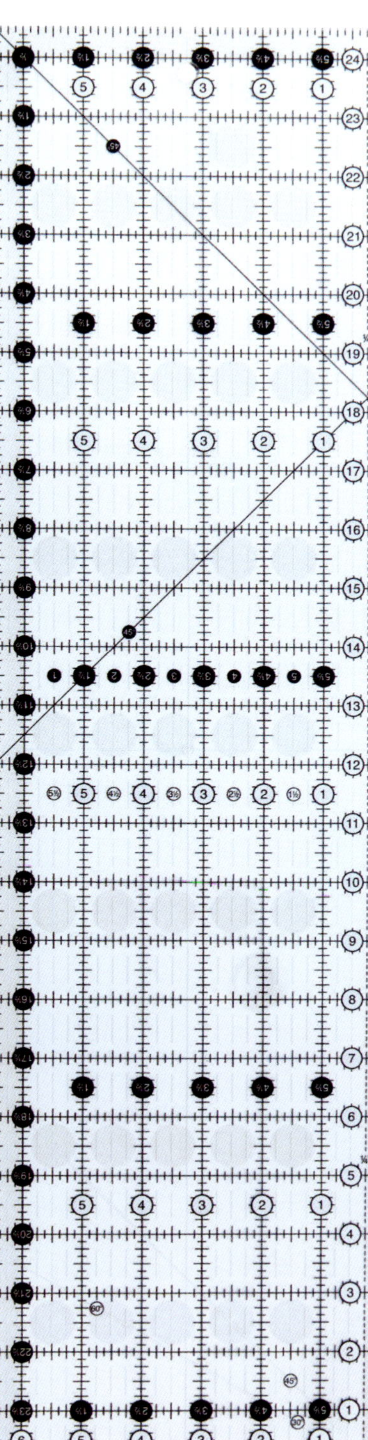

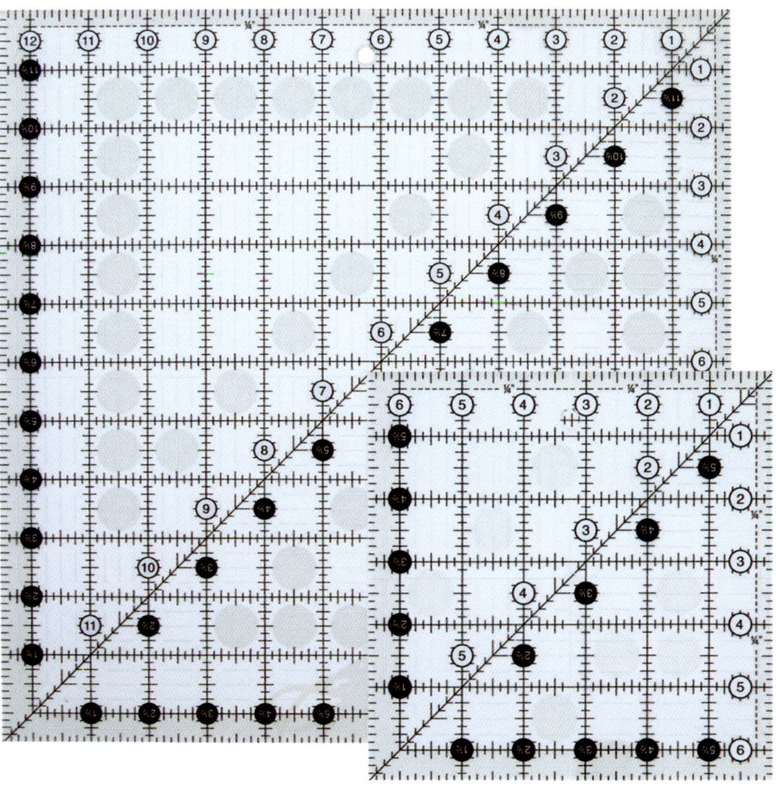

▲ **Reglas cuadradas**
Se usan para cortar piezas pequeñas y recortar tela sobrante de unidades. Busca una de 31,5 cm (12½ in) o 16,5 cm (6½ in) de lado.

REGLAS ESPECIALES

Se usan para cortar piezas de tela y recortar unidades para darles el tamaño adecuado. Suelen estar marcadas con guías para márgenes de costura.

▲ **Regla para recortar TMC**
Se usa para recortar la tela sobrante de triángulos de medio cuadrado; lleva marcadas líneas de guía para alinear costuras.

▲ **Regla para gansos volando**
Se usa para recortar la tela sobrante de los gansos volando; lleva marcadas líneas de guía para alinear puntas y márgenes de costura.

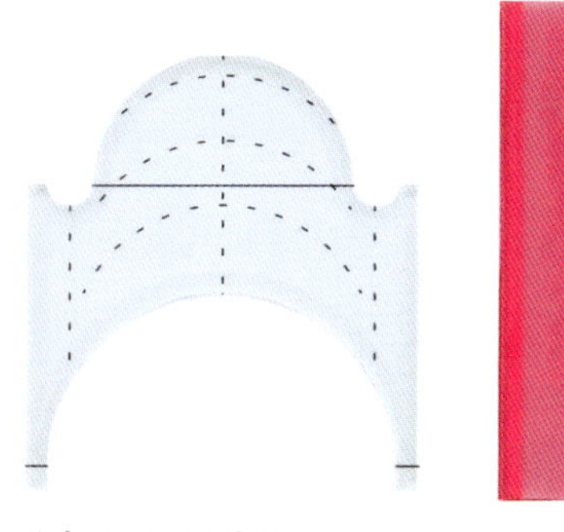

▲ ▶ **Otras reglas**
Existen reglas para muchas tareas, como el acolchado con regla, el montaje sobre una base de papel y el marcado de líneas de referencia.

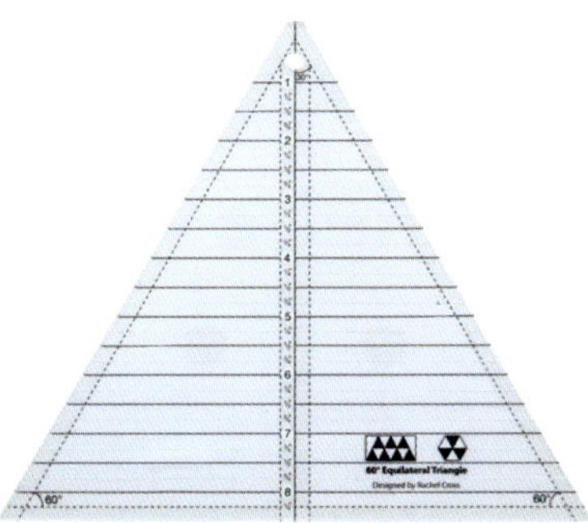

▲ **Regla triangular**
Para cortar piezas de tela triangulares.

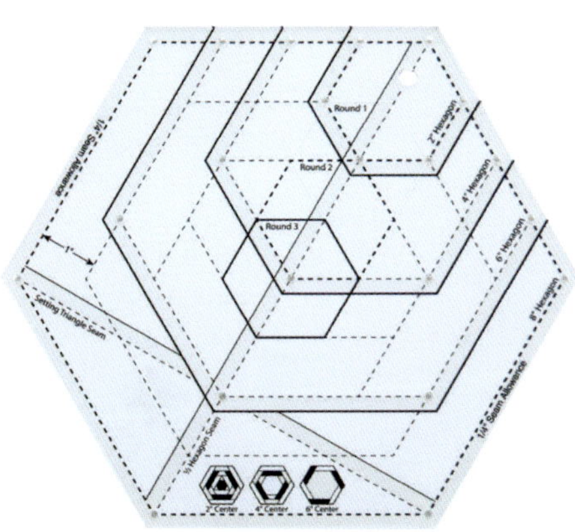

▲ **Regla hexagonal**
Para cortar piezas de tela hexagonales.

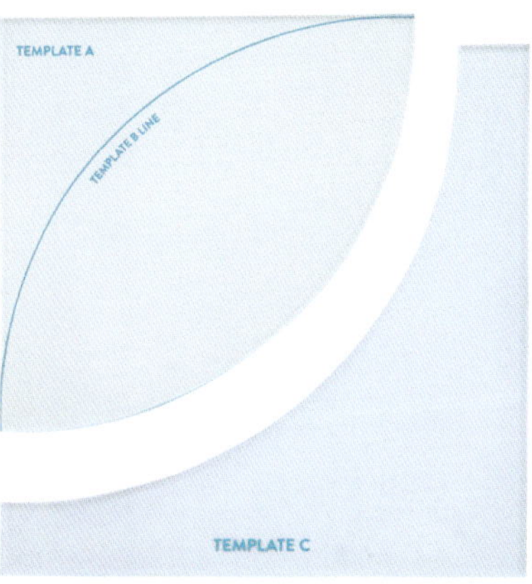

▲ **Plantillas acrílicas**
De varias formas y tamaños, a menudo diseñadas para usarse junto con patrones específicos para cortar piezas o recortar unidades.

ACCESORIOS PARA REGLAS

Todos estos accesorios están diseñados para hacer que el corte sea más seguro evitando que las reglas se deslicen sobre la tela.

Esparadrapo ▶
En vez de discos antideslizantes adhesivos, esta cinta se puede pegar en la parte inferior de una regla para evitar que se deslice.

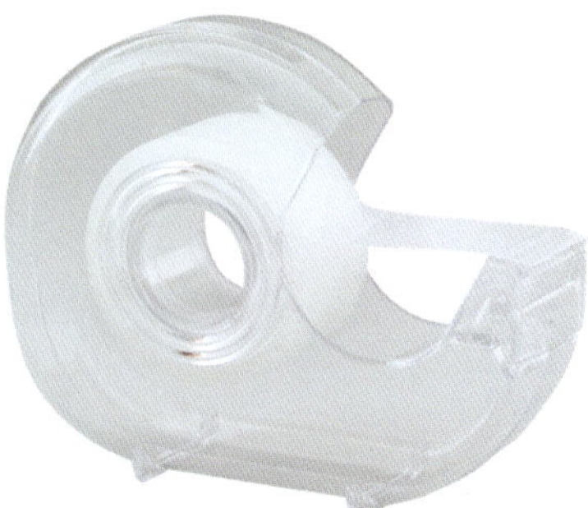

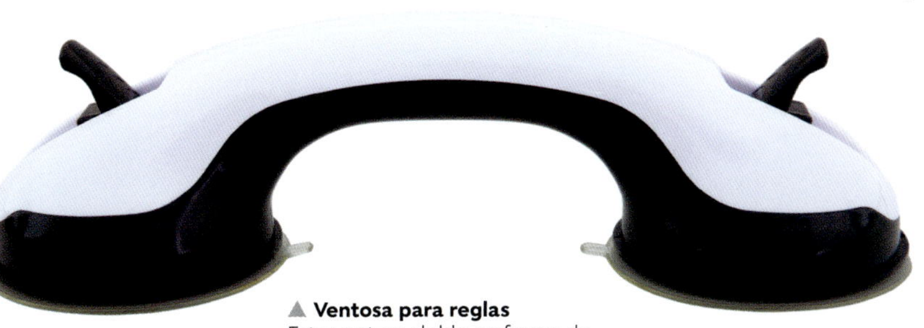

▲ **Ventosa para reglas**
Esta ventosa doble en forma de asa proporciona una manera más segura y ergonómica de sujetar las reglas en su lugar mediante succión.

Discos antideslizantes para reglas ▶
Hechos de un material texturizado con adhesivo en una cara, están diseñados para colocarse en la parte inferior de una regla y evitar que se deslice.

Útiles de planchado

Planchar es un paso esencial, a menudo pasado por alto, del proceso de acolchado. Plancha la tela (p. 80) antes de cortarla, todas las costuras durante el montaje y, finalmente, la cubierta del quilt después del ensamblaje.

Rodillo para costuras ▶ Normalmente de madera o plástico, se usa como alternativa a la plancha.

Badajo de sastre ▶ Bloque pesado de madera que se coloca sobre las costuras planchadas mientras se enfrían, con lo que quedan más planas.

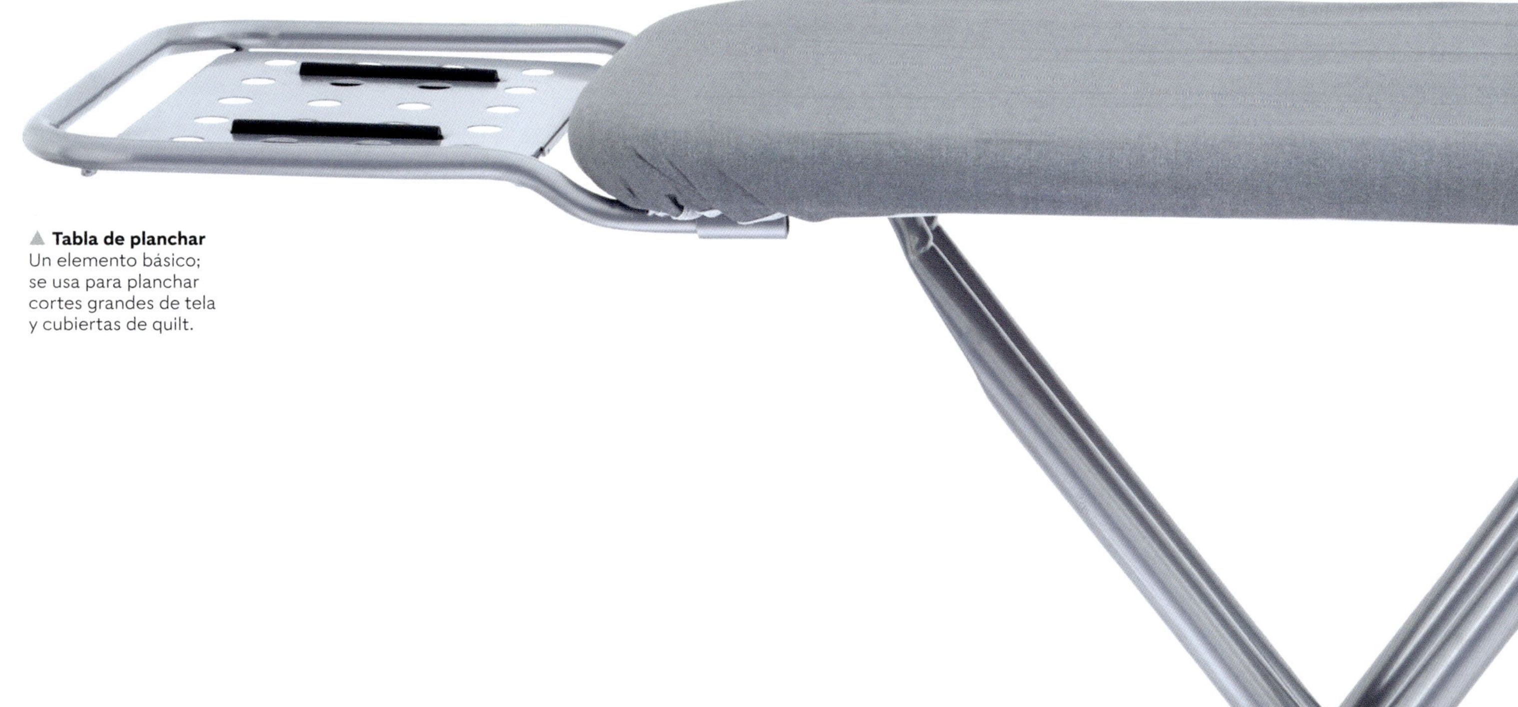

▲ **Tabla de planchar** Un elemento básico; se usa para planchar cortes grandes de tela y cubiertas de quilt.

◀ **Almidón**
Líquido utilizado para estabilizar las telas antes de cortar y tras el ensamblaje del quilt. Puede hacer que la tela se encoja, así que evita usarlo durante el montaje de piezas. Se recomienda usarlo antes de cortar la tela o montar piezas curvas, y al trabajar con bordes al bies.

◀ **Miniplancha**
Útil para planchar piezas pequeñas y costuras durante el montaje. Mantenla en una zona de planchado cerca de tu máquina para mayor comodidad.

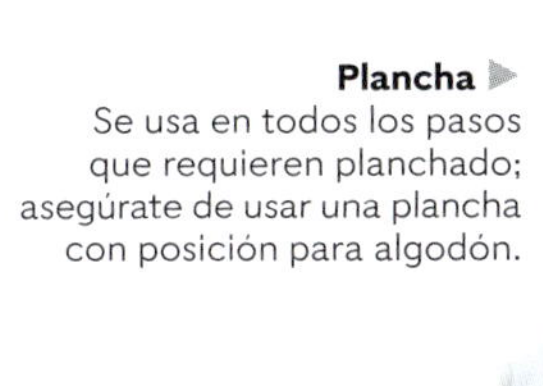

Plancha ▶
Se usa en todos los pasos que requieren planchado; asegúrate de usar una plancha con posición para algodón.

Muletón ▶
Tela gruesa de lana prensada para absorber y reflejar el calor durante el planchado.

Otros útiles

A lo largo del proceso de acolchado se utilizan varias herramientas para tareas específicas, desde el marcado de piezas o de toda la cubierta del quilt y la preparación para el montaje sobre papel a la inglesa (MSP), hasta la superposición de las capas y el acabado del quilt.

ÚTILES DE MARCADO

Elige la herramienta de marcado más adecuada para la tarea en cuestión teniendo en cuenta la permanencia y la facilidad de eliminación de cada una.

▲ **Plegadera**
Pieza lisa de plástico o madera para marcar pliegues en la tela y trazar líneas sin tinta ni tiza.

▲ **Cinta *washi***
Cinta de papel de arroz que se puede pegar en una regla para una alineación precisa o en la placa de agujas para hacer costuras exactas.

▲ **Caja/tabla de luz**
Se usa sobre todo para ver las líneas de la plantilla a través de la tela, como para el montaje sobre una base de papel (MBP).

◀ **Ruleta de marcar**
Se usa para perforar el papel del montaje sobre una base de papel (MBP).

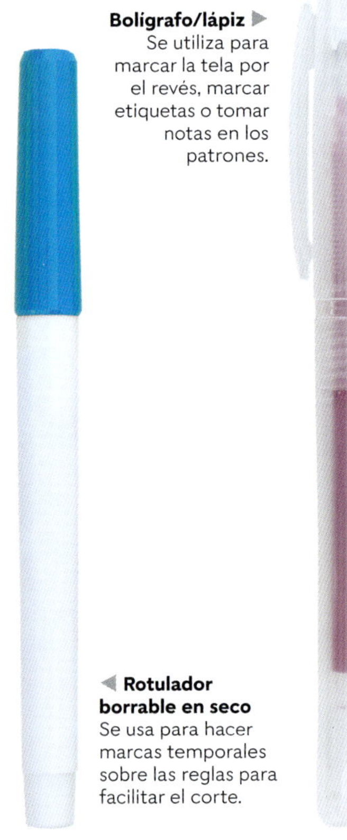

Bolígrafo/lápiz ▶
Se utiliza para marcar la tela por el revés, marcar etiquetas o tomar notas en los patrones.

◀ **Rotulador borrable en seco**
Se usa para hacer marcas temporales sobre las reglas para facilitar el corte.

◀ **Rotulador no permanente**
Para marcar la tela de manera temporal se usan rotuladores no permanentes, cuya tinta se elimina con agua o desaparece al exponerse al aire.

◀ **Rotulador permanente para tela**
Se utiliza para escribir etiquetas en los quilts.

Tiza ▶
Para un marcado temporal; se elimina al cepillar o lavar.

PARA EL MONTAJE SOBRE PAPEL A LA INGLESA

Estas herramientas son esenciales durante el MSP (pp. 124–133) para cortar con precisión, fijar y ensamblar las piezas.

◀ **Perforadora**
Se usa para hacer pequeños agujeros en el centro de los papeles para MSP y facilitar así su posterior extracción.

◀ **Troqueladora**
Se usa para cortar una forma específica en papel. Las troqueladoras están disponibles en tamaños y formas limitados.

◀ **Papeles para MSP**
Destinados a servir de base a las piezas de tela, son resistentes y reutilizables. Se pueden comprar precortados en una gran variedad de formas o recortarlos en casa.

◀ **Plantillas acrílicas**
Se usan para recortar formas en la tela; las hay con margen de costura incluido o sin él.

Imanes ▶
Se usan para sujetar la tela a su pieza de papel correspondiente mientras se hilvana y para mantener las piezas unidas mientras se cosen para evitar que se desplacen.

ÚTILES DE ACABADO

Desde sujetar las piezas hasta el lavado de un quilt terminado, estas herramientas son útiles durante el proceso de acabado (pp. 150–185).

◀ **Toallitas atrapacolor**
Evitan que los colores se mezclen o destiñan al absorber el tinte que se desprende durante el lavado de telas y quilts.

Cinta de enmascarar
Se usa para muchas tareas, como marcar líneas para el acolchado y adherir el forro del quilt a una superficie dura durante el proceso de hilvanar.

▲ **Adhesivo en espray**
Adhesivo lavable que se usa para unir temporalmente piezas, como aplicaciones o el sándwich de un quilt.

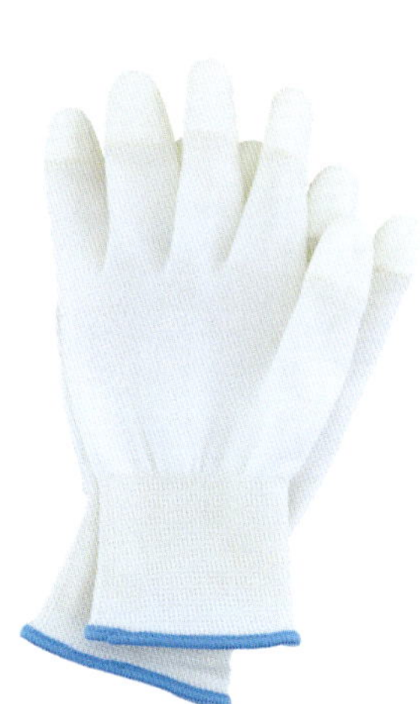

▲ **Guantes para acolchado**
Guantes antideslizantes que se usan para mejorar la sujeción durante el acolchado a máquina.

◀ **Plantillas perforadas**
Se usan para marcar o guiar diseños y motivos de acolchado.

Bastidor para acolchado a mano ▶
Se usa para mantener tenso un sándwich de quilt; consta de dos aros rígidos de 2,5 cm (1 in) de alto, superpuestos y ajustados.

Hilos

Se fabrican hilos de una gran variedad de fibras y pesos (grosores). Algunos son de uso general y pueden utilizarse para todo el proceso de montaje y acolchado. También se puede elegir un hilo concreto según el método de costura, las telas y el aspecto deseado del quilt una vez terminado.

TIPOS DE HILO

Los hilos más utilizados para acolchar son los de algodón, poliéster o una mezcla de fibras de algodón y poliéster. Elige el tipo de hilo que mejor se adapte al quilt que desees realizar.

Algodón
El hilo de algodón 100% es universal y se puede usar para todo el montaje y acolchado. Existe en una amplia gama de colores y grosores.

Poliéster
Comúnmente utilizado para el montaje y acolchado a máquina y a veces para el MSP. En la mayoría de las máquinas de brazo largo se usa hilo de poliéster o de poliéster/algodón. Existe en una amplia gama de colores y grosores.

Monofilamento
Se utiliza para el acolchado, el MSP y la aplicación, para lograr puntadas discretas que no distraigan del diseño general. Está hecho de fibra de nailon o de poliéster transparente o translúcida de colores.

Matizado
Caracterizado por un tinte con cambios graduales de color a lo largo de la hebra, está diseñado para aportar profundidad y variedad. Se fabrica en algodón y poliéster.

Metalizado
Se usa para acolchar a máquina o a mano y normalmente está hecho de poliéster en una gama limitada de colores y grosores.

TAMAÑOS DE BOBINA

El hilo se vende en bobinas, conos u ovillos, ya sea devanado (enrollado) en paralelo o cruzado. Verifica cuál es el tipo que funciona mejor con tu máquina.

Bobina pequeña
Contiene aproximadamente 90–200 m (100–225 yds) de hilo. Se usa para labores pequeñas o para probar nuevos grosores o colores.

Bobina grande
La bobina del tamaño más común contiene 500–1500 m (550–1600 yds) de hilo aproximadamente. Se usa para el montaje y acolchado de quilts de varios tamaños.

Cono
Contiene aproximadamente 2300–6000 m (2500–6500 yds) de hilo. Se usa para quilts más grandes o densos.

Ovillo
Contiene aproximadamente 70–100 m (75–110 yds) de hilo. Disponible en números más gruesos, como el 12 o el 8, que se usan habitualmente para acolchar a mano.

ACCESORIOS PARA EL HILO

Existen diversos accesorios que ayudan a manejar y tener ordenados los hilos. Casi todos sirven para todos los tipos de hilo y tamaños de bobina.

Acondicionador de hilo
Normalmente es de cera de abeja y existe en versiones perfumadas o sin perfume. Se usa para recubrir el hilo y evitar que se deshilache o se enrede y forme nudos al montar piezas o acolchar a mano.

Soporte de hilo
Los soportes se usan principalmente para sostener conos en máquinas de coser domésticas y actúan como portabobinas y guías del hilo. También pueden utilizarse para sostener bobinas cruzadas en máquinas que tienen portabobinas horizontales para bobinas devanadas en paralelo.

Organizador de hilos
Los organizadores de distintos tipos, desde tableros con clavijas hasta contenedores de plástico con compartimentos para cada bobina, evitan que los hilos se enreden.

NÚMEROS DE HILO

Los hilos se fabrican en muchos pesos (o grosores), diseñados para distintas tareas e identificados por números. Recuerda adecuar el número del hilo al tamaño de la aguja (p. 28). El largo de puntada puede variar según el grosor del hilo y de la tela (p. 36).

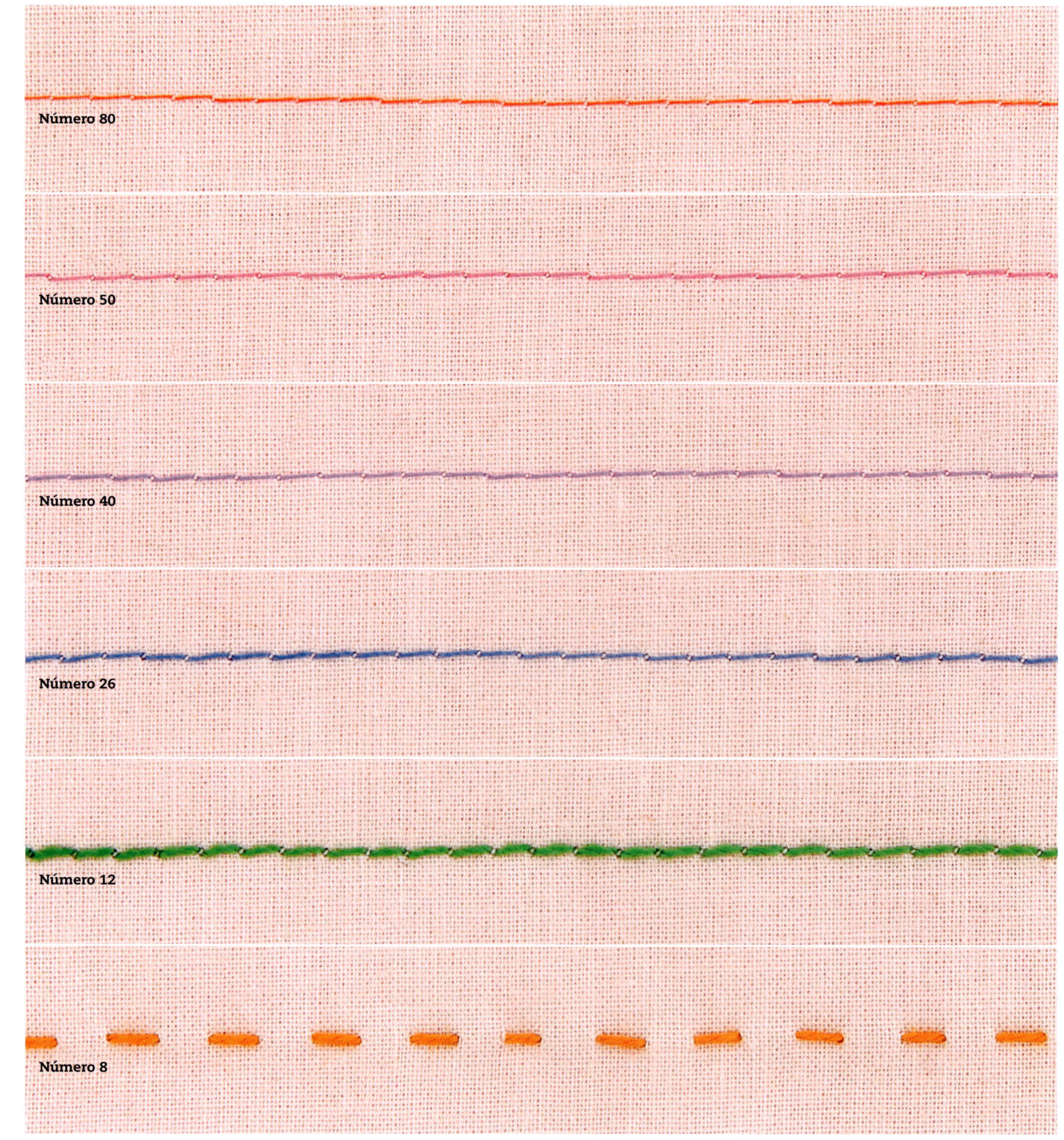

NÚMERO 100 Y NÚMERO 80

Hilos finos usados para el montaje y el acolchado a máquina o a mano. Permiten lograr un equilibrio entre puntadas fuertes y sutiles y ligeras, como en el MSP, la aplicación y el acolchado intrincado. Combínalos con telas de peso ligero a medio.

NÚMERO 60 Y NÚMERO 50

Hilos medios, universales, usados para el montaje y el acolchado a máquina o a mano. Se utilizan para todo montaje y acolchado donde se deseen puntadas visibles; son los más comunes en acolchado. Combínalos con telas de peso ligero a medio.

NÚMERO 40

Hilo medio un poco más grueso utilizado para el acolchado a máquina o a mano. Se usa para todas las tareas de acolchado y produce una puntada visible y duradera que resiste bien los lavados frecuentes. Combínalo con telas de peso medio a alto.

NÚMERO 28

Un hilo más grueso usado para el acolchado a máquina o a mano. Se utiliza para lograr puntadas más visibles en general o en detalles. Combínalo con telas de peso medio a alto.

NÚMERO 12

Un hilo más grueso usado para el acolchado a máquina. Se usa sobre todo al acolchar a mano para lograr puntadas muy visibles en general o en detalles. Combínalo con telas de peso medio a alto.

NÚMERO 8

Hilo grueso usado para el acolchado a mano. Se utiliza para lograr puntadas muy marcadas, como en el acolchado y la costura del ribete con puntadas grandes. Combínalo con telas de peso medio a alto.

Agujas y alfileres

Para lograr costuras con puntadas uniformes y una alineación precisa de la tela se necesitan agujas y alfileres afilados y de buena calidad.

AGUJAS PARA COSER A MANO

Estas agujas se usan para el montaje, la aplicación y el acolchado a mano, y se fabrican en una gran variedad de tamaños y tipos. Su tamaño suele identificarse con un número, siendo los números más bajos los que indican las agujas más grandes y gruesas, y los más altos los que indican las agujas más finas y delgadas. Elige la aguja adecuada teniendo en cuenta la técnica, las telas y el grosor del hilo.

Betweens
Cortas y con el ojo pequeño y redondo, se utilizan para hacer puntadas pequeñas durante el montaje y el acolchado. Úsalas con hilos de grosor ligero a medio.

Sharps
De tamaño medio y con el ojo ovalado, se utilizan para coser durante el montaje y el acolchado. Úsalas con hilos de grosor ligero a medio.

Straws o de modistilla
Largas y con el ojo pequeño y redondo, se usan para coser durante el montaje y el acolchado. Úsalas con hilos de grosor ligero a medio.

Agujas de bordar
De longitud media y con el ojo grande y ovalado, se usan para hacer puntadas gruesas durante el acolchado. Úsalas con hilos gruesos.

Agujas para _sashiko_
Muy largas y afiladas, y con el ojo pequeño y ovalado, se usan para hacer puntadas gruesas durante el acolchado. Úsalas con hilos gruesos.

Agujas autoenhebrables
De longitud media y caracterizadas por una pequeña abertura en el ojo, se usan principalmente para esconder nudos y cabos sueltos durante el acolchado. Úsalas con hilos de grosor ligero a medio.

Agujas curvas
De tamaño medio a largo y con el ojo ovalado, las agujas con forma de C se utilizan para acolchar a través de un relleno voluminoso o mediante anudado a mano y para hilvanar. Úsalas con hilos de grosor medio a grueso.

Enhebrador
Manual o mecánico, se usa para guiar el hilo a través del ojo de agujas que lo tienen pequeño (p. 74).

Imán para agujas
Imán pequeño, a menudo decorativo, donde se depositan las agujas cuando no se usan durante el montaje y el acolchado a mano.

ALFILERES Y OTROS ACCESORIOS

Los alfileres son herramientas esenciales, diseñadas para sujetar las capas de tela en su lugar durante el montaje y el acolchado para mantenerlas bien alineadas y evitar que se deslicen (p. 78).

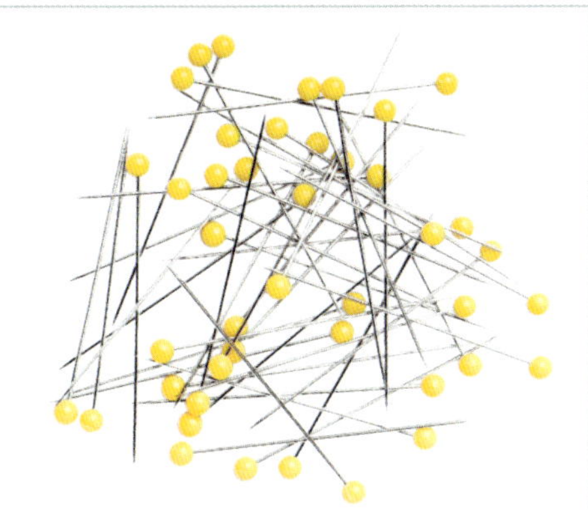

Alfileres para acolchado
Finos, afilados y resistentes para sujetar varias capas de tela sin engancharse. Se utilizan para montaje y aplicación.

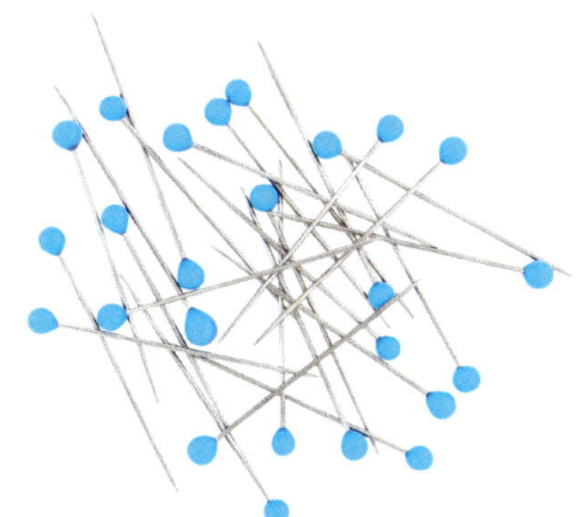

Alfileres con cabeza de vidrio
Similares a los alfileres para acolchado, con una cabeza de vidrio resistente al calor.

Alfileres con cabeza de flor
La cabeza plana con forma de flor es conveniente para el MBP.

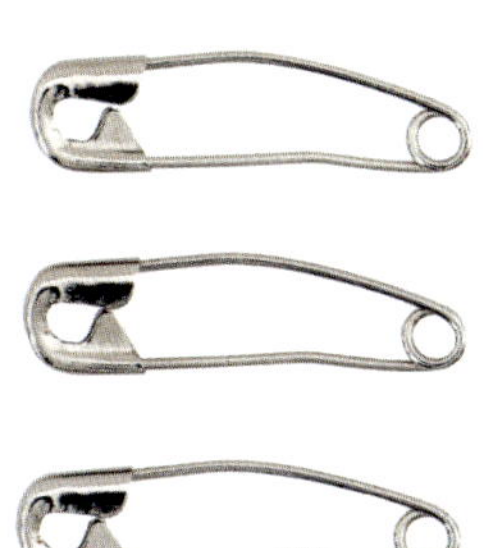

Imperdibles curvos
Diseñados para atravesar fácilmente varias capas de tela sin engancharse, se utilizan para sujetar la tela mientras se prenden con alfileres las capas de un quilt (p. 157).

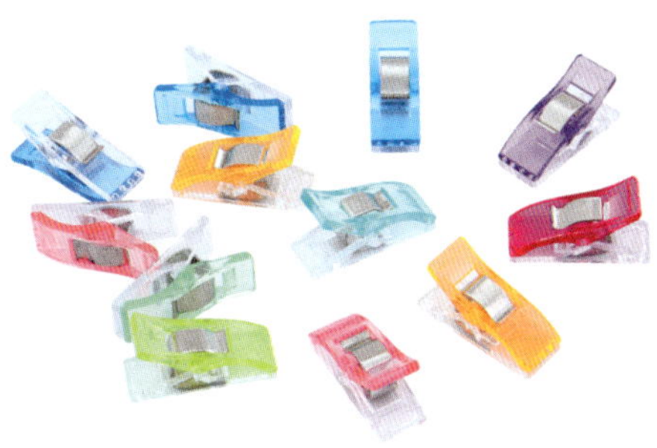

Pinzas para acolchado
Estas pequeñas pinzas son una alternativa a los alfileres para sujetar la tela. Se utilizan principalmente para el montaje y el ribeteado.

Pegamento
El pegamento líquido lavable es una alternativa al hilván y a los alfileres para mantener la tela unida durante el montaje. El pegamento en barra se usa para pegar la tela al papel en el MBP y el MSP.

Alfiletero magnético
Pequeño recipiente utilizado para tener a mano los alfileres cuando no se usan: la base magnética los mantiene en su lugar.

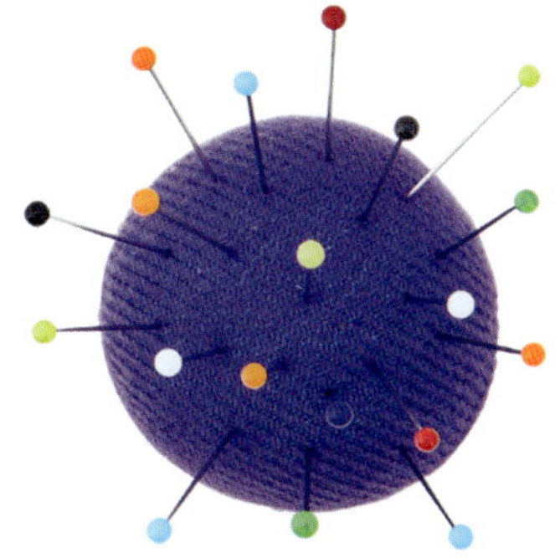

Acerico
Almohadilla normalmente rellena de fibra o un material especial donde se clavan los alfileres para mantener las puntas afiladas.

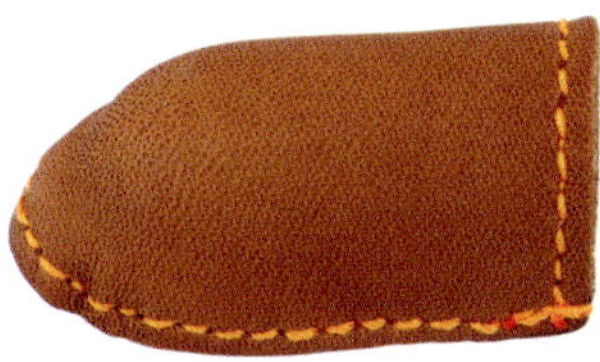

Dedal
De cuero, metal o plástico, este pequeño protector cubre y protege la yema del dedo de alfileres y agujas afiladas al montar o acolchar a mano (p. 77).

Máquina de coser doméstica

Las máquinas de coser hacen que el montaje de piezas y el acolchado sean mucho más rápidos que a mano. Las máquinas modernas suelen estar informatizadas y ofrecen una gran variedad de opciones y funciones automáticas, aunque no todas cuentan con las mismas que las que se muestran aquí. Antes de invertir en una máquina de coser, ya sea nueva o de segunda mano, asegúrate de que sea la adecuada para ti.

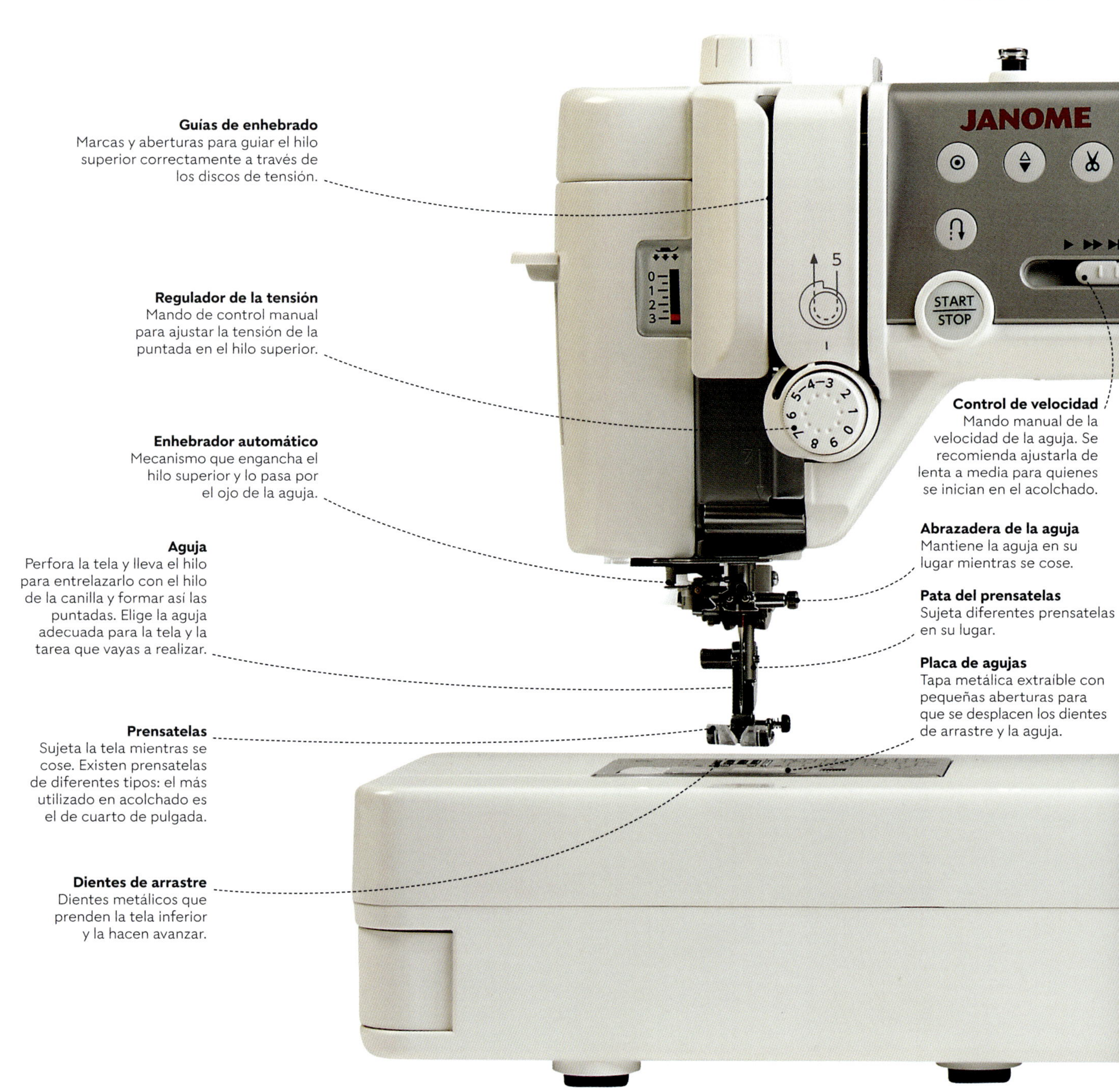

Guías de enhebrado
Marcas y aberturas para guiar el hilo superior correctamente a través de los discos de tensión.

Regulador de la tensión
Mando de control manual para ajustar la tensión de la puntada en el hilo superior.

Enhebrador automático
Mecanismo que engancha el hilo superior y lo pasa por el ojo de la aguja.

Aguja
Perfora la tela y lleva el hilo para entrelazarlo con el hilo de la canilla y formar así las puntadas. Elige la aguja adecuada para la tela y la tarea que vayas a realizar.

Prensatelas
Sujeta la tela mientras se cose. Existen prensatelas de diferentes tipos: el más utilizado en acolchado es el de cuarto de pulgada.

Dientes de arrastre
Dientes metálicos que prenden la tela inferior y la hacen avanzar.

Control de velocidad
Mando manual de la velocidad de la aguja. Se recomienda ajustarla de lenta a media para quienes se inician en el acolchado.

Abrazadera de la aguja
Mantiene la aguja en su lugar mientras se cose.

Pata del prensatelas
Sujeta diferentes prensatelas en su lugar.

Placa de agujas
Tapa metálica extraíble con pequeñas aberturas para que se desplacen los dientes de arrastre y la aguja.

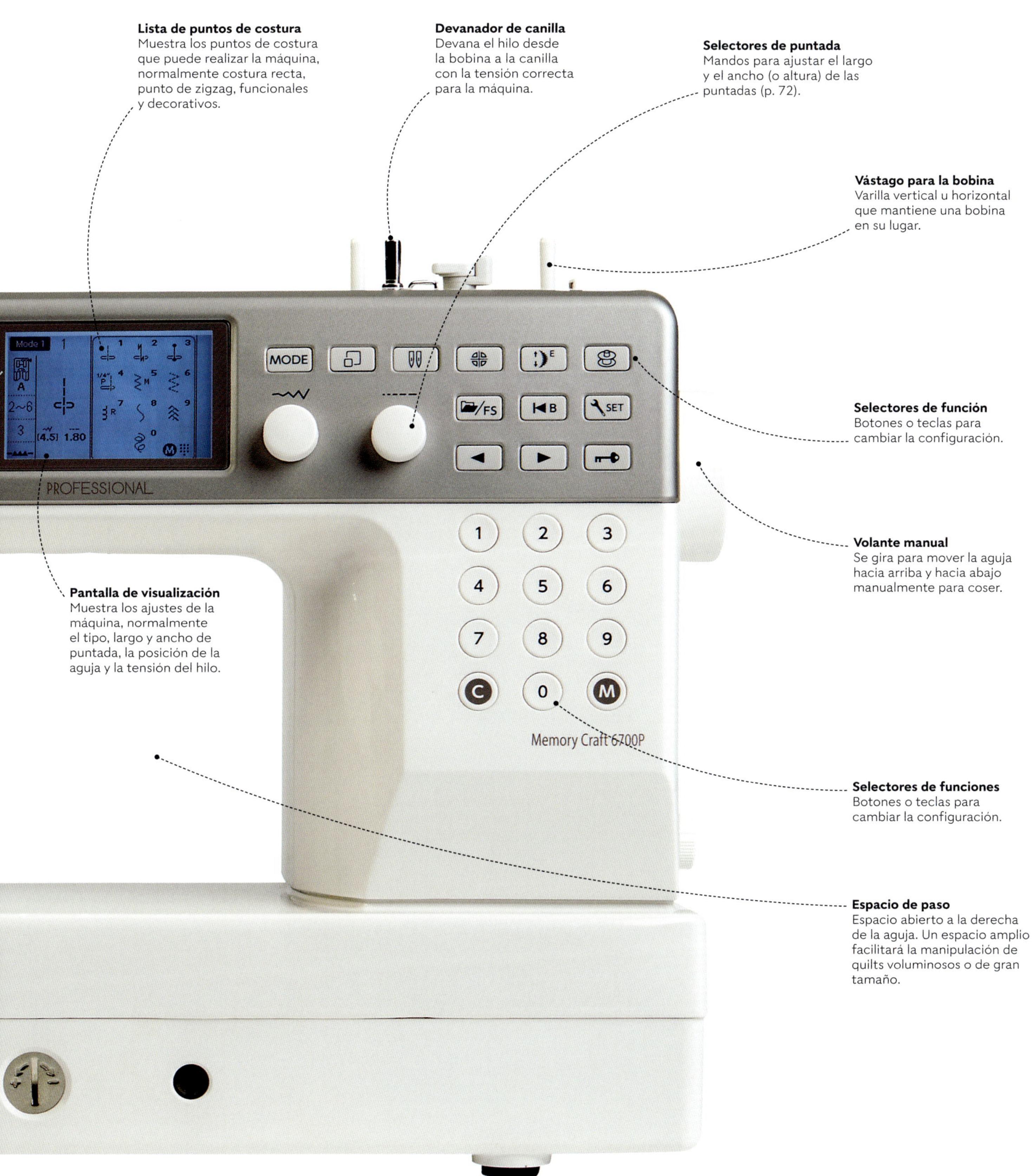

Lista de puntos de costura
Muestra los puntos de costura que puede realizar la máquina, normalmente costura recta, punto de zigzag, funcionales y decorativos.

Devanador de canilla
Devana el hilo desde la bobina a la canilla con la tensión correcta para la máquina.

Selectores de puntada
Mandos para ajustar el largo y el ancho (o altura) de las puntadas (p. 72).

Vástago para la bobina
Varilla vertical u horizontal que mantiene una bobina en su lugar.

Selectores de función
Botones o teclas para cambiar la configuración.

Volante manual
Se gira para mover la aguja hacia arriba y hacia abajo manualmente para coser.

Pantalla de visualización
Muestra los ajustes de la máquina, normalmente el tipo, largo y ancho de puntada, la posición de la aguja y la tensión del hilo.

Selectores de funciones
Botones o teclas para cambiar la configuración.

Espacio de paso
Espacio abierto a la derecha de la aguja. Un espacio amplio facilitará la manipulación de quilts voluminosos o de gran tamaño.

ACCESORIOS DE LA MÁQUINA

Muchos accesorios de acolchado vendrán con una máquina de coser nueva, mientras que otros se pueden comprar por separado. Cada uno de ellos está diseñado para una tarea específica del proceso de acolchado.

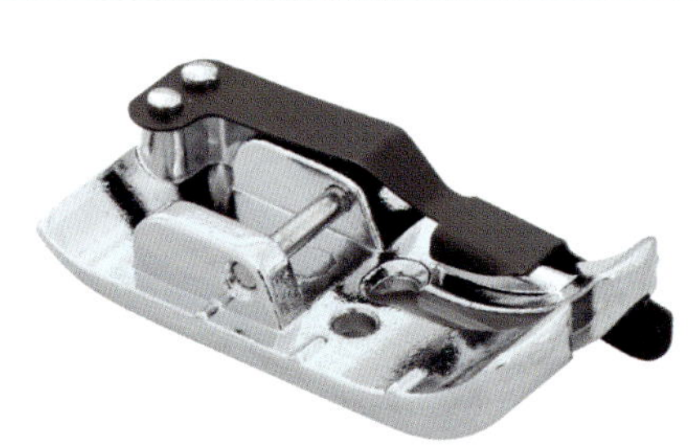

Prensatelas de cuarto de pulgada
Se usa para costuras precisas con un margen de costura de 6,4 mm (¼in) en el montaje de piezas de patchwork: coloca el borde de la tela junto al borde derecho del prensatelas. Existen prensatelas de cuarto de pulgada con o sin guía (p. 73).

Prensatelas para reglas
Normalmente es un prensatelas circular, abierto en el centro, con *paredes* de 6,4 mm (¼in) de alto para proteger la aguja. Se usa para apoyar con seguridad las reglas al acolchar a máquina (p. 167).

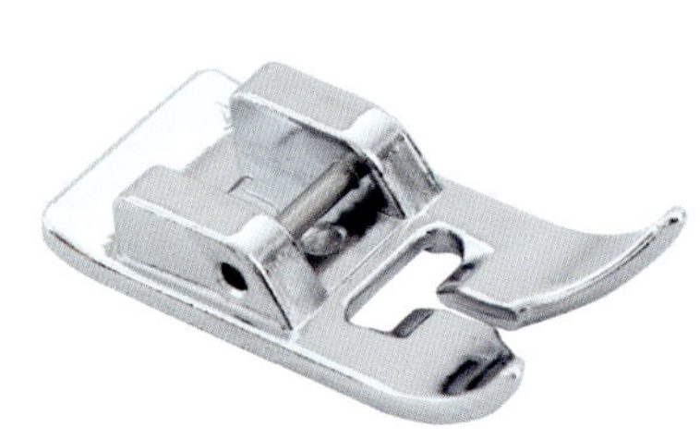

Prensatelas universal
Con una abertura ancha para que pase la aguja y marcas para márgenes de costura comunes, este prensatelas se puede usar para muchos tipos de costura.

Prensatelas para acolchado en movimiento libre
Prensatelas abierto ovalado o circular que permite ver la costura mientras se cose en cualquier dirección, también conocido como prensatelas para zurcir y bordar (p. 166).

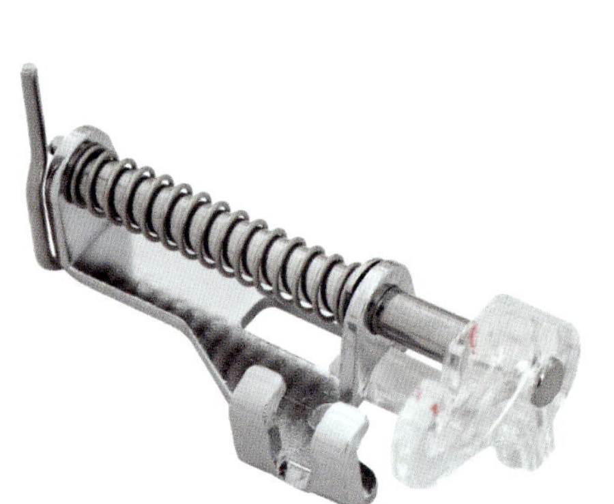

Prensatelas andador y guía de barra
Lleva un conjunto de dientes de arrastre para guiar la tela de la cubierta del quilt mientras avanzan los dientes de arrastre de la máquina por debajo. Úsalo con una guía de barra acoplable para espaciar las líneas de acolchado (p. 164).

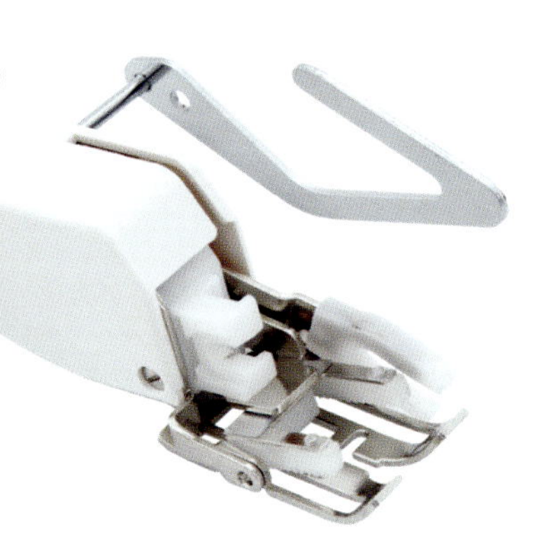

Mesa de extensión
Normalmente de plástico, proporciona una mayor superficie para la tela al nivel de la base de la máquina durante el montaje de piezas o el acolchado.

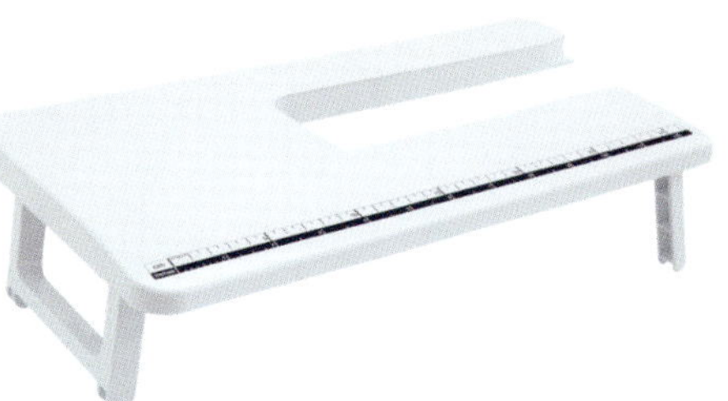

Canilla
Contiene el hilo inferior, que forma las puntadas de la parte inferior de la tela. Adapta el tipo de canilla a las especificaciones de tu máquina.

Guía de costura
Proporciona un borde para mantener la tela alineada durante el montaje; puede ser magnética o atornillable a la base de la máquina.

Cinta *washi*
Cinta adhesiva de papel de arroz que se puede pegar en la placa de agujas y/o la base de la máquina para lograr costuras precisas con un margen de 6,4 mm (¼ in).

AGUJAS DE MÁQUINA

Las hay de varios tipos, como afiladas o con punta redondeada, y su tamaño determina su uso principal. El tamaño de la aguja se identifica con dos números, que se refieren ambos al diámetro del tronco. Cambia la aguja de la máquina con frecuencia, ya que se desafila fácilmente.

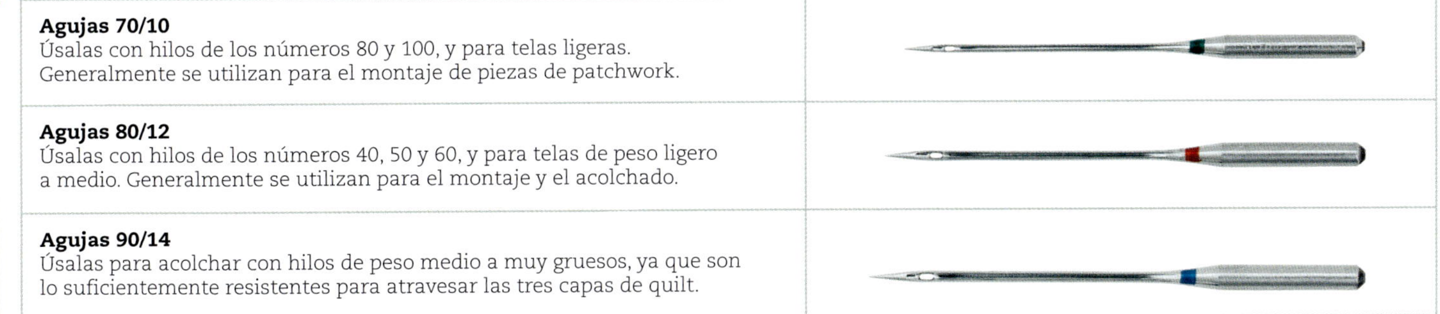

Agujas 70/10 Úsalas con hilos de los números 80 y 100, y para telas ligeras. Generalmente se utilizan para el montaje de piezas de patchwork.	
Agujas 80/12 Úsalas con hilos de los números 40, 50 y 60, y para telas de peso ligero a medio. Generalmente se utilizan para el montaje y el acolchado.	
Agujas 90/14 Úsalas para acolchar con hilos de peso medio a muy gruesos, ya que son lo suficientemente resistentes para atravesar las tres capas de quilt.	

MÁQUINA DE ACOLCHAR DE BRAZO LARGO

Las máquinas de acolchar de brazo largo tienen un espacio de paso más amplio para acolchar grandes áreas de una sola vez y se manejan manualmente o por ordenador. En lugar de hilvanar el sándwich del quilt a la manera tradicional, la cubierta, el relleno y el forro se tensan por separado en las barras del bastidor. Muchas personas recurren a los servicios de profesionales que disponen de estas máquinas para realizar el acolchado.

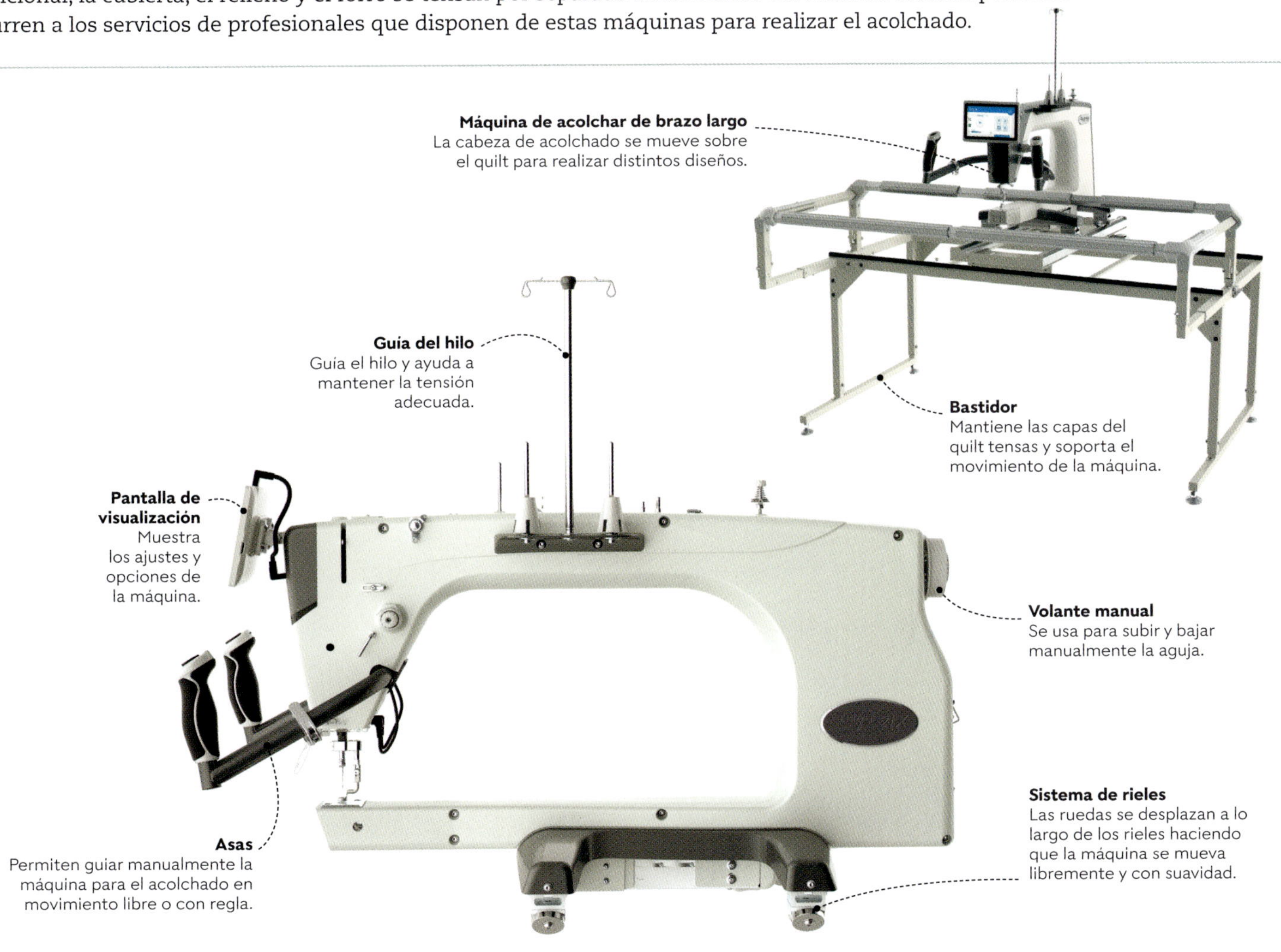

Máquina de acolchar de brazo largo
La cabeza de acolchado se mueve sobre el quilt para realizar distintos diseños.

Guía del hilo
Guía el hilo y ayuda a mantener la tensión adecuada.

Bastidor
Mantiene las capas del quilt tensas y soporta el movimiento de la máquina.

Pantalla de visualización
Muestra los ajustes y opciones de la máquina.

Volante manual
Se usa para subir y bajar manualmente la aguja.

Sistema de rieles
Las ruedas se desplazan a lo largo de los rieles haciendo que la máquina se mueva libremente y con suavidad.

Asas
Permiten guiar manualmente la máquina para el acolchado en movimiento libre o con regla.

MATERIALES

Telas

La dirección de la urdimbre (hilo o recto hilo), de la trama (contrahílo) y el bies o sesgo, son relevantes principalmente a la hora de cortar la tela, mientras que el número de hilos y el peso (o grosor) de la tela son importantes para elegir los hilos (p. 24) y las agujas (p. 28).

DIRECCIÓN DEL HILO

La dirección de los hilos de la urdimbre de un tejido, que van paralelos a los orillos y son más fuertes, se llama hilo o recto hilo, mientras que los hilos de la trama, perpendiculares a los orillos, crean el contrahílo. Cortar al hilo o al contrahílo significa cortar a lo largo de una u otra de estas líneas.

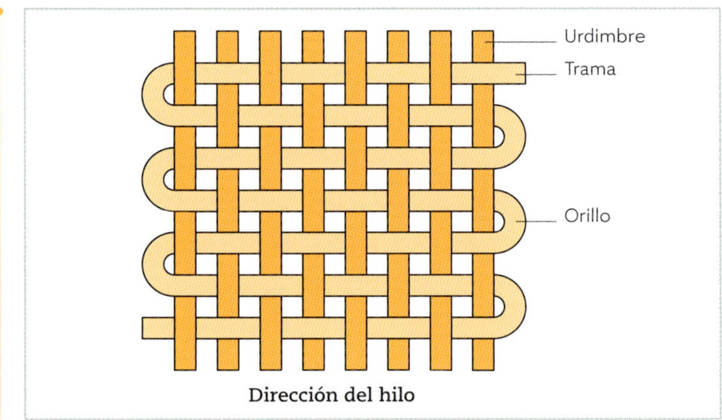

Dirección del hilo

BIES

La línea de bies atraviesa en diagonal las líneas del hilo y el contrahílo, y el corte al bies es más elástico. Algunas piezas, como las curvas (p. 104) y los triángulos complementarios (p. 95), tienen bordes al bies. Las telas no deben estirarse durante el montaje y el acolchado; usa almidón al preparar la tela (p. 67) y haz una costura de refuerzo (p. 151) para evitar que los bordes al bies se estiren.

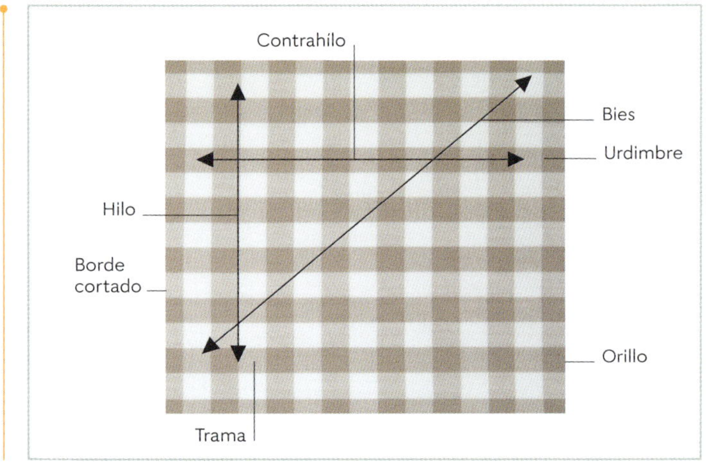

NÚMERO DE HILOS Y PESO

El número de hilos es la cantidad de hilos de urdimbre y trama por pulgada cuadrada de una tela, que varía según el grosor del hilo y la fibra. El peso de la tela (su grosor) se mide en gramos por metro cuadrado u onzas por yarda cuadrada. El peso afecta a la durabilidad y determina qué hilos y agujas usar.

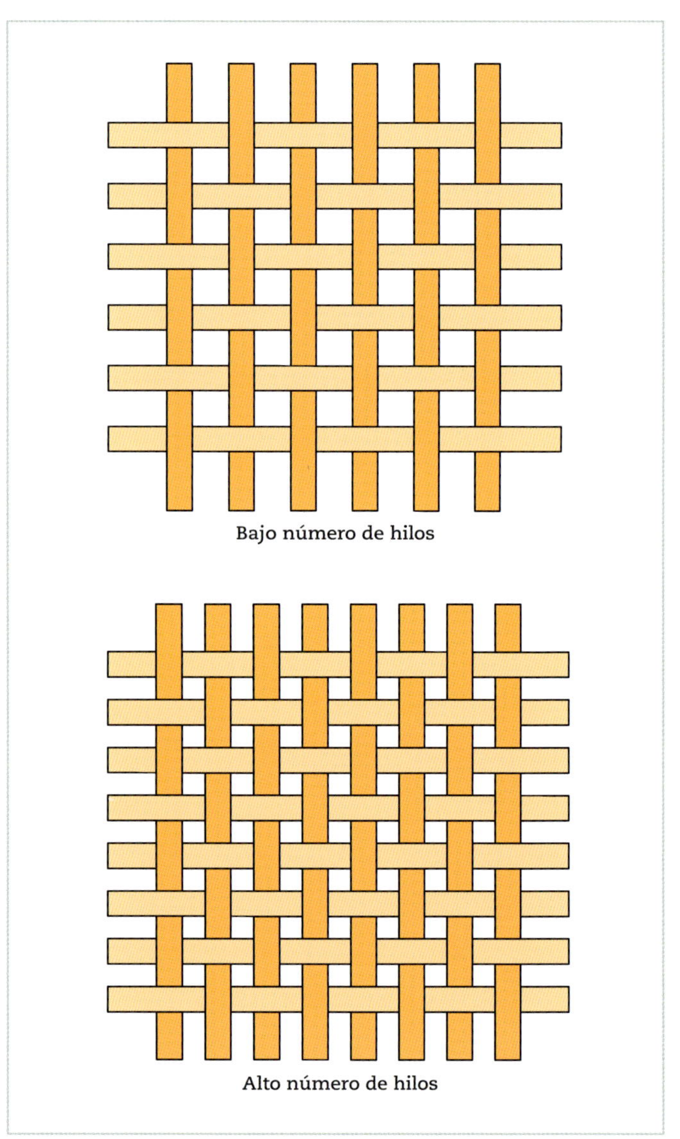
Bajo número de hilos

Alto número de hilos

TELAS PARA ACOLCHADO COMUNES

Aunque para hacer un quilt se puede utilizar casi cualquier tejido, las telas que se muestran a continuación son las más comunes. Todas ellas son versátiles, de peso ligero a medio y no se estiran.

ALGODÓN PARA ACOLCHADO

Tela firme y tupida de 100% algodón, diseñada específicamente para el acolchado. Es lo suficientemente estable para mantener su estructura al cortarla en piezas pequeñas, pero lo bastante ligera para facilitar la costura.

Ancho de la tela: 101,6–111,8 cm (40–44 in); el ancho estándar es 106,7 cm (42 in)

Peso: ligero a medio

Se usa para: todo el quilt

Notas: el peso y la textura varían mucho según el fabricante; prueba distintas variedades para encontrar la que más te guste

ALGODÓN TORNASOLADO

Tela tejida con hilos de dos colores diferentes, uno para la urdimbre y otro para la trama, que al combinarse crean el que parece ser un nuevo color. Suele ser menos tupida que el algodón para acolchado y a menudo se elige para añadir profundidad y textura en lugar de un color liso.

Ancho de la tela: 101,6–121,9 cm (40–48 in)

Peso: ligero a medio

Se usa para: todo el quilt

Notas: se deshilacha; para coser, usa un largo de puntada menor; su aspecto puede ser direccional debido a los diferentes colores de urdimbre y trama

LINÓN

Esta tela de tejido abierto y texturizado de 100% lino, o de mezcla de lino y algodón, aporta interés y suavidad. Existe en colores lisos, estampada y en variedades teñidas a mano.

Ancho de la tela: 101,6–228,6 cm (40–90 in)

Peso: ligero a medio

Se usa para: todo el quilt

Notas: tiende a deshilacharse; para coser, usa un largo de puntada menor; ten en cuenta que encoge mucho

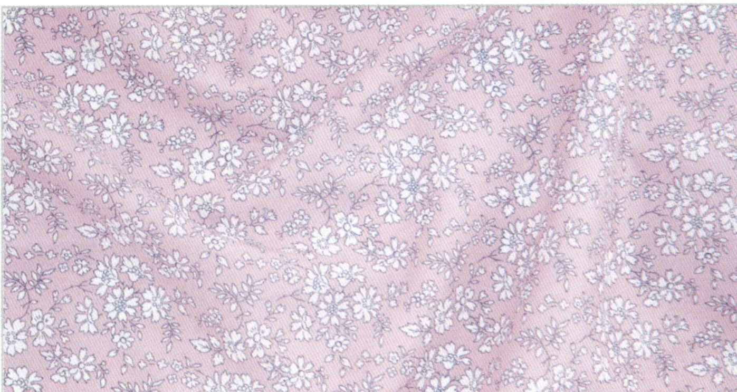

BATISTA

Con un alto número de hilos y una textura tupida, normalmente de 100% algodón, es una tela ligera semitransparente y con un tacto sedoso debido a la finura de las fibras.

Ancho de la tela: 101,6–152,4 cm (40–60 in)

Peso: ligero

Se usa para: todo el quilt; muy apreciada para el MSP (p. 124)

Notas: considera usar almidón para darle estabilidad; utiliza una aguja más fina y afilada para no dañar la tela

TELAS PARA ACOLCHADO POCO COMUNES

Desde siempre, las personas que elaboran quilts utilizan lo que tienen a mano, y a veces lo que tienen no es algodón estándar para acolchado. Su creatividad les lleva a elegir telas únicas e inesperadas que aportan carácter y originalidad a cada quilt. Ten cuidado al trabajar con telas de varios tipos, ya que cada una puede requerir diferente preparación (pp. 66–67).

GASA DOBLE

Tela ligera y de textura abierta compuesta por dos capas de gasa fina que puede producir una colcha suave y acogedora. Lávala previamente para que encoja antes de usarla.

Ancho de la tela: 101,6–152,4 cm (40–60 in)

Peso: ligero

Se usa para: forros de quilt y colchas para bebé

Notas: es muy exigente; usa pinzas para acolchado en lugar de alfileres (p. 78) y trata de evitar deshacer costuras (p. 79); plánchala y usa almidón

DOBBY

Tejido suave caracterizado por pequeñas motas en relieve, a menudo de formas geométricas, que crean un motivo regular. Las telas de este tipo aportan textura, aunque a menudo se consideran como si fueran de color liso.

Ancho de la tela: 101,6–152,4 cm (40–60 in)

Peso: ligero a medio

Se usa para: todo el quilt

Notas: considera usar almidón para añadirle estabilidad; para coser, usa un largo de puntada menor

CHAMBRAY

Tejido normalmente de 100 % algodón, con los hilos de la urdimbre de color y los de la trama blancos. Aunque se parece mucho al denim, el tejido y el peso más ligero del chambray hacen que sea una buena elección para añadir textura a los quilts.

Ancho de la tela: 101,6–152,4 cm (40–60 in)

Peso: ligero a medio

Se usa para: todo el quilt

Notas: destiñe; considera lavarla previamente

FRANELA

Tela de algodón, lana o fibras sintéticas y muy suave, que se fabrica en colores lisos o estampada, a menudo de cuadros. Es más gruesa que otras telas para acolchado y se suele utilizar para añadir calidez y comodidad a los quilts.

Ancho de la tela: 101,6–274,3 cm (40–108 in)

Peso: de medio a grueso

Se usa para: forros de quilt y colchas de una sola pieza

Notas: destiñe y encoge mucho; considera lavarla previamente

BATIK

Se denomina batik el método de teñido de telas en el que se utiliza cera resistente al tinte para crear diseños vivos y a menudo complejos. Las telas batik son más tupidas y tienen un tacto más rígido que el algodón para acolchado.

Ancho de la tela: 101,6–304,8 cm (40–120 in)

Peso: medio

Se usa para: todo el quilt

Notas: destiñe; es difícil de trabajar a mano

TELAS TEÑIDAS A MANO

Algunas personas prefieren teñir ellas mismas las telas para sus quilts, a menudo de algodón para acolchado o linón, con tintes sintéticos o naturales. Las telas pueden teñirse de un solo color para producir un color liso o con varios colores y otras técnicas, como el teñido con hielo, para crear motivos.

Ancho de la tela: 101,6–111,8 cm (40–44 in)

Peso: ligero a medio

Se usa para: todo el quilt

Notas: lava la tela previamente para fijar el tinte y evitar que destiña

TELAS REUTILIZADAS

Ya sean recuperadas de otra colcha, de un armario o de una tienda de segunda mano, muchas telas pueden reciclarse y usarse para hacer nuevos quilts. El popelín de las camisas, las sábanas *vintage* y el denim son algunos de los tipos de tela más populares para reutilizar en quilts.

Ancho de la tela: varía según el tipo de tela

Peso: varía según el tipo de tela

Se usa para: todo el quilt

Notas: ten en cuenta que las telas se comportan de manera diferente y algunas pueden ceder, encoger o desteñir

MUSELINA

Es una tela versátil, de tejido medio a abierto, disponible en una gran variedad de tipos y pesos, generalmente de algodón natural sin blanquear. Una muselina ligera y lisa, similar al linón, suele ser asequible y se usa para practicar el montaje y para forros de quilt.

Ancho de la tela: 101,6–304,8 cm (40–120 in)

Peso: ligero a medio

Se usa para: practicar y confeccionar forros de quilt

Notas: en las variedades de calidad baja a media, la textura es áspera; encoge; considera lavarla previamente

Cortes de tela estándar

Los patrones de quilts suelen indicar la cantidad de tela necesaria. La tela se vende a menudo en múltiplos de un cuarto de metro o de yarda, así como precortada en tamaños estándar. El ancho de la tela varía, pero en el acolchado, el ancho estándar, o AT, es de 106,7 cm (42 in). Algunas telas se fabrican en doble ancho, que generalmente mide 274 cm (108 in) de orillo a orillo y se usa principalmente para el forro de los quilts.

METROS Y YARDAS

Tanto para comprar por internet o en persona, decide cuánta tela necesitas. En este libro, la cantidad de tela (la longitud de la tela cortada del rollo o la pieza) se da en metros (m) o yardas (yds). La cantidad de tela en metros o en yardas se mide a lo largo del orillo, mientras que el ancho de la tela (AT) se mide de orillo a orillo y no varía dentro de una pieza de tela. Los patrones de los quilts normalmente dan por supuesto que el AT es de 106,7 cm (42 in).

- **0,25 metros o ¼ de yarda** Mide 25 cm (9 in) × AT
- **0,5 metros o ½ yarda** Mide 50 cm (18 in) × AT
- **Por metro o yarda** Mide 100 cm (36 in) × AT
- **Doble ancho (no incluido en la ilustración)** La tela de doble ancho, usada sobre todo para el forro de los quilts, normalmente mide 274 cm (108 in) de orillo a orillo y también se vende por metros o yardas

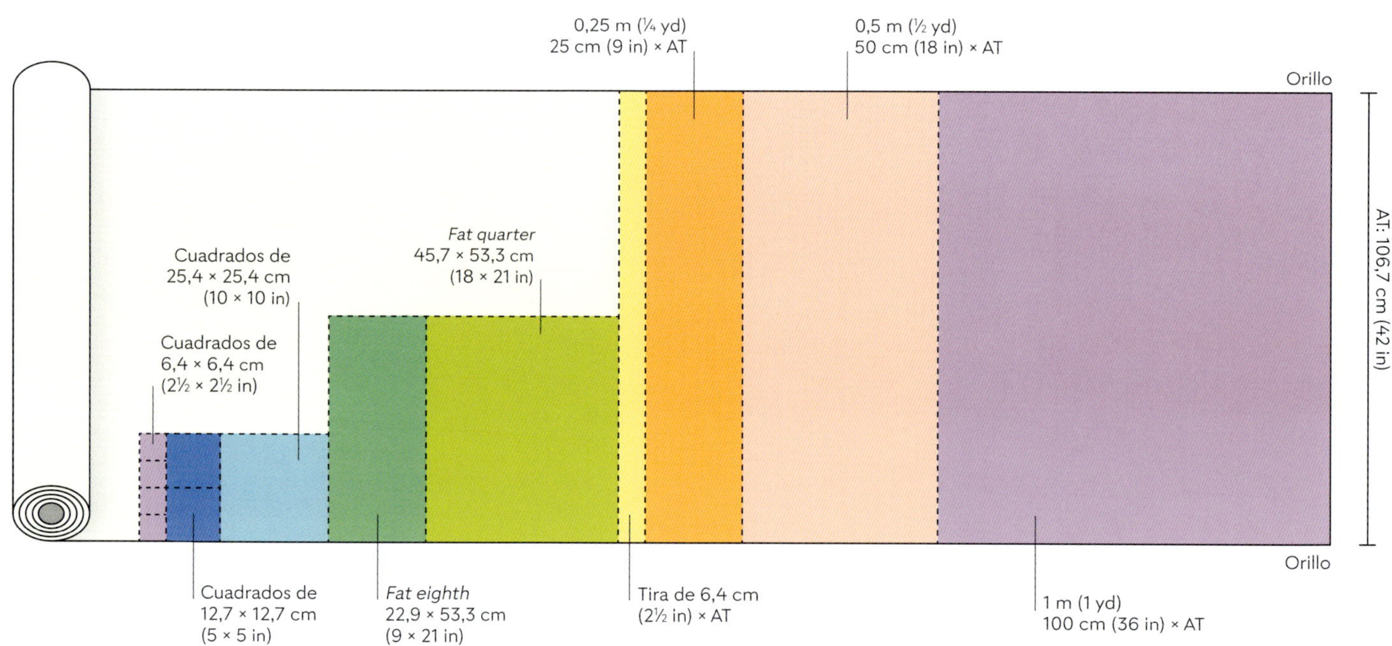

PRECORTADOS

Versátiles y prácticos, los precortados son piezas de tela que han sido cortadas en tamaños estándar por el fabricante o la tienda de telas y se venden en paquetes que normalmente contienen un surtido de varias telas. Algunas tienen un borde cortado en zigzag para reducir el deshilachado. El nombre de cada tipo de precortado y el número de piezas de cada conjunto varían, pero los tamaños de las piezas son siempre los mismos.

▶ RETALES

Cualquier trozo de tela que quede después de cortar todas las piezas de un quilt se llama retal. A menudo, los retales pueden reutilizarse para otros patrones. Algunas personas prefieren cortar sus retales en tamaños estándar para organizarse, mientras que otras usan los retales a medida que los necesitan (p. 65).

Relleno

El relleno es la capa interna de un sándwich de quilt, situada entre la cubierta y el forro para darle volumen, peso y calidez. Existen muchos tipos de relleno, fabricados con diferentes fibras y con distintas propiedades. La guata para acolchado se vende en piezas precortadas y empaquetadas de los tamaños estándar de camas y quilts (p. 49) o en rollo, lo cual permite cortarla a la medida.

PROPIEDADES DE LA GUATA

Las propiedades del relleno de guata determinan el aspecto del quilt terminado y si resulta más o menos suave y mullido o denso y cálido. Presta atención a las instrucciones del embalaje de la guata para la preparación del relleno, el acolchado y el cuidado del quilt.

VOLUMEN

El volumen está determinado por el grosor o espesor de la guata. Un volumen alto corresponde a una guata gruesa y esponjosa, que aporta altura y definición al quilt, mientras que un volumen bajo indica una guata más delgada, a veces más densa, que se ve más plana.

GUATA PUNZONADA

Algunas guatas han sido punzonadas con miles de agujas para ayudar a que las fibras se entrelacen y darles estabilidad. Se aconseja acolchar desde el mismo lado de la guata por donde entraron las agujas, lo cual es visible como hendiduras.

GASA DE ALGODÓN

Una fina capa de gasa de algodón punzonada en un lado de la guata para aportarle resistencia y estabilidad permite que las líneas de acolchado estén más separadas entre sí. Este relleno no se recomienda para el acolchado a mano, ya que la capa de gasa de algodón es difícil de atravesar con una aguja.

DIMENSIONES

Elige una guata empaquetada en un tamaño estándar o corta la que desees de tu propio rollo. La guata empaquetada es más accesible, pero a la larga sale más económico comprar rollos de guata. Corta siempre una pieza 15,2 cm (6 in) más grande que la cubierta de tu quilt para tener margen. Consulta en la p. 281 los tamaños de relleno.

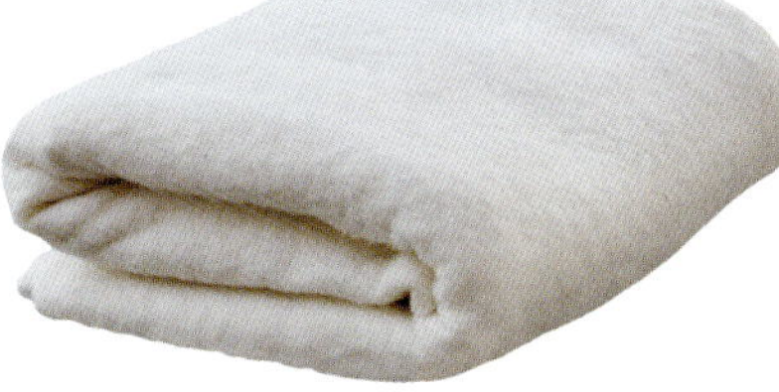

TIPOS DE GUATA

La guata se fabrica en varios tipos de fibras. A la hora de elegir el relleno, ten en cuenta cómo se usará y cuidará el quilt.

100 % ALGODÓN

La guata de algodón es el tipo de relleno más común. Puede ser natural o cruda, que es de color crema y normalmente contiene motas (las semillas del algodón), o blanqueada, que es blanca.

Propiedades: cálida y transpirable; a menudo de volumen bajo o medio y peso ligero a medio

Ventajas: es una fibra natural; normalmente se puede lavar y secar a máquina

Inconvenientes: encoge; mantiene pliegues; las versiones naturales pueden contener semillas

100 % POLIÉSTER

La guata de poliéster está hecha de fibras sintéticas, que la hacen resistente al moho y los hongos. Es una buena opción para personas alérgicas.

Propiedades: cálida y duradera; volumen medio a alto y ligera

Ventajas: no encoge; resistente a arrugas y pliegues; económica; normalmente se puede lavar y secar a máquina

Inconvenientes: sin fibras naturales; no transpira bien

MEZCLA DE ALGODÓN Y POLIÉSTER

Una opción popular por su disponibilidad y precio asequible, reúne las mejores características tanto de la guata de algodón como de la de poliéster.

Propiedades: cálida y duradera; volumen medio a alto y peso ligero a medio

Ventajas: generalmente resistente a los pliegues; apta para el acolchado a máquina y a mano; normalmente se puede lavar y secar a mano

Inconvenientes: no es una fibra natural; encoge ligeramente

NEGRA

Disponible en mezclas de algodón y poliéster o en 100% poliéster, la guata negra se aconseja para cubiertas de quilt con mucho contraste o de colores oscuros.

Propiedades: cálida y duradera; volumen medio a alto y peso ligero a medio

Ventajas: mayormente resistente a los pliegues; apta para acolchar a máquina y a mano; normalmente se puede lavar y secar a máquina

Inconvenientes: encoge ligeramente

LANA

La guata de lana está hecha de fibras naturales de lana unidas entre sí. Se fabrica en lana 100% o mezclada con otras fibras.

Propiedades: muy suave y cálida; volumen medio a alto y peso ligero a medio

Ventajas: es una fibra natural; resistente a los pliegues; ideal para el acolchado a mano y para dar definición a las costuras de acolchado

Inconvenientes: encoge; el volumen puede ser inconsistente; costosa; puede que no sea lavable a máquina, según el método de fabricación

BAMBÚ

El relleno de bambú es una opción natural, apta para personas alérgicas. Se fabrica en bambú 100% o mezclado con otras fibras.

Propiedades: suave y transpirable; volumen bajo a medio y peso ligero

Ventajas: es una fibra natural; ideal para el acolchado a máquina y a mano; normalmente se puede lavar y secar a máquina

Inconvenientes: encoge ligeramente; disponibilidad limitada y precio alto

GUATA ESPONJOSA DE POLIÉSTER

El relleno de guata esponjosa normalmente es de fibra de poliéster y se utiliza para rellenar almohadas y quilts de tipo edredón (pp. 250–255). No se recomienda usarlo en lugar de la típica guata para quilts.

Propiedades: volumen muy alto y peso de ligero a medio

Ventajas: no encoge; es económica; normalmente se puede lavar y secar a máquina

Inconvenientes: no es de fibra natural; tiende a apelmazarse

GUATA TERMOADHESIVA

La guata termoadhesiva tiene una fina capa de pegamento que le permite adherirse temporalmente a la tela aplicando calor. Se utiliza a menudo para quilts pequeños. No se recomienda para el acolchado a máquina.

Propiedades: disponible en algodón o mezclas de algodón y poliéster; volumen bajo a medio y peso de ligero a medio

Ventajas: elimina la necesidad de hilvanar; apta para el acolchado a máquina; normalmente se puede lavar y secar a máquina

Inconvenientes: disponibilidad limitada de tipos y tamaños

Entretela y ribete

Aunque la entretela y el ribete desempeñan funciones distintas, ambos aportan estabilidad y durabilidad a los quilts. La entretela es un material que se usa para proporcionar firmeza o estructura a la tela, mientras que el ribete remata los bordes de un sándwich de quilt y enmarca el conjunto.

ENTRETELA

La entretela se utiliza sobre todo para aplicaciones (p. 135) y para reparar quilts (p. 184). Aunque existen entretelas de muchos tipos, la entretela tejida es la más adecuada para el acolchado, ya que se adapta mejor a las telas para quilt habituales. Elige una entretela más ligera que la tela a la que se va a unir.

TERMOADHESIVA

La entretela termoadhesiva, o de planchar, se adhiere a la tela aplicando calor. Es útil para mantener unidas piezas de aplicaciones.

COSIDA

La entretela cosida debe unirse a la tela ya sea con un hilván o basta temporal o con las costuras. Es útil para forrar aplicaciones y quilts pequeños.

RIBETE

Un ribete es una tira de piezas de telas cosidas, de la misma longitud que el perímetro del quilt y normalmente de 5,1–6,4 cm (2–2½ in) de ancho, que se dobla por la mitad a lo largo y se plancha antes de coserla para cubrir completamente todos los cantos de un quilt (pp. 172–182).

AL HILO Y AL BIES

Ribete al hilo: ribete continuo hecho de tiras cortadas a contrahílo

Ribete al bies: ribete continuo hecho de tiras cortadas al bies diseñado para estirarse alrededor de bordes curvos

TÉCNICAS

Primeros pasos

Esta sección contiene la información básica que necesitas para prepararte para el éxito al comenzar tu aventura en el mundo del acolchado. Aprende qué es lo que hace que un quilt sea un quilt y a elegir las telas, y luego a preparar, medir y cortar las telas de manera segura y precisa. Prepara tus herramientas para el montaje a máquina o a mano y practica cómo prender con alfileres y cómo descoser y planchar costuras. Estudia toda esta sección para adquirir los conocimientos básicos antes de pasar a otras técnicas.

Elegir el tamaño del quilt

Los quilts pueden ser de cualquier forma o tamaño, según las preferencias personales, pero las medidas estándar suelen coincidir con los tamaños de colchón y de guata preempaquetada (p. 281).

COMPARACIÓN DE TAMAÑOS DE QUILT

Para hacer un cubrecama para un colchón específico, primero mide la cama, con un margen adicional para que cuelgue por los lados y luego considera añadir bordes para ajustar el tamaño si fuera necesario (p. 147). Consulta la ilustración siguiente para determinar qué tamaño se adapta mejor a tus necesidades.

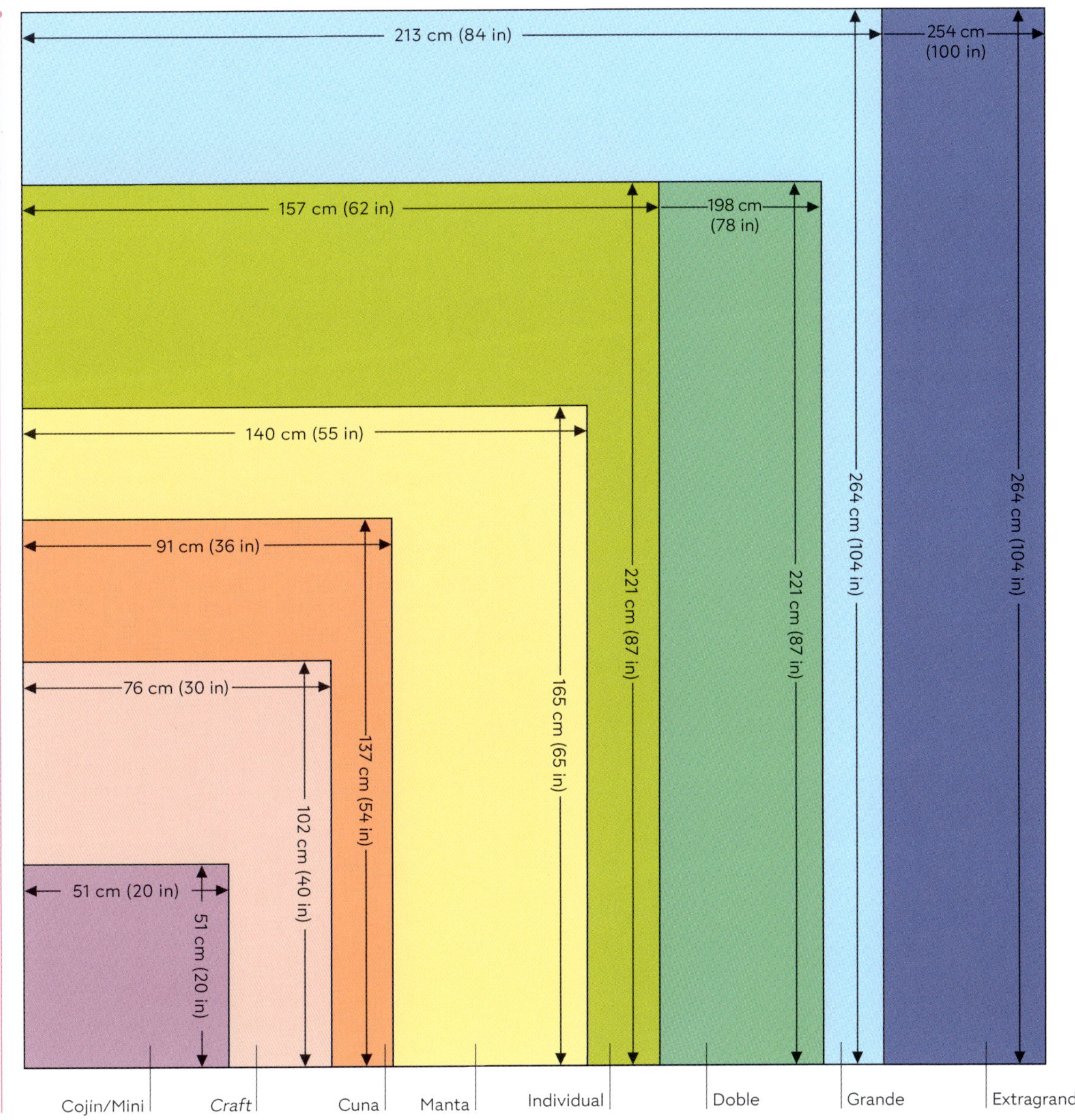

Los componentes de un quilt

Un quilt se compone de cinco elementos fundamentales: la cubierta, el relleno, el forro, el acolchado y el ribete. La cubierta muestra el diseño, el relleno aporta calidez y volumen, y el forro completa el quilt. El acolchado mantiene unidas las capas del sándwich del quilt –la cubierta, el relleno y el forro–, y el ribete asegura los bordes exteriores.

SÁNDWICH DE QUILT

El conjunto de las tres capas principales que componen un quilt (la cubierta, el relleno y el forro), recibe el nombre de sándwich. Estas capas se apilan como las de un sándwich (pp. 150–159) antes de ser acolchadas y ribeteadas para formar un quilt terminado.

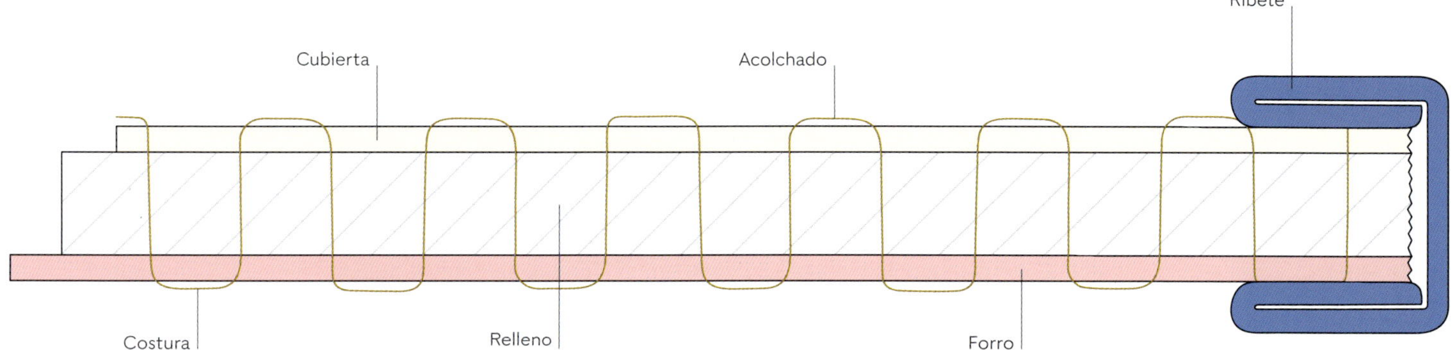

CUBIERTA

La cubierta suele ser el punto focal del quilt, ya que muestra a menudo un diseño de patchwork. Una cubierta puede estar compuesta por piezas ensambladas mediante técnicas de montaje tradicional, libre, MBP, MSP o aplicación (pp. 82–147), o ser una sola pieza de tela.

RELLENO

El relleno es la capa situada entre la cubierta y el forro que proporciona calidez, añade volumen y da una sensación mullida al quilt. Generalmente se usa un relleno de guata de algodón 100 % o una mezcla de algodón, poliéster, lana o bambú (pp. 42–44).

FORRO

El forro es la capa de tela de la parte inferior, o posterior, del quilt, al que proporciona estabilidad. Puede confeccionarse con diversos materiales, y a menudo es necesario montar varios cortes de tela para que sea lo suficientemente grande (pp. 153–155).

ACOLCHADO

El acolchado, realizado a máquina o a mano, consiste en coser a través de las tres capas del sándwich para mantenerlas unidas. Este proceso añade textura y complementa el diseño general del quilt (pp. 160–171).

RIBETE

El ribete (pp. 172–181) es el material cosido alrededor del perímetro para ocultar los cantos (bordes sin rematar) de la cubierta, el relleno y el forro. El ribete puede contrastar o combinar con la cubierta y el forro.

▲ Los componentes de un quilt
Esta ilustración muestra los cinco componentes de un quilt. Consulta el Muestrario de bloques básicos (pp. 188–195) para obtener instrucciones sobre cómo confeccionar esta cubierta.

Comprender los patrones de quilts

Los patrones de quilts proporcionan una guía para hacer una colcha u otro artículo acolchado de principio a fin y, aunque su contenido puede variar, muchos contienen elementos similares y siguen una estructura estándar. Lee los patrones detenidamente antes de comenzar.

PORTADA

La portada destaca el nombre del patrón, una foto o un dibujo del quilt terminado y detalles como el/los tamaño(s) final(es), información sobre el diseñador y el nivel de dificultad. Si el patrón está diseñado para retales precortados (p. 41), el tipo puede aparecer aquí.

TELA NECESARIA

Las cantidades de tela necesarias se muestran en una tabla para que puedas reunir los materiales con anticipación. La tabla incluye los metros o yardas que se precisan para distintos tamaños de quilt y opciones de diseño. Normalmente se incluye aquí un diagrama de referencia de la tela. Las cantidades de tela adicionales u otras notas pueden aparecer debajo de la tabla.

	CUNA 114 × 152 cm (45 × 60 in)	**MANTA** 163 × 203 cm (64 × 80 in)
VERSIÓN EN FQ		
FONDO (TF)	1,5 m (1½ yds)	2,75 m (3 yds)
FLORES	6 FQ	8 FQ
TALLOS*	3 FQ	4 FQ
CENTROS**	1 FQ	1 FQ
VERSIÓN EN METROS O YARDAS		
TELA A (TF)	1,5m (1½ yds)	2,75 m (3 yds)
TELA B	1,5 m (1½ yds)	2 m (2 yds)
TELA C	0,75 m (¾ de yd)	1m (1 yd)
TELA D**	0,25 m (¼ de yd)	0,25 m (¼ de yd)
RIBETE	0,5 m (½ yd)	0,75 m (¾ de yd)
FORRO***	3,75 m (4 yds)	4,75m (5 yds)

* Se puede usar 0,25 metros (¼ de yarda).
** Cantidades necesarias exactas.
*** Las cantidades de forro incluyen 7,6 cm (3 in) adicionales en todos los lados.

PRIMEROS PASOS

Esta sección proporciona información básica y enumera los conocimientos y materiales necesarios para completar el quilt, así como abreviaturas y supuestos específicos del patrón. Normalmente se incluyen aquí enlaces a recursos digitales, como plantillas.

Supuestos comunes:

- **AT:** 106,7 cm (42 in)
- **Margen de costura:** 6,4 mm (¼ de in), si no se especifica lo contrario.
- **Instrucciones de planchado:** «planchar las costuras abiertas» o «planchar las costuras hacia un lado» pueden incluir «si no se indica lo contrario». Plancha después de coser cada costura, incluso si no se especifica en las instrucciones.

Abreviaturas y términos comunes:

- **AT:** ancho de la tela/del ancho de la tela
- **FQ:** *Fat quarter*
- **TF:** Tela de fondo
- **DD:** Derecho con derecho
- **RR:** Revés con revés
- **Derecho:** Lado destinado a ser visible
- **Revés:** Lado destinado a quedar oculto
- **TMC:** Triángulo de medio cuadrado
- **TCC:** Triángulo de cuarto de cuadrado
- **GV:** Gansos volando
- **TMR:** Triángulo de medio rectángulo
- **CC:** Cuarto de círculo
- **MC:** Medio círculo

INSTRUCCIONES DE CORTE

Las instrucciones de corte aparecen en una tabla ordenadas por tela y tamaño de quilt. En la tabla, las tiras AT se ordenan normalmente de mayor a menor, con los cortes de cada tira (p. 70) debajo, para asegurar que todas las piezas encajen dentro de la tela requerida. El número de piezas por cortar suele indicarse entre paréntesis o en negrita, y las piezas específicas pueden estar identificadas con letras y/o números. Los diagramas de corte pueden mostrar cómo disponer los cortes en una tira AT o una pieza precortada.

	TAMAÑO CUNA **45 × 60 in (114 × 152 cm)**
TELA A	Corta (2) tiras de 15,2 cm (6 in) × AT; corta en las tiras: **A1**: (8) 15,2 × 15,2 cm (6 × 6 in) **A2:** (12) 15,2 × 7,6 cm (6 × 3 in) Corta (1) tira de 7,6 cm (3 in) × AT; corta en la tira: **A2:** (4) 7,6 × 15,2 cm (3 × 6 in) (16 en total)
TELA B	Corta (1) tira de 7,6 cm (3 in) × AT; corta en la tira: **B1:** (4) 7,6 × 14 cm (3 × 5½ in) **B2:** (4) con la plantilla A
FONDO (TF)	Corta (4) tiras de 6,4 cm (2½ in) × AT; reserva (3) (**TF1**) y corta en la tira (1): **TF2:** (16) 6,4 × 6,4 cm (2½ × 2½ in)

Para cortar las telas utilizando la tabla de la izquierda, sigue estas instrucciones:

1 De la tela A, corta dos tiras AT de 15,2 cm (6 in) de ancho. Corta en estas tiras ocho cuadrados de 15,2 × 15,2 cm (6 × 6 in) (A1) y doce rectángulos de 15,2 × 7,6 cm (6 × 3 in) (A2). Luego corta una tira AT de 7,6 cm (3 in) de ancho. Corta en esta tira cuatro rectángulos de 7,6 × 15,2 cm (3 × 6 in) para tener un total de 16 A2.

2 De la tela B, corta una tira AT de 7,6 cm (3 in) de ancho. Corta en esta tira cuatro rectángulos de 7,6 × 14 cm (3 × 5½ in) (B1) y cuatro piezas (B2) usando la plantilla A.

3 De la tela de fondo (TF), corta cuatro tiras AT de 6,4 cm (2½ in) de ancho. Etiqueta tres de estas tiras AT tela como TF1 y resérvalas para utilizarlas después. Corta la tira AT restante en dieciséis cuadrados de 6,4 × 6,4 cm (2½ × 2½ in) (TF2).

INSTRUCCIONES DE ENSAMBLAJE

Las instrucciones de ensamblaje describen paso a paso técnicas de montaje de piezas, unidades y bloques, incluidas las instrucciones específicas de planchado y recorte de tela sobrante, con figuras y diagramas que ilustran la secuencia de los pasos y dónde marcar, coser y recortar la tela sobrante.

1 Marca una línea diagonal de esquina a esquina en el revés de un cuadrado TF1 con una herramienta de marcado.

2 Coloca el cuadrado TF1 marcado sobre un A1 DD.

3 Cose a 6,4 mm (¼ in) de cada lado de la diagonal marcada.

4 Corta a lo largo de la diagonal marcada para hacer dos unidades de TMC. Plancha las costuras hacia la tela más oscura.

5 Repite con todos los TF1 y A1. Recorta todas las TMC a la medida de 8,9 × 8,9 cm (3½ × 3½ in).

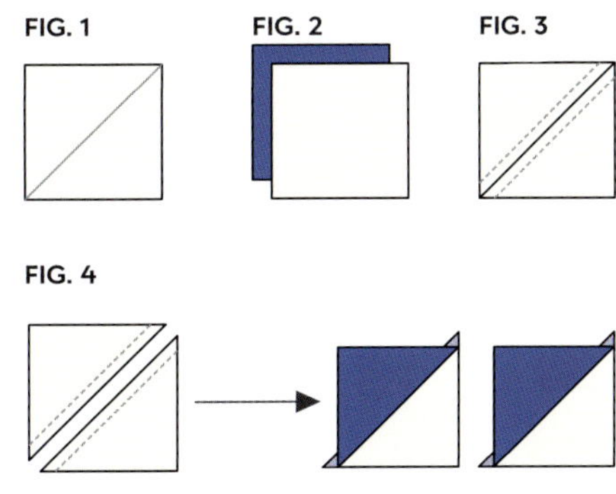

INSTRUCCIONES DE ACABADO Y APÉNDICES

En esta parte, las instrucciones son breves y generales, ya que las opciones de acabado varían según las preferencias personales. Puede que se mencionen técnicas de acabado específicas (p. 150), pero no se expliquen. A menudo se incluyen aquí, a modo de apéndice, etiquetas, que ayudan a organizarse, y páginas para colorear, digitalmente o a mano.

Página para colorear

Cálculos y fórmulas matemáticas

Las operaciones matemáticas involucradas en el acolchado, como contabilizar los márgenes de costura, a menudo parecen intimidantes. Sin embargo, puedes aplicar fórmulas estándar para calcular cómo encajar las piezas de tela, determinar la tela necesaria y escalar bloques y patrones. En esta sección, la medida horizontal de una pieza se denomina ancho, y la medida vertical, largo.

CONTABILIZAR EL MARGEN DE COSTURA

El tamaño sin terminar se refiere a las medidas de una pieza, una unidad, un bloque o una cubierta de quilt antes de coser los bordes exteriores, y el tamaño terminado es la medida final después de cosidas todas las costuras, incluidos los bordes exteriores.

TAMAÑO SIN TERMINAR Y TERMINADO

1 El tamaño sin terminar de una pieza es el tamaño que se corta al principio. Cada costura donde se unen piezas de tela ocupa 6,4 mm (¼ in) de margen de costura desde el borde de cada pieza, es decir, un total de 1,3 cm (½ in) por costura. Estos 1,3 cm (½ in) deben tenerse en cuenta al calcular los tamaños sin terminar y terminados. Para calcular el tamaño sin terminar de una sola pieza, suma 1,3 cm (½ in) tanto al ancho como al largo terminados.

tamaño sin terminar (cm) = *(ancho terminado + 1,3 cm) por (largo terminado + 1,3 cm)*

tamaño sin terminar (in) = *(ancho terminado + ½ in) por (largo terminado + ½ in)*

EJEMPLO = *(3½ in + ½ in) por (3½ in + ½ in)*
= *4 in por 4 in*

2 Para calcular el tamaño terminado de una sola pieza, resta 1,3 cm (½ in) tanto al ancho como al largo sin terminar.

tamaño terminado (cm) = *(ancho sin terminar – 1,3 cm) por (largo sin terminar – 1,3 cm)*

tamaño terminado (in) = *(ancho sin terminar – ½ in) por (largo sin terminar – ½ in)*

EJEMPLO = *(4 in – ½ in) por (4 in – ½ in)*
= *3½ in por 3½ in*

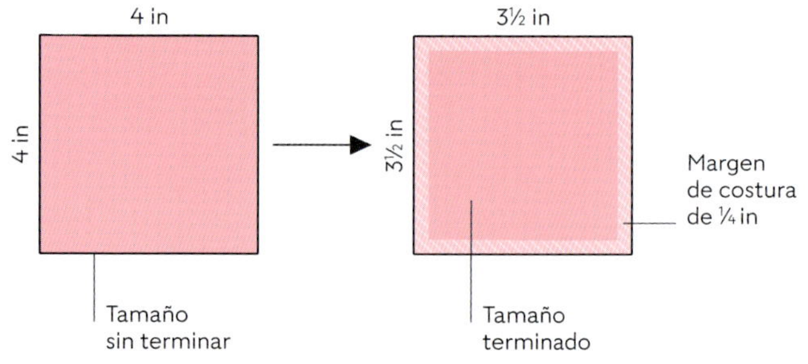

4 in
4 in
3½ in
3½ in
Margen de costura de ¼ in
Tamaño sin terminar
Tamaño terminado

3 Para calcular el ancho sin terminar de dos piezas que forman una unidad, suma el ancho sin terminar de cada pieza y luego resta 1,3 cm (½ in) para tener en cuenta la tela ocupada por el margen de costura. Usa la misma fórmula para calcular el largo sin terminar de dos piezas unidas a lo largo, sustituyendo largo por ancho.

ancho de unidad sin terminar (cm) = *(ancho sin terminar + ancho sin terminar) – 1,3 cm*

ancho de unidad sin terminar (in) = *(ancho sin terminar + ancho sin terminar) – ½ in*

EJEMPLO = *(4 in + 4 in) – ½ in*
= *8 in – ½ in*
= *7½ in*

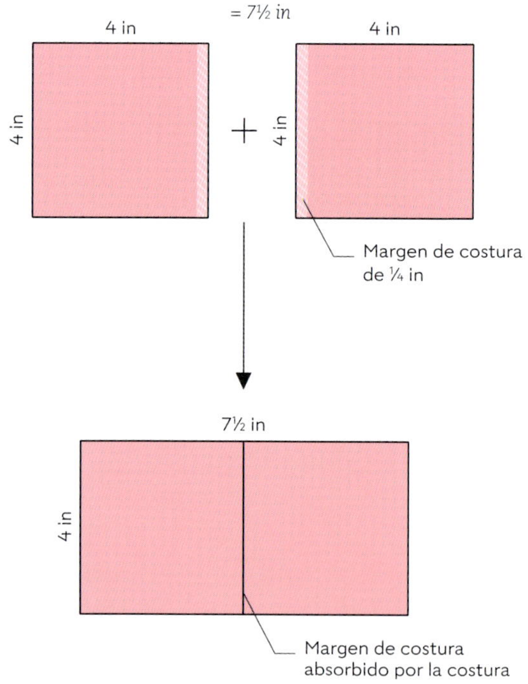

4 in
4 in
4 in
4 in
Margen de costura de ¼ in
7½ in
4 in
Margen de costura absorbido por la costura

CALCULAR TAMAÑOS DE BLOQUE O DE QUILT

1 Para calcular el ancho sin terminar de un bloque completado, suma el ancho de cada pieza en una fila. Resta 1,3 cm (½ in) por cada costura. Repite para cada fila.

ancho sin terminar del bloque (cm) = *(ancho de pieza + ancho de pieza + … ancho de pieza) – (n.º de costuras × 1,3 cm)*

ancho sin terminar del bloque (in) = *(ancho de pieza + ancho de pieza + … ancho de pieza) – (n.º de costuras × ½ in)*

EJEMPLO = *(3½ in + 6½ in + 3½ in) – (2 × ½ in)*
= *13½ in – 1 in*
= *12½ in*

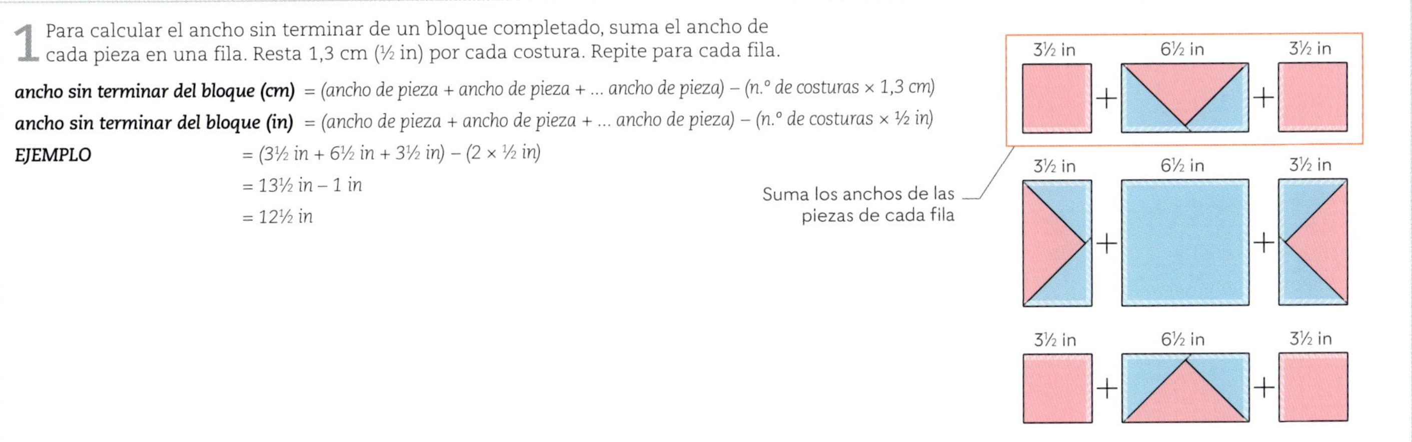

2 Para calcular el largo sin terminar de un bloque completado, suma el largo de cada pieza en una columna. Resta 1,3 cm (½ in) por cada costura. Repite para cada columna.

largo sin terminar del bloque (cm) = *(largo de pieza + largo de pieza + … largo de pieza) – (n.º de costuras × 1,3 cm)*

largo sin terminar del bloque (in) = *(largo de pieza + largo de pieza + … largo de pieza) – (n.º de costuras × ½ in)*

EJEMPLO = *(3½ in + 6½ in + 3½ in) – (2 × ½ in)*
= *13½ in – 1 in*
= *12½ in*

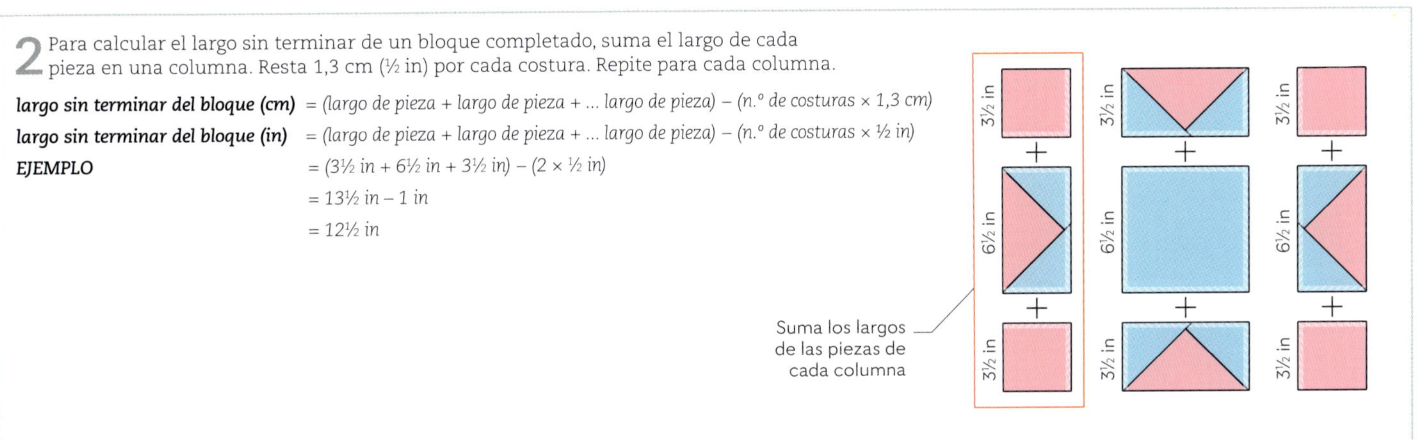

3 El tamaño sin terminar del bloque completado es el ancho sin terminar del bloque *por* el largo sin terminar del bloque.

tamaño sin terminar del bloque = *ancho sin terminar por largo sin terminar*

EJEMPLO = *12½ in por 12½ in*

4 Para calcular el tamaño terminado de un bloque completado, resta 1,3 cm (½ in) tanto al ancho sin terminar como al largo sin terminar.

tamaño terminado del bloque (cm) = *(ancho sin terminar del bloque – 1,3 cm) por (largo sin terminar del bloque – 1,3 cm)*

tamaño terminado del bloque (in) = *(ancho sin terminar del bloque – ½ in) por (largo sin terminar del bloque – ½ in)*

EJEMPLO = *(12½ in – ½ in) por (12½ in – ½ in)*
= *12 in por 12 in*

5 Para calcular los tamaños sin terminar y terminados de una cubierta de quilt completada, sigue los pasos 1 a 4, sumando las medidas sin terminar de cada bloque completado y el enmarcado si lo hubiera.

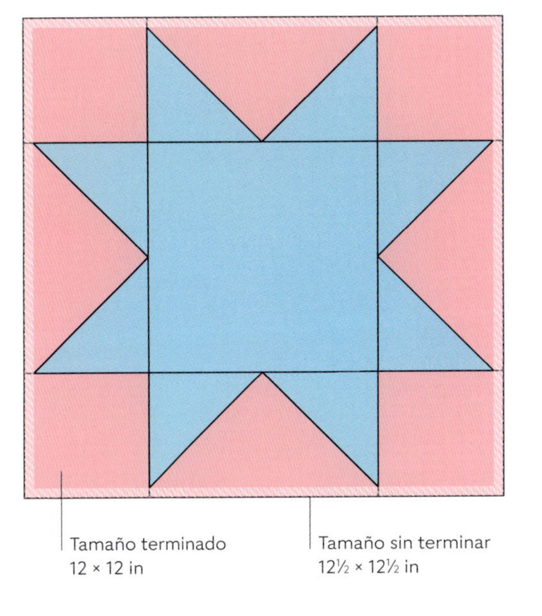

CALCULAR LA TELA NECESARIA

Al modificar patrones o crear los propios, puede hacer falta calcular de nuevo la tela necesaria. Esta sección proporciona instrucciones para determinar la cantidad necesaria de una sola tela. Consulta las tablas (pp. 280–291) para saber rápidamente cuánta tela necesitarás para varias tiras AT, el forro y el ribete.

AGRUPAR PIEZAS EN TIRAS AT

1 Determina todas las piezas necesarias de una tela. Ordénalas y agrúpalas por anchos similares. Usa estos anchos para calcular el tamaño de las tiras AT necesarias.

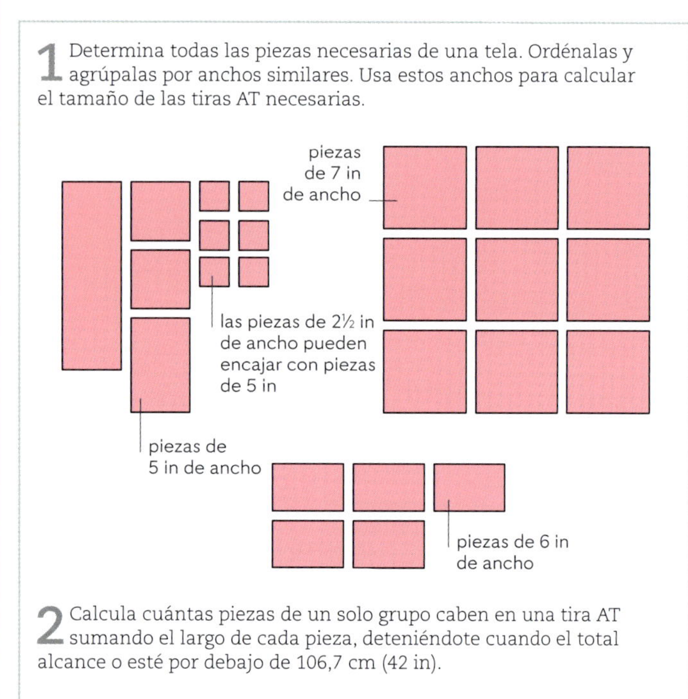

2 Calcula cuántas piezas de un solo grupo caben en una tira AT sumando el largo de cada pieza, deteniéndote cuando el total alcance o esté por debajo de 106,7 cm (42 in).

3 Las piezas agrupadas pueden caber exactamente dentro de una tira AT, ocupar varias tiras o dejar un espacio que puede llenarse con piezas de otros grupos. Prueba con distintos grupos para aprovechar al máximo cada tira AT y minimizar el desperdicio de tela.

4 En el diagrama de ejemplo, las piezas de 17,8 cm (7 in) caben en dos tiras AT, y las piezas de 15,2 cm (6 in) caben en el espacio sobrante de la segunda tira. Las piezas de 12,7 cm (5 in) caben en una tira AT, y las piezas de 6,4 cm (2½ in) caben una al lado de la otra en la misma tira.

AT

7 in 7 in 5 in

CALCULAR YARDAS Y METROS

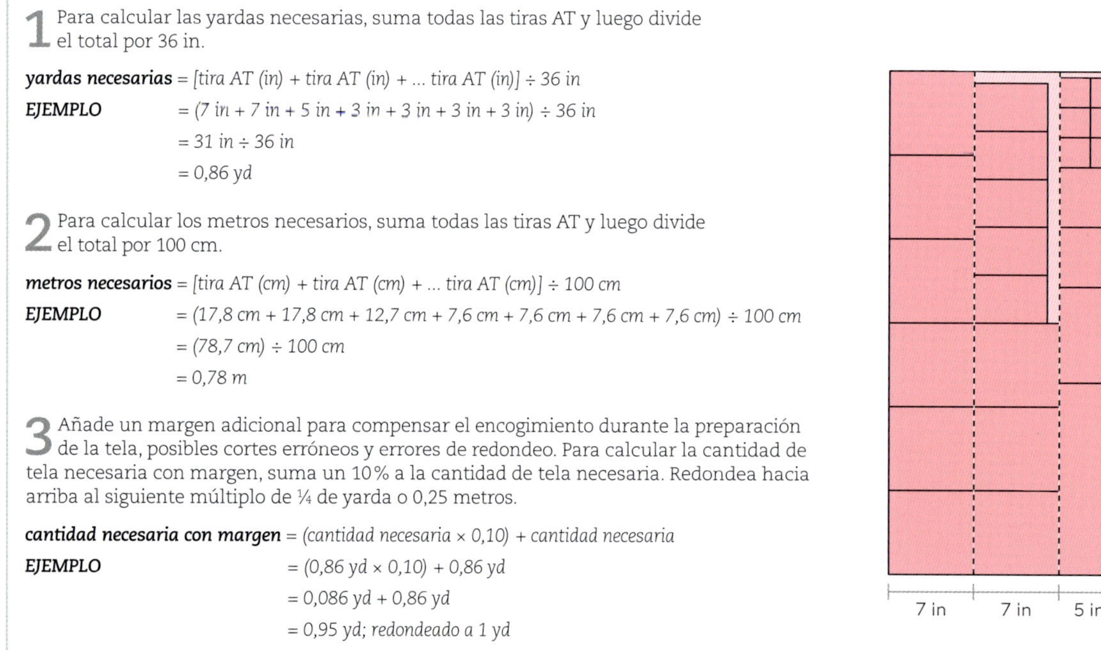

1 Para calcular las yardas necesarias, suma todas las tiras AT y luego divide el total por 36 in.

yardas necesarias *= [tira AT (in) + tira AT (in) + ... tira AT (in)] ÷ 36 in*

EJEMPLO *= (7 in + 7 in + 5 in + 3 in + 3 in + 3 in + 3 in) ÷ 36 in*
= 31 in ÷ 36 in
= 0,86 yd

2 Para calcular los metros necesarios, suma todas las tiras AT y luego divide el total por 100 cm.

metros necesarios *= [tira AT (cm) + tira AT (cm) + ... tira AT (cm)] ÷ 100 cm*

EJEMPLO *= (17,8 cm + 17,8 cm + 12,7 cm + 7,6 cm + 7,6 cm + 7,6 cm + 7,6 cm) ÷ 100 cm*
= (78,7 cm) ÷ 100 cm
= 0,78 m

3 Añade un margen adicional para compensar el encogimiento durante la preparación de la tela, posibles cortes erróneos y errores de redondeo. Para calcular la cantidad de tela necesaria con margen, suma un 10% a la cantidad de tela necesaria. Redondea hacia arriba al siguiente múltiplo de ¼ de yarda o 0,25 metros.

cantidad necesaria con margen *= (cantidad necesaria × 0,10) + cantidad necesaria*

EJEMPLO *= (0,86 yd × 0,10) + 0,86 yd*
= 0,086 yd + 0,86 yd
= 0,95 yd; redondeado a 1 yd

CALCULAR EL FORRO

1 Los forros de quilts (p. 153) deben incluir un margen adicional para compensar el desplazamiento de la tela durante el acolchado. Para acolchar a máquina o a mano, añade 15,2 cm (6 in) tanto al ancho como al largo de la cubierta del quilt; para acolchar con máquina de brazo largo, consulta a un profesional. Para calcular las dimensiones necesarias del forro, mide el ancho y el largo de la cubierta y añade 15,2 cm (6 in) a cada medida.

forro del quilt (cm) = *(ancho de la cubierta + 15,2 cm) por (largo de la cubierta + 15,2 cm)*

forro del quilt (in) = *(ancho de la cubierta + 6 in) por (largo de la cubierta + 6 in)*

EJEMPLO = *(52 in + 6 in) por (60 in + 6 in)*

= *58 in por 66 in*

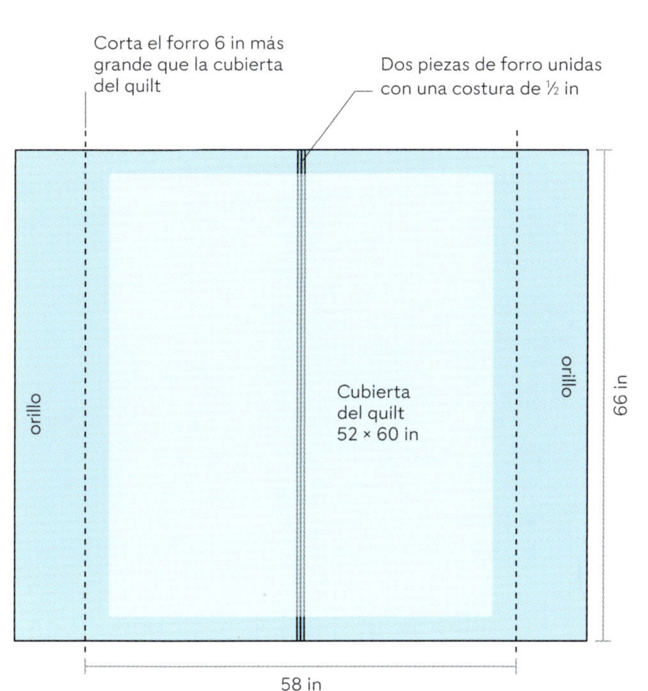

2 Una sola pieza de forro puede ser lo suficientemente ancha para algunas cubiertas de quilt más pequeñas que un AT, pero a menudo hay que unir varias piezas para obtener el ancho de forro requerido (p. 290). Utiliza siempre un margen de costura de 1,3 cm (½ in) al montar un forro de varias piezas. Para calcular el número de piezas necesarias, divide el ancho del forro entre el AT y redondea al número entero superior más cercano.

n.º de piezas del forro (cm) = *ancho del forro ÷ (AT – 1,3 cm)*

n.º de piezas del forro (in) = *ancho del forro ÷ (AT – ½ in)*

EJEMPLO = *58 in ÷ (42 in – ½ in)*

= *1,40, redondeado a 2*

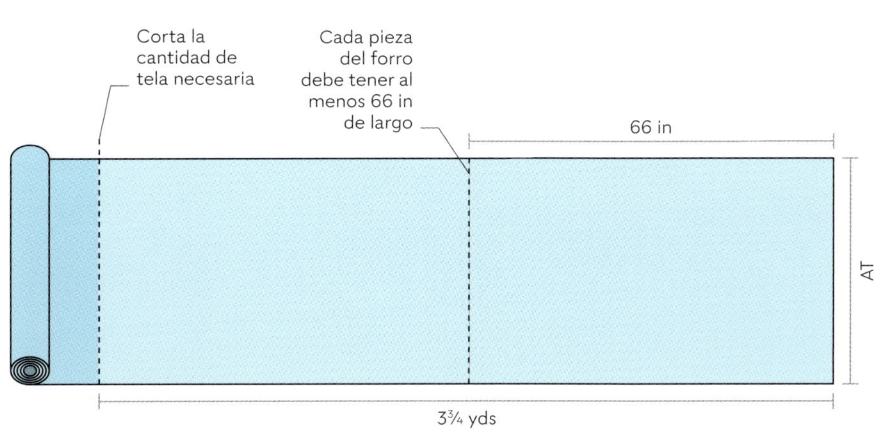

3 Para calcular la cantidad de yardas necesarias, multiplica el número de piezas del forro por el largo del forro y luego divide el total por 36 in. Redondea hacia arriba al múltiplo de ¼ de yarda más cercano.

yardas de forro = *[n.º de piezas del forro × largo del forro (in)] ÷ 36 in*

EJEMPLO = *(2 × 66 in) ÷ 36 in*

= *132 in ÷ 36 in*

= *3,66 yds, redondeado a 3,75 yds*

4 Para calcular la cantidad de metros necesarios, multiplica el número de piezas del forro por el largo del forro y luego divide el total por 100 cm. Redondea hacia arriba al múltiplo más cercano de 0,25 metros.

metros de forro = *[n.º de piezas del forro × largo del forro (cm)] ÷ 100 cm*

EJEMPLO = *(2 × 167,6 cm) ÷ 100 cm*

= *335,2 cm ÷ 100 cm*

= *3,35m, redondeado a 3,5 m*

CALCULAR EL RIBETE

1 Las cantidades de tela para el ribete se calculan a partir del perímetro del quilt y la tela adicional para los márgenes de costura, las esquinas y la unión de los extremos. Para calcular el perímetro del quilt, suma las medidas de todos los lados.

perímetro = *(ancho + ancho + largo + largo)*

EJEMPLO = *(52 in + 52 in + 60 in + 60 in)*

= *224 in*

2 Para calcular la longitud de ribete necesaria, añade 38,1 cm (15 in) a la medida del perímetro.

longitud de ribete necesaria (cm) = *perímetro + 38,1 cm*

longitud de ribete necesaria (in) = *perímetro + 15 in*

EJEMPLO = *224 in + 15 in*

= *239 in*

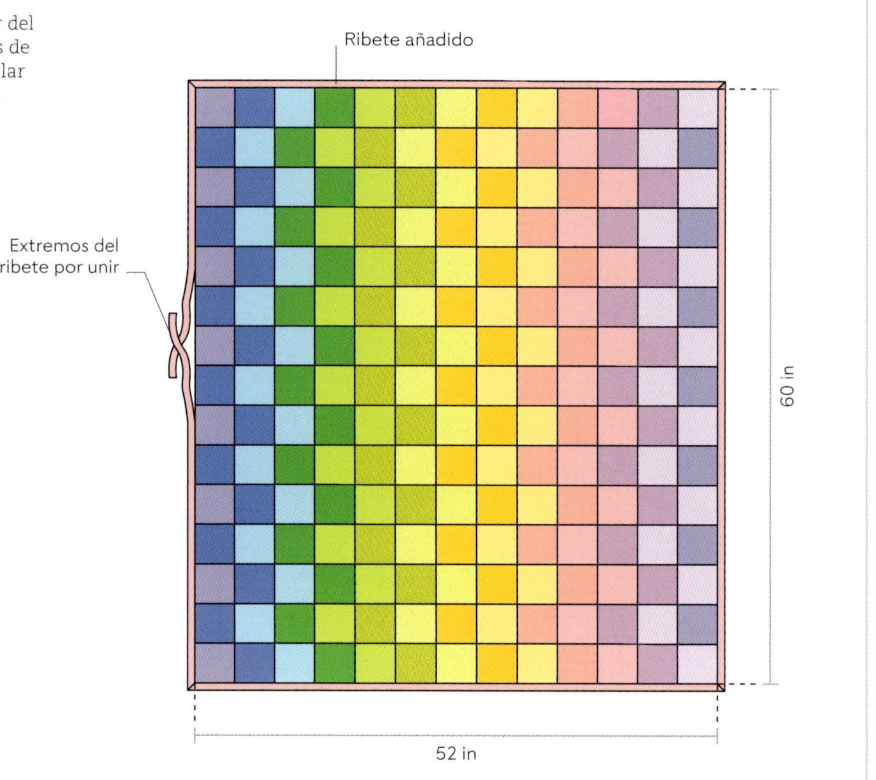

3 Para determinar el número total de tiras AT necesarias, divide la longitud de ribete necesaria entre el AT, normalmente 106,7 cm (42 in). Redondea hacia arriba al número entero más cercano.

n.º de tiras AT = *longitud de ribete necesaria ÷ AT*

EJEMPLO = *239 in ÷ 42 in*

= *5,69, redondeado a 6*

4 El ancho de ribete más habitual es de 6,4 cm (2½ in), que es el que se utiliza a lo largo de este libro. Para calcular las yardas necesarias, multiplica el número de tiras AT necesarias por el ancho deseado de la tira del ribete. Redondea hacia arriba al múltiplo de ¼ de yarda más cercano.

yardas para el ribete = *n.º de tiras AT × ancho del ribete*

EJEMPLO = *6 × 2½ in*

= *15 in, redondeado a ½ yd*

5 Para calcular los metros totales necesarios, multiplica el número de tiras AT necesarias por el ancho deseado de la tira del ribete. Redondea hacia arriba al múltiplo de 0,25 metros más cercano.

metros de ribete = *n.º de tiras AT × ancho del ribete*

EJEMPLO = *6 × 6,4 cm*

= *38,4 cm, redondeado a 0,5 m*

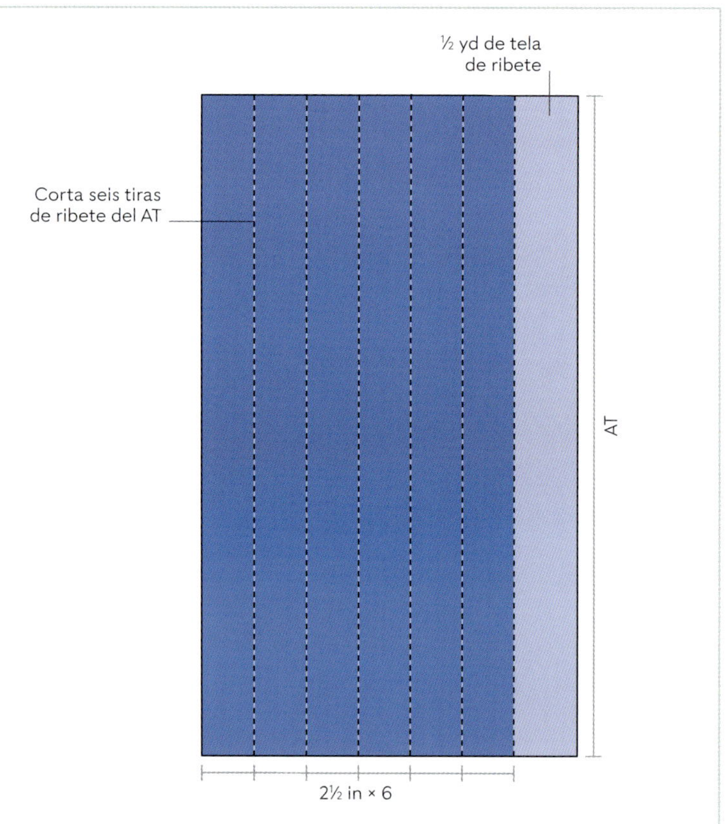

MODIFICAR PATRONES DE QUILT

Aunque los patrones de quilts a menudo contienen instrucciones para variantes del mismo diseño, puede que no ofrezcan los tamaños o las opciones de tela que buscas. Cualquier patrón puede modificarse ajustando la cantidad de tela necesaria o escalando los bloques.

AJUSTAR LA TELA NECESARIA

1 Reduce el número de telas combinando la tela necesaria y las instrucciones de corte. En el diagrama del ejemplo, el diseño original contiene 18 telas principales. En el diseño ajustado se han combinado las instrucciones de corte para usar solo cuatro telas principales.

2 Para usar precortados, como *fat quarters* o cuadrados de 25 cm (10 in) de lado (p. 41), en vez de cortadas en metros o yardas, prueba a organizar las piezas enumeradas en las instrucciones de corte dentro del precortado deseado.

3 Para usar retales, revisa la cantidad y el tamaño de las piezas en las instrucciones de corte y luego examina tus retales para encontrar o cortar piezas de tamaño similar.

Usa una página para colorear del patrón para visualizar las opciones de tela

ESCALAR BLOQUES

1 Los bloques de patchwork pueden escalarse o cambiar de tamaño para obtener un tamaño final diferente. Ten en cuenta que escalar puede dar como resultado piezas de tamaño poco común o difíciles de manejar. Determina las medidas finales del bloque original y el tamaño final deseado del bloque escalado.

2 Para calcular la proporción de escalado, divide el tamaño final deseado del bloque entre el tamaño final original del bloque.

proporción de escalado = *(ancho por largo del bloque deseado) ÷ (ancho por largo del bloque original)*

EJEMPLO = *(18 in por 18 in) ÷ (12 in por 12 in)*

= 18 ÷ 12

= 1,5

3 Para calcular el tamaño final de cada pieza del bloque escalado, multiplica el tamaño final original de la pieza por la proporción de escalado. Repite para cada pieza del bloque.

tamaño final de la pieza escalada = *(ancho por largo de la pieza original) × proporción de escalado*

EJEMPLO = *(6 in por 6 in) × 1,5*

= *9 in por 9 in*

4 Para calcular el tamaño sin terminar de cada pieza del bloque escalado, suma 1,3 cm (½ in) tanto al ancho como al largo final. Repite para cada pieza del bloque.

tamaño sin terminar de la pieza escalada (cm) = *(ancho de la pieza escalada + 1,3 cm) por (largo de la pieza escalada + 1,3 cm)*

tamaño sin terminar de la pieza escalada (in) = *(ancho de la pieza escalada + ½ in) por (largo de la pieza escalada + ½ in)*

EJEMPLO = *(9 in + ½ in) por (9 in + ½ in)*

= *9½ in por 9½ in*

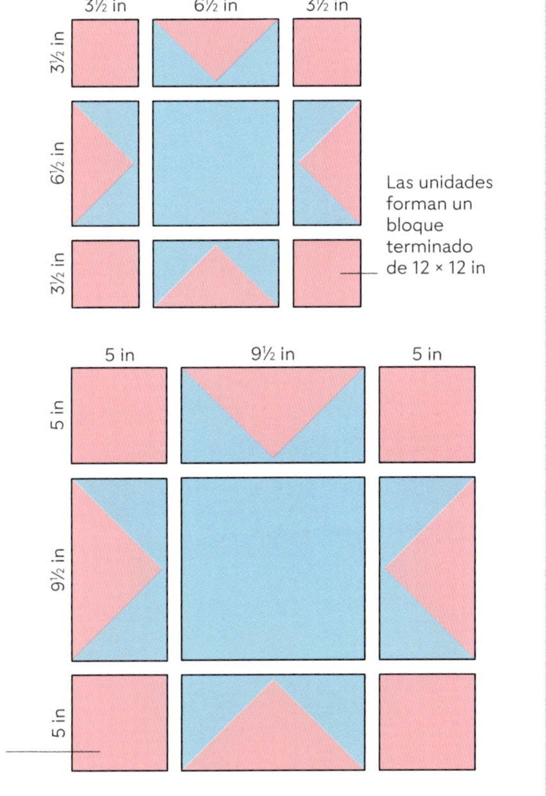

Elegir las telas

Al elegir la tela para un quilt hay que considerar muchos aspectos, como qué combinaciones de colores, diseños y escalas de estampados usar, todo lo cual puede resultar abrumador. Utiliza herramientas como páginas para colorear, maquetas digitales o muestras de tejidos, junto con esta guía, para planificar tu quilt antes de elegir la tela y empezar con buen pie tu camino hacia el éxito.

COMPRENDER LA TEORÍA DEL COLOR

La rueda de colores, o círculo cromático, muestra las relaciones entre los colores y consta de tres colores primarios: rojo, amarillo y azul. Los colores primarios se combinan para crear los colores secundarios: el rojo y el amarillo dan el naranja; el amarillo y el azul, el verde, y el azul y el rojo, el violeta. Los colores terciarios se obtienen mezclando los colores secundarios con su color primario más cercano.

LA RUEDA DE COLORES

El tono es un color en su forma más pura. Añadiendo blanco se obtienen variantes más claras y añadiendo gris o negro se crean matices o tonalidades más oscuros.

El valor cromático define cuán claro u oscuro es un color, y la saturación mide la intensidad de un color respecto al gris. Los colores muy saturados son vivos, mientras que los insaturados resultan apagados. Elige telas de distinto valor cromático –claro, medio y oscuro– para crear dimensión. Las telas con un nivel de saturación similar, ya sean claras u oscuras, quedan bien juntas en un quilt.

La temperatura divide la rueda de colores en tonos cálidos y fríos. Los colores fríos, como el azul y el verde, dan sensación de calma, y los colores cálidos, como el rojo y el naranja, transmiten calidez y energía. Ten en cuenta la temperatura del color al elegir telas para añadir equilibrio o contraste a un diseño.

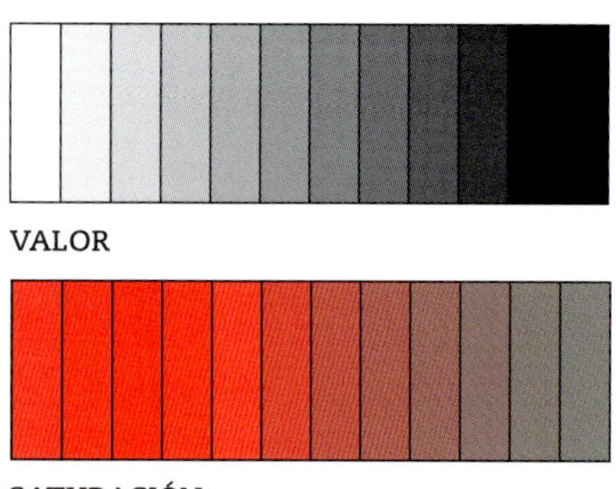

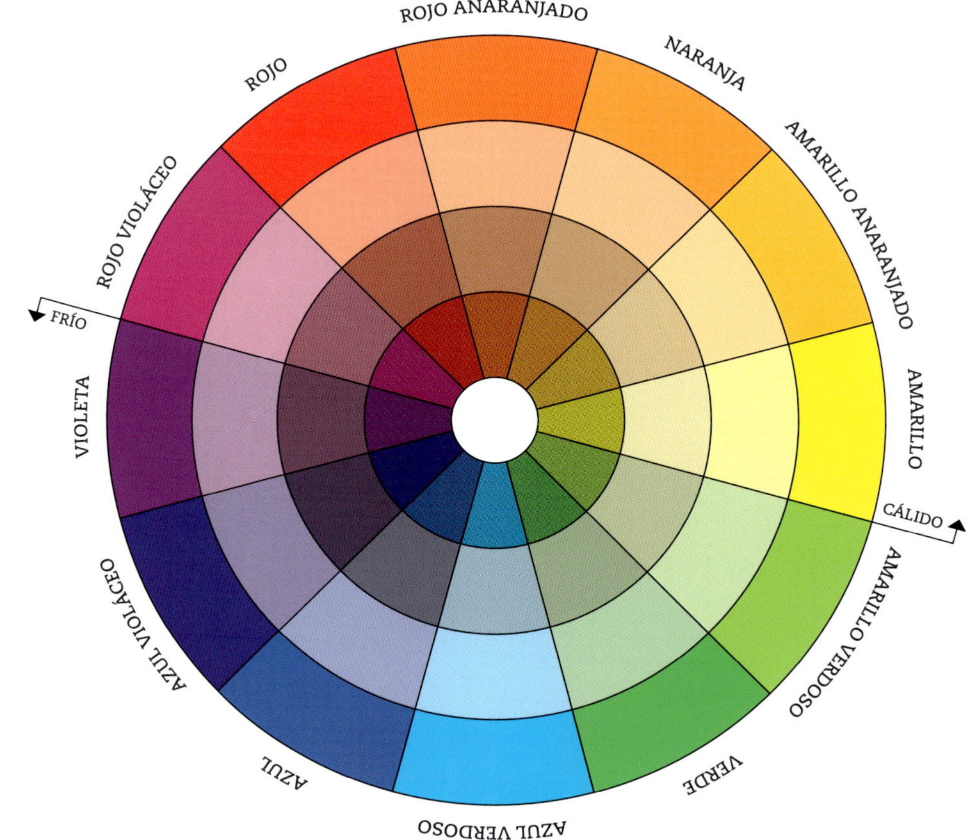

COMBINACIONES Y CONTRASTES DE COLOR

Una combinación cromática define cómo interactúan los colores en la rueda de colores, mientras que una paleta cromática es una selección de colores específica incluida en una combinación. El contraste es la diferencia entre colores (claro y oscuro, cálido y frío, o vivo y apagado). Utiliza telas que contrasten para que algunas partes resalten y atraigan la atención, y para añadir equilibrio o tensión.

Las combinaciones monocromáticas constan de un solo color de la rueda. Variar los valores claros y oscuros aporta sensación de profundidad y crea un **contraste claro-oscuro**.

Este bloque combina diversos rosas claros y oscuros.

Las combinaciones análogas constan de colores que están uno al lado del otro en la rueda cromática. Colocar tonos apagados y vivos juntos hace que uno resalte y crea un **contraste de saturación**.

Este bloque combina tonos apagados de verde y azul con un amarillo verdoso vivo.

Las combinaciones complementarias emparejan matices opuestos en la rueda, lo que crea el contraste del color más fuerte, o **contraste complementario**.

Este bloque combina varias tonalidades de violeta y amarillo.

Los combinaciones complementarias divididas incluyen un matiz combinado con los dos adyacentes a su complementario. Combinar colores cálidos y fríos, dentro de o entre tonos, crea un **contraste cálido-frío**.

Este bloque combina un azul verdoso con rosa y naranja.

Las combinaciones triádicas constan de tres tonos equidistantes en la rueda. Una pequeña cantidad de un color con una gran cantidad de otro crea un **contraste de cantidad**.

Este bloque combina una pequeña cantidad de amarillo con mayores cantidades de rojo y azul.

Las combinaciones tetraédricas incluyen dos pares complementarios en un total de cuatro colores. Utiliza diversos colores, más separados en la rueda para mayor contraste, para crear un **contraste tonal**.

Este bloque combina rosa y amarillo verdoso con azul y naranja.

Comprender la escala

La escala de un estampado es el tamaño de los dibujos o motivos de la tela. Estos varían desde una escala mini hasta una gran escala y a veces forman parte de un motivo más grande, que puede repetirse a lo largo de la tela. Comprender la escala y la repetición de los motivos puede ayudarte a seleccionar las telas para tu quilt.

USO DE LA ESCALA

Utiliza estampados pequeños para obtener un aspecto texturizado, o de gran tamaño para crear un aspecto atrevido y maximalista. Los más grandes resaltarán si se colocan junto a los más pequeños. Antes de cortar, piensa en cómo encaja la escala de los motivos de las telas elegidas con las piezas del patrón. Algunas personas utilizan la técnica del recorte de motivos *(fussy cutting)* para destacar motivos específicos en las piezas del quilt recortándolos y centrándolos.

TAMAÑOS DE ESTAMPADOS

Mini: Diseños muy pequeños, que miden menos de 1,3 cm (½ in) de ancho, como microflores o puntos diminutos.

Pequeño: Diseños que miden entre 1,3 y 2,5 cm (½–1 in), con pequeñas formas geométricas o flores.

Mediano: Diseños o motivos que miden entre 2,5 y 7,6 cm (1–3 in), como objetos dispersos, formas geométricas y cuadros escoceses.

Grande: Diseños o motivos que miden más de 7,6 cm (3 in), como grandes motivos florales o escenas.

Paneles: Estampados de gran escala, como paisajes, motivos abstractos o ilustraciones del tamaño de un bloque, que a menudo abarcan todo el AT y normalmente se usan para secciones grandes o quilts y forros de una pieza.

MEDIR LA ESCALA Y LA REPETICIÓN

1 Para determinar la escala, mide el ancho y el largo de los diseños en la tela con una regla. Si el diseño forma parte de un grupo de elementos de diseño, mide el tamaño del motivo completo.

2 Comprueba si el diseño o el motivo se repite en la tela y dónde lo hace.

3 Para determinar el tamaño de una repetición, mide la distancia desde el inicio de un motivo hasta el inicio del siguiente motivo idéntico.

COMPRENDER LA DIRECCIONALIDAD

La direccionalidad es la orientación de los diseños en la tela, por lo que algunos estampados requieren una planificación cuidadosa al montar las piezas.

▶ CONSEJOS PARA USAR ESTAMPADOS DIRECCIONALES

Decide la orientación del diseño de la tela antes de cortar, sobre todo cuando la dirección puede afectar al aspecto final del bloque, como al usar una tela de rayas. También puedes optar por ignorar la direccionalidad: la incoherencia puede resultar coherente cuando es intencionada.

TIPOS DE ESTAMPADOS DIRECCIONALES

Unidireccional: Diseño que solo se ve correcto en una orientación específica. Tiene una parte superior y una parte inferior claras, como los estampados con texto, árboles o paisajes.

Bidireccional: Diseño que puede orientarse en dos direcciones, ya sea vertical *u* horizontal. Las rayas, por ejemplo, se ven igual cuando se giran 180º, pero no cuando se giran 90º.

Cuatridireccional: Diseño que puede orientarse en sentido vertical y horizontal, y aun así se ve coherente. La mayoría de los diseños de cuadros escoceses y vichy entra en esta categoría, ya que se ven igual si se giran hacia arriba, hacia abajo, a derecha o a izquierda.

No direccional: Diseño que puede orientarse en cualquier dirección, incluso en diagonal, sin que cambie su aspecto general. Los ejemplos incluyen estampados con motivos dispersos como lunares y flores e incluso colores lisos.

Seleccionar diseños de tejidos

Los diseños de las telas varían desde lisos hasta intrincados estampados, texturas y mezclas. Las características de los distintos diseños influyen en cómo interactúan las telas en un quilt.

TELAS LISAS

Las telas lisas suelen ser de un solo color, sin motivos o diseños. Se fabrican en una amplia gama de tonos, son fáciles de usar, versátiles y atemporales.

- Utiliza telas lisas para practicar la aplicación de la teoría del color y el contraste (p. 60). Van bien para tiras de enmarcado, bordes y fondos, pues proporcionan líneas netas y áreas relajantes.
- La mayoría de las telas estampadas llevan indicadores de color en los orillos, útiles para combinarlas con telas lisas. Si te gusta la paleta de colores de un estampado, probablemente quedará bien con colores lisos en un quilt.
- Los fabricantes de tejidos tienen muestras a disposición de los clientes que pueden ayudarte a probar y seleccionar una paleta de colores antes de decidirte por ella.

TEXTURAS

Las telas texturizadas presentan texturas con relieve, como el linón o las telas *dobby*, o diseños impresos que imitan texturas reales como el rayado o la pincelada.

- Utiliza telas con textura en lugar de lisas o estampadas para añadir dimensión y una sensación extra de calidez.
- Las telas texturizadas como el linón y la franela pueden afectar al peso y la caída de un quilt y ser más difíciles de trabajar. Las texturas impresas ofrecen las ventajas de las texturas reales sin ese problema.

ESTAMPADOS

Las telas estampadas tienen dibujos o motivos impresos en la superficie en diferentes colores, escalas y direcciones.

- Utiliza como punto de partida una colección de telas seleccionada por un diseñador, con estampados coordinados de diferentes colores, escalas y contrastes.
- Elige estampados con varios colores, valores, escalas y diseños. Aunque las muestras digitales son útiles para comprar telas, verlas en persona es lo ideal. Reduce tu selección eligiendo estampados que se ajusten a un tema, ya que existe una amplia variedad de opciones de diseño.

BLENDERS

Las telas diseñadas para parecer casi lisas desde lejos, con motivos sutiles y de pequeña escala, se conocen como *blenders*. Normalmente se limitan a una mezcla de dos o tres colores y combinan la simplicidad de las lisas con el atractivo de las estampadas.

- Al utilizar varios estampados, elige *blenders* que combinen con colores de las telas principales para reducir el desorden visual. La menor escala de los motivos aporta equilibrio a diseños de diferente escala.
- Las telas *blenders* pueden reemplazar a las lisas o usarse junto con ellas para salvar diferencias entre colores sin añadir distracción. Los sutiles diseños de estas telas las hacen ideales para añadir interés al ribete.

ESTAMPADOS DE BAJO VOLUMEN

Los estampados de bajo volumen tienen espacios negativos, fondos claros o neutros y motivos de diferente escala. Van desde telas discretas casi blancas, que parecen *blenders*, hasta telas vistosas con motivos o toques de color inesperados.

- Elige estampados de bajo volumen discretos para añadir textura sin llamar la atención, o vistosos, para añadir complejidad y detalles interesantes.
- Utiliza telas estampadas de bajo volumen en vez de telas de fondo lisas para añadir un toque sutil e interés al conjunto del quilt. Algunas personas prefieren utilizar solo telas de bajo volumen para confeccionar todo el quilt.

RETALES

Decidir cómo y cuándo utilizar retales puede resultar complicado, pero los retales pueden ofrecer oportunidades de bajo riesgo para experimentar jugando con combinaciones de telas únicas.

- Ordena y guarda los retales por colores o tamaños para que resulte más fácil elegir telas.
- Considera la escala, el diseño y el tamaño de tus retales al elegir un patrón de quilt confeccionado con retales.
- Algunos patrones de quilt pueden adaptarse para usar retales en lugar de la tela necesaria cortada (p. 59).

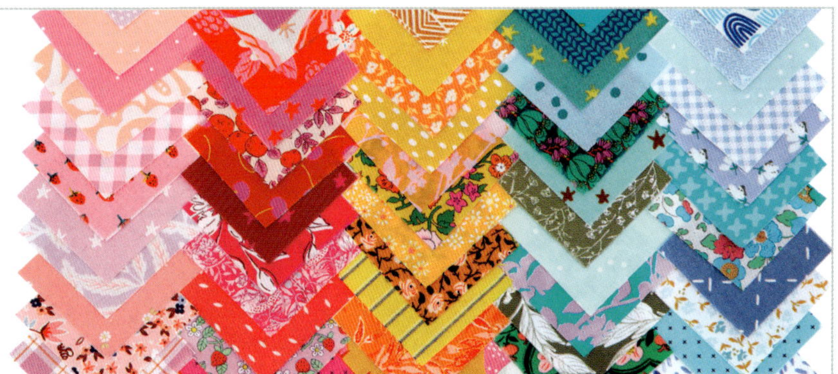

Preparar las telas

La preparación de la tela comprende el prelavado para evitar el encogimiento, el planchado para alisar las arrugas, el almidonado para darle estabilidad y facilitar su manejo, y escuadrarla para que queden bordes rectos y uniformes al cortar.

PRELAVADO

Algunas personas recomiendan lavar la tela antes de usarla para evitar el desteñido, controlar el encogimiento y eliminar productos químicos. Sin embargo, el prelavado requiere tiempo y esfuerzo, elimina la rigidez de la tela nueva y puede causar daños.

- **Omite el prelavado de piezas de tela** más pequeñas que un *fat quarter*.
- **Lava las telas con las de colores similares**, usa un detergente suave para evitar el desteñido y añade una toallita atrapacolor (p. 23) para absorber el tinte que se desprenda.
- **En el caso de piezas de tela delicada, de tejido abierto o pequeñas**, prepara los bordes y lávalas en una bolsa de malla para minimizar daños.
- **Seca las telas al aire o en secadora** a baja temperatura y retíralas de la secadora rápidamente para evitar arrugas. Evita retorcer las telas para prevenir que se estiren.

PREPARAR LOS BORDES PARA EL PRELAVADO

1 Recorta con cuidado los hilos sueltos o a lo largo del canto deshilachado para evitar que se enreden durante el lavado.

2 Corta un pequeño triángulo de cada esquina de la tela para evitar que se deforme.

3 Haz una costura recta o en zigzag a 3,2 mm (⅛ in) del canto de la tela para evitar que se siga deshilachando.

4 Otra posibilidad es recortar los bordes en forma de zigzag con unas tijeras dentadas (p. 16) a fin de minimizar el deshilachado. No recortes los orillos.

PLANCHAR LA TELA

Para planchar, apoya la plancha sobre la tela, mantenla en su lugar y levántala antes de pasar a la siguiente zona. Planchar deslizando la plancha sobre la tela puede hacer que esta se deforme. Ya sea al preparar telas o al planchar costuras durante el montaje (p. 80), plancha siempre presionando, nunca deslizando la plancha.

1 Selecciona la temperatura adecuada para el tipo de tela.

2 Coloca la tela extendida sobre una tabla de planchar o un muletón (p. 21) y alísala con la mano.

3 Presiona la plancha sobre la tela durante unos segundos, luego levántala y pásala a la siguiente sección. Continúa presionando, sección a sección, hasta que la tela esté lisa.

ALMIDONADO

1 Rocía una capa fina y uniforme de almidón, sosteniendo el vaporizador a 15–20 cm (6–8 in) de la tela. Déjala secar y fijarse durante unos segundos.

2 Presiona la tela con la plancha a baja temperatura para evitar quemarla. Para que quede más lisa, repite los pasos 1 y 2.

ESCUADRAR

1 Dobla la tela por la mitad, orillo con orillo, ignorando los cantos. Desliza los orillos uno sobre otro hasta que la tela cuelgue plana, sin deformaciones a lo largo del doblez.

2 Si es necesario, dobla la tela de nuevo para que quepa en la alfombrilla de corte.

3 Coloca la tela extendida sobre una alfombrilla de corte y pon una regla encima. Alinea las líneas horizontales de la regla con el doblez y los orillos para asegurarte de que estén paralelos. Usa las líneas de la alfombrilla de corte como referencia para comprobar la alineación.

4 Recorta el canto sobrante a lo largo de la regla, creando así un borde recto perpendicular al doblez y los orillos.

Medir y cortar las telas

Medir y cortar la tela con precisión es la base de todo el proceso de acolchado. Los pequeños errores cometidos en esta etapa se acumularán y crearán una reacción en cadena de problemas cada vez más difíciles de solucionar, como la escasez de tela, costuras desiguales y cubiertas de quilt deformadas. Las instrucciones están escritas tanto para personas diestras como zurdas, a menos que se especifique lo contrario.

MEDICIÓN EN YARDAS O METROS

Al medir la tela, usa la alfombrilla de corte (p. 17) más grande que tengas sobre una superficie grande y plana. Una alfombrilla de 61 × 91,4 cm (24 × 36 in) es ideal para medir con precisión hasta 1 yarda o 1 metro. Si la tela es más larga que la alfombrilla, marca la sección medida a lo largo del orillo. Desplaza la tela para alinear la marca con el extremo de la alfombrilla de corte y repite hasta medir todo el largo de la tela.

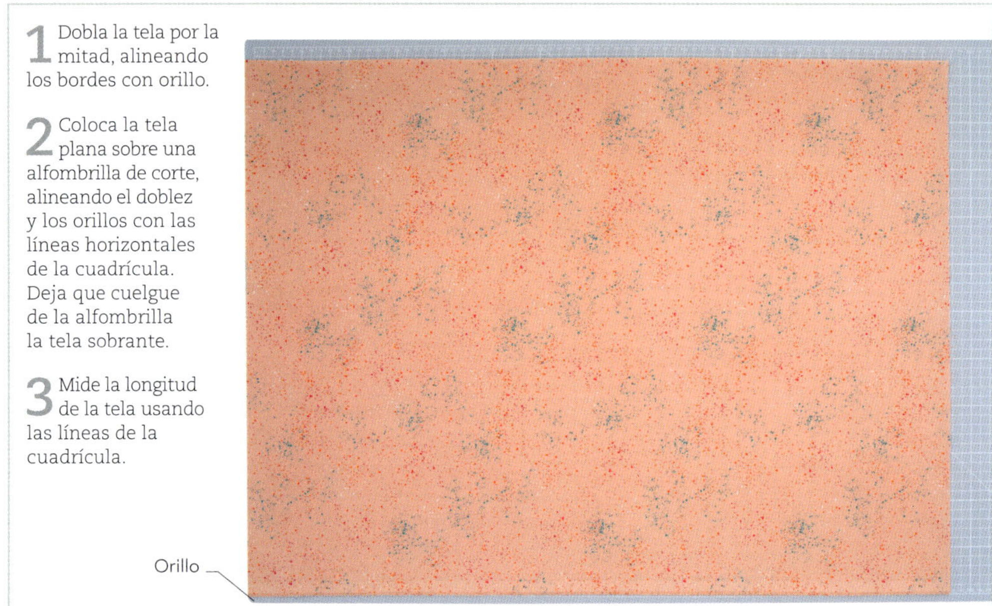

1 Dobla la tela por la mitad, alineando los bordes con orillo.

2 Coloca la tela plana sobre una alfombrilla de corte, alineando el doblez y los orillos con las líneas horizontales de la cuadrícula. Deja que cuelgue de la alfombrilla la tela sobrante.

3 Mide la longitud de la tela usando las líneas de la cuadrícula.

USAR UN CÚTER ROTATORIO Y UNA REGLA

Antes de recortar la tela sobrante, ten lista una alfombrilla de corte, una regla y un cúter rotatorio (pp. 14–15).

PARTES DE UN CÚTER ROTATORIO

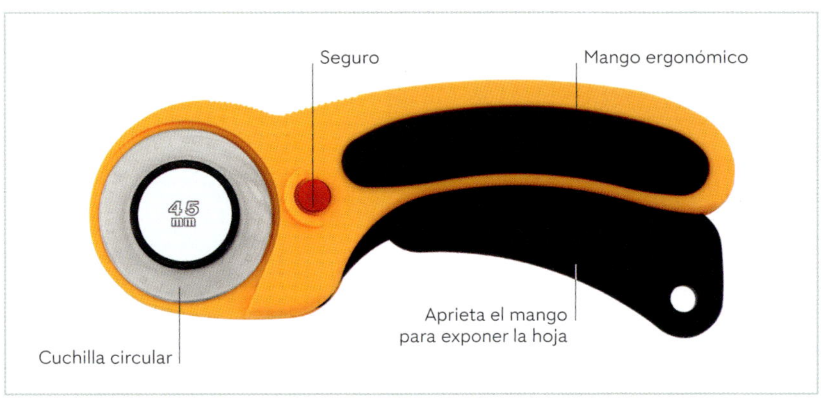

▶ CONSEJOS PARA MANEJAR CON SEGURIDAD EL CÚTER ROTATORIO

Los cúteres rotatorios son herramientas muy afiladas que requieren precaución. Guarda el cúter con el seguro activado y fuera del alcance de niños y mascotas.

Mantén siempre los dedos al menos a 2,5 cm (1 in) de la cuchilla para evitar accidentes. Usa una ventosa y discos antideslizantes para reglas para mayor seguridad (p.19) y empuja el cúter hacia delante y alejándolo de tu cuerpo.

Cambia las cuchillas regularmente y tan a menudo como sea posible. Las cuchillas desafiladas son más peligrosas, ya que requieren más esfuerzo para cortar y tienen mayor riesgo de resbalar.

CÓMO SUJETAR UN CÚTER ROTATORIO

1 Con el seguro activado, sujeta el cúter con tu mano dominante.

2 Coloca el pulgar en la parte lateral del mango, el índice en la parte superior, y los demás dedos alrededor de la parte inferior.

3 Tu brazo, muñeca, mano y cúter rotatorio deben estar alineados en una postura adecuada, lo cual proporciona mayor estabilidad y control.

4 Al cortar, sujeta el cúter rotatorio en un ángulo de 45° respecto a la alfombrilla de corte, manteniendo la cuchilla en posición vertical.

CÓMO SUJETAR UNA REGLA

1 Usa tu mano no dominante para presionar la regla firmemente sobre la tela. Extiende los dedos de modo uniforme sobre la regla, manteniendo la palma fuera de la superficie.

2 Si es posible, coloca tu dedo meñique fuera del borde de la regla para que haga de ancla.

3 Mantén siempre la mano de la regla alineada con el cúter rotatorio. Para los cortes más largos, trabaja por secciones y «camina» con tu mano por la regla, manteniendo una presión constante para evitar que se desplace.

CORTAR JUNTO A UNA REGLA

1 Mientras mantienes la regla firmemente en su lugar, retrae el seguro del cúter rotatorio y alinea la cuchilla a lo largo del borde derecho de la regla (el borde izquierdo para personas zurdas).

2 Empuja el cúter rotatorio hacia abajo y hacia delante con una presión constante. Haz rodar la cuchilla suavemente a lo largo del borde de la regla. No aprietes demasiado; deja que la cuchilla haga el trabajo.

3 Completa el corte, deteniéndote cuando sea necesario para reposicionar la mano de la regla al hacer cortes más grandes. Verifica que el corte sea recto y completo. Recorta cualquier hilo que haya quedado sin cortar con otra pasada.

Cortar la tela con precisión

Al cortar una tela, tiras del ancho de la tela (AT) o piezas de otras piezas, comienza siempre con un borde de tela escuadrado. Aunque las líneas de la alfombrilla de corte son útiles para comprobar la colocación de la regla y la tela, confía en la regla para obtener medidas precisas. Estas instrucciones están escritas para personas diestras; invierte estos pasos si eres zurda o zurdo.

TIRAS DEL ANCHO DE LA TELA

Cortar tiras AT implica cortar la tela en tiras largas. Esto se hace antes de cortar en ellas piezas más pequeñas, o cortar tiras de enmarcado, bordes y ribetes. Dobla la tela por la mitad, alineando los orillos, para cortar con comodidad todo el ancho.

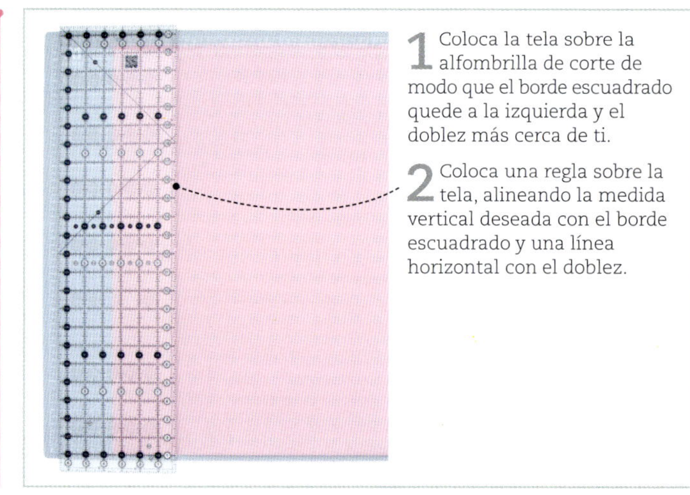

1 Coloca la tela sobre la alfombrilla de corte de modo que el borde escuadrado quede a la izquierda y el doblez más cerca de ti.

2 Coloca una regla sobre la tela, alineando la medida vertical deseada con el borde escuadrado y una línea horizontal con el doblez.

3 Corta la tela a lo largo del borde derecho de la regla para hacer la primera tira AT.

4 Desplaza la regla hacia la derecha según la medida de la siguiente tira AT, alineando la medida vertical deseada con el borde recién cortado.

5 Repite para cortar todas las tiras AT. Revisa de vez en cuando para asegurarte de que la tela permanezca escuadrada y no se haya movido.

CORTAR PIEZAS DE OTRAS PIEZAS

Para cortar piezas más pequeñas dentro de tiras AT (p. 281) o piezas más grandes, utiliza las mismas técnicas que al cortar tiras AT, como la alineación de la regla.

1 Retira los orillos antes de cortar piezas de las tiras AT; evita quitar tela utilizable.

2 Gira una regla en vertical o en horizontal para encontrar la orientación que mejor se adapte a la medida necesaria.

3 Dobla o apila hasta cuatro capas de tela para cortar varias piezas a la vez.

4 Etiqueta las piezas cortadas a medida que avanzas para mantener el orden.

PIEZAS GRANDES

Si una pieza de tela es más grande que tu regla, puedes usar dos reglas siempre que el ancho combinado de ambas sea mayor que el ancho de la pieza.

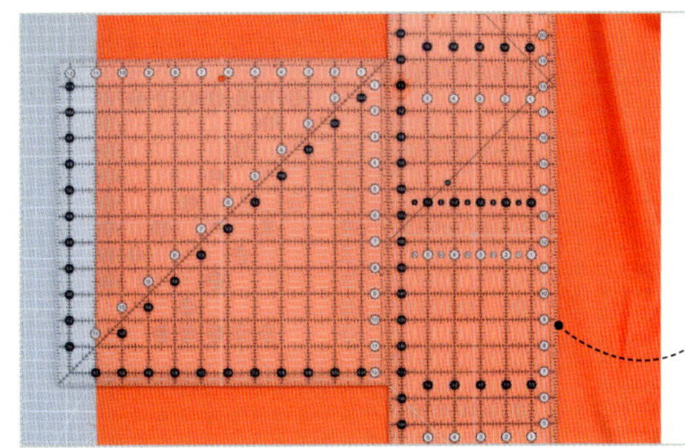

1 Coloca dos reglas una al lado de la otra sobre la tela para que el ancho combinado de ambas cubra toda la pieza que vas a cortar.

2 Mueve las reglas como si fueran una sola, alineando la medida vertical de la regla izquierda con el borde escuadrado y una línea horizontal de la regla derecha con el borde horizontal de la tela.

3 Sujeta la regla más a la derecha en su lugar y corta a lo largo del borde derecho.

USO DE PLANTILLAS

Algunos patrones requieren usar plantillas, como al cortar curvas (p. 104), para el MSP (p. 127) o para aplicaciones (p. 135). Existen plantillas acrílicas y también pueden imprimirse en papel o plástico para plantillas.

PREPARACIÓN DE PLANTILLAS DE PAPEL

Configura la impresora para imprimir las plantillas en tamaño real (100%). Mide el «cuadrado de prueba», normalmente de 2,5 cm (1 in) de lado, para comprobar la precisión de las plantillas impresas.

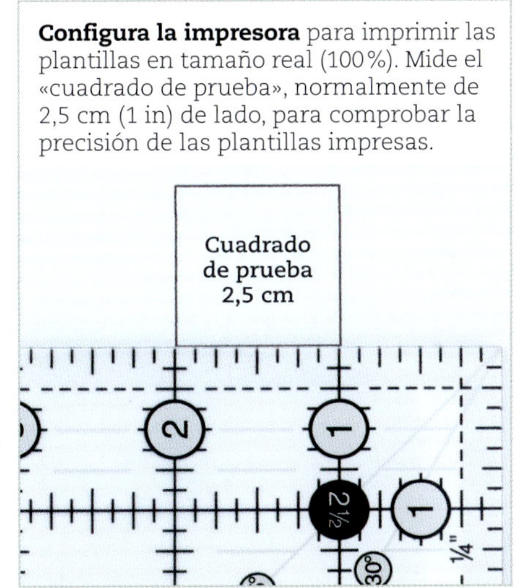

Recorta las plantillas con tijeras para papel por las líneas dibujadas. Si son plantillas de varias páginas, pega las secciones según las instrucciones antes de cortar.

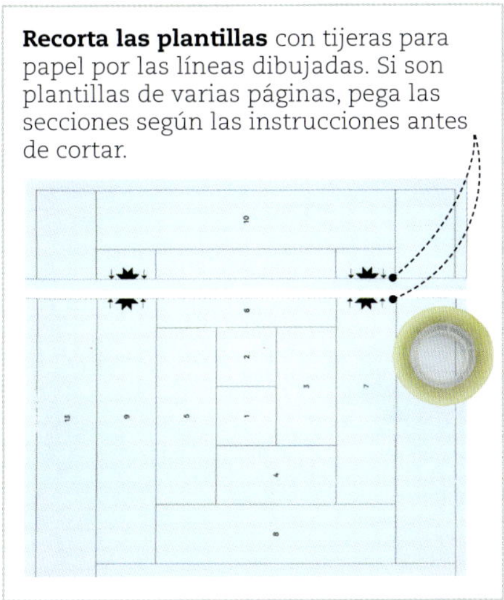

CORTE

Corta tiras de tela de la altura de la plantilla. Corta a lo largo de las líneas de la trama para evitar bordes al bies (p. 36) y mantén las plantillas con el derecho hacia arriba si no se indica lo contrario.

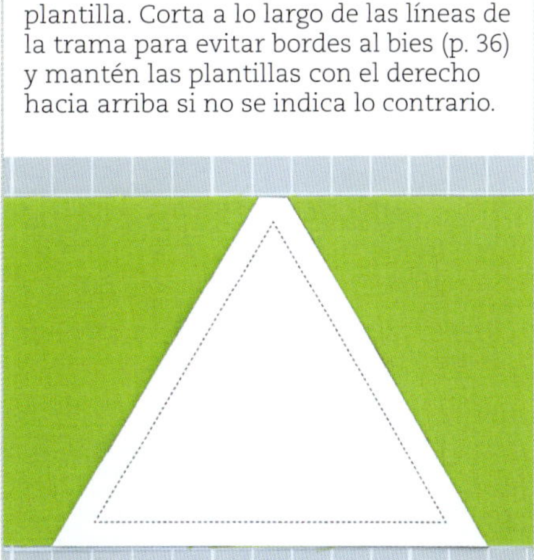

Corta junto a plantillas grandes acrílicas o de papel con cúter rotatorio.

Plantilla acrílica curva

Traza figuras detalladas y curvas pronunciadas con una herramienta de marcado segura para tela (p. 22). Corta por las líneas trazadas con tijeras para tela o cúter rotatorio.

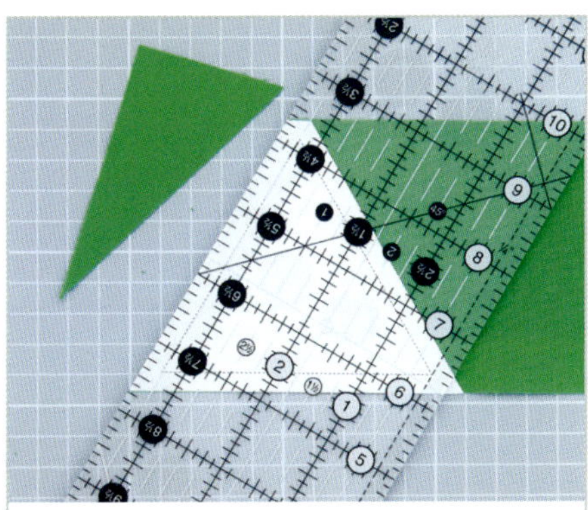

Utiliza una regla como guía al usar plantillas de papel, alineando el borde de la regla con un borde recto de la plantilla.

Preparar la máquina de coser

Esta guía describe la configuración básica de la máquina de coser para el montaje de piezas y el acolchado. Consulta el manual de tu máquina para ajustar la tensión, el largo de puntada y la posición de la aguja. Elige el hilo (p. 24), la aguja (p. 33) y el prensatelas (p. 32) correctos para tu proyecto.

TENSIÓN

La tensión equilibra los hilos del carrete y de la canilla mientras se entrelazan para formar las puntadas. Si es insuficiente o excesiva, las puntadas se verán desiguales y pueden causar frunces o la rotura del hilo. Comprueba que la tensión esté equilibrada en retales.

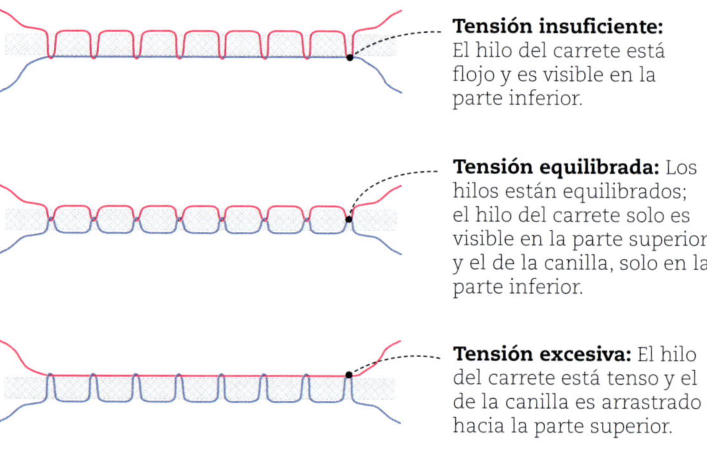

Tensión insuficiente: El hilo del carrete está flojo y es visible en la parte inferior.

Tensión equilibrada: Los hilos están equilibrados; el hilo del carrete solo es visible en la parte superior, y el de la canilla, solo en la parte inferior.

Tensión excesiva: El hilo del carrete está tenso y el de la canilla es arrastrado hacia la parte superior.

LARGO DE PUNTADA

Considera el grosor del hilo, el tipo de tela y el número de capas de tela al ajustar el largo de puntada, ya que todos requieren diferentes largos de puntada para lograr una puntada bien equilibrada.

Montaje estándar: Usa una puntada de 2–2,5 mm para la mayoría de las tareas de montaje.

Curvas: 1,5–2 mm es el largo de puntada más corto que produce curvas suaves.

Montaje sobre una base de papel (MBP): Una puntada de 1,5 mm asegura las costuras y perfora el papel.

Hilván: Las puntadas de 5–6 mm extralargas mantendrán las capas unidas.

Acolchado: La puntada de 3–4 mm resulta visible y uniforme y reduce el fruncido.

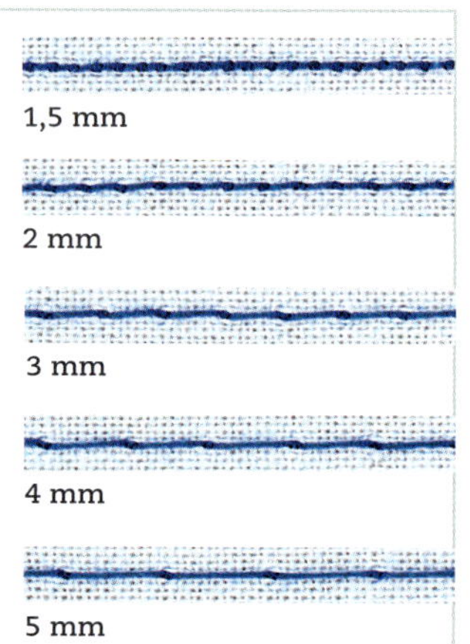

COLOCACIÓN DE LA TELA

La tela debe colocarse correctamente para garantizar un margen de costura constante y proteger tu máquina y la tela.

Alineación de la tela: Coloca la tela sobre la base de la máquina bajo el prensatelas con el borde derecho alineado con el borde derecho del prensatelas. Deja que la máquina haga avanzar la tela.

Derecho con derecho (DD): Las telas deben colocarse encaradas por el derecho, con los bordes que se van a unir alineados.

Guías y finales: Utiliza un pequeño retal al comenzar y terminar de coser piezas en cadena. Estos retales pueden reutilizarse.

ESTABLECER UN MARGEN DE COSTURA PRECISO

El margen de costura es el espacio que va de la costura al borde de la tela y permite mantener las piezas unidas sin que se deshilachen. En acolchado, el margen de costura estándar es de 6,4 mm (¼ in). Factores como el prensatelas y la posición de la aguja pueden contribuir a crear irregularidades en el ancho del margen de costura.

PRENSATELAS

1 Cose una línea recta en un retal, alineando el borde de la tela con el borde derecho del prensatelas. Mide la distancia desde la costura hasta el borde de la tela.

2 La línea de la costura debe quedar justo dentro de la marca de 6,4 mm (¼ in) de la regla. Ajusta la posición de la aguja o utiliza una guía de costura según sea necesario.

POSICIÓN DE LA AGUJA

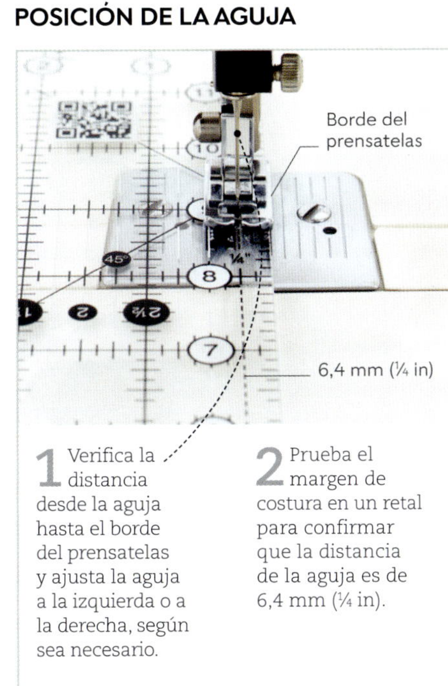

1 Verifica la distancia desde la aguja hasta el borde del prensatelas y ajusta la aguja a la izquierda o a la derecha, según sea necesario.

2 Prueba el margen de costura en un retal para confirmar que la distancia de la aguja es de 6,4 mm (¼ in).

GUÍA DE COSTURA

1 Si la aguja no puede reposicionarse, mide 6,4 mm (¼ in) desde ella y marca la distancia con una guía de costura o con cinta *washi* (p. 32).

2 Alinea la tela con la guía de costura o la cinta *washi* en lugar de con el borde del prensatelas.

COMPROBAR EL MARGEN DE COSTURA

Una costura con un margen de 6,4 mm (¼ in) es un ancho de hilo menos que 6,4 mm (¼ in) para compensar la pérdida de tela durante el planchado. Las variaciones del grosor del hilo y de la tela pueden afectar a la cantidad de tela que se pierde. A lo largo de muchas costuras, estas irregularidades afectan a la alineación de la tela, así que comprueba siempre el margen de costura.

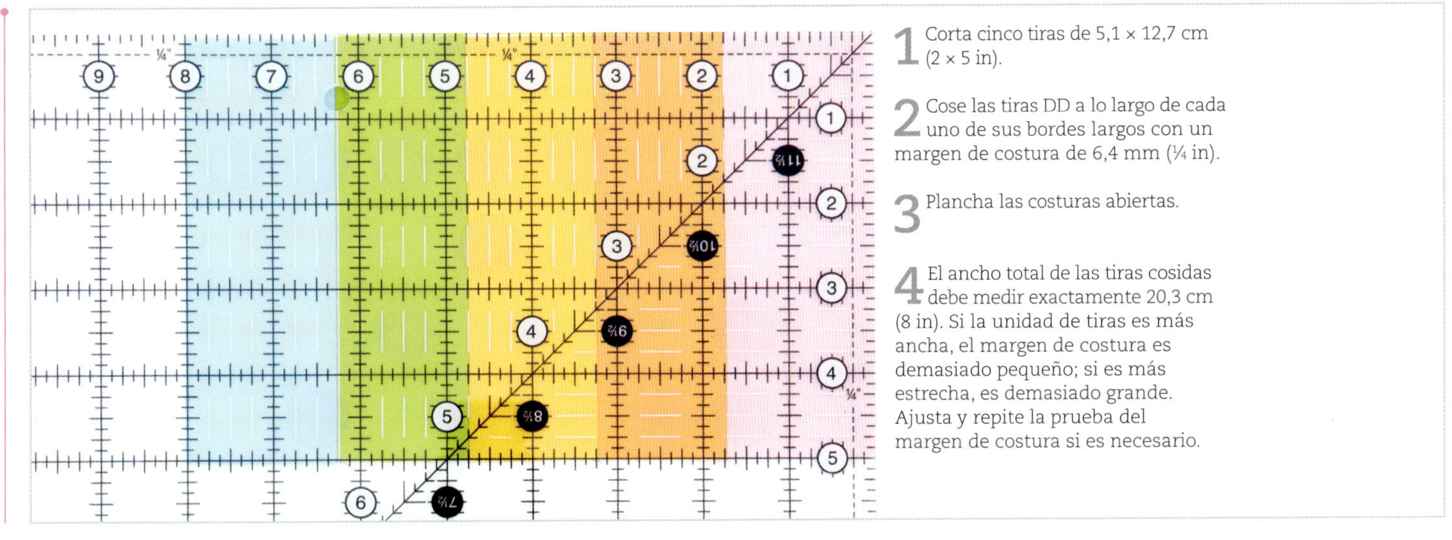

1 Corta cinco tiras de 5,1 × 12,7 cm (2 × 5 in).

2 Cose las tiras DD a lo largo de cada uno de sus bordes largos con un margen de costura de 6,4 mm (¼ in).

3 Plancha las costuras abiertas.

4 El ancho total de las tiras cosidas debe medir exactamente 20,3 cm (8 in). Si la unidad de tiras es más ancha, el margen de costura es demasiado pequeño; si es más estrecha, es demasiado grande. Ajusta y repite la prueba del margen de costura si es necesario.

Usar aguja e hilo

Ya sea para montar piezas de patchwork a mano (p. 120) o sobre papel a la inglesa (MSP) [p. 124], o para acolchar a mano (p. 168), usar una aguja e hilo se vuelve más fácil con la práctica. Elige la aguja (p. 28) y el hilo (p. 24) apropiados para la labor.

SUJETAR LA AGUJA

Sujeta la aguja entre el pulgar y el índice con firmeza, pero sin apretar. Una postura adecuada reduce la fatiga de la mano y permite dar puntadas más precisas y uniformes.

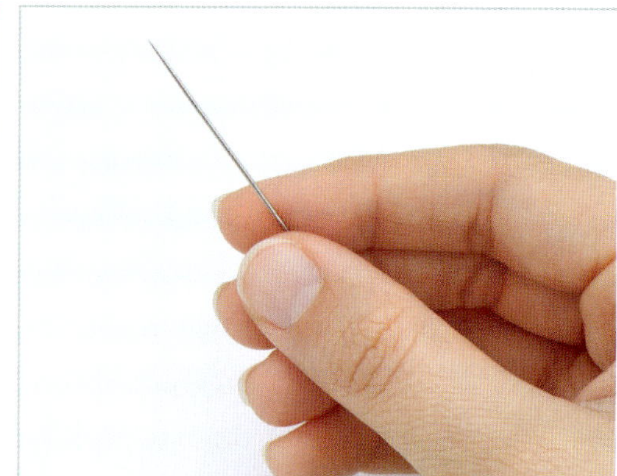

1 Sostén la aguja entre el pulgar y el índice de tu mano dominante, con el ojo hacia la palma y la punta apuntando hacia fuera.

2 Aplica una presión firme para sostener la aguja de manera segura, pero no tan fuerte como para que te cause incomodidad.

3 Mientras coses piezas de patchwork o acolchas, apoya tu dedo medio en el ojo de la aguja para ayudar a empujarla a través de las capas de tela.

ENHEBRAR LA AGUJA

Puedes enhebrar las agujas a mano o utilizar un enhebrador (p. 28). Usa una aguja autoenhebrable cuando cosas una sección pequeña o al ocultar nudos (p. 76).

A MANO

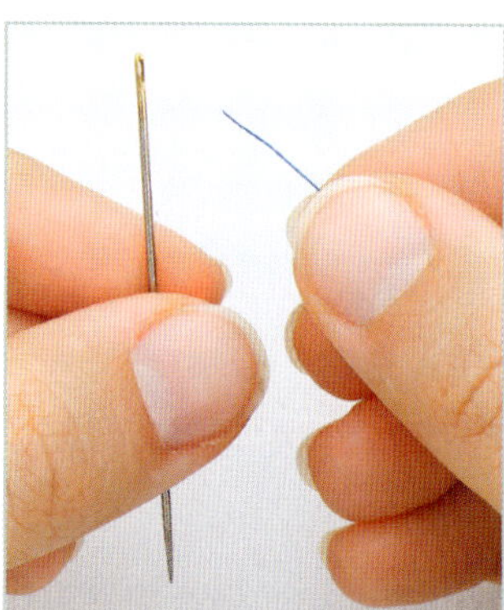

1 Sostén la aguja con el ojo hacia arriba con tu mano no dominante.

2 Sostén el hilo en tu mano dominante dejando que sobresalga aproximadamente 6,4 mm (¼ in) de la punta de los dedos.

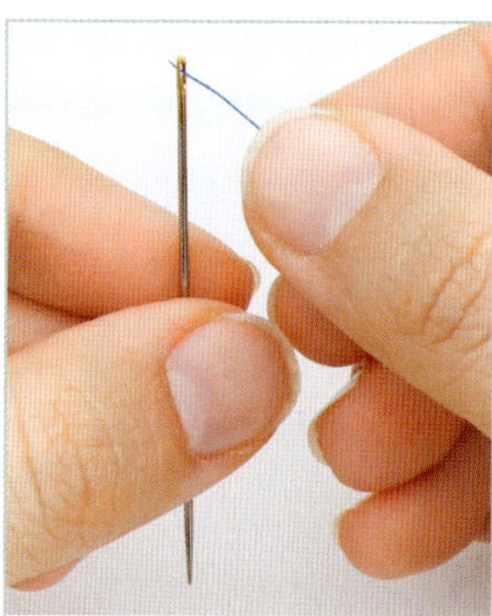

3 Introduce el hilo en el ojo de la aguja.

4 Tira de un trozo de hilo a través del ojo, dejando un extremo suelto para asegurar que el hilo no se salga.

CON ENHEBRADOR

1 Sostén la aguja con tu mano no dominante y pasa el extremo de alambre del enhebrador a través del ojo de la aguja.

2 Inserta el hilo a través del lazo de alambre.

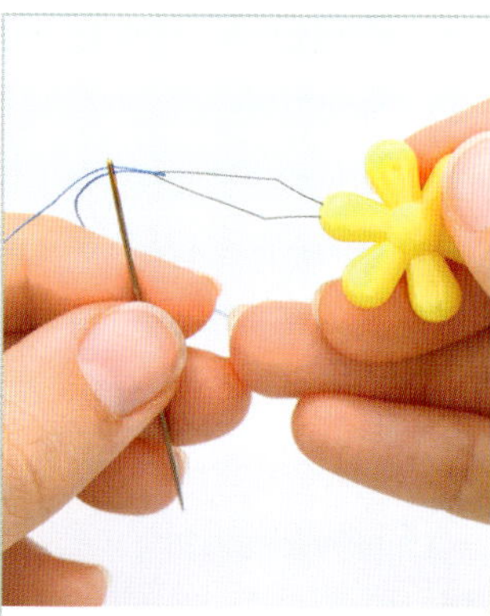

3 Tira del enhebrador y del hilo a través del ojo de la aguja.

4 Continúa tirando del hilo a través del ojo de la aguja para dejar un extremo suelto.

CÓMO HACER UN NUDO DE *QUILTER*

El nudo de *quilter* es fuerte e ideal para asegurar y ocultar los cabos sueltos al comenzar una sección de acolchado a mano.

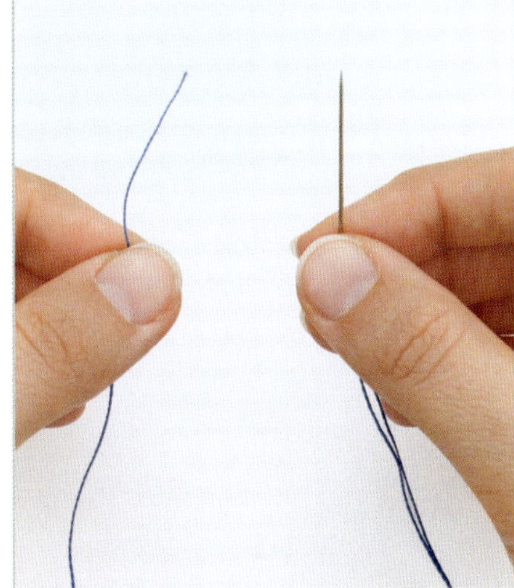

1 Sostén una aguja enhebrada entre el pulgar y el índice de tu mano dominante, con la punta hacia arriba. Sostén el extremo del hilo con tu mano no dominante, con el cabo suelto sobresaliendo apenas de la punta de los dedos.

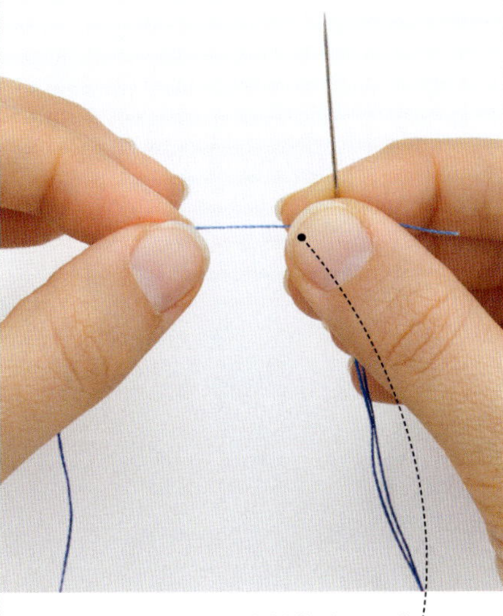

2 Alinea el extremo del hilo junto al ojo de la aguja de modo que el hilo quede perpendicular a esta. Sujeta tanto la aguja como el extremo del hilo con tu mano dominante. Sostén el hilo restante con la otra mano.

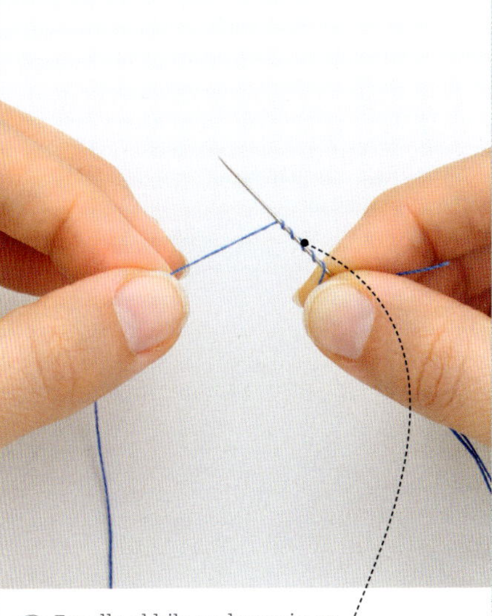

3 Enrolla el hilo en la aguja en sentido antihorario cinco veces.

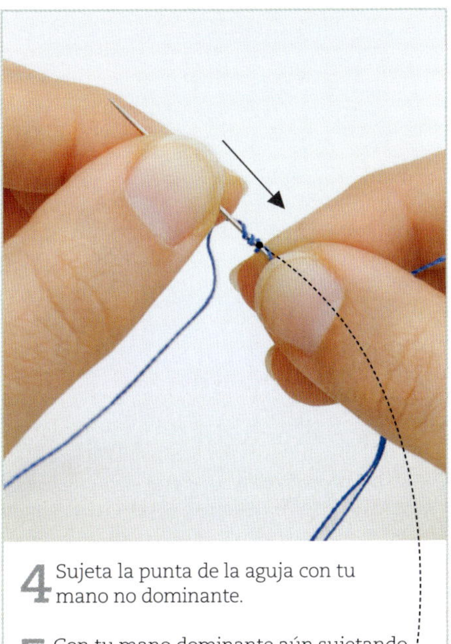

4 Sujeta la punta de la aguja con tu mano no dominante.

5 Con tu mano dominante aún sujetando la aguja y el extremo del hilo, desliza el hilo enrollado hacia el ojo de la aguja y mantén todo firmemente en su lugar.

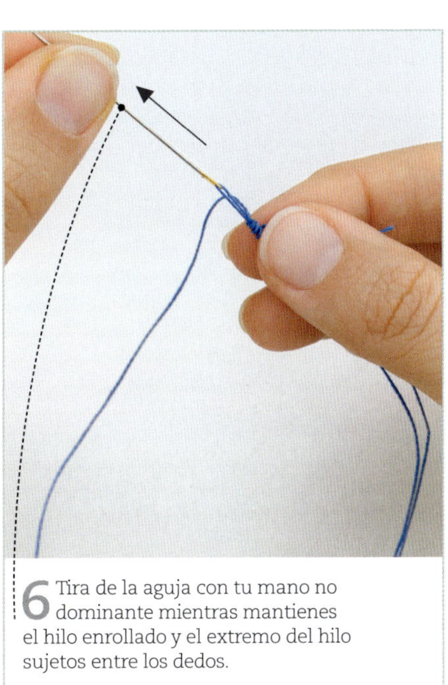

6 Tira de la aguja con tu mano no dominante mientras mantienes el hilo enrollado y el extremo del hilo sujetos entre los dedos.

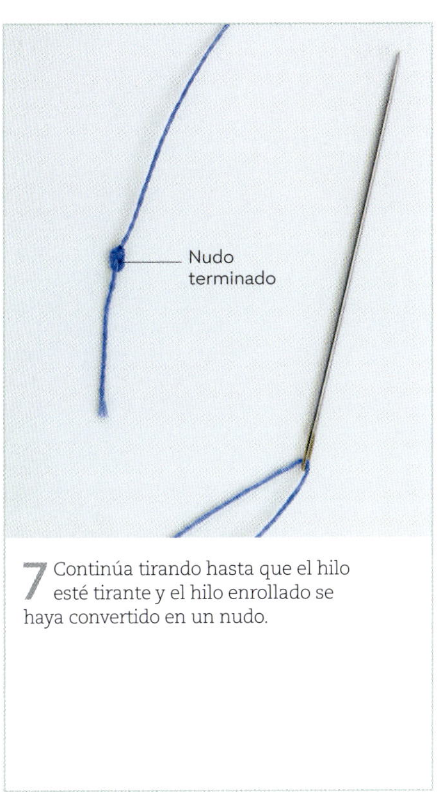

7 Continúa tirando hasta que el hilo esté tirante y el hilo enrollado se haya convertido en un nudo.

OCULTAR NUDOS

Al comenzar o terminar una sección de acolchado a mano o a máquina, haz un nudo y oculta los extremos del hilo en el sándwich del quilt. Oculta el extremo de una sola hebra, como cuando se acolcha a mano, haciendo un nudo de *quilter* al principio y un nudo simple al final. Para ocultar los extremos de hilo del acolchado a máquina, donde hay un hilo de carrete y un hilo de canilla, utiliza un nudo de rizo.

NUDO DE *QUILTER*

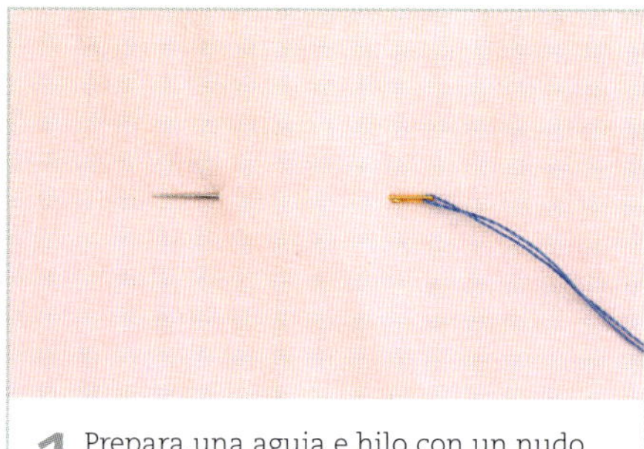

1 Prepara una aguja e hilo con un nudo de *quilter* (p. 75). Inserta la punta de la aguja en la cubierta y el relleno del sándwich del quilt a 2,5 cm (1 in) del punto de inicio deseado. Empuja la aguja hacia delante y sácala en el punto de inicio.

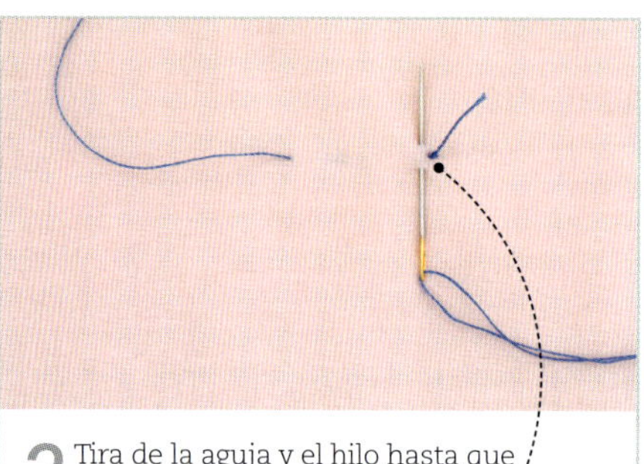

2 Tira de la aguja y el hilo hasta que el nudo quede apoyado contra la cubierta. Vuelve a insertar la aguja en la cubierta justo delante del nudo y levanta suavemente la cubierta del relleno para separar brevemente las capas y hacer sitio para el nudo.

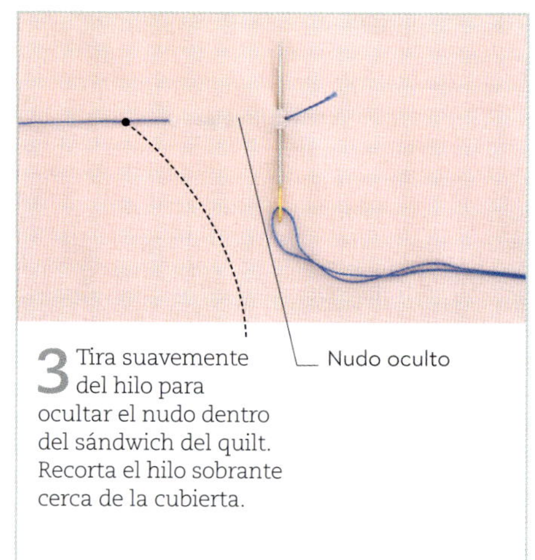

3 Tira suavemente del hilo para ocultar el nudo dentro del sándwich del quilt. Recorta el hilo sobrante cerca de la cubierta.

NUDO SIMPLE

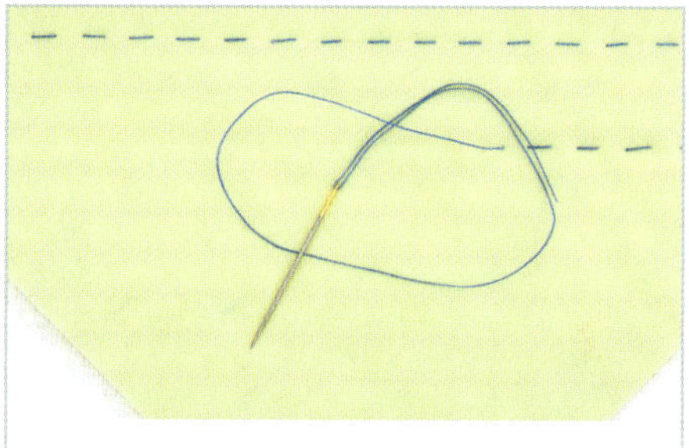

1 Levanta el hilo alejándolo de la cubierta con tu mano no dominante. Con la mano dominante, coloca la aguja bajo el hilo para formar un lazo.

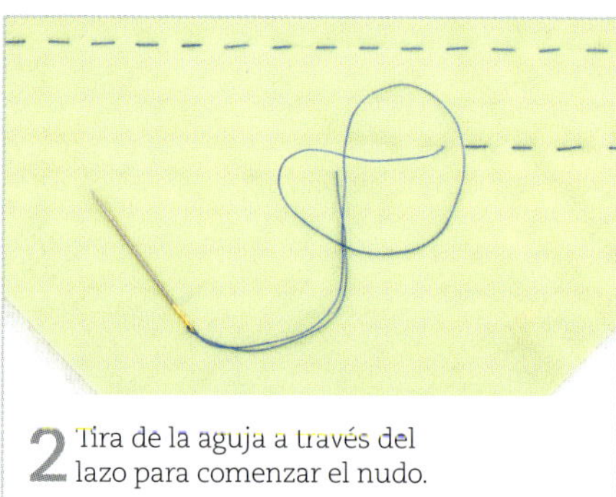

2 Tira de la aguja a través del lazo para comenzar el nudo.

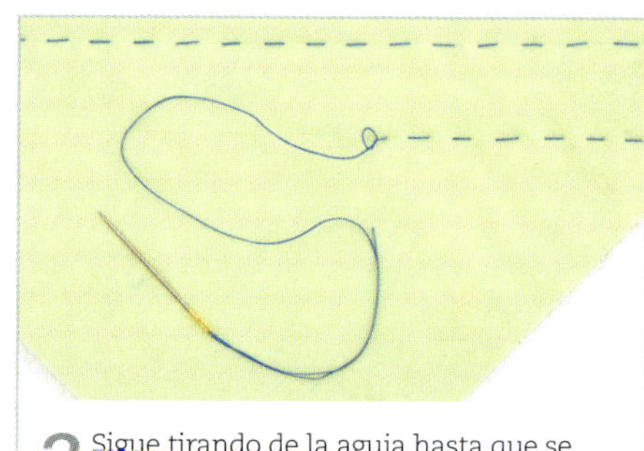

3 Sigue tirando de la aguja hasta que se forme un nudo. Aprieta el nudo contra la cubierta. Repite el proceso para conseguir mayor resistencia.

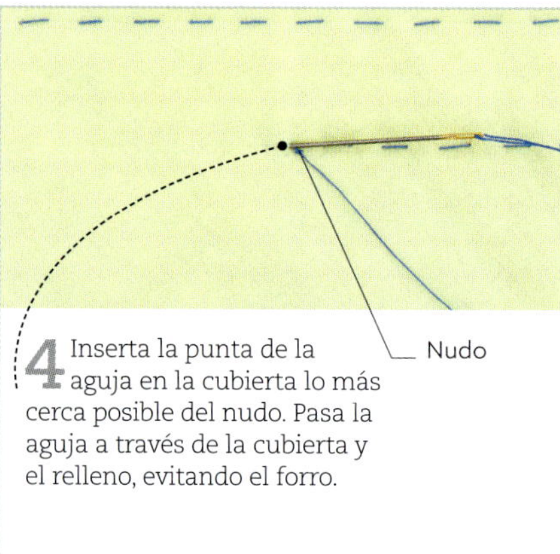

4 Inserta la punta de la aguja en la cubierta lo más cerca posible del nudo. Pasa la aguja a través de la cubierta y el relleno, evitando el forro.

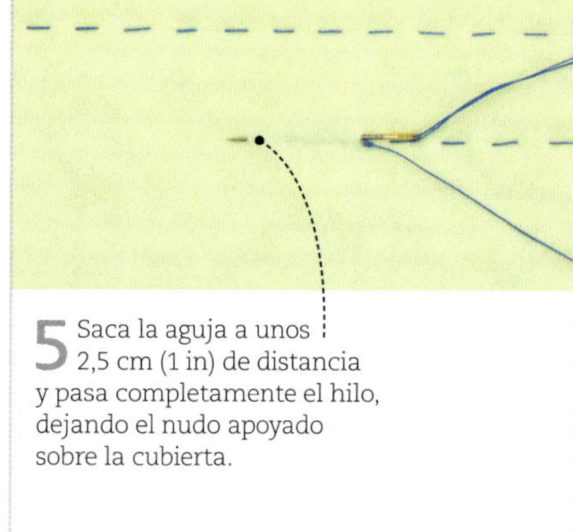

5 Saca la aguja a unos 2,5 cm (1 in) de distancia y pasa completamente el hilo, dejando el nudo apoyado sobre la cubierta.

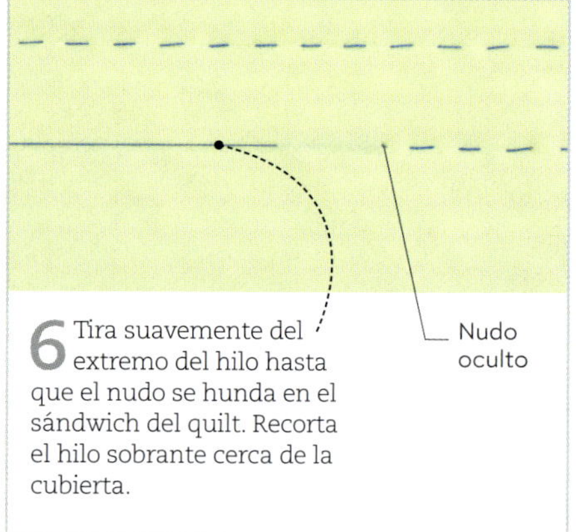

6 Tira suavemente del extremo del hilo hasta que el nudo se hunda en el sándwich del quilt. Recorta el hilo sobrante cerca de la cubierta.

NUDO DE RIZO

1 Tira del hilo de la canilla hacia la cubierta con unas pinzas o con la punta de una aguja. Deshaz puntadas si es necesario para tener dos extremos de hilo de al menos 10 cm (4 in) de largo.

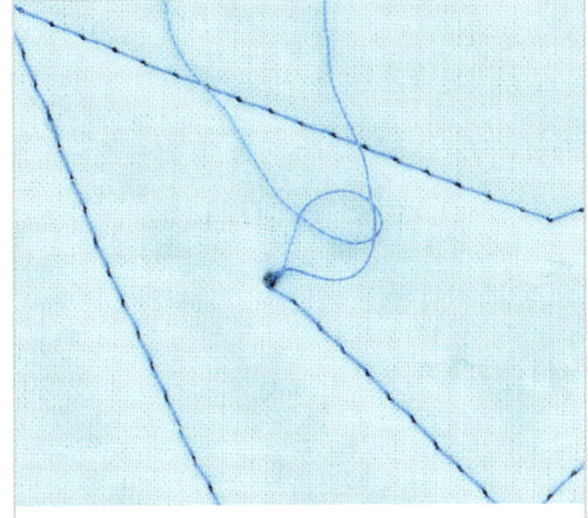

2 Cruza los hilos para formar un lazo. Lleva un hilo hacia abajo y pásalo por el lazo para formar un nudo contra la cubierta. Repite cruzando los hilos opuestos y aprieta para completar un nudo de rizo.

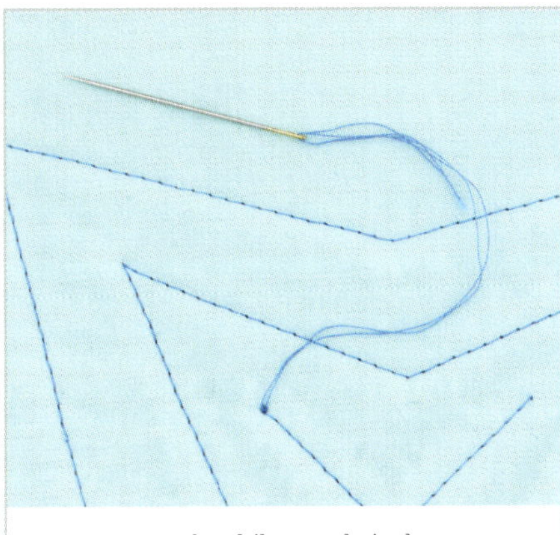

3 Inserta ambos hilos en el ojo de una aguja autoenhebrable (p. 28).

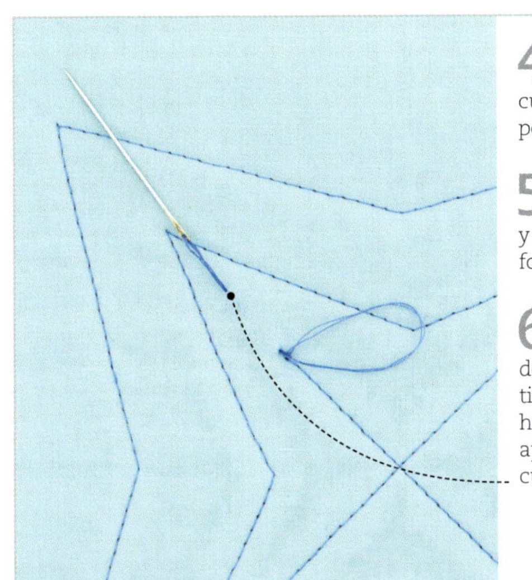

4 Inserta la punta de la aguja en la cubierta, lo más cerca posible del nudo.

5 Pasa la aguja a través de la cubierta y el relleno, evitando el forro.

6 Saca la aguja a 2,5 cm (1 in) de distancia y luego tira de la aguja y los hilos, dejando el nudo apoyado sobre la cubierta.

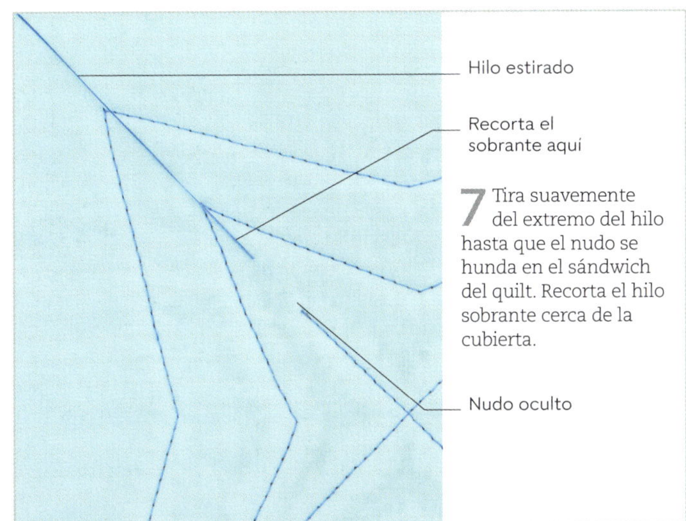

7 Tira suavemente del extremo del hilo hasta que el nudo se hunda en el sándwich del quilt. Recorta el hilo sobrante cerca de la cubierta.

USO DEL DEDAL

Usa un dedal para proteger la yema de tus dedos al empujar la aguja mientras montas piezas o acolchas a mano. Existen dedales de una gran variedad de tamaños en metal, plástico o cuero; elige el que te resulte más seguro y cómodo.

1 Ponte el dedal de modo que el lado más grueso cubra la yema de tu dedo.

2 Empuja la aguja con la parte lateral o la superior del dedal mientras coses. Algunos dedales tienen hoyuelos para apoyar el ojo de la aguja.

Prender con alfileres y descoser

Prender con alfileres y deshacer costuras representan procesos opuestos: el primero asegura las piezas al unir puntos y costuras (p. 141), mientras que el segundo permite eliminar errores, realizar modificaciones y perfeccionar el acolchado mientras se trabaja.

PRENDER CON ALFILERES

Un correcto uso de los alfileres garantiza que las costuras permanezcan alineadas y evita que las piezas se desplacen durante el montaje, lo que da como resultado puntas precisas y bien unidas. Asegúrate de no coser sobre los alfileres para evitar dañar la máquina.

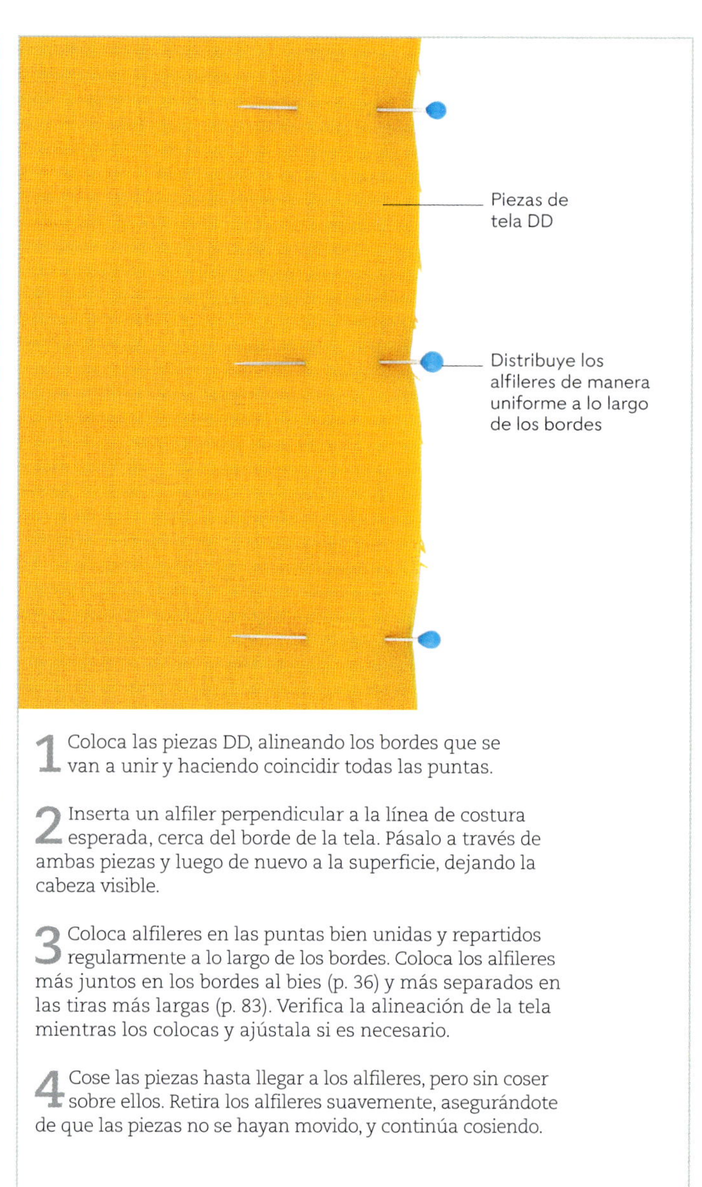

1 Coloca las piezas DD, alineando los bordes que se van a unir y haciendo coincidir todas las puntas.

2 Inserta un alfiler perpendicular a la línea de costura esperada, cerca del borde de la tela. Pásalo a través de ambas piezas y luego de nuevo a la superficie, dejando la cabeza visible.

3 Coloca alfileres en las puntas bien unidas y repartidos regularmente a lo largo de los bordes. Coloca los alfileres más juntos en los bordes al bies (p. 36) y más separados en las tiras más largas (p. 83). Verifica la alineación de la tela mientras los colocas y ajústala si es necesario.

4 Cose las piezas hasta llegar a los alfileres, pero sin coser sobre ellos. Retira los alfileres suavemente, asegurándote de que las piezas no se hayan movido, y continúa cosiendo.

USAR PINZAS PARA ACOLCHADO

1 Las pinzas para acolchado son una alternativa más segura a los alfileres y pueden ser más fáciles de usar.

2 Usa pinzas para acolchado cuando trabajes con telas gruesas en las que los alfileres pueden ser difíciles de insertar o con telas más delicadas para evitar dejar agujeritos.

3 Las pinzas también son útiles para el MSP (p. 128) y para coser ribetes (p. 172–181).

DESCOSER

Existen dos métodos para descoser o deshacer costuras, y ambos requieren retirar las puntadas con delicadeza para no dañar las telas: cortar una sola puntada cada vez, para descoser parte de una costura o una sección del quilt, o cortar muchas puntadas de una vez, lo cual resulta más eficiente y requiere más cuidado.

PARTES DE UN DESCOSEDOR

Hay descosedores de varios estilos, pero todos tienen un mango y un vástago de metal bifurcado con una cuchilla curva situada entre una punta afilada y una punta de bola roja.

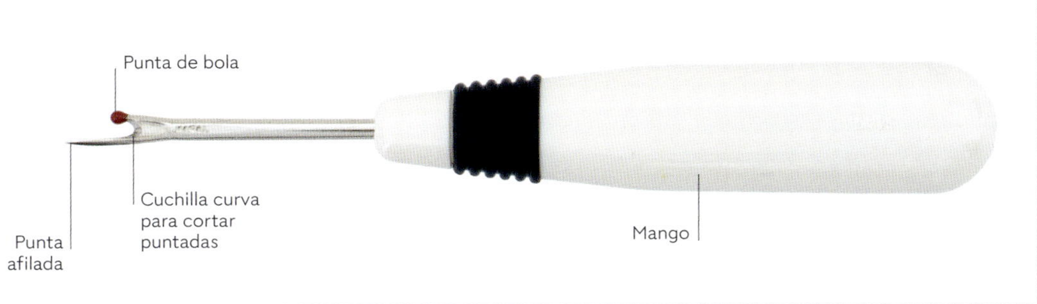

DESCOSER PUNTADA A PUNTADA

1 Coloca la punta afilada de un descosedor debajo de una puntada, con la punta de bola hacia arriba, teniendo cuidado de no enganchar la tela.

2 Levanta con cuidado la puntada de la tela para formar un pequeño hueco y luego empuja el descosedor hacia delante para que la cuchilla curva corte la puntada.

3 Repite los pasos 1 y 2 cada pocas puntadas, trabajando despacio para no dañar la tela.

CORTAR LA COSTURA

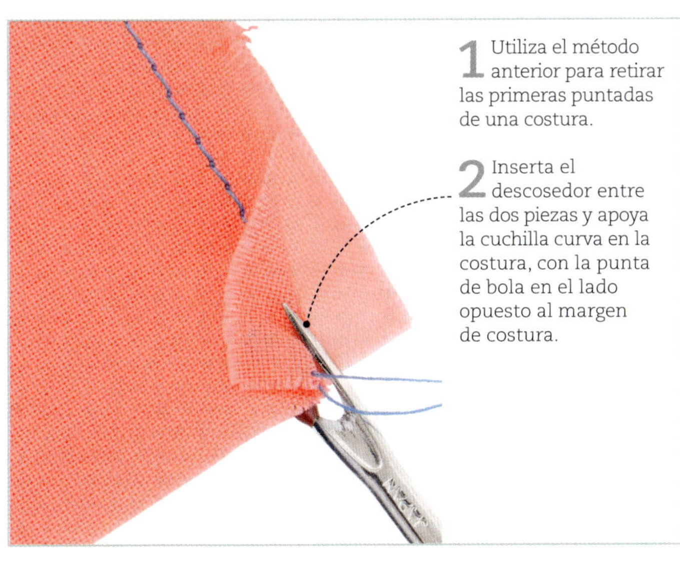

1 Utiliza el método anterior para retirar las primeras puntadas de una costura.

2 Inserta el descosedor entre las dos piezas y apoya la cuchilla curva en la costura, con la punta de bola en el lado opuesto al margen de costura.

3 Sujeta la tela firmemente con una mano mientras con la otra empujas el descosedor hacia delante. Desliza la cuchilla curva a lo largo de la costura para cortar las puntadas, manteniendo la punta de bola debajo de la costura.

4 Continúa despacio, por pequeños tramos para evitar dañar las telas.

Plancha costuras

Plancha cada costura una vez cosida para reducir el volumen en las intersecciones, hacer que el montaje sea más preciso y obtener bloques más planos. Usa un muletón (p. 21) para las unidades pequeñas y una tabla de planchar (p. 20) para los bloques más grandes y las cubiertas de quilt.

ASENTAR COSTURAS

Asentar las costuras relaja las fibras de la tela y el hilo, fusionando las puntadas en su lugar, para producir una costura más fuerte y plana.

1 Antes de abrir una unidad, plancha directamente sobre la costura cosida.

2 Deja que la unidad se enfríe por completo antes de planchar la costura abierta o hacia un lado.

▶ CONSEJOS DE PLANCHADO

Haz un plan de planchado revisando cómo se cruzarán las costuras dentro de las unidades, los bloques y la cubierta del quilt terminado, y decide qué combinación de técnicas de planchado dará los mejores resultados.

Coloca un badajo de sastre (p. 20) sobre una costura justo después de plancharla para aplanarla, ralentizar el proceso de enfriamiento y absorber la humedad producida naturalmente por el enfriamiento rápido.

Utiliza almidón (p. 67) para preparar la tela o al planchar una cubierta de quilt. Plancha siempre las costuras con una plancha en seco.

PLANCHAR COSTURAS HACIA UN LADO

Plancha los márgenes de costura hacia un lado para ocultar costuras que se verían a través de telas más claras o para que sea más fácil casar las puntas al anidar costuras.

1 Tras asentar la costura, abre la unidad y colócala de manera que los márgenes queden hacia arriba.

2 Plancha los márgenes de costura hacia un lado, preferiblemente hacia la tela más oscura.

3 Vuelve la unidad con el derecho hacia arriba y plancha para darle un acabado nítido.

PLANCHAR COSTURAS ABIERTAS

Abre los márgenes de costura para reducir el volumen y producir unidades y bloques más planos.

1 Después de asentar la costura, abre la unidad y colócala de modo que los márgenes queden hacia arriba.

2 Abre los márgenes de costura con el dedo y luego plánchalos abiertos.

3 Vuelve la unidad con el derecho hacia arriba y plancha para darle un acabado nítido.

ANIDAR COSTURAS

Las costuras anidadas, o costuras alternas que descansan una sobre otra, se utilizan para reducir el volumen y ayudar a casar puntas.

1 Plancha los márgenes de costura hacia un lado en direcciones alternas.

2 Alinea las costuras de modo que encajen entre ellas.

3 Puede que no sea necesario usar alfileres al anidar costuras.

Las costuras descansan una sobre otra

COSTURAS EN ESPIRAL

Plancha los márgenes de costura en sentido circular o «espiral» para distribuir las capas de tela uniformemente en el centro de varias costuras que se cruzan.

1 Coloca una unidad como se muestra. Descose (p. 79) las primeras puntadas verticales dentro del margen de costura horizontal. No descosas ninguna puntada más allá de esta costura. Repite en el otro lado de la unidad.

2 Abre y coloca la unidad con los márgenes de costura hacia arriba.

3 Guía la intersección de las costuras con el dedo para que los márgenes formen un patrón circular.

4 Plancha cada costura hacia un lado, siguiendo el patrón circular de la intersección de las costuras.

5 Coloca la unidad con el derecho hacia arriba y plánchala.

PLANCHAR BLOQUES

Al planchar un bloque se puede usar una combinación de técnicas de planchado. Ten cuidado de no volver las costuras en la dirección incorrecta al planchar. Plancha el bloque terminado con el derecho hacia abajo y luego con el derecho hacia arriba y deja que se enfríe completamente.

Planifica las técnicas de planchado antes de empezar para reducir el volumen

Montaje tradicional

El montaje consiste en coser piezas de tela para formar unidades, bloques y cubiertas de quilt. En esta sección se explican las técnicas utilizadas para montar tiras, bloques de patchwork sencillos y unidades con ángulos y curvas. Utiliza siempre un margen de costura de 6,4 mm (¼ in) [p.73] y plancha después de cada costura (p. 80) para asegurar la precisión. Consulta las tablas del apéndice (pp. 283–289) para saber cuáles son las medidas específicas necesarias para varios tamaños de todas las unidades incluidas. En esta sección se utilizan medidas de ejemplo y se da por supuesto que la persona es diestra; si eres zurda o zurdo, sigue los pasos a la inversa.

Patchwork

El patchwork es un estilo de montaje en el que las piezas, normalmente tiras, cuadrados o rectángulos, forman un diseño geométrico simple. Las técnicas de patchwork son fundamentales en todas las áreas del acolchado.

MONTAR TIRAS

Montar tiras consiste en coser dos o más tiras entre sí. Cuando unas tres o más tiras, hazlo de dos en dos y luego une los pares. Si se trata de un conjunto con un número impar de tiras, cose la tira impar al final, después de formar los pares. Alterna la dirección en la que coses las tiras para evitar que se deformen.

CONJUNTOS DE TIRAS

1 Corta cuatro tiras de 5,1 × 38,1 cm (2 × 15 in) de la tela A y tres tiras de 3,5 × 38,1 cm (1½ × 15 in) de la tela B.

Cose las tiras en pares

2 Coloca una tira de la tela A DD con una tira de la tela B, alineando los bordes largos. Préndelas con alfileres en el centro y en cada extremo, y pon más alfileres a intervalos regulares a lo largo de los bordes.

3 Cose las tiras para formar un par. Abre la unidad y plánchala.

4 Repite los pasos 2 y 3 para hacer tres pares. Cose los tres pares, alternando las telas.

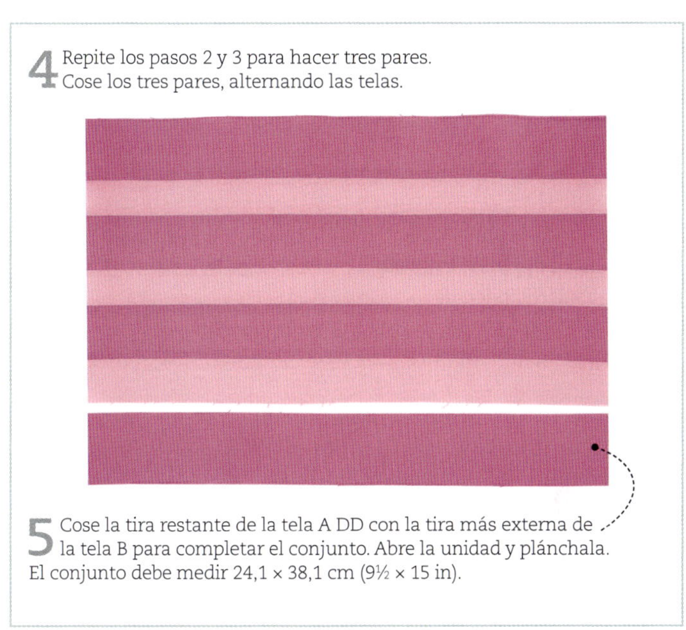

5 Cose la tira restante de la tela A DD con la tira más externa de la tela B para completar el conjunto. Abre la unidad y plánchala. El conjunto debe medir 24,1 × 38,1 cm (9½ × 15 in).

CORTAR PIEZAS DE TIRAS

1 Haz un conjunto de tiras de 24,1 × 38,1 cm (9½ × 15 in) siguiendo las instrucciones anteriores.

2 Escuadra (p. 67) el borde derecho del conjunto.

3 Coloca el conjunto con el borde escuadrado a la izquierda.

4 Utiliza la técnica de cortar piezas de otras piezas (p. 70) para obtener cuatro de 8,9 × 24,1 cm (3½ × 9½ in).

Marca de 8,9 cm (3½ in)

BLOQUES DE CUATRO Y NUEVE PARCHES

Los bloques de cuatro y nueve parches constan de cuatro o nueve piezas respectivamente, dispuestas en una cuadrícula. Ambos se combinan a menudo con otras unidades para crear muchos de los bloques de quilt clásicos (pp. 264–277). Cose las piezas una por una para hacer bloques de cuatro, nueve, dieciséis o más parches, o utiliza la técnica del montaje en tiras (p. 83) para hacer bloques de múltiples parches de una manera más eficiente.

MONTAJE PIEZA A PIEZA

1 Corta cuatro cuadrados de 8,9 × 8,9 cm (3½ × 3½ in) y disponlos de manera que formen una cuadrícula. Cose los cuadrados DD en filas. Plancha.

2 Cose las filas DD para hacer un bloque de cuatro parches, alineando las costuras en el centro (p. 81). Plancha. Para hacer un bloque más grande, corta, ordena y une el número de piezas que desees.

MONTAJE EN TIRAS PARES

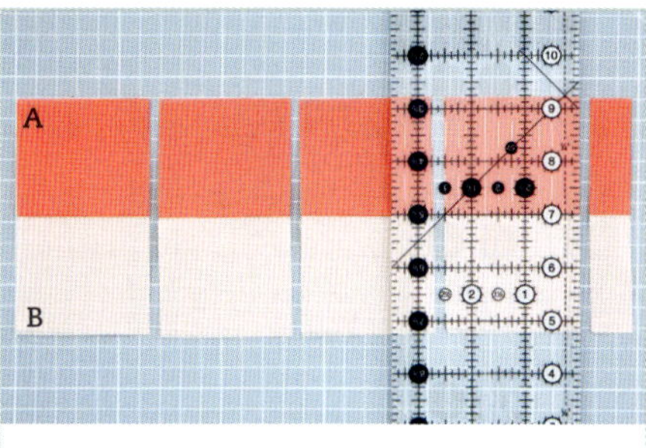

1 Corta una tira de 6,4 × 27,9 cm (2½ × 11 in) de las telas A y B. Cose las tiras DD. Plánchalas.

2 Corta el conjunto de tiras en cuatro fragmentos de 6,4 × 11,4 cm (2½ × 4½ in).

3 Coloca dos fragmentos formando una cuadrícula, alternando las telas.

4 Cose los fragmentos DD para hacer un bloque de cuatro parches. Plancha. Repite los pasos 3 y 4 con los otros dos fragmentos para hacer otro bloque. Para hacer un bloque mayor con un número par de parches, repite los pasos 1 a 4 con cualquier número par de tiras.

MONTAJE EN TIRAS IMPARES

1 Corta tres tiras de 6,4 × 21,6 cm (2½ × 8½ in) de las telas A y B. Cose las tiras DD en dos conjuntos, alternando las telas: ABA y BAB. Plancha.

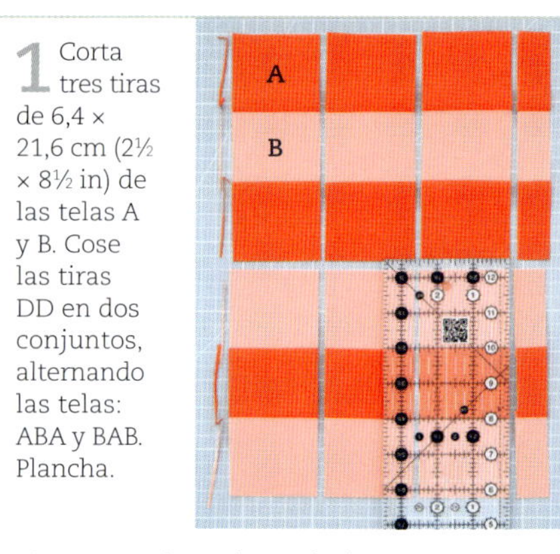

2 Corta cada conjunto de tiras en tres fragmentos de 6,4 × 16,5 cm (2½ × 6½ in).

3 Coloca tres fragmentos formando una cuadrícula, alternando las telas: BAB, ABA, BAB.

4 Cose los fragmentos DD para hacer un bloque de nueve parches. Plancha. Repite los pasos 3 y 4 con los otros tres fragmentos para hacer otro bloque con las telas en posiciones opuestas. Para hacer un bloque de parches impares mayor, repite los pasos 1 a 4 con cualquier número impar de tiras.

CABAÑA DE TRONCOS

El tradicional bloque cabaña de troncos presenta un cuadrado central, a menudo rojo para simbolizar el corazón del hogar, con telas claras y oscuras colocadas en lados opuestos en espiral.

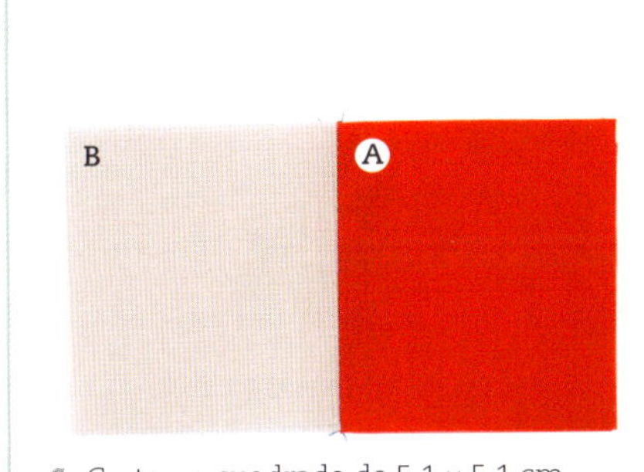

1 Corta un cuadrado de 5,1 × 5,1 cm (2 × 2 in) de las telas A y B, una tira de 5,1 × 8,9 cm (2 × 3½ in) de las telas C y D, una tira de 5,1 × 12,7 cm (2 × 5 in) de las telas E y F, una tira de 5,1 × 16,5 cm (2 × 6½ in) de las telas G y H, y una tira de 5,1 × 20,3 cm (2 × 8 in) de la tela I.

2 Cose la tela B DD al lado izquierdo de la tela A. Plancha.

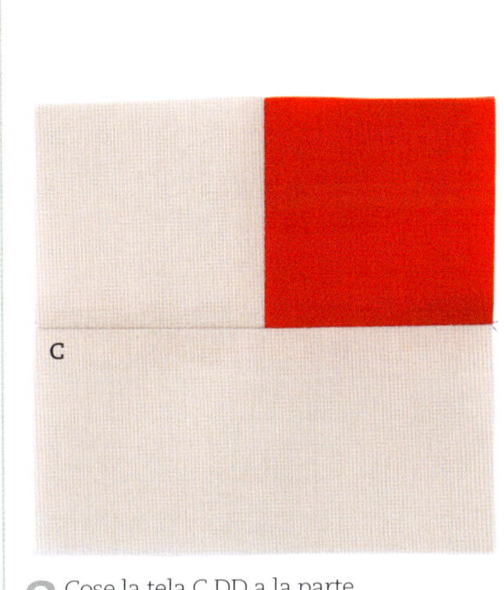

3 Cose la tela C DD a la parte inferior de la unidad. Plancha.

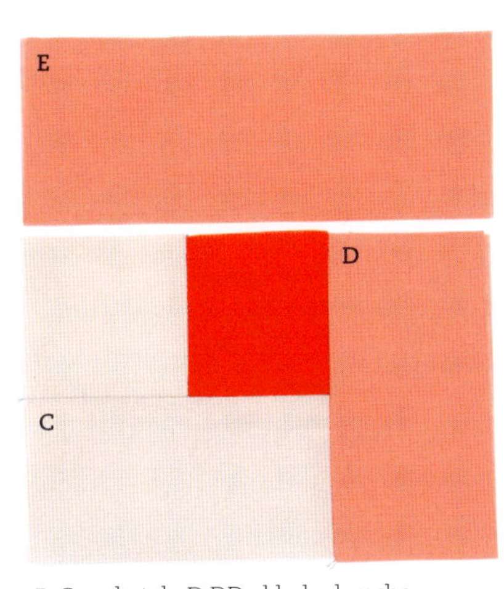

4 Cose la tela D DD al lado derecho de la unidad. Plancha.

5 Cose la tela E DD a la parte superior de la unidad. Plancha.

6 Cose la tela F DD al lado izquierdo de la unidad. Plancha.

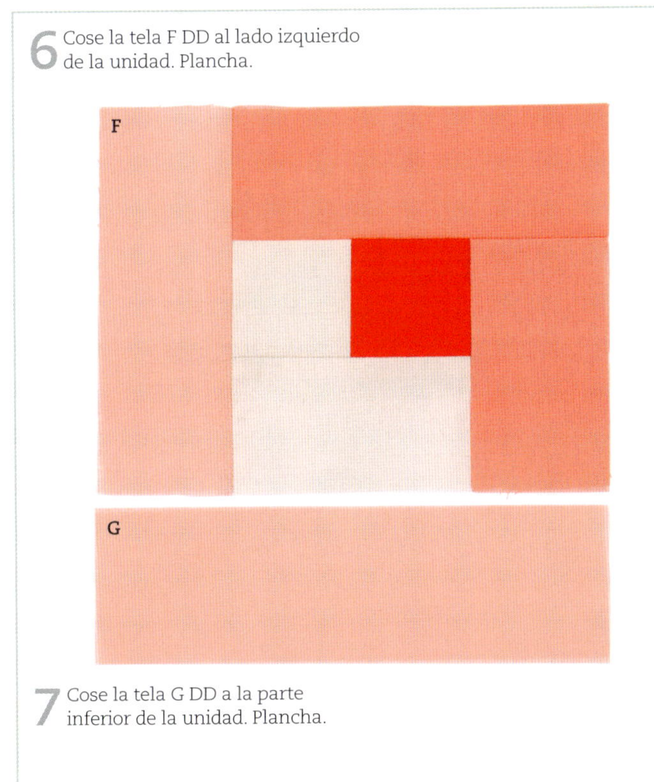

7 Cose la tela G DD a la parte inferior de la unidad. Plancha.

8 Continúa cosiendo las tiras restantes de las telas H e I a la unidad en sentido antihorario para completar el bloque cabaña de troncos.

Unidades de triángulos

Las unidades compuestas por triángulos rectángulos, como TMC, TCC y GV, contienen dos ángulos de 45° y suelen construirse de mayor tamaño. Todas las técnicas de esta sección implican cortar o recortar a lo largo del lado al bies (p. 36).

UNIDADES DE TRIÁNGULOS DE MEDIO CUADRADO

Las unidades de triángulos de medio cuadrado, o TMC, se hacen uniendo dos triángulos rectángulos para formar un cuadrado. Son las unidades angulares más versátiles y se usan para componer innumerables bloques y patrones de quilt. Existen varias técnicas para hacer y recortar unidades de TMC, cada una con distintas ventajas según el tamaño y la cantidad deseados.

DE UNA EN UNA

1 Corta un cuadrado de 10,2 × 10,2 cm (4 × 4 in) de las telas A y B, luego corta cada cuadrado por la mitad en diagonal.

2 Coloca un triángulo de cada tela de manera que formen un cuadrado.

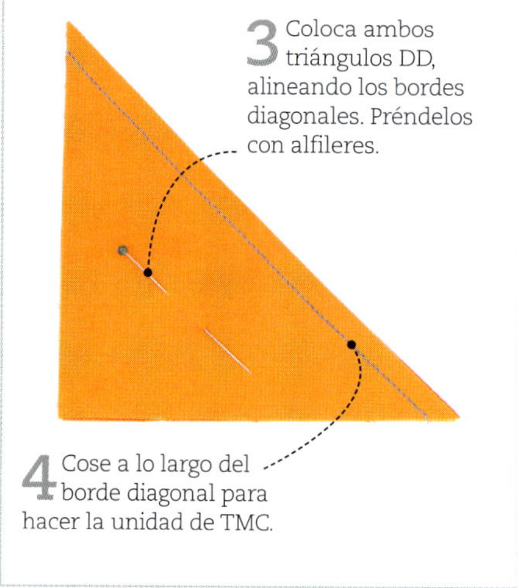

3 Coloca ambos triángulos DD, alineando los bordes diagonales. Préndelos con alfileres.

4 Cose a lo largo del borde diagonal para hacer la unidad de TMC.

5 Abre la unidad. Plánchala. Recórtala para que mida 8,9 × 8,9 cm (3½ × 3½ in). Repite los pasos 2 a 5 con los dos triángulos restantes para hacer una unidad de TMC idéntica.

DE DOS EN DOS

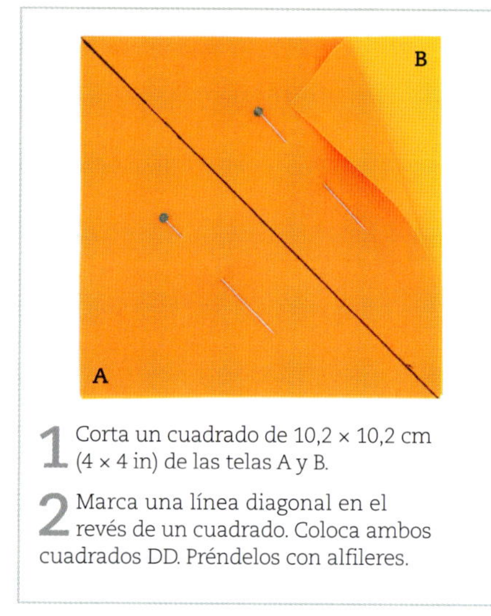

1 Corta un cuadrado de 10,2 × 10,2 cm (4 × 4 in) de las telas A y B.

2 Marca una línea diagonal en el revés de un cuadrado. Coloca ambos cuadrados DD. Préndelos con alfileres.

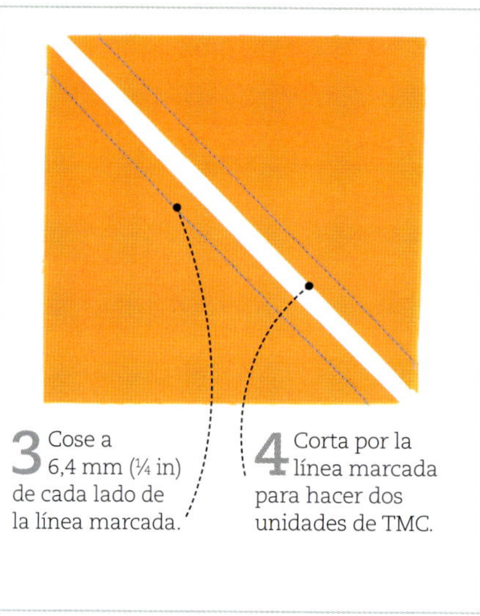

3 Cose a 6,4 mm (¼ in) de cada lado de la línea marcada.

4 Corta por la línea marcada para hacer dos unidades de TMC.

5 Abre ambas unidades y plánchalas. Recorta el sobrante para que cada una mida 8,9 × 8,9 cm (3½ × 3½ in).

Con esta técnica obtendrás dos unidades de TMC idénticas

DE CUATRO EN CUATRO

1 Corta un cuadrado de 14,6 × 14,6 cm (5¾ × 5¾ in) de las telas A y B.

2 Coloca ambos cuadrados DD. Préndelos con alfileres.

3 Cose a lo largo del perímetro, a 6,4 mm (¼ in) del borde de la tela. Plancha la unidad para asentar las costuras.

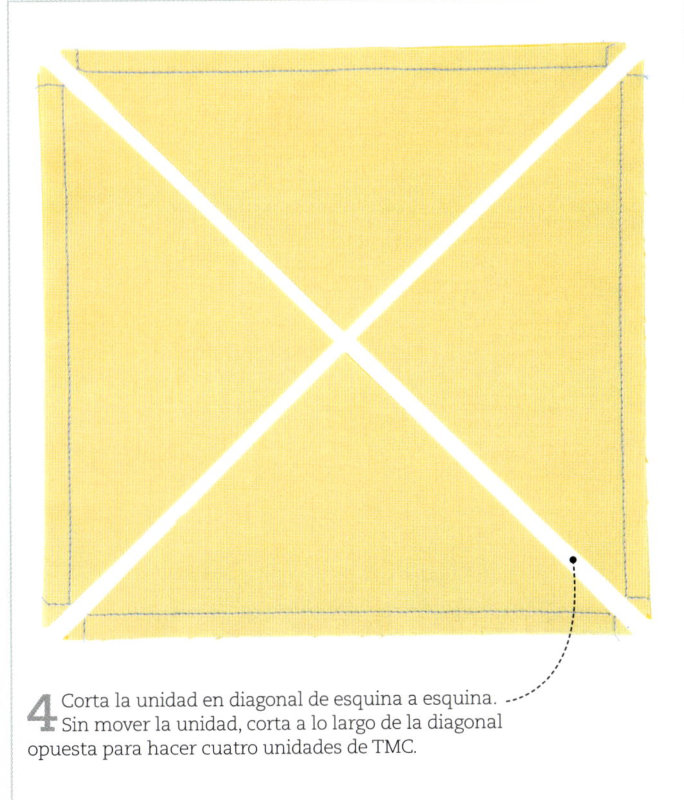

4 Corta la unidad en diagonal de esquina a esquina. Sin mover la unidad, corta a lo largo de la diagonal opuesta para hacer cuatro unidades de TMC.

5 Abre las unidades y plánchalas. Recorta el sobrante para que midan 8,9 × 8,9 cm (3½ × 3½ in).

Con esta técnica obtendrás cuatro unidades de TMC idénticas con los bordes exteriores al bies

DE OCHO EN OCHO

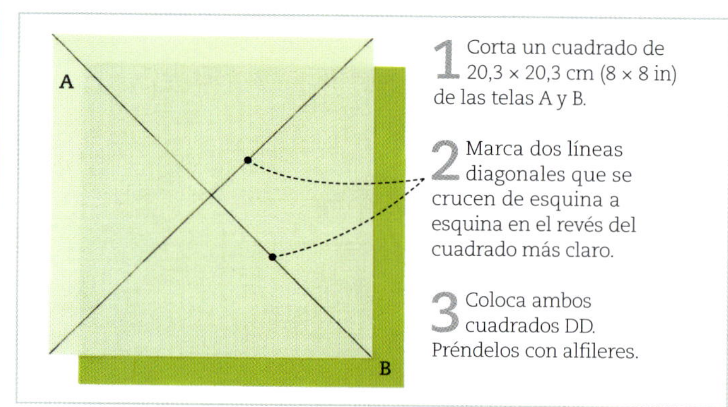

1 Corta un cuadrado de 20,3 × 20,3 cm (8 × 8 in) de las telas A y B.

2 Marca dos líneas diagonales que se crucen de esquina a esquina en el revés del cuadrado más claro.

3 Coloca ambos cuadrados DD. Préndelos con alfileres.

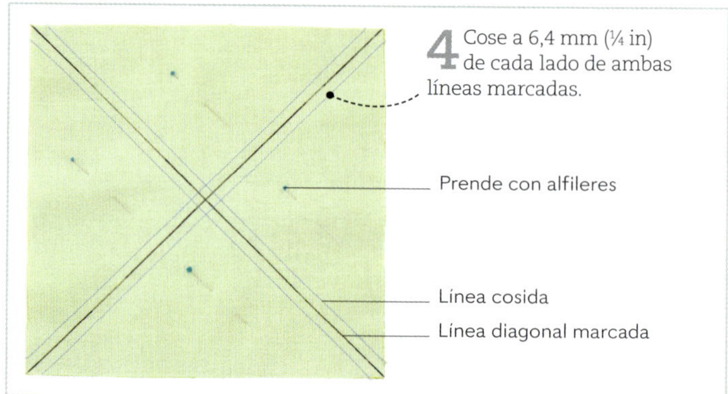

4 Cose a 6,4 mm (¼ in) de cada lado de ambas líneas marcadas.

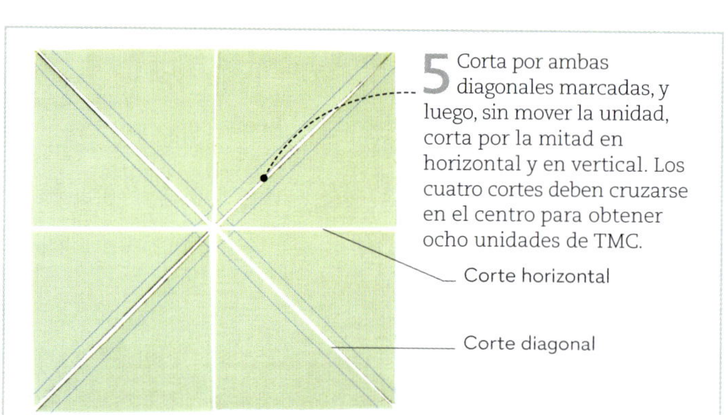

5 Corta por ambas diagonales marcadas, y luego, sin mover la unidad, corta por la mitad en horizontal y en vertical. Los cuatro cortes deben cruzarse en el centro para obtener ocho unidades de TMC.

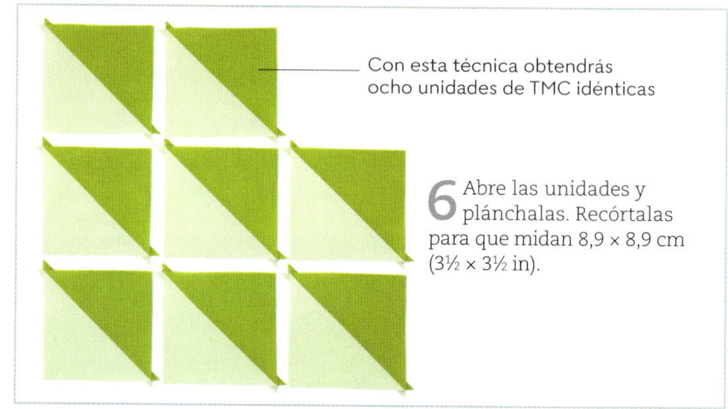

6 Abre las unidades y plánchalas. Recórtalas para que midan 8,9 × 8,9 cm (3½ × 3½ in).

TÉCNICA DE LA TIRA TUBULAR

1 Corta una tira de 8,3 cm (3¼ in) × AT de cada una de las telas A y B.

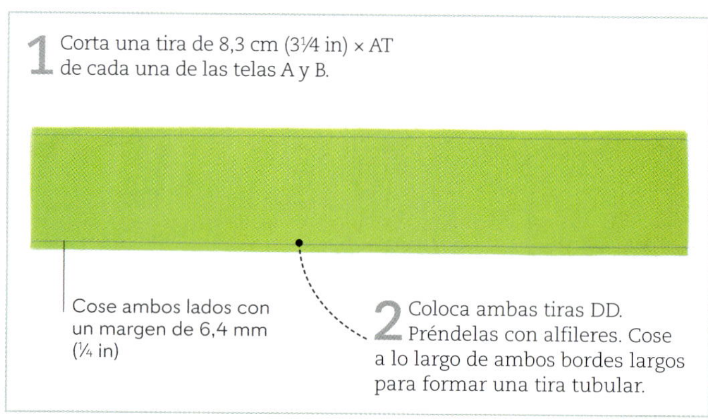

2 Coloca ambas tiras DD. Préndelas con alfileres. Cose a lo largo de ambos bordes largos para formar una tira tubular.

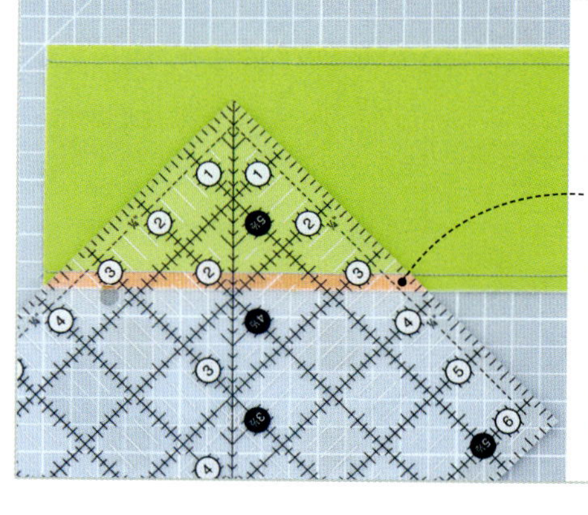

3 Pega cinta *washi* en diagonal en la parte inferior de una regla, alineando los extremos con el tamaño deseado del TMC sin terminar.

4 Alinea el borde de la cinta *washi* con la costura inferior de la tira tubular. Corta a lo largo de ambos bordes de la regla para hacer el primer TMC.

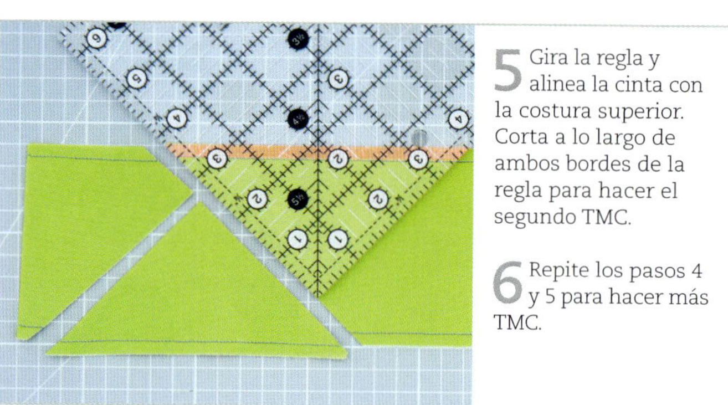

5 Gira la regla y alinea la cinta con la costura superior. Corta a lo largo de ambos bordes de la regla para hacer el segundo TMC.

6 Repite los pasos 4 y 5 para hacer más TMC.

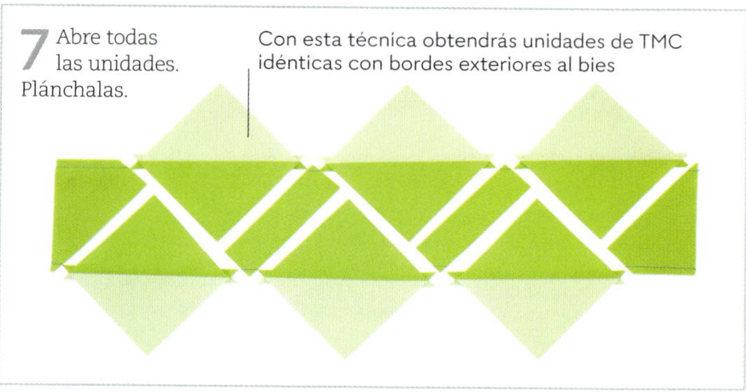

7 Abre todas las unidades. Plánchalas.

RECORTAR UNIDADES DE TMC

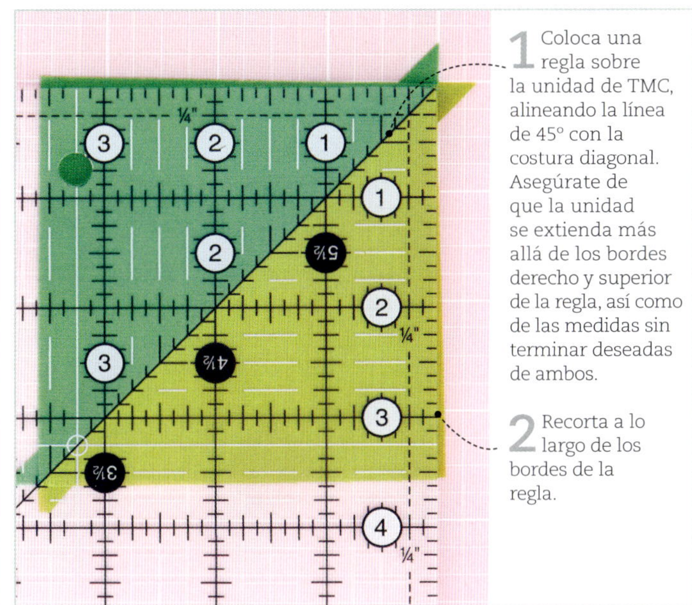

1 Coloca una regla sobre la unidad de TMC, alineando la línea de 45° con la costura diagonal. Asegúrate de que la unidad se extienda más allá de los bordes derecho y superior de la regla, así como de las medidas sin terminar deseadas de ambos.

2 Recorta a lo largo de los bordes de la regla.

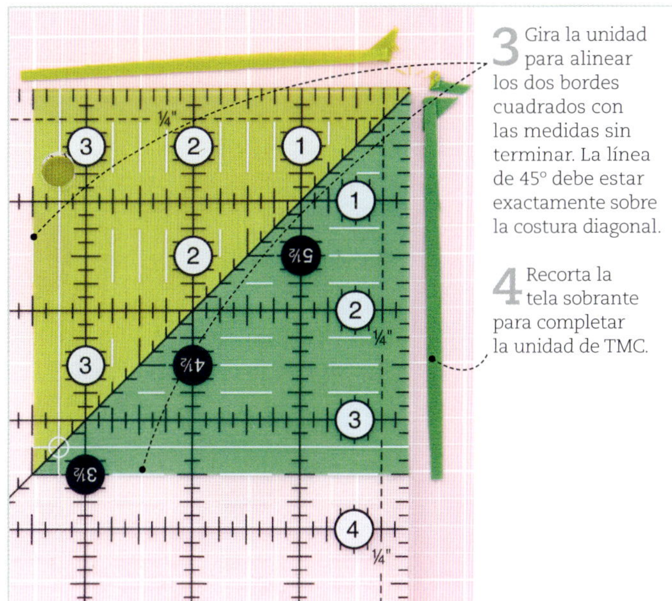

3 Gira la unidad para alinear los dos bordes cuadrados con las medidas sin terminar. La línea de 45° debe estar exactamente sobre la costura diagonal.

4 Recorta la tela sobrante para completar la unidad de TMC.

PIEZAS COSIDAS Y VUELTAS *(STITCH AND FLIP)*

La técnica *stitch and flip* («coser y volver») consiste en coser un cuadrado en diagonal en la esquina de una pieza más grande y recortar y planchar el triángulo interior vuelto sobre el exterior para rellenar la esquina. Utiliza esta técnica en las cuatro esquinas de un cuadrado para hacer una unidad bola de nieve.

1 Corta un cuadrado de 12,7 × 12,7 cm (5 × 5 in) de la tela A y cuatro cuadrados de 5,1 × 5,1 cm (2 × 2 in) de la tela B.

2 Marca una línea diagonal de esquina a esquina en el revés de los cuadrados de la tela B.

3 Coloca un cuadrado de tela B DD sobre la esquina superior derecha del cuadrado de tela A, con la línea marcada desde el centro superior hasta la parte inferior derecha. Préndelo con alfileres. Cose por la línea marcada.

4 Recorta el sobrante de las telas A y B a 6,4 mm (¼ in) de la costura.

5 Vuelve el triángulo hacia fuera para rellenar la esquina. Plancha la costura abierta o hacia la tela B.

6 Repite los pasos 3 a 5 con los tres cuadrados restantes de tela B para hacer una unidad bola de nieve.

UNIDADES DE TRIÁNGULOS DE CUARTO DE CUADRADO

Una unidad de triángulos de cuarto de cuadrado, o TCC, consiste en cuatro triángulos rectángulos unidos para formar un cuadrado. Une los triángulos de uno en uno para hacer una unidad multicolor, idénticos para crear unidades de reloj de arena, o diferentes para crear unidades de reloj de arena en espejo, o un TMC con un cuadrado para crear unidades divididas en espejo.

DE UNA EN UNA

1 Corta un cuadrado de 15,2 × 15,2 cm (6 × 6 in) de cada una de las telas A, B, C y D, y luego corta cada cuadrado a lo largo de ambas diagonales para obtener cuatro triángulos de cada tela.

2 Coloca un triángulo de cada tela formando un cuadrado.

3 Coloca dos triángulos DD. Préndelos con alfileres y cose a lo largo de los bordes cortos para hacer medio TCC. Abre la unidad y plánchala.

4 Cose los dos triángulos restantes DD para hacer una segunda media unidad de TCC. Ábrela y plánchala.

5 Cose las dos medias unidades de TCC DD a lo largo de los bordes largos, casando las costuras centrales, para hacer una unidad de TCC. Ábrela y plánchala.

6 Recorta la unidad a 12,7 × 12,7 cm (5 × 5 in).

DE DOS EN DOS

1 Haz dos unidades de TMC (p. 86) y recorta cada una a 15,2 × 15,2 cm (6 × 6 in). Coloca ambos DD, alineando las costuras diagonales y los bordes.

2 Marca una línea diagonal de esquina a esquina en el revés de la unidad de TMC superior, perpendicular a la costura existente.

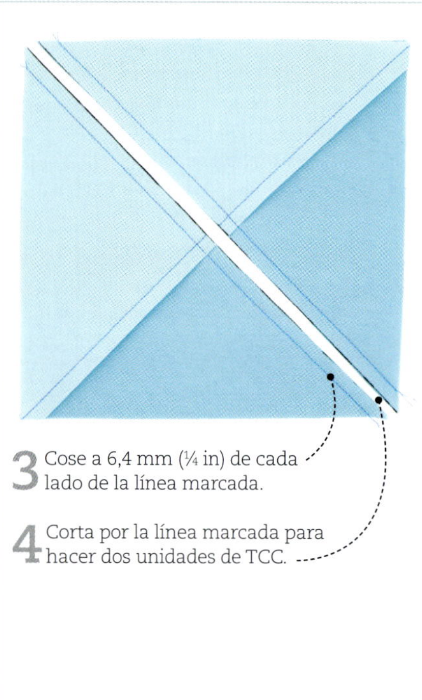

3 Cose a 6,4 mm (¼ in) de cada lado de la línea marcada.

4 Corta por la línea marcada para hacer dos unidades de TCC.

5 Abre ambas unidades. Plancha. Recórtalas a 12,7 × 12,7 cm (5 × 5 in).

TCC DIVIDIDOS

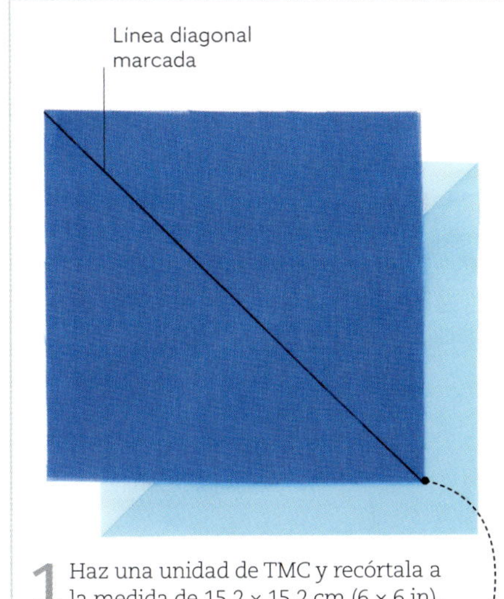

1 Haz una unidad de TMC y recórtala a la medida de 15,2 × 15,2 cm (6 × 6 in). Coloca un cuadrado de tela A de 15,2 × 15,2 cm (6 × 6 in) DD con la unidad recortada.

2 Marca una línea diagonal de esquina a esquina en el revés del cuadrado, perpendicular a la costura de la unidad de TMC.

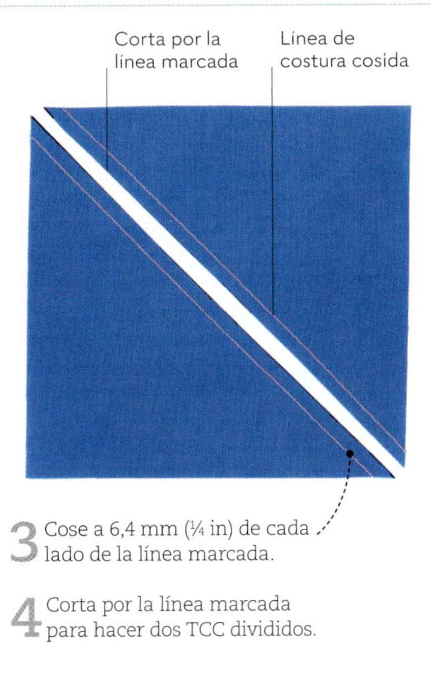

3 Cose a 6,4 mm (¼ in) de cada lado de la línea marcada.

4 Corta por la línea marcada para hacer dos TCC divididos.

5 Abre ambas unidades. Plancha las costuras abiertas o hacia la tela A. Recorta ambos TCC divididos a 12,7 × 12,7 cm (5 × 5 in).

RECORTAR UNIDADES DE TCC

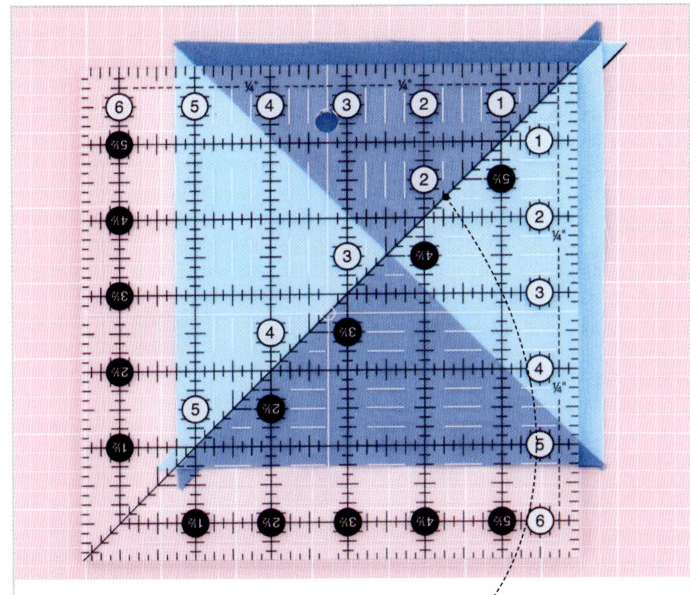

1 Determina el punto central de la unidad de TCC dividiendo por dos las medidas deseadas sin terminar. En una unidad de 12,7 × 12,7 cm (5 × 5 in) está a 6,4 × 6,4 cm (2½ × 2½ in) de los bordes.

2 Coloca una regla sobre la unidad alineando la línea de 45° con la costura diagonal derecha. Asegúrate de que el punto central esté donde se unen los cuatro triángulos y que las costuras corten esquinas de las medidas sin terminar.

3 Recorta la unidad de TCC a lo largo de los bordes de la regla.

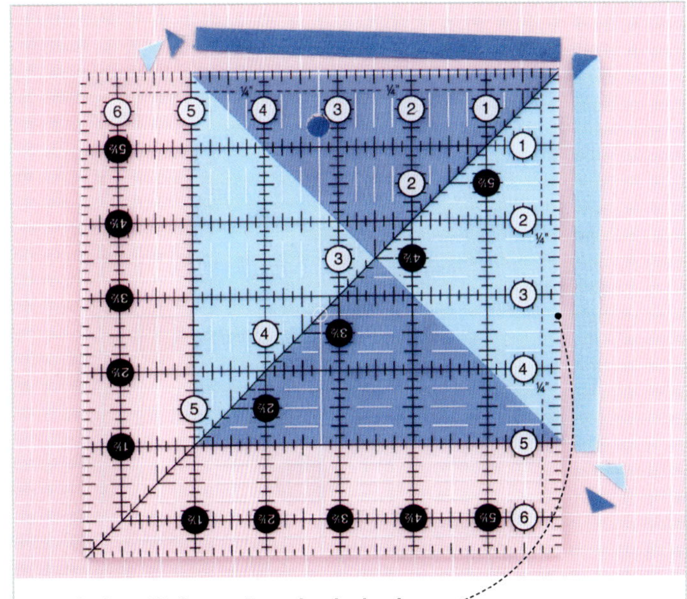

4 Gira la unidad para alinear los dos bordes escuadrados con las medidas sin terminar y todos los demás puntos descritos en el paso 2. Recorta para completar la unidad de TCC.

GANSOS VOLANDO

Las unidades llamadas gansos volando, o GV, consisten en un triángulo grande y dos triángulos más pequeños que se unen para formar un rectángulo el doble de ancho que de largo.

DE UNA EN UNA

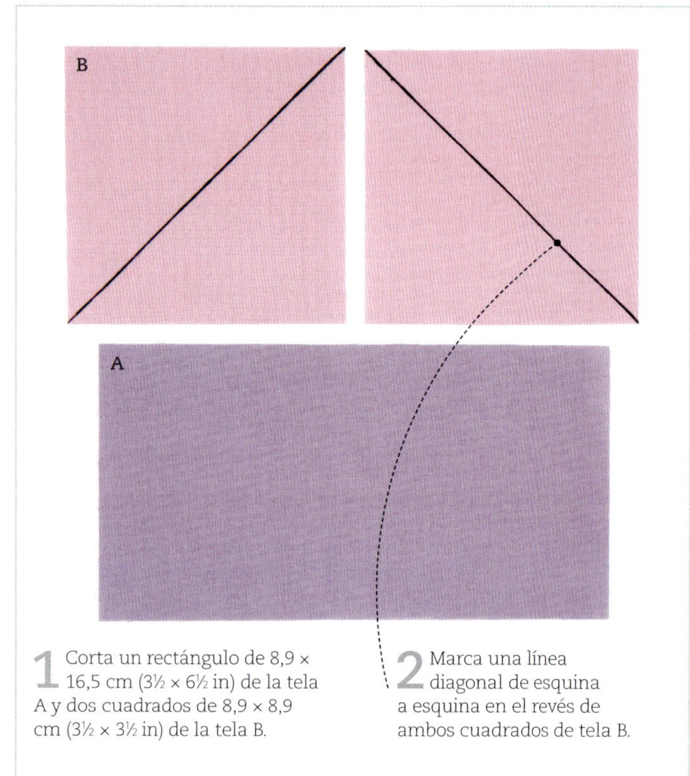

1 Corta un rectángulo de 8,9 × 16,5 cm (3½ × 6½ in) de la tela A y dos cuadrados de 8,9 × 8,9 cm (3½ × 3½ in) de la tela B.

2 Marca una línea diagonal de esquina a esquina en el revés de ambos cuadrados de tela B.

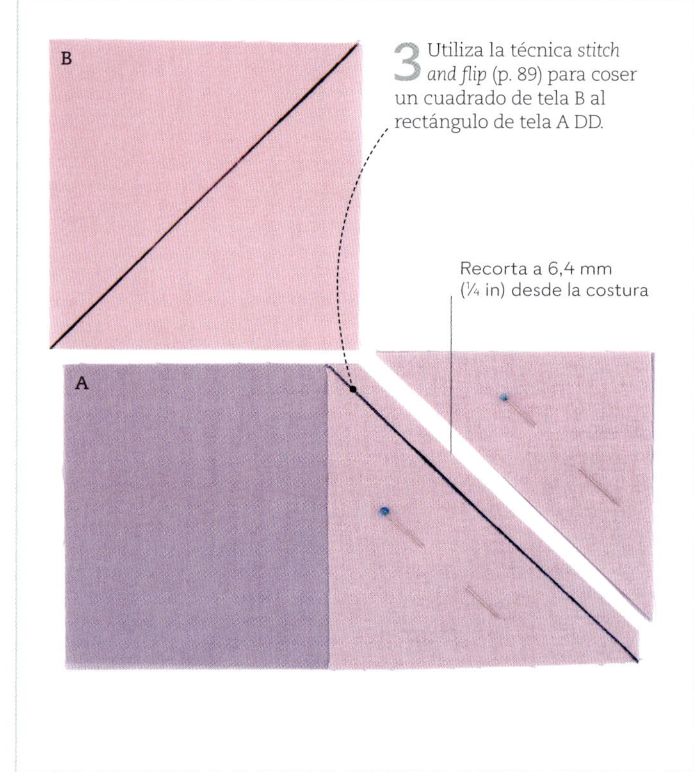

3 Utiliza la técnica *stitch and flip* (p. 89) para coser un cuadrado de tela B al rectángulo de tela A DD.

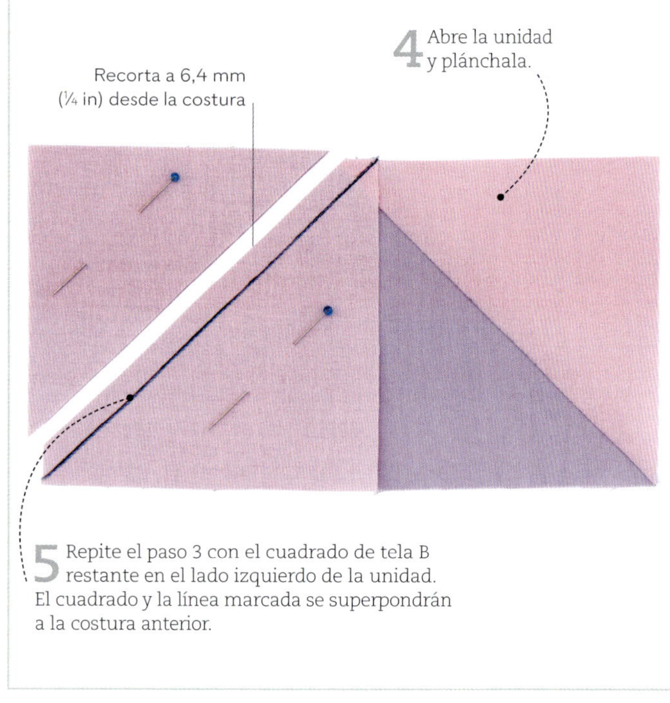

4 Abre la unidad y plánchala.

5 Repite el paso 3 con el cuadrado de tela B restante en el lado izquierdo de la unidad. El cuadrado y la línea marcada se superpondrán a la costura anterior.

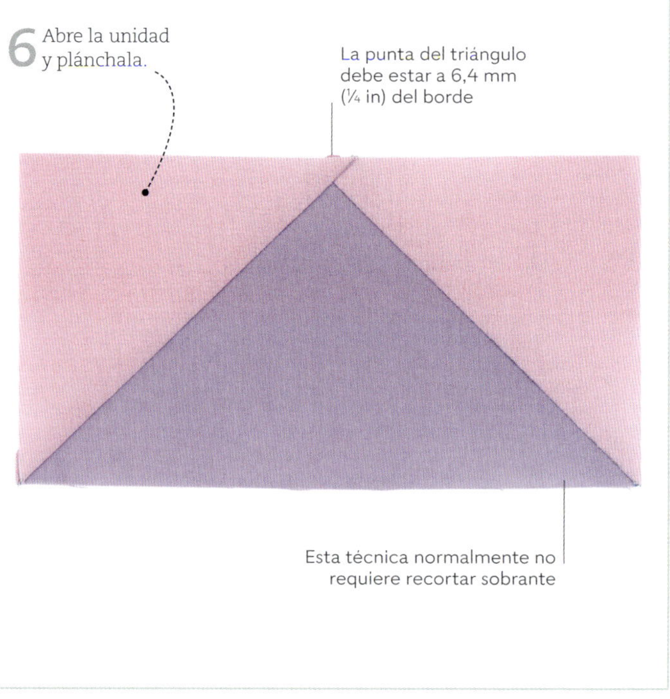

6 Abre la unidad y plánchala.

DE CUATRO EN CUATRO

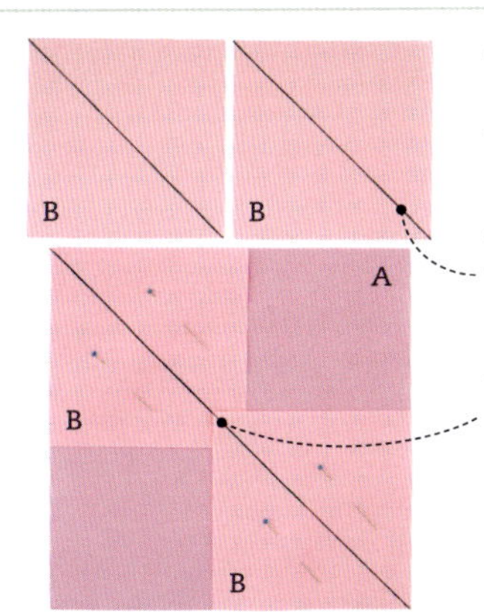

1 Corta un cuadrado de 19,7 × 19,7 cm (7¾ × 7¾ in) de la tela A y cuatro cuadrados de 10,8 × 10,8 cm (4¼ × 4¼ in) de la tela B.

2 Marca una línea diagonal de esquina a esquina en el revés de los cuadrados de tela B.

3 Coloca dos cuadrados de tela B en esquinas opuestas del cuadrado de tela A, DD, con las líneas marcadas superpuestas en el centro. Préndelos con alfileres. Cose a 6,4 mm (¼ in) de cada lado de la línea marcada.

4 Corta por la línea marcada para hacer dos unidades. Abre ambas unidades. Plancha las costuras abiertas o hacia la tela B.

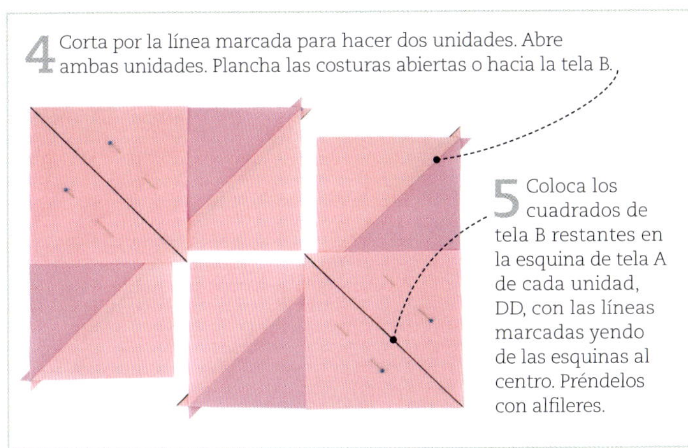

5 Coloca los cuadrados de tela B restantes en la esquina de tela A de cada unidad, DD, con las líneas marcadas yendo de las esquinas al centro. Préndelos con alfileres.

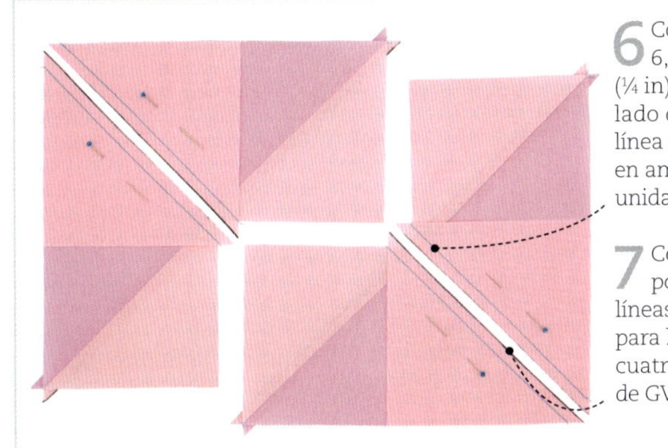

6 Cose a 6,4 mm (¼ in) de cada lado de la línea marcada en ambas unidades.

7 Corta por ambas líneas marcadas para hacer cuatro unidades de GV.

8 Abre las unidades. Plancha las costuras abiertas o hacia la tela B. Recorta los GV a 8,9 × 16,5 cm (3½ × 6½ in).

Cose con un margen exacto de 6,4 mm (¼ in) para obtener resultados precisos

RECORTAR UNIDADES DE GV

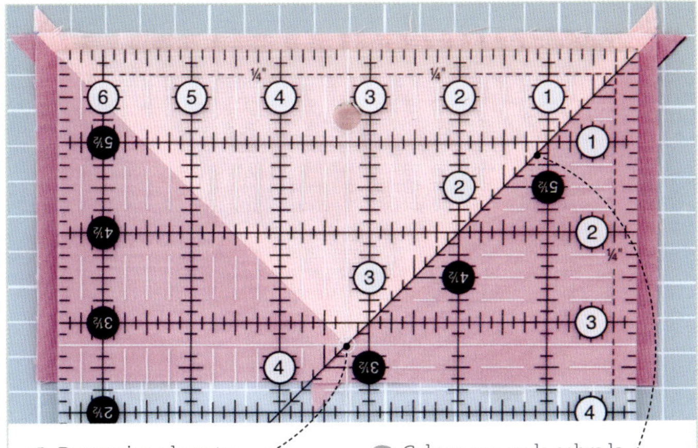

1 Determina el centro vertical dividiendo por dos la longitud sin terminar deseada. En una unidad de GV de 8,9 × 16,5 cm (3½ × 6½ in) estará en los 8,3 cm (3¼ in).

2 Coloca una regla sobre la unidad, alineando la línea de 45° con una costura diagonal y con el punto V a 6,4 mm (¼ in) por encima de la medida horizontal, alineado con el centro vertical. Recorta a lo largo de los bordes de la regla.

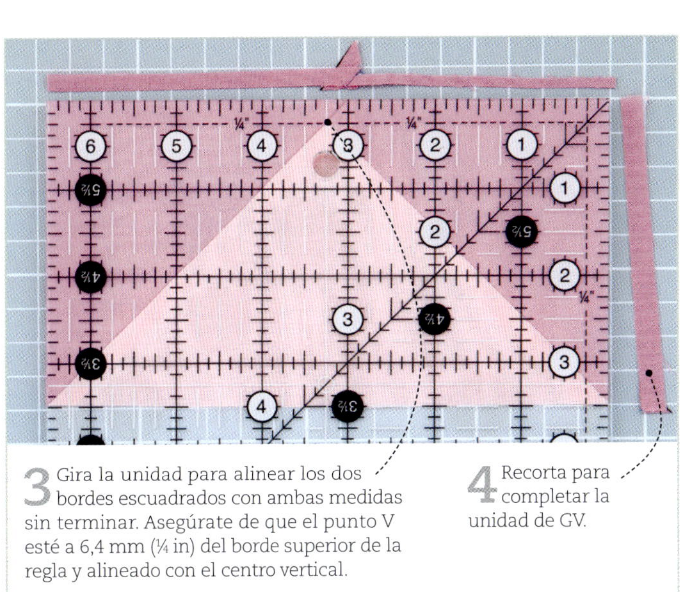

3 Gira la unidad para alinear los dos bordes escuadrados con ambas medidas sin terminar. Asegúrate de que el punto V esté a 6,4 mm (¼ in) del borde superior de la regla y alineado con el centro vertical.

4 Recorta para completar la unidad de GV.

UNIDADES DE CUADRADO EN UN CUADRADO

Una unidad de cuadrado en un cuadrado presenta un cuadrado central rodeado por cuatro triángulos complementarios para formar un cuadrado más grande. Los triángulos complementarios llenan los huecos de los bordes exteriores de una unidad, un bloque o una cubierta de quilt orientados «en punta». Esta unidad se puede construir utilizando la técnica *stitch and flip*, es decir, con piezas cosidas y vueltas (p. 89); con triángulos complementarios o, para mayor precisión, mediante MBP (p. 114).

TÉCNICA *STITCH AND FLIP*

1 Corta un cuadrado de 16,5 × 16,5 cm (6½ × 6½ in) de la tela A y cuatro cuadrados de 8,9 × 8,9 cm (3½ × 3½ in) de la tela B.

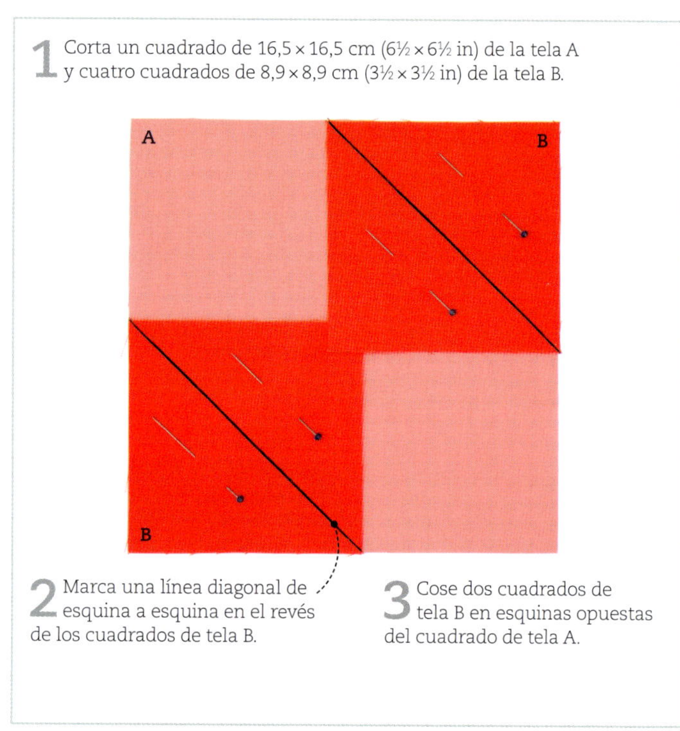

2 Marca una línea diagonal de esquina a esquina en el revés de los cuadrados de tela B.

3 Cose dos cuadrados de tela B en esquinas opuestas del cuadrado de tela A.

4 Abre la unidad y plánchala.

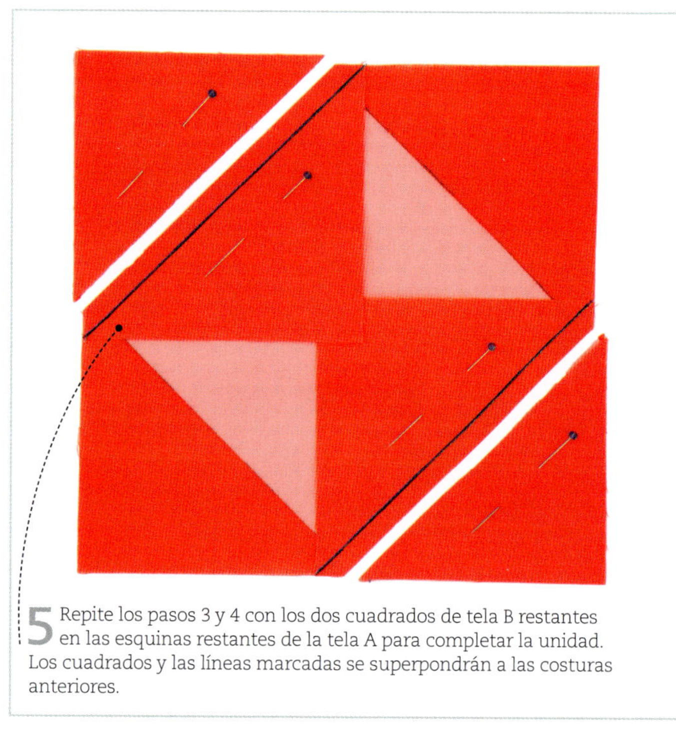

5 Repite los pasos 3 y 4 con los dos cuadrados de tela B restantes en las esquinas restantes de la tela A para completar la unidad. Los cuadrados y las líneas marcadas se superpondrán a las costuras anteriores.

6 Abre la unidad y plánchala.

Esta técnica normalmente no requiere recortar tela sobrante

TRIÁNGULOS COMPLEMENTARIOS

1 Corta un cuadrado de 12,1 × 12,1cm (4¾ × 4¾ in) de la tela A y dos cuadrados de 10,2 × 10,2 cm (4 × 4 in) de la tela B.

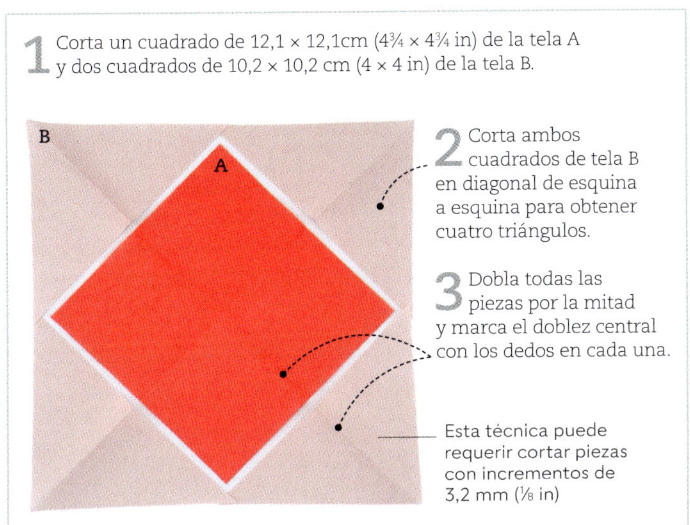

2 Corta ambos cuadrados de tela B en diagonal de esquina a esquina para obtener cuatro triángulos.

3 Dobla todas las piezas por la mitad y marca el doblez central con los dedos en cada una.

Esta técnica puede requerir cortar piezas con incrementos de 3,2 mm (⅛ in)

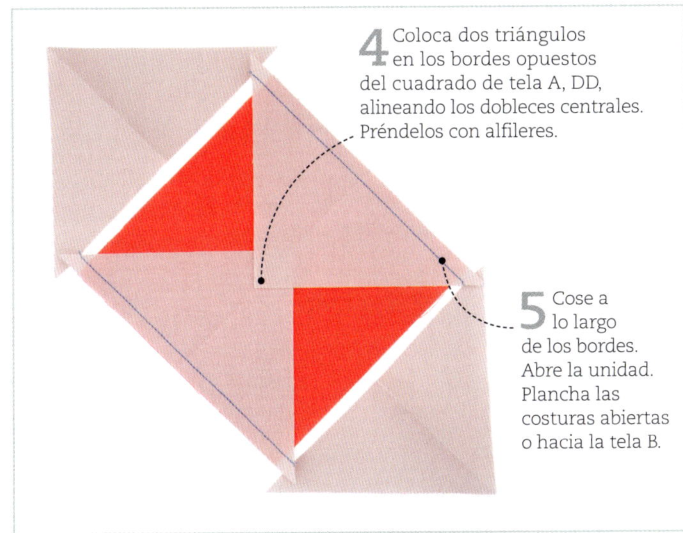

4 Coloca dos triángulos en los bordes opuestos del cuadrado de tela A, DD, alineando los dobleces centrales. Préndelos con alfileres.

5 Cose a lo largo de los bordes. Abre la unidad. Plancha las costuras abiertas o hacia la tela B.

6 Repite los pasos 4 y 5 con los dos triángulos restantes encarados DD en los bordes restantes de la tela A para completar la unidad.

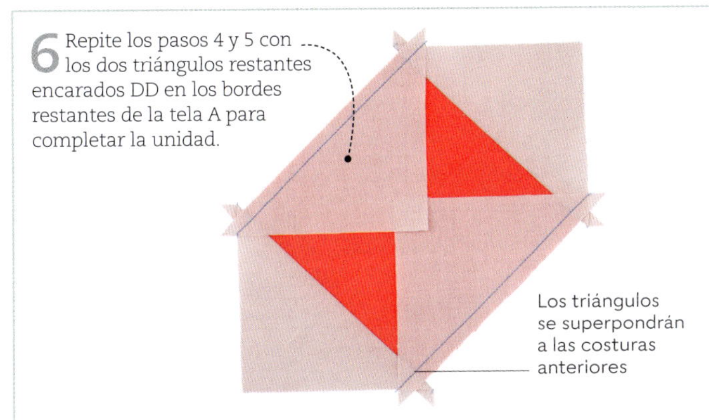

Los triángulos se superpondrán a las costuras anteriores

7 Recorta la unidad a la medida de 16,5 × 16,5 cm (6½ × 6½ in).

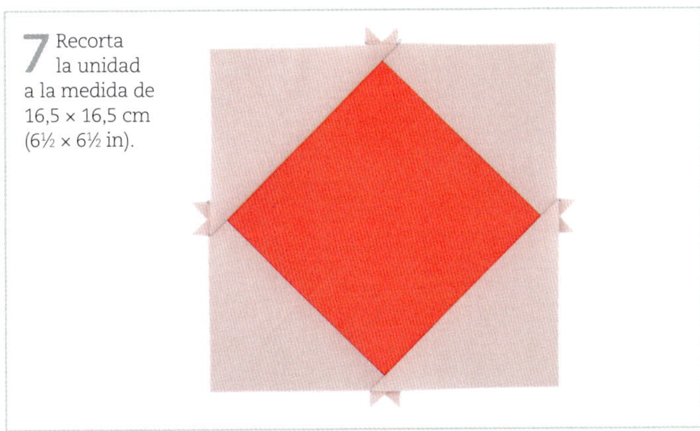

RECORTAR UNIDADES DE CUADRADO EN UN CUADRADO

1 Determina las medidas centrales de la unidad dividiendo por dos el ancho deseado sin terminar. Un cuadrado en un cuadrado de 16,5 × 16,5 cm (6½ × 6½ in) tiene un centro vertical y horizontal de 8,3 cm (3¼ in).

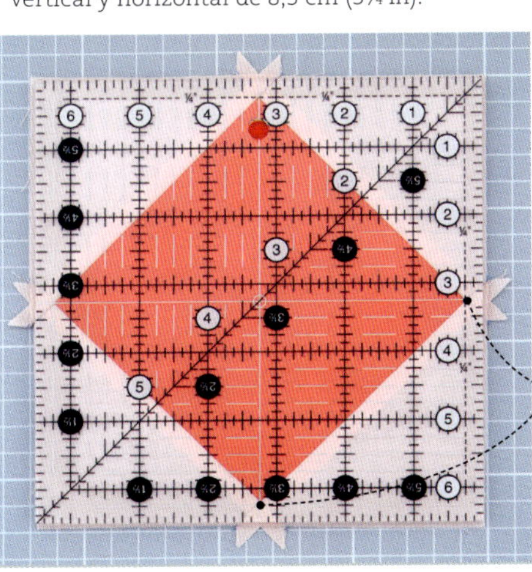

2 Coloca una regla sobre la unidad, alineando el centro vertical con las puntas superior e inferior del rombo y el centro horizontal con las puntas izquierda y derecha. Asegúrate de que las cuatro puntas estén a 6,4 mm (¼ in) dentro de ambas medidas sin terminar y los bordes de la regla. Recorta la unidad a lo largo de los bordes de la regla.

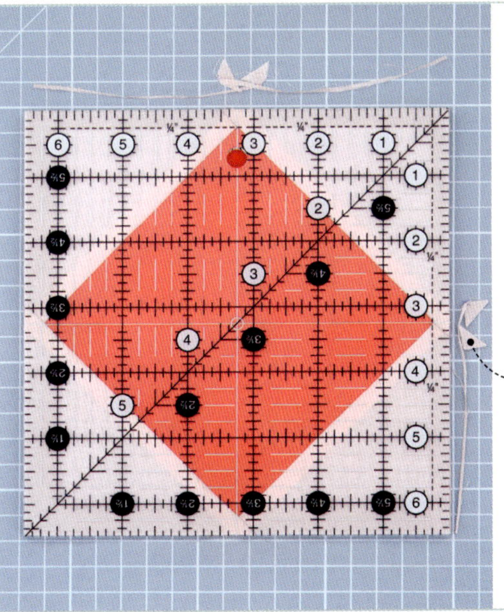

3 Gira la unidad para alinear los dos bordes cuadrados con las medidas sin terminar y asegúrate de que todas las demás puntas descritas en el paso 2 estén alineadas.

4 Recorta para completar la unidad de un cuadrado en un cuadrado.

Ángulos irregulares

Las unidades con ángulos irregulares, como TMR, hexágonos y rombos, pueden cortarse con precisión utilizando reglas estándar. Todas las técnicas de esta sección implican coser a lo largo del bies (p. 36) o dan como resultado unidades con bordes al bies.

DESFASE DE ÁNGULOS

Las piezas con ángulos irregulares deben desfasarse para asegurar que queden correctamente alineadas al unirlas. Para ello, alinea los bordes de dos piezas y luego desplaza los vértices, o donde se encuentran dos bordes en ángulo, ligeramente uno más allá del otro.

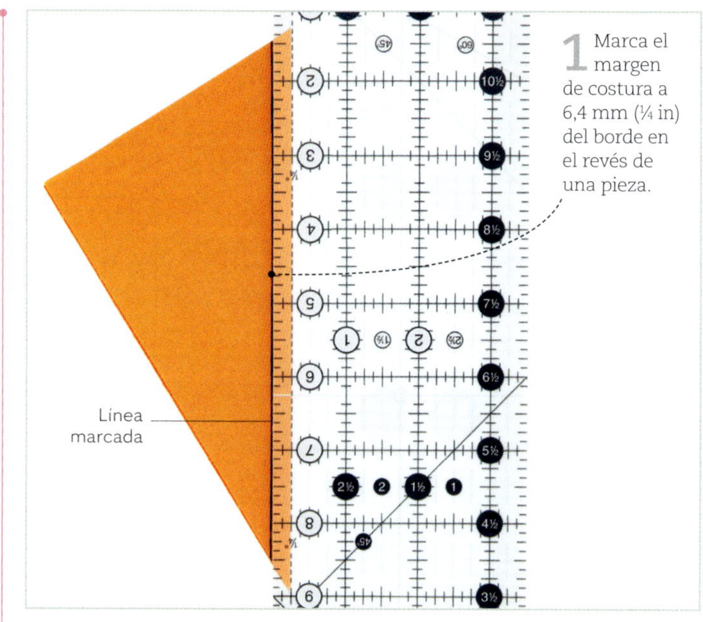

1 Marca el margen de costura a 6,4 mm (¼ in) del borde en el revés de una pieza.

2 Coloca dos piezas DD, alineando los bordes diagonales. Desplaza la pieza superior para que la línea marcada se alinee con los bordes vertical y horizontal de la pieza inferior.

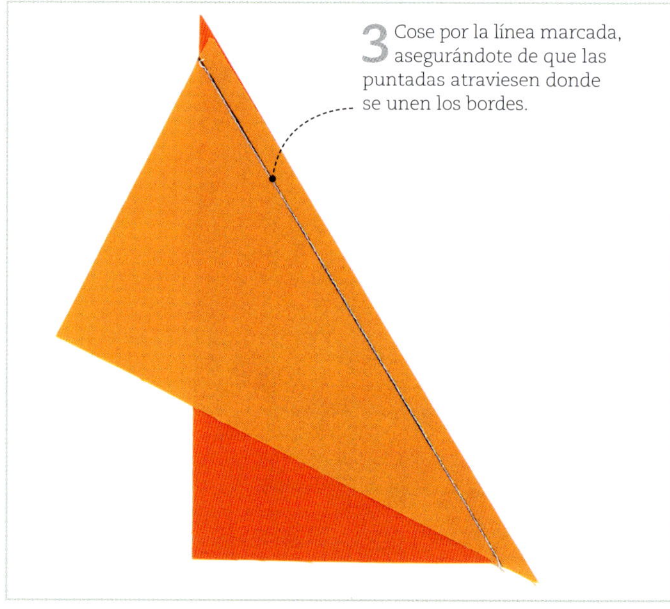

3 Cose por la línea marcada, asegurándote de que las puntadas atraviesen donde se unen los bordes.

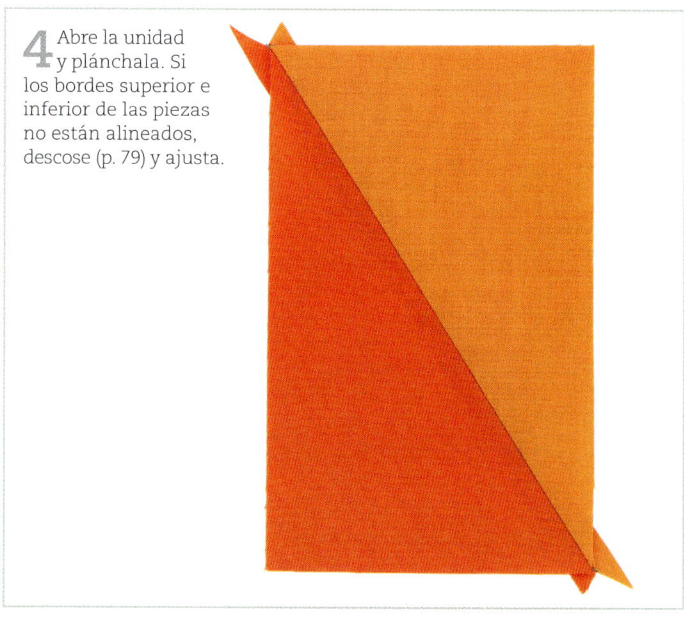

4 Abre la unidad y plánchala. Si los bordes superior e inferior de las piezas no están alineados, descose (p. 79) y ajusta.

UNIDADES DE TRIÁNGULOS DE MEDIO RECTÁNGULO

Una unidad de triángulos de medio rectángulo, o TMR, se forma uniendo dos triángulos alargados para crear un rectángulo. Las unidades de TMR en espejo deben construirse expresamente para lograr una colocación adecuada de la costura diagonal.

DE UNA EN UNA

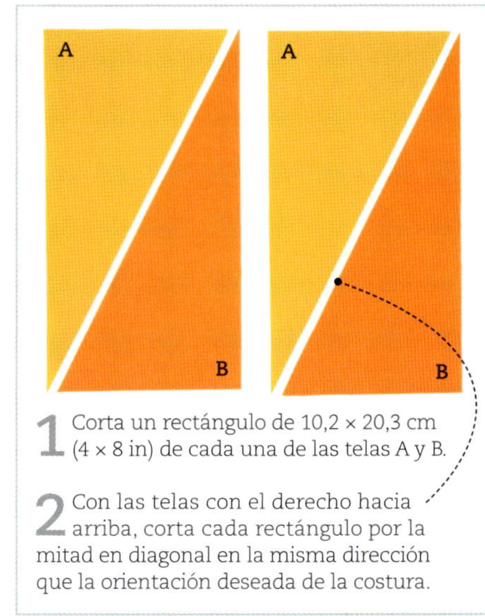

1 Corta un rectángulo de 10,2 × 20,3 cm (4 × 8 in) de cada una de las telas A y B.

2 Con las telas con el derecho hacia arriba, corta cada rectángulo por la mitad en diagonal en la misma dirección que la orientación deseada de la costura.

3 Coloca un triángulo de cada tela de modo que formen un rectángulo. Coloca los triángulos DD, alineando los bordes diagonales y compensando los vértices. Prende con alfileres.

4 Cose a lo largo de los bordes inclinados para hacer una unidad de TMR.

5 Abre la unidad. Plánchala y recórtala a la medida de 8,9 × 16,5 cm (3½ × 6½ in). Repite los pasos 3 a 5 con los dos triángulos restantes para hacer una unidad idéntica. Para hacer unidades en espejo, corta los rectángulos a lo largo de la diagonal opuesta.

DE DOS EN DOS

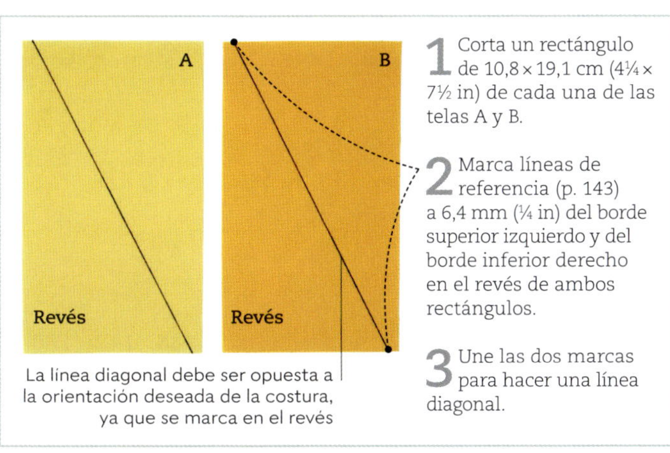

La línea diagonal debe ser opuesta a la orientación deseada de la costura, ya que se marca en el revés

1 Corta un rectángulo de 10,8 × 19,1 cm (4¼ × 7½ in) de cada una de las telas A y B.

2 Marca líneas de referencia (p. 143) a 6,4 mm (¼ in) del borde superior izquierdo y del borde inferior derecho en el revés de ambos rectángulos.

3 Une las dos marcas para hacer una línea diagonal.

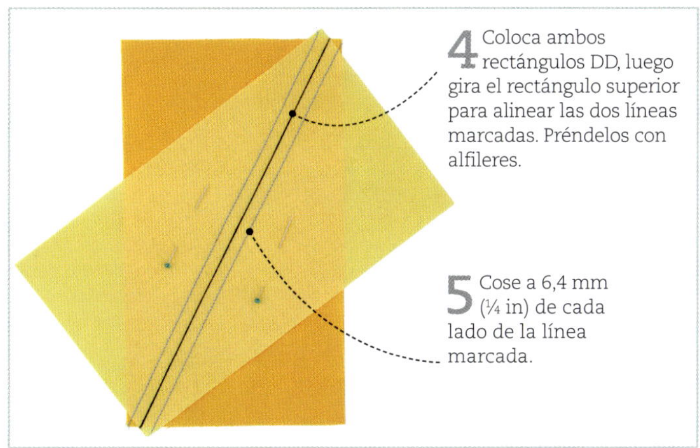

4 Coloca ambos rectángulos DD, luego gira el rectángulo superior para alinear las dos líneas marcadas. Préndelos con alfileres.

5 Cose a 6,4 mm (¼ in) de cada lado de la línea marcada.

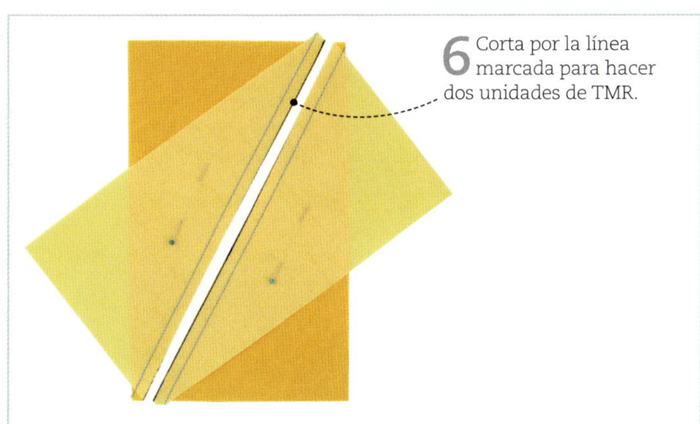

6 Corta por la línea marcada para hacer dos unidades de TMR.

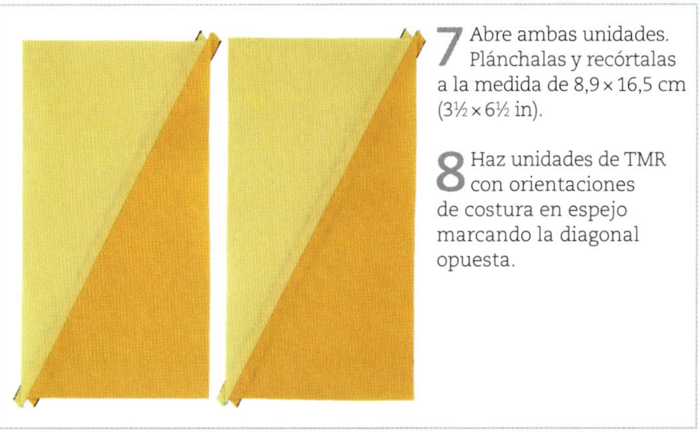

7 Abre ambas unidades. Plánchalas y recórtalas a la medida de 8,9 × 16,5 cm (3½ × 6½ in).

8 Haz unidades de TMR con orientaciones de costura en espejo marcando la diagonal opuesta.

RECORTAR UNIDADES DE TMR

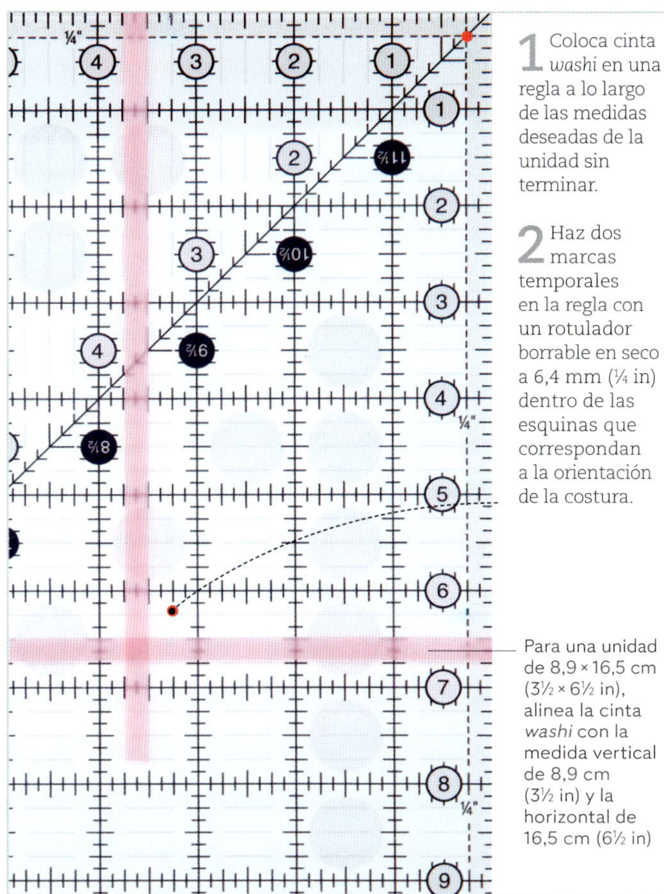

1 Coloca cinta *washi* en una regla a lo largo de las medidas deseadas de la unidad sin terminar.

2 Haz dos marcas temporales en la regla con un rotulador borrable en seco a 6,4 mm (¼ in) dentro de las esquinas que correspondan a la orientación de la costura.

Para una unidad de 8,9 × 16,5 cm (3½ × 6½ in), alinea la cinta *washi* con la medida vertical de 8,9 cm (3½ in) y la horizontal de 16,5 cm (6½ in)

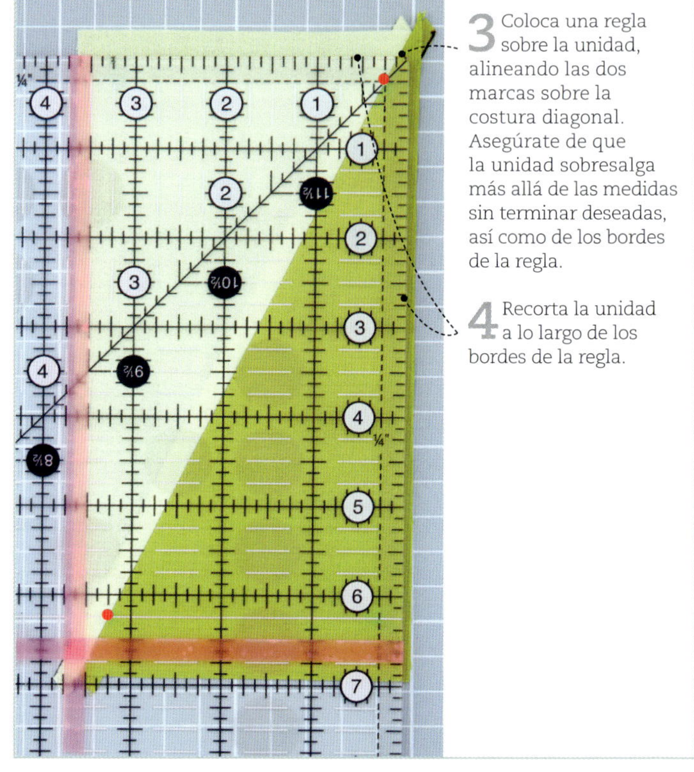

3 Coloca una regla sobre la unidad, alineando las dos marcas sobre la costura diagonal. Asegúrate de que la unidad sobresalga más allá de las medidas sin terminar deseadas, así como de los bordes de la regla.

4 Recorta la unidad a lo largo de los bordes de la regla.

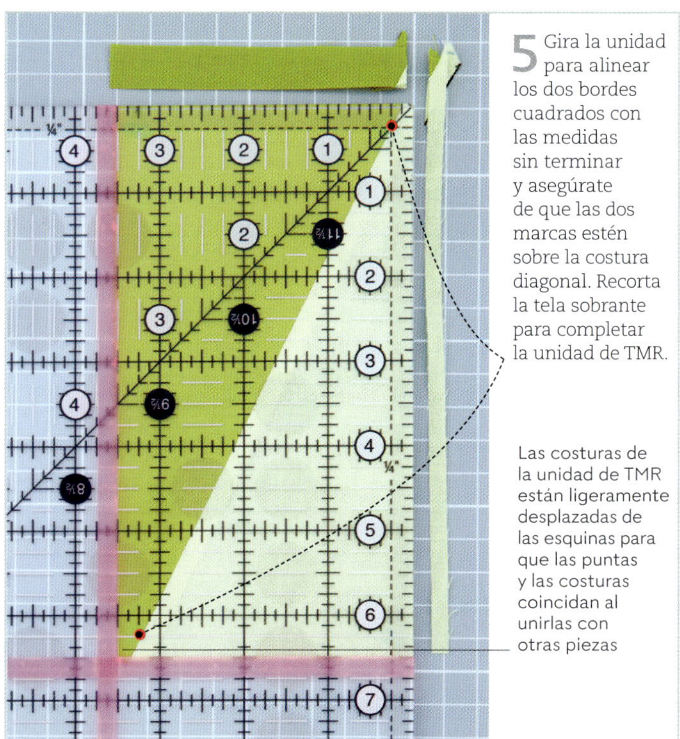

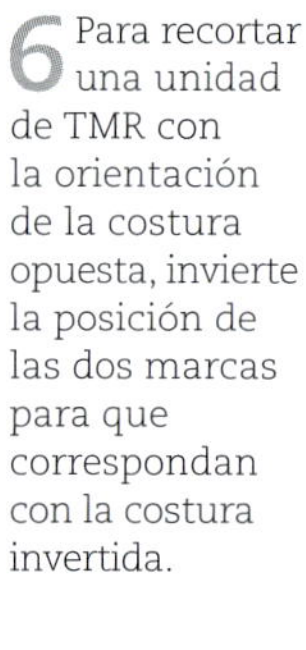

5 Gira la unidad para alinear los dos bordes cuadrados con las medidas sin terminar y asegúrate de que las dos marcas estén sobre la costura diagonal. Recorta la tela sobrante para completar la unidad de TMR.

Las costuras de la unidad de TMR están ligeramente desplazadas de las esquinas para que las puntas y las costuras coincidan al unirlas con otras piezas

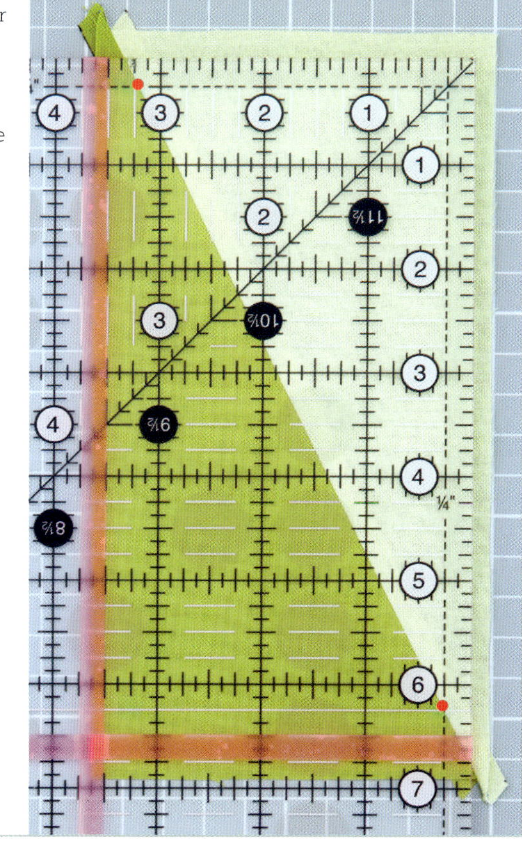

6 Para recortar una unidad de TMR con la orientación de la costura opuesta, invierte la posición de las dos marcas para que correspondan con la costura invertida.

UNIDAD DE TRIÁNGULO EN UN CUADRADO

Una unidad de triángulo en un cuadrado consiste en un triángulo central con un triángulo complementario a cada lado.

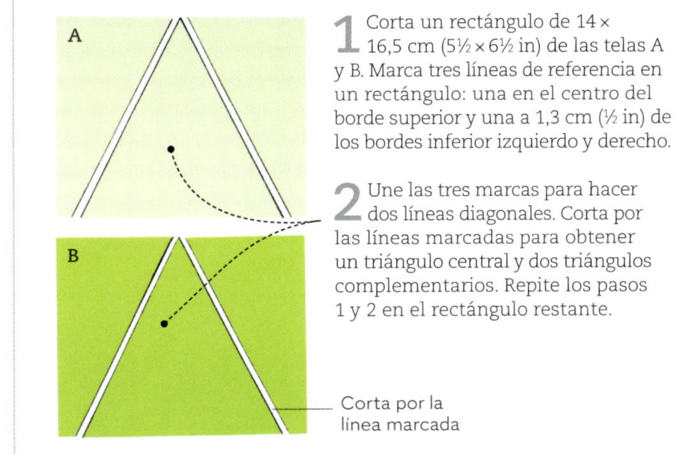

1 Corta un rectángulo de 14 × 16,5 cm (5½ × 6½ in) de las telas A y B. Marca tres líneas de referencia en un rectángulo: una en el centro del borde superior y una a 1,3 cm (½ in) de los bordes inferior izquierdo y derecho.

2 Une las tres marcas para hacer dos líneas diagonales. Corta por las líneas marcadas para obtener un triángulo central y dos triángulos complementarios. Repite los pasos 1 y 2 en el rectángulo restante.

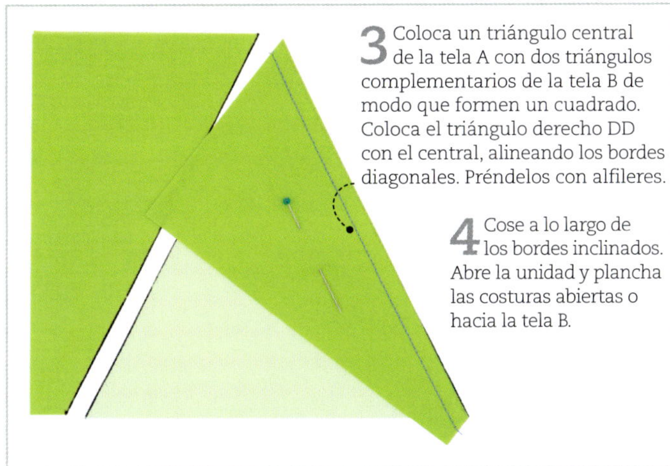

3 Coloca un triángulo central de la tela A con dos triángulos complementarios de la tela B de modo que formen un cuadrado. Coloca el triángulo derecho DD con el central, alineando los bordes diagonales. Préndelos con alfileres.

4 Cose a lo largo de los bordes inclinados. Abre la unidad y plancha las costuras abiertas o hacia la tela B.

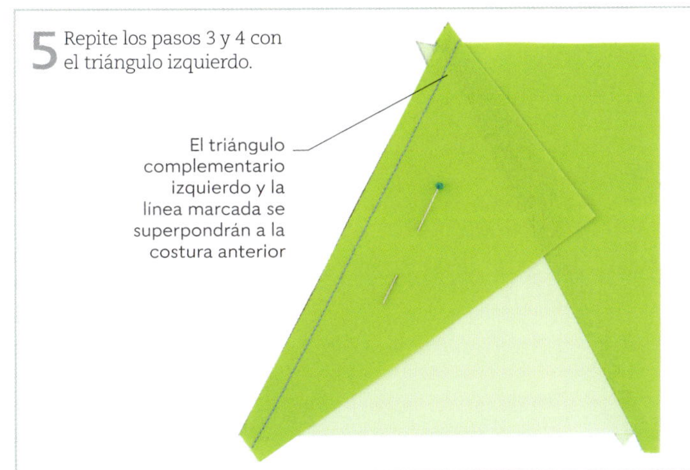

5 Repite los pasos 3 y 4 con el triángulo izquierdo.

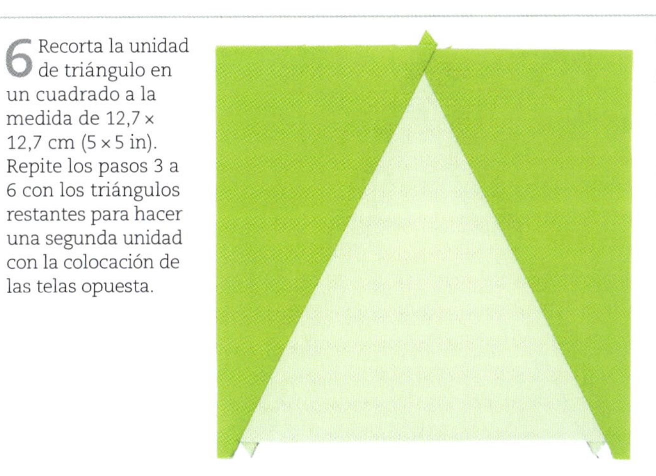

6 Recorta la unidad de triángulo en un cuadrado a la medida de 12,7 × 12,7 cm (5 × 5 in). Repite los pasos 3 a 6 con los triángulos restantes para hacer una segunda unidad con la colocación de las telas opuesta.

RECORTAR UNIDADES DE TRIÁNGULO EN UN CUADRADO

1 Determina el centro vertical dividiendo por dos el ancho sin terminar. Haz cuatro marcas temporales en una regla a 6,4 mm (¼ in) dentro de cada esquina de las medidas sin terminar.

2 Coloca la unidad de modo que el triángulo central forme una A. Coloca una regla sobre la unidad, alineando las dos marcas inferiores sobre las costuras diagonales.

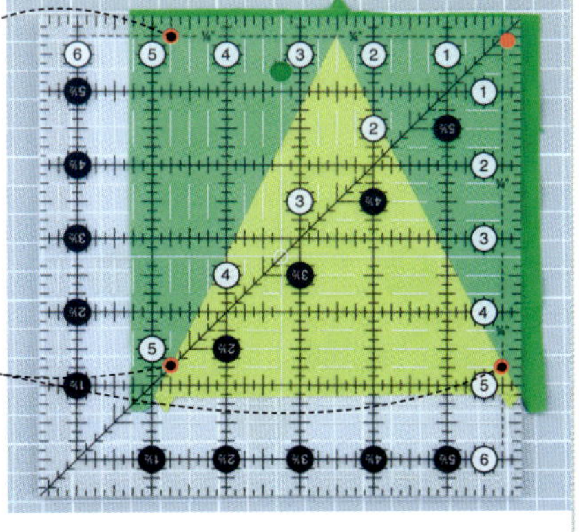

3 Asegúrate de que la punta superior del triángulo esté a 6,4 mm (¼ in) del borde superior de la regla y alineada con el centro vertical. Recorta la unidad a lo largo de los bordes de la regla.

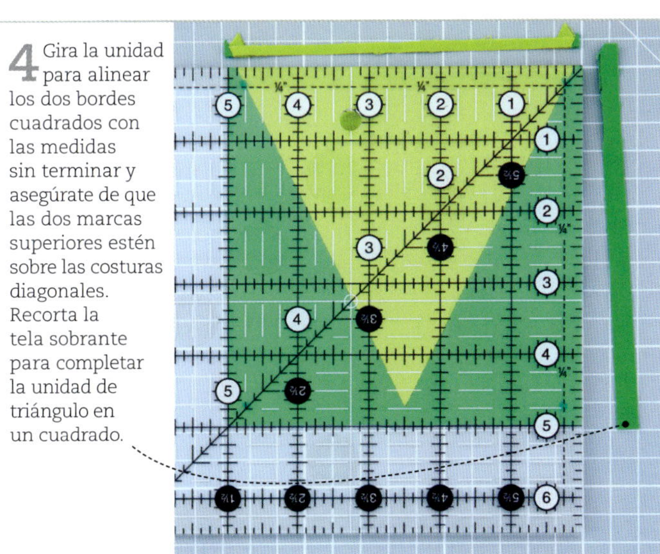

4 Gira la unidad para alinear los dos bordes cuadrados con las medidas sin terminar y asegúrate de que las dos marcas superiores estén sobre las costuras diagonales. Recorta la tela sobrante para completar la unidad de triángulo en un cuadrado.

TRIÁNGULOS EQUILÁTEROS

Los triángulos equiláteros tienen los lados iguales y ángulos de 60°, se miden por su altura y se cortan de tiras AT 1,3 cm (½ in) más anchas que la altura final deseada. Corta los triángulos con una sola punta truncada que facilite alineación y la orientación.

CORTE DE TRIÁNGULOS EQUILÁTEROS

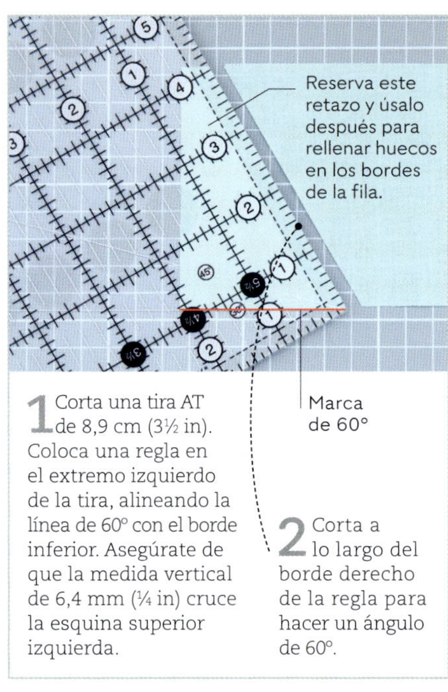

1 Corta una tira AT de 8,9 cm (3½ in). Coloca una regla en el extremo izquierdo de la tira, alineando la línea de 60° con el borde inferior. Asegúrate de que la medida vertical de 6,4 mm (¼ in) cruce la esquina superior izquierda.

2 Corta a lo largo del borde derecho de la regla para hacer un ángulo de 60°.

3 Gira la regla en sentido horario, alineando la línea de 60° con el borde en ángulo previamente cortado. Asegúrate de que la medida de 6,4 mm (¼ in) cruce el vértice inferior.

4 Corta a lo largo del borde de la regla para hacer un triángulo equilátero con una punta truncada.

5 Gira la regla en sentido antihorario, alineando la línea de 60° con el borde inferior. Asegúrate de que la medida de 6,4 mm (¼ in) cruce el vértice superior.

6 Corta para hacer un segundo triángulo equilátero. Repite los pasos 3 a 6 para hacer más triángulos.

MONTAJE DE HILERAS DE TRIÁNGULOS EQUILÁTEROS

1 Coloca los triángulos equiláteros en hilera alternando la orientación de las puntas truncadas.

2 Coloca el segundo triángulo DD con el primero, alineando los bordes que se van a unir.

3 Cose a lo largo de los bordes. Abre las piezas y plánchalas.

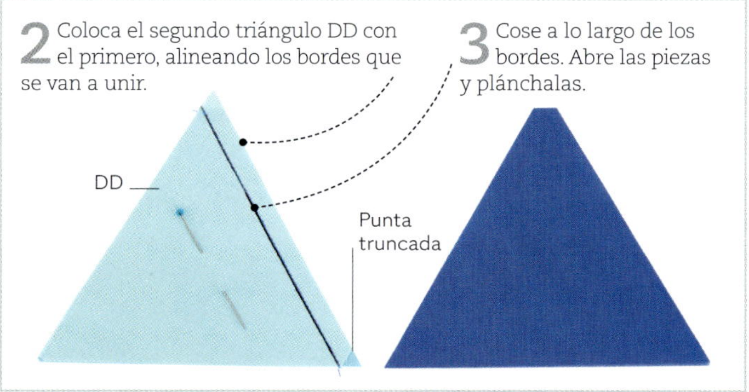

4 Coloca el tercer triángulo DD con el segundo, alineando los bordes que se van a unir. Cose a lo largo de los bordes, abre las piezas y plánchalas.

5 Repite los pasos 2 a 4 con más triángulos para hacer una hilera.

MEDIOS HEXÁGONOS

Los medios hexágonos a menudo se unen para formar hexágonos completos y pueden combinarse con otras piezas con ángulos de 60°, como triángulos equiláteros y rombos (p. 102). Los medios hexágonos se miden por su altura y se cortan de tiras AT 1,3 cm (½ in) más anchas que la altura final deseada.

CORTAR MEDIOS HEXÁGONOS

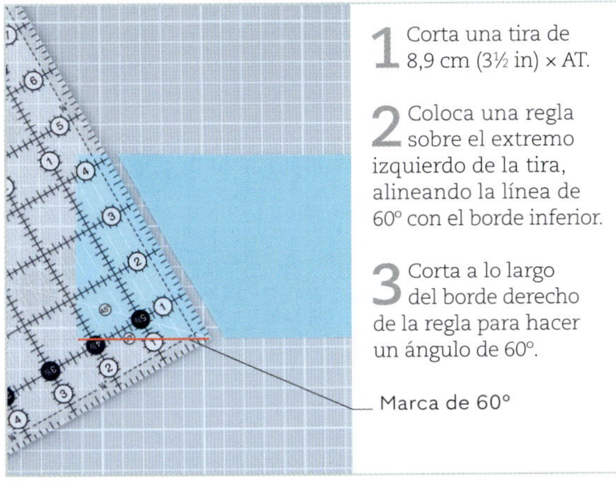

1 Corta una tira de 8,9 cm (3½ in) × AT.

2 Coloca una regla sobre el extremo izquierdo de la tira, alineando la línea de 60° con el borde inferior.

3 Corta a lo largo del borde derecho de la regla para hacer un ángulo de 60°.

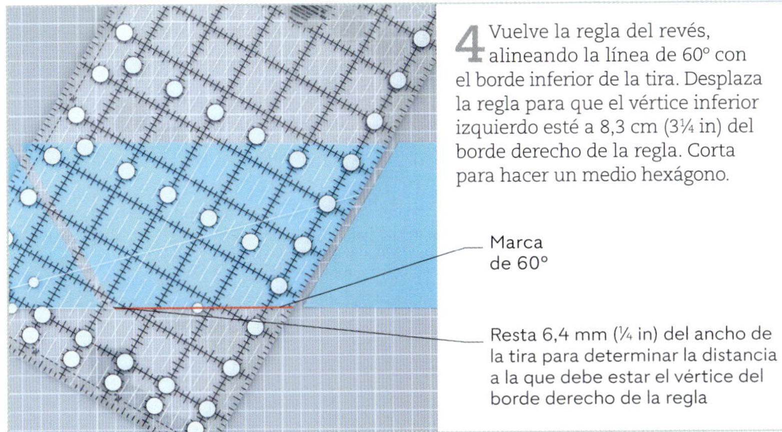

4 Vuelve la regla del revés, alineando la línea de 60° con el borde inferior de la tira. Desplaza la regla para que el vértice inferior izquierdo esté a 8,3 cm (3¼ in) del borde derecho de la regla. Corta para hacer un medio hexágono.

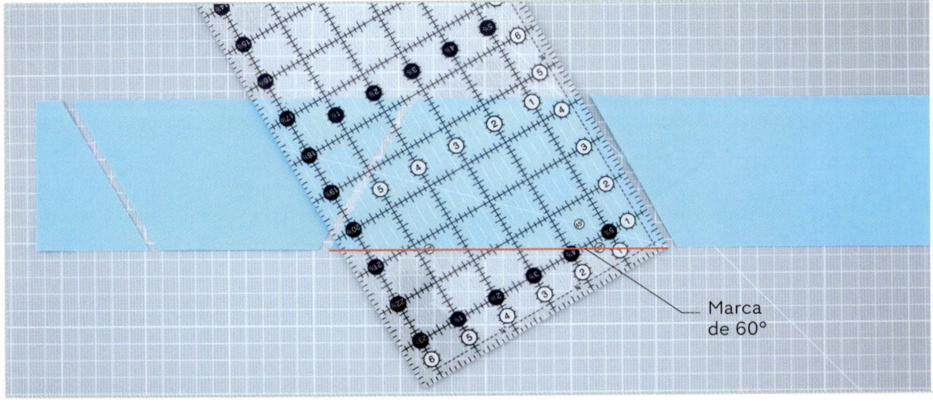

5 Vuelve a poner la regla con el lado correcto hacia arriba. Alinéala como se describe en el paso 4, midiendo desde el vértice superior izquierdo. Corta para hacer un segundo medio hexágono.

6 Repite los pasos 4 y 5 para hacer más medios hexágonos.

MONTAJE DE HILERAS DE MEDIOS HEXÁGONOS

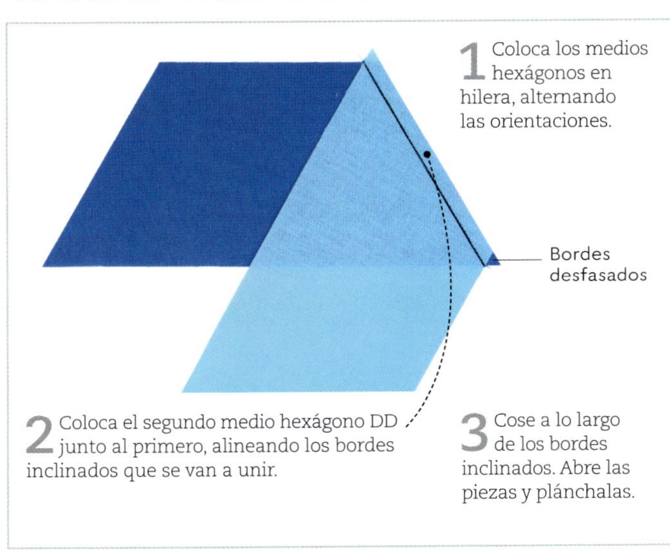

1 Coloca los medios hexágonos en hilera, alternando las orientaciones.

2 Coloca el segundo medio hexágono DD junto al primero, alineando los bordes inclinados que se van a unir.

3 Cose a lo largo de los bordes inclinados. Abre las piezas y plánchalas.

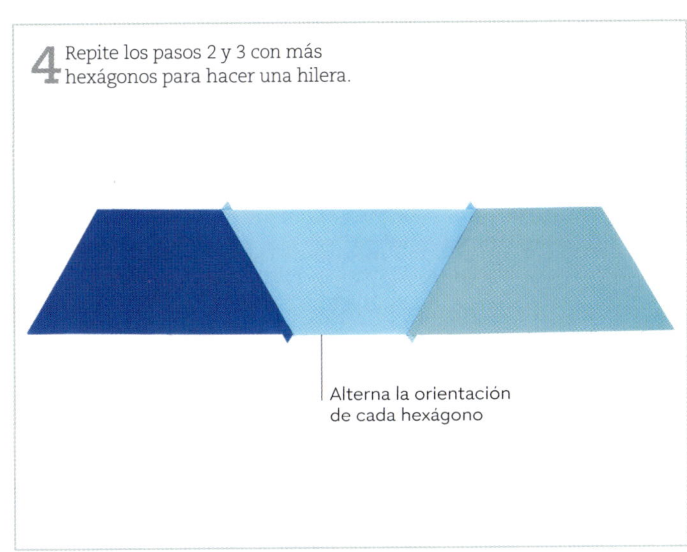

4 Repite los pasos 2 y 3 con más hexágonos para hacer una hilera.

ROMBOS

Los rombos más comunes son aquellos con ángulos de 45 o 60°, que pueden unirse para formar estrellas de ocho o seis puntas, respectivamente. Los rombos se miden por la distancia entre dos bordes paralelos y se cortan de tiras AT que sean 1,3 cm (½ in) más anchas que el ancho final deseado.

CORTE DE ROMBOS

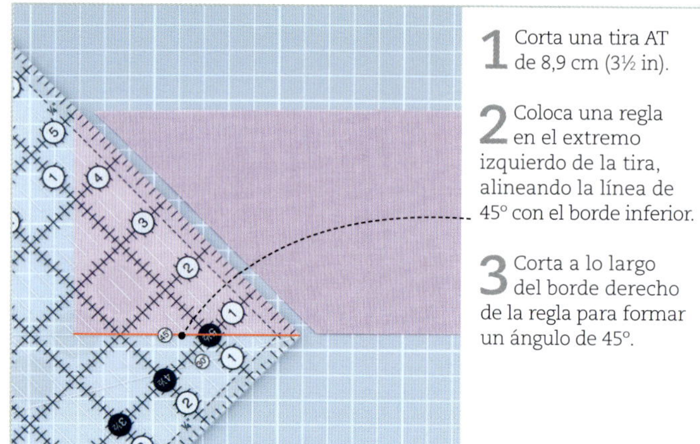

1 Corta una tira AT de 8,9 cm (3½ in).

2 Coloca una regla en el extremo izquierdo de la tira, alineando la línea de 45° con el borde inferior.

3 Corta a lo largo del borde derecho de la regla para formar un ángulo de 45°.

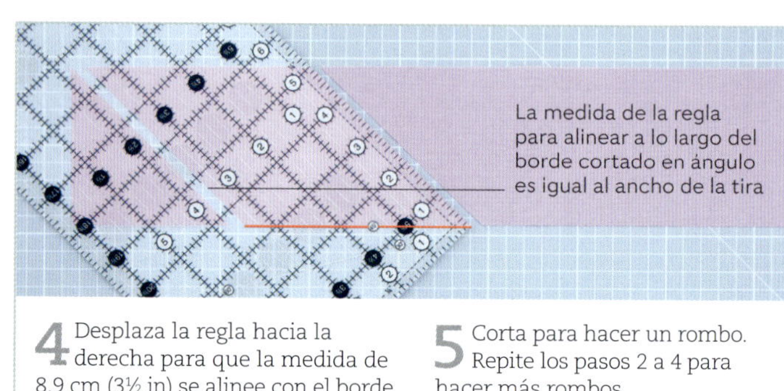

4 Desplaza la regla hacia la derecha para que la medida de 8,9 cm (3½ in) se alinee con el borde en ángulo previamente cortado. La línea de 45° debe estar alineada con el borde inferior de la tira.

5 Corta para hacer un rombo. Repite los pasos 2 a 4 para hacer más rombos.

6 Haz rombos de 60° siguiendo los pasos 1 a 5, usando la línea de 60°.

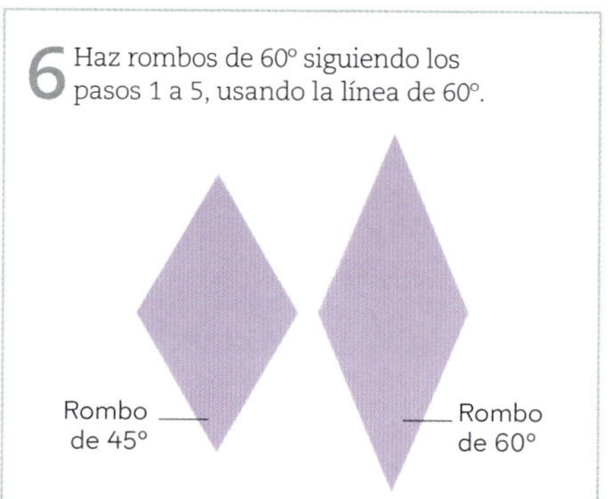

MONTAJE DE ROMBOS EN HILERAS

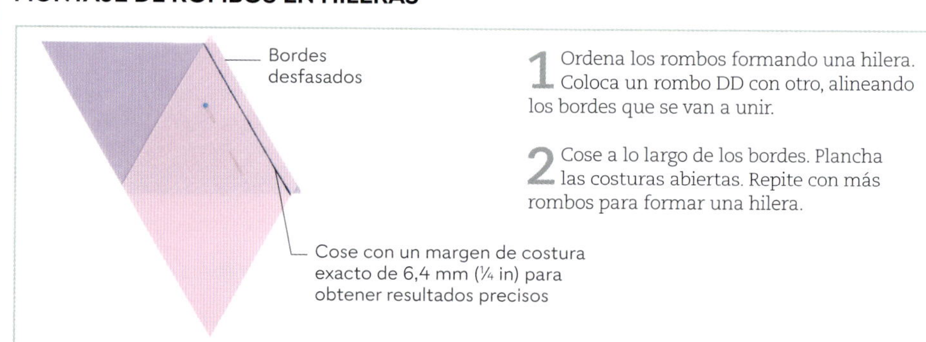

1 Ordena los rombos formando una hilera. Coloca un rombo DD con otro, alineando los bordes que se van a unir.

2 Cose a lo largo de los bordes. Plancha las costuras abiertas. Repite con más rombos para formar una hilera.

CORTE DE ROMBOS DE PIEZAS DE TIRAS

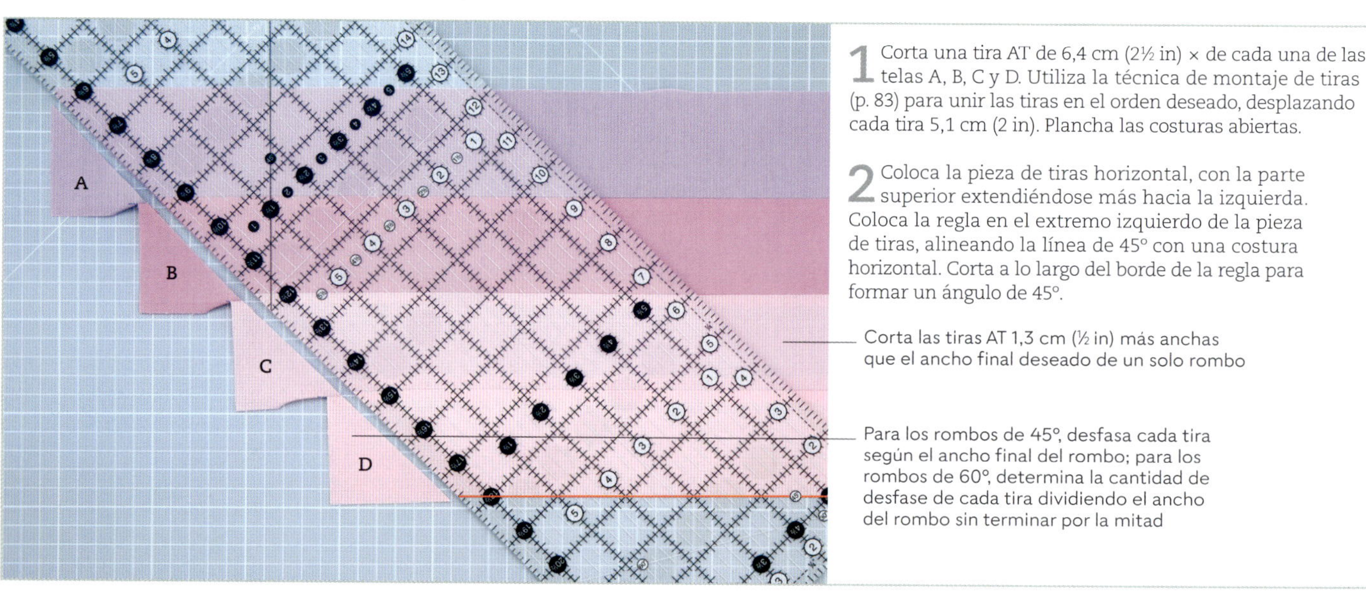

1 Corta una tira AT de 6,4 cm (2½ in) × de cada una de las telas A, B, C y D. Utiliza la técnica de montaje de tiras (p. 83) para unir las tiras en el orden deseado, desplazando cada tira 5,1 cm (2 in). Plancha las costuras abiertas.

2 Coloca la pieza de tiras horizontal, con la parte superior extendiéndose más hacia la izquierda. Coloca la regla en el extremo izquierdo de la pieza de tiras, alineando la línea de 45° con una costura horizontal. Corta a lo largo del borde de la regla para formar un ángulo de 45°.

3 Corta tiras de rombos siguiendo los pasos 3 y 4 de la técnica de corte de rombos (p. 102).

4 Haz segmentos de rombos de 60° siguiendo los pasos 1 a 3, usando la línea de 60°.

La medida de la regla para alinear a lo largo del borde cortado es igual al ancho de una sola tira AT

UNIÓN DE SEGMENTOS O HILERAS DE ROMBOS

1 Marca líneas de referencia (p. 143) a 6,4 mm (¼ in) del borde en cada intersección de costura en el revés de todos los segmentos o filas.

2 Coloca dos filas DD, alineando los bordes largos y desplazando los extremos. Asegúrate de que las filas estén orientadas como desees.

Asegúrate de que las costuras se crucen a 6,4 cm (¼ in) del borde

3 Prende con alfileres cada punta usando las líneas de referencia.

4 Cose las filas DD manteniendo las puntas alineadas. Descose (p. 79) y ajusta si es necesario.

5 Plancha las costuras abiertas. Repite los pasos 1 a 4 para unir más filas.

Curvas

Las unidades de un cuarto de círculo (CC) y medio círculo (MC) se hacen uniendo una pieza convexa, que tiene una curva hacia fuera, con una pieza cóncava, que tiene una curva hacia dentro. Todas las técnicas de esta sección implican cortar y coser a lo largo de bordes al bies (p. 36).

PREPARACIÓN DE PIEZAS CURVAS

Las piezas curvas deben cortarse usando plantillas (p. 71) que se incluyen en el patrón, y reglas especiales, o mediante una técnica de corte libre o improvisada (p. 111). Prepara las piezas curvas haciendo piquetes en los bordes cóncavos y colocando alfileres para ayudar a alinear las curvas.

CORTAR CURVAS

1 Corta piezas curvas de retales, o de tiras AT de la misma altura que las plantillas para cortar de una manera más eficiente.

2 Alterna y encaja las plantillas al cortar de una tira AT para obtener el máximo número de piezas y reducir el desperdicio.

3 Usa un cúter rotatorio de 28 mm para maniobrar mejor alrededor de los bordes curvos de la plantilla.

HACER PIQUETES EN LAS CURVAS

1 Usa un cortahílos para hacer pequeños cortes de 3,2 mm (⅛ in) en el margen de costura a lo largo de los bordes curvos de las piezas cóncavas.

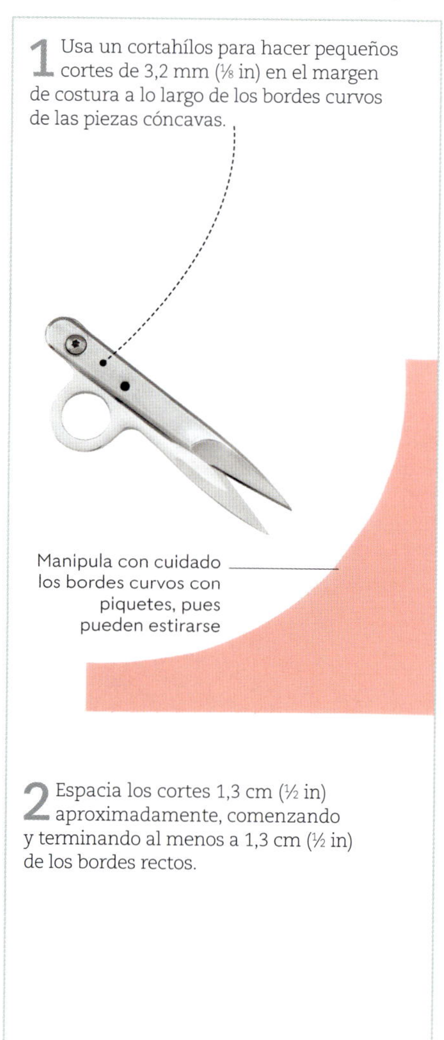

2 Espacia los cortes 1,3 cm (½ in) aproximadamente, comenzando y terminando al menos a 1,3 cm (½ in) de los bordes rectos.

PLANCHAR

1 Dobla suavemente y plancha una pieza convexa de CC por la mitad para hacer un pliegue central, o marca una línea de referencia (p. 143) en el centro del borde curvo.

2 Repite en la pieza cóncava correspondiente.

SUJETAR PIEZAS CURVAS CON ALFILERES

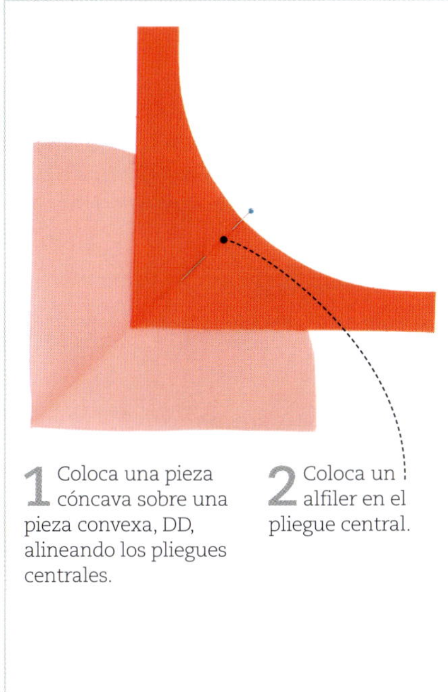

1 Coloca una pieza cóncava sobre una pieza convexa, DD, alineando los pliegues centrales.

2 Coloca un alfiler en el pliegue central.

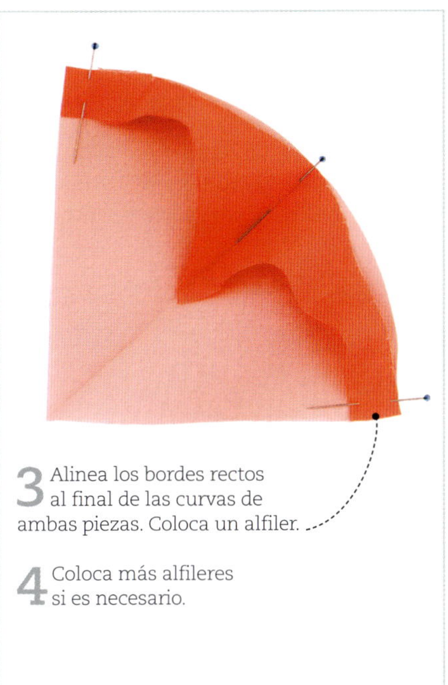

3 Alinea los bordes rectos al final de las curvas de ambas piezas. Coloca un alfiler.

4 Coloca más alfileres si es necesario.

5 Sigue los pasos 1 a 4 para sujetar con alfileres una unidad de MC, doblando cada pieza por la mitad dos veces para hacer pliegues en el centro y en cada cuarto del borde curvo. Alinea los pliegues y coloca alfileres en todos.

PEGAR PIEZAS CURVAS

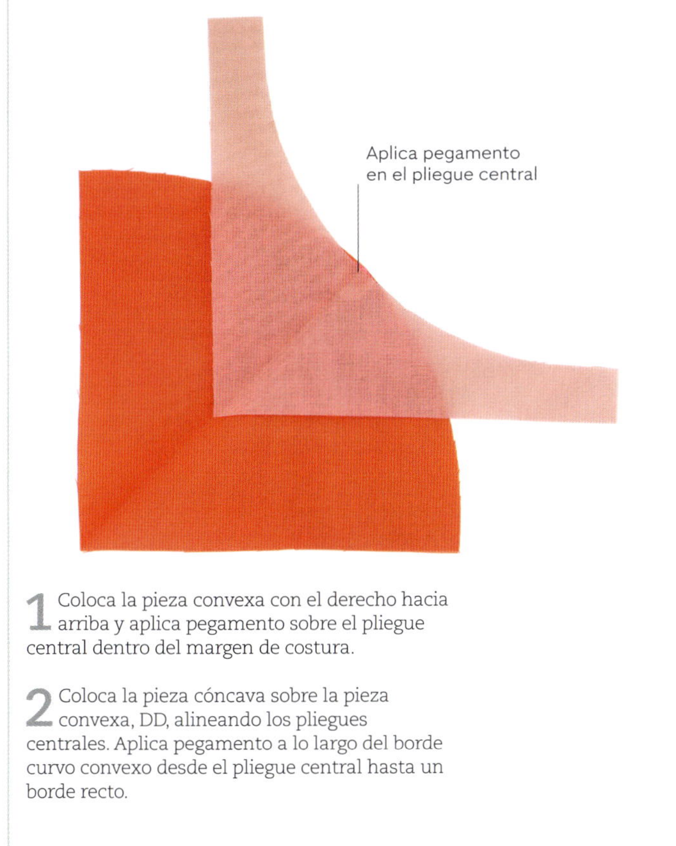

1 Coloca la pieza convexa con el derecho hacia arriba y aplica pegamento sobre el pliegue central dentro del margen de costura.

2 Coloca la pieza cóncava sobre la pieza convexa, DD, alineando los pliegues centrales. Aplica pegamento a lo largo del borde curvo convexo desde el pliegue central hasta un borde recto.

3 Alinea el borde curvo cóncavo con el borde convexo engomado, asegurándote de que los bordes rectos de ambas piezas coincidan.

4 Aplica pegamento a lo largo del borde curvo convexo restante y alinea las piezas. Presiona con los dedos para pegarlas.

5 Plancha el margen de costura con una plancha seca para fijar el pegamento. Sigue los pasos 1 a 4 para pegar una unidad de MC.

COSER CURVAS

Utiliza estas instrucciones para montar cualquier unidad con curvas. Para coser a lo largo de bordes curvos, reduce el largo de puntada (p. 72) y trabaja despacio.

1 Corta una pieza convexa de 13,3 × 13,3 cm (5¼ × 5¼ in) de la tela A utilizando la plantilla CC–A y una pieza cóncava de 14 × 14 cm (5½ × 5½ in) de la tela B usando la plantilla CC–B.

2 Coloca las piezas DD, con la pieza cóncava arriba, y préndelas con alfileres. Cose alrededor de la primera mitad del borde curvo, deteniéndote con la aguja abajo cada 3–5 puntadas y realineando los bordes si es necesario.

3 Cose hasta llegar al alfiler central y retíralo. Verifica que ambos dobleces centrales estén alineados.

4 Continúa cosiendo alrededor de la segunda mitad de la curva, realineando si es necesario. Detente para quitar el último alfiler.

5 Continúa cosiendo, asegurándote de que los extremos rectos se encuentren, para completar la unidad de CC.

6 Para hacer una unidad de MC, sigue los pasos 1 a 5 usando una pieza convexa de 13,3 × 24,1 cm (5¼ × 9½ in) de la tela A con la plantilla MC–A y una pieza cóncava de 14 × 25,4 cm (5½ × 10 in) de la tela B con la plantilla MC–B.

7 Abre, plancha y recorta la unidad de CC a la medida de 12,7 × 12,7 cm (5 × 5 in). Abre, plancha y recorta la de MC a la medida de 12,7 × 24,1 cm (5 × 9½ in).

Unidad de cuarto de círculo

Unidad de medio círculo

RECORTAR UNIDADES DE CC

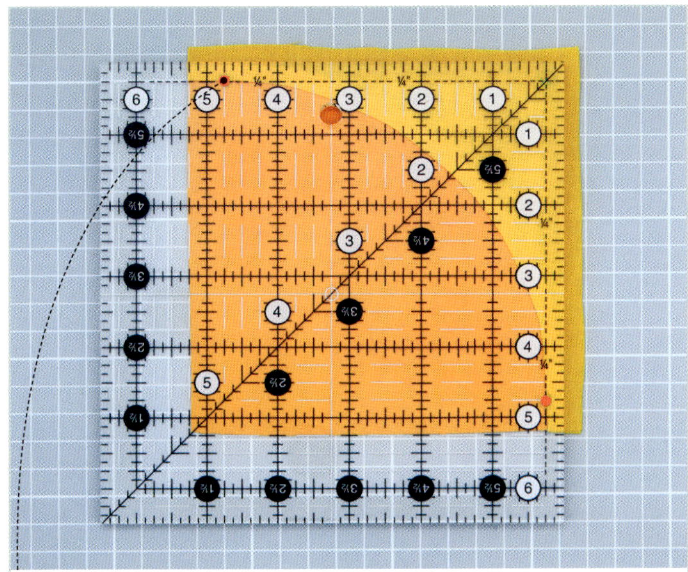

1 Haz dos marcas temporales en una regla, cada una a 6,4 mm (¼ in) de las esquinas superior izquierda e inferior derecha de las medidas de la unidad sin terminar deseadas.

2 Coloca la unidad de modo que la pieza cóncava esté en la esquina superior derecha. Coloca una regla encima, alineando las dos marcas sobre la costura curva. Asegúrate de que la unidad sobresalga de los bordes derecho y superior de la regla. Recórtala a lo largo de los bordes de la regla.

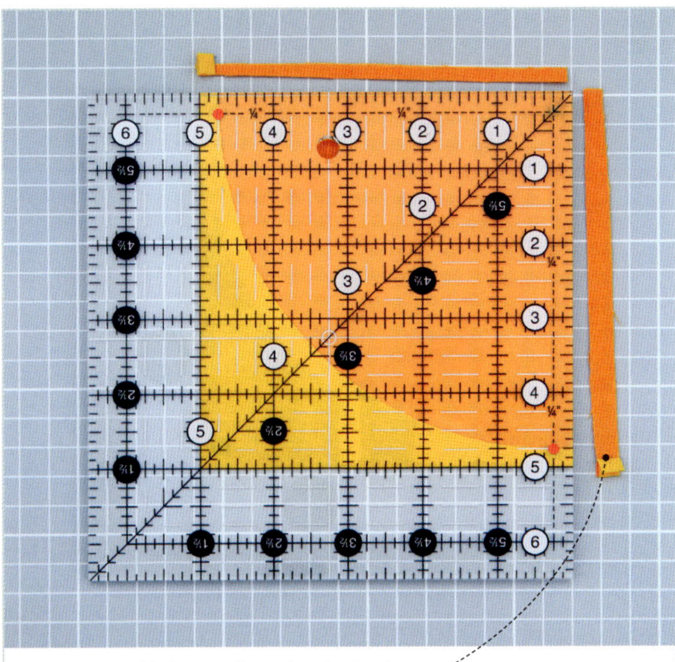

3 Gira la unidad para alinear los dos bordes cuadrados con las medidas sin terminar y asegúrate de que las dos marcas estén directamente sobre la costura. Recorta para completar la unidad de CC.

RECORTAR UNIDADES DE MC

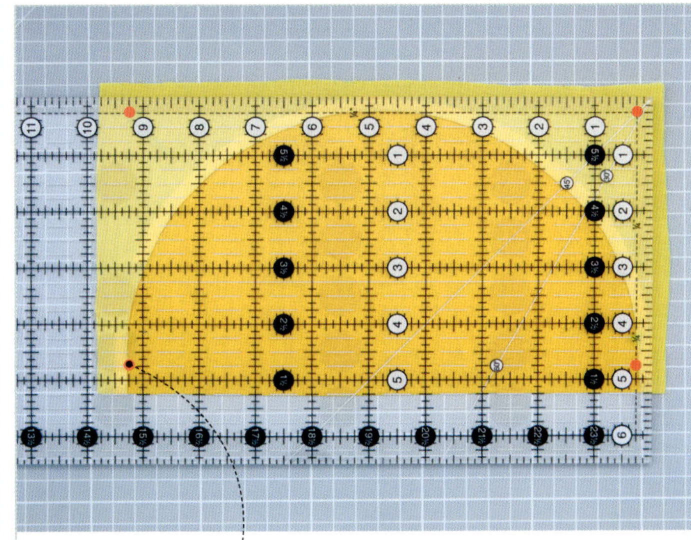

1 Haz cuatro marcas temporales en una regla a 6,4 mm (¼ in) de las esquinas de las medidas sin terminar deseadas.

2 Coloca la unidad de modo que la pieza cóncava esté arriba. Coloca una regla sobre ella, alineando las dos marcas inferiores sobre la costura. Asegúrate de que la costura superior esté a 6,4 mm (¼ in) del borde superior de la regla. Recorta la unidad a lo largo de los bordes de la regla.

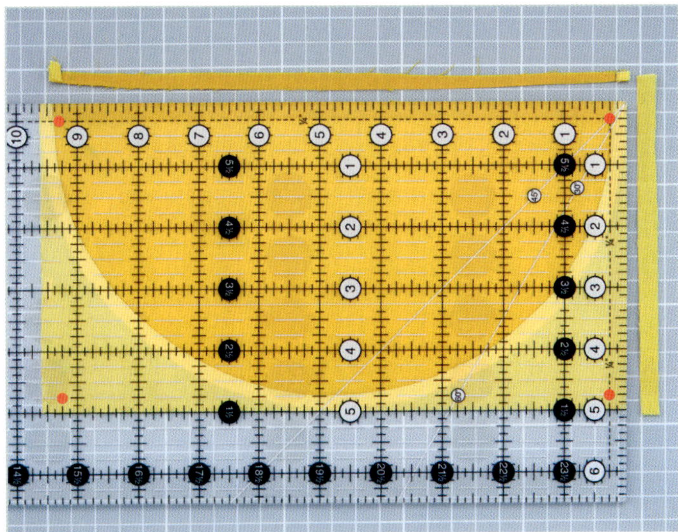

3 Gira la unidad para alinear los dos bordes cuadrados con las medidas sin terminar y asegúrate de que las dos marcas superiores estén directamente sobre la costura. Recorta la tela sobrante para completar la unidad de MC.

Montaje libre

El montaje libre es una técnica que fomenta la experimentación y la creatividad, sin basarse en las reglas tradicionales del patchwork y el acolchado, las medidas precisas ni las instrucciones específicas de los patrones. Los quilts de estilo libre suelen hacerse con telas de diversas texturas, bloques de formas inesperadas y retales. Muchos quilts artísticos se confeccionan utilizando técnicas libres, que permiten contar historias y transmitir emociones a través de diseños abstractos.

Pautas para el montaje libre

El montaje libre o improvisado implica liberarse de las técnicas de montaje tradicionales y precisas tratadas en secciones anteriores para fomentar la creatividad y el juego. Sin embargo, establecer pautas o limitaciones para un quilt de estilo libre puede aportar estructura a un proceso que, por lo demás, ofrece posibilidades ilimitadas.

IMPROVISACIÓN GUIADA

Color: Elige un conjunto de colores limitado o combinaciones de color específicas (p. 61) para unificar los elementos o establecer un ambiente general en todo el quilt.

Diseño y alineación: Establece reglas para el montaje y la alineación de los elementos para crear orden sin comprometer el carácter único y personal del montaje.

Forma: Experimenta con técnicas de montaje y color mientras trabajas dentro de los límites de una sola forma.

Jerarquía: Establece los elementos más importantes mediante el uso de diferentes tamaños de bloques, colores y ubicaciones de las telas.

Repetitividad: Repite colores, formas o motivos similares a lo largo del quilt para conectar las secciones y ayudar a que la mirada del espectador recorra el diseño.

Ausencia de límites: Trabaja sin pautas, experimentando con telas, colores y técnicas de montaje. Juega organizando las unidades de maneras poco convencionales.

Técnicas libres

Aunque las técnicas de montaje libre suelen ser espontáneas, existen algunas técnicas, formas y estrategias ampliamente utilizadas para unir piezas. Utiliza estas técnicas para componer unidades y bloques, y ensamblar secciones más grandes en cubiertas del quilt.

MONTAJE LIBRE

Las principales técnicas de montaje libre implican coser a lo largo de bordes rectos, curvos u ondulados. Estas técnicas son similares a las del patchwork tradicional, aunque no requieren la misma precisión ni el uso de plantillas.

MONTAJE LIBRE DE PIEZAS DE BORDES RECTOS

1 Reúne las piezas de tela. Ordénalas aproximadamente hasta dar con la disposición que más te guste.

2 Cose dos piezas DD, abre la unidad y plancha la costura. Es posible que los bordes de las piezas no queden alineados. Coloca una regla en un borde de la unidad y recorta la tela sobrante para obtener un borde recto.

3 Cose otra pieza al borde recortado y plancha. Coloca una regla sobre la unidad y recorta la tela sobrante para formar un borde recto, repitiendo la operación si es necesario.

4 Continúa añadiendo piezas, usando las técnicas de montaje en tiras, *stitch and flip* o de cabaña de troncos (pp. 83, 89 y 85). Plancha y recorta la tela sobrante después de cada costura. La unidad puede girarse, cortarse en ángulo o reposicionarse a voluntad.

5 Añade la pieza final y luego recorta el bloque terminado para darle el tamaño deseado.

MONTAJE LIBRE DE PIEZAS CURVAS

1 Corta un cuadrado de cada una de las telas A y B. Coloca los dos cuadrados uno sobre otro con ambos derechos hacia arriba. Corta un cuarto de círculo a mano alzada desde cualquier esquina. Mezcla y combina las piezas cóncavas y convexas. Marca líneas de referencia (p. 143) a lo largo de los bordes centrales de ambas piezas.

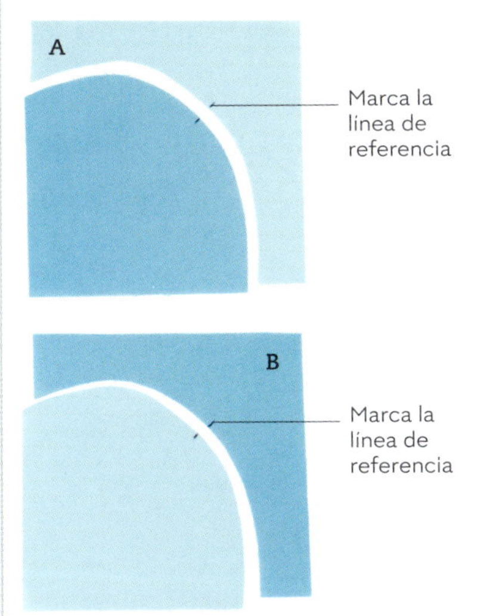

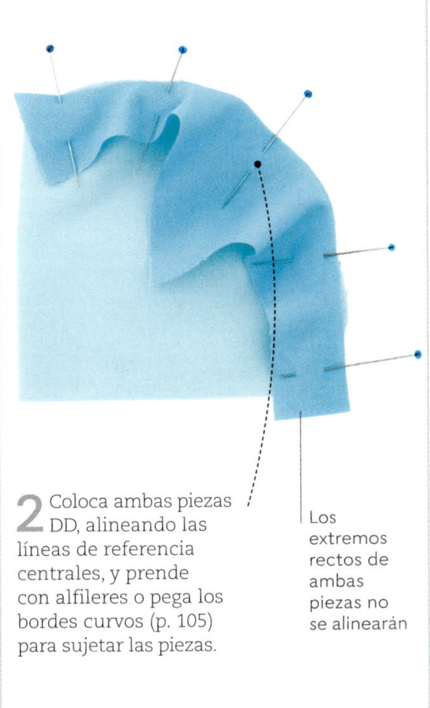

2 Coloca ambas piezas DD, alineando las líneas de referencia centrales, y prende con alfileres o pega los bordes curvos (p. 105) para sujetar las piezas.

3 Cose a lo largo del borde curvo (p. 106), plancha la unidad y recorta la tela sobrante como desees.

MONTAJE LIBRE DE PIEZAS ONDULADAS

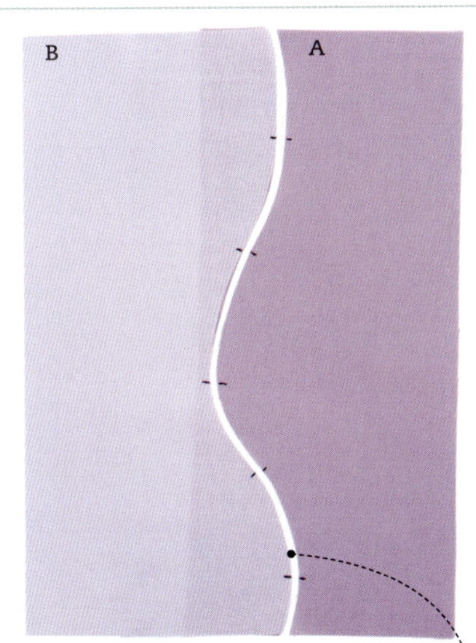

1 Corta dos rectángulos de 15,2 × 30,5 cm (6 × 12 in) de la tela A y un rectángulo de 15,2 × 30,5 cm (6 × 12 in) de la tela B.

2 Superpón un rectángulo de cada una de las telas A y B aproximadamente 7,6 cm (3 in), ambos con el derecho hacia arriba. Corta una línea ondulada a través del área superpuesta. Marca líneas de referencia en los picos y valles de ambas piezas.

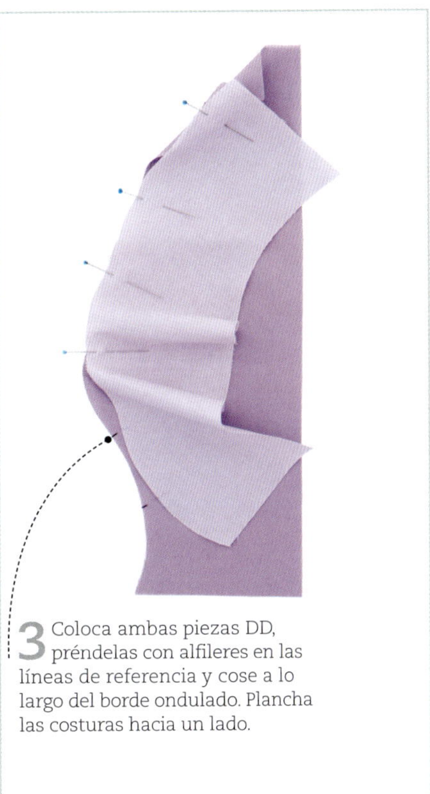

3 Coloca ambas piezas DD, préndelas con alfileres en las líneas de referencia y cose a lo largo del borde ondulado. Plancha las costuras hacia un lado.

4 Superpón el borde recto de la tela B y el rectángulo restante de la tela A. Repite los pasos 2 y 3 para cortar una segunda línea ondulada aproximadamente a 6,4 cm (2½ in) de la primera. Plancha para completar la unidad ondulada.

FORMAS LIBRES COMUNES

Aunque el montaje libre supone utilizar una cantidad ilimitada de formas y tamaños, existen formas y unidades básicas de uso común. Estas unidades son interpretaciones de unidades clásicas que se tratan en la sección de montaje tradicional (pp. 82–107).

Tiras: Cose tiras de tela de diferentes anchos y ángulos. Desplaza las tiras para crear movimiento o añade tiras entre unidades para obtener un efecto de franjas o de enmarcado.

Patchwork: Combina cuadrados y rectángulos cortados de forma irregular para formar unidades de patchwork irregulares. Utiliza las técnicas del montaje y el corte de piezas de tiras (p. 83) para hacer varias unidades a la vez.

Cabaña de troncos: Comienza con una pieza central y añade tiras irregulares alrededor, planchando y recortando a medida que avanzas. Cose las tiras ligeramente inclinadas para crear una espiral de cabaña de troncos libre.

Unidades de TMC y TMR: Corta cuadrados y rectángulos más o menos por la mitad en diagonal. Cose dos triángulos desparejados por los bordes inclinados. Recorta los bordes según sea necesario.

Cuadrado en un cuadrado: Usa piezas cosidas y vueltas (p. 89) o triángulos complementarios (p. 95) con cuadrados de varios tamaños para crear unidades libres de bola de nieve y de cuadrado en un cuadrado con las piezas de las esquinas en distintos ángulos.

Unidades de TCC: Haz dos unidades de TMC libres y únelas para hacer dos de TCC (p. 90). Experimenta con los tamaños, colores y ángulos de los TMC para dar variedad a los TCC libres.

GV y triángulo en un cuadrado: Cose dos triángulos más pequeños a cada lado de un triángulo central, o utiliza la técnica *stitch and flip*. Ajusta el ángulo de cada pieza y escuadra la unidad como desees.

Unidades de CC y MC: Utiliza una técnica de montaje libre de piezas curvas (p. 111) para crear los CC y MC. Repite la técnica varias veces dentro de la misma unidad para crear curvas concéntricas.

Montaje sobre una base de papel

El montaje sobre una base de papel, o MBP, consiste en coser telas sobre un papel impreso que se retira al completar la labor. El MBP permite crear diseños intrincados y detallados que no son posibles mediante el montaje tradicional, utilizando piezas pequeñas o irregulares y cosiendo a lo largo de líneas rectas impresas.

Preparar plantillas para MBP

Compra plantillas para MBP preimpresas o imprime plantillas en un papel fino y fácil de rasgar. Cada sección de la plantilla lleva un número para indicar el orden en que se colocan y montan las telas: revísalo antes de empezar. Las plantillas son versiones del diseño final a la inversa: la tela se coloca en el revés de la plantilla, mientras que las costuras se hacen por el derecho.

MARCAR LÍNEAS DE COSTURA

Existen dos métodos habituales para marcar las plantillas de MBP y facilitar su manejo y la retirada del papel: usar una ruleta de marcar y plegar el papel.

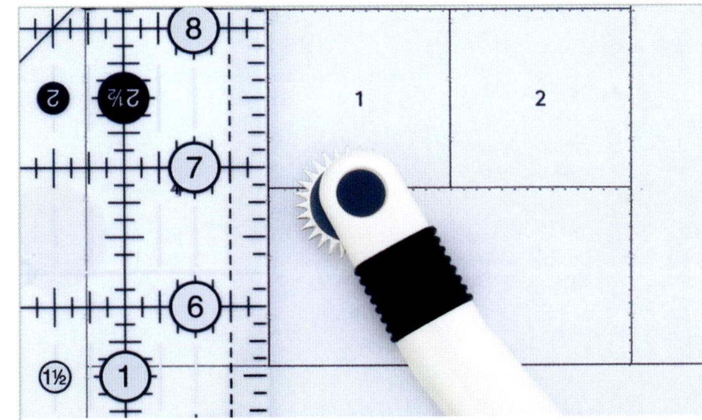

Ruleta de marcar: Pasa una ruleta de marcar (p. 22) a lo largo de una regla para perforar las líneas de costura. Los pequeños agujeros facilitan la retirada del papel de la plantilla después de coser.

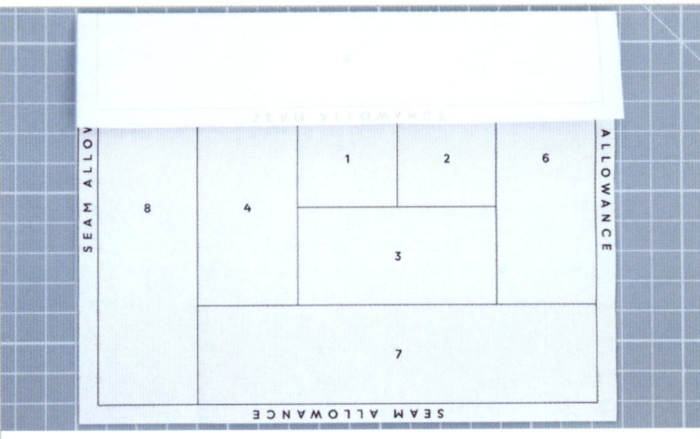

Plegado: Dobla previamente todas las líneas de costura usando una regla fina o una cartulina. Los pliegues te ayudarán a doblar la tela y la plantilla hacia atrás al recortar los márgenes de costura.

CORTAR LAS TELAS

Las telas no se cortan en formas específicas (las piezas varían dentro de cada sección de la plantilla). Corta tiras AT y recorta las piezas según sea necesario, o corta las telas aproximadamente.

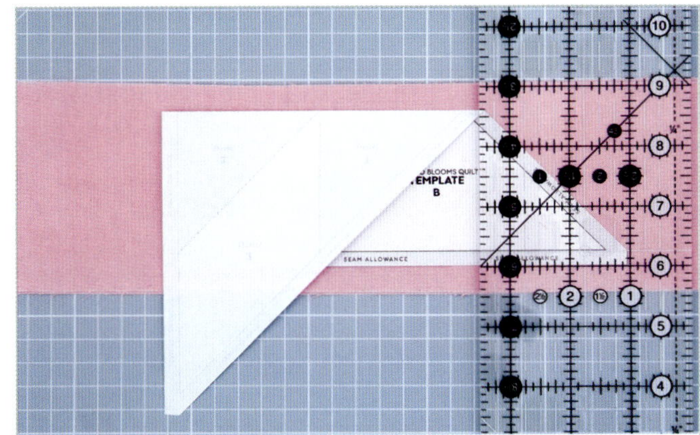

Tiras AT: Corta las tiras AT según la sección más ancha de la plantilla, añadiendo 2,5 cm (1 in) para ajustar los márgenes de costura y la colocación de la tela. Corta la tela de la tira AT a medida que avanzas.

Corte aproximado: Mide o coloca una sección de la plantilla sobre un trozo de tela para estimar el tamaño necesario. Asegúrate de incluir más de 6,4 mm (¼ in) de margen de costura.

Montaje de secciones

Coser secciones de MBP es como hacer un rompecabezas: hay que colocar cada pieza de tela en el lugar correcto para garantizar la cobertura total, dándole la vuelta, comprobando y realineándola a menudo. Se recomienda usar herramientas especializadas, como mesas de luz (p. 22) y reglas para MBP (p. 19) para facilitar la colocación de la tela y recortar los márgenes de costura.

COLOCACIÓN DE LA TELA

Cada sección de la plantilla para MBP está numerada siguiendo el orden en que se cosen las piezas de tela. Comprueba que las piezas cubran completamente las secciones y sobrepasen las líneas de costura al menos 6,4 mm (¼ in).

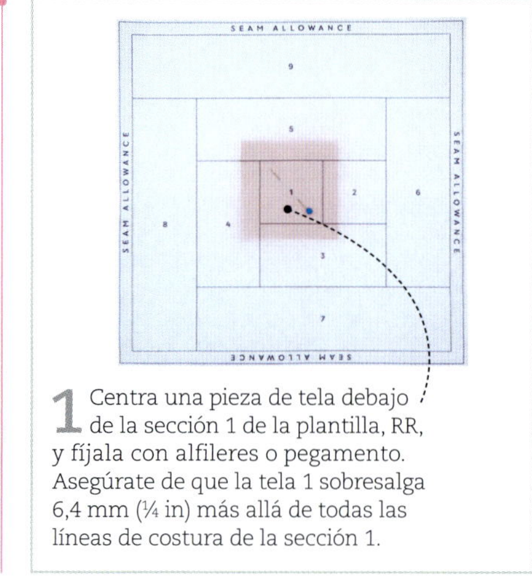

1 Centra una pieza de tela debajo de la sección 1 de la plantilla, RR, y fíjala con alfileres o pegamento. Asegúrate de que la tela 1 sobresalga 6,4 mm (¼ in) más allá de todas las líneas de costura de la sección 1.

2 Coloca una pieza de tela 2 debajo de la tela 1, DD, y préndela con alfileres. Asegúrate de que la pieza de tela 2 para la sección 2 sea lo bastante grande como para cubrir totalmente la sección una vez cosida y planchada.

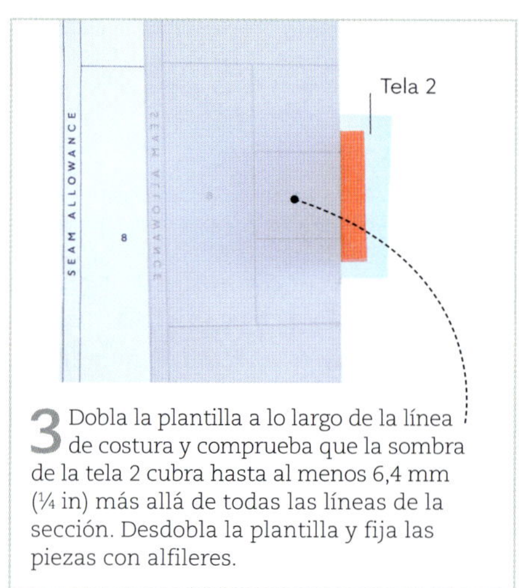

3 Dobla la plantilla a lo largo de la línea de costura y comprueba que la sombra de la tela 2 cubra hasta al menos 6,4 mm (¼ in) más allá de todas las líneas de la sección. Desdobla la plantilla y fija las piezas con alfileres.

COSER POR LAS LÍNEAS DE COSTURA

Con un largo de puntada corto (p. 72), cose de punto a punto a lo largo de las líneas de costura impresas entre las dos piezas que se van a unir. Haz una puntada atrás al principio y al final para reforzar la costura y evitar que las puntadas se deshagan al retirar el papel.

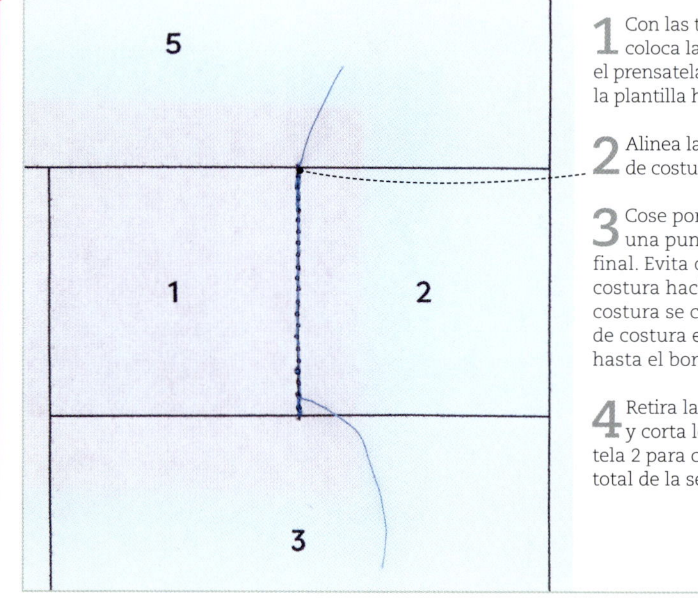

1 Con las telas 1 y 2 en su posición, coloca la plantilla y las telas bajo el prensatelas con el lado impreso de la plantilla hacia arriba.

2 Alinea la aguja al inicio de la línea de costura entre las secciones 1 y 2.

3 Cose por la línea de costura dando una puntada atrás al principio y al final. Evita coser más allá de la línea de costura hacia otra sección. Si la línea de costura se cruza con la línea del margen de costura exterior, continúa cosiendo hasta el borde de la plantilla.

4 Retira la plantilla de la máquina y corta los cabos sueltos. Dobla la tela 2 para comprobar la cobertura total de la sección 2 con el sobrante.

PLEGADO Y RECORTE

Recorta la tela que sobresale más allá de la línea de costura para dejar un margen de costura de 6,4 mm (¼ in) y reducir el volumen.

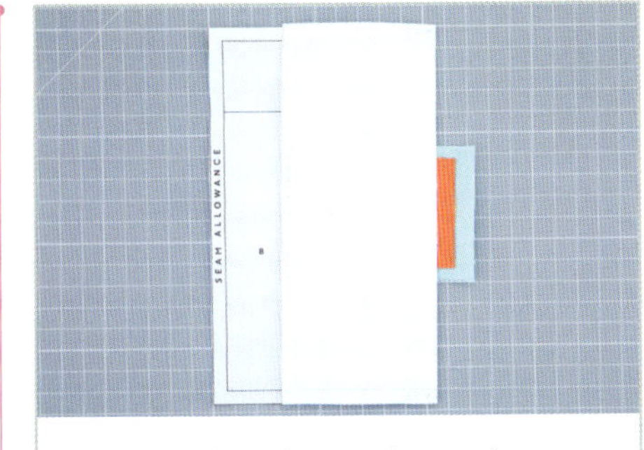

1 Con la tela 2 aún en su lugar, coloca la plantilla, con el lado de la tela hacia abajo, sobre una alfombrilla de corte. Dobla hacia atrás la sección 2 de la plantilla para dejar a la vista el sobrante de ambas telas.

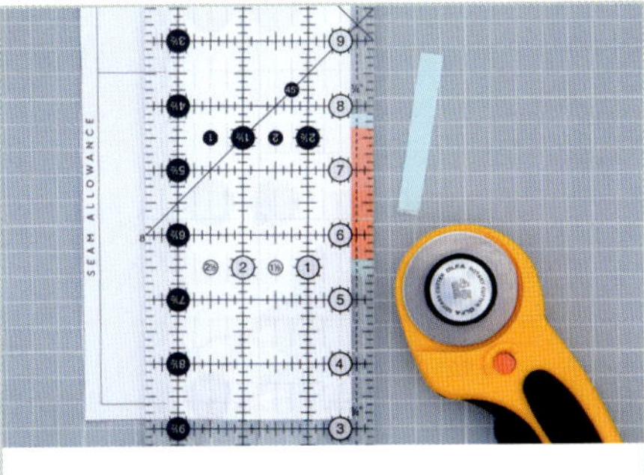

2 Coloca una regla sobre la plantilla, alineando la medida de 6,4 mm (¼ in) con el pliegue.

3 Recorta la tela sobrante a lo largo del borde de la regla, dejando un margen de costura de 6,4 mm (¼ in).

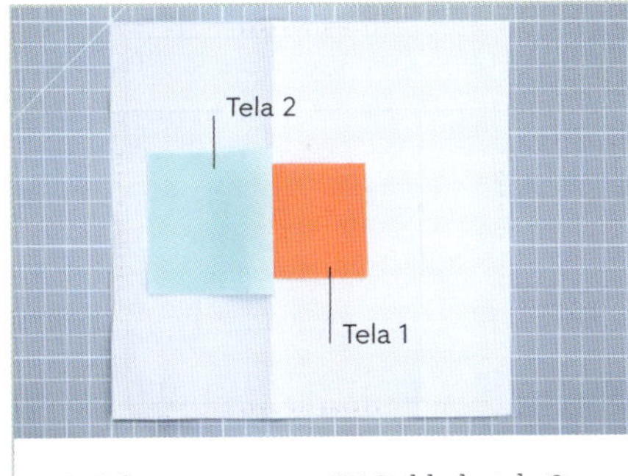

4 Coloca la plantilla con el lado de la tela hacia arriba.

5 Dobla la tela 2 para cubrir por completo la sección 2 de la plantilla.

6 Plancha la costura con un rodillo para costuras o una plancha.

7 Repite todos los pasos –colocar la tela, coser, doblar, recortar sobrante y planchar– para cada sección hasta que toda la plantilla esté cubierta.

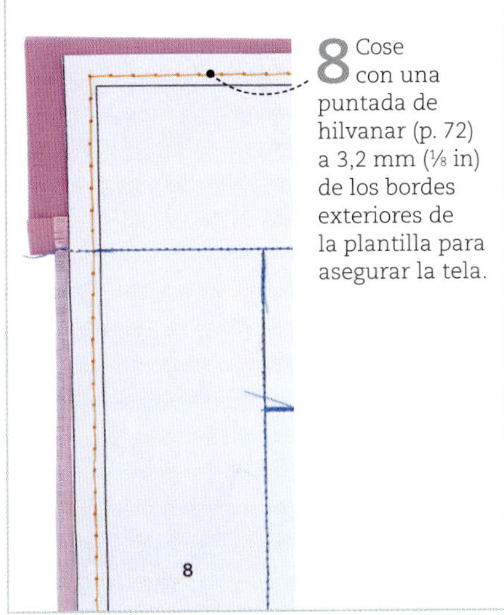

8 Cose con una puntada de hilvanar (p. 72) a 3,2 mm (⅛ in) de los bordes exteriores de la plantilla para asegurar la tela.

RECORTAR LAS PLANTILLAS TERMINADAS

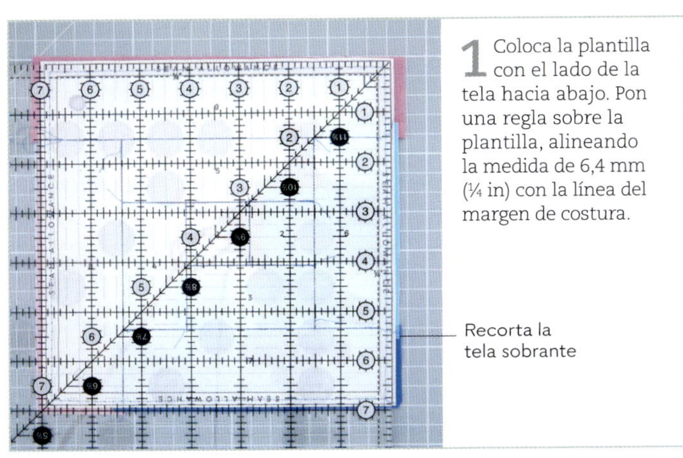

1 Coloca la plantilla con el lado de la tela hacia abajo. Pon una regla sobre la plantilla, alineando la medida de 6,4 mm (¼ in) con la línea del margen de costura.

Recorta la tela sobrante

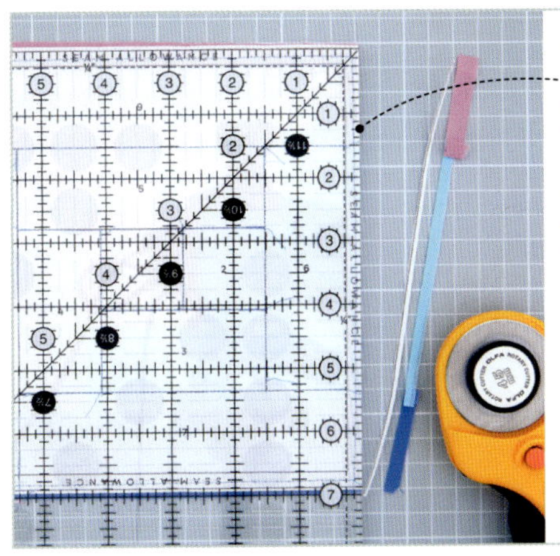

2 Corta a lo largo del borde de la regla para recortar toda la tela sobrante.

3 Repite los pasos 1 y 2 para recortar todos los bordes de la plantilla sobrantes.

Unir plantillas

El MBP a menudo requiere unir varias plantillas para formar un bloque de quilt completo. Al coser las plantillas es necesario que las intersecciones de las costuras estén alineadas con precisión a lo largo de los bordes para que coincidan las puntas (p. 141) y para reducir el volumen.

CASAR LAS PUNTAS

En el MBP, la fijación de piezas con alfileres es diferente de la del montaje tradicional, ya que las plantillas tienen líneas de margen de costura impresas que sirven de guía para la colocación de los alfileres. Se recomienda usar pinzas para acolchado (p. 29) junto con los alfileres para asegurar las plantillas en su lugar mientras se cose.

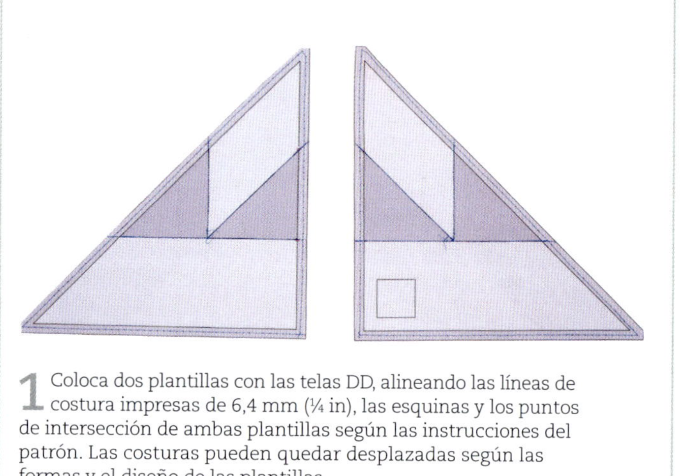

1 Coloca dos plantillas con las telas DD, alineando las líneas de costura impresas de 6,4 mm (¼ in), las esquinas y los puntos de intersección de ambas plantillas según las instrucciones del patrón. Las costuras pueden quedar desplazadas según las formas y el diseño de las plantillas.

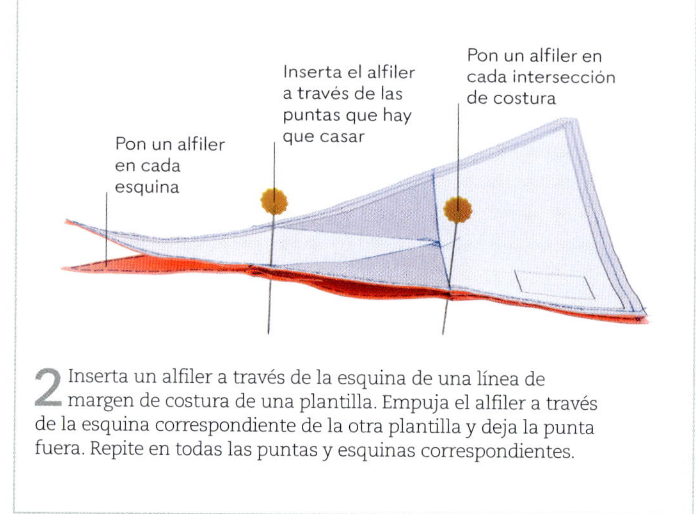

2 Inserta un alfiler a través de la esquina de una línea de margen de costura de una plantilla. Empuja el alfiler a través de la esquina correspondiente de la otra plantilla y deja la punta fuera. Repite en todas las puntas y esquinas correspondientes.

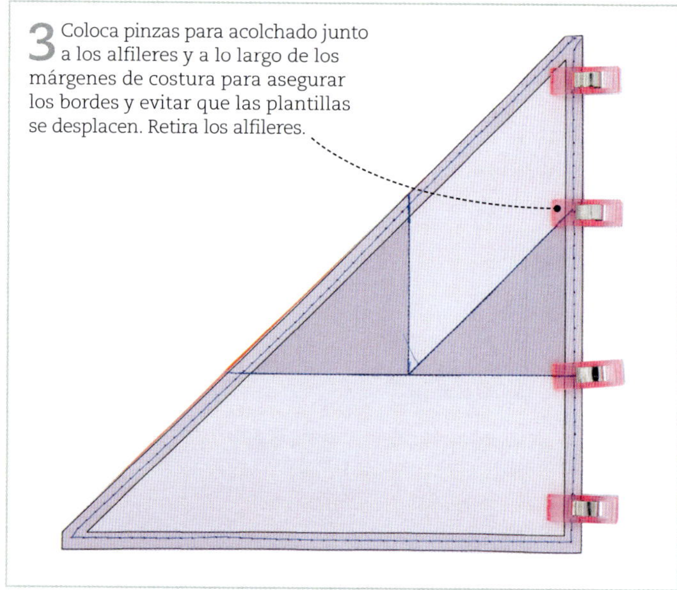

3 Coloca pinzas para acolchado junto a los alfileres y a lo largo de los márgenes de costura para asegurar los bordes y evitar que las plantillas se desplacen. Retira los alfileres.

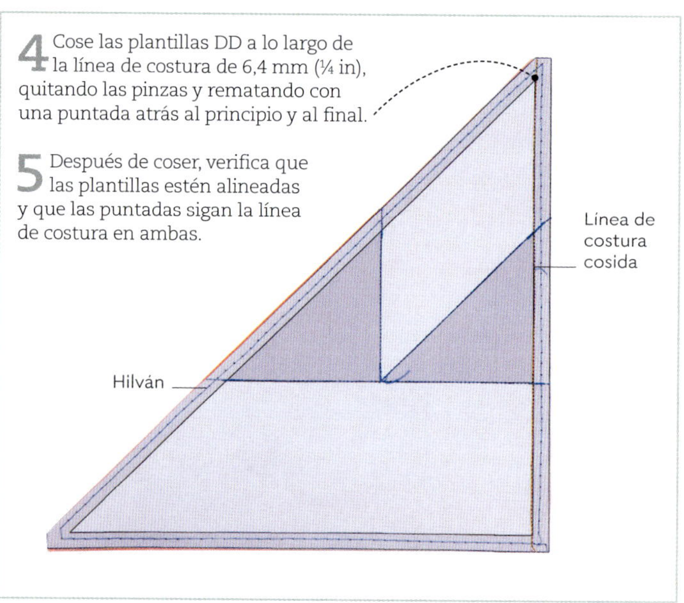

4 Cose las plantillas DD a lo largo de la línea de costura de 6,4 mm (¼ in), quitando las pinzas y rematando con una puntada atrás al principio y al final.

5 Después de coser, verifica que las plantillas estén alineadas y que las puntadas sigan la línea de costura en ambas.

PLANCHAR LAS COSTURAS

Retira el papel de los márgenes de costura de dos piezas unidas y plancha después de coser cada costura.

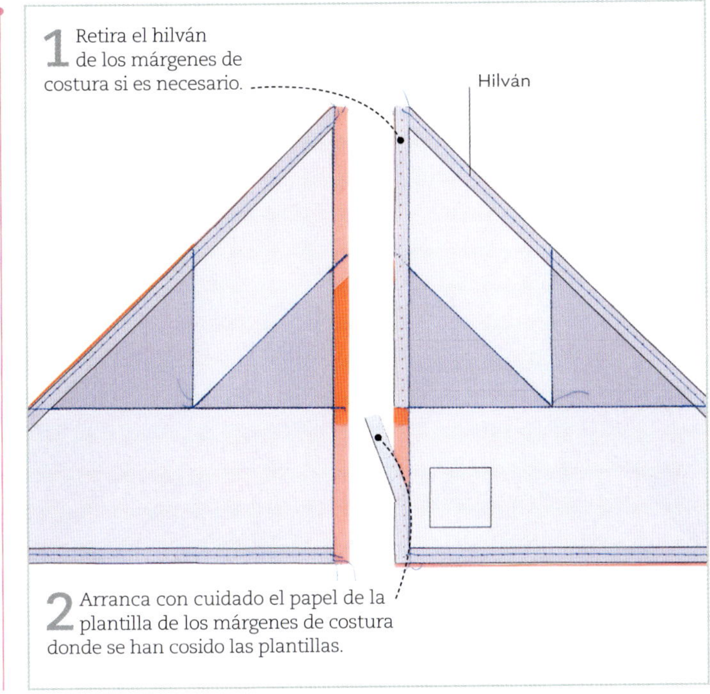

1 Retira el hilván de los márgenes de costura si es necesario.

2 Arranca con cuidado el papel de la plantilla de los márgenes de costura donde se han cosido las plantillas.

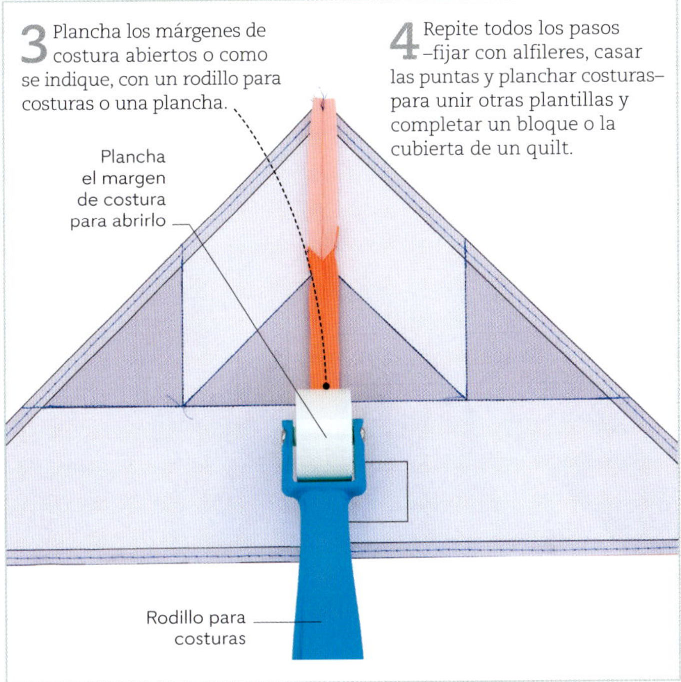

3 Plancha los márgenes de costura abiertos o como se indique, con un rodillo para costuras o una plancha.

4 Repite todos los pasos –fijar con alfileres, casar las puntas y planchar costuras– para unir otras plantillas y completar un bloque o la cubierta de un quilt.

RETIRAR PAPELES

El papel de la plantilla se puede retirar después de completar cada bloque o, si toda la cubierta se ha construido mediante MBP, después de terminarla. Usa unas pinzas (p. 17) para ayudarte a retirar los papeles, con cuidado de no dañar las costuras o las telas.

1 Separa cuidadosamente el papel de la tela. Evita tirar de las puntadas o estirar la tela.

2 Usa una pinzas para retirar suavemente el papel atascado bajo los hilos o de las secciones más pequeñas.

3 Plancha el bloque terminado.

Montaje a mano

El montaje a mano consiste en unir las piezas de tela a mano utilizando únicamente aguja e hilo, el método de costura más antiguo. Esta sencilla técnica permite unir piezas de maneras que de otro modo resultarían difíciles, como cuando se utilizan costuras en Y. En la mayoría de los casos se usa una aguja *between* o de modistilla (p. 28) e hilo del número 50 o más fino (p. 26) en un color neutro o a tono.

Preparar el montaje a mano

Aunque el montaje a mano requiere pocas herramientas, es necesaria cierta preparación. Marca los márgenes de costura en las piezas de tela para ayudarte a hacer costuras rectas y precisas. Utiliza alfileres para marcar dónde comenzar a coser y dónde terminar, así como para sujetar las piezas y casar las puntas y las costuras (p. 141).

MARCAR EL MARGEN DE COSTURA

1 Marca una línea de referencia a 6,4 mm (¼ in) del borde en el revés de la tela para usarla como guía del margen de costura.

Revés

Revés

Las líneas marcadas están a 6,4 mm (¼ in) de los bordes

2 No marques las líneas del margen de costura hasta el borde de la tela, ya que las puntadas comenzarán y terminarán a 6,4 mm (¼ in) de todos los lados.

PRENDER CON ALFILERES

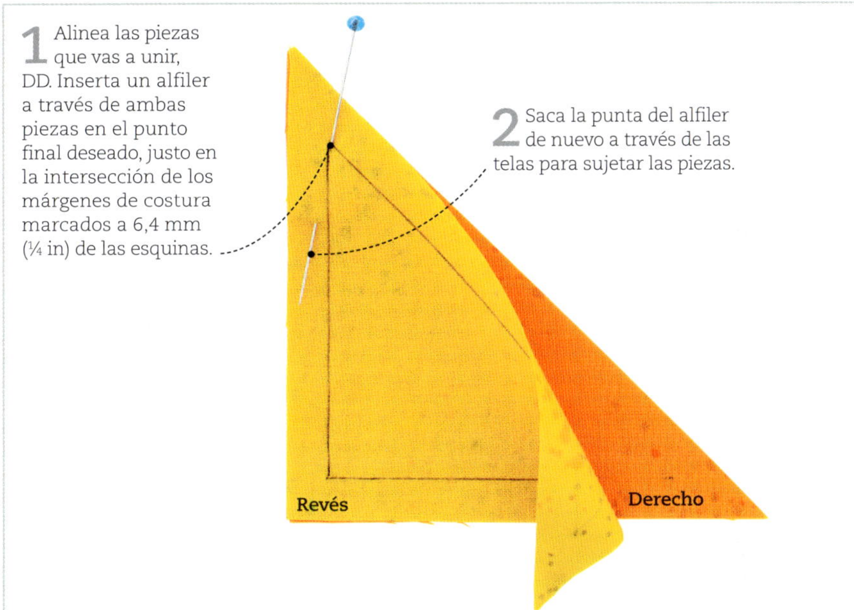

1 Alinea las piezas que vas a unir, DD. Inserta un alfiler a través de ambas piezas en el punto final deseado, justo en la intersección de los márgenes de costura marcados a 6,4 mm (¼ in) de las esquinas.

2 Saca la punta del alfiler de nuevo a través de las telas para sujetar las piezas.

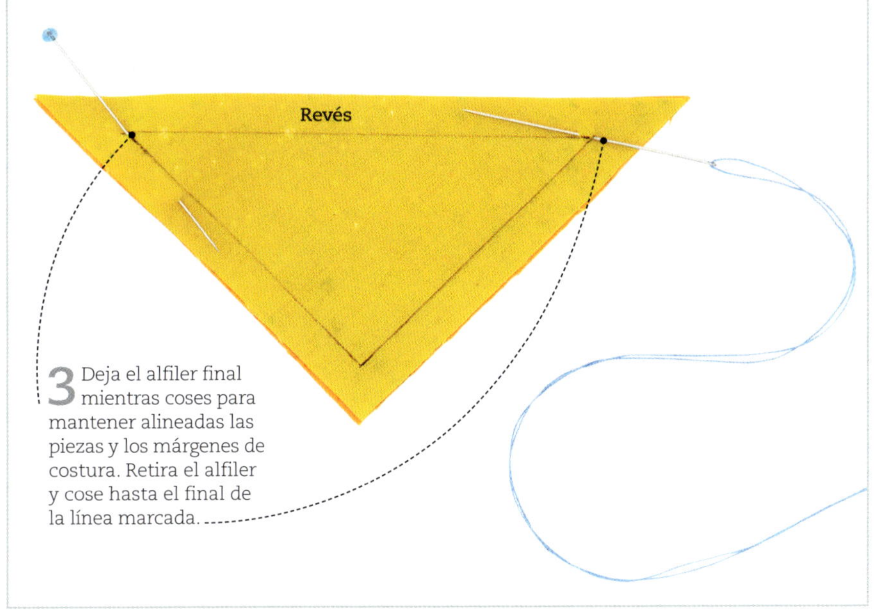

3 Deja el alfiler final mientras coses para mantener alineadas las piezas y los márgenes de costura. Retira el alfiler y cose hasta el final de la línea marcada.

Unir piezas

Para unir las piezas, haz una bastilla siguiendo las líneas de margen de costura marcadas, comenzando y deteniéndote a 6,4 mm (¼ in) de las esquinas.

BASTILLA

Une las piezas con una bastilla, consistente en una fila de puntadas separadas por un espacio, hechas con una sola hebra pasando la aguja hacia dentro y hacia fuera a través de ambas piezas.

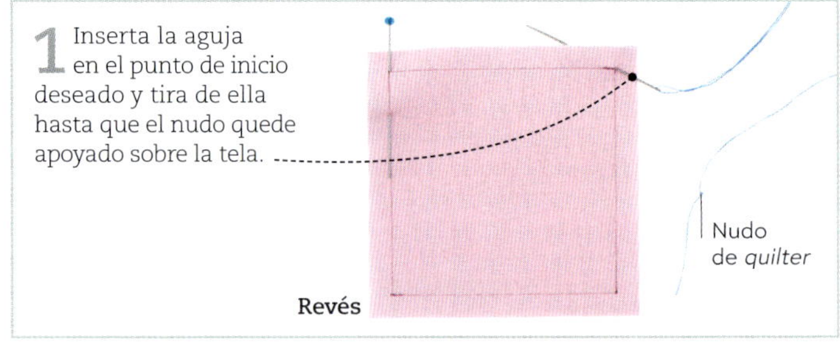

1 Inserta la aguja en el punto de inicio deseado y tira de ella hasta que el nudo quede apoyado sobre la tela.

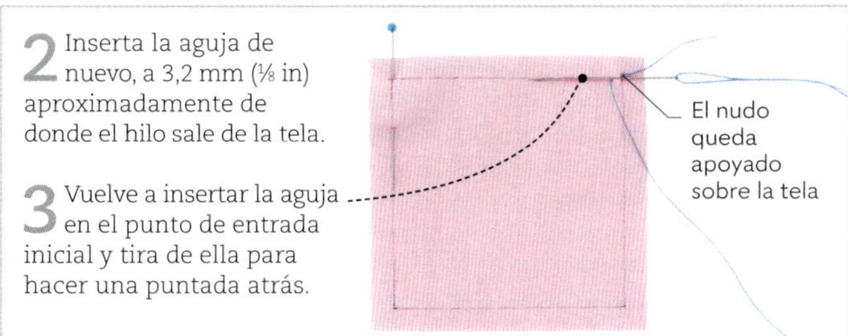

2 Inserta la aguja de nuevo, a 3,2 mm (⅛ in) aproximadamente de donde el hilo sale de la tela.

3 Vuelve a insertar la aguja en el punto de entrada inicial y tira de ella para hacer una puntada atrás.

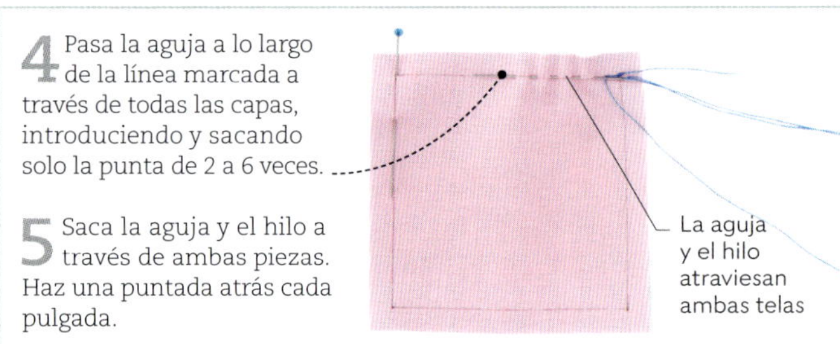

4 Pasa la aguja a lo largo de la línea marcada a través de todas las capas, introduciendo y sacando solo la punta de 2 a 6 veces.

5 Saca la aguja y el hilo a través de ambas piezas. Haz una puntada atrás cada pulgada.

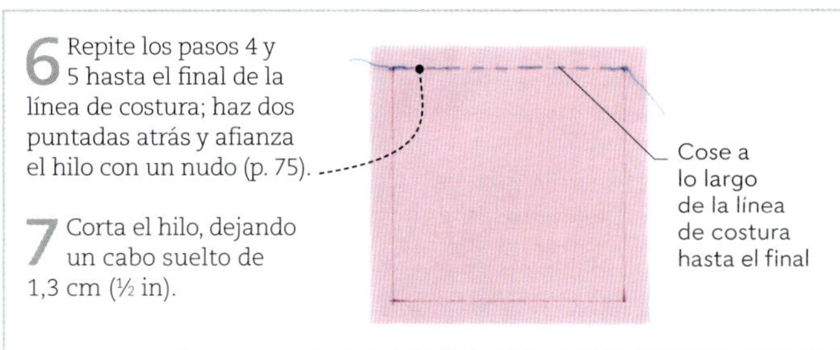

6 Repite los pasos 4 y 5 hasta el final de la línea de costura; haz dos puntadas atrás y afianza el hilo con un nudo (p. 75).

7 Corta el hilo, dejando un cabo suelto de 1,3 cm (½ in).

TIPOS DE COSTURA

Al hacer costuras rectas, cose a través de las intersecciones de las costuras en lugar de sobre ellas. Las costuras en Y se forman donde tres piezas se unen en el mismo punto.

COSTURAS RECTAS

1 Haz una bastilla en la línea de costura marcada, deteniéndote y dando una puntada atrás justo antes de la intersección de la costura.

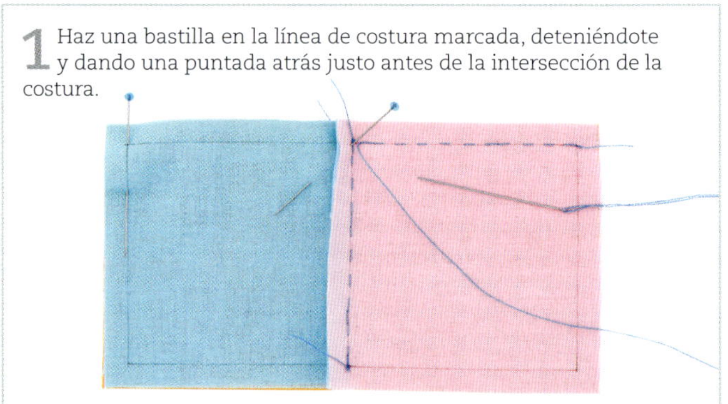

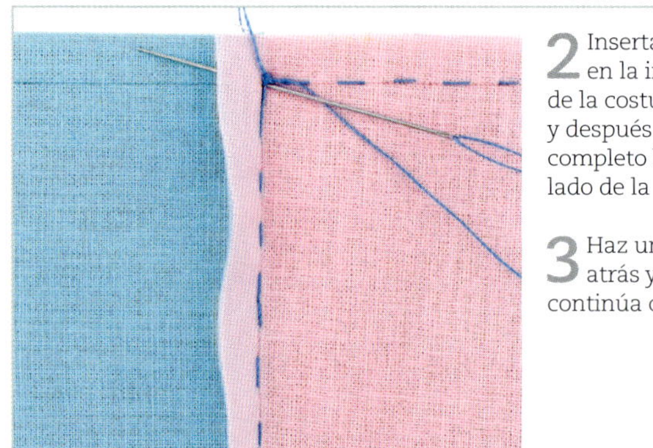

2 Inserta la aguja en la intersección de la costura marcada y después sácala por completo hasta el otro lado de la costura.

3 Haz una puntada atrás y luego continúa cosiendo.

4 Haz una puntada atrás al final de la línea de costura marcada y anuda el hilo. Recorta el cabo suelto. Plancha.

COSTURAS EN Y

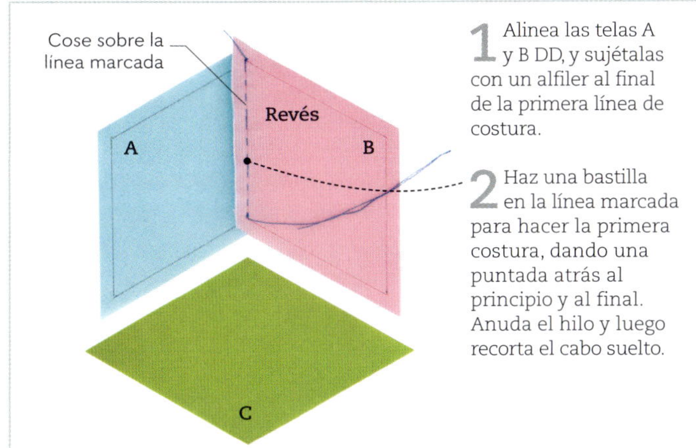

1 Alinea las telas A y B DD, y sujétalas con un alfiler al final de la primera línea de costura.

2 Haz una bastilla en la línea marcada para hacer la primera costura, dando una puntada atrás al principio y al final. Anuda el hilo y luego recorta el cabo suelto.

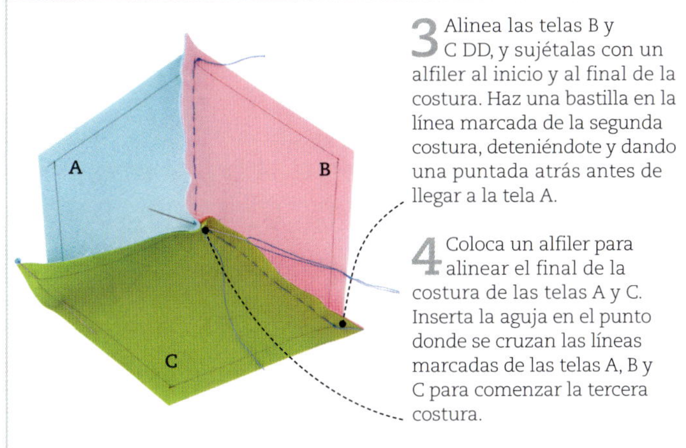

3 Alinea las telas B y C DD, y sujétalas con un alfiler al inicio y al final de la costura. Haz una bastilla en la línea marcada de la segunda costura, deteniéndote y dando una puntada atrás antes de llegar a la tela A.

4 Coloca un alfiler para alinear el final de la costura de las telas A y C. Inserta la aguja en el punto donde se cruzan las líneas marcadas de las telas A, B y C para comenzar la tercera costura.

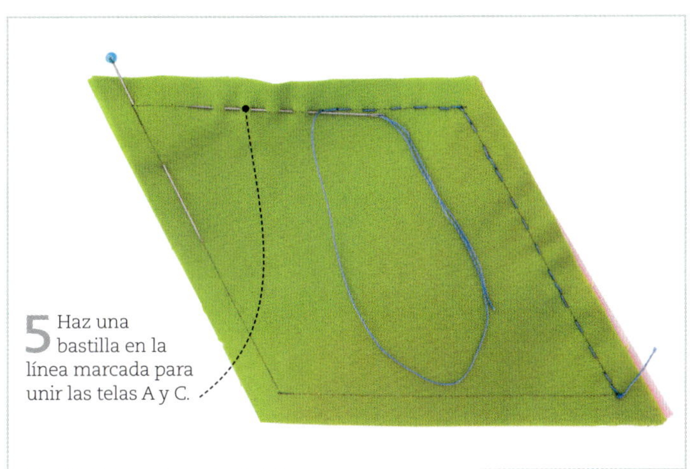

5 Haz una bastilla en la línea marcada para unir las telas A y C.

6 Haz una puntada atrás al final de la línea de costura y anuda el hilo. Recorta el cabo suelto. Plancha.

COSTURAS CURVAS

1 Prepara las piezas curvas (p. 104). Coloca un alfiler en la marca central y luego en cada extremo de ambas piezas.

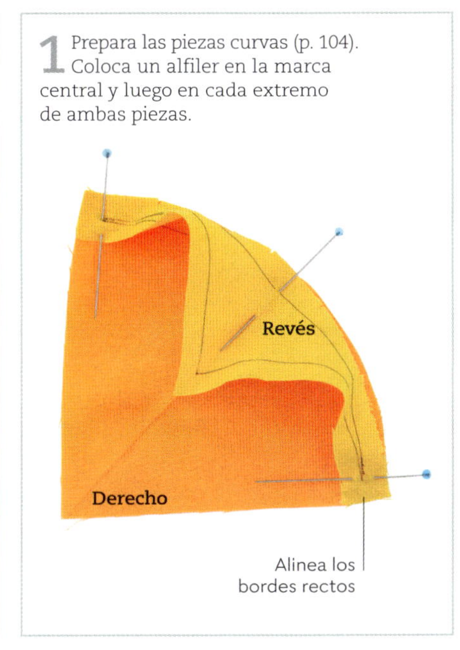

2 Haz una bastilla a lo largo de la línea de costura marcada, dando una puntada atrás al principio y asegurándote de que los márgenes de costura marcados permanezcan alineados.

3 Cose hasta el alfiler central y haz una puntada atrás. Retira el alfiler y continúa cosiendo.

4 Haz una puntada atrás al final de la línea de costura marcada y anuda el hilo. Recorta el cabo suelto. Plancha.

Montaje sobre papel a la inglesa

El montaje sobre papel a la inglesa (MSP) es una técnica de patchwork en la que las piezas de tela se sujetan temporalmente a piezas de papel recortadas que les proporcionan estabilidad mientras se cosen a mano. Una vez unidas las piezas, se retiran las de papel y las de tela mantienen su forma. El MSP es ideal para diseños geométricos intrincados o formas que serían difíciles de montar a máquina. Todas las técnicas de esta sección suponen que se es diestro; las personas zurdas deben seguir estos pasos a la inversa.

Formas habituales del MSP

La mayoría de las formas típicas del MSP tienen los bordes rectos, como el clásico hexágono. Las piezas de papel de estas formas se venden en tamaños estándar y no incluyen margen de costura. A menudo se unen piezas de tamaños y ángulos similares para producir diseños teselados o en mosaico.

Hexágono: Tiene seis lados iguales y se mide por la longitud de uno de sus lados. Los medios hexágonos y los hexágonos alargados son variantes comunes.

Rombo: Tiene cuatro lados iguales y se mide por la longitud de uno de sus lados. Los rombos se clasifican por sus ángulos, como los rombos de 45 o 60°.

Jewel: Es una combinación de medio hexágono y medio rombo. Los *jewels* se miden por la longitud de uno de los lados cortos.

Triángulo equilátero: Tiene tres lados iguales y se mide por la longitud de uno de sus lados. Los triángulos también pueden ser isósceles y rectángulos.

Trapecio isósceles: Tiene un par de lados iguales y un par de lados paralelos desiguales. Los trapecios isósceles se miden por la distancia entre los dos lados paralelos.

Formas curvas: Las formas de «corazón de manzana» y de «concha» tienen lados convexos y cóncavos, y ambas se miden normalmente por el punto más ancho. Unir formas curvas mediante MSP se considera una habilidad avanzada.

Preparar las piezas de papel

Prepárate para el MSP comprando piezas de papel precortadas, o recortando piezas a mano con tijeras para papel o con una troqueladora. Las piezas de papel deben cortarse con precisión para garantizar que encajen perfectamente, ya que equivalen a las formas que se unirán.

PIEZAS PRECORTADAS

Compra piezas precortadas de formas y tamaños estándar o en kits. Las piezas de papel precortadas son las plantillas más precisas, ya que se cortan a máquina. Las hay de cartulina o de papel reciclado seleccionado específicamente por su durabilidad y flexibilidad.

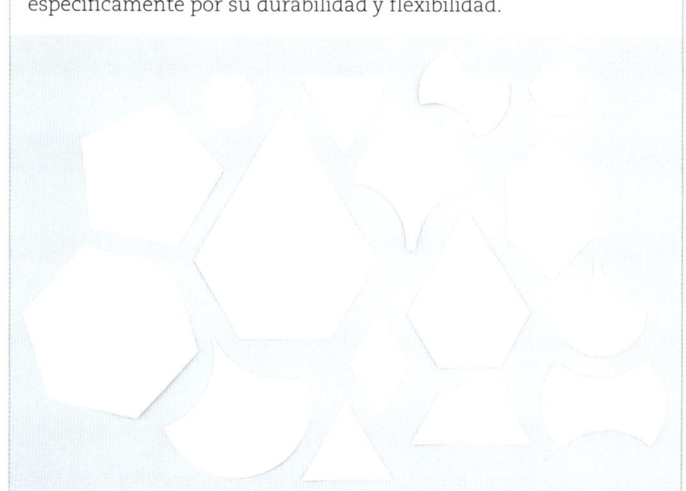

IMPRIMIR Y RECORTAR

Descarga o crea piezas de papel imprimibles de la forma y el tamaño que desees. Imprímelas en cartulina u otro papel grueso y luego recórtalas con tijeras para papel o con un cúter rotatorio y una regla.

TROQUELAR

Troquela formas MSP en cartulina o papel reciclado grueso, como postales, con una troqueladora para papel. Las troqueladoras solo están disponibles en algunas formas y tamaños habituales del MSP, y pueden indicar las medidas de las formas de distinta manera; verifícalo siempre antes de comprarlas.

HACER UN AGUJERO CENTRAL

Considera usar una perforadora para hacer un agujero en el centro de las piezas de papel para facilitar la posterior extracción del papel. El agujero central puede usarse al sujetar con alfileres las piezas de papel a las de tela mientras se hilvanan.

CORTAR LA TELA

Al cortar la tela para el MSP, usa una regla para añadir un margen de costura a cada lado de una pieza de papel, o utiliza una plantilla acrílica (p. 23) con el margen de costura incluido. Se recomienda un margen de costura de 9,5 mm (⅜ in), especialmente a los principiantes, ya que es más fácil de manejar y crea costuras más estables. Recorta motivos para crear diseños específicos dentro o a través de las piezas.

CON PIEZAS DE PAPEL

1 Coloca una pieza de papel sobre la tela de modo que esta sobresalga al menos 9,5 mm (⅜ in) por todos los lados del papel.

2 Utiliza un cúter rotatorio y una regla para cortar a 9,5 mm (⅜ in) de distancia del borde exterior de la pieza de papel. Para mayor eficiencia, corta las piezas de tiras AT.

3 Otra opción es recortar con tijeras la tela a 9,5 mm (⅜ in) de distancia alrededor de todos los bordes de la pieza de papel.

CON PLANTILLAS ACRÍLICAS

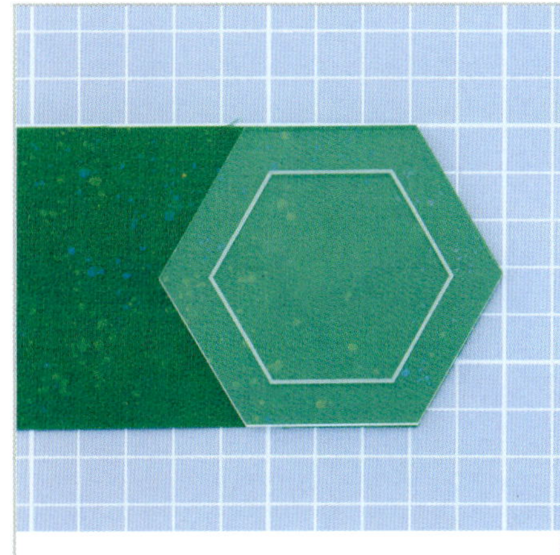

1 Elige una plantilla acrílica con el margen de costura incluido. Corta las piezas de una tira AT del mismo ancho que la plantilla para mayor eficiencia y menor desperdicio.

2 Otra opción es marcar el contorno de la plantilla acrílica antes de cortar.

RECORTE DE MOTIVOS *(FUSSY CUTTING)*

1 Elige el motivo de la tela que desees y usa una plantilla acrílica para comprobar cómo encajará en la pieza de papel.

2 Marca el área del motivo con un rotulador borrable en seco (p. 22) para facilitar la alineación al cortar varias piezas.

3 Recorta cuidadosamente las piezas de tela, asegurándote de que el motivo esté centrado y alineado dentro de la plantilla.

4 Centra las piezas de tela sobre las piezas de papel y fíjalas (p. 128). Verifica que los motivos estén alineados como deseas antes de unir las piezas (p. 130).

Fijar las piezas para el MSP

En el montaje sobre papel a la inglesa, las piezas se fijan temporalmente doblando los márgenes de costura alrededor de una pieza de papel y asegurándolos con hilo o pegamento. Comienza por el ángulo más ancho de la pieza y trabaja en la misma dirección.

HILVANAR

Haz una puntada a través de los márgenes de costura en cada esquina. En las piezas con lados mayores de 3,8 cm (1½ in), haz un hilván a través de los papeles a lo largo de cada lado. Haz un nudo simple (p. 75) antes de comenzar y después de hilvanar todos los lados, remata con un nudo.

HILVANAR ESQUINAS

1 Centra una pieza de papel en el revés de una pieza de tela. Sujétala con alfileres, pinzas o pegamento. Dobla el margen de costura a lo largo de un borde de la pieza de papel. Dobla el margen de costura adyacente, superponiendo la tela en la esquina. Inserta la aguja en el primer margen de costura y sácala por el segundo.

2 Tira de la aguja y el hilo para que el nudo quede apoyado sobre la tela. Vuelve a insertar la aguja junto al nudo y sácala a través de los márgenes de costura para hacer una puntada de hilván.

3 Dobla el siguiente borde adyacente de la tela y haz una puntada, tirando del hilo para que quede tenso.

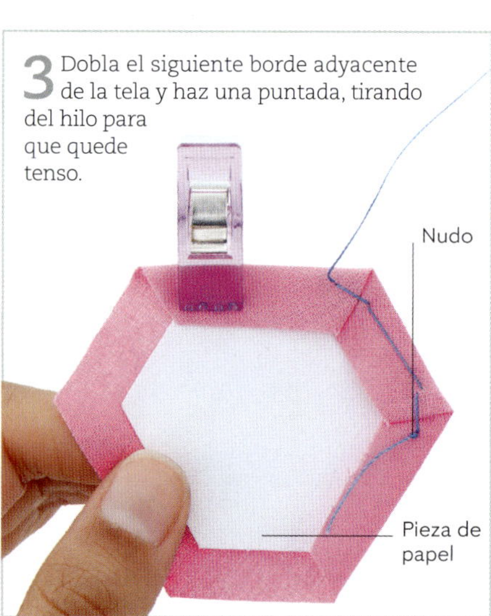

4 Repite el paso 3 para completar el hilván o basta. Haz un nudo simple (p. 76) y recorta el cabo suelto.

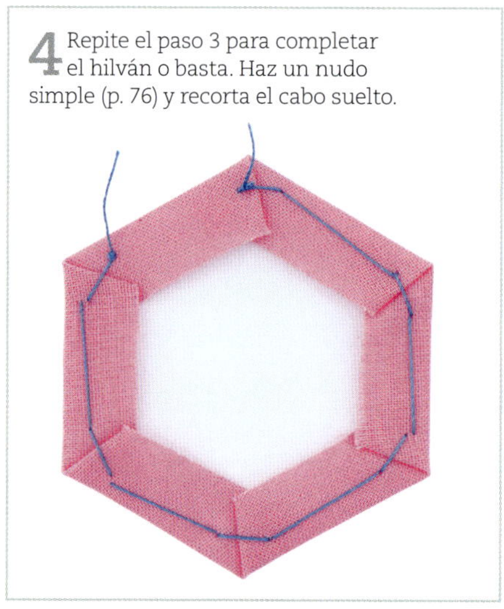

COSER A TRAVÉS DE LOS PAPELES

1 Haz una puntada para asegurar la primera esquina. Inserta la aguja a través del margen de costura, el papel y el frente de la tela, aproximadamente en el centro del borde.

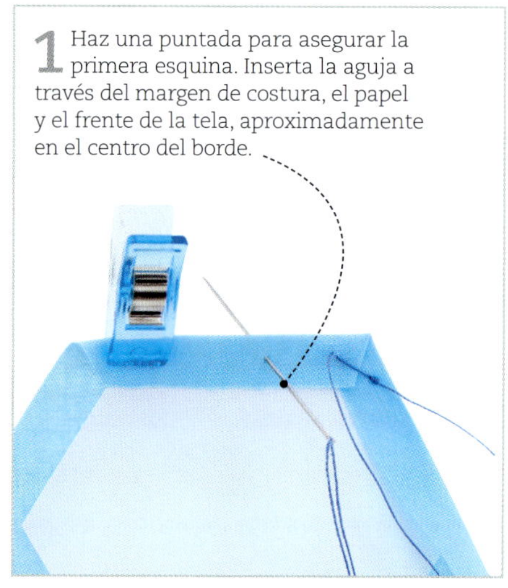

2 Vuelve a insertar la aguja a través de las tres capas, saliendo a través del margen de costura. Dobla el siguiente margen de costura y asegura la esquina con una puntada. Repite a lo largo de cada borde para completar el hilván.

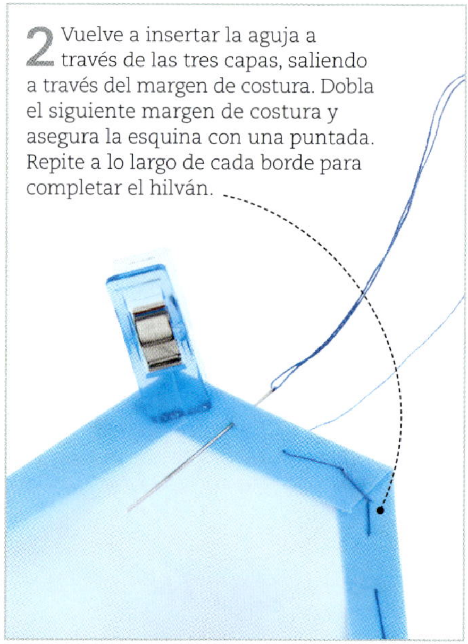

ENGOMADO

Este método consiste en asegurar los márgenes de costura de la tela a los bordes de las piezas de papel con una pequeña cantidad de pegamento (p. 29). Es más rápido que hilvanar o embastar, pero puede dificultar la posterior retirada del papel.

1 Coloca una pieza de tela con el derecho hacia abajo. Centra una pieza de papel encima de ella y sujétala con alfileres o pegamento.

2 Aplica una línea de pegamento a lo largo de un borde de la pieza de papel. Dobla firmemente hacia abajo el margen de costura para que se pegue.

3 Aplica una línea de pegamento a lo largo del borde adyacente de la pieza de papel. Dobla y presiona el margen de costura hacia abajo.

4 Repite los pasos 2 y 3 para pegar todos los bordes.

ÁNGULOS AGUDOS

Las formas del MSP con ángulos estrechos (agudos) producen una cola de tela que sobresale de la pieza de papel. Comienza a engomar el lado de debajo del ángulo más ancho (obtuso) y avanza en sentido horario. Fija en la misma dirección todas las piezas para que las colas encajen al unirlas.

Ángulo estrecho

Comienza por debajo del ángulo más ancho

Cola de tela

BORDES CURVOS

Pega las formas curvas para mayor precisión. Los márgenes de costura pueden formar pliegues a lo largo de las curvas convexas una vez pegados. Recorta las curvas cóncavas (p. 104) para asegurar que los márgenes de costura queden planos.

Curva convexa

Curva cóncava

Unir piezas

En el MSP, las piezas se unen comúnmente a punto deslizado o a punto deslizado plano. Prepara una aguja e hilo (p. 74) antes de comenzar y usa pinzas para acolchado o imanes para sujetar las piezas mientras coses para reducir la fatiga de las manos.

TIPOS DE PUNTOS DE COSTURA A MANO

El punto deslizado es fuerte e ideal para unir bordes rectos. El punto deslizado plano se hace colocando las piezas lado a lado en lugar de DD y es ideal para unir bordes curvos. Para que las puntadas sean menos visibles, utiliza una aguja fina, como una *between* o de modistilla (p. 28) y un hilo ligero neutro o a tono (p. 26), e inserta la aguja lo más cerca posible de los bordes de la tela. Intenta dar aproximadamente 12–18 puntadas por cada 2,5 cm (1 in).

PUNTO DESLIZADO

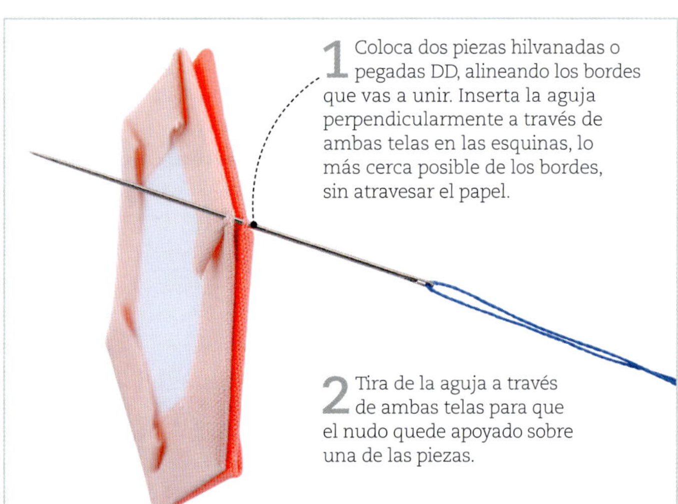

1 Coloca dos piezas hilvanadas o pegadas DD, alineando los bordes que vas a unir. Inserta la aguja perpendicularmente a través de ambas telas en las esquinas, lo más cerca posible de los bordes, sin atravesar el papel.

2 Tira de la aguja a través de ambas telas para que el nudo quede apoyado sobre una de las piezas.

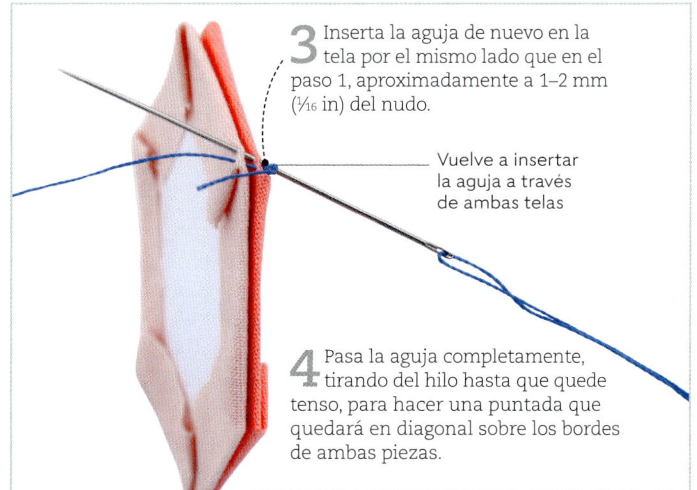

3 Inserta la aguja de nuevo en la tela por el mismo lado que en el paso 1, aproximadamente a 1–2 mm (1/16 in) del nudo.

4 Pasa la aguja completamente, tirando del hilo hasta que quede tenso, para hacer una puntada que quedará en diagonal sobre los bordes de ambas piezas.

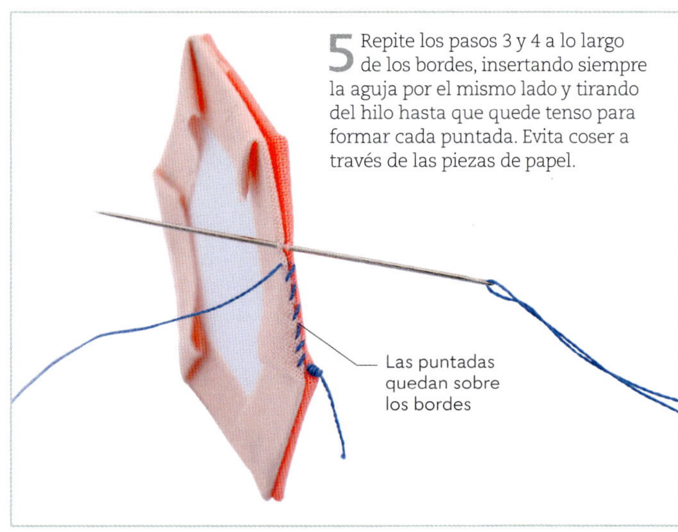

5 Repite los pasos 3 y 4 a lo largo de los bordes, insertando siempre la aguja por el mismo lado y tirando del hilo hasta que quede tenso para formar cada puntada. Evita coser a través de las piezas de papel.

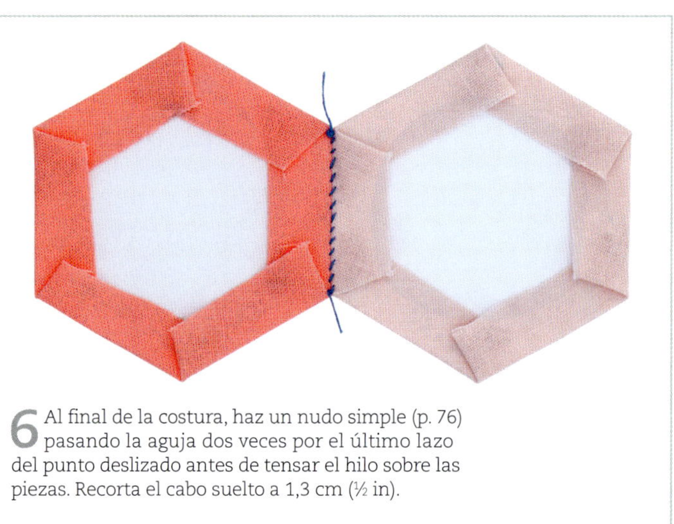

6 Al final de la costura, haz un nudo simple (p. 76) pasando la aguja dos veces por el último lazo del punto deslizado antes de tensar el hilo sobre las piezas. Recorta el cabo suelto a 1,3 cm (½ in).

PUNTO DESLIZADO PLANO

1 Coloca dos piezas, ambas con el derecho hacia arriba, alineando los bordes que vas a unir. Pon un trozo de cinta de enmascarar o *washi* (p. 22) sobre la costura para sujetar temporalmente las piezas.

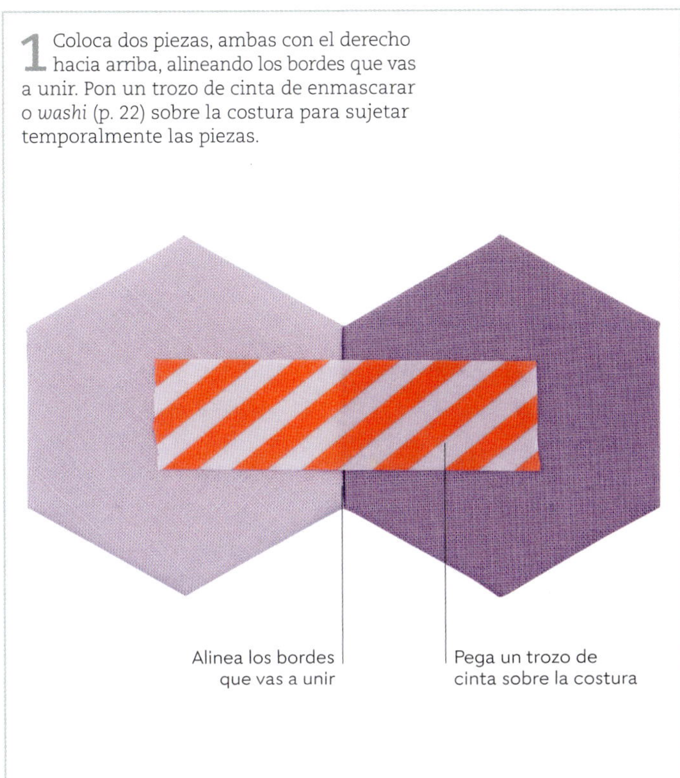

Alinea los bordes que vas a unir

Pega un trozo de cinta sobre la costura

2 Coloca las piezas con el revés hacia arriba. Inserta una aguja enhebrada en el margen de costura en la esquina de una pieza y sácala por la otra. Ten cuidado de tomar solo un poco de tela y evita insertar la aguja a través del papel. Tira de la aguja a través de ambas telas para que el nudo quede apoyado sobre una de las piezas.

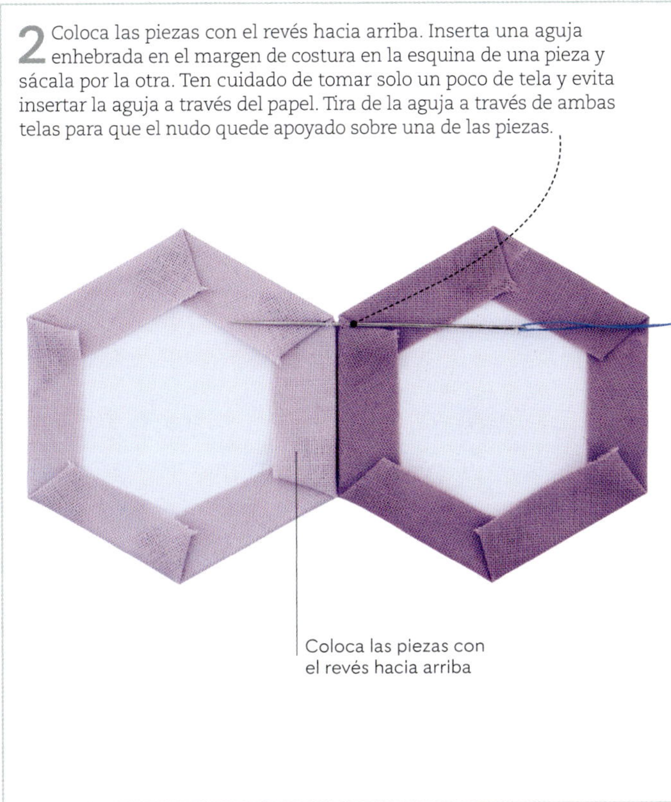

Coloca las piezas con el revés hacia arriba

3 Inserta la aguja de nuevo a través de los márgenes de costura por el mismo lado que en el paso 2, aproximadamente a 1–2 mm (1⁄16 in) del nudo.

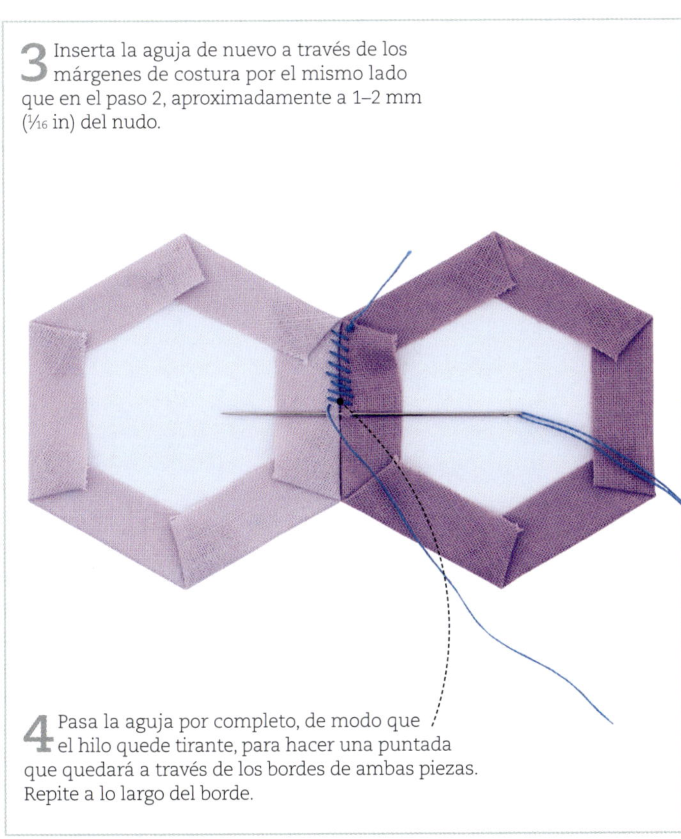

4 Pasa la aguja por completo, de modo que el hilo quede tirante, para hacer una puntada que quedará a través de los bordes de ambas piezas. Repite a lo largo del borde.

5 Al final de la costura, haz un nudo simple pasando la aguja dos veces por el último lazo del punto deslizado plano antes de tensar el hilo sobre las piezas. Recorta el cabo suelto a 1,3 cm (½ in).

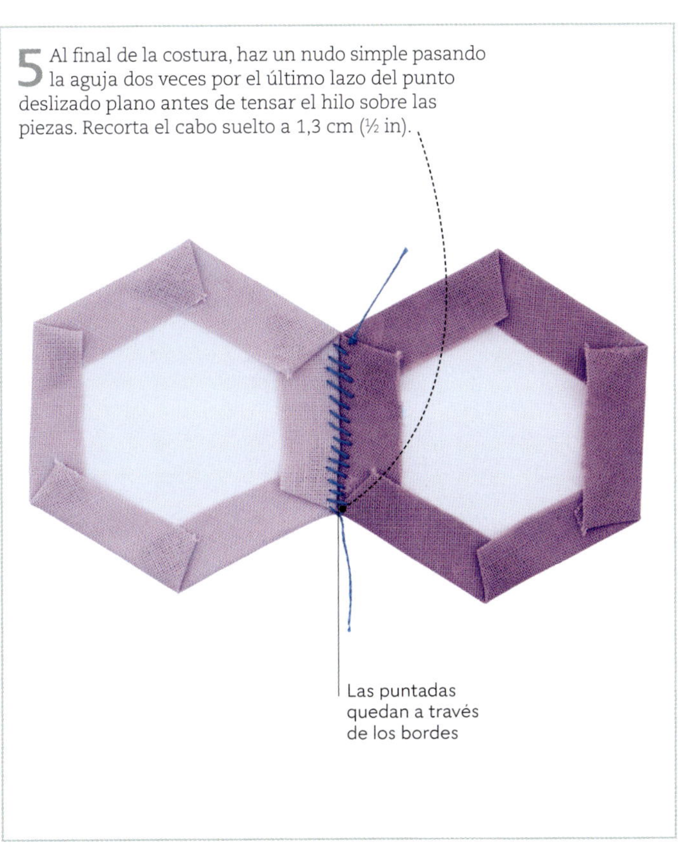

Las puntadas quedan a través de los bordes

UNIR FORMAS

Ensambla las piezas de patchwork sobre papel a la inglesa en bloques o secciones de una a una o en hileras. Determina la técnica más eficiente buscando primero oportunidades para unir las piezas en hilera. Aunque en estos ejemplos se muestran una flor de hexágonos y una estrella de rombos, que son bloques idóneos para principiantes, las técnicas son universales y aplicables al ensamblaje de piezas de este tipo en general.

MONTAJE DE UNA EN UNA

1 Coloca siete hexágonos en forma de flor: uno en el centro y seis a su alrededor, que serían los pétalos.

2 Une un lado del primer pétalo hexagonal al hexágono central. Haz un nudo en el hilo (p. 76) al final de la costura, pero no recortes el cabo suelto.

3 Abre el primer pétalo para que quede plano junto al hexágono central.

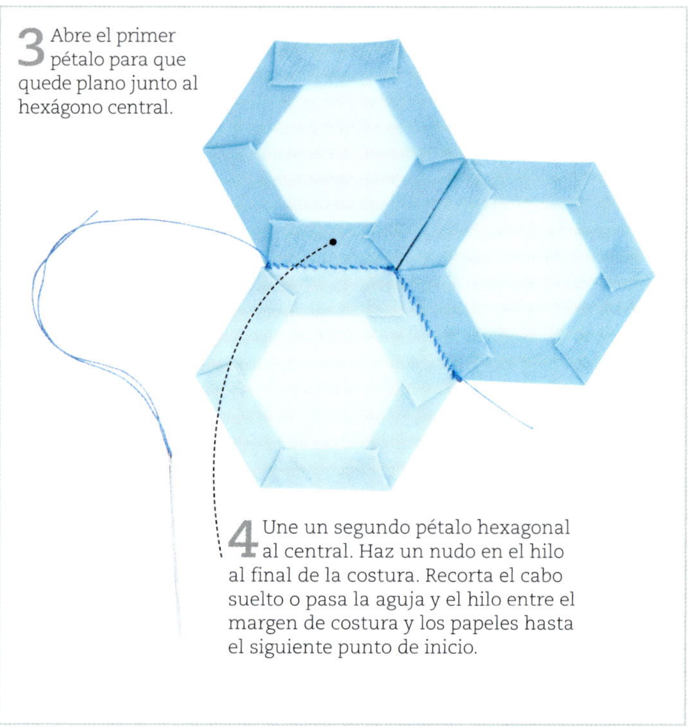

4 Une un segundo pétalo hexagonal al central. Haz un nudo en el hilo al final de la costura. Recorta el cabo suelto o pasa la aguja y el hilo entre el margen de costura y los papeles hasta el siguiente punto de inicio.

5 Alinea los bordes del primer y segundo pétalo, doblando el hexágono central si es necesario. Usa un imán (p. 23) o una pinza (p. 29) para mantener las piezas unidas.

6 Cose las piezas. Haz un nudo al principio y al final de la costura.

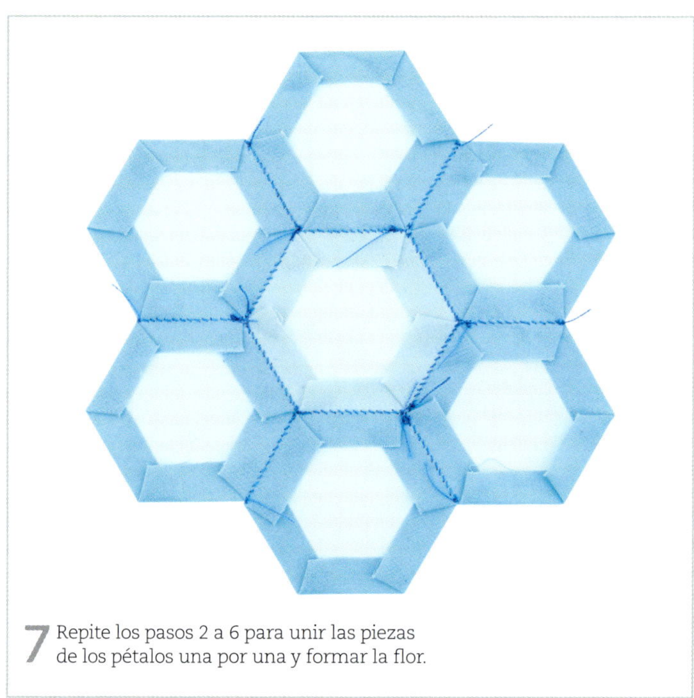

7 Repite los pasos 2 a 6 para unir las piezas de los pétalos una por una y formar la flor.

MONTAJE EN HILERA

1 Coloca seis rombos en forma de estrella de seis puntas.

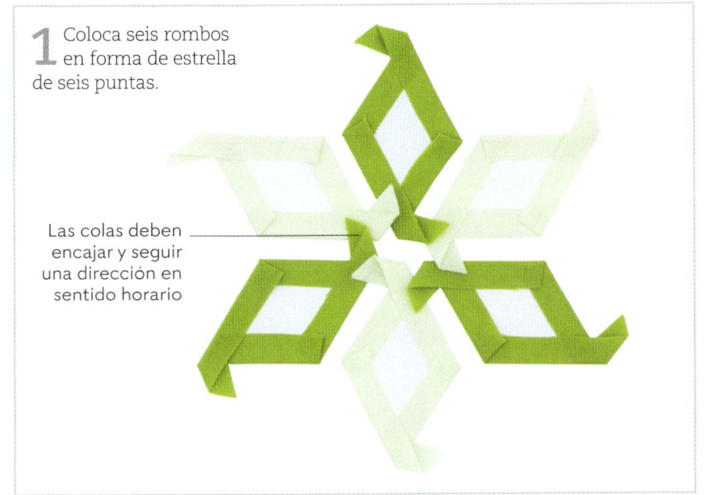

Las colas deben encajar y seguir una dirección en sentido horario

2 Alinea dos rombos, asegurándote de que los cuatro lados estén iguales y que las colas de la tela apunten en direcciones opuestas.

3 Cose los rombos por un lado, comenzando en el ángulo ancho y terminando en el punto central. Haz un nudo en el hilo al final de la costura.

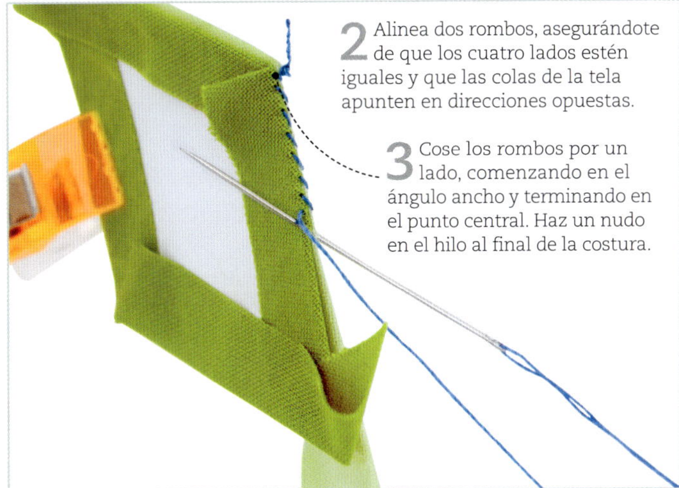

4 Repite los pasos 2 y 3 para unir un tercer rombo a la unidad y formar una media estrella.

5 Haz una segunda media estrella con los tres rombos restantes.

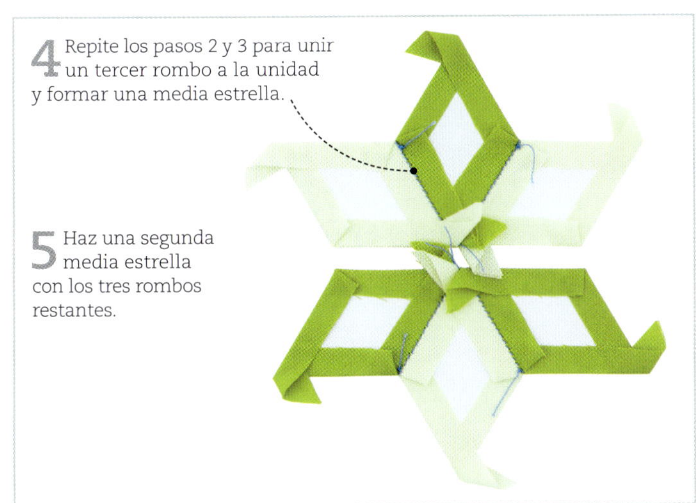

6 Alinea las dos mitades DD, casando las puntas centrales. Mantén las piezas juntas con un imán o una pinza y cose a lo largo del borde recto para unirlas.

Para obtener puntas centrales precisas, cose desde el centro hacia los extremos

MONTAJE DE PIEZAS DE BORDES CURVOS

1 Utiliza el punto deslizado plano (p. 131) para unir piezas con bordes curvos en hilera.

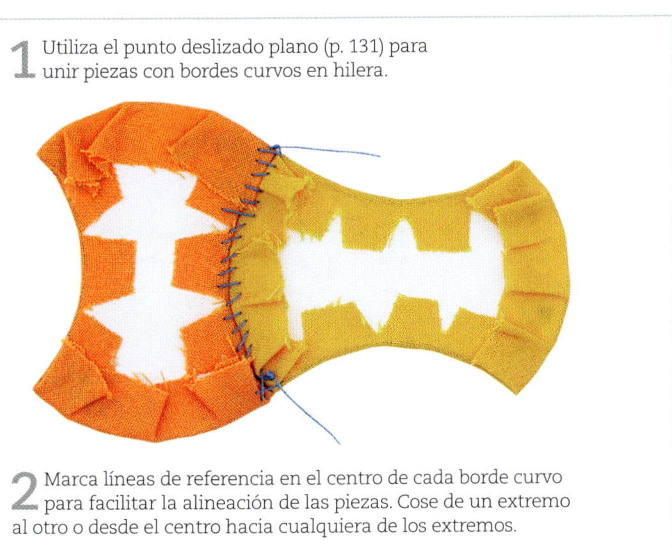

2 Marca líneas de referencia en el centro de cada borde curvo para facilitar la alineación de las piezas. Cose de un extremo al otro o desde el centro hacia cualquiera de los extremos.

RETIRAR LOS PAPELES

Retira los papeles antes de acabar una labor, ya sea durante el proceso de montaje o una vez terminada. Guarda las piezas de papel para reutilizarlas en futuros patrones.

1 Plancha el bloque o la cubierta del quilt terminados por delante y por detrás, y retira los hilvanes si es necesario.

2 Retira una pieza de papel cuando esté completamente rodeada, como la central de una flor de hexágonos, o cuando la labor esté terminada. Utiliza unas pinzas para ayudarte a retirar los papeles.

Aplicación

La aplicación consiste en coser piezas de tela o bloques completos sobre un fondo para crear diseños, desde formas simples hasta motivos intrincados, que normalmente no se logran mediante métodos de montaje tradicionales. Las piezas, también llamadas aplicaciones, se cosen a máquina o a mano con varios tipos de puntos y técnicas de costura.

Preparar las aplicaciones

Recorta cuidadosamente las piezas y añádeles una entretela (p. 45) si es necesario para lograr unos bordes uniformes y estables. Hilvana o engoma las piezas antes de aplicarlas para evitar que se desplacen.

CORTAR LAS PIEZAS

Almidona la tela antes de cortar la aplicación con tijeras. Al trazar o dibujar las piezas, añade un margen de costura de 6,4 mm (¼ in) en torno al borde exterior, a menos que se trate de aplicaciones sin dobladillo.

TRANSFERIR A LA TELA

Traza o dibuja las piezas sobre plástico para plantillas o cartulina (p. 17), usando una caja de luz (p. 22) si es necesario. Orienta la pieza en el lado adecuado de la tela según la técnica de aplicación elegida.

HAZ PIQUETES EN LAS ESQUINAS

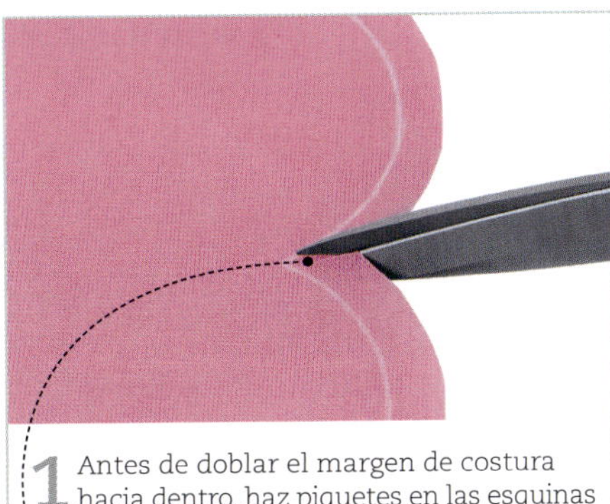

1 Antes de doblar el margen de costura hacia dentro, haz piquetes en las esquinas entrantes para que los bordes del margen se separen y queden planos. Haz los piquetes justo hasta la línea de costura deseada, sin sobrepasarla.

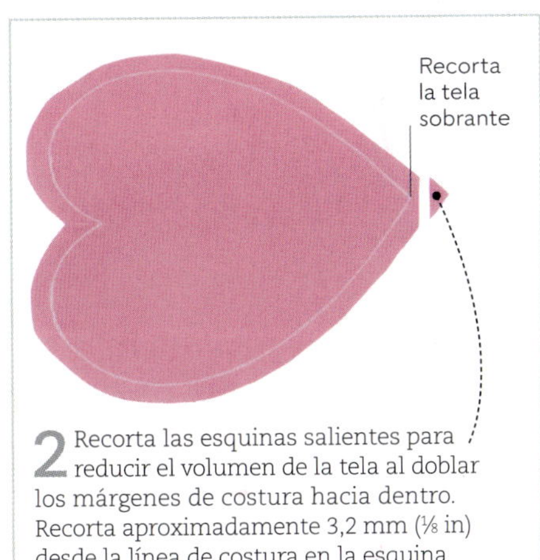

2 Recorta las esquinas salientes para reducir el volumen de la tela al doblar los márgenes de costura hacia dentro. Recorta aproximadamente 3,2 mm (⅛ in) desde la línea de costura en la esquina.

PONER LA ENTRETELA

Añade una entretela cosida o termoadhesiva para aportar estabilidad y reducir el deshilachado del canto en las aplicaciones sin dobladillo y lograr unos bordes lisos en las aplicaciones con dobladillo preparado. Ten en cuenta que la mayoría de las entretelas son permanentes.

ENTRETELA COSIDA

Traza la forma de la aplicación sobre la entretela. Corta la entretela, préndela con alfileres al revés de la tela y cósela a un poco menos de 6,4 mm (¼ in) del canto. Usa unas tijeras para recortar la entretela a 3,2 mm (⅛ in) de la línea de costura.

ENTRETELA TERMOADHESIVA

Traza la forma de la aplicación sobre la entretela termoadhesiva y córtala. Si vas a doblar el margen de costura hacia dentro, corta la entretela 6,4 mm (¼ in) más pequeña que la forma. Coloca el lado adhesivo de la entretela sobre el revés de la forma. Plánchala en seco y deja que se enfríe antes de manipularla.

Tipos de aplicación

Elige entre distintos de tipos de aplicación, que requieren distintas técnicas de costura a máquina o a mano. Las técnicas habituales incluyen dejar el canto sin rematar, hacer un dobladillo o volver hacia dentro el borde con la aguja, y cada una produce un acabado diferente.

APLICACIÓN A MÁQUINA

Aplica las piezas a máquina para conseguir mayor eficiencia y durabilidad. Utiliza una costura recta universal, que viene de serie en todas las máquinas de coser, o un punto decorativo si tu máquina dispone de él.

COSTURA RECTA

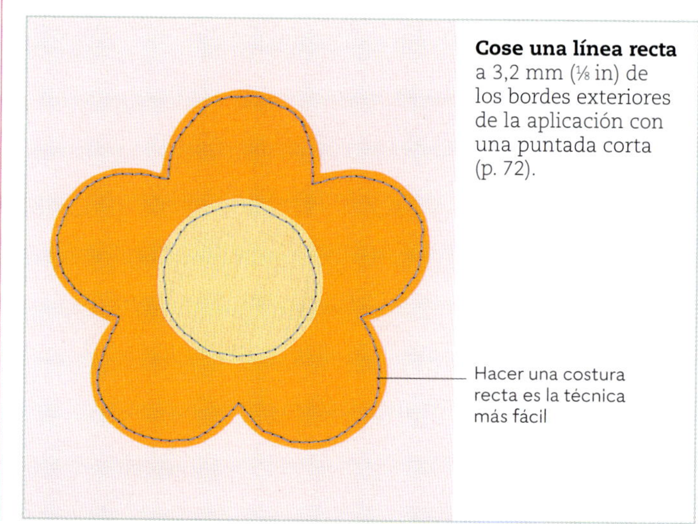

Cose una línea recta a 3,2 mm (⅛ in) de los bordes exteriores de la aplicación con una puntada corta (p. 72).

Hacer una costura recta es la técnica más fácil

PUNTO DE ZIGZAG

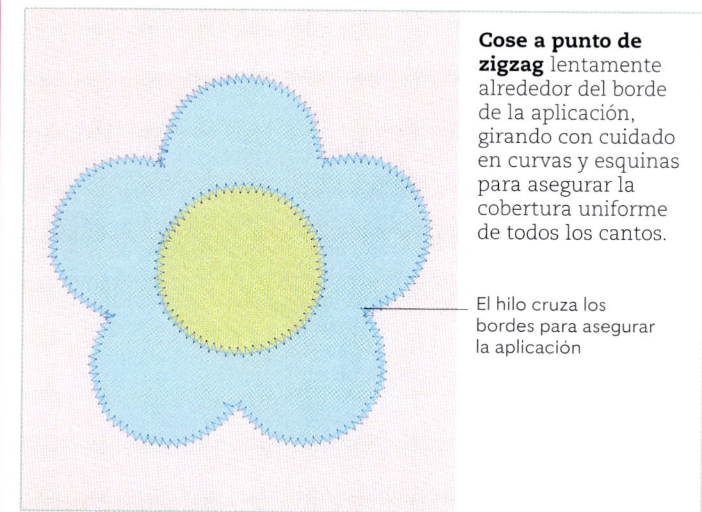

Cose a punto de zigzag lentamente alrededor del borde de la aplicación, girando con cuidado en curvas y esquinas para asegurar la cobertura uniforme de todos los cantos.

El hilo cruza los bordes para asegurar la aplicación

PUNTO DE SATÉN

Utiliza el punto de satén, similar a un punto de zigzag más denso, para crear un borde de hilo casi liso alrededor de la aplicación.

Mantener las puntadas uniformes al girar en curvas y esquinas puede resultar difícil

FESTÓN ABIERTO

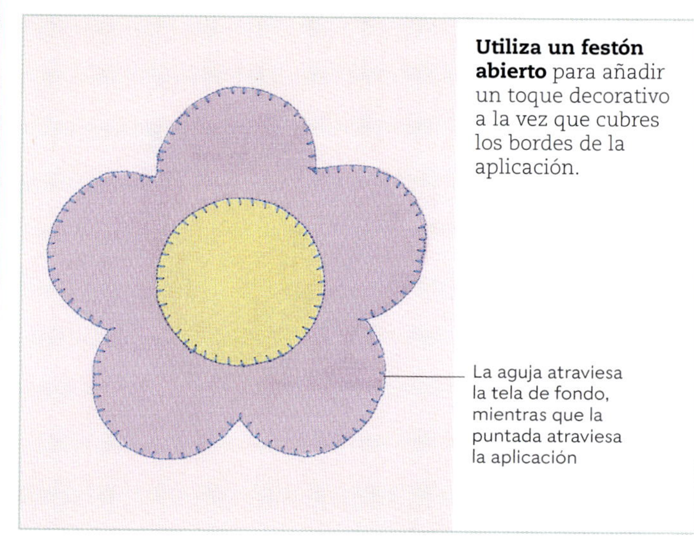

Utiliza un festón abierto para añadir un toque decorativo a la vez que cubres los bordes de la aplicación.

La aguja atraviesa la tela de fondo, mientras que la puntada atraviesa la aplicación

APLICACIÓN A MANO

La costura de una aplicación a mano puede resultar casi invisible si se hace a punto de lado, discreta si se hace a punto deslizado, o llamativa si se utiliza una bastilla o un festón. Elige la aguja y el grosor de hilo adecuados para el punto de costura deseado y asegúrate de anudar y ocultar los extremos del hilo (p. 76).

BASTILLA

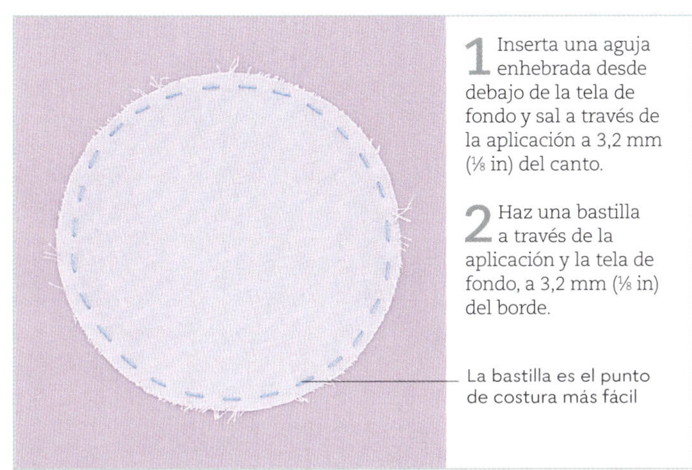

1 Inserta una aguja enhebrada desde debajo de la tela de fondo y sal a través de la aplicación a 3,2 mm (⅛ in) del canto.

2 Haz una bastilla a través de la aplicación y la tela de fondo, a 3,2 mm (⅛ in) del borde.

La bastilla es el punto de costura más fácil

PUNTO DESLIZADO

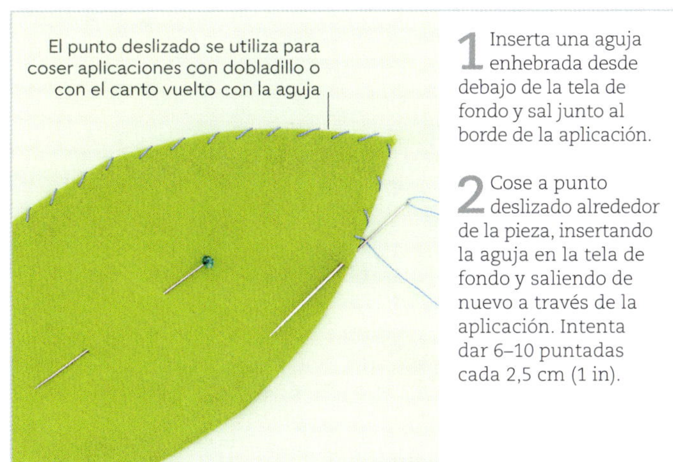

El punto deslizado se utiliza para coser aplicaciones con dobladillo o con el canto vuelto con la aguja

1 Inserta una aguja enhebrada desde debajo de la tela de fondo y sal junto al borde de la aplicación.

2 Cose a punto deslizado alrededor de la pieza, insertando la aguja en la tela de fondo y saliendo de nuevo a través de la aplicación. Intenta dar 6–10 puntadas cada 2,5 cm (1 in).

PUNTO DE LADO

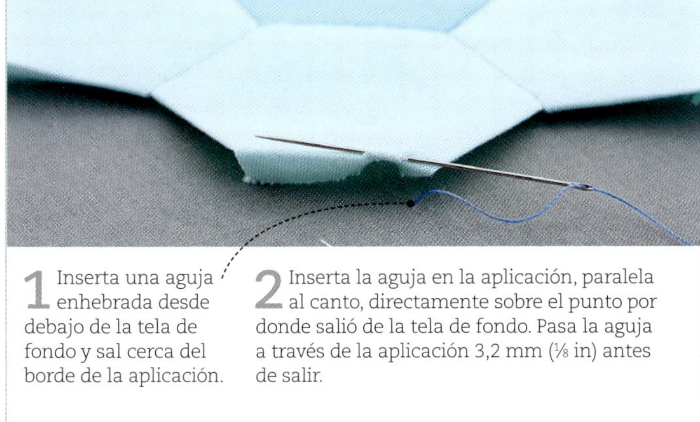

1 Inserta una aguja enhebrada desde debajo de la tela de fondo y sal cerca del borde de la aplicación.

2 Inserta la aguja en la aplicación, paralela al canto, directamente sobre el punto por donde salió de la tela de fondo. Pasa la aguja a través de la aplicación 3,2 mm (⅛ in) antes de salir.

3 Tira de la aguja sin tensar el hilo e insértala en la tela de fondo, perpendicular al punto por donde salió de la aplicación.

4 Saca la aguja de nuevo cerca del borde de la aplicación, a 3,2 mm (⅛ in) de donde entró en la tela de fondo.

5 Repite los pasos 2 a 4 para hacer 3–5 puntadas de lado y luego tira del hilo para asegurarlas.

El punto de lado crea puntadas casi invisibles

6 Continúa cosiendo a punto de lado alrededor del borde de la aplicación.

FESTÓN ABIERTO

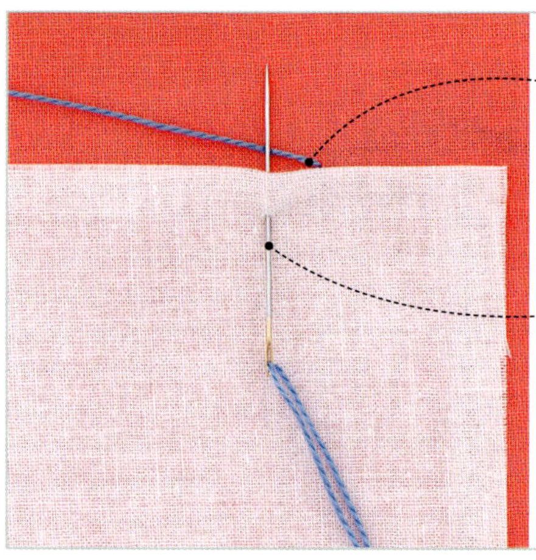

1 Inserta una aguja enhebrada desde debajo de la tela de fondo y sal cerca del borde de la aplicación. Tira del hilo a través de las capas hasta que quede tenso.

2 Inserta la aguja hacia abajo en la aplicación a 6,4 mm (¼ in) sobre y dentro del borde. Sácala hacia arriba a través del fondo, cerca del borde.

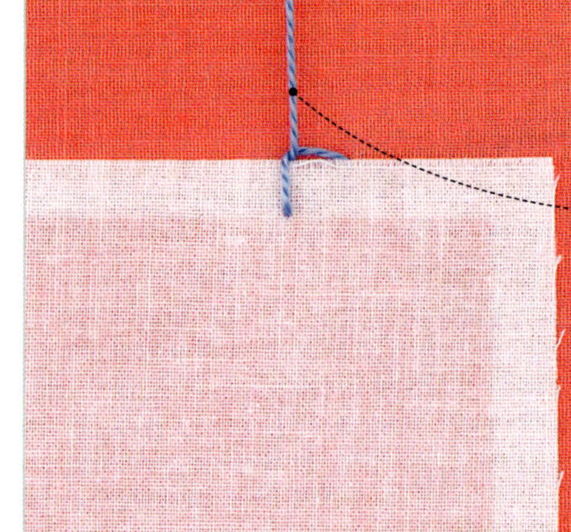

3 Coloca la aguja sobre el lazo de hilo formado en los pasos 1 y 2.

4 Tira del hilo hasta que quede tenso para hacer la primera puntada de festón.

5 Repite los pasos 2 a 4 para crear la siguiente puntada.

6 Continúa haciendo festón en torno al borde de la aplicación, teniendo especial cuidado en las esquinas.

7 Completa la última puntada pasando la aguja por debajo de la primera, luego inserta la punta de la aguja hacia abajo en aplicación y tira del hilo hasta que quede tenso.

APLICACIÓN SIN DOBLADILLO

La aplicación sin dobladillo requiere una entretela termoadhesiva de doble cara (p. 45) para adherirla a la tela de fondo y deja los cantos de la tela vistos, sin rematar, para que se deshilachen con el tiempo. Cósela a máquina con cualquier tipo de punto, o a mano con una bastilla o un festón.

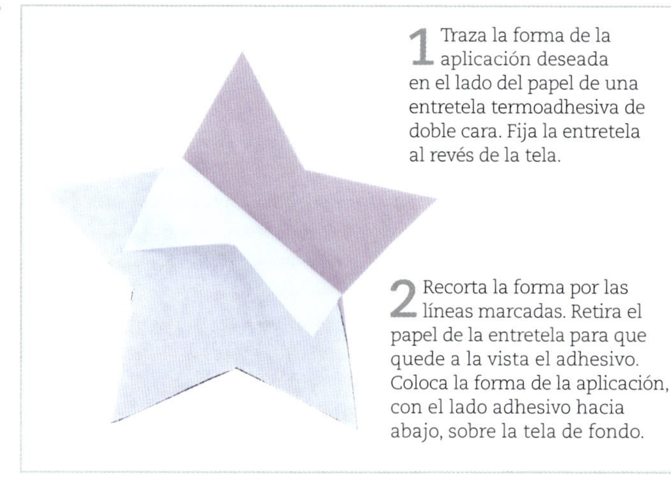

1 Traza la forma de la aplicación deseada en el lado del papel de una entretela termoadhesiva de doble cara. Fija la entretela al revés de la tela.

2 Recorta la forma por las líneas marcadas. Retira el papel de la entretela para que quede a la vista el adhesivo. Coloca la forma de la aplicación, con el lado adhesivo hacia abajo, sobre la tela de fondo.

3 Plancha para pegar la aplicación a la tela de fondo. Cósela alrededor del canto, ya sea a máquina o a mano.

APLICACIÓN CON DOBLADILLO

La aplicación con dobladillo se hace doblando los cantos hacia dentro para obtener un borde terminado, similar al del MSP. Cósela con cualquier tipo de punto, excepto cuando el dobladillo se hace remetiendo el canto con la aguja.

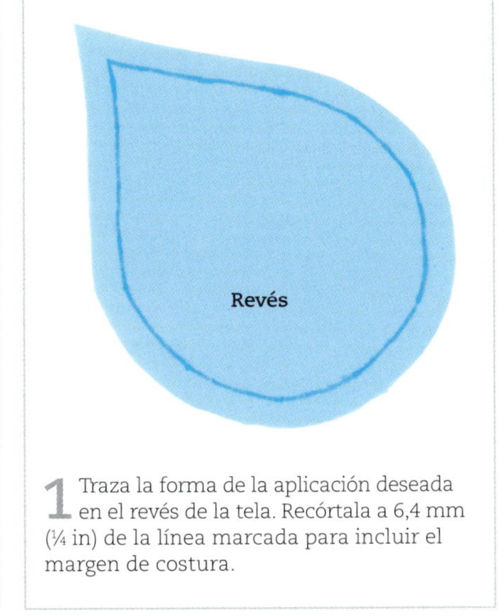

1 Traza la forma de la aplicación deseada en el revés de la tela. Recórtala a 6,4 mm (¼ in) de la línea marcada para incluir el margen de costura.

2 Dobla el margen de costura hacia el revés, usando la línea marcada como guía. Añade una pequeña cantidad de pegamento (p. 29) si es necesario para mantener los bordes doblados.

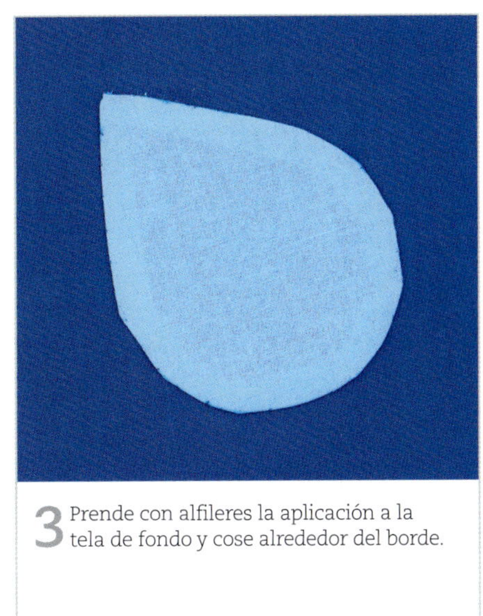

3 Prende con alfileres la aplicación a la tela de fondo y cose alrededor del borde.

APLICACIÓN CON EL BORDE VUELTO CON AGUJA

En el caso de la aplicación con el borde vuelto con aguja, el canto se va doblando y remetiendo mientras se cose a punto deslizado o a punto de lado (p. 137).

1 Traza la forma deseada en el derecho de la tela y recórtala a 6,4 mm (¼ in) de la línea marcada. Fíjala a la tela de fondo con un hilván o basta (bastilla de puntadas largas; p. 137) sobre la línea marcada.

2 Retira algunas puntadas del hilván. Usa la punta de la aguja para volver hacia dentro el margen de costura donde has retirado las puntadas, doblándolo a lo largo de la línea marcada. Inserta la aguja desde debajo de la tela de fondo a través del borde mismo de la aplicación.

3 Cose el borde doblado a la tela de fondo. Al final del tramo doblado, detente para retirar más puntadas y remeter otra pequeña sección del margen de costura con la punta de la aguja.

4 Repite los pasos 2 y 3 para terminar de coser la aplicación.

Confección de la cubierta del quilt

Esta sección te servirá de guía a la hora de ensamblar unidades para formar bloques de patchwork, y los bloques para confeccionar cubiertas de quilt. Aprende a casar cuidadosamente las puntas y las costuras, a coser las unidades y añadir tiras de enmarcado, para luego pasar a las técnicas de montaje más eficientes y comprender cómo se construyen diversos diseños de cubiertas de quilt. Utiliza toda esta información para determinar el enfoque que prefieras dar a la cubierta de tu quilt.

Casar puntas y costuras

Muchos diseños de quilts requieren una coincidencia exacta en las intersecciones de las unidades y los bloques para obtener el resultado deseado. Casa las puntas y alinea las costuras con cuidado, y luego utiliza alfileres o pegamento para asegurar las costuras en su lugar mientras coses.

COLOCACIÓN DE LOS ALFILERES

Coloca alfileres para casar las intersecciones y asegurar que las costuras permanezcan alineadas durante el montaje. Inserta alfileres de posicionamiento perpendiculares en el lugar exacto de la intersección de las costuras y luego coloca más alfileres para asegurar las unidades o los bloques en su lugar. Evita siempre coser sobre los alfileres.

1 Identifica las puntas que se deben casar. En el revés de ambas, marca el margen de costura a 6,4 mm (¼ in) del borde.

2 Inserta un alfiler de posicionamiento, con la punta hacia fuera, a través de las puntas deseadas, a 6,4 mm (¼ in) de los bordes de la tela.

3 Inserta un alfiler a cada lado del alfiler de posicionamiento, de arriba abajo, para asegurar la punta casada.

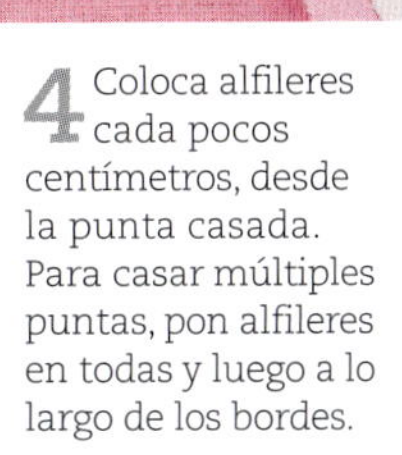

4 Coloca alfileres cada pocos centímetros, desde la punta casada. Para casar múltiples puntas, pon alfileres en todas y luego a lo largo de los bordes.

5 Cose a través de las intersecciones de las costuras. Retira los alfileres antes de llegar con la aguja.

6 Verifica las puntas casadas. Si no están alineadas, descose (p. 79) y ajusta.

ENGOMADO

Considera usar un pegamento lavable (p. 29) en vez de alfileres, especialmente para asegurar bordes que puedan estirarse o desplazarse, como los bordes al bies (p. 36), o costuras largas con muchas puntas.

Aplica una fina línea de pegamento en un borde de la tela, dentro del margen de costura. Hazlo primero en las puntas o costuras que se cruzan, como cuando se prenden con alfileres, y luego hacia los bordes. Fija el pegamento con una plancha en seco caliente o déjalo secar naturalmente antes de coser.

COSER LAS UNIDADES DE LOS BLOQUES

Los bloques de patchwork están compuestos por piezas y unidades, como TMC o GV, que tradicionalmente se ensamblan en filas, columnas o cuadrantes (p. 146). Ten cuidado de casar las puntas durante el ensamblaje del bloque.

1 Ordena las piezas y unidades según el diseño de bloque deseado.

2 Determina cómo unir las piezas. Ten en cuenta la dirección en que se plancharán las costuras (p. 80).

3 Cose las piezas en cadena (p. 144) o de una en una (p. 84) para unirlas y formar filas o columnas.

Plancha las costuras en direcciones alternas para anidarlas

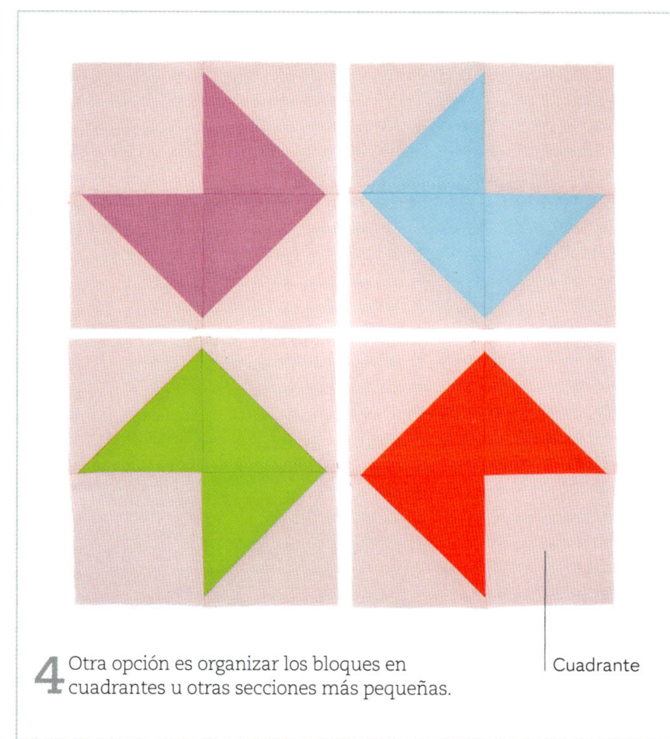

4 Otra opción es organizar los bloques en cuadrantes u otras secciones más pequeñas.

Cuadrante

5 Une las filas o secciones para formar un bloque completo, planchando después de cada costura.

ENMARCADO *(SASHING)*

El enmarcado, o *sashing*, consiste en separar o encuadrar elementos dentro de un bloque o un quilt con tiras de tela, ya sean cortas entre bloques o largas entre filas o columnas. Las tiras de enmarcado pueden cortarse de una sola pieza de tela o ensamblarse a partir de varias telas para complementar el diseño general del quilt.

ENMARCADO ENTRE BLOQUES

1 Corta tiras de la misma longitud que los bloques a los que se añadirán.

2 Añade tiras en uno, dos o los cuatro lados de cada bloque para obtener diferentes efectos.

3 Utiliza el enmarcado para aumentar el tamaño del quilt sin añadir o escalar bloques (p. 59).

ENMARCADO CON CUADRADOS DE INTERSECCIÓN

1 Incorpora cuadrados de intersección para dividir las tiras entre bloques.

2 Une los cuadrados de intersección con tiras cortas para hacer tiras continuas que se coserán a las filas.

3 Elige telas contrastantes para los cuadrados de intersección a fin de crear puntos focales.

LÍNEAS DE REFERENCIA

Las líneas de referencia son pequeñas marcas, a menudo hechas dentro de los márgenes de costura, útiles para facilitar la alineación de dos piezas. Marca líneas de referencia a lo largo de los bordes de la tela para alinear uniformemente las costuras al unir piezas, unidades o bloques.

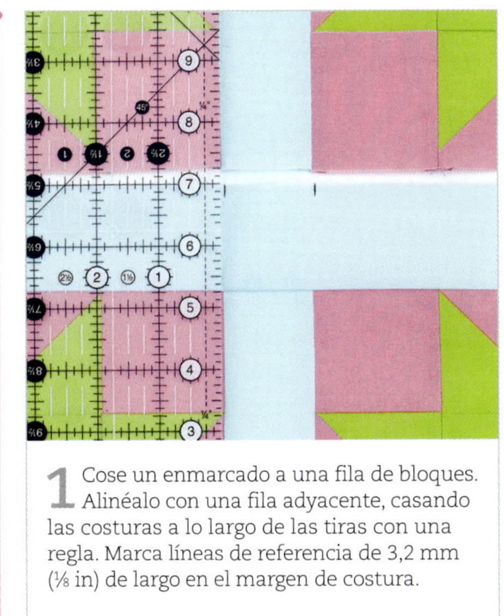

1 Cose un enmarcado a una fila de bloques. Alinéalo con una fila adyacente, casando las costuras a lo largo de las tiras con una regla. Marca líneas de referencia de 3,2 mm (⅛ in) de largo en el margen de costura.

2 Alinea las líneas de referencia con las costuras DD y fíjalas con alfileres o pegamento. Pon más alfileres a intervalos regulares a lo largo del enmarcado restante.

3 Cose el enmarcado y la fila, comprobando que las costuras estén alineadas. Descose (p. 79) y ajusta si es necesario. Plancha hacia el enmarcado.

Ensamblar una cubierta de quilt

Ensambla las cubiertas de quilt bloque a bloque, de una manera similar al montaje de patchwork pieza a pieza (p. 84), o en una cadena continua para lograr un montaje más eficiente. Planifica con antelación la técnica de ensamblaje según el diseño de la cubierta del quilt.

MONTAJE EN CADENA

El montaje en cadena, ya sea continuo o en red, consiste en coser piezas a pares sin detenerse para formar una cadena de unidades. El montaje en red se basa en el montaje continuo para unir las piezas en filas y columnas, hasta que todas queden conectadas por una red de hilos. Estas técnicas de ensamblaje ahorran tiempo e hilo.

MONTAJE CONTINUO

1 Dispón las piezas a pares a lo largo de dos columnas.

2 Cose las piezas de la primera fila DD. En vez de detenerte después de una costura y cortar los hilos, coloca el siguiente par de piezas, DD, bajo el prensatelas y continúa cosiendo.

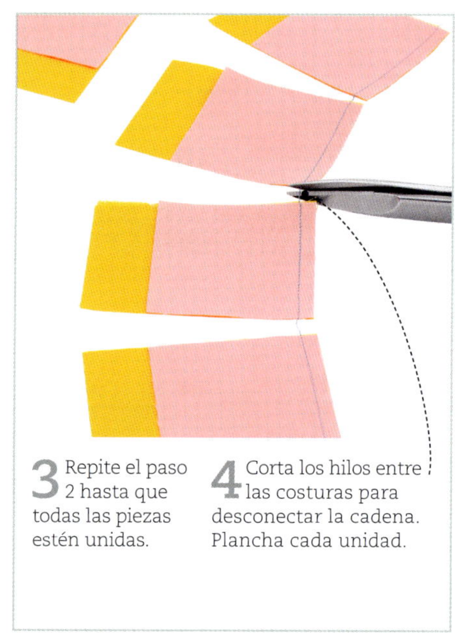

3 Repite el paso 2 hasta que todas las piezas estén unidas.

4 Corta los hilos entre las costuras para desconectar la cadena. Plancha cada unidad.

MONTAJE EN RED

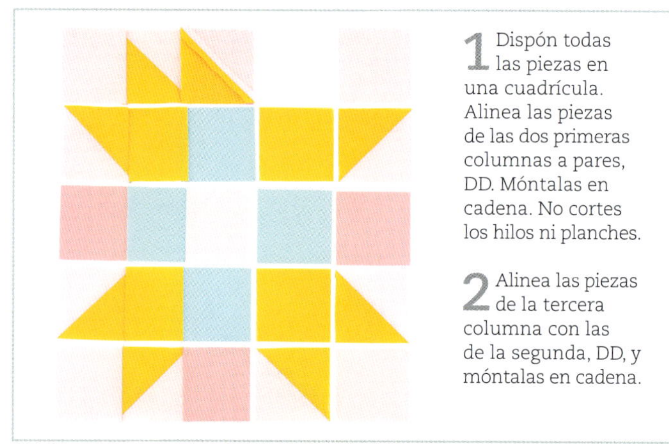

1 Dispón todas las piezas en una cuadrícula. Alinea las piezas de las dos primeras columnas a pares, DD. Móntalas en cadena. No cortes los hilos ni planches.

2 Alinea las piezas de la tercera columna con las de la segunda, DD, y móntalas en cadena.

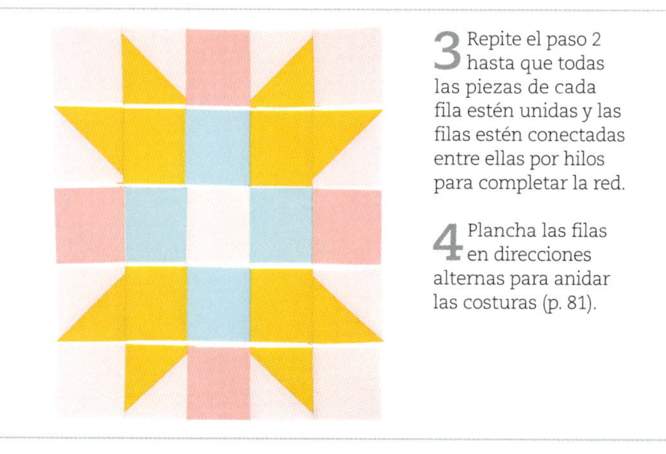

3 Repite el paso 2 hasta que todas las piezas de cada fila estén unidas y las filas estén conectadas entre ellas por hilos para completar la red.

4 Plancha las filas en direcciones alternas para anidar las costuras (p. 81).

5 Sin cortar los hilos, gira la red 90° y cose las dos primeras columnas DD, anidando las costuras.

6 Repite hasta que todas las columnas estén cosidas y el bloque esté completo. Plancha.

MONTAJE EN RED CON ENTRETELA

1 Coloca todas las piezas con el derecho hacia arriba en la disposición deseada sobre la entretela termoadhesiva, con el lado adhesivo hacia arriba. No dejes espacio entre las piezas. Plancha.

2 Dobla la primera columna de piezas DD sobre la segunda columna.

3 Cose a lo largo del doblez con un margen de costura de 6,4 mm (¼ in). Repite en todas las columnas.

4 Haz piquetes en el margen de costura en cada intersección de costuras. No cortes a través o más allá de las puntadas.

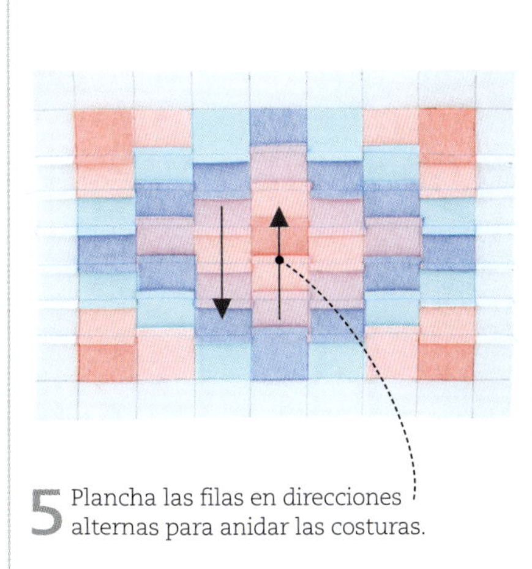

5 Plancha las filas en direcciones alternas para anidar las costuras.

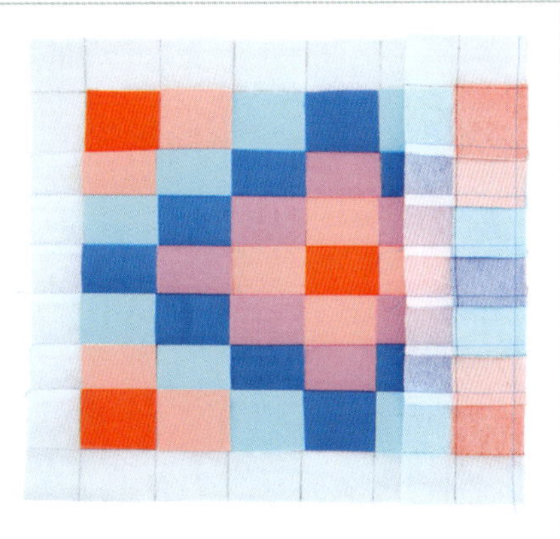

6 Repite los pasos 2 a 4 para completar el bloque. Plancha.

7 Recorta la entretela sobrante alrededor del bloque completado.

DISEÑOS DE CUBIERTAS DE QUILT

Los quilts pueden ensamblarse de cualquier modo en que encajen las piezas y los bloques. Aquí se presentan ocho diseños de cubierta que pueden mezclarse y combinarse según la forma de los bloques, el diseño general del quilt y las preferencias de ensamblaje.

EN FILAS Y COLUMNAS

Ensambla piezas, unidades o bloques en filas o columnas, montándolas en cadena (p. 144) para mayor eficiencia y plancha las costuras en direcciones alternas para anidarlas (p. 81).

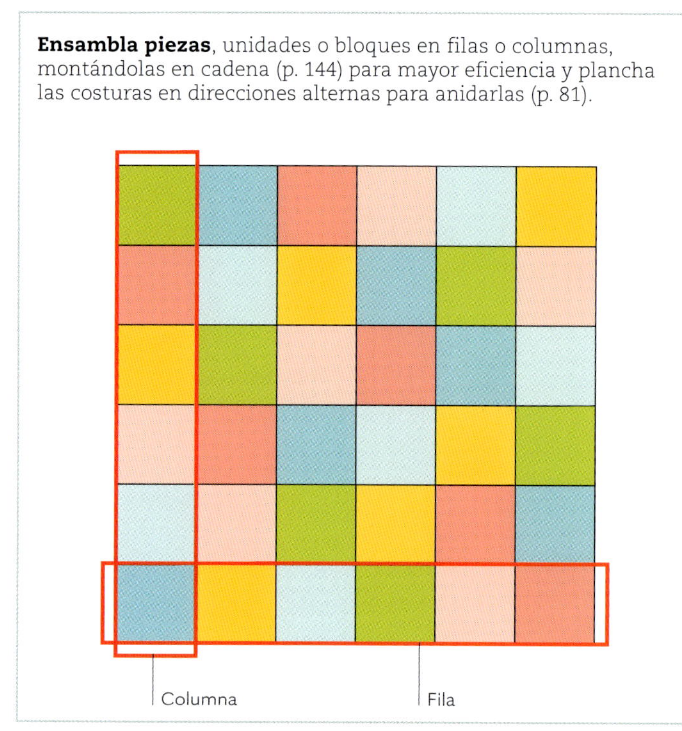

CON ENMARCADO

El enmarcado puede ser de tiras cortas, como cuando se utiliza entre bloques, o largas, como cuando se utiliza entre filas o columnas. Añade cuadrados de intersección (p. 143) para crear diseños secundarios.

EN CUADRANTES

Ensambla piezas, unidades o bloques en cuatro grandes secciones, o cuadrantes. A menudo se repite el mismo cuadrante, rotando alrededor del centro para formar un diseño más grande.

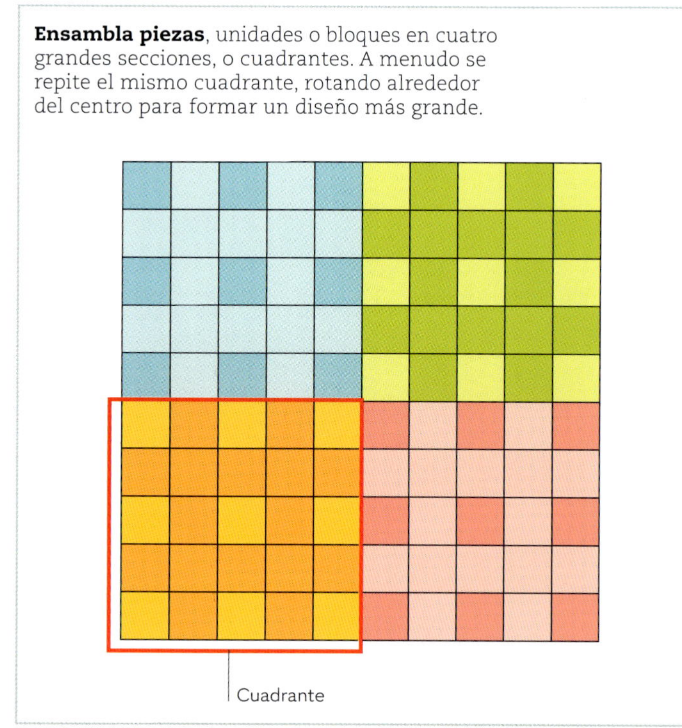

EN PUNTA

Ensambla piezas, unidades o bloques girados en un ángulo de 45°, o en punta. Para rellenar los bordes exteriores hay que añadir triángulos complementarios (p. 95). Haz una costura de refuerzo (p. 151) a 3,2 mm (⅛ in) del perímetro para asegurar los bordes al bies.

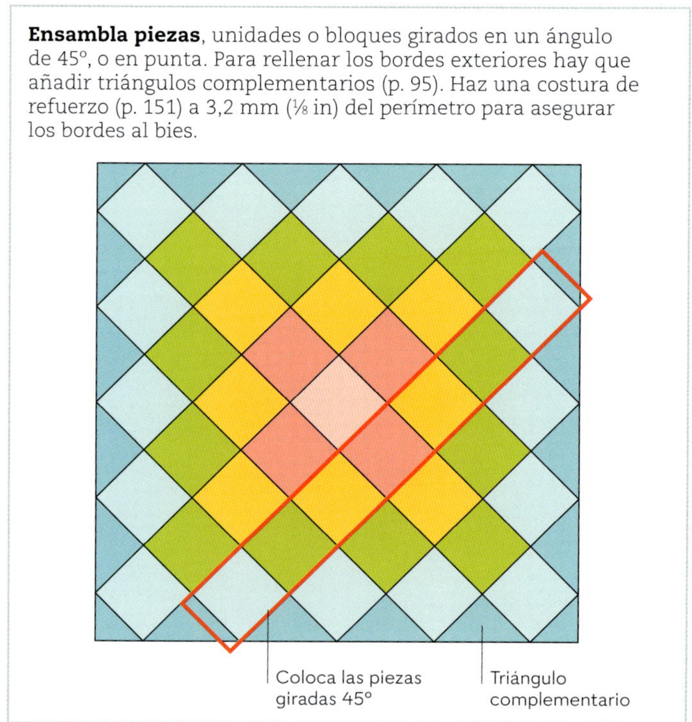

CON BORDES

Añade bordes a cualquier cubierta de quilt para enmarcar el diseño o agrandar el quilt sin cambiar la escala (p. 59). Utiliza varios bordes para obtener un efecto dimensional en capas.

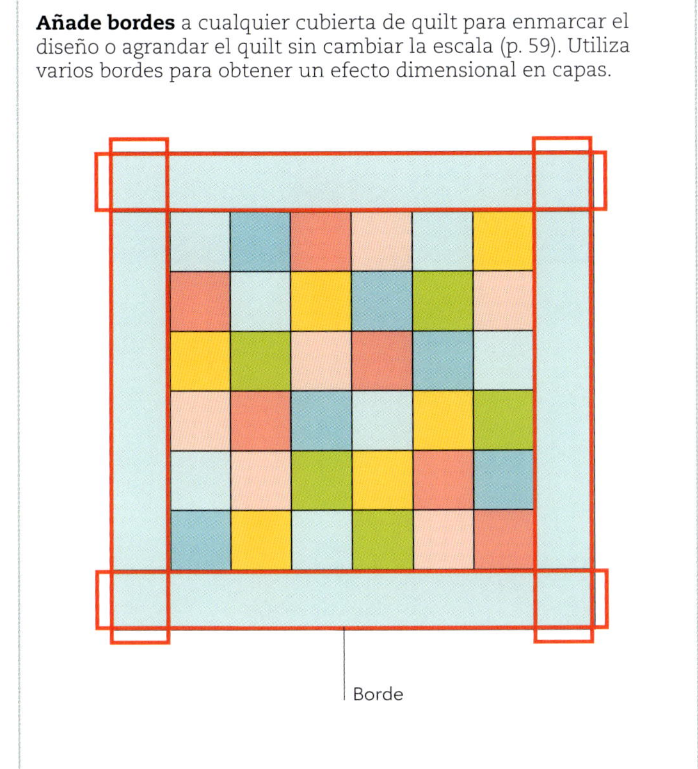

MEDALLÓN

Los quilts de medallón se ensamblan utilizando una técnica de montaje de cabaña de troncos (p. 85). Comienza con un bloque central y trabaja hacia fuera, añadiendo una «vuelta» de bloques cada vez.

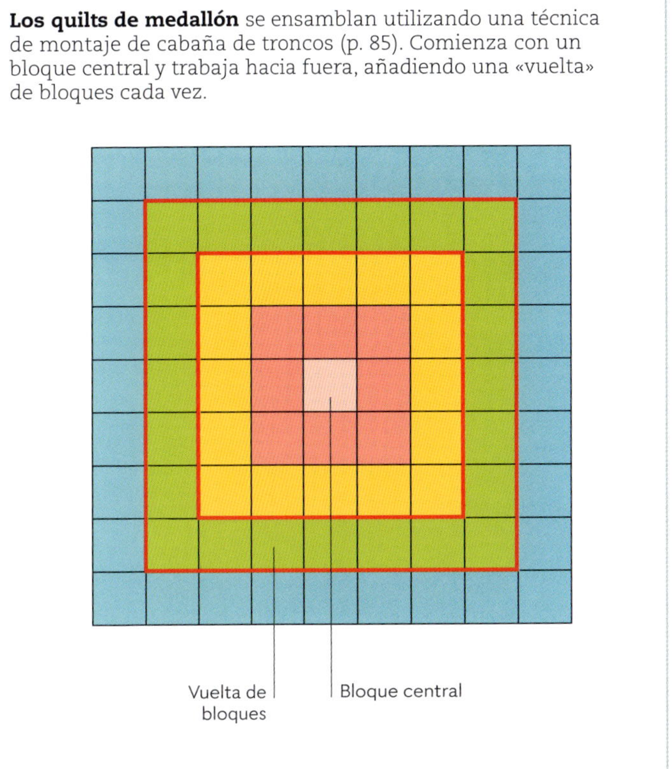

LIBRE

En los quilts de diseño libre se usa un ensamblaje no tradicional. Utiliza una técnica libre para unir bordes rectos u ondulados al encajar piezas o bloques, recortando si es preciso la tela sobrante. Los diseños libres pueden requerir costuras en Y.

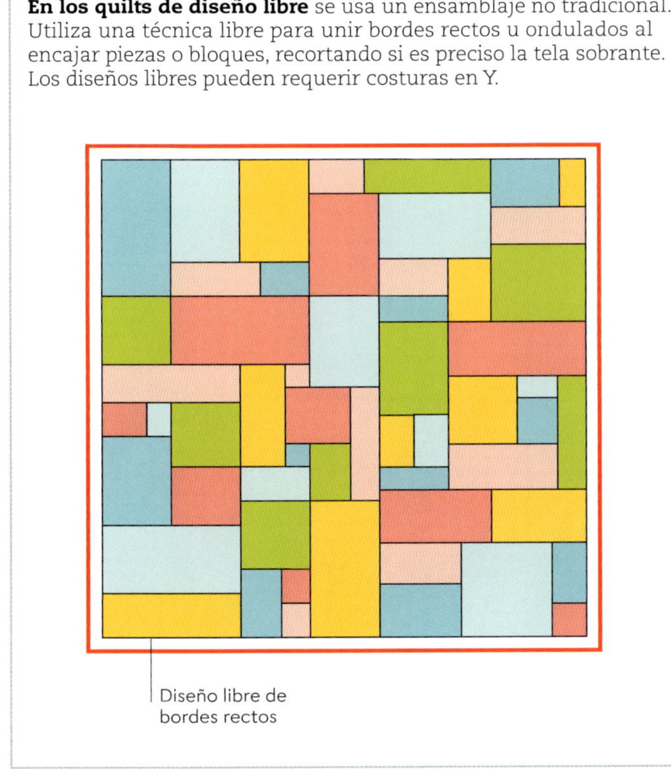

CON APLICACIONES

Añade aplicaciones sobre bloques o sobre un fondo de tela entero utilizando cualquier técnica de aplicación (p. 134). Las formas se pueden disponer de cualquier manera para crear el diseño deseado.

Aplicación con forma de estrella

Fondo de tela entero

ACABADO

Ensamblaje del sándwich de quilt

Un sándwich de quilt se compone de tres capas: una cubierta de patchwork, el relleno y el forro. Primero se preparan las capas del sándwich y luego se sujetan con imperdibles, un adhesivo o un hilván para evitar que se desplacen o formen pliegues durante el proceso de acolchado. Antes de ensamblar el sándwich consulta la sección del relleno (p. 42) para obtener orientación sobre cómo elegir el adecuado para tu labor y la sección de cálculos y fórmulas matemáticas (p. 54) para calcular la cantidad de forro necesario.

Preparar una cubierta de quilt

Antes de superponer las capas de un sándwich de quilt, prepara la cubierta planchándola, haciendo una costura de refuerzo y recortando los cabos sueltos. Si la cubierta se ha montado sobre papel a la inglesa (p. 124) o sobre una base de papel (p. 114), retira todos los papeles antes de prepararla.

PLANCHADO, COSTURA DE REFUERZO Y RECORTE DE CABOS SUELTOS

Plancha la cubierta por el derecho y por el revés, añade una costura de refuerzo y recorta los hilos sueltos de la parte posterior.

1 Plancha toda la cubierta sobre una tabla de planchar u otra superficie amplia y resistente al calor. Asegúrate de que las costuras queden planas y de eliminar todas las arrugas. Usa vapor o almidón según sea necesario para alisar las arrugas difíciles; aplícalo de manera uniforme en toda la cubierta para minimizar el encogimiento desigual.

Presiona, no deslices la plancha

2 Cose a 3,2 mm (⅛ in) del borde, con un largo de puntada de montaje o de acolchado (p. 72), para hacer una costura de refuerzo. Esto asegura las costuras que cruzan el borde de la cubierta y evita que los bordes al bies se estiren.

Costura de refuerzo

Recorta los hilos junto a las telas que contrastan

3 Usa un cortahílos (p. 16) para recortar cabos sueltos de la parte posterior de la cubierta. Concéntrate en recortar los hilos que contrastan, como los oscuros junto a una tela clara. Evita cortar las costuras o la cubierta.

Preparar el relleno y el forro

Antes de ensamblar un sándwich de quilt, mide la cubierta y determina el tamaño necesario del relleno y el forro. El relleno debe ser al menos 10,2 cm (4 in) más grande que la cubierta tanto a lo ancho como a lo largo, mientras que el forro debe ser al menos 15,2 cm (6 in) más grande.

MONTAJE DEL RELLENO

Une piezas de relleno del mismo tipo para obtener piezas más grandes, como cuando usas retales de guata. Escuadra los bordes del relleno (p. 67) antes de realizar el montaje y une las piezas con el mismo lado hacia arriba.

A PUNTO DE ZIGZAG

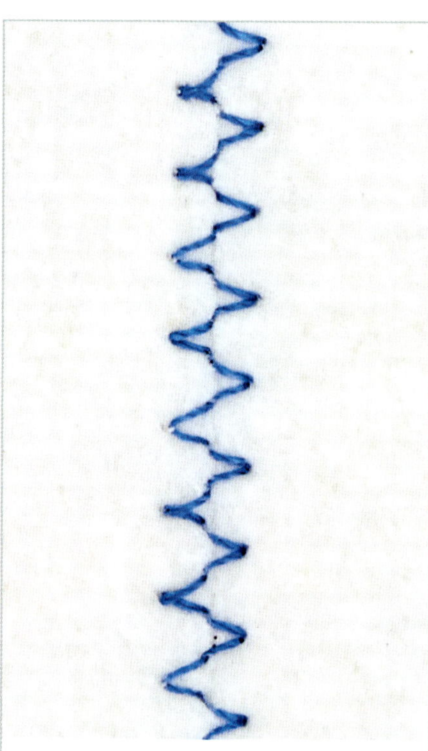

1 Alinea los bordes rectos del relleno uno junto al otro sin que se superpongan.

2 Cose a punto de zigzag con puntada grande usando un hilo neutro para unir las piezas de guata. Esta técnica es más adecuada para un relleno de volumen bajo a medio.

CON ENTRETELA TERMOADHESIVA

1 Alinea los bordes rectos del relleno uno junto al otro sin que se superpongan.

2 Coloca una tira de 3,8 cm (1½ in) de entretela termoadhesiva sobre los bordes alineados y plancha según las instrucciones de la entretela y del relleno. Esta técnica es más adecuada para rellenos que pueden soportar el calor.

A PUNTO DESLIZADO

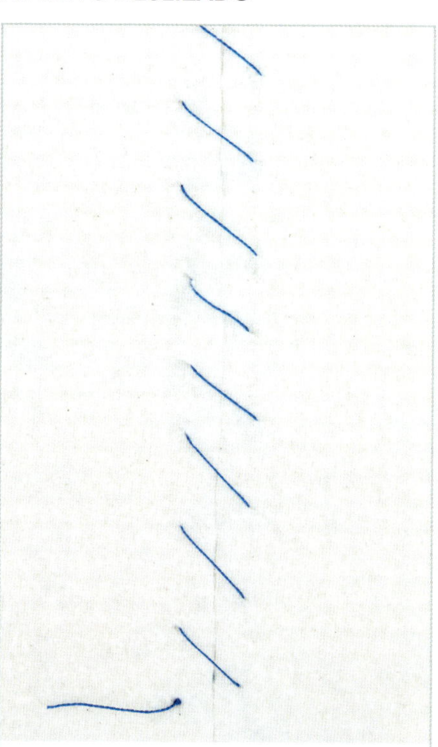

1 Alinea los bordes rectos del relleno uno junto al otro sin que se superpongan.

2 Cose a punto deslizado (p. 130) con un hilo neutro, teniendo cuidado de mantener la costura unida plana. Esta técnica es idónea para todo tipo de relleno y se recomienda para rellenos de alta densidad.

FORRO DEL QUILT

El forro de los quilts de más de 91 cm (36 in) de ancho debe ser de varias piezas, a menos que se utilice una tela de forro de doble ancho (p. 40). Determina el tamaño necesario del forro (p. 290) y luego considera el número de costuras y su colocación. Piensa en la posibilidad de casar los motivos (p. 154) de la tela del forro para lograr un acabado sin uniones visibles o en confeccionar un forro de estilo patchwork para aprovechar retales o cortes más pequeños de tela. Utiliza un margen de costura de 1,3 cm (½ in) para montar las telas del forro.

COLOCACIÓN DE LAS COSTURAS

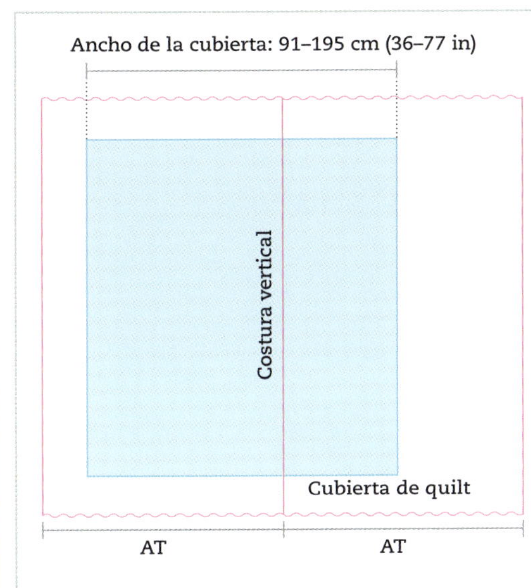

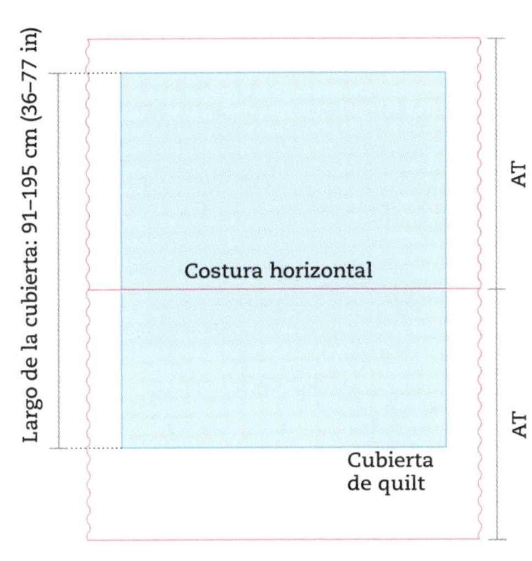

1 Determina si vas a colocar las costuras en horizontal o en vertical, en función de la cantidad de tela necesaria, la direccionalidad de la tela del forro (p. 63) y si vas a acolchar en casa o contratar un servicio de acolchado profesional.

2 Las cubiertas de menos de 91 cm (36 in) no requieren forro de varias piezas; las de 91 a 195 cm (36–77 in) de ancho requieren dos piezas de forro, y las de 196 a 299 cm (78–118 in) de ancho requieren tres piezas de forro. Consulta la p. 290 para obtener una guía rápida sobre cantidades de tela y colocación de las costuras.

3 Recorta los bordes con orillo antes de ensamblar el forro.

FORRO DE PATCHWORK

1 Determina el tamaño necesario del forro del quilt, teniendo en cuenta el sobrante.

2 Haz un forro de patchwork para aprovechar retales o aumentar el tamaño del forro sin comprar más metros o yardas de tela.

3 Utiliza cualquier combinación de técnicas de montaje (pp. 82–145) y diseños de ensamblaje (p. 146) para obtener el tamaño de forro necesario.

4 Experimenta con técnicas que no sueles utilizar, como el montaje libre (p.108).

CASAR MOTIVOS

Al unir piezas de forro del mismo tejido estampado, ten en cuenta que los motivos deben coincidir para que no parezcan cosidas. Si la escala de los motivos y la distancia a la que se repiten (p. 62) varían, puede que necesites más tela de forro de la calculada (p. 57).

1 Recorta los bordes del orillo de todas las piezas de tela de forro, manteniendo los cortes rectos y escuadrados (p. 67).

2 En el revés de una pieza de forro, marca una línea a 1,3 cm (½ in) y otra a 2,5 cm (1 in) del borde que vas a unir.

3 Dobla la tela RR por la línea marcada a 1,3 cm (½ in) para alinear el borde de la tela con la línea marcada a 2,5 cm (1 in) y formar un dobladillo. Plancha.

4 Coloca la pieza con dobladillo sobre la pieza sin dobladillo, ambas con el derecho hacia arriba, de modo que el motivo se repita y continúe en ambas piezas.

5 Aplica una fina línea de pegamento en la parte inferior del borde con dobladillo y vuelve a colocar el dobladillo, manteniendo el motivo alineado. Plancha para fijar el pegamento.

6 Abre la pieza con dobladillo para que quede DD con la otra, dejando a la vista las líneas marcadas. Alinea la aguja con la línea marcada a 1,3 cm (½ in) y cose. Verifica que el motivo esté casado; deshaz la costura (p. 79) y ajusta si es preciso.

7 Recorta la tela del forro a 1,3 cm (½ in) de la costura.

8 Plancha la costura abierta, dale la vuelta al forro y plánchala por el derecho.

FORRO DE TIPO SOBRE

Convierte cualquier pequeño quilt en una funda de cojín o almohadón extraíble con un forro de tipo sobre (p. 256). Termina los bordes de dos piezas de forro haciendo un dobladillo, únelas a una pieza delantera acolchada y ribetea los cantos. La ubicación del dobladillo puede variar según la forma del cojín.

1 Mide la parte delantera de la funda. Divide el largo por dos y añade 12,7 cm (5 in) para determinar el largo de cada pieza del forro. El ancho de las piezas del forro coincide con el de la parte delantera.

2 Corta dos piezas de forro con las medidas del paso 1.

3 Dobla el borde largo de una pieza de forro 1,3 cm (½ in), RR, y plancha. Dóblalo de nuevo 1,3 cm (½ in) y plancha para formar un dobladillo. Repite en la otra pieza del forro. Cose a 3,2 mm (⅛ in) de los bordes doblados para asegurar los dobladillos.

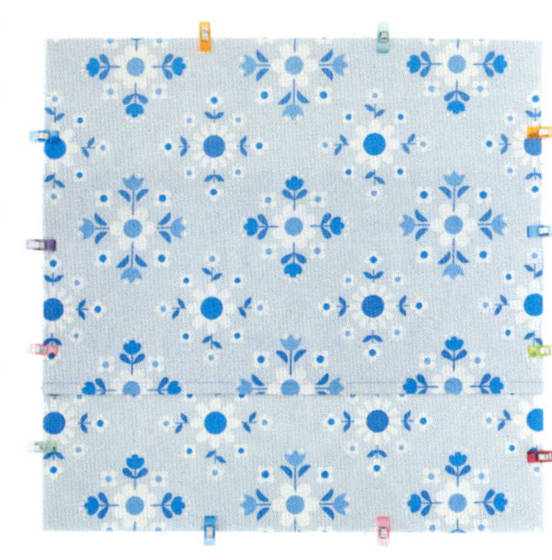

4 Coloca la parte delantera de la funda y las dos piezas de forro RR, alineando los bordes exteriores y superponiendo los dobladillos en el centro.

5 Sujeta las piezas apiladas con pinzas (p. 78) y cóselas a 3,2 mm (⅛ in) del borde.

6 Ribetea la funda como prefieras (p. 172).

ESCUADRAR EL FORRO

Después de ensamblar el forro del quilt, escuadra todos los bordes para eliminar la tela sobrante y facilitar el hilvanado y el acolchado.

1 Dobla el forro ensamblado por la mitad horizontalmente y luego otra vez de la misma manera.

2 Escuadra ambos cantos (p. 67) y desdóblalo.

3 Dobla el forro por la mitad verticalmente y después otra vez de la misma manera, y escuadra ambos cantos.

Superponer las capas

Las tres capas de un quilt superpuestas se denominan «sándwich». Superpón la cubierta, el relleno y el forro, y asegúrate de que el relleno y el forro sobresalgan por todos los bordes de la cubierta. Consulta las instrucciones del fabricante del relleno para saber cómo eliminar arrugas y preparar el material.

CÓMO HACER UN SÁNDWICH DE QUILT

Utiliza una superficie grande y plana al superponer las capas del sándwich. Coloca las capas RR para que el derecho de la cubierta y del forro queden a la vista.

1 Coloca el forro con el derecho hacia abajo sobre una superficie amplia y luego fija los bordes a la superficie con cinta de enmascarar (p. 23).

2 Comienza en el centro de cada lado y trabaja hacia las esquinas, alisando las arrugas a medida que avanzas. Si trabajas sobre una alfombra, utiliza imperdibles curvos (p. 29) en vez de cinta.

3 Centra el relleno sobre el forro ya fijado. Alísalo con cuidado para no mover el forro.

4 Si utilizas una guata punzonada o con gasa de algodón (p. 42), asegúrate de que el lado correcto quede hacia arriba.

5 Coloca la cubierta del quilt con el derecho hacia arriba sobre el relleno. Verifica la orientación de la cubierta en relación con la dirección del forro si es necesario.

6 Asegúrate de que tanto el relleno como el forro sobresalgan de los bordes de la cubierta por los cuatro lados. Revisa si hay cabos sueltos que se vean a través de la cubierta; levanta la cubierta y retíralos si es necesario.

Fijar las capas

Después de superponer las capas del sándwich, es necesario fijarlas temporalmente antes de pasar al acolchado (p. 160) para evitar que se desplacen. Esto puede hacerse con imperdibles, pegamento, hilvanes o guata termoadhesiva.

PRENDER CON IMPERDIBLES

Los imperdibles curvos especiales (p. 29) son eficaces para el acolchado a mano o a máquina, tanto a corto como a largo plazo. Considera poner una alfombrilla de corte debajo del sándwich del quilt mientras colocas los imperdibles para no rayar las superficies.

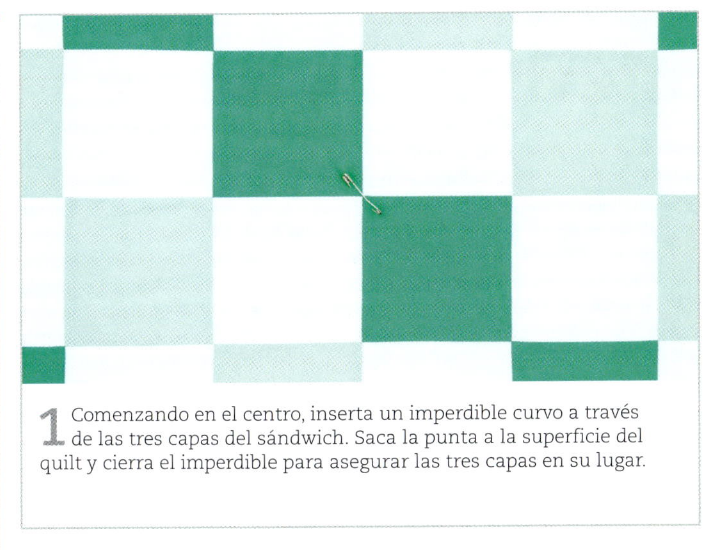

1 Comenzando en el centro, inserta un imperdible curvo a través de las tres capas del sándwich. Saca la punta a la superficie del quilt y cierra el imperdible para asegurar las tres capas en su lugar.

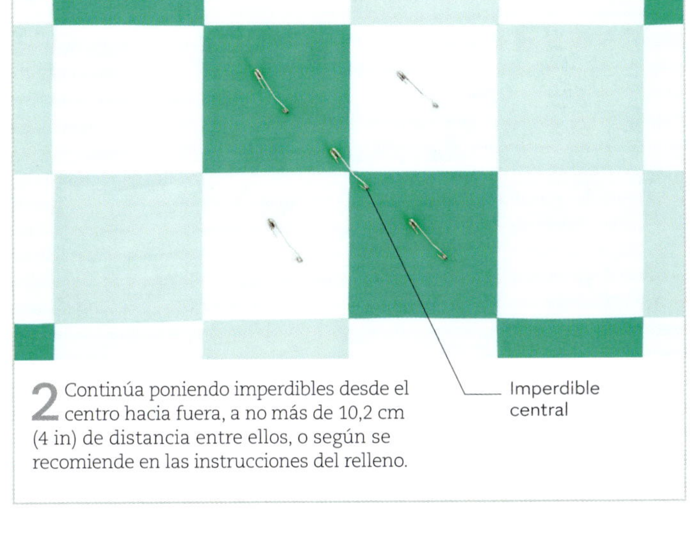

2 Continúa poniendo imperdibles desde el centro hacia fuera, a no más de 10,2 cm (4 in) de distancia entre ellos, o según se recomiende en las instrucciones del relleno.

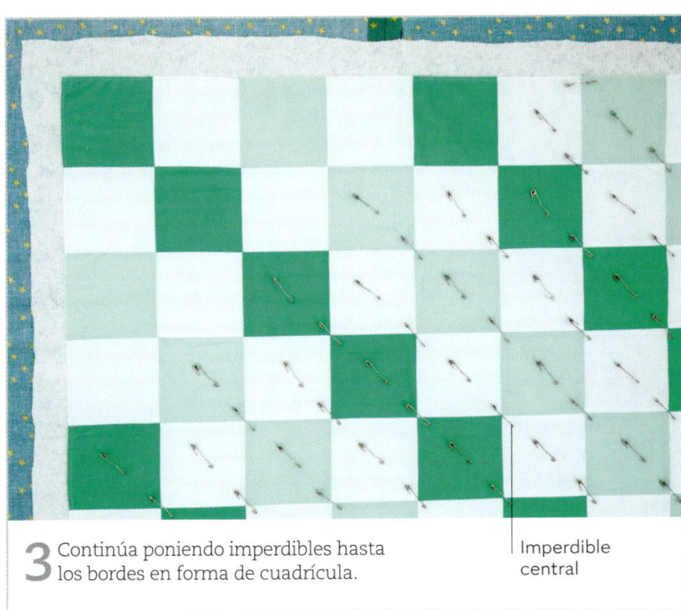

3 Continúa poniendo imperdibles hasta los bordes en forma de cuadrícula.

4 Pon imperdibles a lo largo del perímetro de la cubierta para asegurar que los bordes exteriores queden bien sujetos.

PEGAR CON ADHESIVO EN ESPRAY

El adhesivo en espray puede ahorrar tiempo y es apropiado para el acolchado con máquina de coser doméstica y a mano. Utiliza un adhesivo específico para tela, siguiendo las instrucciones del fabricante. Trabaja en un área bien ventilada, protege las superficies con una lona y limpia el rociado de más.

1 Tras superponer las capas para garantizar un relleno y un forro adecuados, aparta la cubierta del quilt.

2 Dobla el relleno hacia atrás para descubrir una cuarta parte del forro y luego vuelve a doblarlo por la mitad, dejando al descubierto aproximadamente la mitad del forro.

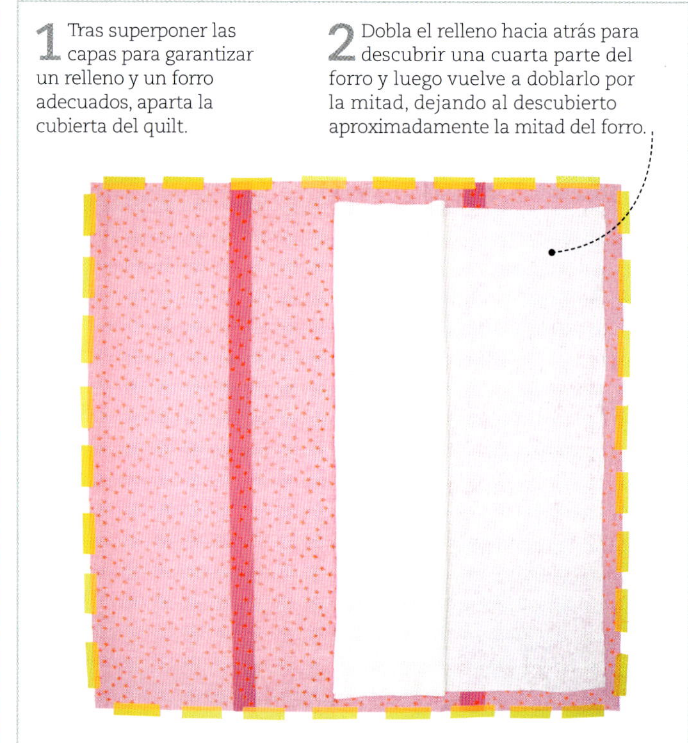

3 Rocía una capa ligera y uniforme sobre el relleno doblado; evita rociar directamente sobre el forro. Desdobla el relleno rociado sobre el forro y alísalo.

4 Repite en el relleno doblado restante para pegar la primera mitad al forro. Repite los pasos 2 a 4 para fijar el relleno restante al forro.

5 Vuelve a colocar la cubierta sobre el relleno y repite los pasos 2 a 4 con ella.

6 Fija toda la cubierta al relleno, recolocándola si es necesario para evitar la formación de arrugas.

7 Si el relleno puede soportar el calor, plánchalo en seco para fijar el adhesivo.

HILVANAR

Utiliza una aguja grande (p. 28) y un hilo de un color que destaque para fijar las capas de un sándwich de quilt mediante hilvanes. El hilván, o basta, es un punto similar a la bastilla (p. 122), ideal para labores de acolchado a mano de larga duración.

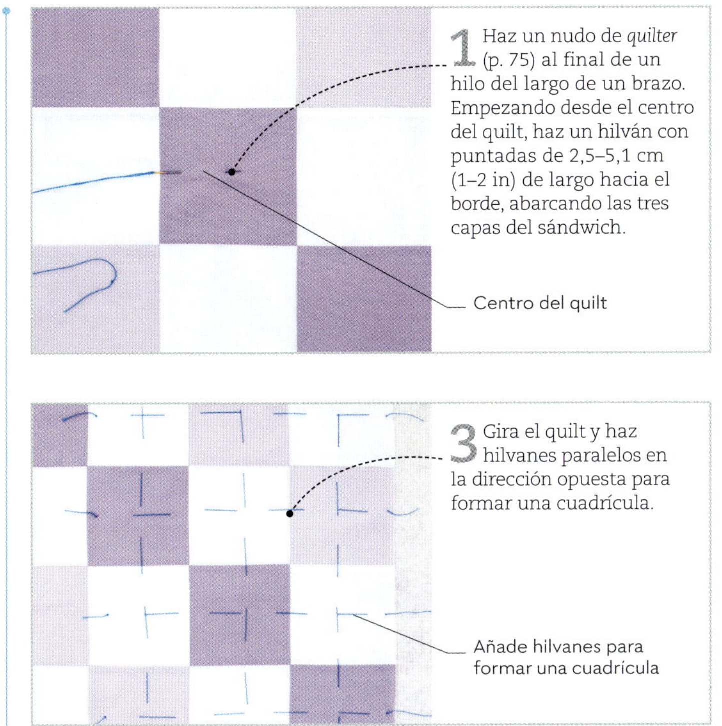

1 Haz un nudo de *quilter* (p. 75) al final de un hilo del largo de un brazo. Empezando desde el centro del quilt, haz un hilván con puntadas de 2,5–5,1 cm (1–2 in) de largo hacia el borde, abarcando las tres capas del sándwich.

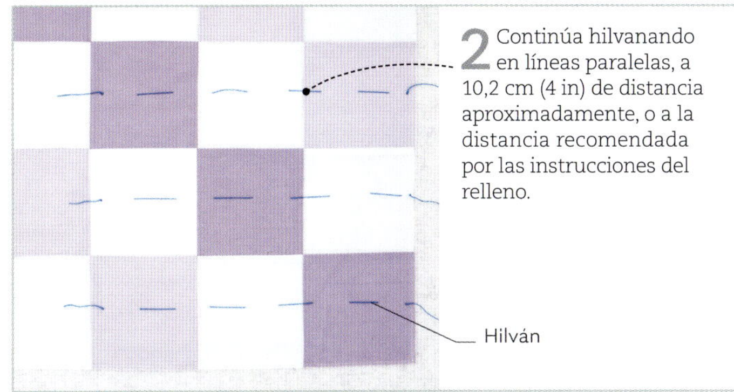

2 Continúa hilvanando en líneas paralelas, a 10,2 cm (4 in) de distancia aproximadamente, o a la distancia recomendada por las instrucciones del relleno.

3 Gira el quilt y haz hilvanes paralelos en la dirección opuesta para formar una cuadrícula.

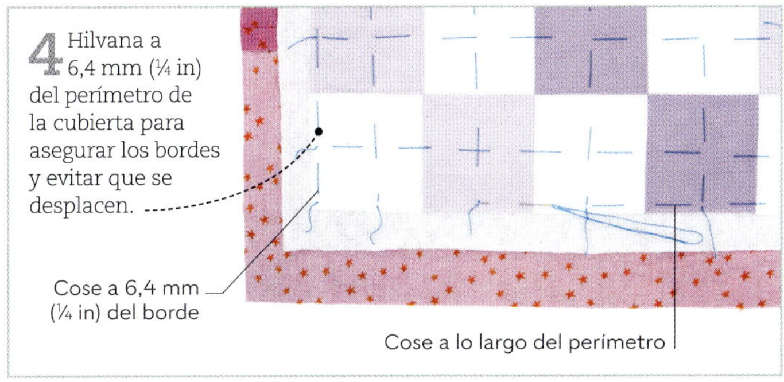

4 Hilvana a 6,4 mm (¼ in) del perímetro de la cubierta para asegurar los bordes y evitar que se desplacen.

PEGAR CON GUATA TERMOADHESIVA

La guata termoadhesiva, que tiene una fina capa de pegamento activado por calor en cada lado, es más adecuada para el acolchado a máquina de piezas de menor tamaño.

1 Presiona con la plancha la cubierta sobre el relleno para activar el adhesivo, yendo desde el centro del sándwich hacia los bordes.

2 Da la vuelta al sándwich para que el forro quede hacia arriba. Repite.

ELIMINACIÓN

Todos los elementos de fijación son temporales y pueden quitarse durante o después del acolchado.

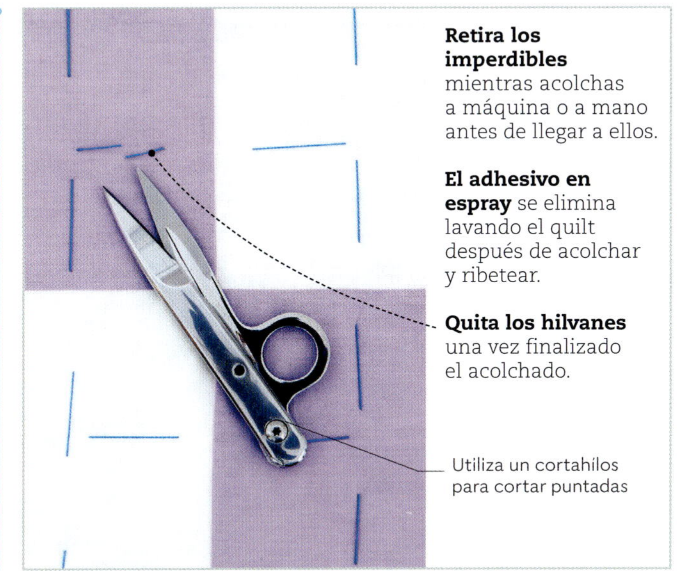

Retira los imperdibles mientras acolchas a máquina o a mano antes de llegar a ellos.

El adhesivo en espray se elimina lavando el quilt después de acolchar y ribetear.

Quita los hilvanes una vez finalizado el acolchado.

Acolchado

Acolchar consiste en coser a través de las tres capas de un quilt (cubierta, relleno y forro), siguiendo un diseño específico. Esta costura mantiene unidas las capas a la vez que añade una textura decorativa que suele complementar el diseño general del quilt o contrastar con él. El acolchado se puede realizar con una máquina de coser doméstica o una máquina de brazo largo (pp. 30–33), o a mano.

Preparación para el acolchado

Ensambla y fija (p.157) las capas de un sándwich de quilt y luego elige un método y un diseño de acolchado. Marca las líneas de acolchado si es necesario para usarlas de guía. Considera cómo el color y el grosor del hilo (p. 26) realzarán un diseño o permitirán que se integre en la cubierta del quilt.

ELEGIR EL MÉTODO DE ACOLCHADO

Se pueden utilizar varios métodos de acolchado para producir diferentes efectos: elige un diseño general de borde a borde o a propósito acolcha áreas específicas para resaltar ciertos aspectos del diseño de la cubierta del quilt. Determina el efecto de acolchado deseado: centrar la atención en áreas concretas o realzar el diseño de la cubierta integrándolo en el fondo.

CON PRENSATELAS ANDADOR

El acolchado con prensatelas andador, realizado con una máquina de coser doméstica, es apropiado para crear diseños geométricos como líneas rectas, cuadrículas estándar o diagonales, y para el acolchado de punto a punto (p. 164). También se puede usar un prensatelas andador para un acolchado con líneas curvas suaves.

EN MOVIMIENTO LIBRE Y CON REGLA

El acolchado en movimiento libre se guía a mano, y el acolchado con regla se guía a mano utilizando reglas especiales. Con el primero se crean formas como líneas serpenteantes o flores. El segundo se utiliza para resaltar ciertas áreas o para crear un diseño general.

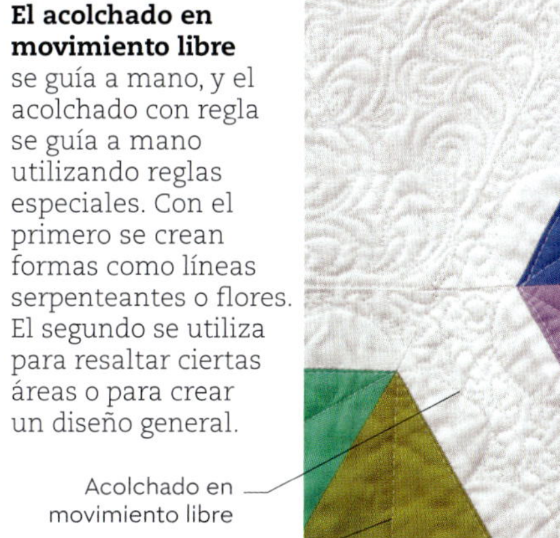

CON MÁQUINA DE BRAZO LARGO

Para el acolchado con máquina de brazo largo se usan a menudo diseños digitales, llamados pantógrafos, que se repiten a lo largo de todo el quilt. Existen pantógrafos de una gran variedad de diseños, adecuados para cualquier quilt, desde motivos geométricos hasta orgánicos inspirados en flores u hojas, o con formas caprichosas o novedosas.

A MANO

El acolchado a mano se realiza con aguja e hilo y puede dar un carácter más «artesanal» a un quilt. Úsalo para crear cualquier diseño, siendo los más comunes los motivos continuos o el silueteado múltiple para resaltar retales o aplicaciones.

MARCAR LÍNEAS DE ACOLCHADO

Marca en las cubiertas de quilt líneas de guía o de referencia (p. 143) para conseguir el motivo de acolchado deseado. Elige un útil de marcado no permanente adecuado para las telas utilizadas en la cubierta del quilt para dibujar motivos a mano alzada o utiliza reglas o plantillas perforadas para marcar diseños específicos.

ÚTILES DE MARCADO

Una plegadera crea líneas de doblez que no es preciso eliminar. Utilízala para marcar líneas rectas o curvas en telas lisas o de estampado discreto, pues esas líneas pueden ser difíciles de ver en estampados muy recargados.

Los bolígrafos y rotuladores borrables permiten hacer marcas precisas que desaparecen con agua o con el tiempo en contacto con el aire. Utilízalos para conectar marcas punto a punto o para motivos de acolchado detallados. Prueba la eliminación en retales antes de usarlos.

La tiza proporciona una marca temporal que se elimina con facilidad cepillando. Utilízala para esbozar ideas de líneas de acolchado, usar plantillas perforadas, trabajar con telas oscuras o para labores de acolchado pequeñas que no requieran mucha manipulación.

La cinta de enmascarar se puede usar para evitar hacer marcas en las telas. Coloca la cinta directamente sobre la cubierta del quilt y utiliza el borde como guía para coser líneas de acolchado rectas.

USAR REGLAS

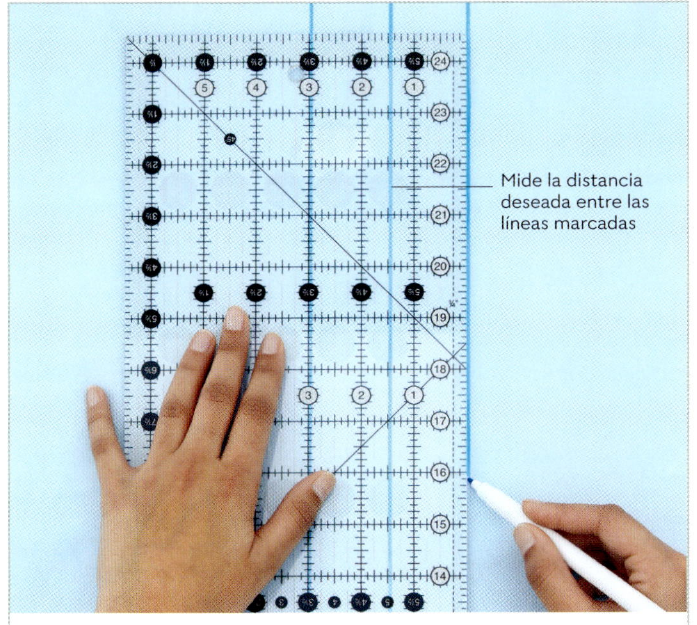

1 Coloca una regla grande sobre la cubierta de un sándwich de quilt y marca a lo largo del borde de la regla.

2 Reposiciona la regla si es preciso para prolongar la línea a través del quilt o para medir y marcar una serie de líneas a la distancia deseada entre ellas.

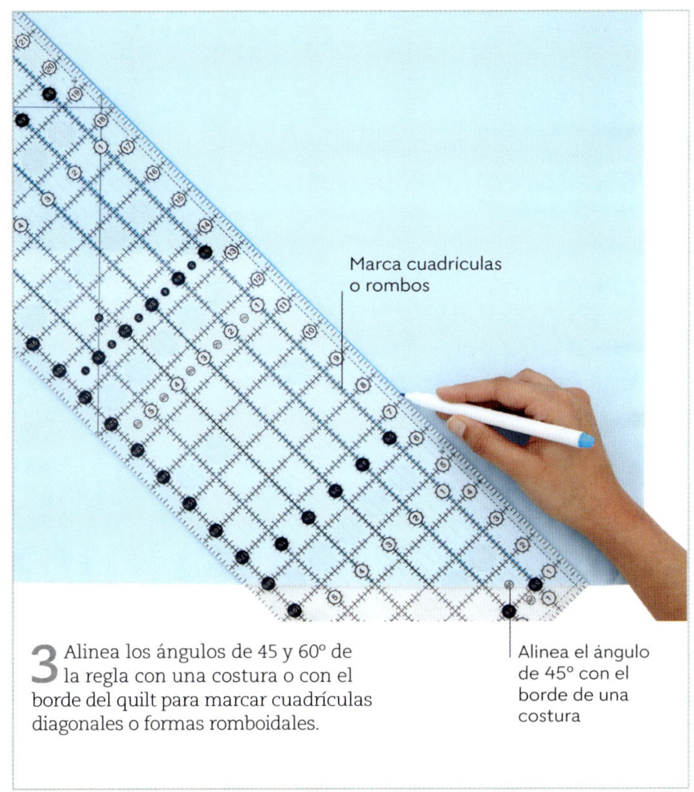

3 Alinea los ángulos de 45 y 60° de la regla con una costura o con el borde del quilt para marcar cuadrículas diagonales o formas romboidales.

USAR PLANTILLAS PERFORADAS

1 Coloca una plantilla sobre el quilt en el lugar deseado, sujetándola o pegándola con cinta para que no se mueva mientras marcas.

2 Traza el motivo de la plantilla con un rotulador soluble en agua o con tiza.

3 Para repetir el diseño, reposiciona la plantilla, alineando el diseño de modo que se solape ligeramente con las líneas marcadas.

Acolchado a máquina

El acolchado a máquina produce costuras que resisten el uso y el lavado frecuentes. Utiliza un prensatelas andador y un prensatelas para acolchado en movimiento libre o con regla para lograr una gran variedad de diseños y texturas. Marca las líneas antes de empezar.

ACOLCHADO CON PRENSATELAS ANDADOR

El tipo más común de acolchado es el que se realiza con prensatelas andador, que se utiliza para coser líneas rectas o ligeramente curvas. Este prensatelas cuenta con dientes de arrastre que «caminan» sobre la cubierta del quilt y trabajan junto con los dientes de arrastre de la máquina para guiar las capas del quilt de manera uniforme bajo la aguja.

PREPARACIÓN PARA ACOLCHAR CON PRENSATELAS ANDADOR

1 Coloca un prensatelas andador en tu máquina y consulta el manual para hacer los ajustes adecuados. Haz un sándwich de prueba con retales de guata y de tela para probar la velocidad, el largo de puntada y la tensión (p. 72). Cose despacio y utiliza una puntada de 3–4 mm para minimizar las arrugas y asegurar que el quilt avance de manera uniforme.

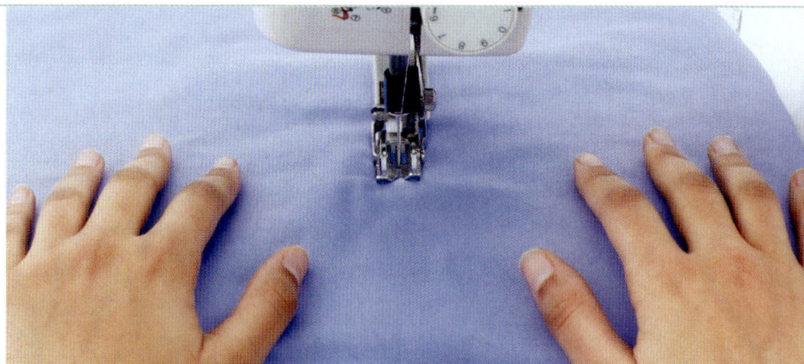

2 Coloca las manos a 15–20 cm (6–8 in) de distancia a cada lado del prensatelas andador. Deja que el prensatelas haga avanzar el quilt bajo la aguja mientras lo guías con las manos hacia delante. Detente con la aguja abajo para recolocar las manos y ajustar el volumen del quilt si es necesario.

USAR GUÍAS

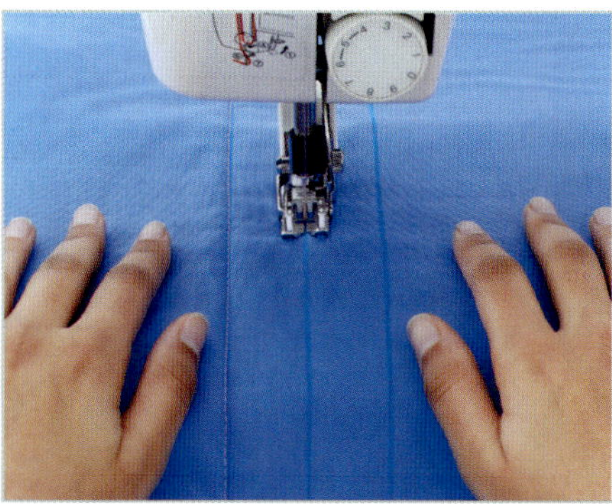

Líneas marcadas Alinea la aguja sobre cada guía marcada. Cose sobre la línea marcada, manteniendo la vista enfocada en la línea de guía delante de la aguja.

Prensatelas con guía Coloca en tu prensatelas andador una guía de barra de modo que esté a la distancia deseada de la aguja. Cose la primera línea de acolchado. Alinea la barra con la línea de acolchado y cose a lo largo del quilt.

ACOLCHADO DE PUNTO A PUNTO

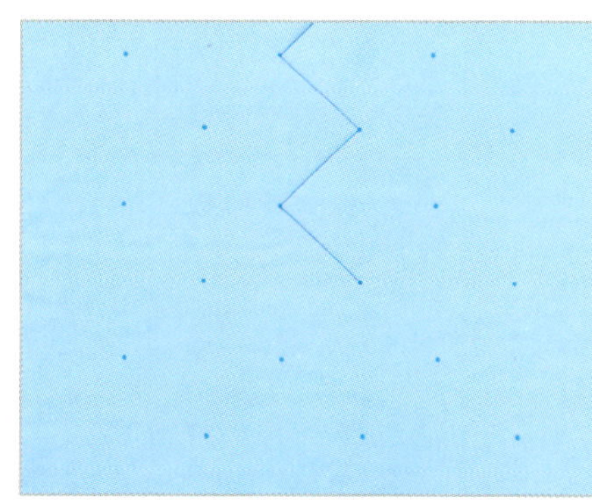

1 El acolchado de punto a punto se hace cosiendo entre dos puntos de referencia, ya sean puntos marcados o intersecciones de costuras, con líneas rectas o ligeramente curvas. Determina el diseño deseado y marca los puntos de referencia, midiendo si es necesario.

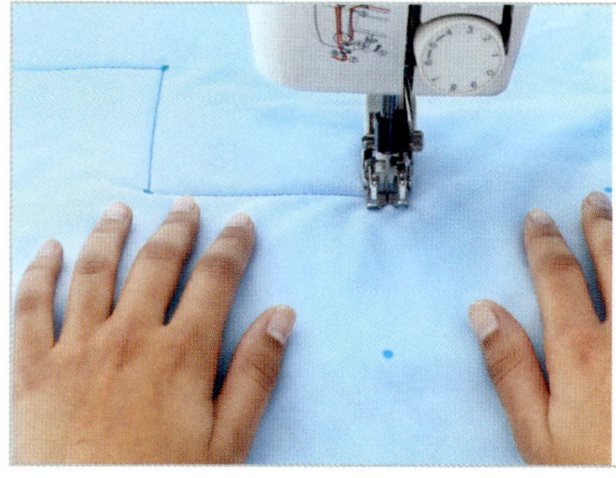

2 Comienza a coser en un punto de referencia y avanza lentamente hacia el siguiente, concentrándote en este en lugar de en la aguja. Detente con la aguja abajo en el segundo punto, levanta el prensatelas y gira el quilt para continuar.

DISEÑOS CON PRENSATELAS ANDADOR

Líneas rectas: Marca una línea de guía para acolchar la primera línea y luego comienza a acolchar en el centro de un borde del quilt. Cose a lo largo del quilt, deteniéndote para recolocar el quilt y tus manos si es necesario. Para acolchar las líneas siguientes, vuelve al borde inicial del quilt. Cose a lo largo del quilt, usando las líneas marcadas, el borde del prensatelas andador o una guía de barra para asegurar un espaciado uniforme.

Cuadrícula: Para acolchar un diseño de cuadrícula, cose una serie de líneas paralelas a lo largo del quilt. Gira el quilt 90° y acolcha otra serie de líneas paralelas. Algunas máquinas tienen puntadas de acolchado decorativas, como la puntada serpentina o la de zigzag múltiple, que pueden usarse a lo largo de líneas rectas.

Líneas curvas: Acolcha todo el quilt con líneas curvas marcando una guía curva central a lo largo del quilt. Los diseños habituales incluyen líneas curvas equidistantes o formas arqueadas. Cose lentamente a lo largo de cada guía marcada, comenzando en el centro como lo harías si fueran líneas rectas y deteniéndote con la aguja abajo para reposicionarla si fuera necesario.

Líneas orgánicas: Para acolchar líneas onduladas orgánicas, marca una línea de guía central. Desplaza lentamente el quilt de lado a lado bajo la aguja para coser curvas suaves, variando la distancia y la profundidad de cada línea curva. Sigue agregando líneas onduladas para lograr la densidad deseada.

Acolchado de punto a punto: Sigue los pasos de la técnica de acolchado de punto a punto (p. 164). Marca puntos de referencia en toda la cubierta del quilt para guiar el acolchado de un diseño general. Dentro de ciertas áreas, como una pieza de patchwork, marca puntos o utiliza las intersecciones de costuras como puntos de referencia. Experimenta conectando diferentes puntos para crear distintos diseños de acolchado.

Acolchado en eco o concéntrico: Acolcha una línea equidistante de un motivo de patchwork o aplicado usando una línea marcada, el borde del prensatelas andador o una guía de barra para mantener un espaciado regular. El acolchado en eco puede ser recto o curvo y hacerse dentro o fuera de una figura. Sigue agregando tantas líneas uniformemente espaciadas en torno a la figura como desees para crear un siluetado múltiple.

ACOLCHADO EN MOVIMIENTO LIBRE

Para el acolchado en movimiento libre (AML), desactiva todos los dientes de arrastre para poder mover libremente el sándwich del quilt bajo la aguja. La aguja se mueve en línea recta arriba y abajo mientras guías el quilt para coser, creando diseños formados por curvas, bucles y siluetas en eco o concéntricas (p. 165). Comienza con un diseño sencillo, como un meandro, para saber a qué velocidad debes mover tus manos y el quilt, y luego prueba diseños más complejos, como las plumas.

PREPARACIÓN PARA EL AML

1 Coloca en tu máquina de coser un prensatelas para AML (p. 32), a veces llamado prensatelas para zurcir. Desactiva los dientes de arrastre inferiores y ajusta el largo de puntada a cero (p. 72) o consulta las instrucciones de tu manual.

2 Haz un sándwich de quilt (p. 156) de prueba con retales de guata y de tela para probar la velocidad de la máquina y del movimiento de las manos y la tensión. Coloca las manos a 15–20 cm (6–8 in) de distancia a cada lado del prensatelas para AML, úsalas para mover el quilt y detente con la aguja abajo para recolocarlas y ajustar el volumen del quilt si es necesario.

CREAR DISEÑOS

1 Coloca el centro del quilt o del borde del quilt bajo la aguja.

2 Comienza a coser a una velocidad constante mientras aplicas una presión uniforme con tus manos para mover suavemente el quilt.

3 Prueba a mover el quilt suavemente, de manera controlada y a diferentes velocidades para lograr puntadas uniformes.

4 Incorpora curvas, bucles y costuras concéntricas para conseguir el diseño deseado.

ACOLCHADO CON REGLA

Utiliza reglas para acolchado (p. 19), diseñadas para usarse junto con un prensatelas especial (p. 32). Al igual que para acolchar en movimiento libre, asegúrate de que todos los dientes de arrastre estén desactivados y mueve el sándwich del quilt mientras coses.

PREPARACIÓN PARA EL ACOLCHADO CON REGLA

1 Coloca un prensatelas para reglas en tu máquina de coser. Asegúrate de que la pared del prensatelas y la regla para acolchado tengan al menos 6,4 mm (¼ in) de altura. Desactiva los dientes de arrastre inferiores y ajusta el largo de puntada a cero o consulta las instrucciones de tu manual. Haz un sándwich de quilt de prueba con retales de guata y de tela para probar la velocidad de la máquina y del movimiento de las manos y la tensión.

2 Apoya una mano firmemente sobre la regla y la otra sobre el quilt. Mueve el quilt con las manos y detente con la aguja abajo para recolocarlas y ajustar el volumen de la cubierta si es necesario.

USAR REGLAS PARA ACOLCHADO

1 Coloca el centro del quilt o del borde del quilt bajo la aguja y apoya la regla en la pared del prensatelas. Marca puntos de referencia si es necesario para facilitar la colocación de la regla.

2 Comienza a coser a una velocidad constante, moviendo el quilt y la regla como una sola pieza y guiando el borde de la regla a lo largo de la pared del prensatelas para trazar la forma de la regla.

3 Algunas reglas incluyen puntos de parada y guías de alineación para facilitar la recolocación.

4 Después de trazar toda la forma de la regla, detente con la aguja abajo, luego levanta y recoloca la regla en el punto de inicio, alineándola con el acolchado anterior.

5 Practica movimientos suaves y controlados, y a distintas velocidades para lograr puntadas uniformes. Mantén siempre el borde de la regla contra el prensatelas.

Acolchado con regla

Acolchado a mano

El acolchado a mano es la técnica más antigua para asegurar las capas de un sándwich de quilt con una simple bastilla hecha con aguja y un hilo de cualquier grosor. Todos los motivos de acolchado que se pueden hacer a máquina pueden hacerse a mano.

CÓMO TRABAJAR

Después de hilvanar o fijar las capas de un sándwich de quilt, determina la manera de trabajar que te resulte más cómoda, ya sea sosteniendo el quilt en el regazo o sujetándolo en un bastidor. En cualquier caso, asegúrate de poder trabajar con ambas manos: coloca la mano dominante sobre la cubierta del quilt para hacer las puntadas y la mano no dominante debajo para guiar la aguja.

SIN BASTIDOR

1 Sostén el quilt sobre el regazo o colócalo sobre una mesa, manteniendo el área que vas a acolchar lo más plana posible.

Considera marcar líneas de guía para el acolchado

2 Cose a punto de acolchado (p. 169), reposicionando el área de acolchado según sea necesario y manteniendo una tensión constante en todas las puntadas.

CON BASTIDOR

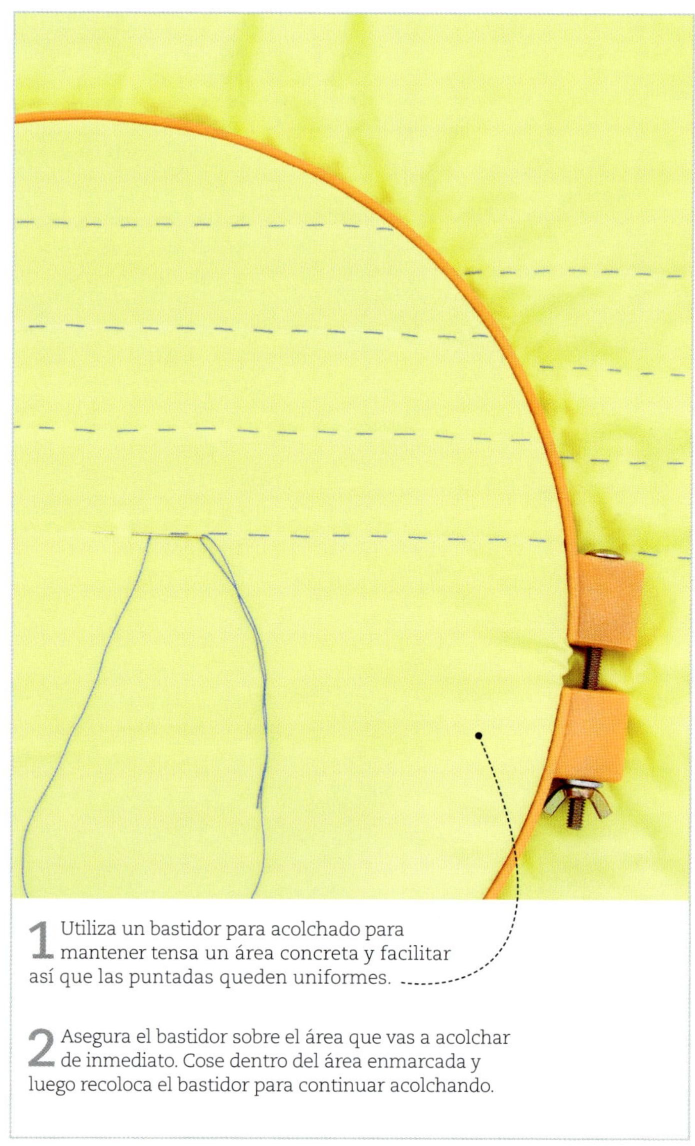

1 Utiliza un bastidor para acolchado para mantener tensa un área concreta y facilitar así que las puntadas queden uniformes.

2 Asegura el bastidor sobre el área que vas a acolchar de inmediato. Cose dentro del área enmarcada y luego recoloca el bastidor para continuar acolchando.

COSTURAS

Cose a punto de lanzada, haciendo una puntada tras otra, o a punto de acolchado, haciendo varias puntadas de una vez. Las puntadas más pequeñas se consideran más tradicionales, mientras que las más largas son más modernas. Elige el hilo y la aguja adecuados, marca líneas de acolchado y haz y oculta un nudo de *quilter* (p. 75).

PUNTO DE LANZADA

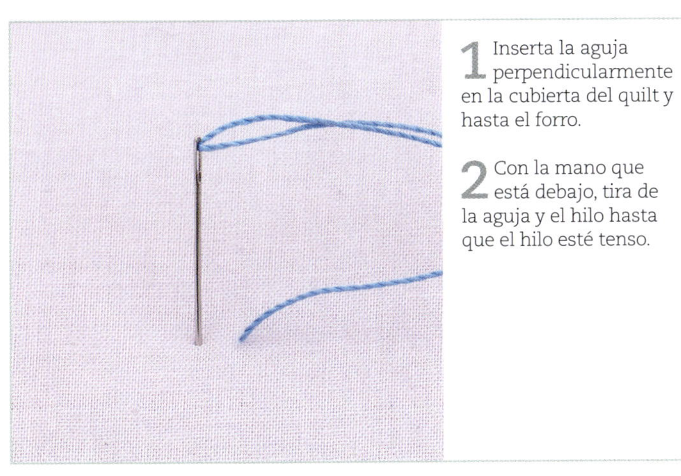

1 Inserta la aguja perpendicularmente en la cubierta del quilt y hasta el forro.

2 Con la mano que está debajo, tira de la aguja y el hilo hasta que el hilo esté tenso.

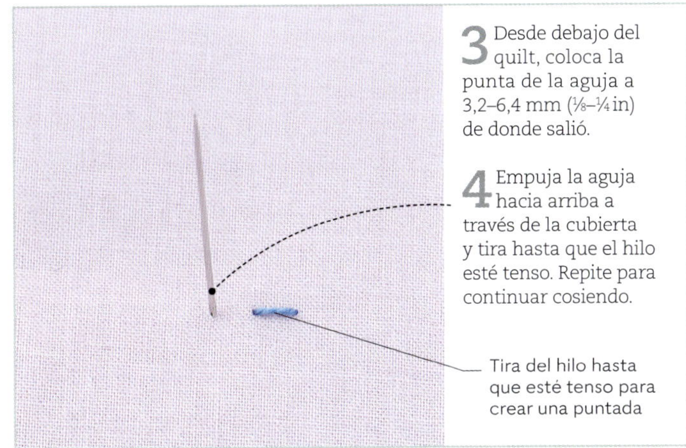

3 Desde debajo del quilt, coloca la punta de la aguja a 3,2–6,4 mm (⅛–¼ in) de donde salió.

4 Empuja la aguja hacia arriba a través de la cubierta y tira hasta que el hilo esté tenso. Repite para continuar cosiendo.

Tira del hilo hasta que esté tenso para crear una puntada

PUNTO DE ACOLCHADO

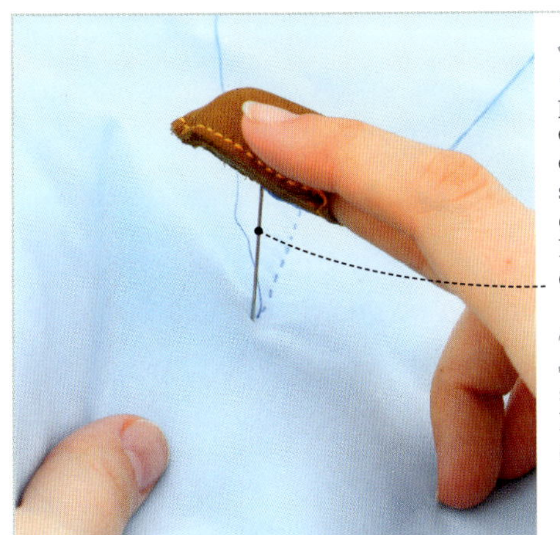

1 Inserta la aguja perpendicularmente en la cubierta, empujándola lo suficiente a través del quilt para que la punta salga por el forro.

2 Deja de empujar cuando puedas sentir la punta de la aguja debajo del quilt.

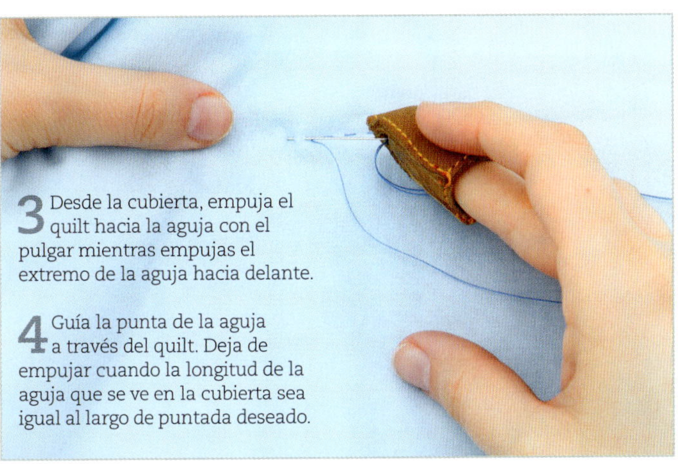

3 Desde la cubierta, empuja el quilt hacia la aguja con el pulgar mientras empujas el extremo de la aguja hacia delante.

4 Guía la punta de la aguja a través del quilt. Deja de empujar cuando la longitud de la aguja que se ve en la cubierta sea igual al largo de puntada deseado.

5 Desde la cubierta y con un movimiento de vaivén, guía la punta de la aguja hacia abajo mientras empujas el quilt con el pulgar hacia la aguja.

6 Continúa pasando la aguja de un lado a otro para cargarla con 3–5 puntadas.

7 Tira de la aguja cargada y del hilo a través del quilt hasta que las puntadas estén tensas.

8 Repite los pasos 1 a 7 para continuar dando puntadas.

TRASLADARSE A TRAVÉS DEL RELLENO

1 Para pasar la aguja y el hilo a otra zona sin detenerse ni hacer un nudo, inserta la aguja en la última puntada deseada solo en el relleno. No atravieses la tela del forro.

2 Desliza la aguja bajo la cubierta, a través del relleno, y saca la punta por el punto deseado para comenzar las siguientes puntadas.

No se recomienda trasladarse a través del relleno cuando se acolcha una tela clara con hilo oscuro, pues este podría transparentarse

TIPOS DE ACOLCHADO A MANO

Las costuras de acolchado a mano requieren práctica: concéntrate primero en hacer puntadas de igual longitud en ambos lados del quilt.

ACOLCHADO A MANO TRADICIONAL

Las puntadas del acolchado a mano tradicional son bastante pequeñas, de 1,6–3,2 mm (1⁄16–1⁄8 in) de largo, ideales para motivos intrincados. Usa un hilo de grosor medio, de los números 60, 50 o 40, y una aguja *between*, *sharp* o de modistilla. Un hilo y una aguja más finos ayudan a hacer puntadas más pequeñas. Las costuras del acolchado a mano tradicional se hacen a punto de acolchado (p. 169).

ACOLCHADO DE PUNTADA GRANDE

El acolchado a mano de puntada grande es una versión moderna del tradicional, con puntadas de unos 6,4 mm (1⁄4 in) de largo. Usa un hilo grueso, de los números 28, 12 u 8, y una aguja de modistilla, de bordar o para *sashiko*. Se parece más a la bastilla (p. 122) que el punto de acolchado tradicional. Este también se puede hacer con puntadas grandes, pero solo se pueden cargar unas pocas puntadas en la aguja a la vez.

ANUDADO A MANO

El anudado a mano es una técnica clásica para asegurar las capas del quilt con simples nudos de rizo en lugar de bastilla. Se trata de una técnica versátil y apta para todo tipo de relleno. Se recomienda un hilo grueso, del número 8, pero también se puede usar uno del número 5 o lana. Elige una aguja de ojo grande del tamaño adecuado para el hilo.

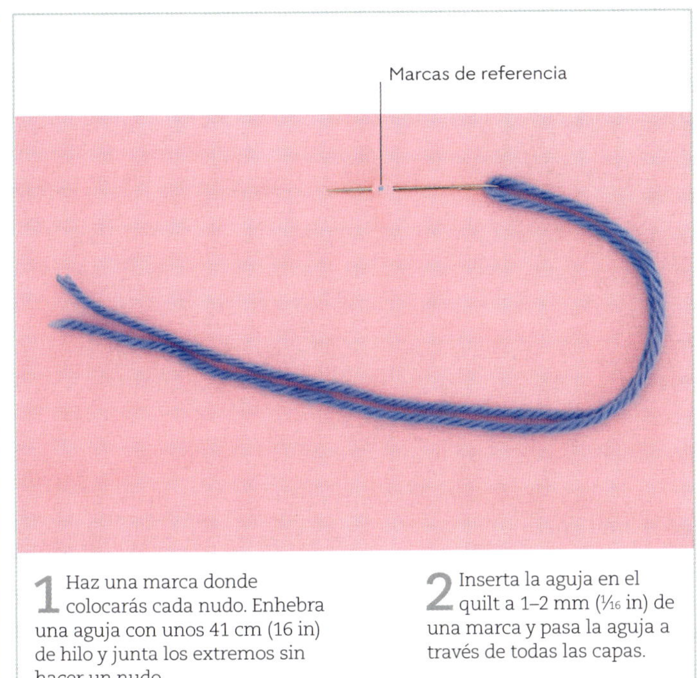

1 Haz una marca donde colocarás cada nudo. Enhebra una aguja con unos 41 cm (16 in) de hilo y junta los extremos sin hacer un nudo.

2 Inserta la aguja en el quilt a 1–2 mm (1⁄16 in) de una marca y pasa la aguja a través de todas las capas.

3 Lleva la aguja hacia atrás y saca la punta a través de la cubierta del quilt, formando así una puntada. Tira de la aguja y del hilo hasta la mitad.

4 Para mayor seguridad, haz una segunda puntada, insertando y sacando la aguja en el mismo lugar que la primera.

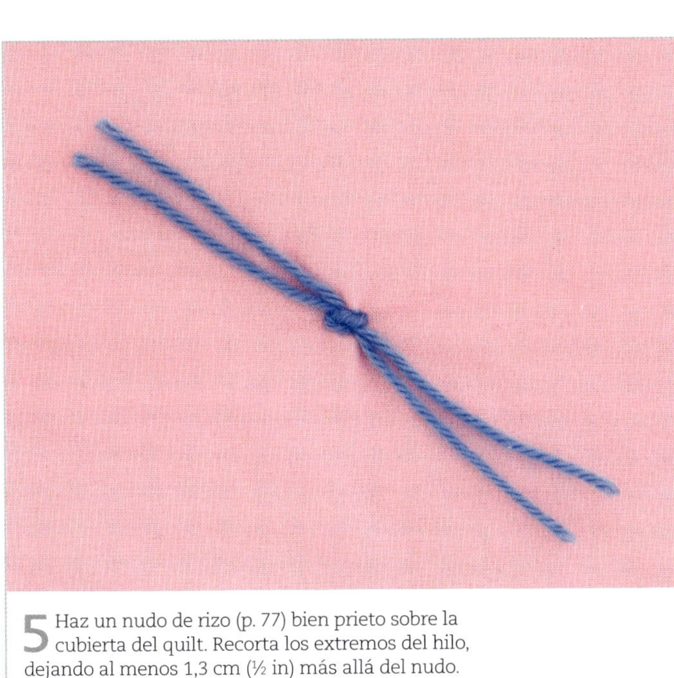

5 Haz un nudo de rizo (p. 77) bien prieto sobre la cubierta del quilt. Recorta los extremos del hilo, dejando al menos 1,3 cm (½ in) más allá del nudo.

6 Repite los pasos 1 a 5 para añadir más nudos en todo el quilt, a no más de 12,7 cm (5 in) de distancia entre ellos, o según lo recomendado por el fabricante del relleno.

Ribete

El ribete encierra los cantos del sándwich del quilt, asegurando así las costuras de acolchado y los bordes de las telas, y puede integrarse perfectamente en el diseño de la cubierta o crear un marco contrastante. Se confecciona con tiras cortadas al hilo o al bies cosidas para obtener una tira continua. Calcula el número de tiras necesarias (p. 58), o consulta las tablas (p. 291) para obtener una guía rápida sobre la tela necesaria para el ribete.

Preparar para ribetear

Antes de ribetear un quilt, recorta el sobrante del relleno y el forro para obtener bordes rectos y esquinas cuadradas. Si se trata de quilts pequeños para colgar o tapices acolchados, añade cantoneras antes de coser el ribete.

RECORTA EL QUILT

1 Haz una costura de refuerzo alrededor del perímetro del quilt, a 3,2 mm (⅛ in) del borde, con un largo de puntada de acolchado o de hilván (p. 72).

2 Coloca una regla grande en una esquina del quilt. Corta a lo largo de los bordes derecho y superior de la regla para recortar el sobrante del relleno y el forro.

Asegúrate de que no haya más de 6,4 mm (¼ in) de relleno bajo la regla

3 Repite el paso 2 para escuadrar todas las esquinas.

4 Vuelve a colocar la regla, alineándola con los bordes previamente recortados, y sigue cortando para obtener un borde recto. Repite para recortar el sobrante en todos los bordes del quilt.

AÑADIR CANTONERAS

1 Corta dos cuadrados de 11,4 × 11,4 cm (4½ × 4½ in) de una tela neutra o coordinada con el forro.

2 Dobla cada cuadrado por la mitad en diagonal, RR, para formar dos triángulos doblados. Plancha.

3 Coloca un triángulo doblado en la esquina superior derecha del revés del quilt, alineando los cantos. Sujétalo con alfileres.

4 Cose el triángulo doblado a lo largo de los cantos, a 3,2 mm (⅛ in) del borde del quilt para hacer una cantonera.

5 Repite los pasos 3 y 4 en la esquina superior izquierda con el triángulo doblado restante.

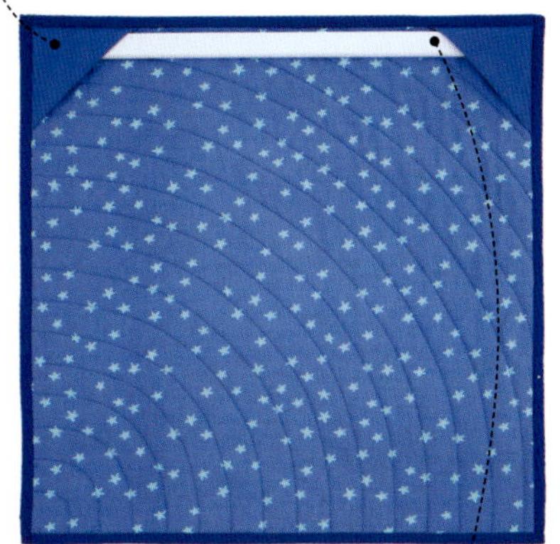

6 Ribetea y termina el quilt como desees (p. 178). Introduce una varilla como se muestra para colgarlo.

Confeccionar un ribete

El ribete se puede hacer con tiras AT, tiras al bies o retales. Normalmente se hace con tiras estrechas, de 5,1 a 6,4 cm (2–2½ in) de ancho. Une las tiras cosiéndolas en diagonal para reducir el volumen y la tensión en las costuras.

RIBETE AL HILO

Este tipo de ribete se hace con tiras cortadas a contrahílo, que se unen para formar un ribete estable que resiste el estiramiento. Es adecuado para quilts con bordes rectos y para aquellos que se usarán mucho.

1 Coloca una tira horizontal, con el derecho hacia arriba, y otra tira con el derecho hacia abajo en ángulo recto, como muestra la imagen.

2 Marca una diagonal en las piezas superpuestas de la esquina superior izquierda a la inferior derecha. Préndelas con alfileres.

3 Cose a lo largo de la línea marcada.

4 Recorta la tela sobrante a 6,4 mm (¼ in) de la costura.

5 Plancha la costura abierta. Repite los pasos 1 a 4 para unir las tiras restantes y formar una tira larga para ribetear.

6 Dobla el ribete por la mitad, RR, alineando los cantos, y plánchalo.

RIBETE AL BIES

Este ribete, hecho con tiras cortadas al bies (p. 45), es elástico y se usa para quilts con bordes curvos. Consulta la p. 291 para determinar el tamaño del cuadrado inicial.

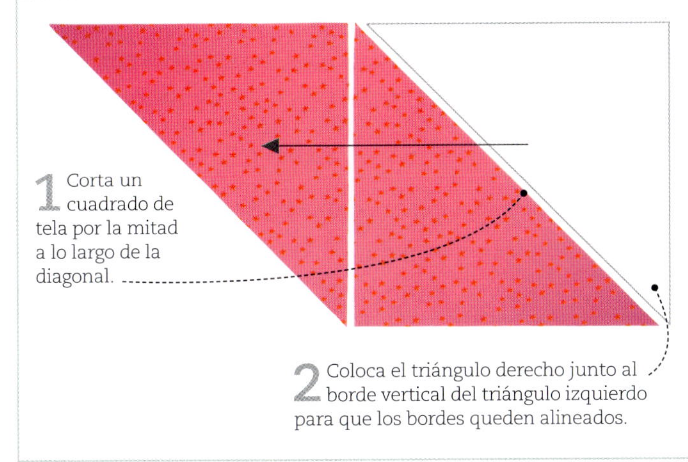

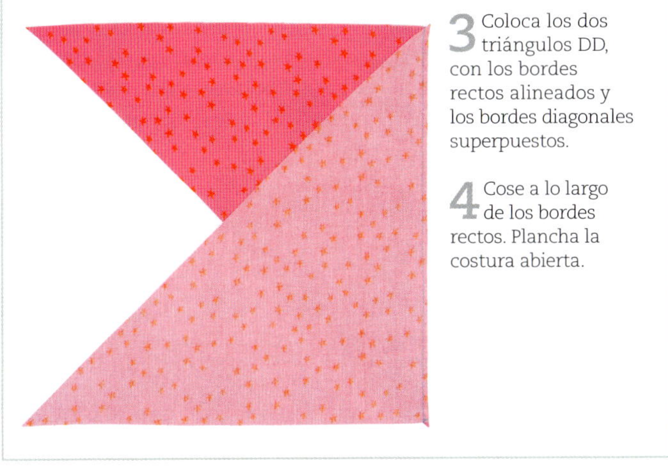

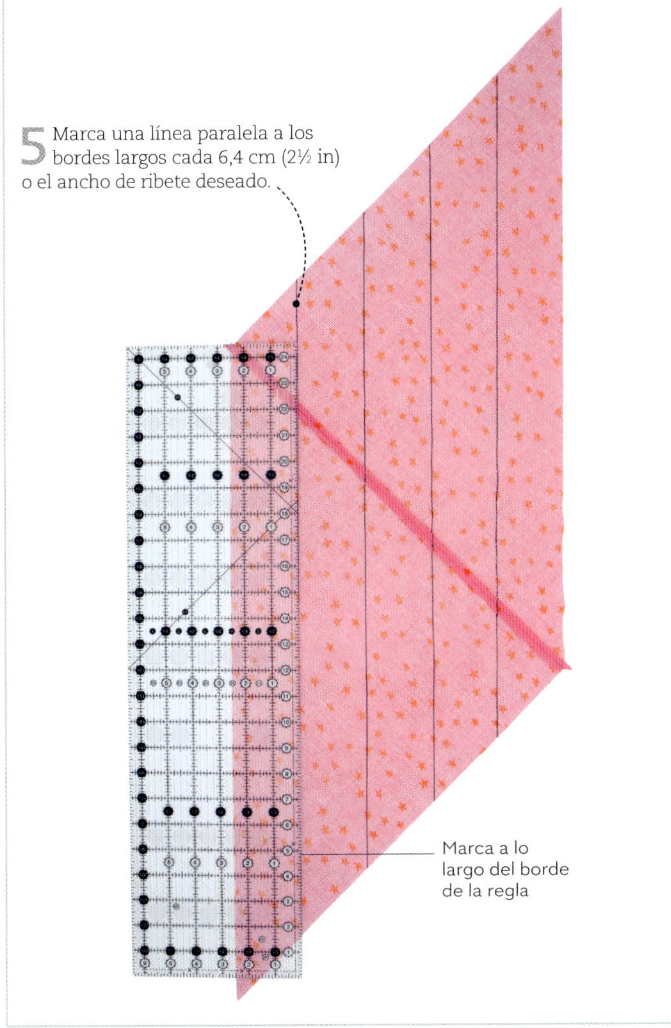

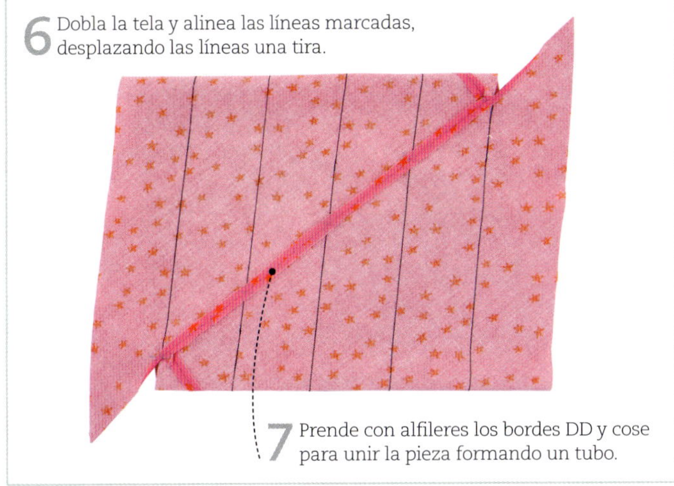

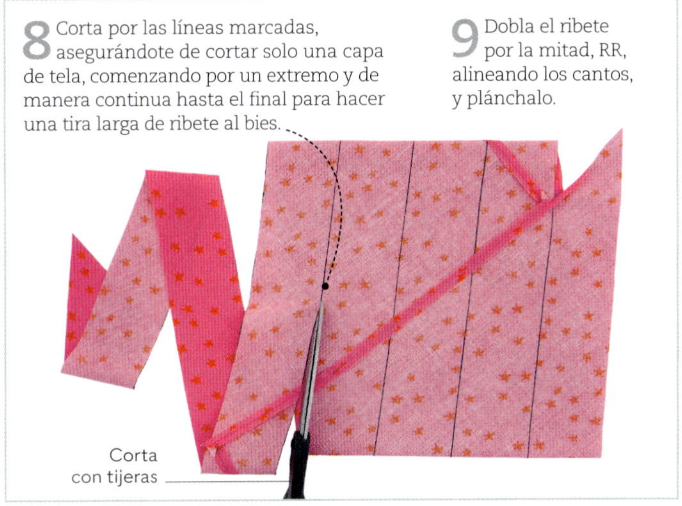

Coser el ribete

Al ribetear la parte delantera de un quilt, ten en cuenta que el ribete se volverá hacia el lado opuesto para acabarlo. Cóselo con un margen de costura de 6,4 mm (¼ in) y un prensatelas andador (p. 32) para asegurar que las puntadas sean uniformes.

PARA EMPEZAR

1 Coloca un extremo del ribete sobre el quilt, alineando los cantos.

2 Coloca un alfiler o una pinza aproximadamente a 25 cm (10 in) del extremo del ribete para marcar dónde comenzar a coser. Haz una puntada atrás para afianzar el hilo.

3 Cose a lo largo del borde del ribete y del quilt, deteniéndote con la aguja abajo para realinear el ribete si es necesario.

Comienza a coser aquí

ESQUINAS SUPERPUESTAS

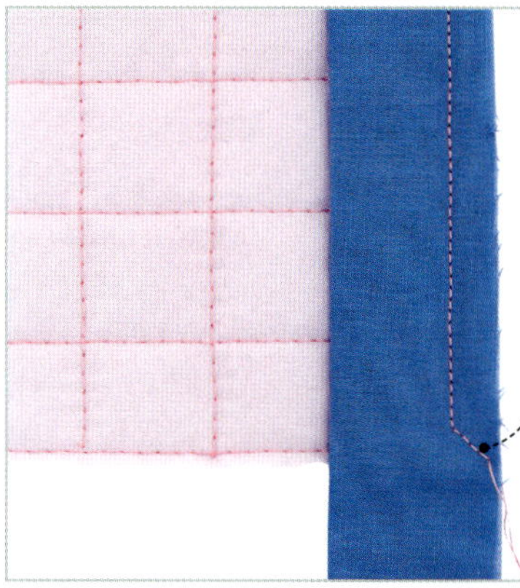

1 Deja de coser a 6,4 mm (¼ in) de la esquina del quilt.

2 Con la aguja abajo, levanta el prensatelas andador y gira el quilt 45°. Baja el prensatelas y sigue cosiendo hasta la esquina del quilt.

3 Dobla el ribete alejándolo del quilt y superponiéndolo en la esquina, de modo que el canto quede paralelo al borde horizontal del quilt. El borde doblado del ribete debe formar un ángulo de 45°.

4 Dobla el ribete de nuevo hacia la cubierta del quilt para alinear los cantos con el borde horizontal del quilt. El ribete debe superponerse en la esquina, con el borde recién doblado alineado con el borde vertical del quilt. Sujétalo con un alfiler o una pinza.

5 Recoloca el quilt bajo el prensatelas. Haz una puntada atrás para afianzar el hilo y continúa cosiendo a lo largo del borde del quilt.

6 Repite los pasos 1 a 5 en cada esquina.

UNIR LOS EXTREMOS

1 Cose el ribete en torno al quilt por los cuatro lados, deteniéndote a unos 25 cm (10 in) del punto de inicio. Haz una puntada atrás.

2 Coloca los extremos del ribete uno sobre otro de modo que se superpongan a lo largo del borde del quilt.

3 Mide y marca la cantidad de superposición requerida, que es igual al ancho del ribete, en cada extremo. Recorta el sobrante por las líneas marcadas.

Los extremos del ribete deben superponerse 6,4 cm (2½ in)

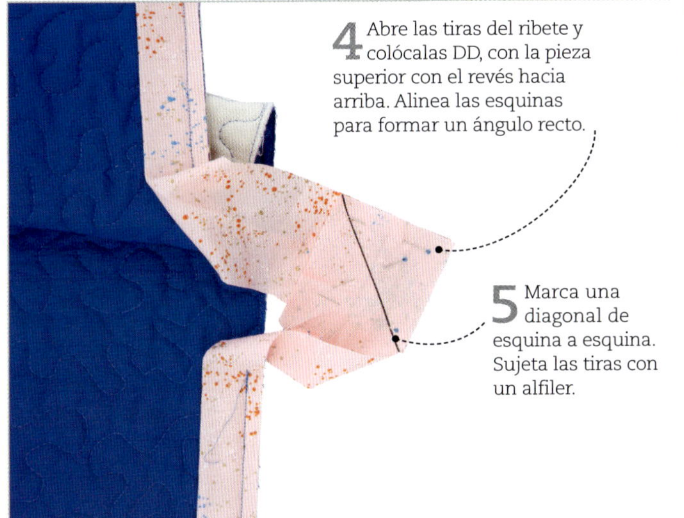

4 Abre las tiras del ribete y colócalas DD, con la pieza superior con el revés hacia arriba. Alinea las esquinas para formar un ángulo recto.

5 Marca una diagonal de esquina a esquina. Sujeta las tiras con un alfiler.

6 Cose a lo largo de la línea marcada. Recorta el sobrante a 6,4 mm (¼ in).

7 Aplana la costura abierta con los dedos y vuelve a doblar el ribete, alineando los cantos con el borde del quilt.

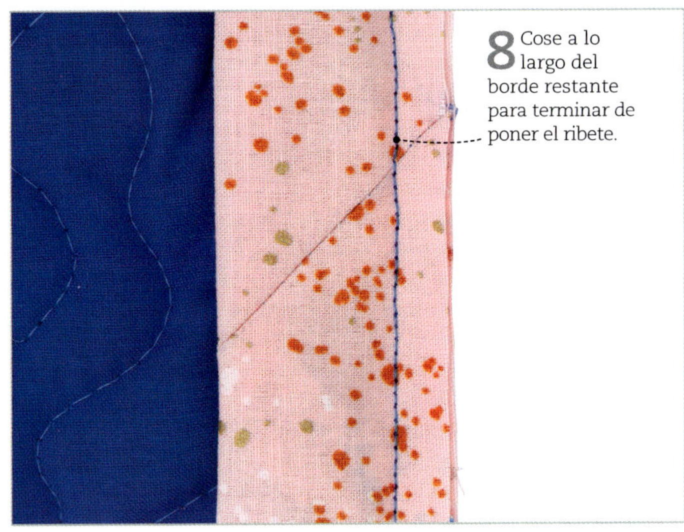

8 Cose a lo largo del borde restante para terminar de poner el ribete.

Acabado del ribete

Después de coser el ribete (p. 176) a un lado del quilt, vuelve los bordes del ribete hacia el otro lado y cóselos a máquina o a mano para conseguir el acabado que prefieras.

DOBLAR EL RIBETE

1 Plancha el ribete en dirección contraria al borde del quilt para crear un doblez nítido.

2 Vuelve el ribete hacia el otro lado del quilt para cubrir los cantos.

3 Sujeta el borde doblado al quilt, asegurándote de que el doblez llegue ligeramente más allá de las primeras puntadas del ribete.

COSER ESQUINAS A INGLETE

1 Dobla el ribete hacia el quilt a un lado de la esquina. Sujétalo con una pinza a unos 2,5 cm (1 in) de la esquina.

2 Dobla el ribete hacia abajo a lo largo del borde adyacente, superponiendo el primer doblez, para formar una esquina a inglete de 45°. Sujétalo con una pinza.

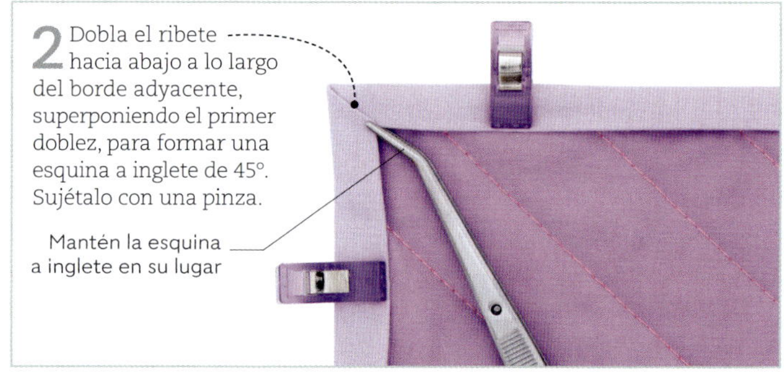

Mantén la esquina a inglete en su lugar

COSER A MÁQUINA

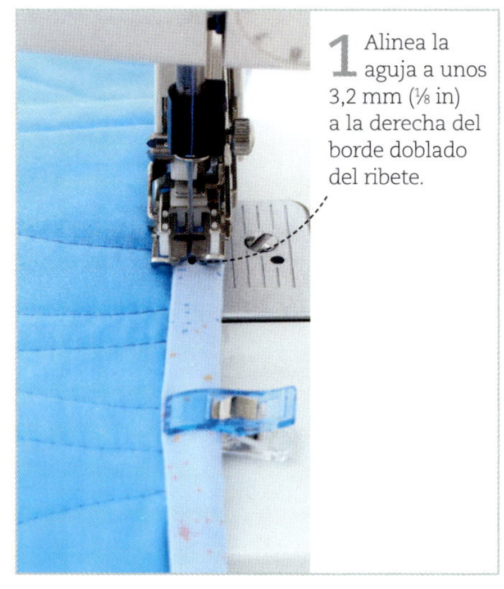

1 Alinea la aguja a unos 3,2 mm (⅛ in) a la derecha del borde doblado del ribete.

2 Cose a lo largo del borde del ribete, deteniéndote con la aguja abajo en la esquina a inglete. Asegúrate de que la aguja atraviese ambas capas del ribete.

3 Levanta el prensatelas, gira el quilt 45°, baja el prensatelas y sigue cosiendo a lo largo del borde del ribete.

4 Da una puntada atrás al final o haz un nudo y oculta los hilos (p. 76) para obtener un acabado invisible.

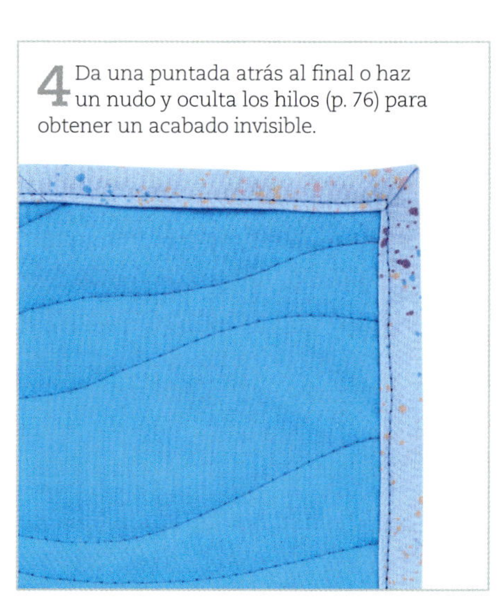

COSER CON UNA BASTA

1 Haz y oculta un nudo bajo el ribete.

2 Haz una basta, o bastilla (p. 137) de puntadas largas, a lo largo del borde del ribete. Evita que la aguja salga por el otro lado del quilt: solo debe pasar por el relleno.

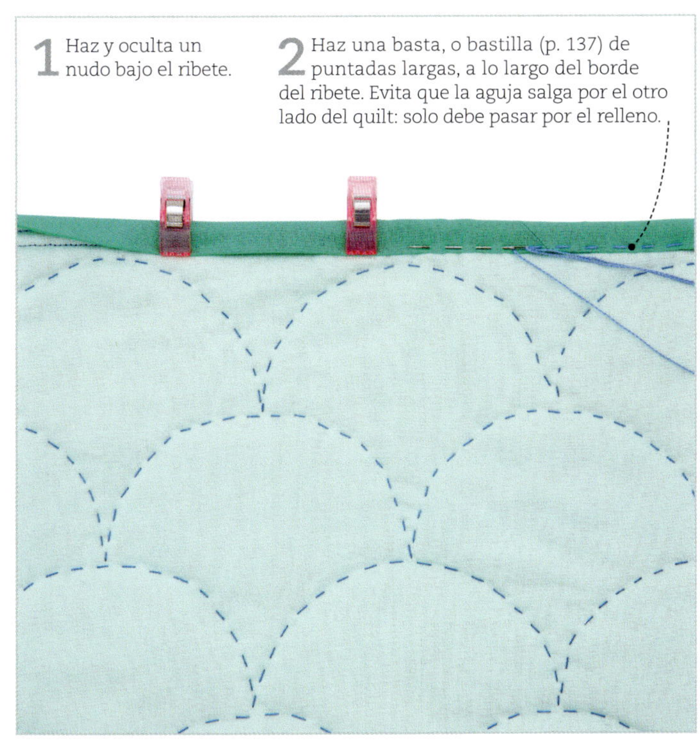

3 Cose las esquinas a inglete (p. 178). Asegúrate de coser a través de ambas capas del ribete.

4 Si se te acaba el hilo, haz un nudo simple (p. 76) y ocúltalo en el sándwich del quilt. Repite para asegurar todos los bordes del ribete.

COSTURA INVISIBLE

1 Cose el ribete a punto deslizado o de lado (p. 137). Evita coser a través del otro lado.

Oculta el nudo bajo el ribete

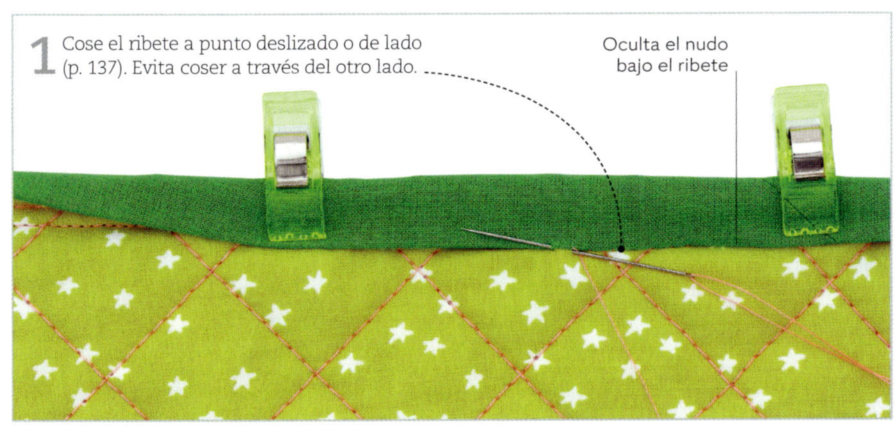

2 Cose las esquinas a inglete (p. 178). Cose a lo largo de los bordes doblados de las esquinas a inglete para mayor seguridad.

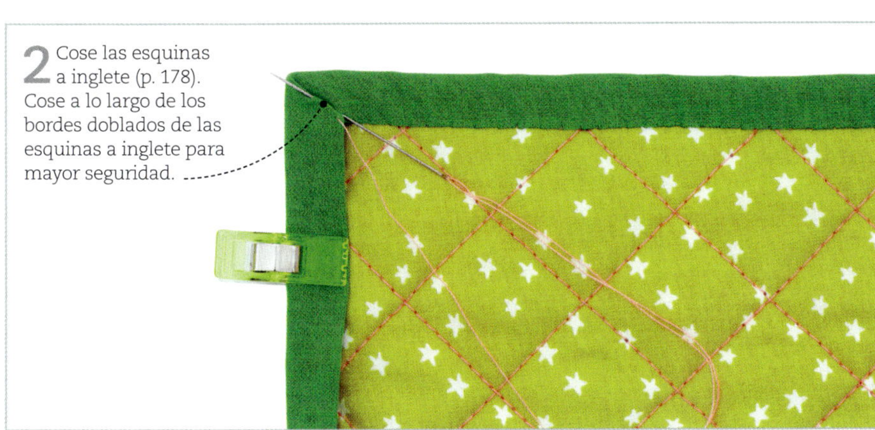

3 Si se te acaba el hilo, haz un nudo simple y ocúltalo en el sándwich del quilt.

4 Repite para asegurar todos los bordes del ribete.

Vista

Añadir una vista es una técnica alternativa al ribete para encerrar los bordes del quilt con la que se obtiene un acabado sin marco visible en la parte frontal. Esta técnica crea la ilusión de que los diseños del patchwork o del acolchado se prolongan más allá de los bordes del quilt.

CÓMO HACER LAS TIRAS PARA LA VISTA

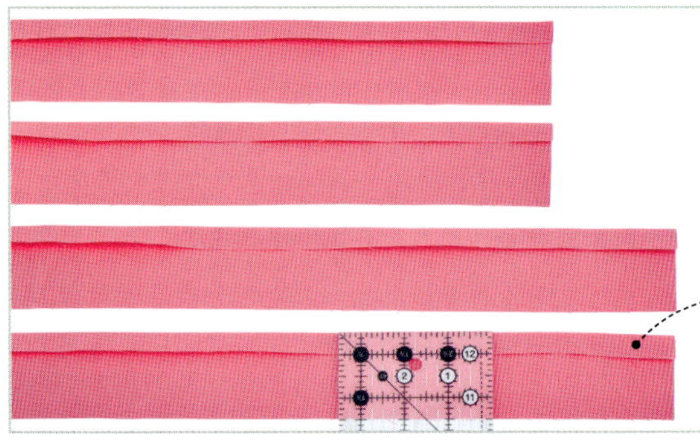

1 Corta dos tiras de tela de la misma anchura que el quilt para los bordes superior e inferior, y dos tiras 2,5 cm (1 in) más cortas que el largo del quilt para los bordes izquierdo y derecho. Une varias tiras si es necesario.

2 Plancha uno de los bordes de una tira hacia dentro aproximadamente 1,3 cm (½ in), RR, para hacer un dobladillo. Repite en todas las tiras.

COSER LA VISTA

1 Con el quilt con el derecho hacia arriba, alinea las tiras a lo largo del borde superior, DD. Cóselas con un margen de costura de 6,4 mm (¼ in). Repite en el borde inferior.

Coloca la tira con el revés hacia arriba

2 Plancha las tiras en dirección contraria a la cubierta del quilt.

3 Vuelve a colocar las tiras hacia abajo sobre la parte delantera del quilt, DD. Préndelas con alfileres. Repite los pasos 1–3 en el borde inferior.

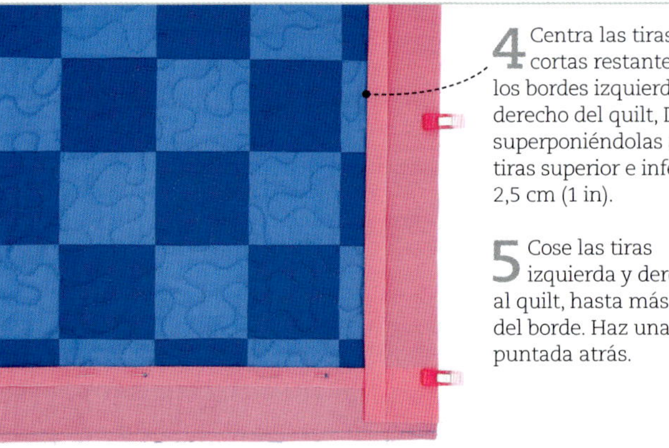

4 Centra las tiras más cortas restantes en los bordes izquierdo y derecho del quilt, DD, superponiéndolas a las tiras superior e inferior 2,5 cm (1 in).

5 Cose las tiras izquierda y derecha al quilt, hasta más allá del borde. Haz una puntada atrás.

6 Cose en diagonal a través de cada esquina del quilt, cruzando las intersecciones de los márgenes de costura para reforzar las esquinas. Repite al menos dos veces.

7 Recorta la tela sobrante a la derecha de la línea de costura.

8 Plancha tanto la tira izquierda como la derecha en dirección contraria a la cubierta del quilt.

9 Envuelve con las tiras izquierda y derecha los bordes del quilt, doblando la vista y los márgenes de costura hacia atrás. Plancha.

10 Coloca pinzas a lo largo de los bordes doblados, sujetando el margen de costura plano contra la parte trasera del quilt.

11 Cose las tiras izquierda y derecha a la parte trasera del quilt a punto deslizado o a punto de lado (p. 137).

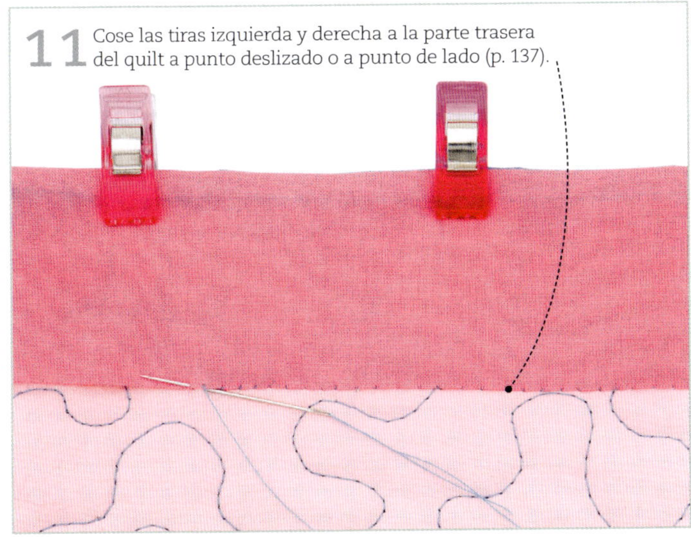

12 Empuja las cuatro esquinas hacia fuera para que las tiras superior e inferior se vuelvan hacia la parte trasera del quilt.

13 Repite los pasos 9 a 11 con las tiras superior e inferior de la vista.

14 Plancha los bordes por la parte delantera. Para mayor seguridad, cose alrededor de todo el quilt a 3,2 mm (⅛ in) del borde con un hilo a tono.

Cuidado de los quilts

Cuidar adecuadamente un quilt garantiza que durará toda la vida. Las etiquetas de los quilts sirven de registro y proporcionan información para la próxima generación. Un mantenimiento adecuado incluye lavar el quilt con cuidado, guardarlo apropiadamente y realizar reparaciones a tiempo.

Etiquetar quilts

Cose etiquetas a los quilts para preservar su historia y reconocer el trabajo de las personas que los crearon. Incluye el nombre de su(s) creador(es), el año y el lugar de finalización y, si procede, el nombre del destinatario o una dedicatoria. Compra las etiquetas ya hechas o haz las tuyas propias escribiendo o bordando un mensaje.

ETIQUETAS PREFABRICADAS

Compra etiquetas prefabricadas que tengan texto o dibujos tejidos o serigrafiados. Las etiquetas prefabricadas pueden incluir información como instrucciones de cuidado o datos de cuándo y dónde se hizo el quilt.

Personaliza etiquetas semi o totalmente prefabricadas para añadir fácilmente tu información a los quilts.

Añade las etiquetas prefabricadas utilizando cualquier técnica de aplicación (p .134) o cosiéndolas en el ribete.

ETIQUETAS HECHAS A MANO

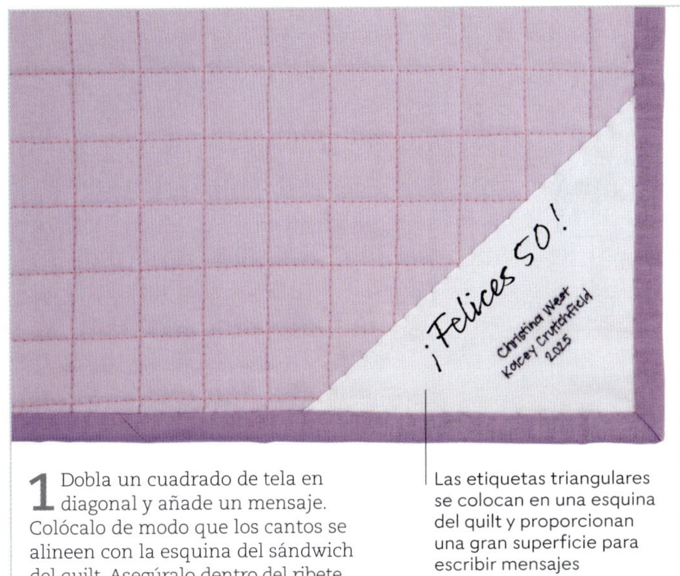

1 Dobla un cuadrado de tela en diagonal y añade un mensaje. Colócalo de modo que los cantos se alineen con la esquina del sándwich del quilt. Asegúralo dentro del ribete.

Las etiquetas triangulares se colocan en una esquina del quilt y proporcionan una gran superficie para escribir mensajes

2 Escribe o borda un mensaje en un trozo de tela. Utiliza cualquier técnica de aplicación para añadir la etiqueta.

Las etiquetas planas se colocan directamente sobre la superficie del quilt y pueden ser de cualquier tamaño o forma

Mantenimiento del quilt

Mantén los quilts y prolonga su vida útil lavándolos regularmente, guardándolos de forma adecuada en bolsas transpirables o cajas especiales y realizando las reparaciones a tiempo.

LAVADO Y SECADO

Para obtener los mejores resultados, sigue las instrucciones de lavado proporcionadas por el fabricante del relleno.

Lava los quilts en la lavadora en un programa suave con agua fría. Sácalos de inmediato para prevenir el desteñido.

Lava los quilts delicados o antiguos a mano con un jabón suave y cuélgalos para que se sequen.

Utiliza toallitas atrapacolor (p. 23) en los primeros lavados para evitar el desteñido de las telas.

Cuelga los quilts o sécalos en secadora a baja temperatura.

Debido al encogimiento, los quilts se arrugan después de lavar y secar. Para minimizar las arrugas, prelava las telas, lávalos con agua fría y sécalos sin calor.

ALMACENAMIENTO

Guarda los quilts en un lugar donde se vayan a usar a menudo o en un lugar seguro lejos de la luz solar si vas a guardarlos durante largo tiempo.

Guarda los quilts en un lugar seco, con temperatura controlada y lejos de la luz solar para evitar el moho y la decoloración.

Dobla los quilts en diagonal o enróllalos para que no se formen arrugas profundas. Desdóblalos y vuelve a doblarlos de vez en cuando, alternando la dirección de doblado, para reducir las arrugas.

REPARACIÓN

Con el uso, los quilts se pueden desgastar o deteriorar y requerir reparaciones. Algunas reparaciones quedan integradas, mientras que otras pueden requerir un parche visible. Asegúrate de anudar y ocultar los extremos de los hilos (p. 76).

PUNTADAS DE ACOLCHADO SUELTAS

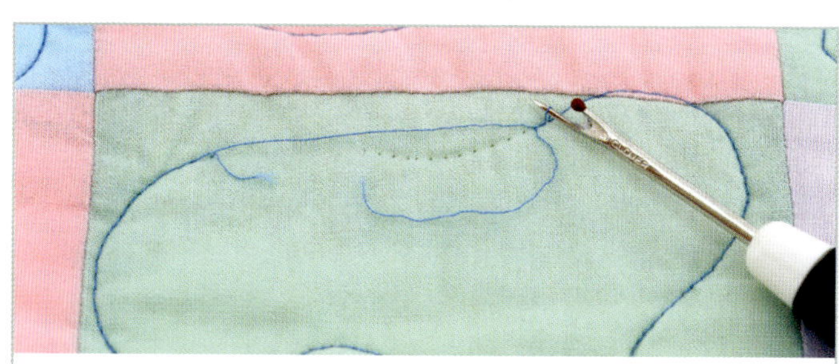

Tira de las puntadas de acolchado sueltas (p. 79) hasta que los hilos superior e inferior sean lo suficientemente largos para anudarlos y ocultarlos.

Cose a máquina o a mano de nuevo, empezando y acabando en los extremos de la costura existente o prolongando la nueva costura sobre la existente para mayor seguridad.

COSTURAS ABIERTAS

Dobla los márgenes de costura hacia dentro y cose a mano a punto de lado (p.137), con un hilo a tono o neutro, para unir la costura abierta con puntadas casi invisibles.

Cose a máquina, a punto de zigzag o de satén (p. 136), para que la reparación sea duradera. Las puntadas de la máquina serán visibles en ambos lados del quilt.

Si los márgenes de costura no se pueden recuperar, trata la costura abierta como un agujero.

AGUJEROS

Recorta los hilos sueltos, la tela deshilachada o los bordes del relleno irregulares.

Aplica un parche (p. 134) para cubrir completamente el agujero.

Si el agujero se extiende al relleno, reemplaza el relleno faltante con una pieza del mismo tamaño y tipo.

Si el agujero se extiende a ambos lados del quilt, aplica un parche en cada lado.

RIBETE

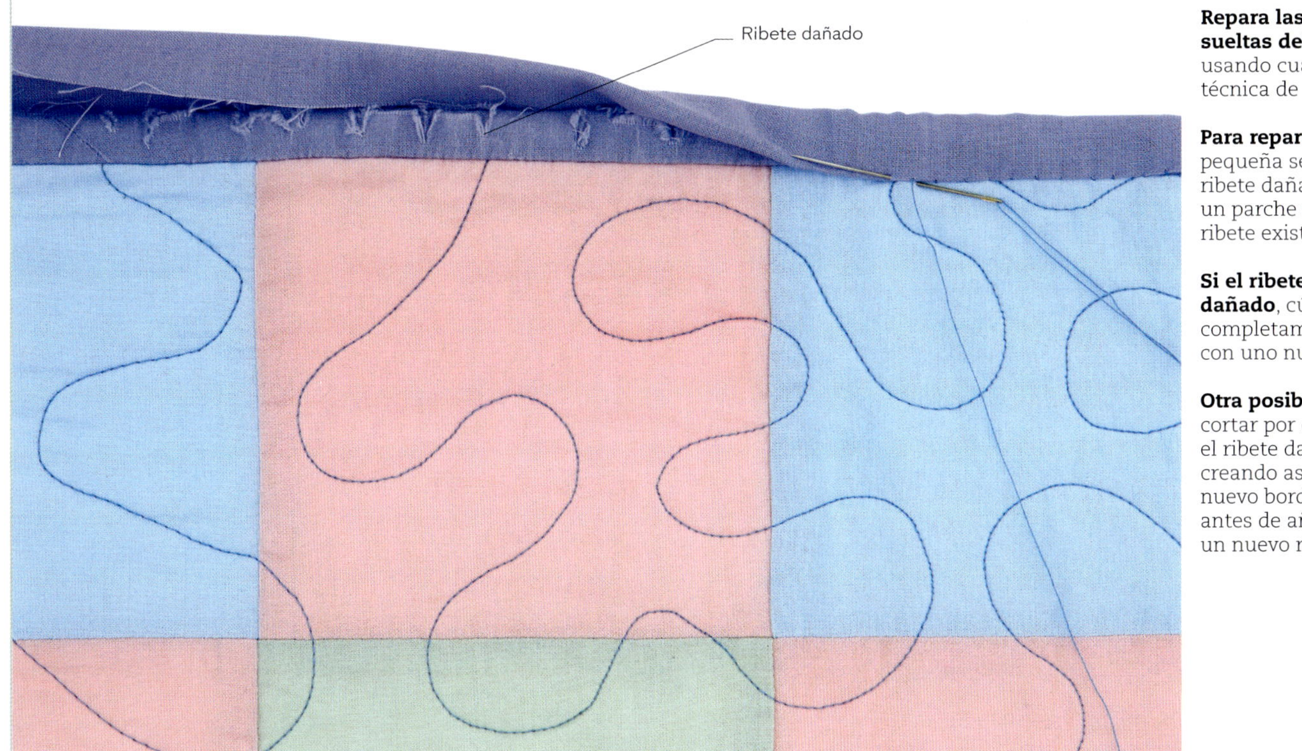

Repara las costuras sueltas del ribete usando cualquier técnica de reparación.

Para reparar una pequeña sección de ribete dañado, aplica un parche sobre el ribete existente.

Si el ribete está muy dañado, cúbrelo completamente con uno nuevo.

Otra posibilidad es cortar por completo el ribete dañado, creando así un nuevo borde recto antes de añadir un nuevo ribete.

PATRONES

Muestrario de bloques básicos

Este patrón se ha diseñado para complementar las técnicas paso a paso de este libro. Úsalo junto con las instrucciones de la sección de Técnicas (pp. 82–139) para practicar la confección de unidades tradicionales, montadas sobre una base de papel y sobre papel a la inglesa, y aplicaciones.

TAMAÑO FINAL 99 × 114 cm (39 × 45 in)

TÉCNICAS EMPLEADAS Uso de plantillas **p. 71**, Patchwork **p. 83**, Unidades de triángulos **p. 86**, Ángulos irregulares **p. 96**, Montaje sobre una base de papel **p. 114**, Montaje sobre papel a la inglesa **p. 124**, Aplicación **p. 134**, Casar puntas y costuras **p. 141**, Diseño de medallón **p. 147**

MATERIALES

- Equipo básico (p. 14)
- Impresora, papel para plantillas de MBP y cartulina
- Pinzas (opcional)
- Regla de 8,9 × 31,8 cm (3½ × 12½ in) o regla para MBP
- Útiles de marcado
- Cinta *washi*
- Aguja e hilo para MSP
- Relleno de 114 × 132 cm (45 × 52 in) o más grande

TELA NECESARIA

Telas A, C y F	(1) FE de cada una
Telas B, D, E, G y H	(1) FQ de cada una
Tela de fondo (TF)	1,25 m (1½ yds)
Forro*	2,5 m (2½ yds)
Ribete	0,5 m (½ yd)

* Tela de forro necesaria si se utiliza una sola costura horizontal.

Para este patrón se recomiendan telas lisas y *blenders* (p. 64) debido a la gran variedad de unidades que lo componen, pero se puede usar cualquier tela. Considera usar tanto telas cálidas como frías (p. 60) para lograr un diseño equilibrado.

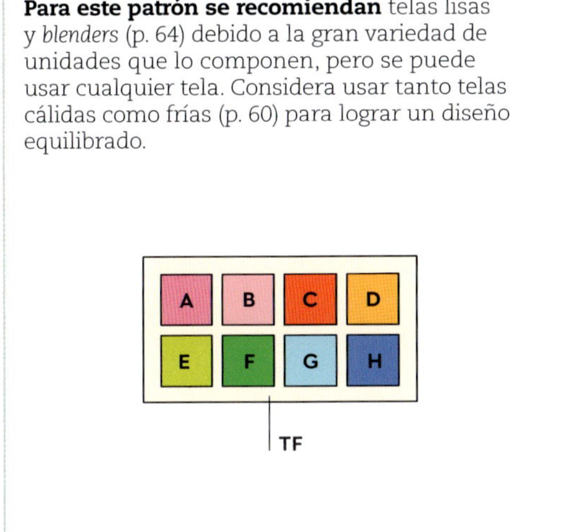

REFERENCIA DE COLOR

DETALLES DE LA CUBIERTA

Telas: Ruby and Bee Solids de Windham Fabrics en los tonos Fairy Floss (**A**), Posy (**B**), Delphinium (**C**), Pumpkin (**D**), Avocado (**E**), Pasture (**F**), Aquamarine (**G**), Provence Blue (**H**) y Cream Puff (**TF**); **Acolchado:** en cuadrícula con prensatelas andador; **Hilo:** Aurifil nº 50; **Relleno:** algodón 100 % sin blanquear de Hobbs Tuscany; **Ribete:** Provence Blue

INSTRUCCIONES DE CORTE

Utiliza las tablas y los diagramas siguientes para cortar y etiquetar las piezas necesarias de las telas A–H y la TF. Visita la página web (p. 11) para imprimir las plantillas de CC, MC y hexagonales requeridas.

TABLAS Y DIAGRAMAS DE CORTE DE LAS TELAS

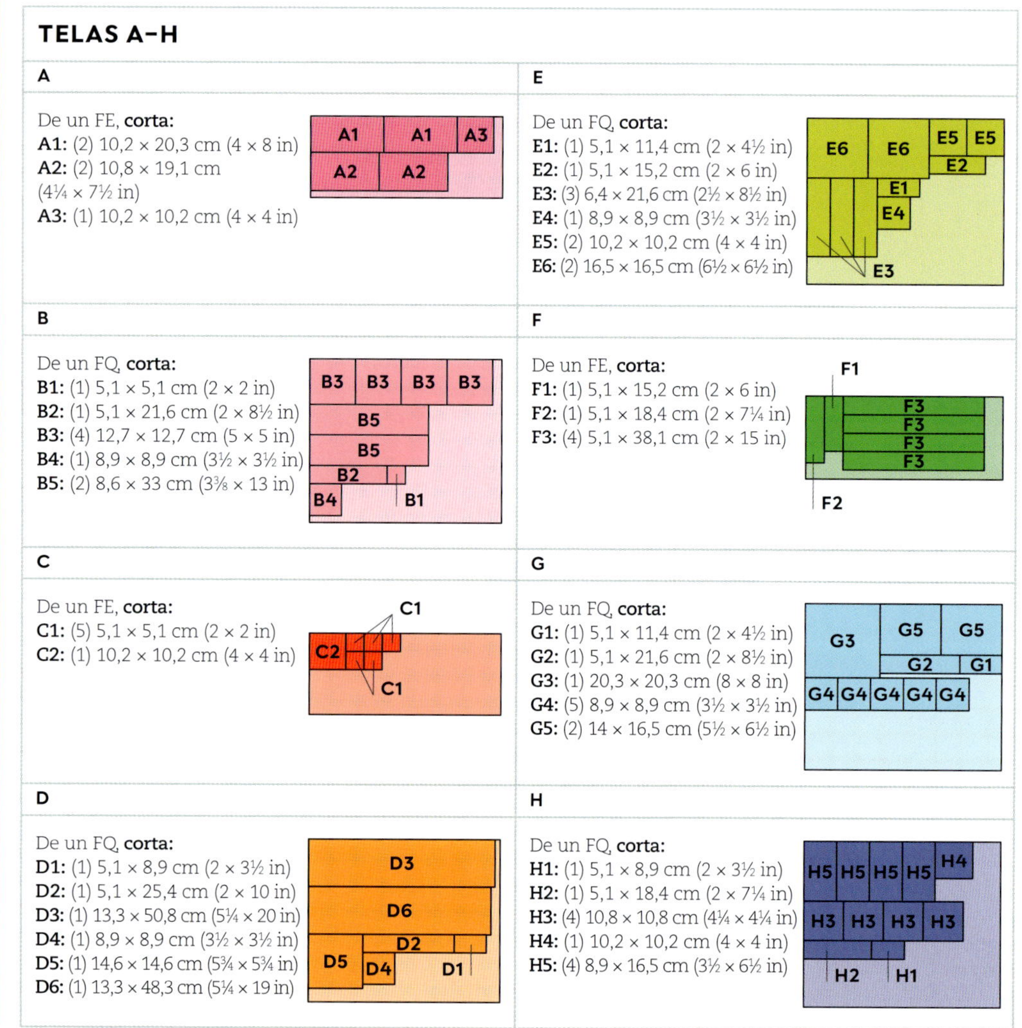

TELAS A–H

A

De un FE, **corta:**
A1: (2) 10,2 × 20,3 cm (4 × 8 in)
A2: (2) 10,8 × 19,1 cm (4¼ × 7½ in)
A3: (1) 10,2 × 10,2 cm (4 × 4 in)

E

De un FQ, **corta:**
E1: (1) 5,1 × 11,4 cm (2 × 4½ in)
E2: (1) 5,1 × 15,2 cm (2 × 6 in)
E3: (3) 6,4 × 21,6 cm (2½ × 8½ in)
E4: (1) 8,9 × 8,9 cm (3½ × 3½ in)
E5: (2) 10,2 × 10,2 cm (4 × 4 in)
E6: (2) 16,5 × 16,5 cm (6½ × 6½ in)

B

De un FQ, **corta:**
B1: (1) 5,1 × 5,1 cm (2 × 2 in)
B2: (1) 5,1 × 21,6 cm (2 × 8½ in)
B3: (4) 12,7 × 12,7 cm (5 × 5 in)
B4: (1) 8,9 × 8,9 cm (3½ × 3½ in)
B5: (2) 8,6 × 33 cm (3⅜ × 13 in)

F

De un FE, **corta:**
F1: (1) 5,1 × 15,2 cm (2 × 6 in)
F2: (1) 5,1 × 18,4 cm (2 × 7¼ in)
F3: (4) 5,1 × 38,1 cm (2 × 15 in)

C

De un FE, **corta:**
C1: (5) 5,1 × 5,1 cm (2 × 2 in)
C2: (1) 10,2 × 10,2 cm (4 × 4 in)

G

De un FQ, **corta:**
G1: (1) 5,1 × 11,4 cm (2 × 4½ in)
G2: (1) 5,1 × 21,6 cm (2 × 8½ in)
G3: (1) 20,3 × 20,3 cm (8 × 8 in)
G4: (5) 8,9 × 8,9 cm (3½ × 3½ in)
G5: (2) 14 × 16,5 cm (5½ × 6½ in)

D

De un FQ, **corta:**
D1: (1) 5,1 × 8,9 cm (2 × 3½ in)
D2: (1) 5,1 × 25,4 cm (2 × 10 in)
D3: (1) 13,3 × 50,8 cm (5¼ × 20 in)
D4: (1) 8,9 × 8,9 cm (3½ × 3½ in)
D5: (1) 14,6 × 14,6 cm (5¾ × 5¾ in)
D6: (1) 13,3 × 48,3 cm (5¼ × 19 in)

H

De un FQ, **corta:**
H1: (1) 5,1 × 8,9 cm (2 × 3½ in)
H2: (1) 5,1 × 18,4 cm (2 × 7¼ in)
H3: (4) 10,8 × 10,8 cm (4¼ × 4¼ in)
H4: (1) 10,2 × 10,2 cm (4 × 4 in)
H5: (4) 8,9 × 16,5 cm (3½ × 6½ in)

TELA DE FONDO (TF)

Corta (1) 38,1cm (15 in) × AT;
corta en la tira:
TF12: (1) 38,1 × 17,8 cm (15 × 7 in)
TF6: (1) 38,1 × 14 cm (15 × 5½ in)
TF1: (3) 38,1 × 3,8 cm (15 × 1½ in)
TF9: (2) 10,8 × 19,1 cm (4¼ × 7½ in)
TF10: (8) 8,9 × 8,9 cm (3½ × 3½ in
TF15: (1) 24,1 × 24,1 cm (9½ × 9½ in)
TF2: (3) 6,4 × 21,6 cm (2½ × 8½ in)

Corta (1) 20,3 cm (8 in) × AT;
corta en la tira:
TF7: (1) 20,3 × 20,3 cm (8 × 8 in)
TF5: (2) 20,3 × 10,2 cm (8 × 4 in)
TF4: (2) 10,2 × 10,2 cm (4 × 4 in)
TF8: (12) 5,1 × 5,1 cm (2 × 2 in)
TF3: (1) 19,7 × 19,7 cm (7¾ × 7¾ in)

Corta (1) 16,5 cm (6½ in) × AT;
corta en la tira:
TF14: (3) 16,5 × 16,5 cm (6½ × 6½ in)
TF16: (2) 16,5 × 14 cm (6½ × 5½ in)
TF13: (1) 14,6 × 14,6 cm (5¾ × 5¾ in)
TF11: (1) 12,1 × 12,1 cm (4¾ × 4¾ in)

Corta (4) 8,9 cm (3½ in) × AT;
corta en las tiras:
TF17: (4) 8,9 × 100,3 cm (3½ × 39½ in)

PREPARACIÓN Y CORTE DE PIEZAS CON PLANTILLA

1 Recorta cuatro plantillas CC-A de un rectángulo D3 y cuatro plantillas CC-B de un rectángulo TF6 como se muestra.

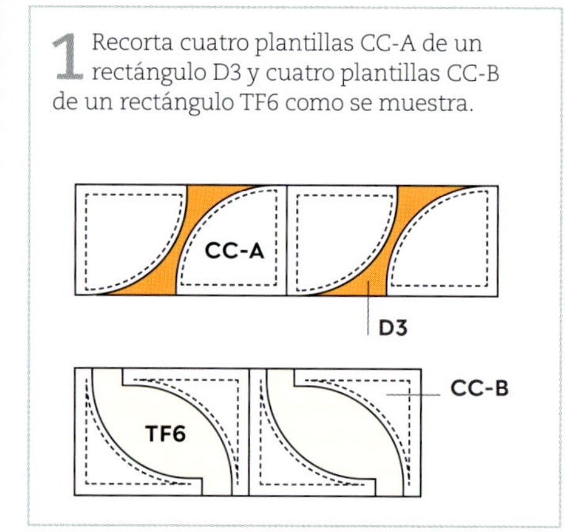

2 Recorta dos plantillas MC-A de un rectángulo D6 y dos plantillas MC-B de un rectángulo TF12 como se muestra.

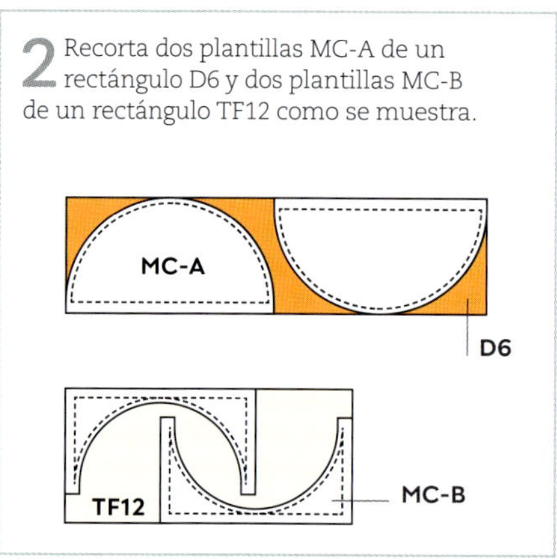

3 Compra o recorta siete piezas de papel hexagonales de 3,8 cm (1½ in).

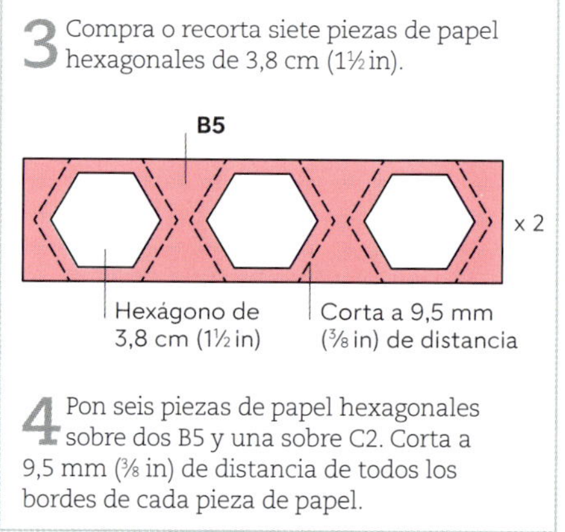

4 Pon seis piezas de papel hexagonales sobre dos B5 y una sobre C2. Corta a 9,5 mm (⅜ in) de distancia de todos los bordes de cada pieza de papel.

ENSAMBLAJE DE UNIDADES

Consulta las páginas indicadas en los siguientes pasos para obtener instrucciones más detalladas sobre el MBP, el montaje tradicional, el MSP y la aplicación. Los tamaños de ejemplo de la sección de Técnicas coinciden con los de este patrón.

1 Haz un bloque de cabaña de troncos (p. 112) usando la plantilla de cabaña de troncos MBP y las piezas que se muestran en el diagrama de la unidad 1.

2 Coloca y cose las piezas siguiendo el orden de los números de la plantilla. Etiqueta la plantilla terminada como unidad 1.

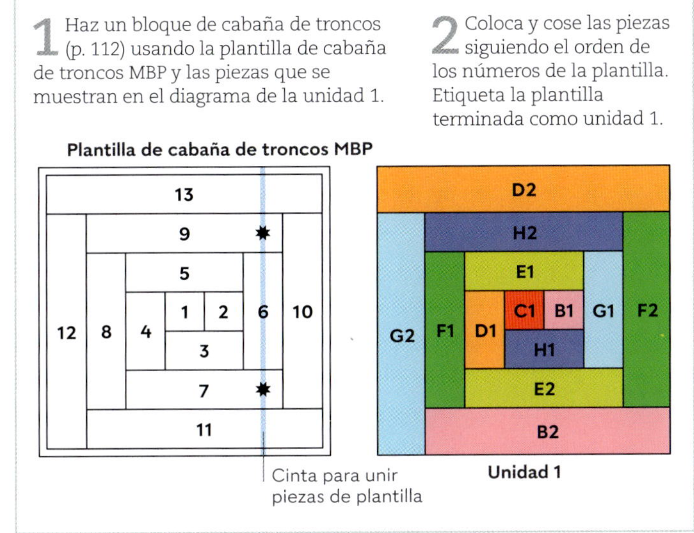

3 Monta un conjunto de tiras (p. 83) con cuatro F3 y tres TF1, alternando las telas. Plancha. El conjunto de tiras debe medir 24,1 × 38,1 cm (9½ × 15 in).

4 Coloca el conjunto de tiras en posición horizontal. Corta cuatro segmentos verticales de 8,9 cm (3½ in) y etiqueta cada uno como unidad 2.

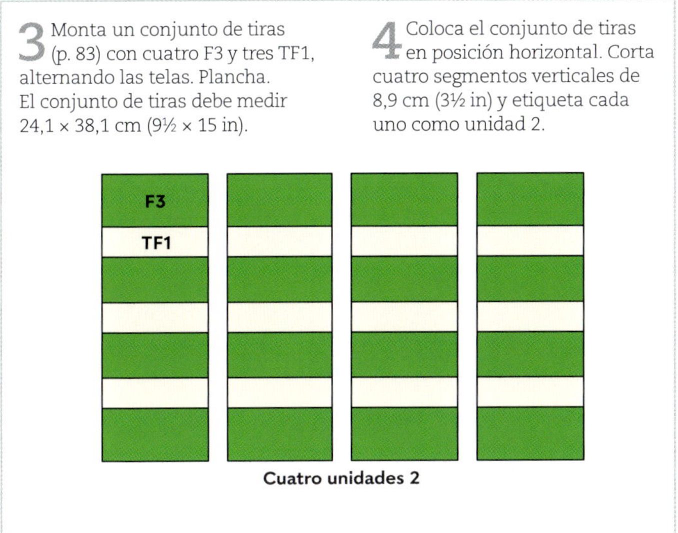

5 Haz dos bloques de nueve parches utilizando la técnica de montaje en tiras impares (p. 84) con tres E3 y tres TF2. Cada bloque debe medir 16,5 × 16,5 cm (6½ × 6½ in).

6 Cose los bloques de nueve parches DD para hacer una unidad rectangular en damero. Plancha. Etiquétala como unidad 3.

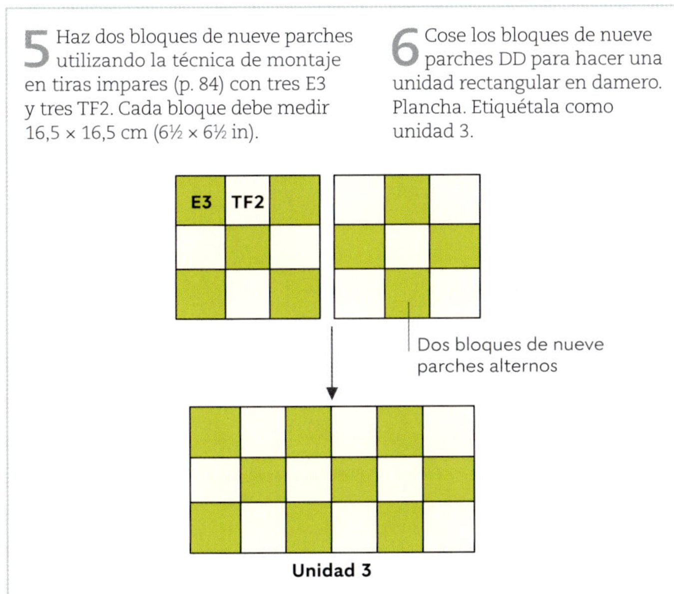

7 Haz cuatro GV utilizando la técnica de cuatro en cuatro (p. 93) con cuatro H3 y una TF3. Plancha. Recórtalos a la medida de 8,9 × 16,5 cm (3½ × 6½ in).

8 Coloca los GV en una columna. Cóselos DD y etiquétalos como unidad 4.

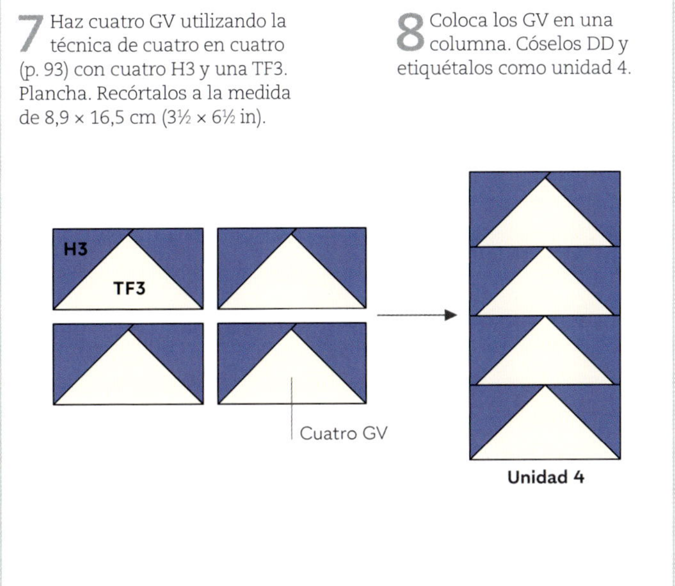

9 Haz dos bloques de TMC utilizando la técnica de uno en uno (p. 86) con una H4 y una TF4. Plancha. Recórtalos a la medida de 8,9 × 8,9 cm (3½ × 3½ in) y etiqueta cada bloque como unidad 5.

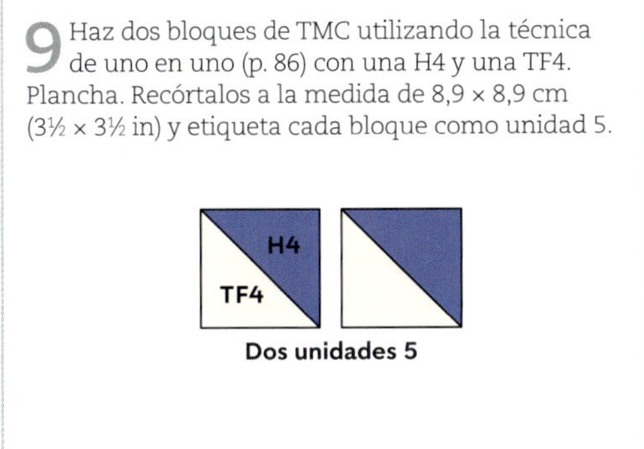

10 Haz cuatro bloques de TMR utilizando la técnica de uno en uno (p. 97) con dos A1 y dos TF5. Plancha. Recórtalos a la medida de 8,9 × 16,5 cm (3½ × 6½ in).

11 Coloca los bloques TMR en una fila. Cóselos DD y etiquétalos como unidad 6.

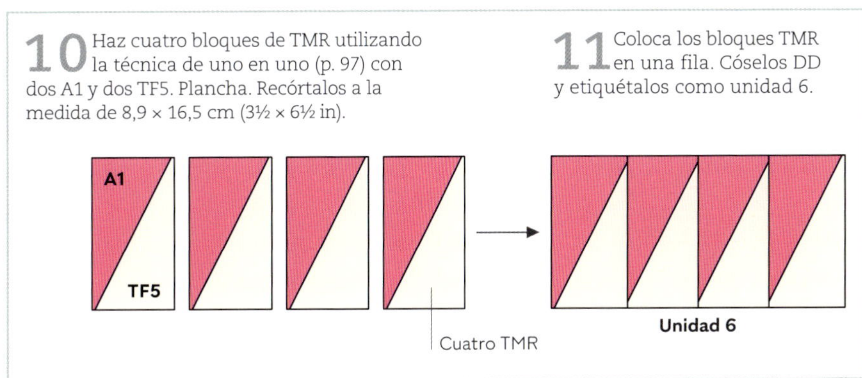

12 Haz cuatro bloques de CC (p. 104) con cuatro piezas convexas D3 y cuatro piezas cóncavas TF6. Plancha. Recórtalos a la medida de 12,7 × 12,7 cm (5 × 5 in).

13 Coloca los CC en una cuadrícula de 2 × 2, con las esquinas de las piezas TF6 encontradas en el centro. Cose los CC DD y etiquétalas como unidad 7.

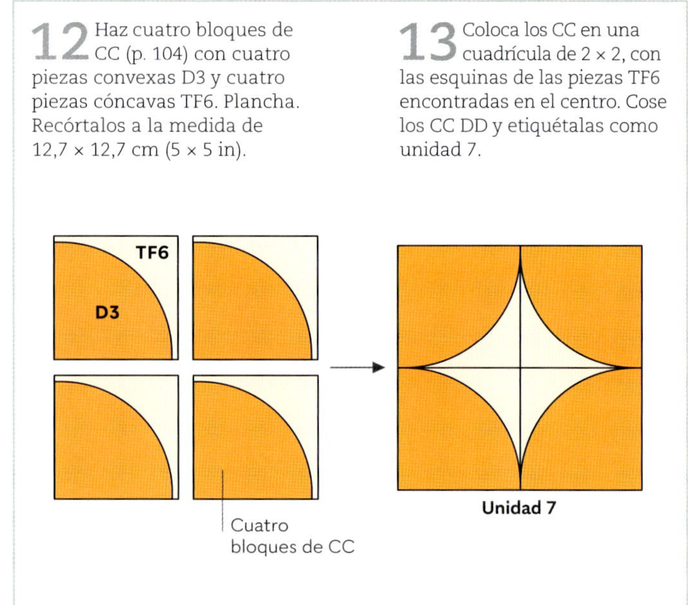

14 Haz ocho bloques de TMC utilizando la técnica de ocho en ocho (p. 88) con una G3 y una TF7. Plancha. Recórtalos a la medida de 8,9 × 8,9 cm (3½ × 3½ in).

15 Coloca los ocho TMC, junto con un TMC de unidad 5, en una cuadrícula de 3 × 3 como se muestra. Cose los TMC DD y etiquétalas como unidad 8.

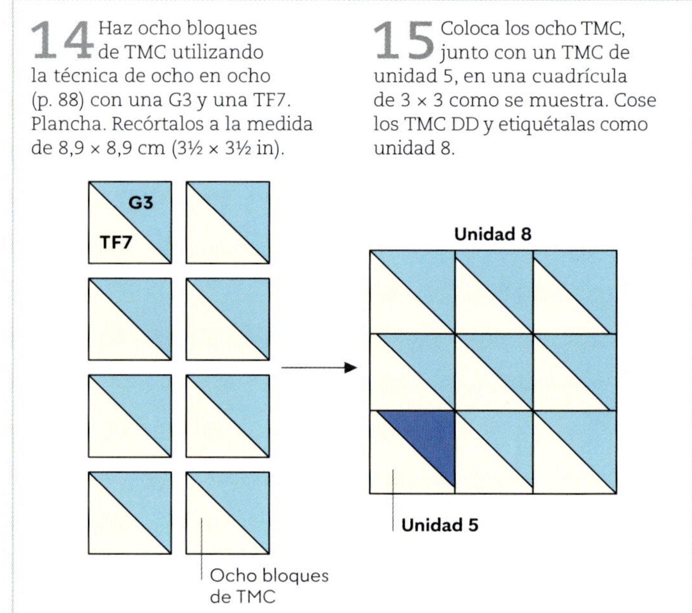

16 Haz cuatro unidades bola de nieve utilizando la técnica *stitch and flip* (p. 89) con cuatro B3, cuatro C1 y doce TF8.

17 Cose tres TF8 y un cuadrado C1 en las esquinas de cada cuadrado B3. Plancha. Las unidades bola de nieve deben medir 12,7 × 12,7 cm (5 × 5 in).

18 Coloca las unidades en una cuadrícula de 2 × 2 con las esquinas C1 encontradas en el centro. Cose las unidades DD y etiquétalas como unidad 9.

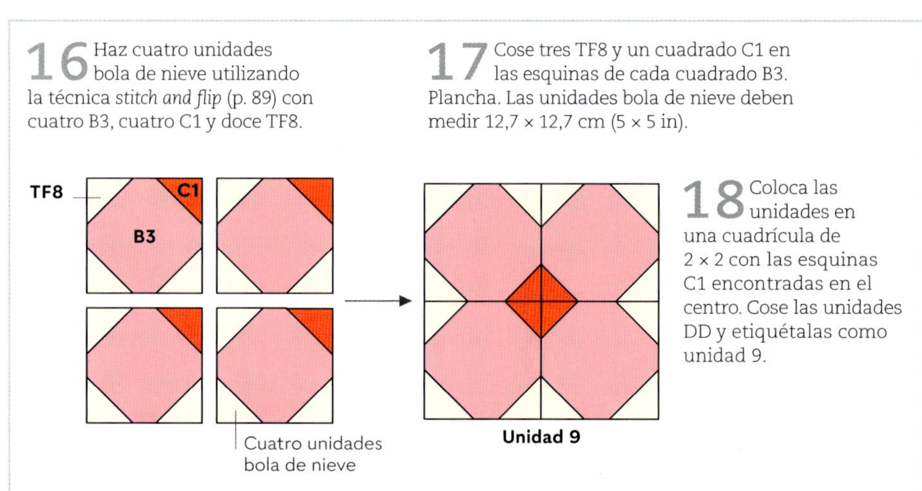

19 Haz un bloque de cuatro utilizando la técnica pieza a pieza (p. 84) con cada B4, D4, E4 y G4. Plancha. El bloque de cuatro debe medir 16,5 × 16,5 cm (6½ × 6½ in). Etiquétalo como unidad 10.

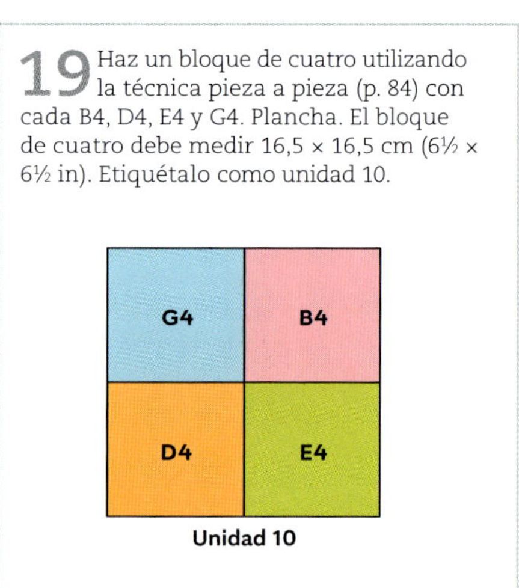

20 Haz cuatro bloques de TMR utilizando la técnica de dos en dos (p. 97) con dos A2 y dos TF9. Plancha. Recórtalos a la medida de 8,9 × 16,5 cm (3½ × 6½ in). Ordena los bloques en una fila. Cóselos DD y etiquétalos como unidad 11.

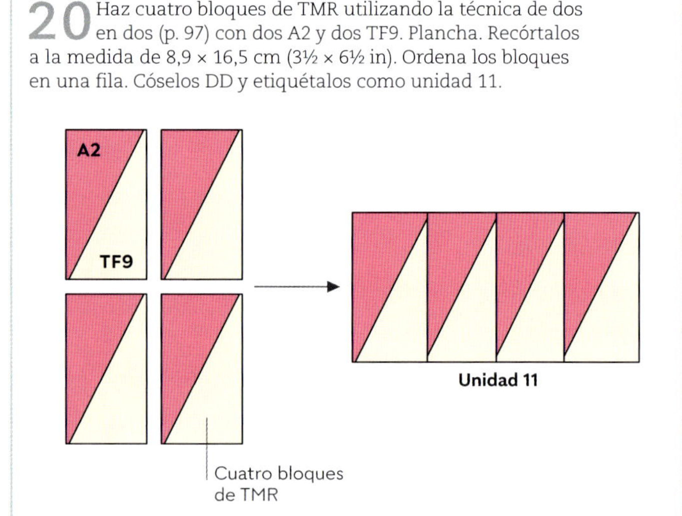

21 Haz cuatro GV utilizando la técnica de uno en uno (p. 92) con cuatro H5 y ocho TF10. Plancha. Recórtalos a la medida de 8,9 × 16,5 cm (3½ × 6½ in). Ordena los GV en una columna, cóselos DD y etiquétalos como unidad 12.

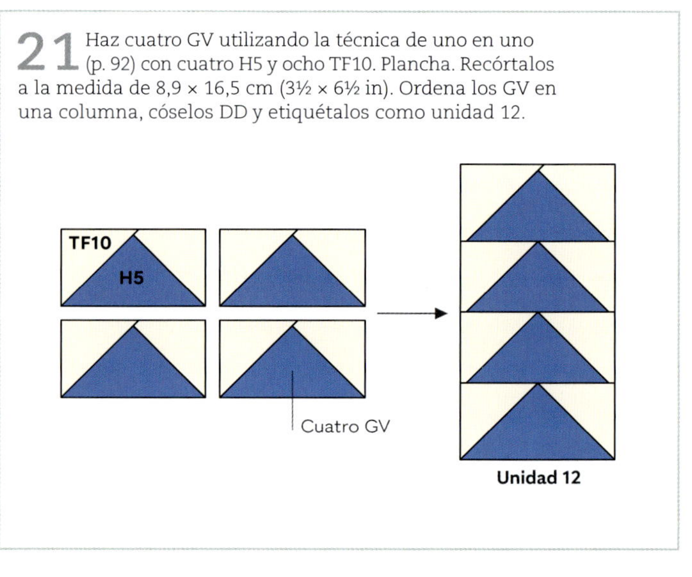

22 Haz una unidad de cuadrado en un cuadrado con triángulos complementarios (p. 95) con dos E5 y una TF11. Recórtala a la medida de 16,5 × 16,5 cm (6½ × 6½ in) y etiquétala como unidad 13.

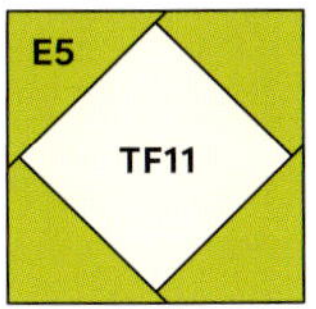

Unidad 13

23 Haz dos bloques de MC (p. 104) con dos piezas convexas D6 y dos piezas cóncavas TF12. Plancha. Recórtalos a la medida de 12,7 × 24,1 cm (5 × 9½ in).

24 Coloca los MC en una columna, cóselos DD y etiquétalos como unidad 14.

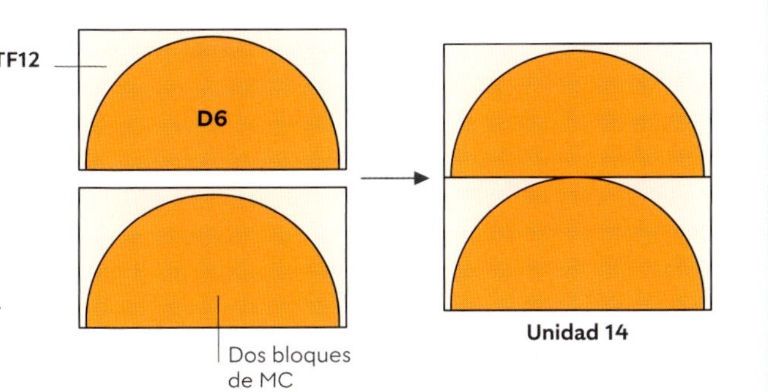

Unidad 14

25 Haz cuatro bloques de TMC utilizando la técnica de montaje de cuatro en cuatro (p. 87) con una D5 y una TF13. Plancha. Recórtalos a la medida de 8,9 × 8,9 cm (3½ × 3½ in).

26 Colócalos en una fila, cóselos DD y etiquétalos como unidad 15.

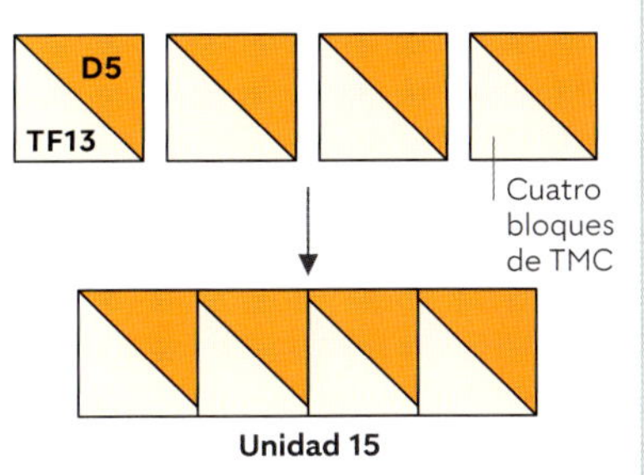

Unidad 15

27 Haz una unidad de cuadrado en un cuadrado con la técnica *stitch and flip* (p. 94) con cuatro G4 y una TF14. Plancha. Recórtala a la medida de 16,5 × 16,5 cm (6½ × 6½ in) y etiquétala como unidad 16.

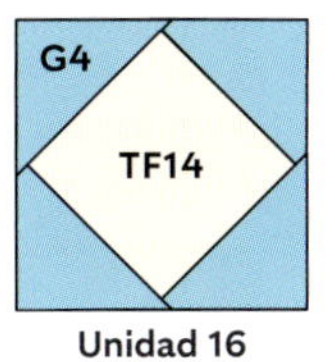

Unidad 16

28 Haz dos bloques de TMC utilizando la técnica de dos en dos (p. 86) con una A3 y una TF4. Plancha. Recorta el sobrante a 8,9 × 8,9 cm (3½ × 3½ in).

29 Colócalos en una fila, cóselos DD y etiquétalos como unidad 17.

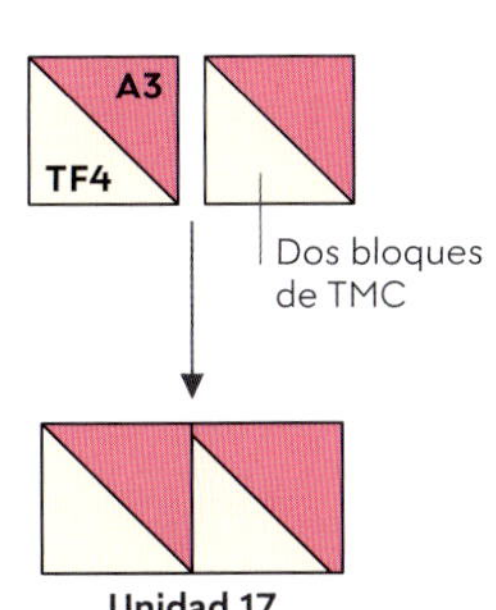

Unidad 17

30 Haz cuatro bloques de TMC utilizando la técnica de dos en dos (p. 86) con dos E6 y dos TF14. Plancha. Recórtalos a la medida de 15,2 × 15,2 cm (6 × 6 in).

31 Utiliza los TMC para hacer cuatro bloques de TCC con la técnica de dos en dos (p. 90) y recórtalos a la medida de 12,7 × 12,7 cm (5 × 5 in). Colócalos en una cuadrícula de 2 × 2, como se muestra. Cóselos DD y etiquétalos como unidad 18.

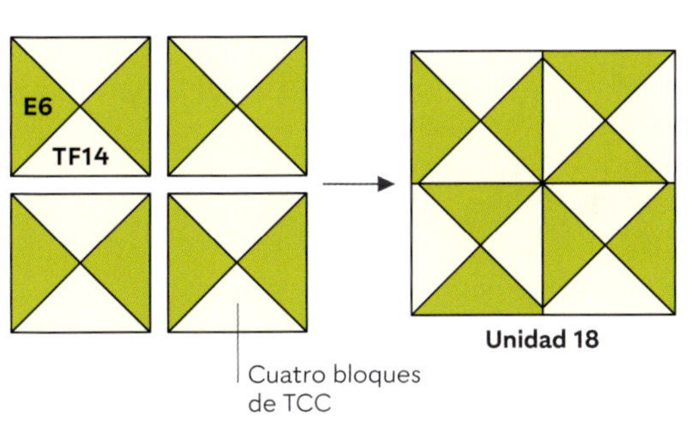

Unidad 18

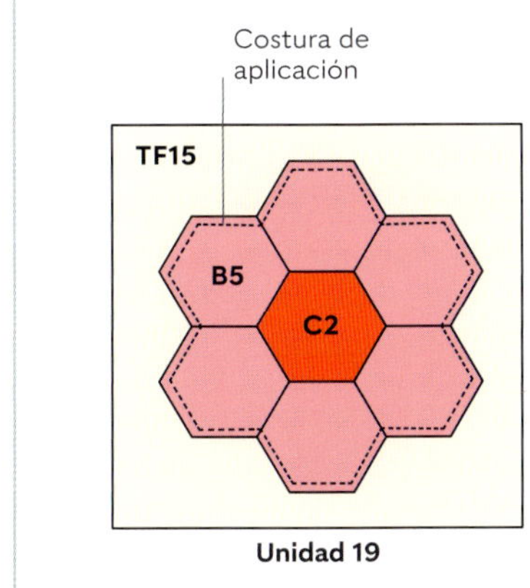

Unidad 19

32 Hilvana o pega (p.128) seis hexágonos B5 y un hexágono C2 sobre piezas de papel hexagonales de 3,8 cm (1½ in). Únelos en forma de flor (p.132) como se muestra.

33 Cose la flor en el centro de un cuadrado TF15 usando cualquier técnica de aplicación (p. 134) y etiquétala como unidad 19.

34 Haz cuatro unidades de triángulo en un cuadrado (p. 99) usando dos G5 y dos TF16. Plancha. Recórtalas a la medida de 12,7 × 12,7 cm (5 × 5 in).

35 Coloca las unidades en una cuadrícula de 2 × 2 con las puntas de los triángulos hacia fuera como se muestra. Cose las unidades DD y etiquétalas como unidad 20.

G5

TF16

Cuatro unidades de triángulo en un cuadrado

Unidad 20

ENSAMBLAJE DE SECCIONES

Asegúrate de que todas las unidades estén montadas y etiquetadas correctamente antes de comenzar esta sección. Casa todas las puntas y costuras (p. 141) y plancha las costuras abiertas (p. 80) después de cada paso.

1 Cose la unidad 1 a la derecha de la unidad 2, DD, como se muestra.

2 Coloca la unidad del paso 1 y las unidades 3 y 4 como se muestra. Cose las unidades DD y etiqueta el conjunto como sección 1.

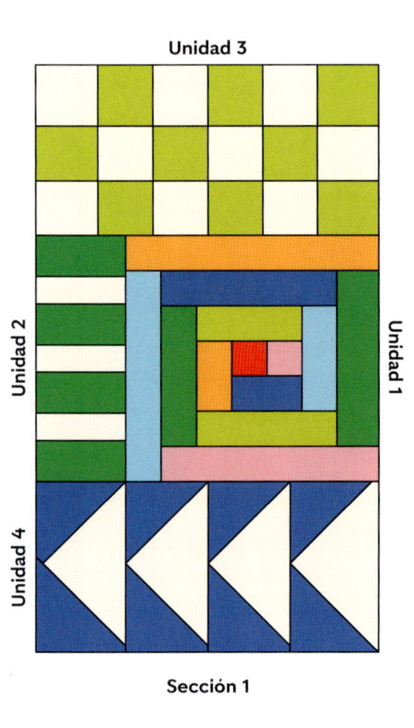

Sección 1

3 Cose una unidad 2 en la parte inferior de la unidad 5, DD, como se muestra.

4 Cose la unidad 6 a la derecha de la unidad del paso 3, DD, como se muestra.

5 Cose la unidad 7 en la parte superior de la unidad del paso 4, DD, como se muestra. Etiqueta la unidad como sección 2.

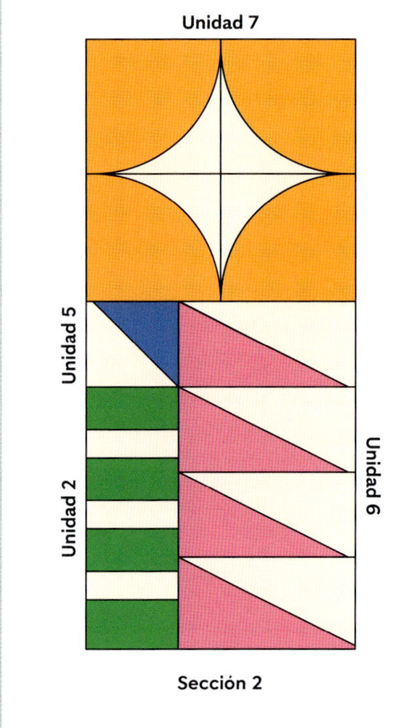

Sección 2

6 Cose la unidad 8 a la izquierda de la unidad 9, DD, como se muestra.

7 Cose una unidad 2 a la derecha de la unidad del paso 6, DD, como se muestra. Etiqueta la unidad como sección 3.

Unidad 8 **Unidad 9** **Unidad 2**

Sección 3

8 Cose la unidad 10 en la parte superior de la unidad 11, DD, como se muestra.

9 Cose la unidad 12 en la parte superior de la unidad 13, DD, como se muestra.

10 Cose una unidad 2 a la derecha de la unidad 14, DD, como se muestra.

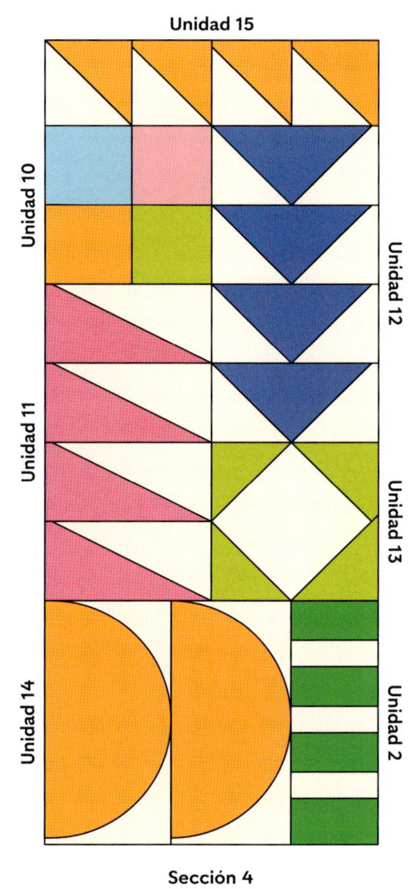

Sección 4

11 Ordena las unidades de los pasos 8 y 9 como se muestra. Cose las unidades DD.

12 Coloca la unidad 15 y las unidades de los pasos 10 y 11 como se muestra. Cose las unidades DD y etiquétalas como sección 4.

13 Cose la unidad 16 en la parte superior de la unidad 17, DD, como se muestra.

14 Coloca la unidad del paso 13 y las unidades 18, 19 y 20 como se muestra. Cóselas DD y etiquétalas como sección 5.

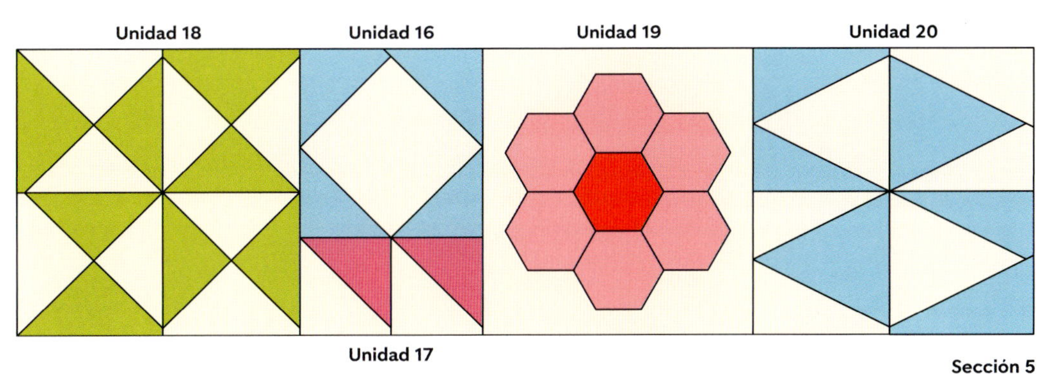

ENSAMBLAJE Y ACABADO DEL QUILT

Esta cubierta de quilt se ensambla siguiendo un diseño de medallón (p. 147). Asegúrate de orientar todas las secciones como se muestra.

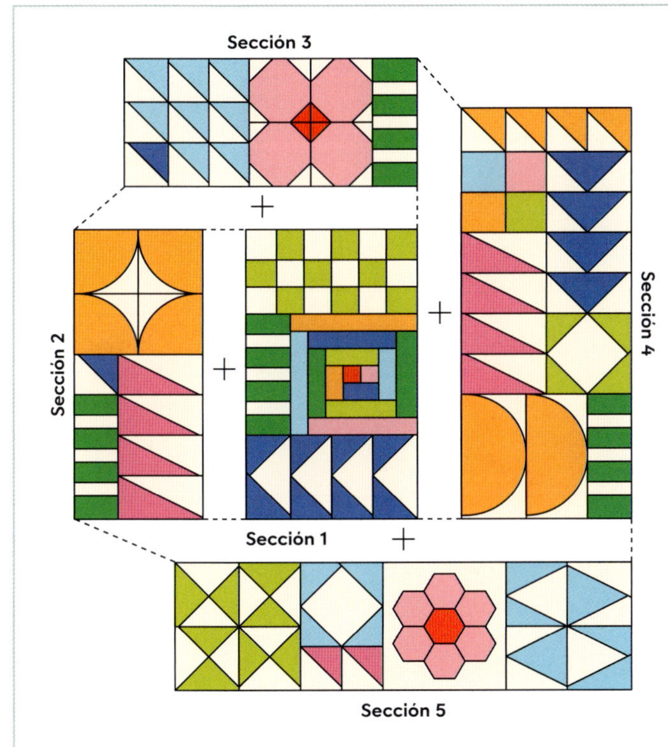

1 Une todas las secciones utilizando una técnica de montaje de cabaña de troncos (p. 85). Cose la sección 2 a la izquierda de la sección 1, DD, seguida de la sección 3 en la parte superior, la sección 4 a la derecha y luego la sección 5 en la parte inferior. Plancha todas las costuras abiertas.

2 Cose dos tiras de borde TF17 a la izquierda y a la derecha de la cubierta, DD, y luego las dos TF17 restantes a las partes superior e inferior. Plancha todas las costuras hacia la TF.

3 Plancha toda la cubierta por delante para eliminar arrugas. Para ribetear, corta cinco tiras de 6,4 cm (2½ in) × AT de la tela elegida. Une las cinco tiras, DD, para hacer una tira de al menos 465 cm (183 in) de largo. Para el acabado del quilt, fija las capas (pp. 157–159), acolcha (pp. 160–171) y ribetea (pp. 172–181) como desees.

Cabaña en cascada

Este patrón es una interpretación moderna del bloque cabaña de troncos tradicional. A partir del centro, orientado en punta, las tiras se extienden como si fluyeran más allá del quilt. Experimenta con la teoría del color para crear una pieza vistosa, ideal para exhibir.

TAMAÑO FINAL 122 × 122 cm (48 × 48 in)

TÉCNICAS EMPLEADAS Comprender la teoría del color **p. 60**, Establecer un margen de costura preciso **p. 73**, Montar tiras **p. 83**, Cabaña de troncos **p. 85**, Triángulos **p. 95**, Líneas de referencia **p. 143**, Diseño en punta **p. 147**, Recorta el quilt **p. 173**

MATERIALES

- Equipo básico (p. 14)
- Regla cuadrada de 24,1 × 24,1 cm (9½ × 9½ in) o mayor
- Rotulador
- Relleno de 137 × 137 cm (54 × 54 in) o mayor

TELA NECESARIA

Telas A–X	(24) tiras diferentes de 6,4 cm (2½ in) × AT
Tela de fondo (TF)	1,25 m (1¼ yds)
Forro*	2,75 m (3 yds)
Ribete	0,5 m (½ yd)

* Tela de forro necesaria si se utiliza una sola costura vertical u horizontal.

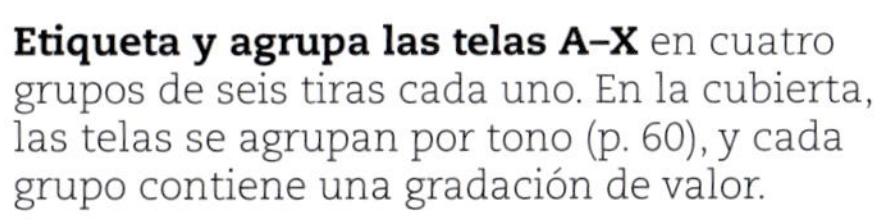

Etiqueta y agrupa las telas A–X en cuatro grupos de seis tiras cada uno. En la cubierta, las telas se agrupan por tono (p. 60), y cada grupo contiene una gradación de valor.

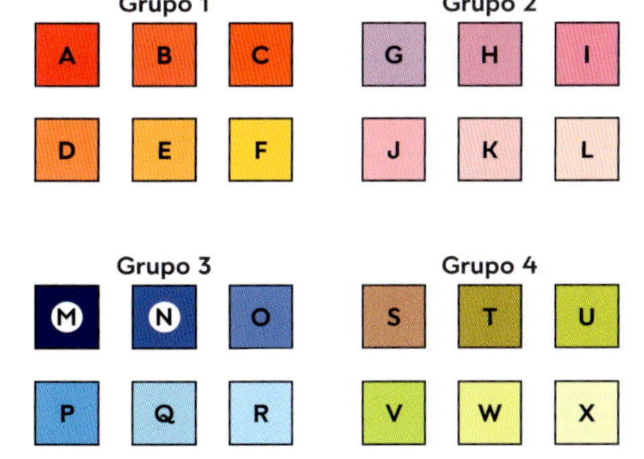

Corta una tira de 6,4 cm (2½ in) × AT de cada tela o selecciona 24 tiras de un paquete de tiras precortadas de 6,4 cm × AT

REFERENCIA DE COLOR

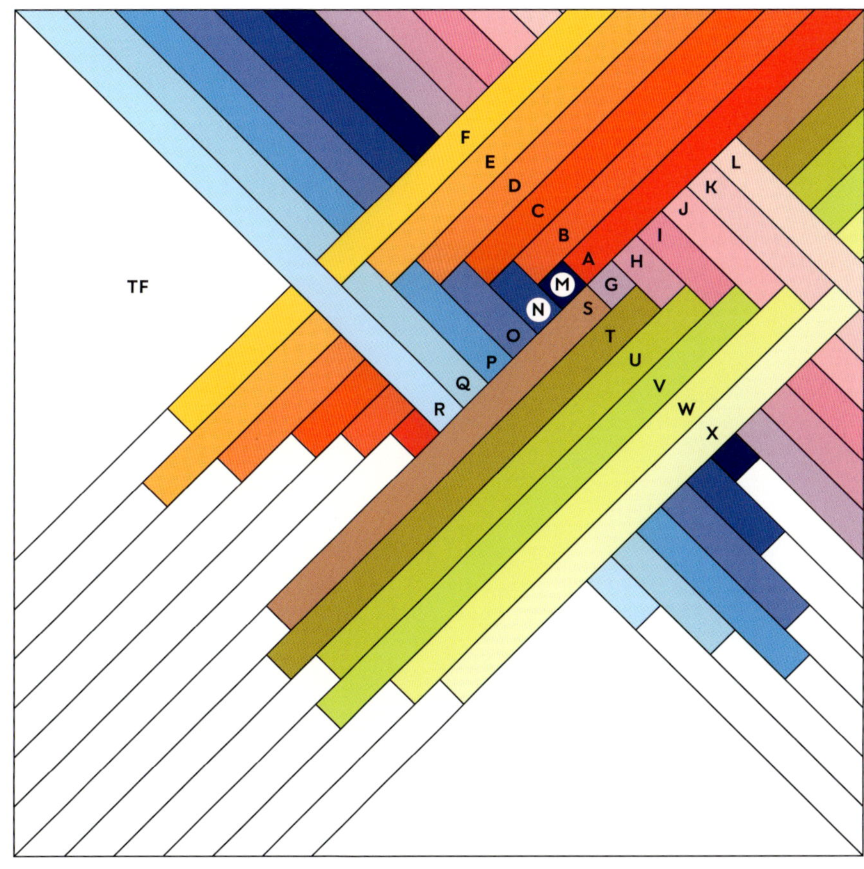

DETALLES DE LA CUBIERTA

Telas: Ruby and Bee Solids de Windham Fabrics en los tonos Capsicum (**A**), Delphinium (**B**), Mandarin (**C**), Marigold (**D**), Pumpkin (**E**), Mustard Seed (**F**), Vervain (**G**), Unicorn (**H**), Fairy Floss (**I**), Posy (**J**), Shell Pink (**K**), Blush (**L**), Night Sky (**M**), Majorelle Blue (**N**), Provence Blue (**O**), Sky (**P**), Aquamarine (**Q**), Marine Layer (**R**), Field Mouse (**S**), Turmeric (**T**), Avocado (**U**), Limeade (**V**), Lemonade (**W**), Sweet Cream (**X**) y Wisp (**TF**); **Acolchado:** en cuadrícula rectangular con prensatelas andador por Bailey de Copper and Citrus; **Hilo:** Aurifil n.° 50; **Relleno:** algodón 100 % sin blanquear de Hobbs Tuscany; **Vista:** Delphinium

INSTRUCCIONES DE CORTE

Utiliza las tablas y los diagramas siguientes para cortar y etiquetar las piezas necesarias de las telas A–X y la TF.

TABLAS DE CORTE DE LAS TELAS

TELAS A–X

De cada tira de 6,4 cm (2½ in) × AT, **corta:**

A	**A1:** (1) 6,4 × 6,4 cm (2½ × 2½ in) **A2:** (1) 6,4 × 61 cm (2½ × 24 in)	M	**M1:** (1) 6,4 × 6,4 cm (2½ × 2½ in) **M2:** (1) 6,4 × 6,4 cm (2½ × 2½ in) **M3:** (1) 6,4 × 35,6 cm (2½ × 14 in)
B	**B1:** (1) 6,4 × 11,4 cm (2½ × 4½ in) **B2:** (1) 6,4 × 61 cm (2½ × 24 in)	N	**N1:** (1) 6,4 × 16,5 cm (2½ × 6½ in) **N2:** (1) 6,4 × 11,4 cm (2½ × 4½ in) **N3:** (1) 6,4 × 40,6 cm (2½ × 16 in)
C	**C1:** (1) 6,4 × 16,5 cm (2½ × 6½ in) **C2:** (1) 6,4 × 61 cm (2½ × 24 in)	O	**O1:** (1) 6,4 × 26,7 cm (2½ × 10½ in) **O2:** (1) 6,4 × 16,5 cm (2½ × 6½ in) **O3:** (1) 6,4 × 45,7 cm (2½ × 18 in)
D	**D1:** (1) 6,4 × 26,7 cm (2½ × 10½ in) **D2:** (1) 6,4 × 61 cm (2½ × 24 in)	P	**P1:** (1) 6,4 × 31,8 cm (2½ × 12½ in) **P2:** (1) 6,4 × 21,6 cm (2½ × 8½ in) **P3:** (1) 6,4 × 50,8 cm (2½ × 20 in)
E	**E1:** (1) 6,4 × 36,8 cm (2½ × 14½ in) **E2:** (1) 6,4 × 61 cm (2½ × 24 in)	Q	**Q1:** (1) 6,4 × 21,6 cm (2½ × 8½ in) **Q2:** (1) 6,4 × 26,7 cm (2½ × 10½ in) **Q3:** (1) 6,4 × 55,9 cm (2½ × 22 in)
F	**F1:** (1) 6,4 × 26,7 cm (2½ × 10½ in) **F2:** (1) 6,4 × 61 cm (2½ × 24 in)	R	**R1:** (1) 6,4 × 11,4 cm (2½ × 4½ in) **R2:** (1) 6,4 × 91,4 cm (2½ × 36 in)
G	**G1:** (1) 6,4 × 30,5 cm (2½ × 12 in) **G2:** (1) 6,4 × 6,4 cm (2½ × 2½ in) **G3:** (1) 6,4 × 30,5 cm (2½ × 12 in)	S	**S1:** (1) 6,4 × 30,5 cm (2½ × 12 in) **S2:** (1) 6,4 × 67,3 cm (2½ × 26½ in)
H	**H1:** (1) 6,4 × 25,4 cm (2½ × 10 in) **H2:** (1) 6,4 × 11,4 cm (2½ × 4½ in) **H3:** (1) 6,4 × 25,4 cm (2½ × 10 in)	T	**T1:** (1) 6,4 × 25,4 cm (2½ × 10 in) **T2:** (1) 6,4 × 77,5 cm (2½ × 30½ in)
I	**I1:** (1) 6,4 × 20,3 cm (2½ × 8 in) **I2:** (1) 6,4 × 16,5 cm (2½ × 6½ in) **I3:** (1) 6,4 × 20,3 cm (2½ × 8 in)	U	**U1:** (1) 6,4 × 20,3 cm (2½ × 8 in) **U2:** (1) 6,4 × 77,5 cm (2½ × 30½ in)
J	**J1:** (1) 6,4 × 15,2 cm (2½ × 6 in) **J2:** (1) 6,4 × 21,6 cm (2½ × 8½ in) **J3:** (1) 6,4 × 15,2 cm (2½ × 6 in)	V	**V1:** (1) 6,4 × 15,2 cm (2½ × 6 in) **V2:** (1) 6,4 × 87,6 cm (2½ × 34½ in)
K	**K1:** (1) 6,4 × 10,2 cm (2½ × 4 in) **K2:** (1) 6,4 × 25,4 cm (2½ × 10½ in) **K3:** (1) 6,4 × 10,2 cm (2½ × 4 in)	W	**W1:** (1) 6,4 × 10,2 cm (2½ × 4 in) **W2:** (1) 6,4 × 82,6 cm (2½ × 32½ in)
L	**L1:** (1) 6,4 × 35,6 cm (2½ × 14 in) **L2:** (1) 6,4 × 6,4 cm (2½ × 2½ in)	X	**X1:** (1) 6,4 × 6,4 cm (2½ × 2½ in) **X2:** (1) 6,4 × 82,6 cm (2½ × 32½ in)

TELA DE FONDO (TF)

Corta (1) 63,5 cm (25 in) × AT; **corta en la tira:**
- **TF-Y:** (1) 63,5 × 63,5 cm (25 × 25 in)
- **TF-S2:** (1) 6,4 × 55,9 cm (2½ × 22 in)
- **TF-D1:** (1) 6,4 × 50,8 cm (2½ × 20 in)
- **TF-R1:** (1) 6,4 × 50,8 cm (2½ × 20 in)
- **TF-U2:** (1) 6,4 × 45,7 cm (2½ × 18 in)
- **TF-W2:** (1) 6,4 × 40,6 cm (2½ × 16 in)
- **TF-X2:** (1) 6,4 × 40,6 cm (2½ × 16 in)

Corta (5) 6,4 cm (2½ in) × AT; De la primera tira, **corta:**
- **TF-A1:** (1) 6,4 × 86.4 cm (2½ × 34 in)
- **TF-O1:** (1) 6,4 × 20,3 cm (2½ × 8 in)

De la segunda tira, **corta:**
- **TF-B1:** (1) 6,4 × 76,2 cm (2½ × 30 in)
- **TF-M1:** (1) 6,4 × 30,5 cm (2½ × 12 in)

De la tercera tira, **corta:**
- **TF-C1:** (1) 6,4 × 66 cm (2½ × 26 in)
- **TF-F1:** (1) 6,4 × 40,6 cm (2½ × 16 in)

De la cuarta tira, **corta:**
- **TF-T2:** (1) 6,4 × 45,7 cm (2½ × 18 in)
- **TF-N1:** (1) 6,4 × 25,4 cm (2½ × 10 in)
- **TF-P1:** (1) 6,4 × 20,3 cm (2½ × 18 in)

De la quinta tira, **corta:**
- **TF-E1:** (1) 6,4 × 35,6 cm (2½ × 14 in)
- **TF-Q1:** (1) 6,4 × 35,6 cm (2½ × 14 in)
- **TF-V2:** (1) 6,4 × 35,6 cm (2½ × 14 in))

CORTE DE PIEZAS DE TIRAS DE LAS TELAS A-X

1 Coloca cada tira horizontalmente y corta segmentos (p. 70) en vertical según las tablas de corte de las telas. Algunas tiras pueden tener tela sobrante que no se necesita.

2 Etiqueta todas las piezas para mantener el orden.

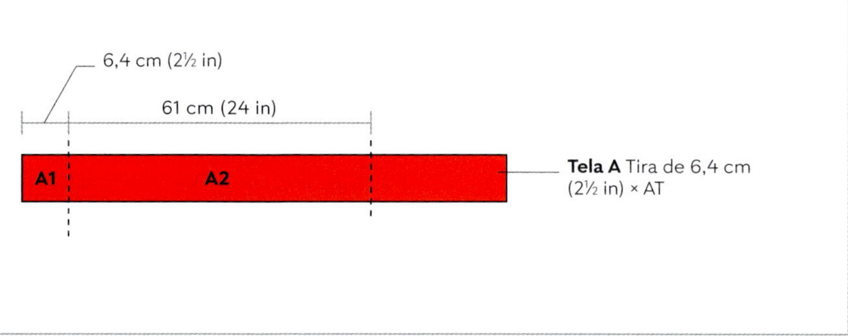

ENSAMBLAJE DE BLOQUES

Algunas de las piezas utilizadas en esta sección se unen a las piezas de fondo correspondientes; por ejemplo, A1 corresponde a TF-A1. Asegúrate de que todas las piezas estén etiquetadas correctamente antes de comenzar.

1 Marca una diagonal de esquina a esquina en TF-Y. Haz una costura de refuerzo (p. 151) a 3,2 mm (⅛ in) de cada lado de la línea marcada.

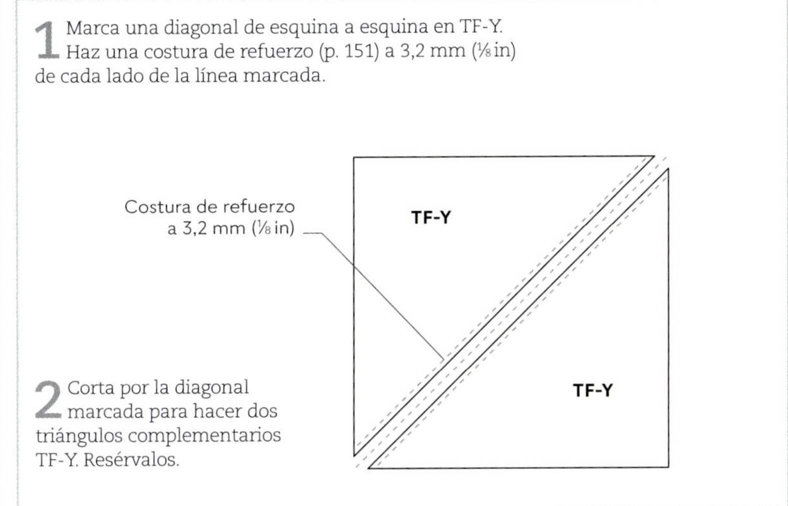

2 Corta por la diagonal marcada para hacer dos triángulos complementarios TF-Y. Resérvalos.

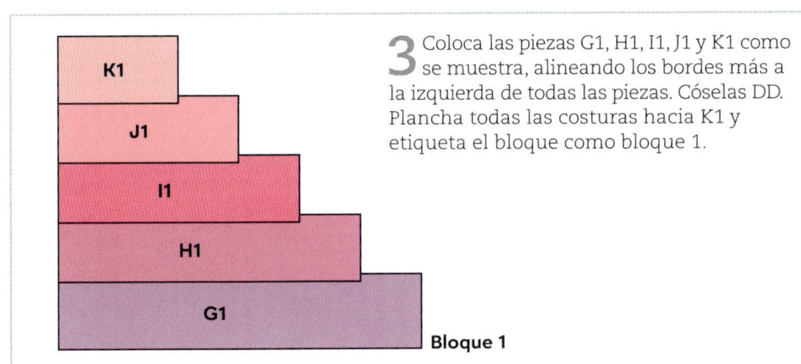

3 Coloca las piezas G1, H1, I1, J1 y K1 como se muestra, alineando los bordes más a la izquierda de todas las piezas. Cóselas DD. Plancha todas las costuras hacia K1 y etiqueta el bloque como bloque 1.

4 Cose M1 DD con su pieza de fondo correspondiente, TF-M1, para hacer una tira. Repite para coser N1, O1, P1, Q1 y R1 a sus piezas de fondo correspondientes. Plancha todas las costuras abiertas.

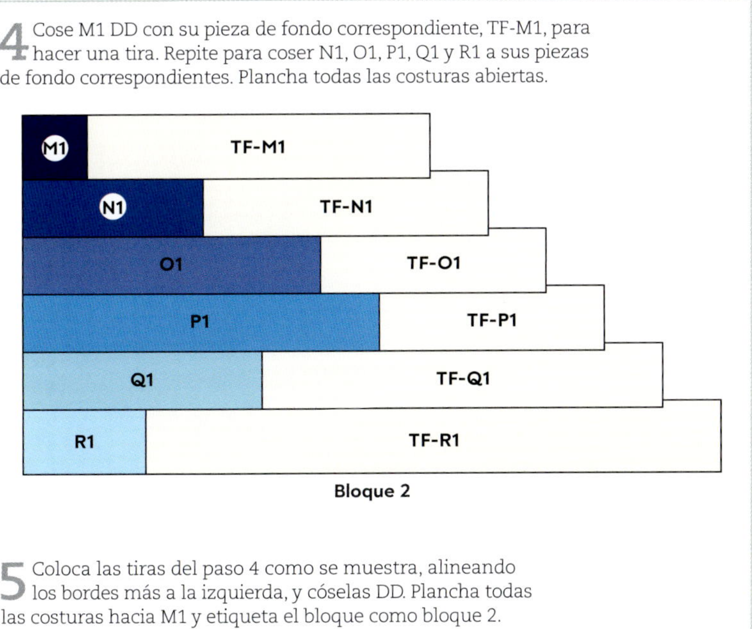

5 Coloca las tiras del paso 4 como se muestra, alineando los bordes más a la izquierda, y cóselas DD. Plancha todas las costuras hacia M1 y etiqueta el bloque como bloque 2.

6 Cose S2 DD con su pieza de fondo correspondiente, TF-S2, para hacer una tira. Repite para coser T2, U2, V2, W2 y X2 a sus piezas de fondo correspondientes. Plancha todas las costuras abiertas.

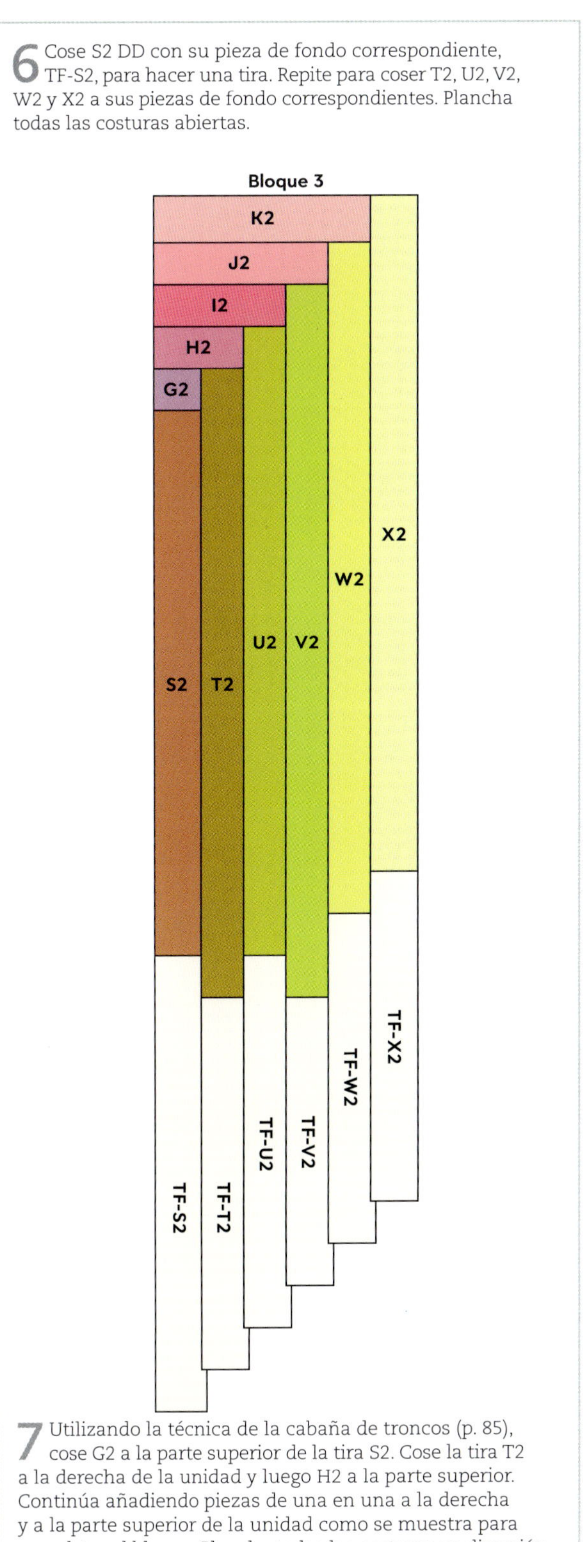

7 Utilizando la técnica de la cabaña de troncos (p. 85), cose G2 a la parte superior de la tira S2. Cose la tira T2 a la derecha de la unidad y luego H2 a la parte superior. Continúa añadiendo piezas de una en una a la derecha y a la parte superior de la unidad como se muestra para completar el bloque. Plancha todas las costuras en dirección contraria a G2 y etiqueta el bloque como bloque 3.

8 Coloca las piezas S1, T1, U1, V1, W1 y X1 como se muestra, alineando los bordes inferiores, y cóselas DD. Plancha todas las costuras hacia X1.

9 Cose L1 a la parte inferior de la unidad del paso 8, DD, alineando los bordes más a la izquierda. Plancha en dirección contraria a L1 y etiqueta el bloque como bloque 4.

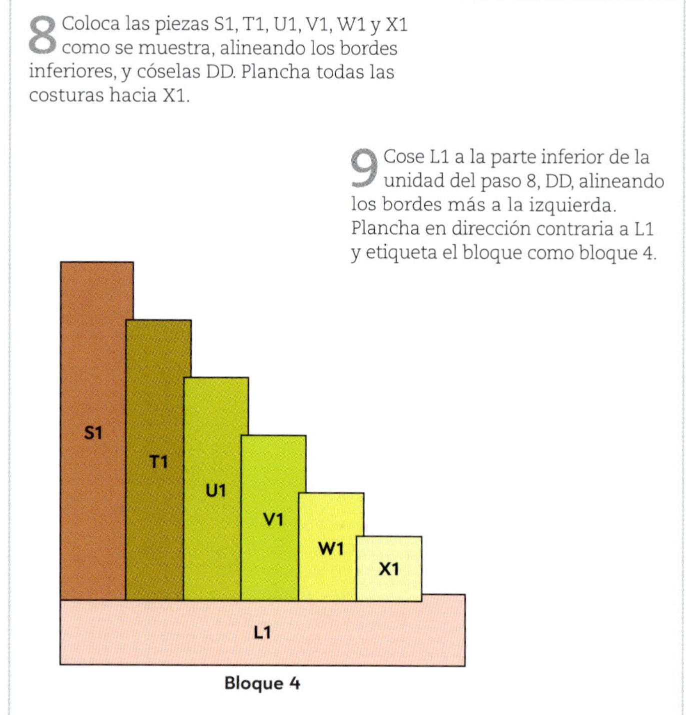

Bloque 4

10 Coloca las piezas G3, H3, I3, J3, K3, L2, M3, N3, O3, P3 y Q3 como se muestra, alineando los bordes más a la derecha, y cóselas DD. Plancha todas las costuras hacia L2 y etiqueta el bloque como bloque 5.

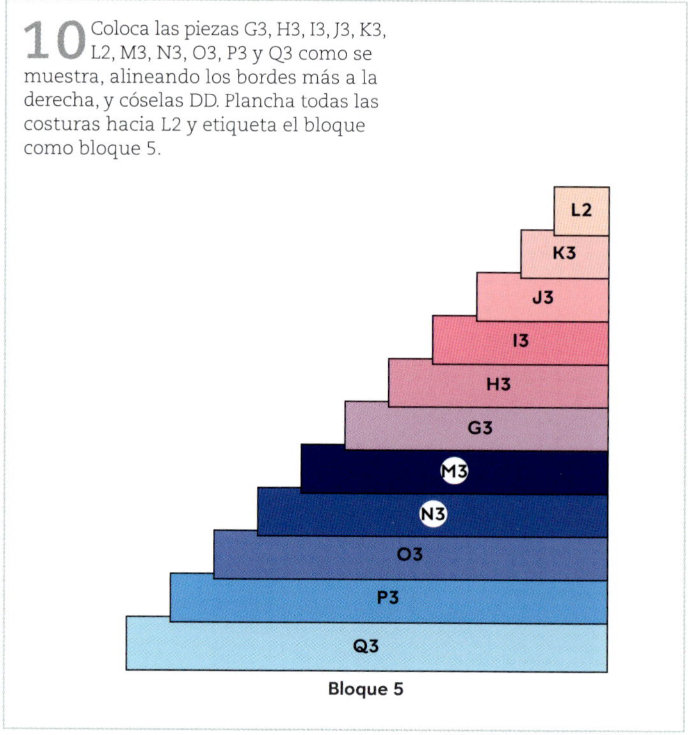

Bloque 5

11 Utilizando la técnica de la cabaña de troncos (p. 85), cose M2 a la parte inferior de A2. Cose B2 a la izquierda de la unidad y luego N2 a la parte inferior. Continúa añadiendo piezas de una en una a la izquierda y a la parte inferior de la unidad como se muestra para completar el bloque. Plancha todas las costuras en dirección contraria a M2 y etiqueta el bloque como bloque 6.

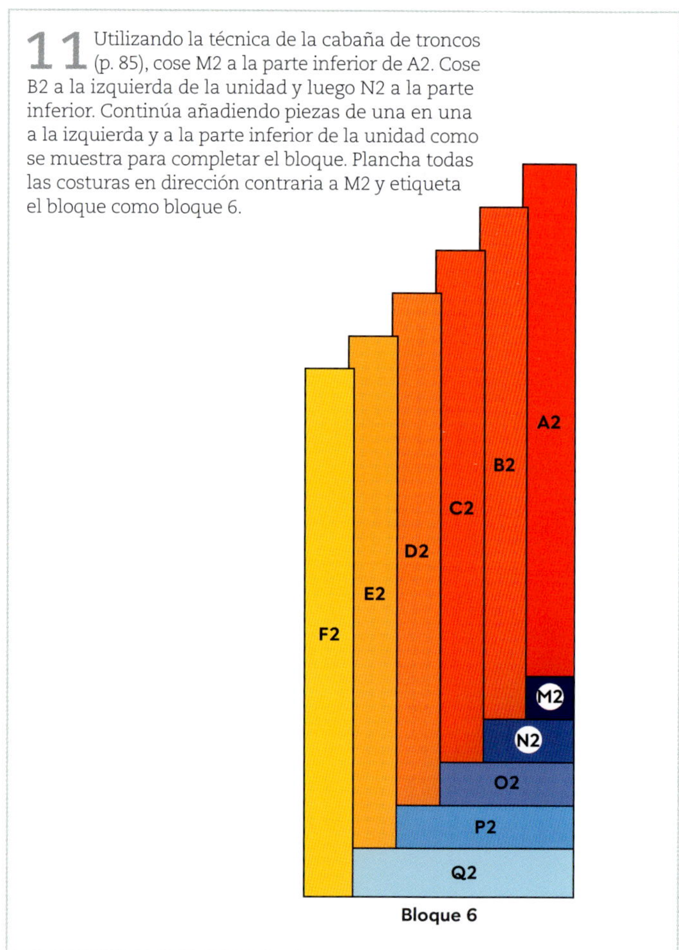

Bloque 6

12 Cose A1, DD, a su pieza de fondo correspondiente, TF-A1, para hacer una tira. Repite para coser B1, C1, D1, E1 y F1 a sus piezas de fondo correspondientes. Plancha todas las costuras abiertas.

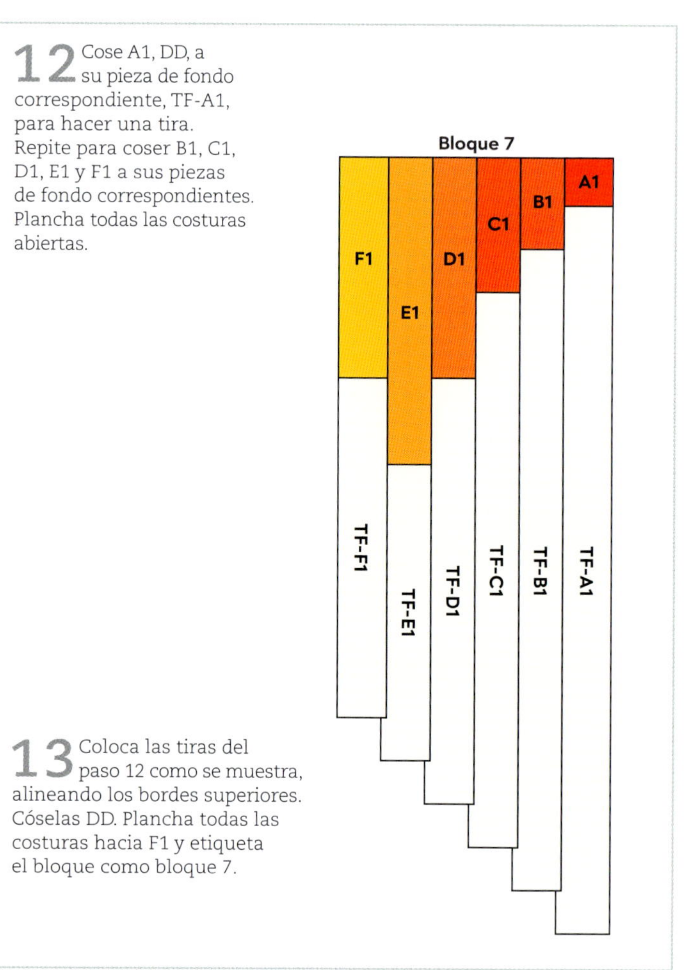

13 Coloca las tiras del paso 12 como se muestra, alineando los bordes superiores. Cóselas DD. Plancha todas las costuras hacia F1 y etiqueta el bloque como bloque 7.

ENSAMBLAJE DE LA SECCIÓN 1

Asegúrate de que todos los bloques estén ensamblados y etiquetados correctamente antes de comenzar esta sección. Utiliza líneas de referencia (p. 143) para alinear las piezas a través de las tiras al unir los bloques.

1 Coloca el bloque 1, el bloque 2 y un triángulo TF-Y como se muestra, alineando los bordes inferiores. Cose los bloques DD. Plancha las costuras hacia el bloque 1.

2 Cose el bloque 3 a la parte inferior de la unidad del paso 1, alineando los bordes más a la izquierda. Plancha la costura en dirección contraria al bloque 3.

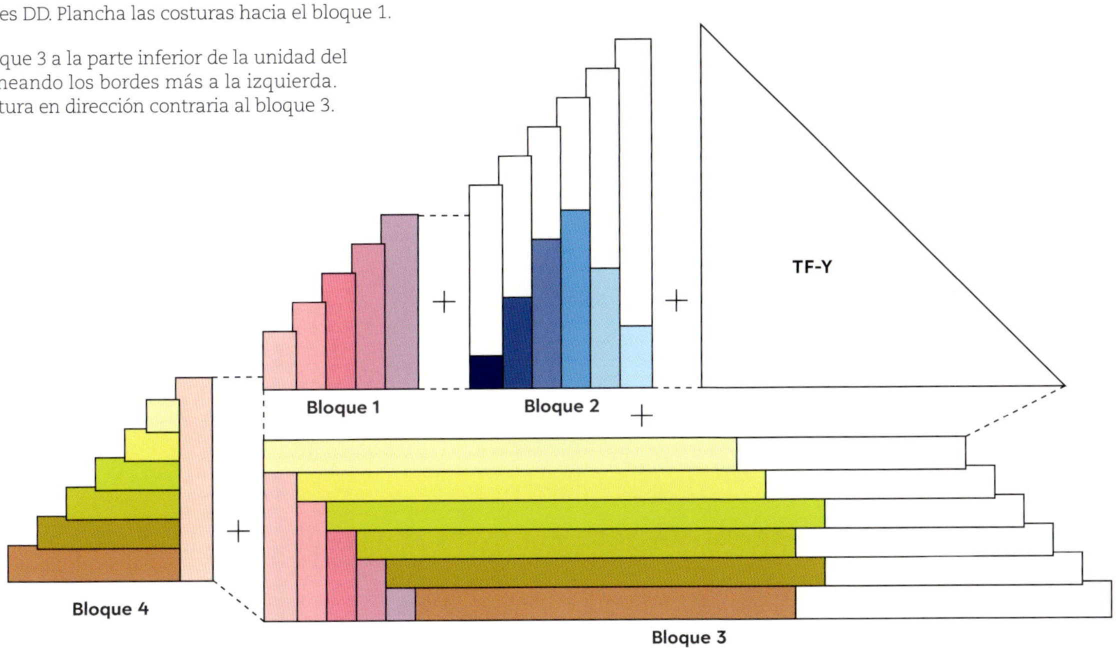

TF-Y
Bloque 1
Bloque 2
Bloque 4
Bloque 3

3 Cose el bloque 4 a la izquierda de la unidad del paso 2, alineando los bordes inferiores. Plancha la costura hacia el bloque 4 y etiqueta como sección 1.

4 Haz una costura de refuerzo (p. 151) en los bordes exteriores de la sección 1 para evitar que los bordes al bies se estiren. Cose a no más de 3,2 mm (⅛ in) de los bordes. No recortes los bordes irregulares.

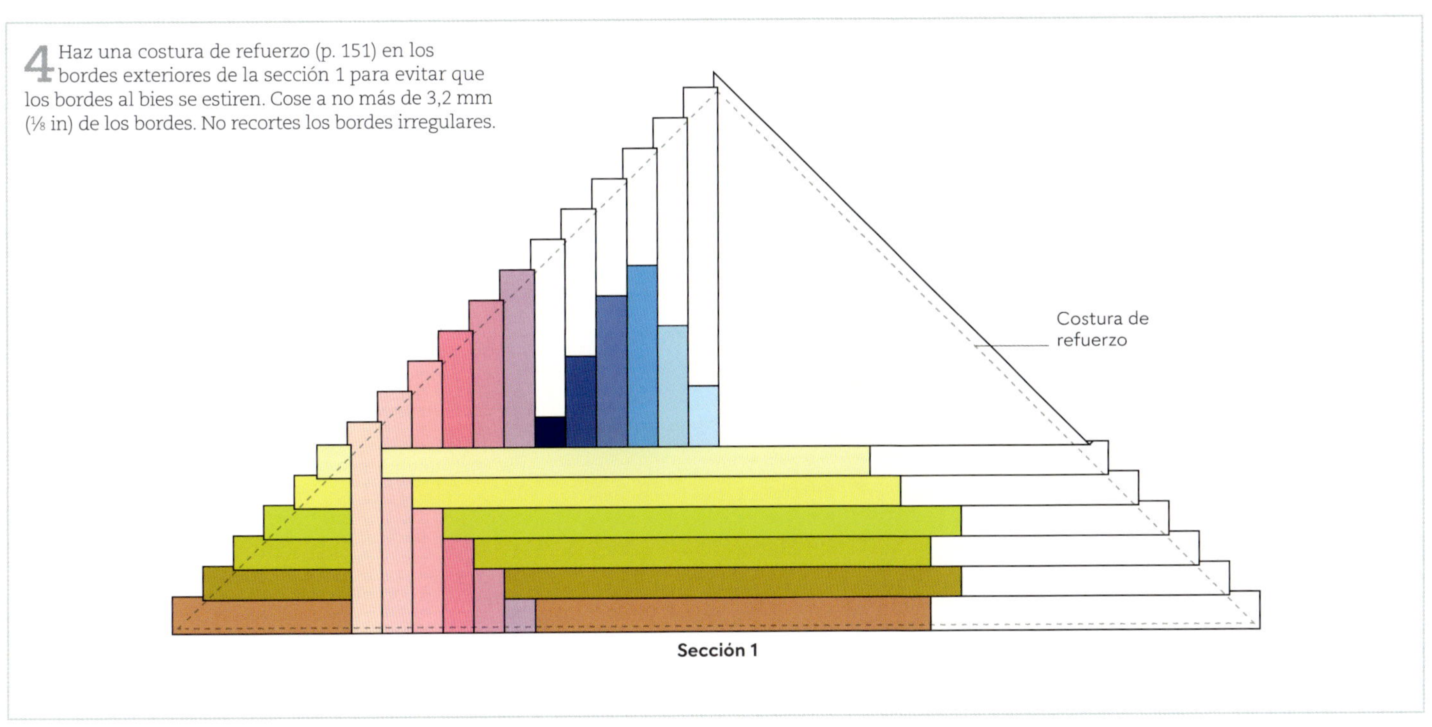

ENSAMBLAJE DE LA SECCIÓN 2

Asegúrate de que todos los bloques estén ensamblados y etiquetados correctamente antes de comenzar esta sección. Utiliza líneas de referencia (p. 143) para alinear las piezas a través de las tiras al unir los bloques.

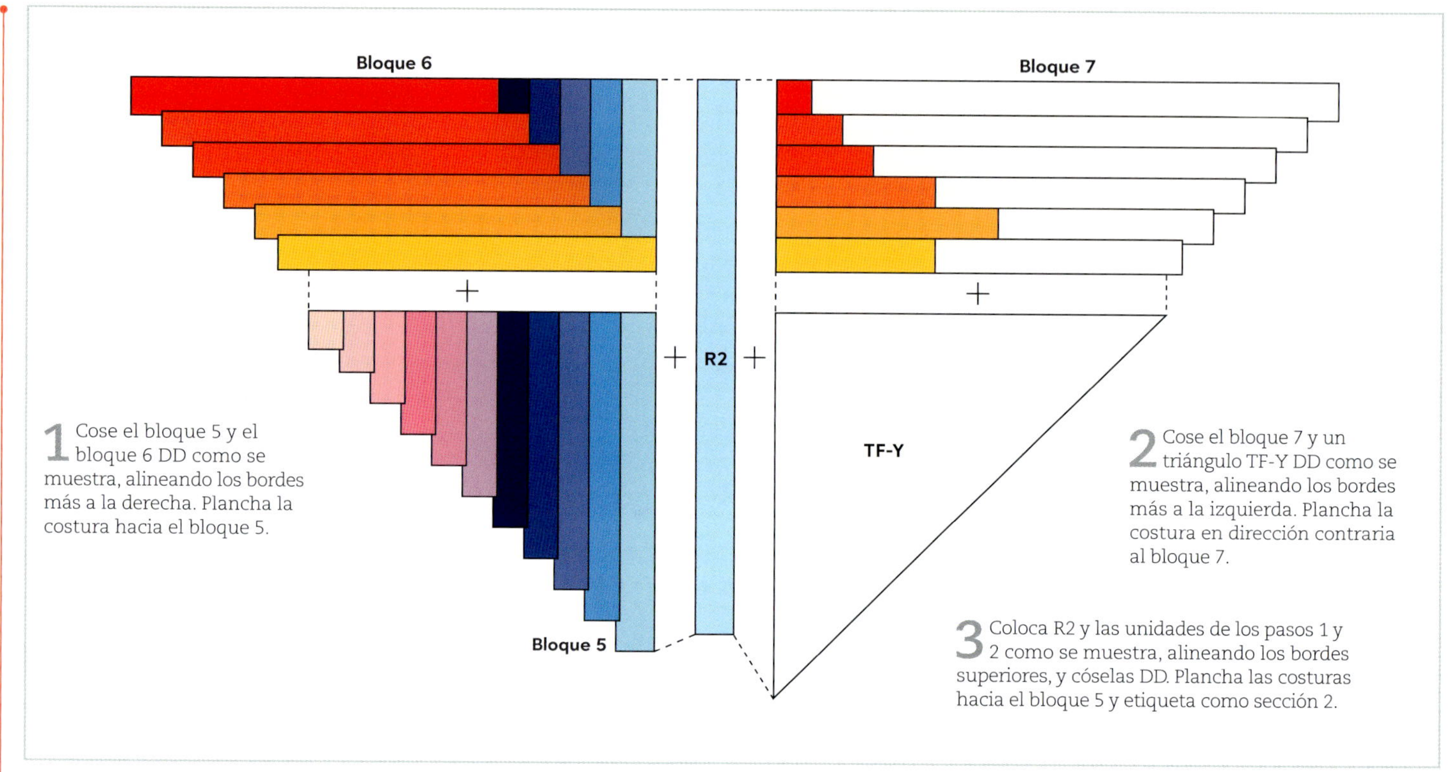

1 Cose el bloque 5 y el bloque 6 DD como se muestra, alineando los bordes más a la derecha. Plancha la costura hacia el bloque 5.

2 Cose el bloque 7 y un triángulo TF-Y DD como se muestra, alineando los bordes más a la izquierda. Plancha la costura en dirección contraria al bloque 7.

3 Coloca R2 y las unidades de los pasos 1 y 2 como se muestra, alineando los bordes superiores, y cóselas DD. Plancha las costuras hacia el bloque 5 y etiqueta como sección 2.

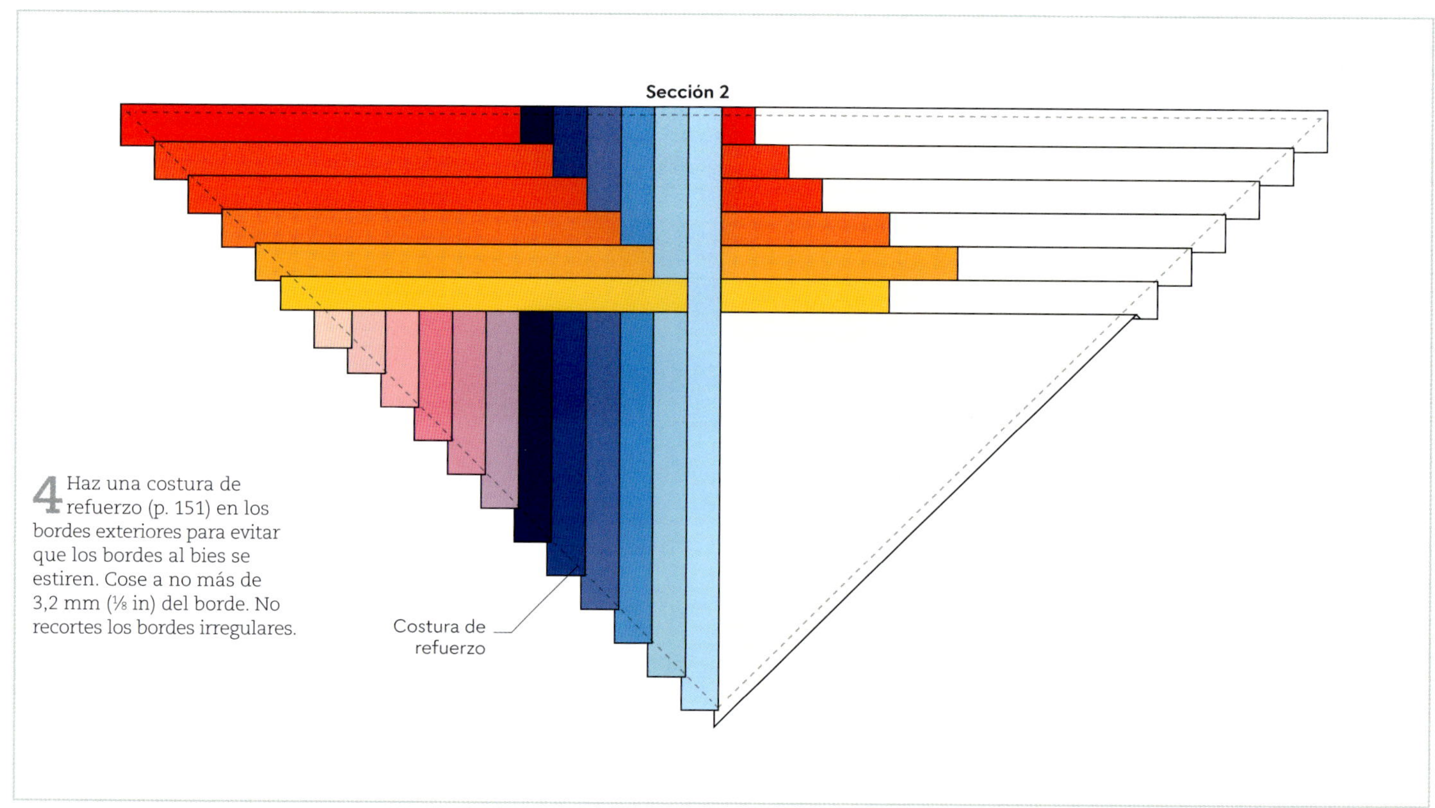

4 Haz una costura de refuerzo (p. 151) en los bordes exteriores para evitar que los bordes al bies se estiren. Cose a no más de 3,2 mm (⅛ in) del borde. No recortes los bordes irregulares.

ENSAMBLAJE Y ACABADO DEL QUILT

Este diseño de cubierta de quilt se ensambla en punta (p. 147). Marca líneas de referencia para facilitar la alineación de las costuras en ambas secciones y cose con cuidado para evitar estirar los bordes al bies.

1 Cose la sección 1 y la sección 2, DD, por sus bordes largos como se muestra. Alinea cuidadosamente las secciones, anidando las costuras de M2 y G2 en el centro. Plancha la costura abierta.

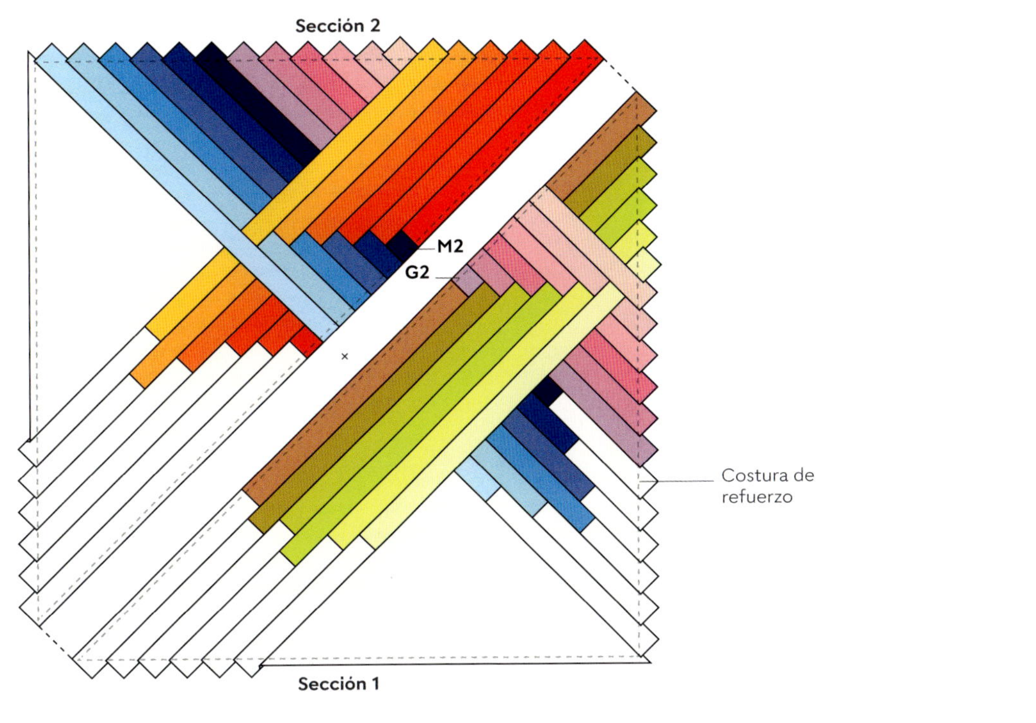

2 Recorta los bordes irregulares para escuadrar la cubierta del quilt (p. 173), dejando al menos 6,4 mm (¼ in) de margen de costura en las tres áreas donde las costuras se cruzan para preservar las puntas. Utiliza las costuras diagonales centrales para ayudarte a alinear la regla al recortar las esquinas a escuadra.

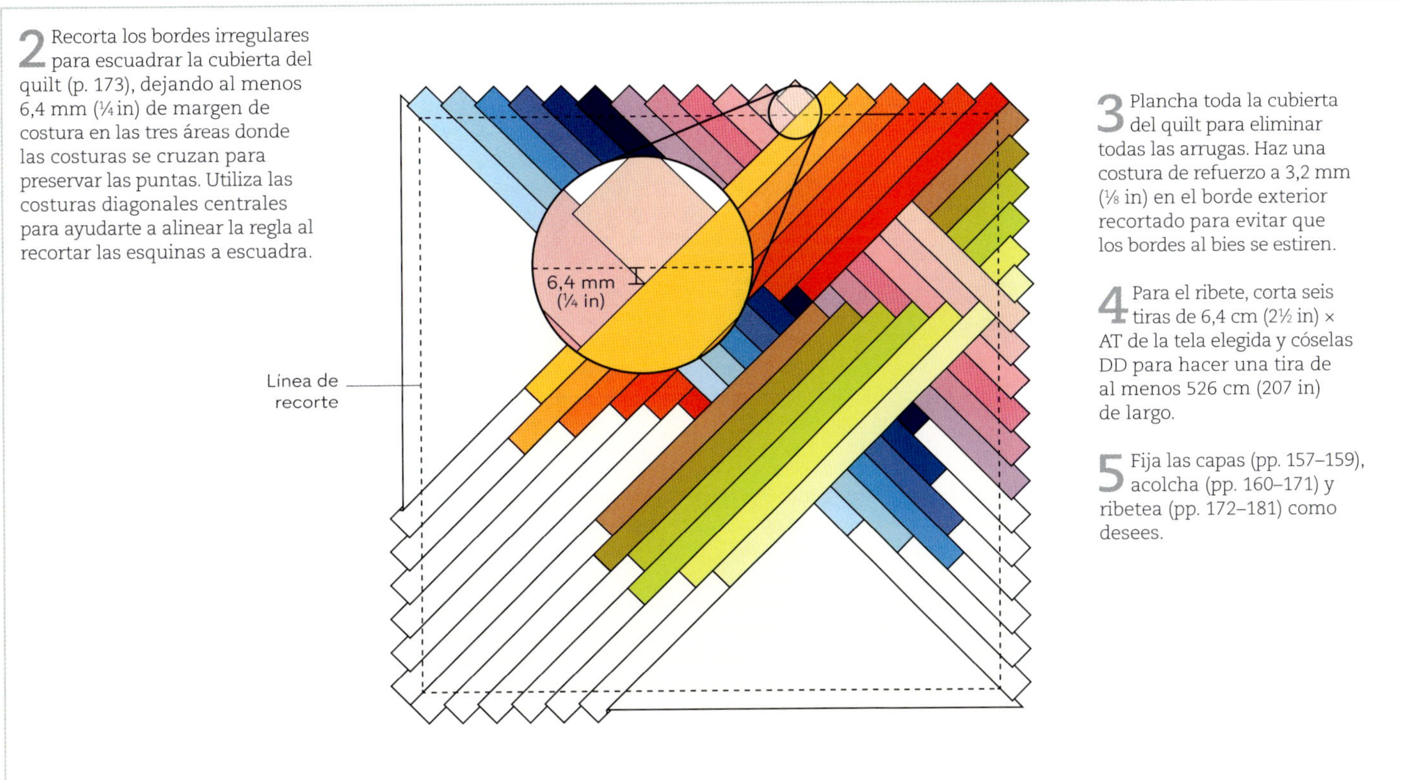

3 Plancha toda la cubierta del quilt para eliminar todas las arrugas. Haz una costura de refuerzo a 3,2 mm (⅛ in) en el borde exterior recortado para evitar que los bordes al bies se estiren.

4 Para el ribete, corta seis tiras de 6,4 cm (2½ in) × AT de la tela elegida y cóselas DD para hacer una tira de al menos 526 cm (207 in) de largo.

5 Fija las capas (pp. 157–159), acolcha (pp. 160–171) y ribetea (pp. 172–181) como desees.

Prisma estelar

Este patrón de quilt se inspira en las formas angulosas que se ven en un caleidoscopio. El diseño, con estrellas de rombos centradas en un marco hexagonal, permite practicar el montaje de piezas con ángulos irregulares, el MSP y técnicas de aplicación.

TAMAÑO FINAL 165 × 178 cm (65 × 70 in)

TÉCNICAS EMPLEADAS Triángulos **p. 95**, Triángulos equiláteros **p. 100**, Medios hexágonos **p. 101**, Montaje sobre papel a la inglesa **p. 124**, Aplicación, **p. 134**, Diseño en filas **p. 146**

MATERIALES

- Equipo básico (p. 14)
- Pinzas (opcional)
- Regla rectangular de 8,9 × 31,8 cm (3½ × 12½ in) o mayor, con líneas de 60°
- Regla para triángulos equiláteros y regla para medios hexágonos (opcional)
- Rotulador
- Impresora y papel de plantilla para MSP o 138 piezas de papel para MSP precortadas en forma de rombo de 3,8 cm (1½ in)
- Plantilla acrílica con forma de rombo de 3,8 cm (1½ in) para MSP (opcional)
- Aguja e hilo para MSP
- Relleno de 180 × 196 cm (71 × 77 in) o mayor

TELA NECESARIA

Telas A–F	0,5 m (½ yd)
Tela G	0,5 m (¾ yd)
Tela de fondo (TF)	3,25 m (3½ yds)
Forro*	3,75 m (4 yds)
Ribete	0,75 m (¾ yd)

* Forro necesario si se utiliza una sola costura horizontal.

Elige telas A-F que formen un efecto degradado, una tela G que contraste (p. 61) y una TF que haga que el diseño resalte. No se recomiendan los tejidos direccionales.

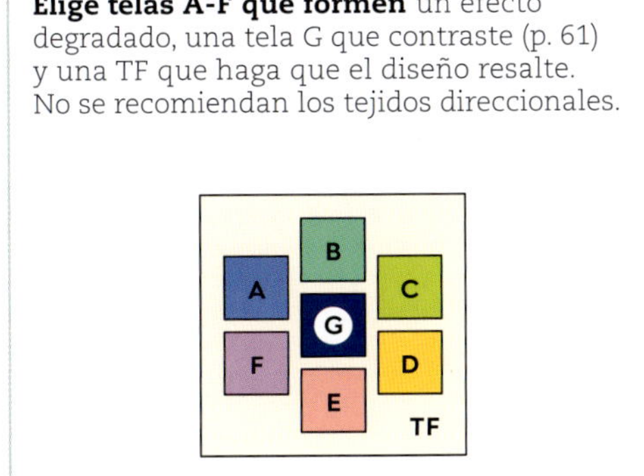

REFERENCIA DE COLOR

DETALLES DE LA CUBIERTA

Telas: Ruby and Bee Solids de Windham Fabrics en los tonos Provence Blue (**A**), Minty (**B**), Avocado (**C**), Mustard Seed (**D**), Peachy Keen (**E**), Vervain (**F**), Night Sky (**G**) y Cream Puff (**TF**); **Acolchado:** con regla y en movimiento libre; **Hilo:** Aurifil n.° 50; **Relleno:** lana 100% de Hobbs Heirloom; **Ribete:** Night Sky

INSTRUCCIONES DE CORTE

Utiliza las tablas siguientes para cortar y etiquetar las piezas necesarias de las telas A–G y TG. Consulta las técnicas de corte de medio hexágono (p. 101), rombo para MSP (p. 127) y triángulo equilátero (p. 100) para obtener instrucciones más detalladas. Visita la página web de *Quilts* (p. 11) para imprimir las plantillas de rombo para MSP necesarias.

TABLAS DE CORTE DE LAS TELAS

TELAS A–F

De cada tela: Corta (4) 8,9 cm (3½ in) × AT; **corta en las tiras:**
A1–F1: (19) medios hexágonos de 8,9 cm (3½ in) (19 de cada tela)

TELA G

Corta (9) 5,1 cm (2 in) × AT; **corta en las tiras:**
G1: (138) rombos para usar con rombos de papel de 3,8 cm (1½ in)

TELA DE FONDO (TF)

Corta (6) 19,1 cm (7½ in) × AT; **corta en las tiras:**
TG3: (36) triángulos equiláteros de 19,1 cm (7½ in)
TF4: (20) triángulos de borde de 19,1 cm (7½ in)

Corta (8) 8,9 cm (3½ in) × AT; **corta en las tiras:**
TF2: (114) triángulos equiláteros de 8,9 cm (3½ in)
TF1: (2) 3,8 × 25,4 cm (1½ in × 10 in)

Corta (4) 25,4 cm (10 in) × AT; **corta en las tiras:**
TF1: (112) 3,8 × 25,4 cm (1½ × 10 in) [114 TF1 en total]

DIAGRAMAS DE CORTE DE LAS TELAS

1 Dobla cada tira AT de las telas A–F por la mitad, alineando los orillos. Coloca una tira doblada horizontalmente sobre una alfombrilla de corte con los orillos a la izquierda.

2 Alinea la línea de 60º de la regla con el borde inferior de la tira. Corta para eliminar los orillos.

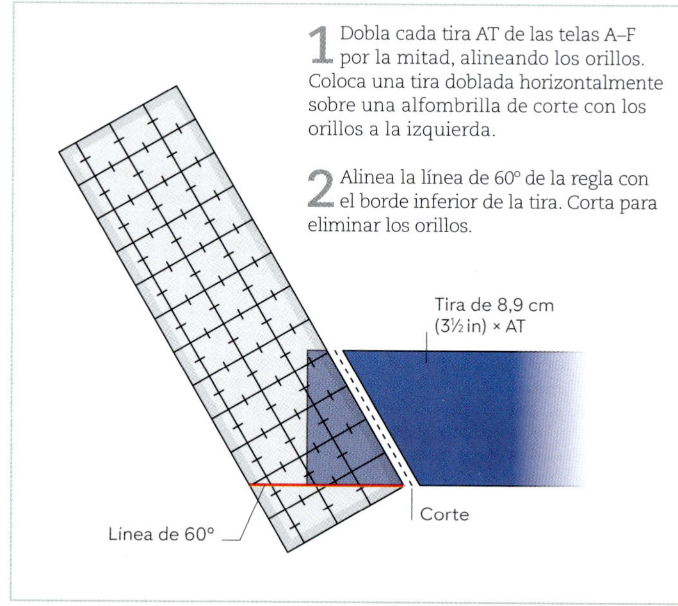

3 Vuelve la regla del revés y alinea la línea de 60º con el borde inferior de la tira.

4 Desplaza la regla hasta que el vértice inferior de la tira esté a 8,3 cm (3¼ in) del borde derecho de la regla. Corta para obtener dos medios hexágonos A1 a la vez. También puedes usar una regla de medio hexágono (p. 19).

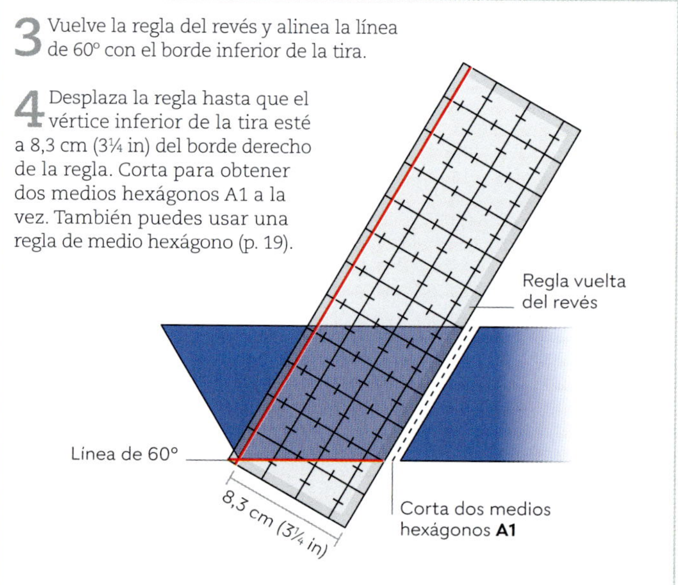

5 Da la vuelta a la regla con el lado correcto hacia arriba. Repite el paso 4 para cortar otro A1, midiendo desde el vértice de la cubierta de la tira. Continúa volteando la regla para hacer cada corte, hasta un total de seis A1 por tira AT.

6 Repite los pasos 1 a 5 para cortar un total de 19 medios hexágonos de cada tela A–F. Etiqueta cada medio hexágono de acuerdo con su tela correspondiente (A1, B1, C1, etc.).

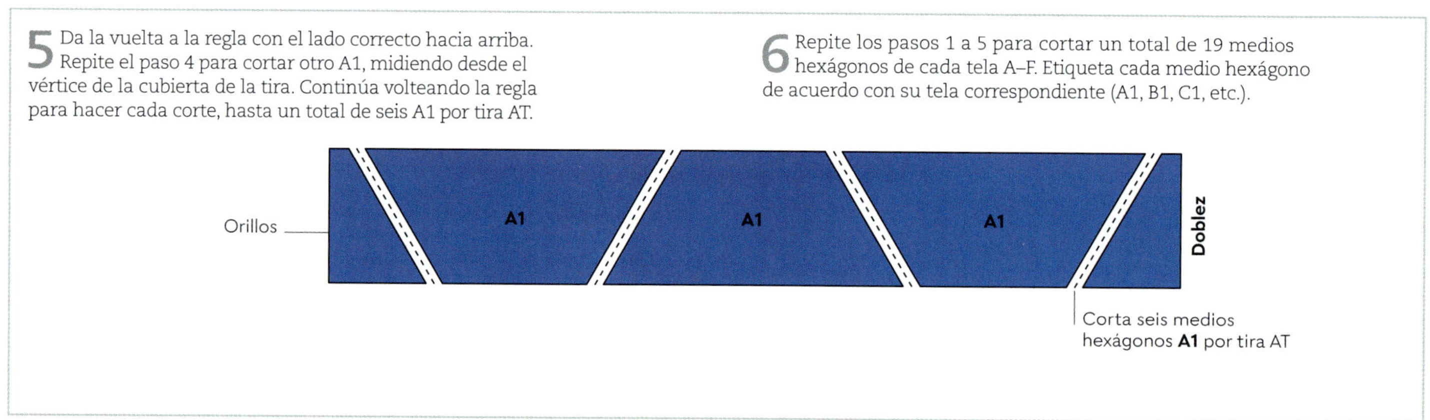

7 Dobla cada tira AT de tela G por la mitad, alineando los orillos. Coloca una tira doblada horizontal sobre una alfombrilla de corte con los orillos a la izquierda.

8 Coloca un rombo de papel para MSP en el extremo izquierdo de la tira. Con ayuda de una regla, corta a 9,5 mm (⅜ in) de todos los lados del rombo para obtener dos rombos G1 a la vez. También puedes usar una plantilla acrílica de rombo para MSP.

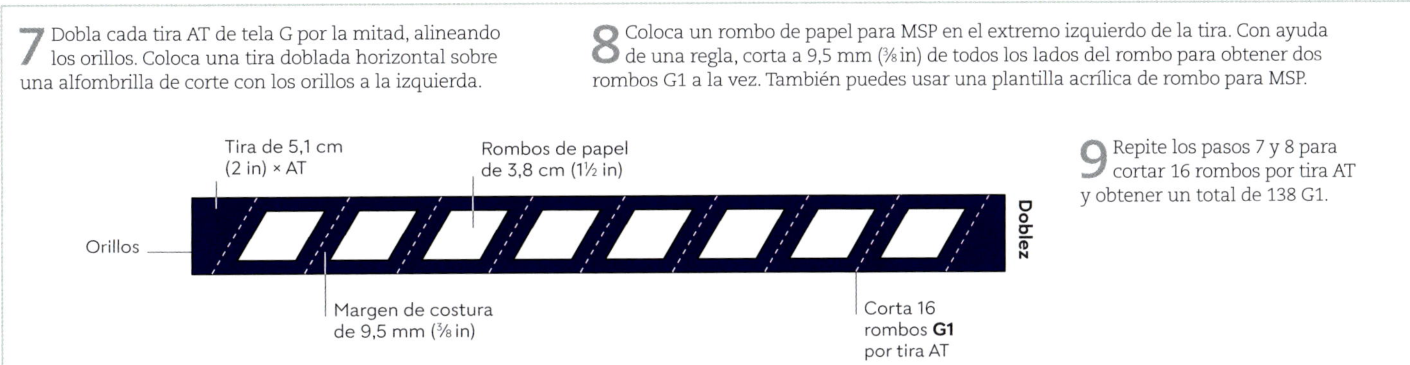

9 Repite los pasos 7 y 8 para cortar 16 rombos por tira AT y obtener un total de 138 G1.

10 Dobla cada tira TF de 19,1 cm (7½ in) × AT por la mitad, alineando los orillos. Coloca una tira doblada horizontal sobre una alfombrilla de corte con los orillos a la izquierda. Retira los orillos.

La línea de 1,3 cm (½ in) atraviesa la esquina superior izquierda

Tira de 19,1 cm (7½ in) × AT

Línea de 60°

Corta dos triángulos de borde **TF4**

11 Alinea la línea de 60° de una regla con el borde inferior de la tira. Coloca la medida de 1,3 cm (½ in) de modo que cruce la esquina superior izquierda de la tira. Corta para obtener dos triángulos de borde TF4.

12 Gira la regla en sentido horario, alineando la línea de 60° con el borde inclinado previamente cortado. Asegúrate de que la medida de 6,4 mm (¼ in) cruce el vértice inferior. Corta para obtener dos triángulos equiláteros TF3 con una punta truncada. También puedes usar una plantilla de triángulo equilátero (p. 19).

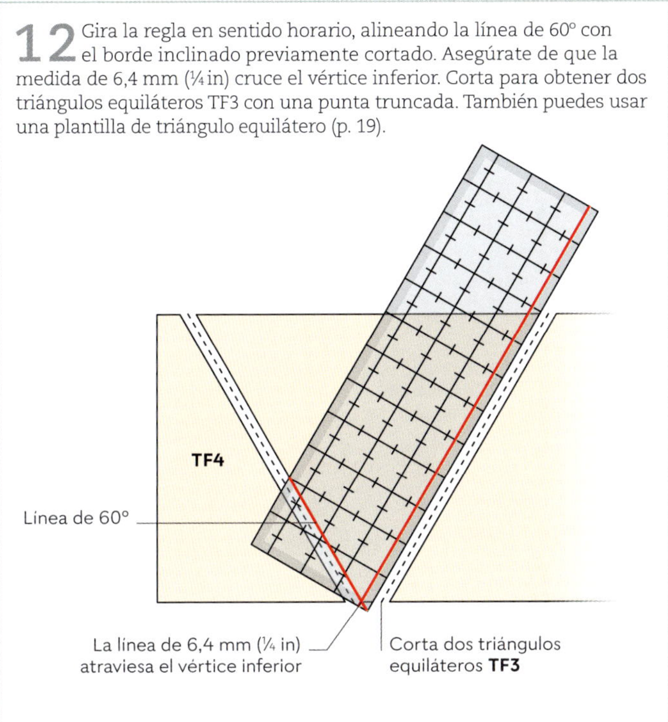

13 Gira la regla en sentido antihorario y alinea la línea de 60° con el borde inferior de la tira. Repite el paso 12 para cortar dos TF3 más, alineando la medida de 6,4 mm (1/4 in) con el vértice superior de la tira. Continúa girando la regla hacia delante y hacia atrás para hacer cada corte, hasta tener seis TF3 por tira AT.

14 Coloca la regla verticalmente sobre la tira de modo que la medida de 1,6 cm (⅝ in) atraviese el vértice superior de la tira. Corta para obtener dos triángulos de borde TF4 más, hasta tener cuatro TF4 por tira AT.

15 Repite los pasos 10 a 14 para cortar un total de 36 TF3 y 20 TF4.

16 Repite los pasos 10 a 14 usando tiras TF de 8,9 cm (3½ in) × AT para cortar un total de 114 triángulos equiláteros TF2.

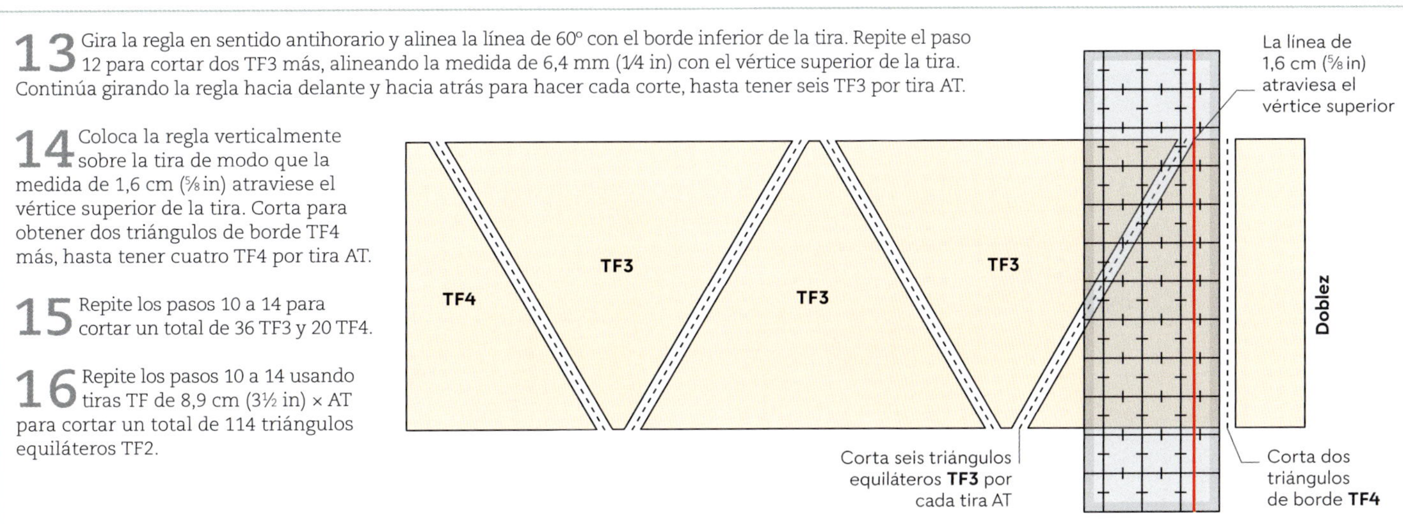

ENSAMBLAJE DE UNIDADES

Al coser unidades angulares, desfasa (p. 96) los bordes para asegurar una alineación adecuada. Plancha todas las costuras abiertas para reducir el volumen y etiqueta todas las unidades completadas para mantener el orden.

1 Marca el centro de un medio hexágono A1 y una TF1 con un pliegue o un útil de marcado eliminable. Cose la pieza TF1 a la parte inferior de A1, DD, alineando las marcas centrales. Plancha.

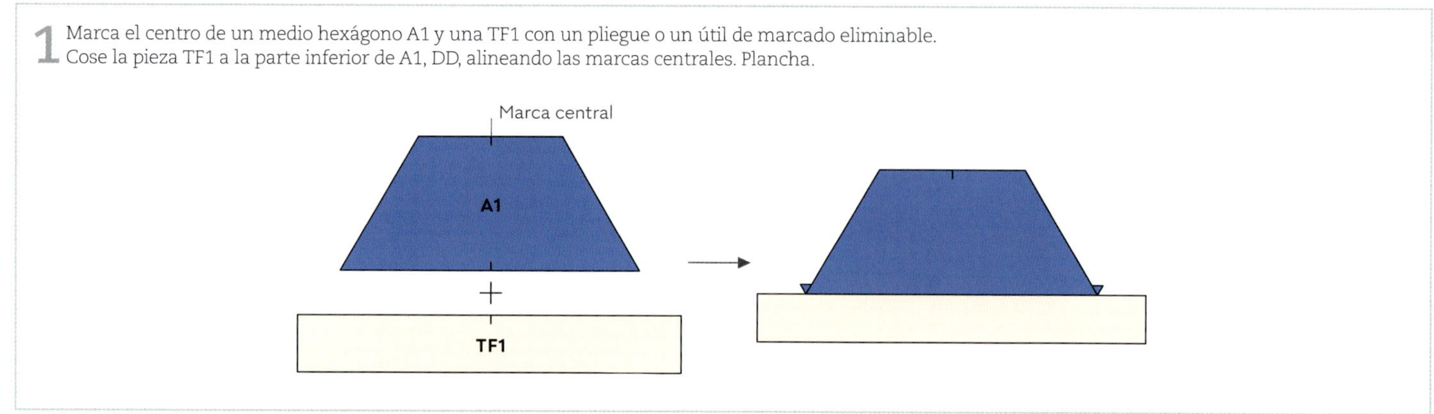

2 Marca el centro de una TF2. Alinea las marcas centrales de TF2 y la unidad del paso 1, DD.

3 Desfasa los bordes de TF2 para que las puntas sobresalgan ligeramente de los bordes de la unidad inferior. Cose a lo largo de los bordes alineados atravesando exactamente los puntos donde se unen los bordes en ángulo. Plancha.

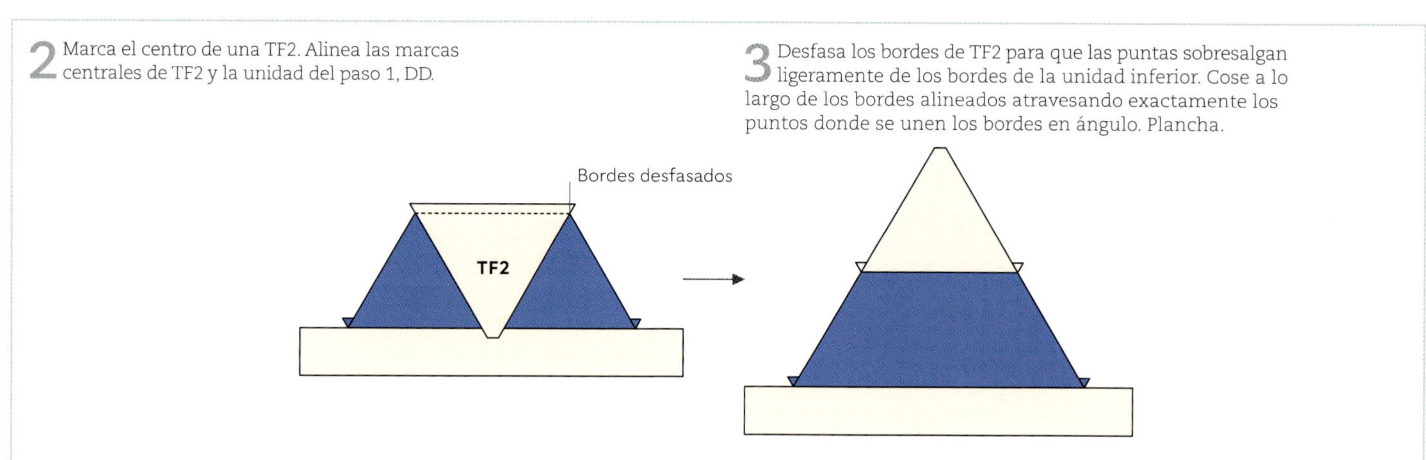

4 Recorta la unidad a lo largo de los bordes en ángulo para eliminar el margen de costura y la tela sobrante de TF1. También puedes usar una plantilla triangular para recortar los bordes. Etiqueta la unidad como unidad A.

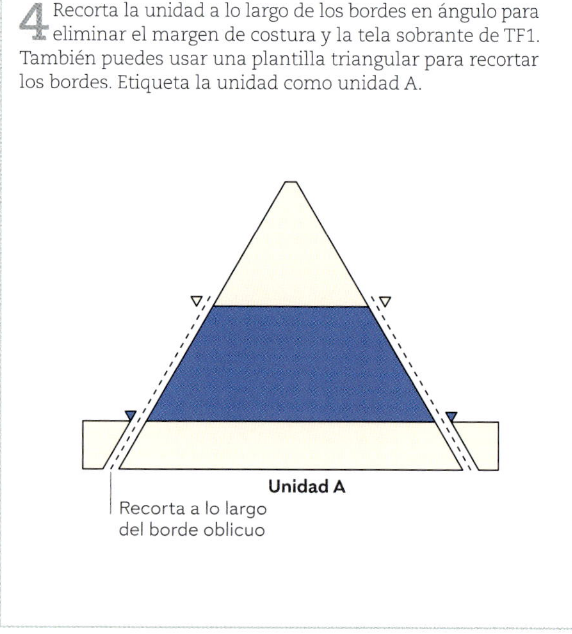

5 Repite los pasos 1 a 4 usando los restantes medios hexágonos A1, B1, C1, D1, E1 y F1, rectángulos TF1 y triángulos equiláteros TF2 para hacer 19 unidades de cada tela A–F. Etiqueta cada unidad completada según su tela correspondiente.

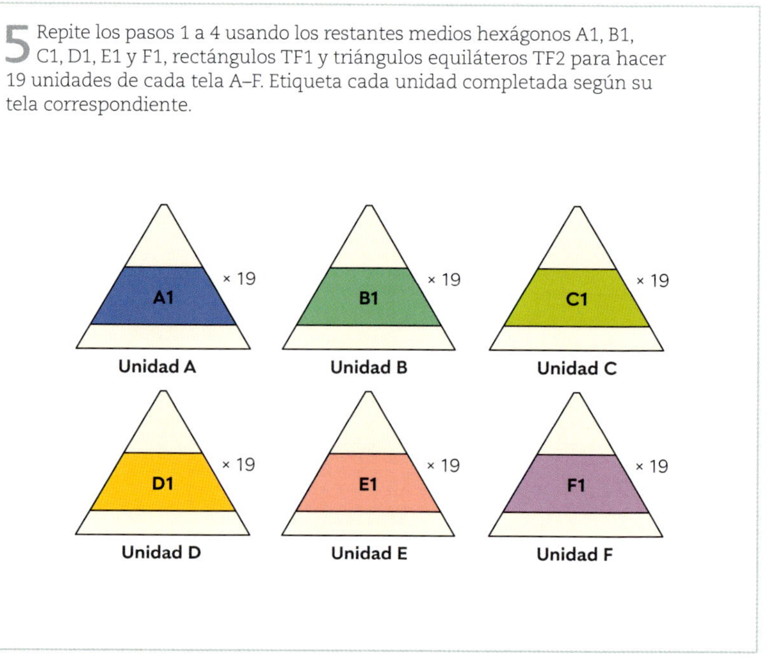

ENSAMBLAJE DE BLOQUES

En esta sección, las unidades se cosen para formar tres bloques diferentes: ABC, DEF y G. Alinea cuidadosamente las costuras y plánchalas abiertas después de cada paso. Consulta cómo sujetar (p. 128) y unir piezas montadas sobre papel a la inglesa (p. 133) para obtener instrucciones más detalladas para hacer el bloque G.

1 Coloca una unidad A con el derecho hacia arriba y la punta truncada mirando hacia abajo. Coloca una unidad B sobre la unidad A, DD, alineando las puntas truncadas.

2 Cose a lo largo del borde oblicuo más a la derecha, asegurándote de que la línea de costura atraviese la esquina izquierda de la punta truncada. Plancha.

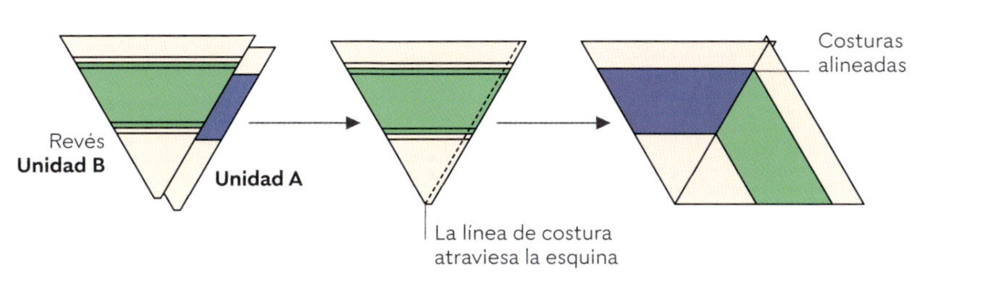

3 Coloca una unidad C sobre la unidad del paso 2, DD, alineando los bordes más a la derecha. Cose las unidades para completar el bloque y etiquétalo como bloque ABC.

4 Repite los pasos 1 a 3 con las unidades A, B y C restantes para hacer un total de 19 bloques ABC.

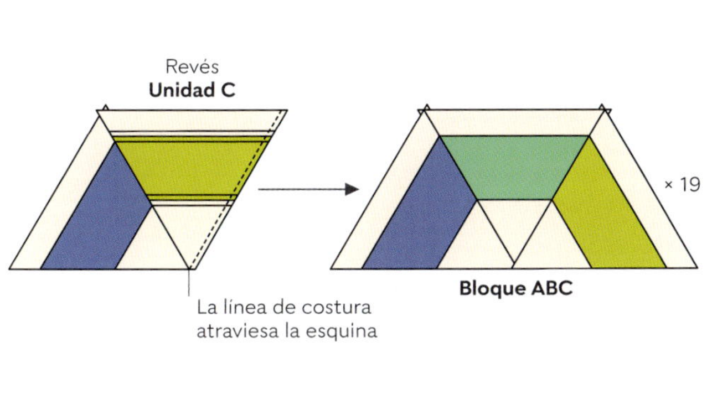

5 Repite los pasos 1 a 4 con las unidades D, E y F para hacer 19 bloques y etiqueta cada uno como bloque DEF.

6 Centra un rombo de papel de 3,8 cm (1½ in) en el revés de un rombo G1. Hilvana o pega la punta superior hacia abajo para fijarla a la pieza de papel.

7 Fija primero el borde inferior derecho y luego el inferior izquierdo, doblando la cola de tela hacia la derecha. Fija los bordes restantes en sentido horario. Etiqueta como unidad G.

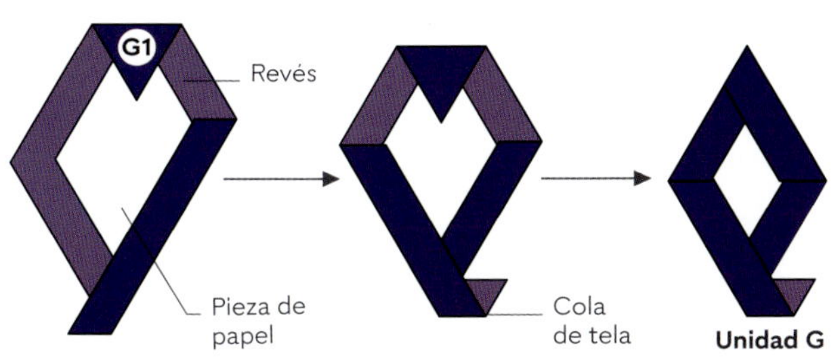

8 Repite los pasos 6 y 7 con los rombos G1 y las piezas de papel restantes para hacer un total de 138 unidades G.

9 Coloca tres unidades G en fila, con las colas de tela encontrándose en el centro. Cose dos unidades, DD, hacia las colas anidadas y luego la tercera para formar una hilera de rombos. Repite con otras tres unidades G para hacer un total de dos hileras de rombos.

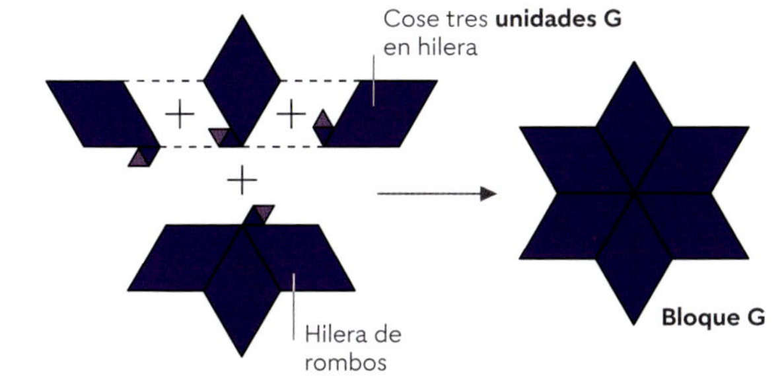

10 Alinea las dos hileras DD, anidando las colas, y cose a lo largo del borde recto para hacer una estrella de rombos. Etiquétala como bloque G.

11 Repite los pasos 9 y 10 para hacer un total de 23 bloques G.

ENSAMBLAJE EN HILERAS

Consulta las páginas 100 y 101 para obtener instrucciones más detalladas sobre cómo ensamblar triángulos y medios hexágonos en hileras. Alinea cuidadosamente las costuras y plánchalas abiertas después de cada paso.

1 Coloca todos los bloques ABC y DEF con triángulos equiláteros TF3 en hileras como se muestra.

- Haz una hilera 1 con 12 TF3, dos TF4 y un bloque ABC.
- Haz una hilera 2 con seis TF3, dos TF4, dos bloques ABC y un bloque DEF.
- Haz tres hileras 3 con dos TF4, tres bloques ABC y dos bloques DEF por hilera.
- Haz tres hileras 4 con dos TF4, dos bloques ABC y tres bloques DEF por hilera.
- Haz una hilera 5 con seis TF3, dos TF4, un bloque ABC y dos bloques DEF.
- Haz una hilera 6 con 12 TF3, dos TF4 y un bloque DEF.

2 Cose primero las piezas de cada hilera a pares para montarlas en cadena de manera eficiente (p. 144). Plancha las costuras y luego une los pares, añadiendo los triángulos de borde TF4 al final para completar cada hilera. Asegúrate de que todas las piezas estén orientadas correctamente durante el montaje para conservar el diseño.

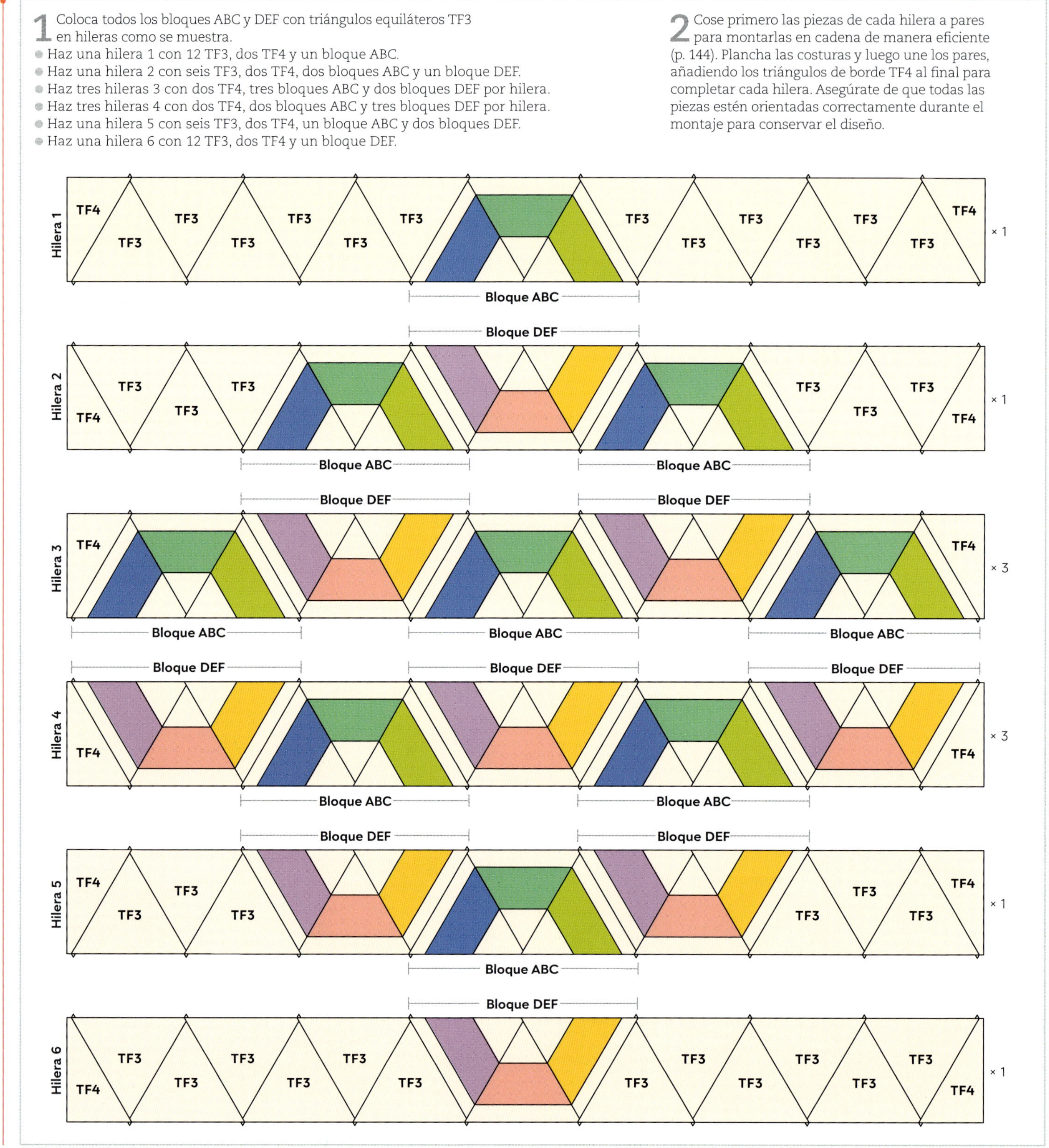

ENSAMBLAJE Y ACABADO DEL QUILT

Al unir las hileras de triángulos, pon alfileres y alinea las costuras en cada intersección. Ten cuidado de no estirar los bordes al bies. Consulta la sección de Aplicación (pp. 134–139) para obtener instrucciones más detalladas sobre cómo aplicar las estrellas de rombos, o bloques G, a la cubierta del quilt.

1 Ordena las hileras 1 a 6 tal y como muestra la imagen; asegúrate de que cada una esté orientada correctamente. Cóselas DD, sujetando con alfileres cada intersección de puntas de triángulo. Plancha.

2 Plancha toda la cubierta por el derecho para eliminar todas las arrugas. Haz una costura de refuerzo (p. 151) a 3,2 mm (⅛ in) alrededor del perímetro del quilt para asegurar las costuras.

3 Aplica todas las estrellas de rombos o bloques G como se muestra, siguiendo las instrucciones de aplicación que se indican a continuación para la colocación correcta.

4 Para hacer el ribete, corta siete tiras de 6,4 cm (2½ in) × AT de la tela elegida y cóselas DD para hacer una tira de al menos 724 cm (285 in) de largo.

5 Para terminar el quilt, fija las capas (pp. 157–159), acolcha (pp. 160–171) y ribetea (pp. 172–181) como desees.

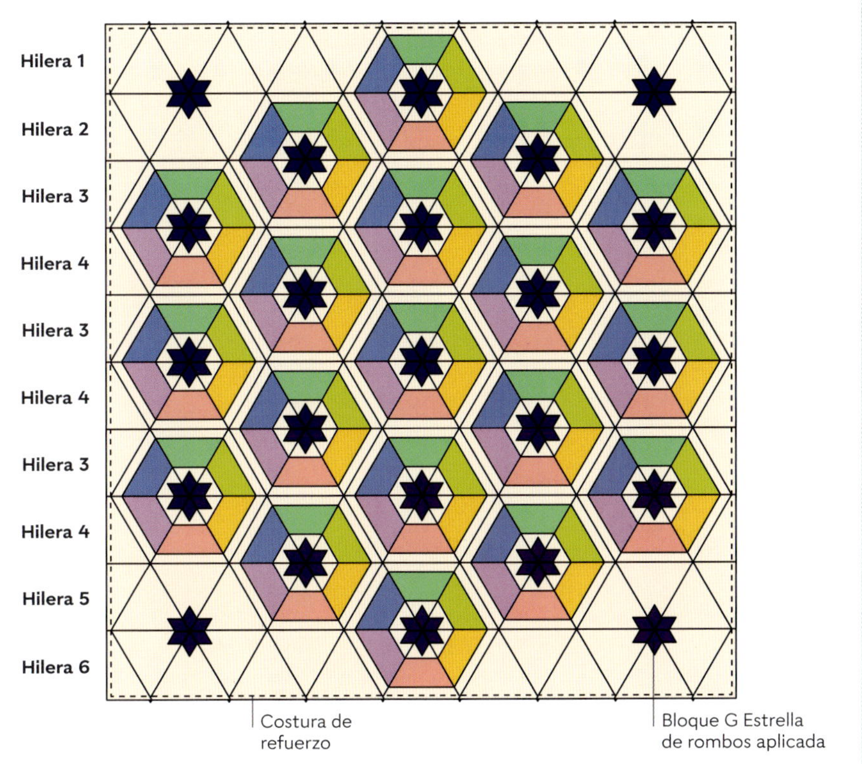

INSTRUCCIONES DE APLICACIÓN

Prepara las estrellas de rombos, o bloques G, quitando las piezas de papel y planchándolas por ambos lados. Centra un bloque G en cada «marco» hexagonal, alineando sus costuras con las de la cubierta del quilt. Cóselo con cualquier técnica de aplicación, remetiendo los hilos sueltos o la tela sobrante antes de coser.

Aplica un bloque G en cada esquina de la cubierta del quilt, centrando cada estrella de rombos en el lugar donde los triángulos se unen para formar un hexágono.

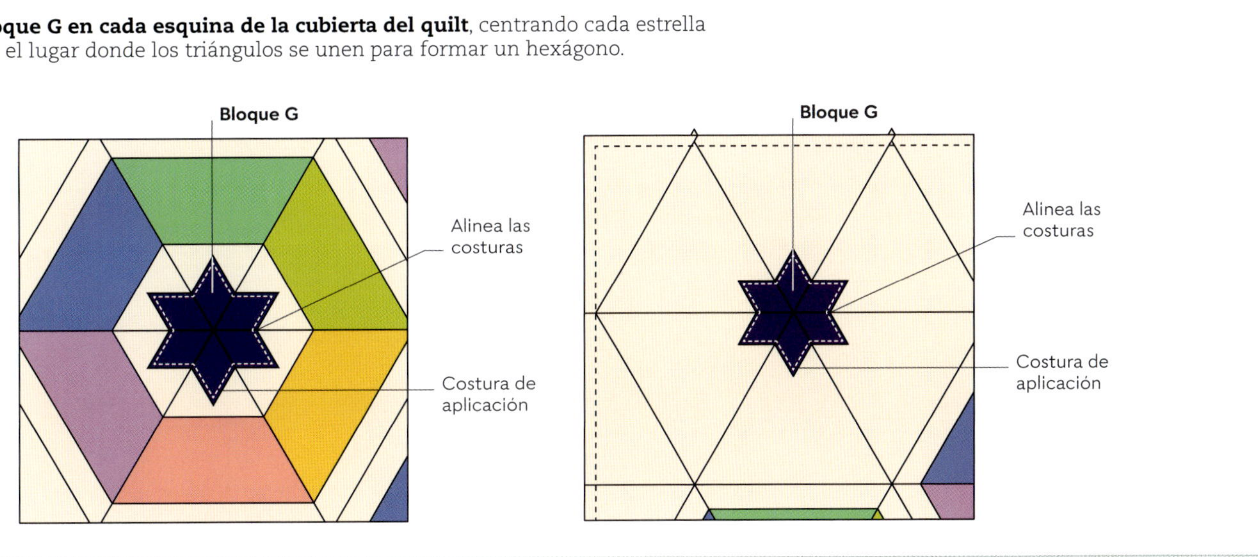

Conexiones en fuga

El diseño de este patrón es una interpretación moderna de un bloque de cadena irlandesa clásico, incorporando unidades de TMR para añadir dimensión y espacios negativos, y dar la impresión de que la cadena se desplaza. Este diseño minimalista es ideal para practicar el montaje de unidades de TMR y cómo casar puntas y costuras.

TAMAÑO FINAL 165 × 165 cm (65 × 65 in)

TÉCNICAS EMPLEADAS Comprender la teoría del color **p. 60**, Bloques de cuatro y nueve parches **p. 84**, TMR **p. 97**, Casar puntas y costuras **p. 141**, Diseño en columnas **p. 146**

MATERIALES

- Equipo básico (p. 14)
- Útiles de marcado
- Cinta *washi*
- Relleno de 180 × 180 cm (71 × 71 in) o mayor

TELA NECESARIA

Tela A	0,5 m (½ yd)
Tela B	0,75 m (¾ yd)
Tela de fondo (TF)	3,25 m (3½ yds)
Forro*	3,75 m (4 yds)
Ribete	0,75 m (¾ yd)

* Tela de forro necesaria si se utiliza una sola costura vertical u horizontal.

Elige tres telas: A, B y de fondo (TF). Los diseños de patchwork con tres telas ofrecen la oportunidad de experimentar con combinaciones de colores complementarios o monocromáticas (p. 61). Elige telas con suficiente contraste para resaltar el diseño. No se recomiendan estampados direccionales para la tela A y la de fondo (TF).

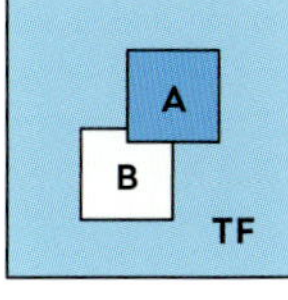

REFERENCIA DE COLOR

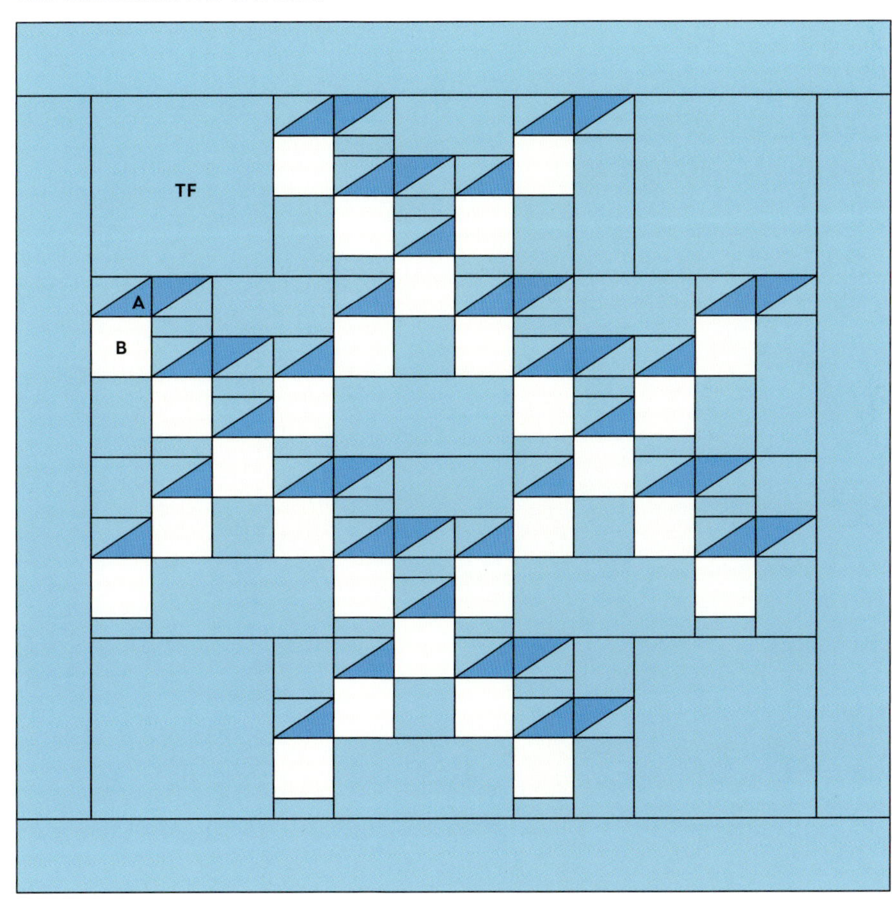

DETALLES DE LA CUBIERTA

Telas: Ruby and Bee Solids de Windham Fabrics en los tonos Sky (**A**), Wisp (**B**) y Aquamarine (**TF**); **Acolchado:** con prensatelas andador; **Hilo:** Aurifil n.º 50; **Relleno:** algodón 100 % natural de Hobbs Heirloom; **Ribete:** Sky

INSTRUCCIONES DE CORTE

Utiliza las tablas y los diagramas siguientes para cortar y etiquetar las piezas necesarias de las telas A, B y TF.

TABLAS DE CORTE DE LAS TELAS

TELAS A Y B	
A	Corta (3) 11,4 cm (4½ in) × AT; **corta en las tiras:** **A1:** (21) 11,4 × 15,2 cm (4½ × 6 in)
B	Corta (4) 12,7 cm (5 in) × AT; **corta en las tiras:** **B1:** (28) 12,7 × 12,7 cm (5 × 5 in)

TELA DE FONDO (TF)
Corta (2) 35,6 cm (14 in) × AT; **corta en las tiras:** **TF8:** (4) 35,6 × 35,6 cm (14 × 14 in) **TF5:** (4) 35,6 × 16,5 cm (14 × 6½ in)
Corta (8) 15,2 cm (6 in) × AT; etiquétalas como **TF9** y resérvalas para los bordes.
Corta (5) 12,7 cm (5 in) × AT; **corta en las tiras:** **TF7:** (2) 12,7 × 27,9 cm (5 × 11 in) **TF3:** (4) 12,7 × 24,1 cm (5 × 9½ in) **TF6:** (6) 12,7 × 16,5 cm (5 × 6½ in) **TF4:** (8) 12,7 × 12,7 cm (5 × 5 in) **TF2:** (22) 12,7 × 5,1 cm (5 × 2 in)
Corta (3) 11,4 cm (4½ in) × AT; **corta en las tiras:** **TF1:** (21) 11,4 × 15,2 cm (4½ × 6 in)

DIAGRAMAS DE MARCADO

1 En el revés de un rectángulo A1, marca una línea de referencia (p. 143) en el borde superior, a 6,4 mm (¼ in) del borde derecho. Marca una segunda línea de referencia en el borde inferior del rectángulo, a 6,4 mm (¼ in) del borde izquierdo.

6,4 mm (¼ in)

Marca líneas de referencia a 6,4 mm (¼ in) del borde superior derecho y del borde inferior izquierdo

A1

Revés

6,4 mm (¼ in)

2 Marca una línea diagonal para conectar las dos líneas de referencia. Repite los pasos 1 y 2 en todos los rectángulos A1 y TF1.

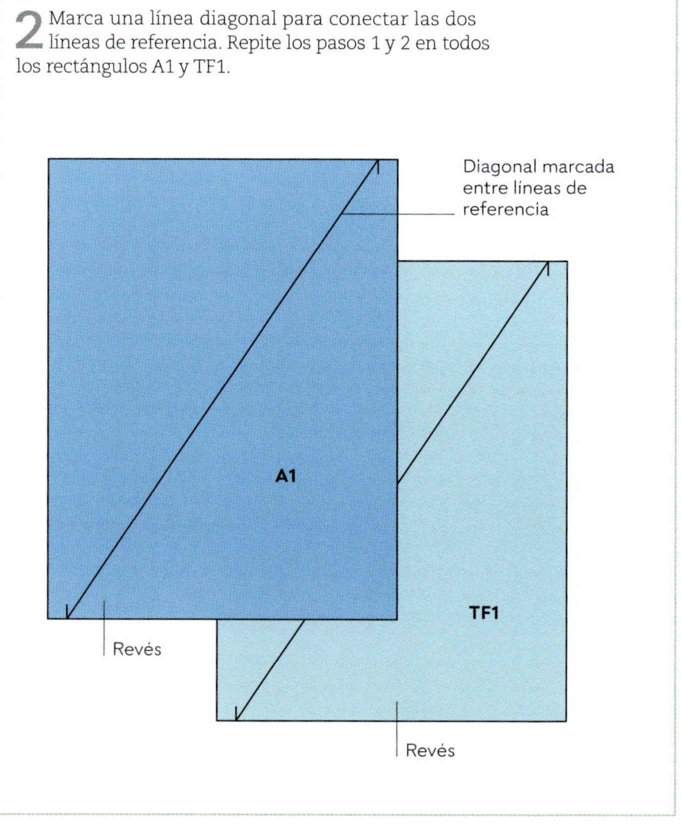

ENSAMBLAJE DE UNIDADES

Consulta la técnica de dos en dos (p. 97) para obtener instrucciones más detalladas sobre cómo unir TMR y recortar la tela sobrante. Plancha todas las costuras abiertas (p. 80) para reducir el volumen.

1 Coloca una pieza A1 y una TF1 DD. Gira el rectángulo de arriba en sentido antihorario para alinear las líneas de referencia de ambas piezas. Préndelas con alfileres.

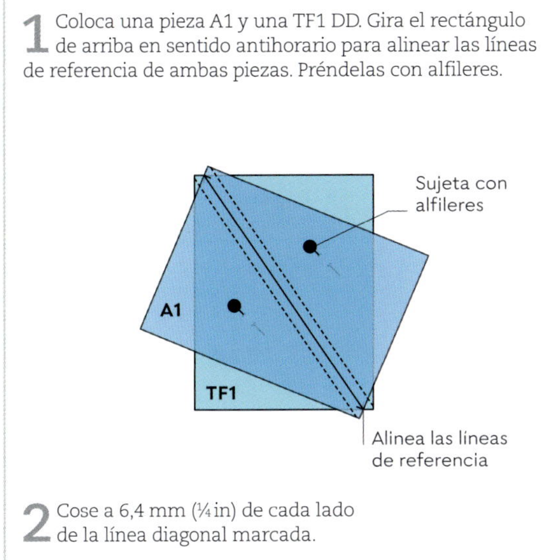

2 Cose a 6,4 mm (¼ in) de cada lado de la línea diagonal marcada.

3 Corta por la línea diagonal marcada para hacer dos unidades de TMR. Plancha.

4 Repite los pasos 1 a 3 con el resto de A1 y TF1 para hacer un total de 42 unidades de TMR.

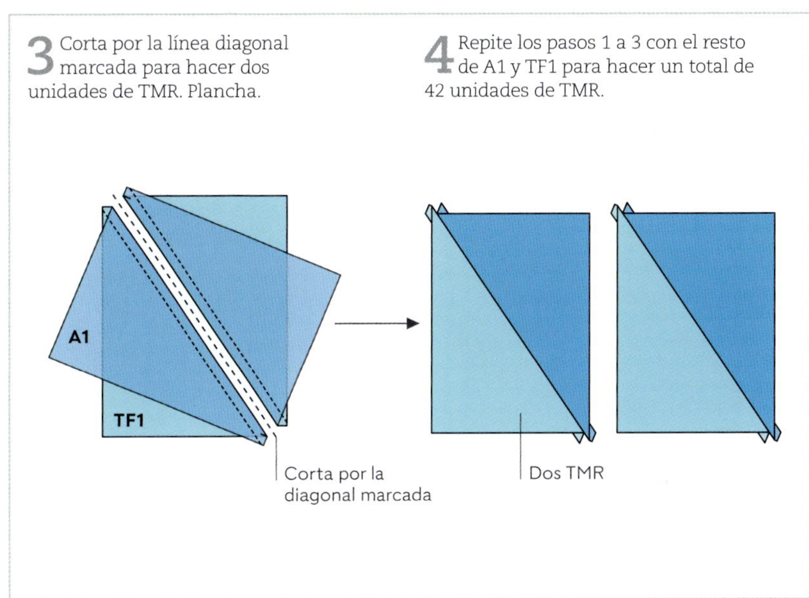

5 Pon cinta *washi* en una regla a lo largo de las medidas verticales de 8,9 cm (3½ in) y horizontales de 12,7 cm (5 in) para crear una ventana de recorte.

6 Marca 6,4 mm (¼ in) dentro de las esquinas superior izquierda e inferior derecha de la ventana con un rotulador borrable en seco. Alinea estas marcas a lo largo de las costuras de los TMR mientras recortas.

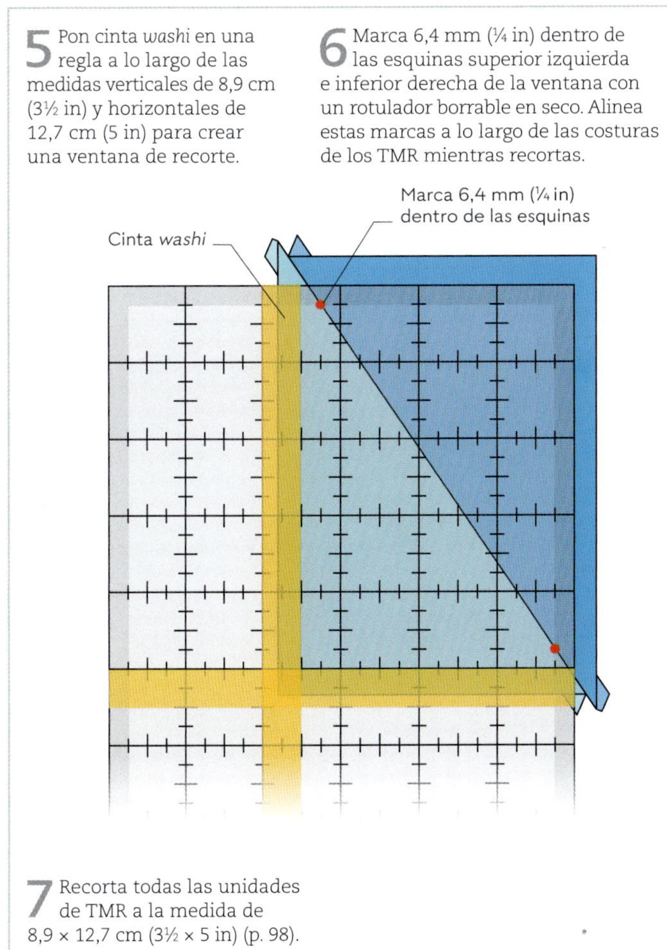

7 Recorta todas las unidades de TMR a la medida de 8,9 × 12,7 cm (3½ × 5 in) (p. 98).

8 Coloca 16 de las unidades de TMR recortadas como se muestra y etiquétalas como unidad 1. Reserva las restantes para los pasos 9 a 12.

9 Empareja 18 rectángulos TF2 con 18 de TMR recortados y colócalos como se muestra.

10 Cose un TF2, DD, a uno de TMR recortado para hacer otra unidad. Plánchala y etiquétala como unidad 2. Repite para hacer un total de 18 unidades 2.

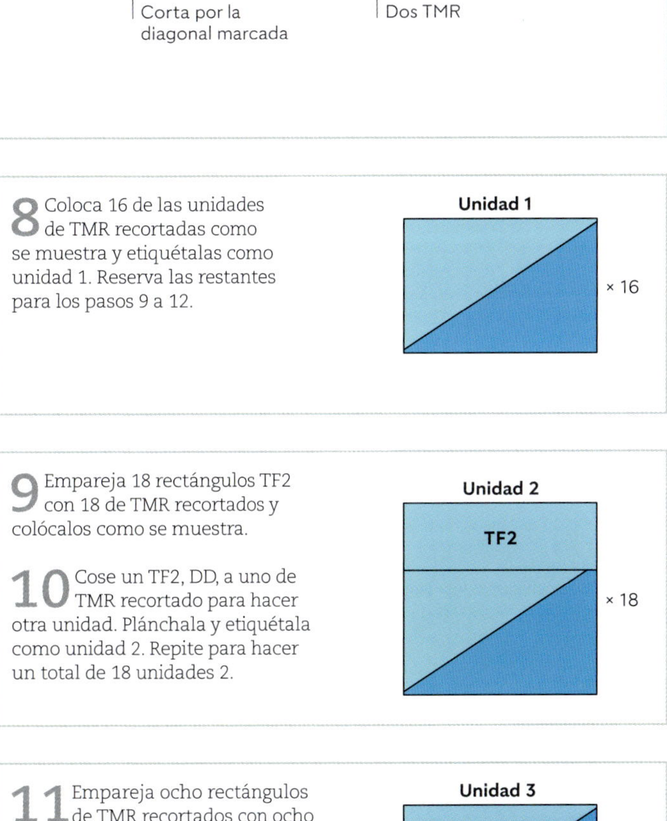

11 Empareja ocho rectángulos de TMR recortados con ocho cuadrados B1 como se muestra.

12 Cose un TMR recortado a un B1, DD, para hacer una tercera unidad. Plánchala y etiquétala como unidad 3. Repite para hacer un total de ocho unidades 3.

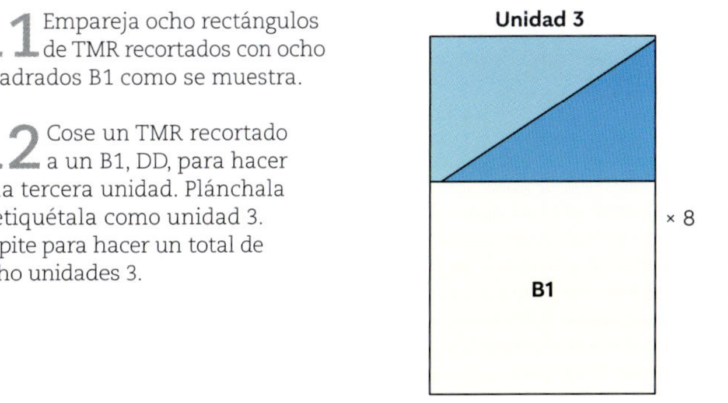

ENSAMBLAJE DE BLOQUES

Al ensamblar piezas y unidades para formar bloques, asegúrate de colocar todas las piezas correctamente. Casa con cuidado puntas y costuras (p. 141), fíjalas con alfileres si es necesario y plancha las costuras abiertas después de cada paso.

1 Coloca una unidad 2 a la izquierda de un TF3 como se muestra. Cose las piezas DD para hacer una tira horizontal. Plancha. Repite para hacer un total de cuatro tiras.

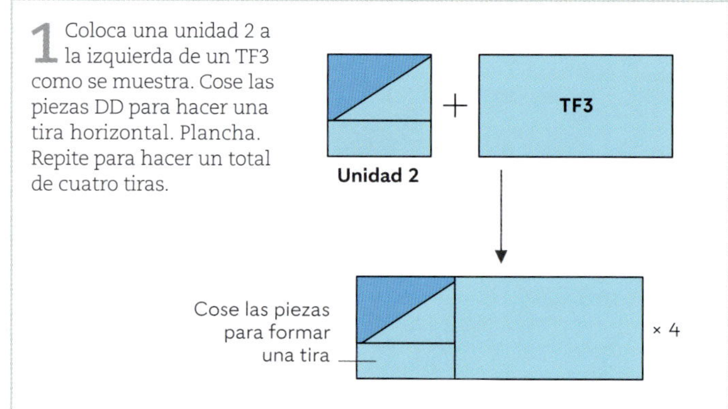

2 Coloca tres unidades 1 como se muestra y cóselas DD para hacer una tira de TMR. Plancha. Repite para hacer un total de cuatro tiras de TMR.

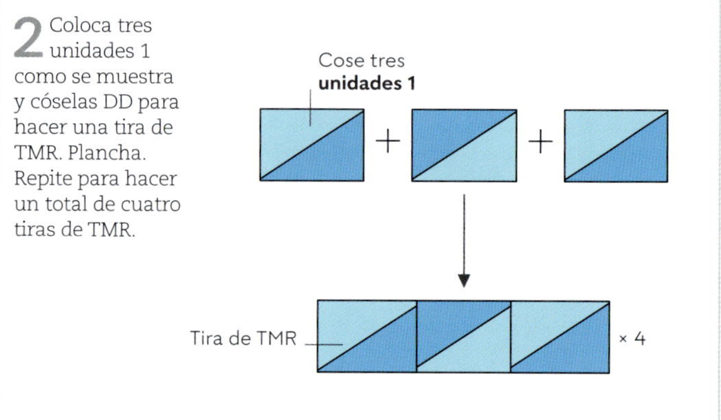

3 Coloca cinco piezas B1, una TF4 y cuatro unidades 2 en una cuadrícula de 3 × 3 como muestra la imagen: una B1 en el centro y en cada esquina, una TF4 abajo, en el centro, y las unidades 2 en las posiciones laterales restantes.

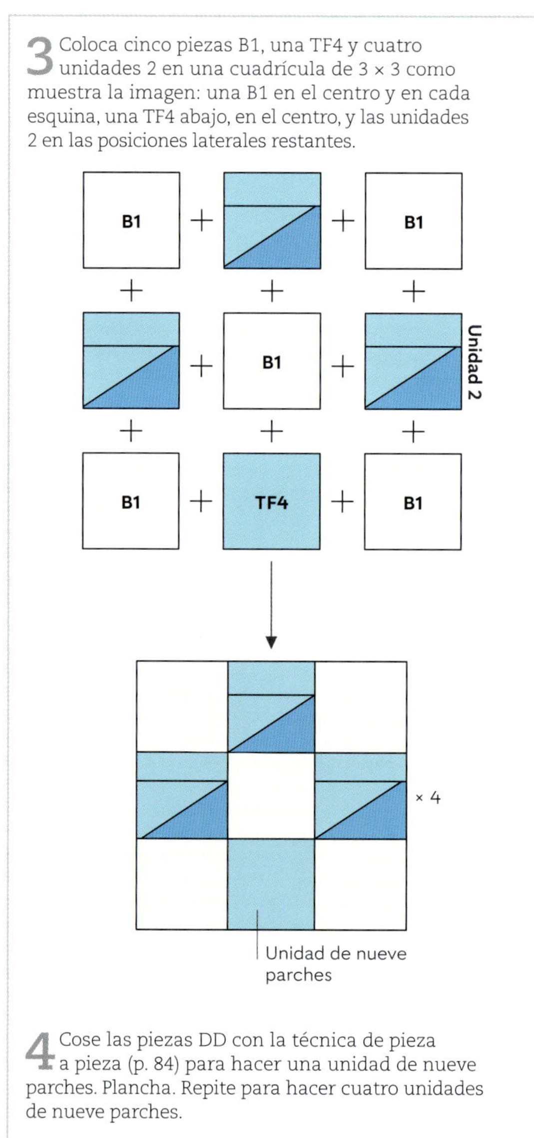

4 Cose las piezas DD con la técnica de pieza a pieza (p. 84) para hacer una unidad de nueve parches. Plancha. Repite para hacer cuatro unidades de nueve parches.

5 Coloca una tira del paso 1, una tira de TMR del paso 2, una unidad de nueve parches y una pieza TF5 como se muestra.

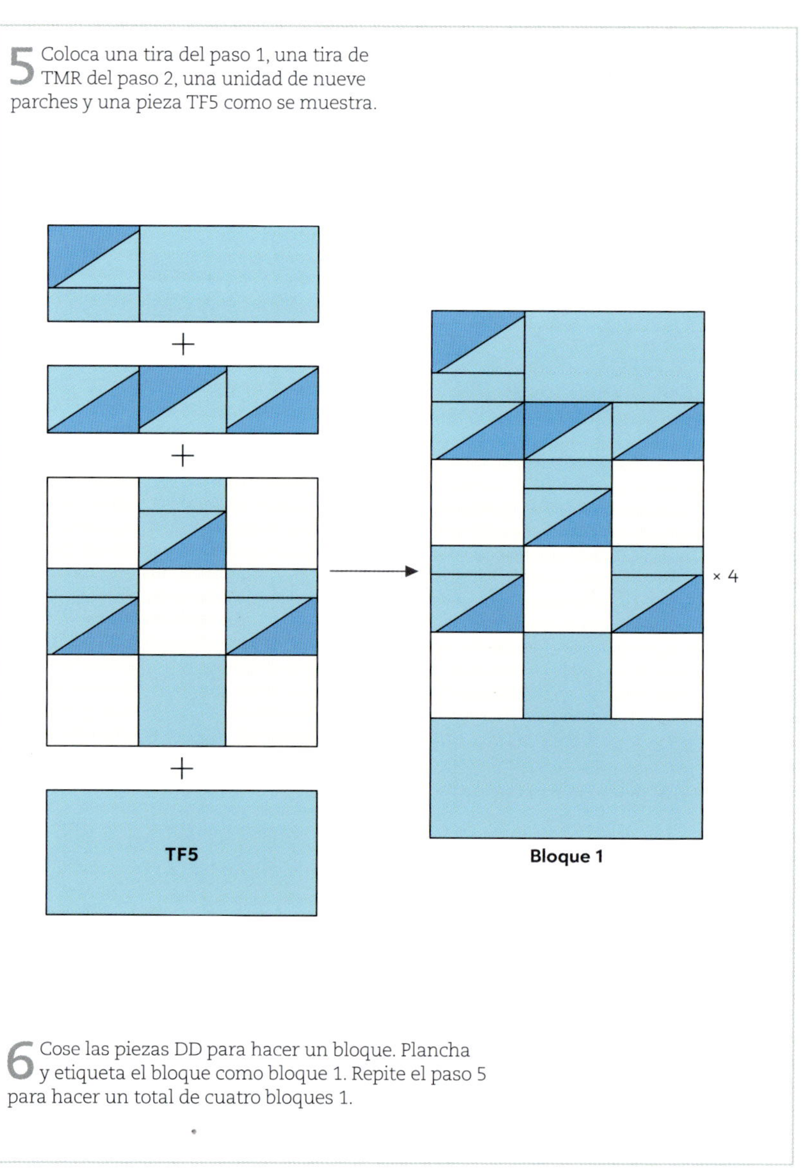

6 Cose las piezas DD para hacer un bloque. Plancha y etiqueta el bloque como bloque 1. Repite el paso 5 para hacer un total de cuatro bloques 1.

7 Coloca una unidad 3 en la parte superior de una pieza TF6 como se muestra y cóselas DD para hacer una tira vertical. Plancha y etiqueta la tira como bloque 2. Repite para hacer un total de cuatro bloques 2.

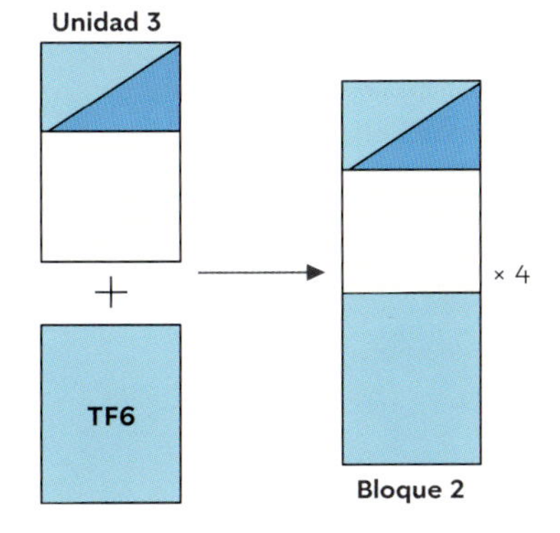

8 Coloca una TF4, una unidad 3 y una TF2 como se muestra y cóselas DD para hacer una tira vertical. Plancha y etiqueta la tira como bloque 3. Repite para hacer un total de dos bloques 3.

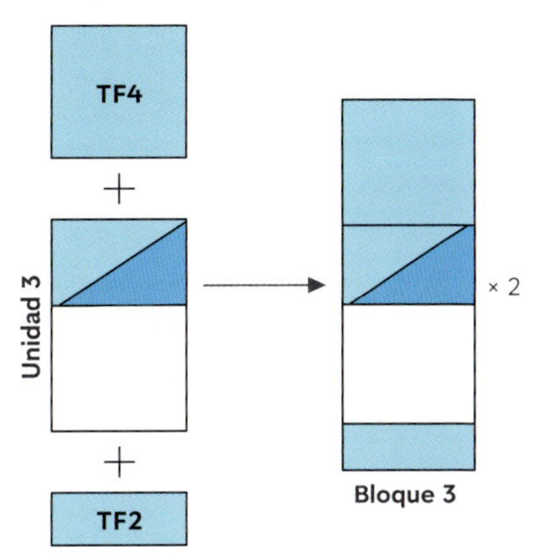

9 Coloca una unidad 1 en la parte superior de una pieza TF7 como se muestra y cóselas DD para hacer una tira vertical. Plánchala. Repite para hacer un total de dos tiras.

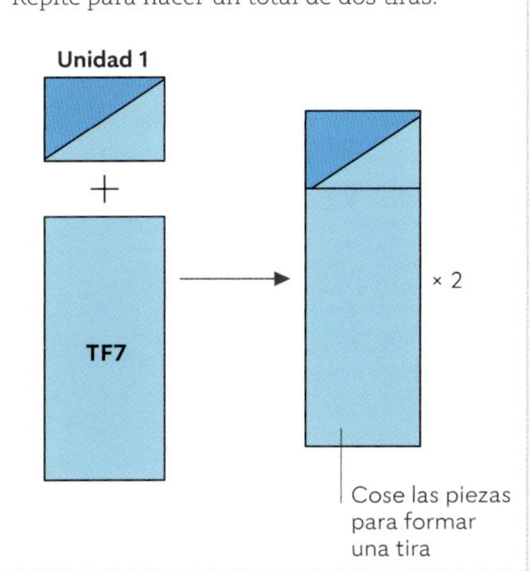

10 Coloca un bloque 2 a la izquierda de una tira del paso 9 como se muestra. Cose las piezas DD para hacer un bloque. Plancha y etiqueta el bloque como bloque 4. Repite para hacer un total de dos bloques 4.

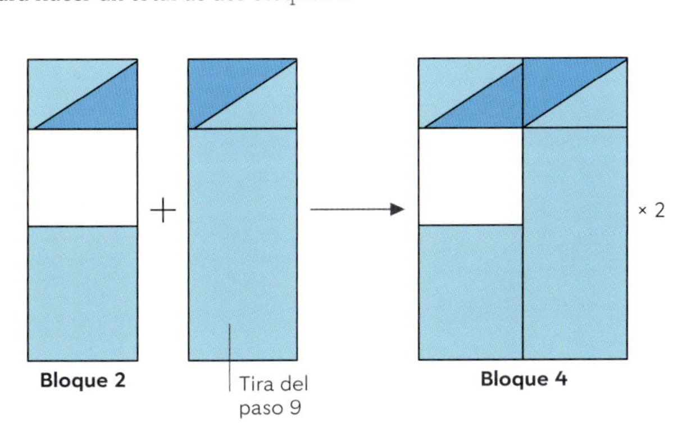

11 Coloca una unidad 2, una unidad 3 y una pieza TF2 como se muestra y cóselas DD para hacer una tira vertical. Plancha. Repite para hacer un total de dos tiras.

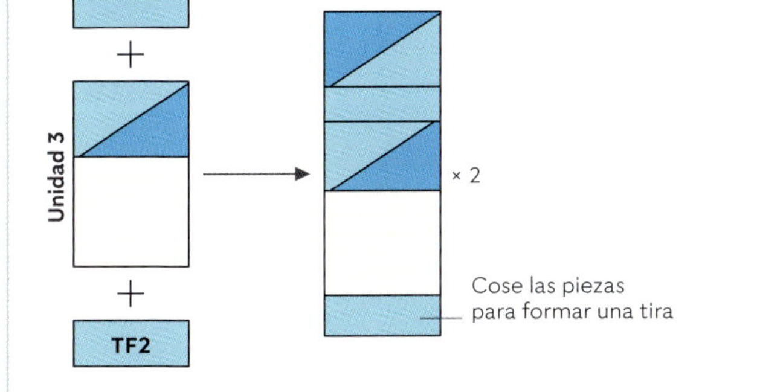

12 Coloca una pieza TF4, una unidad 1 y una pieza TF6 como se muestra y cóselas DD para hacer una tira vertical. Plánchala. Repite para hacer un total de dos tiras.

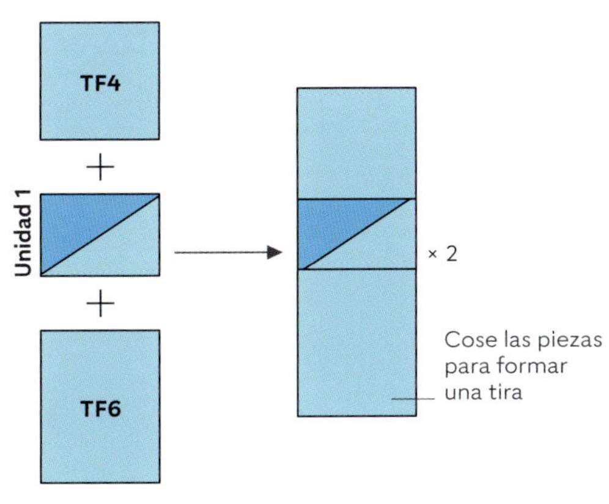

13 Coloca una tira del paso 11 a la izquierda de una tira del paso 12 como se muestra. Cose las piezas DD para hacer un bloque. Plancha y etiqueta el bloque terminado como bloque 5. Repite para hacer un total de dos bloques 5.

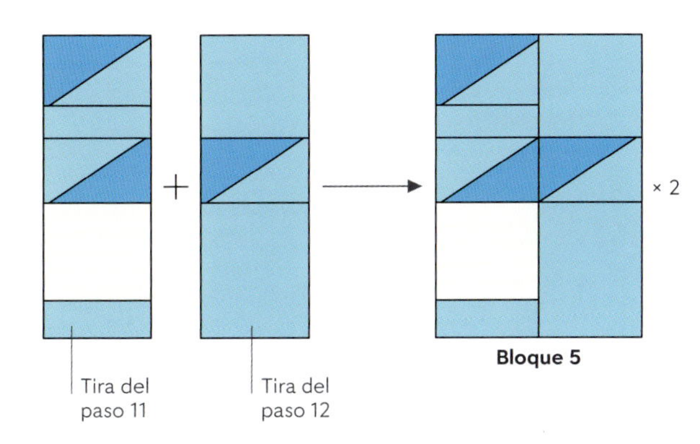

ENSAMBLAJE EN COLUMNAS

Asegúrate de que todos los bloques estén ensamblados y etiquetados correctamente antes de comenzar esta sección. Alinea cuidadosamente las puntas y las costuras, y plancha las costuras abiertas después de cada paso.

1 Coloca una TF8 a la izquierda de un bloque 2 como se muestra. Cose las piezas DD para hacer una unidad. Plánchala.

2 Coloca un bloque 2 en la parte superior de un bloque 3 como se muestra. Cose los bloques DD y luego cose estos bloques unidos a la izquierda de un bloque 1 para hacer una segunda unidad. Plánchala.

3 Coloca una pieza TF8 a la izquierda de un bloque 3 como se muestra. Cose las piezas DD para hacer una tercera unidad. Plánchala.

4 Cose las tres unidades de los pasos 1 a 3 como se muestra, DD, para hacer una columna. Plancha y etiqueta la columna terminada como columna izquierda.

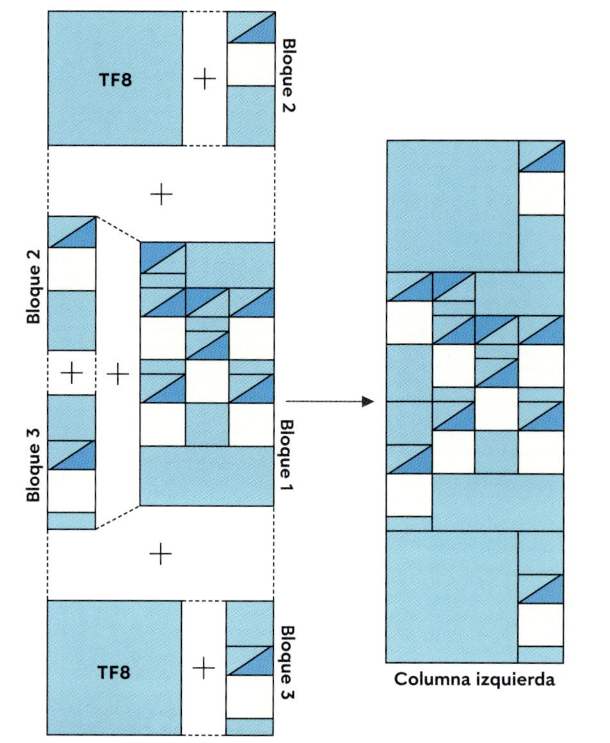

5 Coloca dos bloques 1 como se muestra, cóselos DD para hacer una columna y plancha. Etiqueta la columna como columna central.

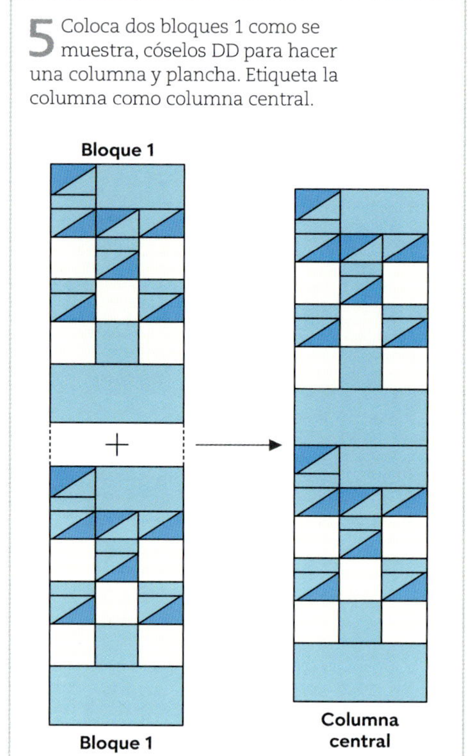

6 Coloca un bloque 4 a la izquierda de una pieza TF8 como se muestra. Cose las piezas DD para hacer una unidad. Plánchala.

7 Coloca un bloque 4 en la parte superior de un bloque 5 como se muestra. Cose los bloques DD y luego cose estos bloques unidos a la derecha de un bloque 1 para hacer una segunda unidad. Plánchala.

8 Coloca un bloque 5 a la izquierda de una TF8 como se muestra. Cose las piezas DD para hacer una tercera unidad. Plánchala.

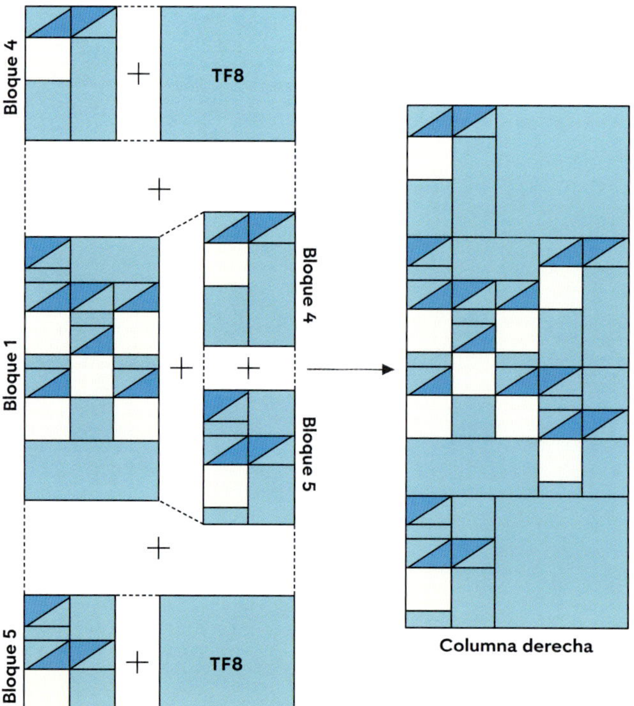

9 Cose las tres unidades de los pasos 6 a 8 como se muestra, DD, para hacer una columna. Plancha y etiqueta la columna terminada como columna derecha.

ENSAMBLAJE Y ACABADO DEL QUILT

Haz las tiras del borde y luego cose las columnas antes de añadir las tiras a la cubierta del quilt. Alinea cuidadosamente las puntas y las costuras, sujétalas con alfileres si es necesario y plancha las costuras abiertas después de cada paso.

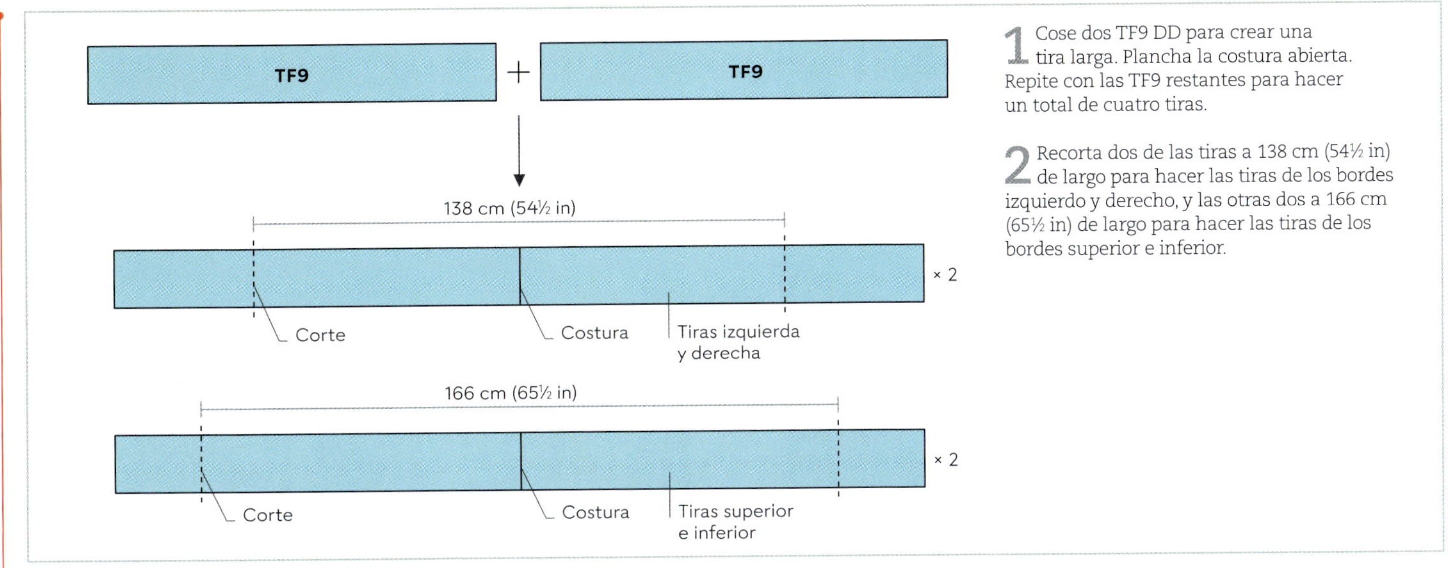

1 Cose dos TF9 DD para crear una tira larga. Plancha la costura abierta. Repite con las TF9 restantes para hacer un total de cuatro tiras.

2 Recorta dos de las tiras a 138 cm (54½ in) de largo para hacer las tiras de los bordes izquierdo y derecho, y las otras dos a 166 cm (65½ in) de largo para hacer las tiras de los bordes superior e inferior.

3 Coloca las columnas izquierda, central y derecha como se muestra. Cose las columnas DD de izquierda a derecha para hacer la cubierta del quilt.

4 Cose las tiras izquierda y derecha, DD, a los lados correspondientes de la cubierta y luego las tiras superior e inferior. Plancha todas las costuras hacia las tiras.

5 Plancha toda la cubierta por el derecho para eliminar todas las arrugas. Haz una costura de refuerzo (p. 151) a 3,2 mm (⅛ in) del perímetro del quilt para asegurar las costuras.

6 Para hacer el ribete, corta siete tiras de 6,4 cm (2½ in) × AT de la tela elegida y cóselas, DD, para obtener una tira de al menos 699 cm (275 in) de largo.

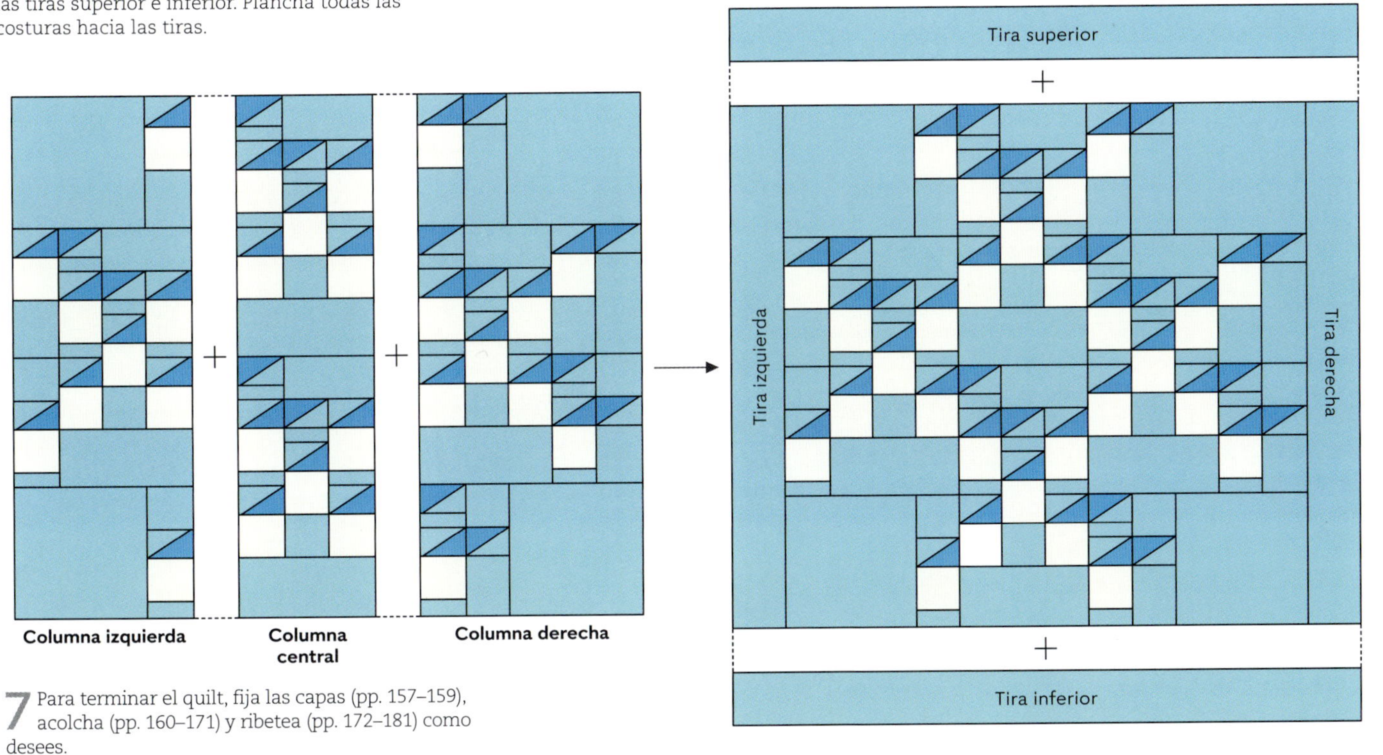

7 Para terminar el quilt, fija las capas (pp. 157–159), acolcha (pp. 160–171) y ribetea (pp. 172–181) como desees.

Jardín florido

El alegre diseño de este patrón está inspirado en un clásico parche de flor. Las formas florales creadas mediante un bloque de nueve parches central rodeado de semicírculos lo hacen ideal para aplicar la teoría del color y practicar la costura en curva.

TAMAÑO FINAL 206 × 229 cm (81 × 90 in)

TÉCNICAS EMPLEADAS Comprender la teoría del color **p. 60**, Uso de plantillas **p. 71**, Bloques de cuatro y nueve parches **p. 84**, Curvas **p. 104**, Casar puntas y costuras **p. 141**, Enmarcado **p. 143**, Diseño en columnas **p. 146**

MATERIALES

- Equipo básico (p. 14)
- Tijeras para papel y tela
- Impresora y papel para plantillas o cartulina
- Pinzas (opcional)
- Regla cuadrada de 24,1 × 24,1 cm (9½ × 9½ in) o mayor
- Rotulador
- Relleno de 221 × 244 cm (87 × 96 in) o mayor

TELA NECESARIA

Telas A–R	(1) FQ de cada una
Tela S	(1) FQ
Tela de fondo (TF)	4,3 m (4¾ yds)
Forro*	6,75 m (7¼ yds)
Ribete	0,75 m (¾ yd)

* Forro necesario si se usan dos costuras horizontales.

Agrupa las 18 telas principales (A–R) en nueve pares: A con B, C con D, etc. Las telas de cada par se utilizan juntas para formar todas las unidades y crear dos formas de flor alternas en la cubierta.

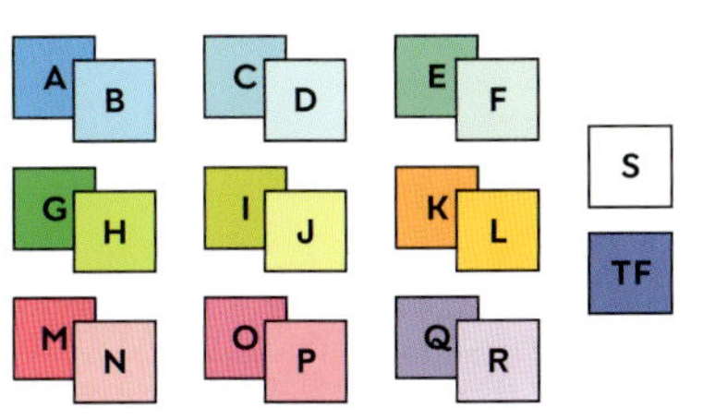

Elige una tela complementaria S para el centro de cada bloque de flor y una tela de fondo (TF) que contraste con las telas principales.

REFERENCIA DE COLOR

DETALLES DE LA CUBIERTA

Telas: Ruby and Bee Solids de Windham Fabrics en los tonos Sky (**A**), Aquamarine (**B**), Starling (**C**), Sea Glass (**D**), Minty (**E**), Matcha (**F**), Pasture (**G**), Limeade (**H**), Avocado (**I**), Lemonade (**J**), Pumpkin (**K**), Mustard Seed (**L**), Perfect Pink (**M**), Shell (**N**), Fairy Floss (**O**), Posy (**P**), Wisteria (**Q**), Dusk (**R**), Wisp (**S**) y Provence Blue (**TF**); **Acolchado:** con pantógrafo Cartwheels por Aimee de Sewing Scientist; **Hilo:** So Fine! n.º 50 de Superior Threads; **Relleno:** mezcla 80/20 de Hobbs Heirlom; **Ribete:** Wisteria

INSTRUCCIONES DE CORTE

Utiliza las tablas y los diagramas siguientes para cortar y etiquetar las piezas necesarias de las telas A–R, S y TF. Visita la página web de *Quilts* (p. 11) para imprimir las plantillas de medio círculo requeridas.

TABLAS DE CORTE DE LAS TELAS

TELAS A–R

De cada FQ:

Corta (2) 13,3 cm (5¼ in) × AT; **corta en las tiras:**
A1–R1: (4) piezas de medio círculo convexo con la **plantilla MC-A** (4 de cada tela)

Corta (2) 8,9 cm (3½ in) × AT; **corta en las tiras:**
A2–R2: (8) 8,9 × 8,9 cm (3½ × 3½ in) (8 de cada tela)

TELA S

De un FQ:

Corta (3) 8,9 cm (3½ in) × AT; **corta en las tiras:**
S1: (18) 8,9 × 8,9 cm (3½ × 3½ in)

TELA DE FONDO (TF)

Corta (1) 27,9 cm (11 in) × AT; **corta en la tira:**
TF6: (4) 27,9 × 24,1 cm (11 × 9½ in)
TF4: (1) 24,1 × 8,9 cm (9½ × 3½ in)

Corta (1) 24,1 cm (9½ in) × AT; **corta en la tira:**
TF4: (12) 24,1 × 8,9 cm (9½ × 3½ in) (13 **TF4** en total)

Corta (11) 17,8 cm (7 in) × AT; **corta en las tiras:**
TF1: (72) piezas de medio círculo cóncavo con la **plantilla MC-B**

Corta (13) 12,7 cm (5 in) × AT. Reserva (8) tiras y etiquétalas como **TF7**; **corta en las tiras:**
TF2: (6) 12,7 × 31,8 cm (5 × 12½ in)
TF3: (12) 12,7 × 12,7 cm (5 × 5 in)
TF5: (24) 12,7 × 5,1 cm (5 × 2 in)

DIAGRAMAS DE CORTE DE LAS TELAS

1 Del FQ de la tela A, corta con la plantilla MC-A dos piezas A1 convexas de cada tira de 14 × 53,3 cm (5¼ × 21 in) como se muestra para obtener un total de cuatro A1. Corta ocho cuadrados A2 de las tiras de 8,9 × 53,3 cm (3½ × 21 in). Repite con cada tela B–R para cortar todas las piezas B1–R1 convexas y los cuadrados B2–R2.

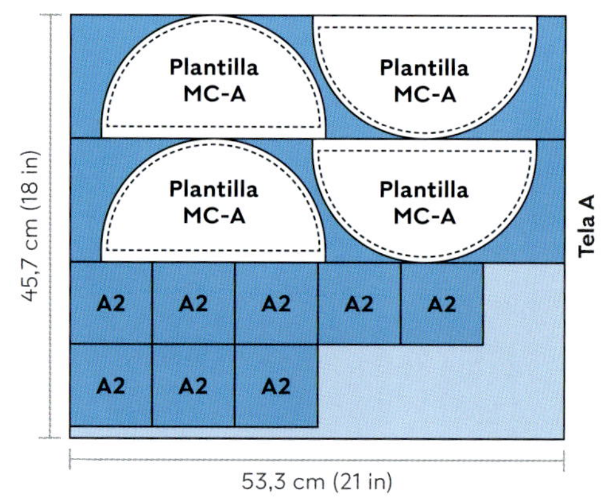

2 Del FQ de la tela S, corta seis cuadrados S1 de cada tira de 8,9 × 53,3 cm (3½ × 21 in) para obtener un total de 18 cuadrados S1.

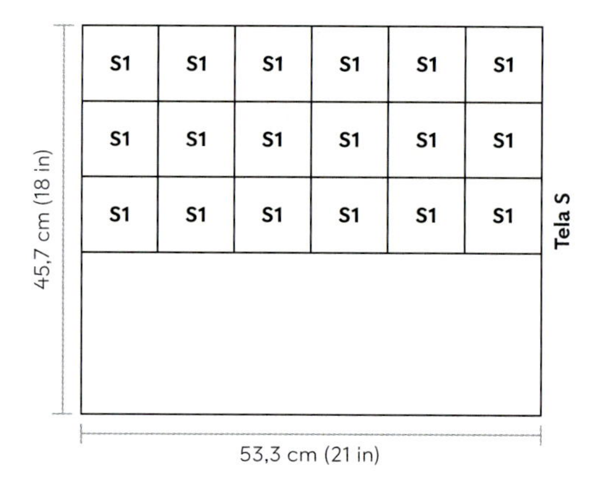

3 De cada tira de TF de 17,8 cm (7 in) × AT, corta siete piezas cóncavas TF1 con la plantilla MC-B como se muestra para obtener un total de 72 piezas cóncavas TF1.

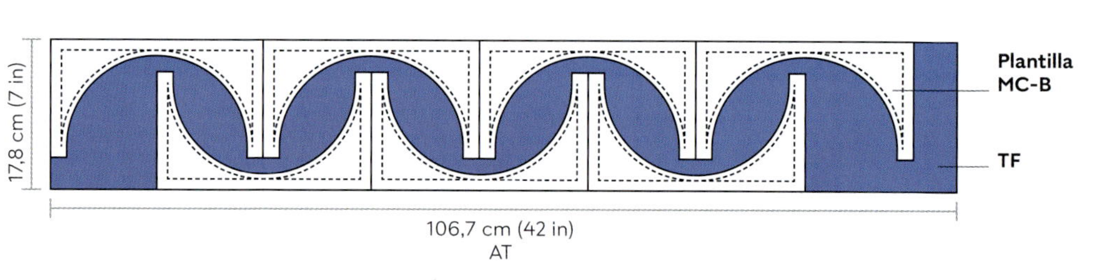

ENSAMBLAJE DE UNIDADES

Sigue los pasos 1 a 8 para ensamblar las unidades 1 y 2. Mantén cada par de telas (A/B, C/D, E/F, G/H, I/J, K/L, M/N, O/P y Q/R) junto durante el montaje.

1 Prepara cuatro piezas convexas A1 y cuatro piezas cóncavas TF1 marcando el centro y los cuartos de los bordes curvos (p. 104).

TF1
Pliegues marcados
A1
× 4
Unidad 1 de tela A

2 Alinea los bordes curvos y las marcas de una A1 y una TF1, DD. Préndelas con alfileres y cóselas para hacer una unidad de medio círculo (p. 106). Plánchala, recorta la tela sobrante a 12,7 × 24,1 cm (5 × 9½ in) y etiquétala como unidad 1. Repite para hacer un total de cuatro unidades 1 de tela A.

3 Repite los pasos 1–2 con cuatro piezas B1 convexas y cuatro piezas TF1 cóncavas para hacer cuatro unidades 1 de tela B.

TF1
Pliegues marcados
B1
× 4
Unidad 1 de tela B

4 Coloca cuatro cuadrados A2, cuatro B2 y un S1 en una cuadrícula de 3 × 3 (un A2 en cada esquina, el S1 en el centro y los B2 en las posiciones laterales restantes). Cóselos DD siguiendo la técnica de pieza a pieza (p. 84). Plancha.

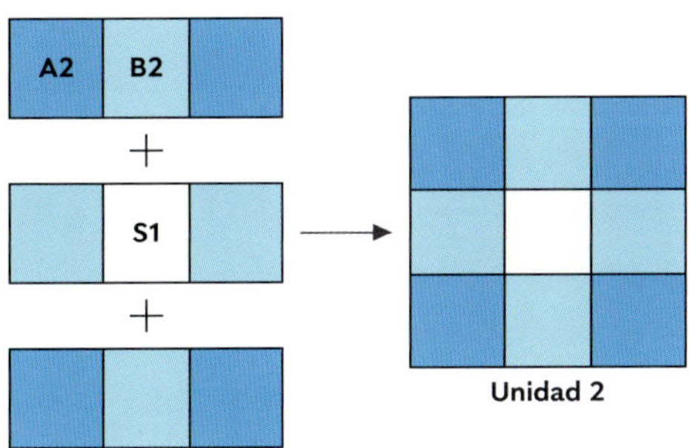

5 Cose las hileras DD, alineando o anidando las costuras. Plancha. El bloque de nueve parches terminado debe medir 24,1 × 24,1 cm (9½ × 9½ in). Etiquétalo como unidad 2.

6 Repite los pasos 4 a 5, alternando la colocación de las telas (un B2 en cada esquina, un S1 en el centro y los A2 en las posiciones laterales restantes) para hacer una segunda unidad 2.

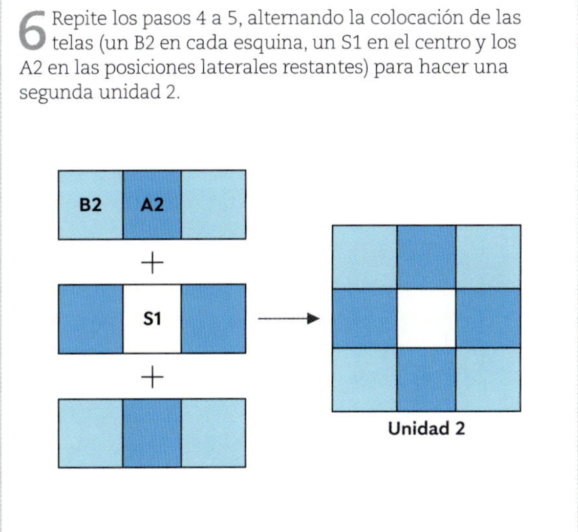

7 Repite los pasos 1 a 6 con los pares de telas restantes: C/D, E/F, G/H, I/J, K/L, M/N, O/P y Q/R.

8 Agrupa cuatro unidades 1 con una unidad 2 de modo que la tela del cuadrado de la esquina de la unidad 2 coincida con la tela de la unidad 1. Repite para agrupar las unidades restantes.

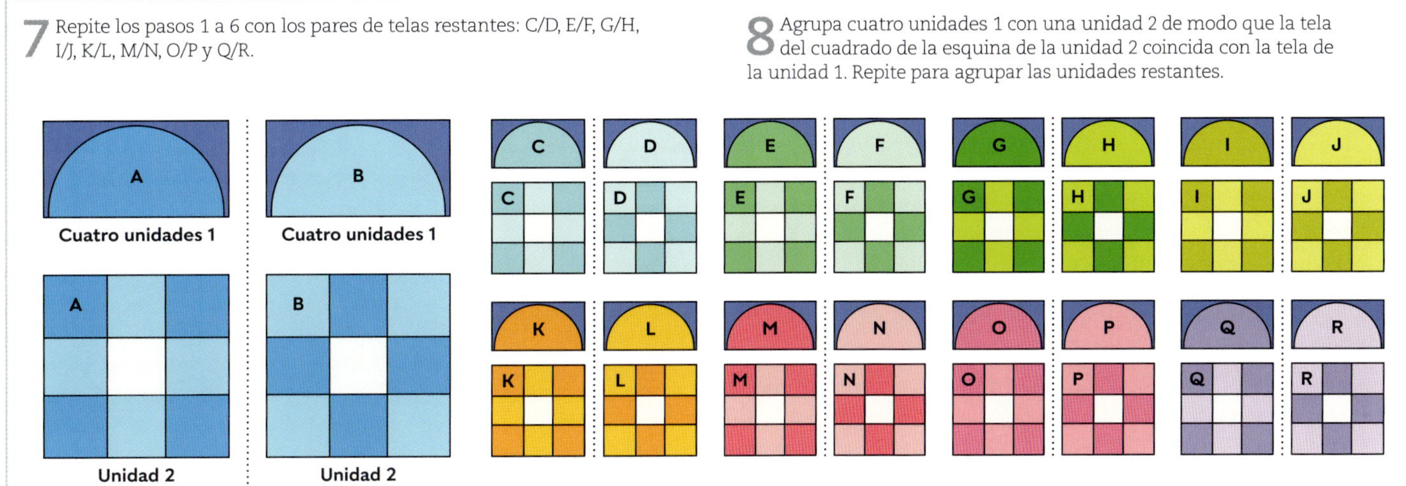

ENSAMBLAJE DE COLUMNAS

Antes de ensamblar las columnas, ordena todas las unidades y piezas para determinar la ubicación deseada de las telas A–R. Asegúrate de mantener agrupadas las unidades 1 y 2 correspondientes.

1 Coloca todas las unidades 1 y 2, y las piezas TF2, TF3, TF4, TF5 y TF6 en columnas como se muestra. Ajusta la colocación de las unidades agrupadas hasta que estés conforme con la distribución de la tela y el color.

- Las columnas 1 y 11 contienen cuatro unidades 1, tres TF2 y dos TF3 cada una.
- Las columnas 2, 6 y 10 contienen ocho unidades 1, cuatro unidades 2 y tres TF4 cada una.
- Las columnas 3, 5, 7 y 9 contienen siete unidades 1, dos TF3 y seis TF5 cada una.
- Las columnas 4 y 8 contienen seis unidades 1, tres unidades 2, dos TF4 y dos TF6 cada una.

2 Cose las piezas de cada columna DD. Asegúrate de que las piezas estén orientadas correctamente al coser.

ENSAMBLAJE Y ACABADO DEL QUILT

Utiliza la técnica del montaje de tiras (p. 83) para unir las columnas de una en una o a pares. Casa cuidadosamente todas las puntas y costuras (p. 141), sujétalas con alfileres si es necesario y plancha las costuras abiertas después de cada paso.

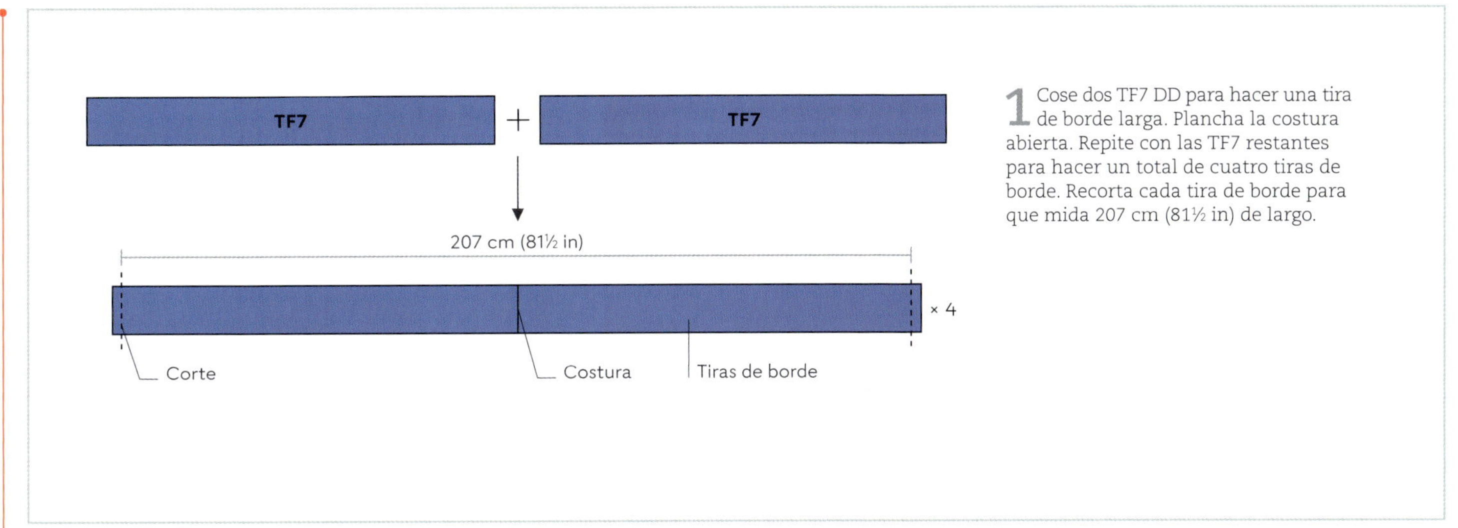

1 Cose dos TF7 DD para hacer una tira de borde larga. Plancha la costura abierta. Repite con las TF7 restantes para hacer un total de cuatro tiras de borde. Recorta cada tira de borde para que mida 207 cm (81½ in) de largo.

2 Cose las columnas 1 a 11 DD en orden de izquierda a derecha, asegurándote de casar todas las puntas y costuras. Plancha.

3 Cose una tira de borde a la izquierda y otra a la derecha de la cubierta del quilt y luego cose las tiras de borde restantes a las partes superior e inferior. Plancha todas las costuras hacia las tiras.

4 Plancha toda la cubierta por el derecho para eliminar todas las arrugas. Haz una costura de refuerzo (p. 151) a 3,2 mm (⅛ in) del perímetro del quilt para asegurar las costuras.

5 Para el ribete, corta nueve tiras de 6,4 cm (2½ in) × AT de la tela elegida para ribetear. Cose las nueve tiras DD para hacer una tira que mida al menos 907 cm (357 in) de largo.

6 Sujeta las capas (pp. 157–159), acolcha (pp. 160–171) y ribetea (pp. 172–181) como desees.

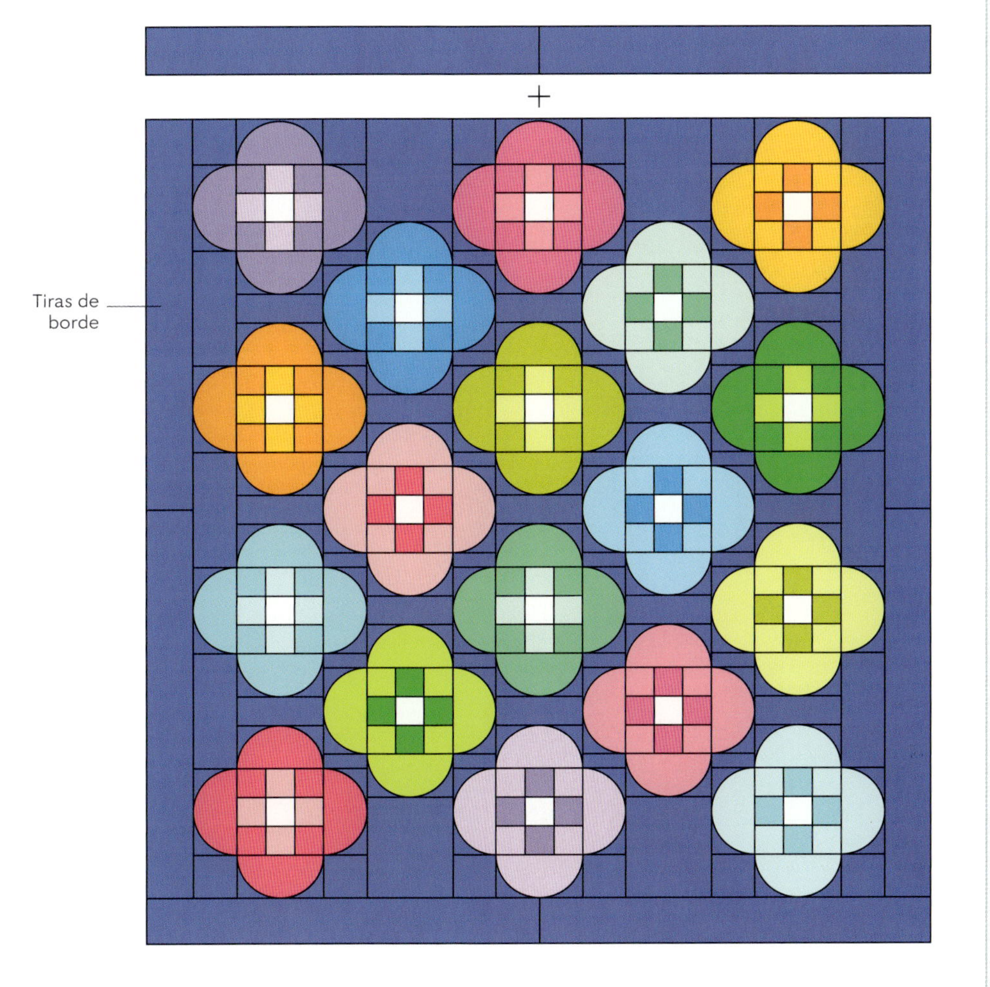

Prímula de Texas

Este patrón con un audaz diseño basado en cuadrantes, inspirado en las flores de la onagra, o prímula de Texas, combina técnicas de montaje de piezas angulares y curvas, que junto con la disposición simétrica y las unidades de gran tamaño dan como resultado un quilt tan llamativo como fácil de confeccionar.

TAMAÑO FINAL 152 × 152 cm (60 × 60 in)

TÉCNICAS EMPLEADAS Uso de plantillas **p. 71**, Establecer un margen de costura preciso **p. 73**, TMC **p. 86**, TCC **p. 90**, GV **p. 92**, Unidades de cuadrado en un cuadrado **p. 94**, Curvas **p. 104**, Casar puntas y costuras **p. 141**, Enmarcado **p. 143**, Diseño en cuadrantes **p. 146**

MATERIALES

- Equipo básico (p. 14)
- Tijeras para papel y tela
- Impresora y papel para plantillas
- Pinzas (opcional)
- Regla cuadrada de 24,1 × 24,1 cm (9½ × 9½ in) o mayor
- Rotulador
- Relleno de 168 × 168 cm (66 × 66 in) o mayor

TELA NECESARIA

Tela A	0,5 m (½ yd)
Tela B	0,75 m (¾ yd)
Tela C	0,75 m (¾ yd)
Tela D	1,5 m (1½ yds)
Tela E	1,75 m (1¾ yds)
Forro*	3,5 m (3¾ yds)
Ribete	0,75 m (¾ yd)

* Tela de forro necesaria si se utiliza una sola costura vertical u horizontal.

Elige telas de colores que contrasten o una mezcla equilibrada de tonos cálidos y fríos (p. 60) para crear profundidad. Para asegurarte de que cada elemento del diseño resalte, selecciona telas con una mezcla de valores claros, medios y oscuros.

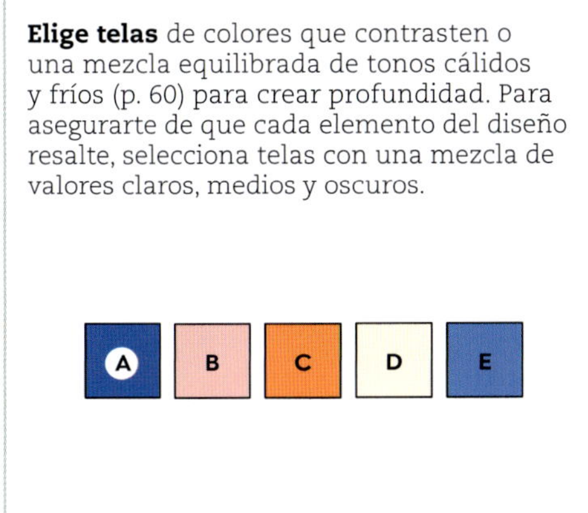

REFERENCIA DE COLOR

DETALLES DE LA CUBIERTA

Telas: Ruby and Bee Solids de Windham Fabrics en los tonos Majorelle Blue (**A**), Shell (**B**), Marigold (**C**), Cream Puff (**D**) y Provence Blue (**E**); **Acolchado:** con pantógrafo Dissent por Stephanie de Hillside Stitches; **Hilo:** King Tut n.° 40 de Superior Threads; **Relleno:** 100 % algodón Supreme de Hobbs Heirlom; **Ribete:** Marigold

INSTRUCCIONES DE CORTE

Utiliza las tablas y los diagramas siguientes para cortar y etiquetar las piezas necesarias de las telas A–E y la TF. Visita la página web de *Quilts* (p. 11) para imprimir las plantillas de cuarto de círculo requeridas.

TABLAS DE CORTE DE LAS TELAS

TELAS A–E	
A	Corta (2) 16,5 cm (6½ in) × AT; **corta en las tiras:** **A2:** (2) 16,5 × 16,5 cm (6½ × 6½ in) **A1:** (8) 14 × 14 cm (5½ × 5½ in) **A3:** (4) piezas de cuarto de círculo cóncavas con la **plantilla CC-B**
B	Corta (1) 27,9 cm (11 in) × AT; **corta en la tira:** **B2:** (1) 27,3 × 27,3 cm (10¾ × 10¾ in) **B1:** (8) 14 × 14 cm (5½ × 5½ in) Corta (1) 14 cm (5½ in) × AT; **corta en la tira:** **B4:** (8) piezas de cuarto de círculo cóncavas con la **plantilla CC-B** Corta (1) 13,3 cm (5¼ in) × AT; **corta en la tira: B3:** (4) piezas de cuarto de círculo convexas con la **plantilla CC-A**
C	Corta (1) 27,9 cm (11 in) × AT; **corta en la tira:** **C2:** (1) 27,3 × 27,3 cm (10¾ × 10¾ in) **C1:** (8) 14 × 14 cm (5½ × 5½ in) Corta (1) 14 cm (5½ in) × AT; **corta en la tira:** **C4:** (8) piezas de cuarto de círculo cóncavas con la **plantilla CC-B** Corta (1) 13,3 cm (5¼ in) × AT; **corta en la tira:** **C3:** (4) piezas de cuarto de círculo convexas con la **plantilla CC-A**
D	Corta (1) 27,9 cm (11 in) × AT; **corta en la tira:** **D4:** (1) 27,3 × 27,3 cm (10¾ × 10¾ in) **D1:** (8) 14 × 14 cm (5½ × 5½ in) Corta (1) 16,5 cm (6½ in) × AT; **corta en la tira:** **D2:** (2) 16,5 × 16,5 cm (6½ × 6½ in) **D5:** (4) 12,7 × 12,7 cm (5 × 5 in) Corta (2) 14,6 cm (5¾ in) × AT; **corta en las tiras:** **D3:** (8) 14,6 × 14,6 cm (5¾ × 5¾ in) **D7:** (8) piezas de cuarto de círculo cóncavas con la **plantilla CC-B** Corta (4) 13,3 cm (5¼ in) × AT; **corta en las tiras:** **D6:** (20) piezas de cuarto de círculo convexas con la **plantilla CC-A** **D8:** (8) piezas de cuarto de círculo convexas con la **plantilla CC-A** **D9:** (8) 7 × 12,7 cm (2¾ × 5 in)
E	Corta (1) 14,6 cm (5¾ in) × AT; **corta en la tira:** **E2:** (4) 14,6 × 14,6 cm (5¾ × 5¾ in) **E3:** (12) 7 × 7 cm (2¾ × 2¾ in) Corta (2) 14 cm (5½ in) × AT; **corta en las tiras:** **E4:** (16) piezas de cuarto de círculo cóncavas con la **plantilla CC-B** **E1:** (4) 14 × 14 cm (5½ × 5½ in) **E3:** (4) 7 × 7 cm (2¾ × 2¾ in) (16 **E3** en total) Corta (4) 12,7 cm (5 in) × AT; **corta en las tiras:** **E6:** (8) 12,7 × 47 cm (5 × 18½ in) **E5:** (4) 12,7 × 12,7 cm (5 × 5 in) Corta (6) 8,9 cm (3½ in) × AT; etiqueta las tiras como **E8** y resérvalas para los bordes.

DIAGRAMAS DE CORTE DE LAS TELAS

1 Para cortar las piezas de cuarto de círculo convexas B3, C3, D6 y D8, dobla cada tira de 13,3 cm (5¼ in) × AT por la mitad, alineando los orillos. Retira los orillos y coloca la plantilla CC-A como se muestra.

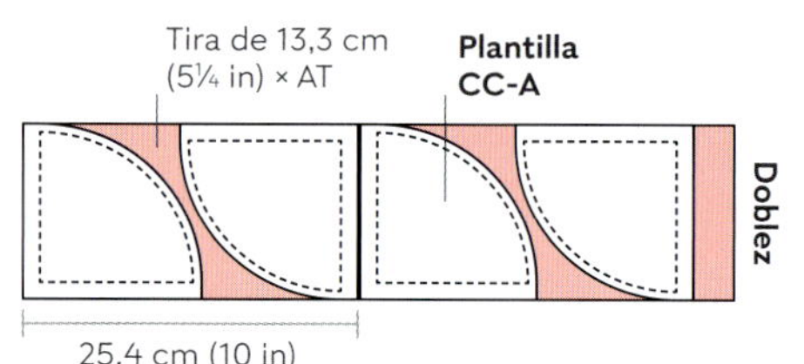

2 Corta alrededor de la plantilla para hacer dos piezas CC-A a la vez. Corta el número requerido de piezas convexas B3, C3, D6 y D8 de las tiras AT según la tabla de corte: cada tira da un total de ocho piezas.

3 Para cortar las piezas de cuarto de círculo cóncavas A3, B4, C4, D7 y E4, dobla la tira AT respectiva por la mitad, alineando los orillos. Retira los orillos y coloca la plantilla CC-B como se muestra.

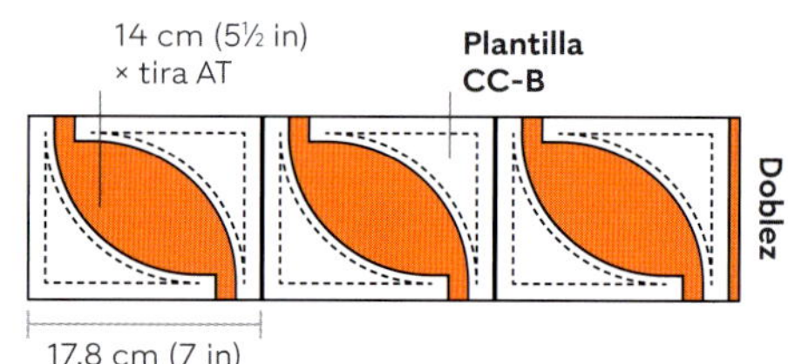

4 Corta alrededor de la plantilla para hacer dos piezas CC-B a la vez. Corta el número requerido de piezas cóncavas A3, B4, C4, D7 y E4 de las tiras AT según la tabla de corte; cada tira da un total de 12 piezas.

ENSAMBLAJE DE UNIDADES

Consulta las técnicas de montaje tradicional (pp. 82–107) para obtener instrucciones más detalladas sobre cómo montar y recortar unidades de TMC, TCC, GV, cuadrado en un cuadrado y cuarto de círculo. Plancha todas las costuras abiertas para reducir el volumen y etiqueta todas las unidades completadas para mantener el orden.

1 Coloca una A1 y una B1 DD. Marca una línea diagonal en el revés de B1.

2 Haz una costura a 6,4 mm (¼ in) de cada lado de la línea marcada. Corta por esta línea para hacer dos unidades de TMC. Plánchalas. Recórtalas a la medida de 12,7 × 12,7 cm (5 × 5 in) y etiquétalas como TMC A/B.

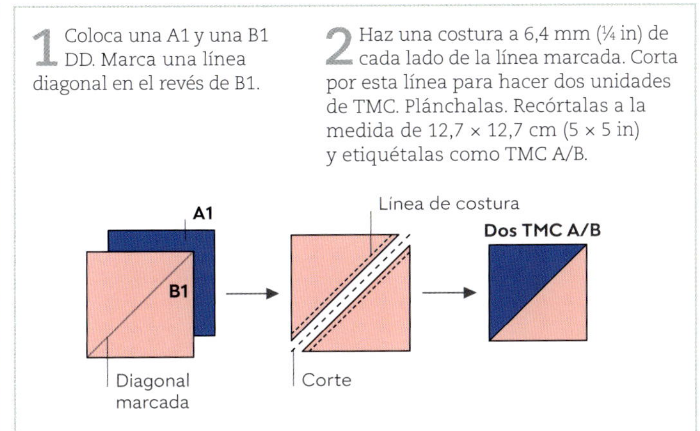

3 Repite los pasos 1 y 2 con todas las A1, B1, C1, D1 y E1 para hacer el número requerido de unidades de TMC en las siguientes combinaciones de telas: cuatro A/B, cuatro A/C, ocho A/D, cuatro B/C, cuatro B/D, cuatro B/E, cuatro C/D y cuatro C/E.

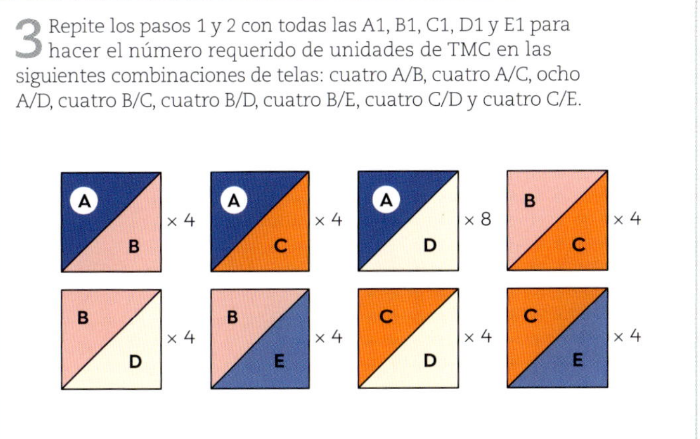

4 Sigue los pasos 1 y 2 para hacer dos TMC con una A2 y una D2. Recórtalas a la medida de 15,2 × 15,2 cm (6 × 6 in). Colócalas DD, alternando las telas y alineando las costuras. Marca una diagonal de esquina a esquina en el revés de la TMC superior, perpendicular a la costura.

5 Haz una costura a 6,4 mm (¼ in) de cada lado de la línea marcada. Corta por esta línea para hacer dos unidades de TCC. Plancha, recorta a la medida de 12,7 × 12,7 cm (5 × 5 in) y etiqueta cada unidad como TCC A/D.

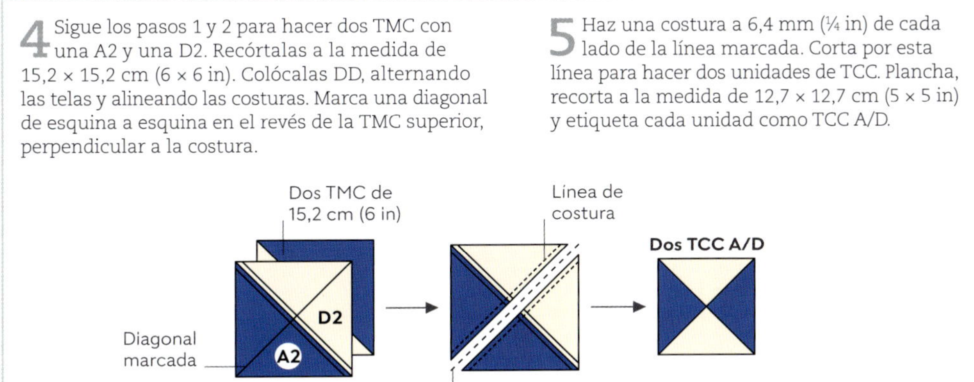

6 Repite los pasos 4 y 5 con las A2 y D2 restantes para hacer un total de cuatro TCC A/D.

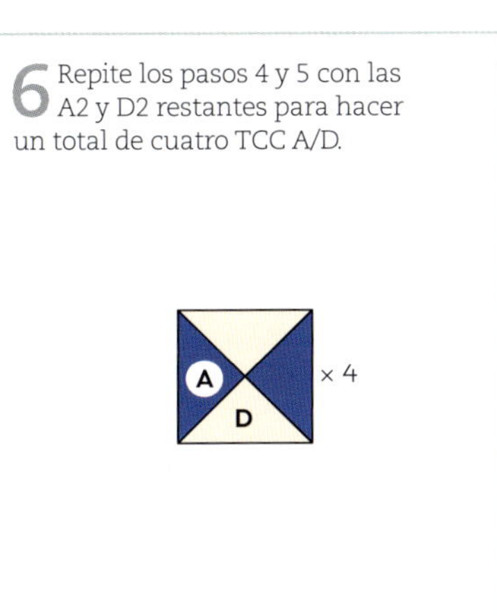

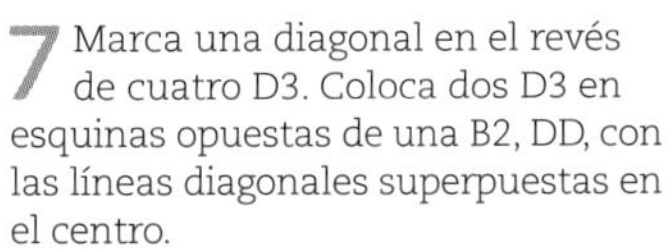

7 Marca una diagonal en el revés de cuatro D3. Coloca dos D3 en esquinas opuestas de una B2, DD, con las líneas diagonales superpuestas en el centro.

8 Haz una costura a 6,4 mm (¼ in) de cada lado de la línea marcada. Corta por esta línea para hacer dos unidades. Plánchalas.

9 Coloca una D3 en la esquina de una unidad del paso 8 con la línea marcada pasando por el centro. Haz una costura a 6,4 mm (¼ in) de cada lado de la línea marcada. Repite con la segunda unidad y la D3 restante. Corta por las líneas marcadas para hacer cuatro GV. Plancha, recorta los GV a la medida de 12,7 × 24,1 cm (5 × 9½ in) y etiquétalos como GV B/D.

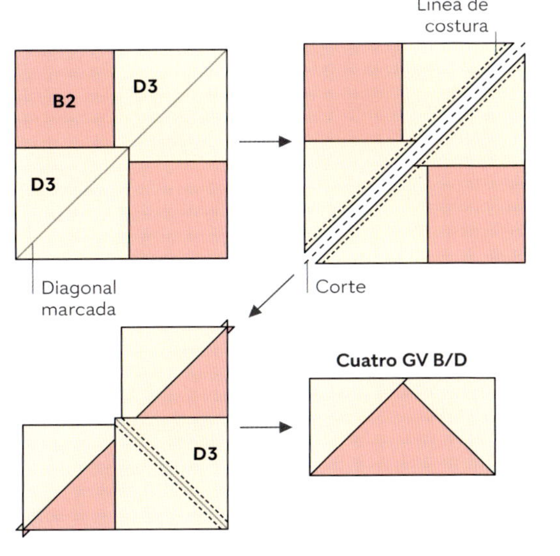

10 Repite los pasos 7 a 9 para hacer el número requerido de GV en las siguientes combinaciones de telas: cuatro C2/D3 y cuatro D4/E2.

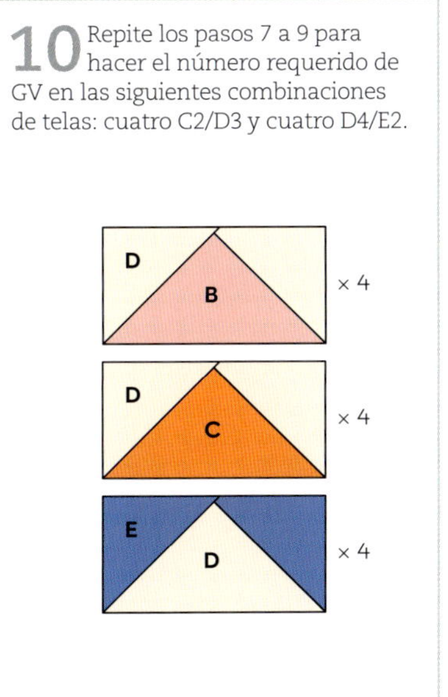

11 Marca una línea diagonal en el revés de cuatro E3. Coloca dos E3 en esquinas opuestas de una D5, DD.

12 Cose por las líneas marcadas. Corta a 6,4 mm (¼ in) de las costuras. Plancha.

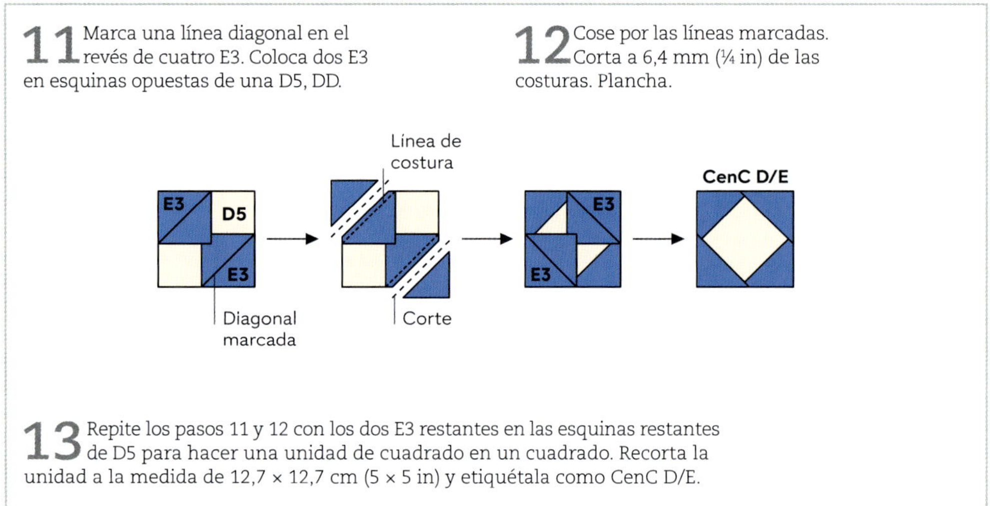

13 Repite los pasos 11 y 12 con los dos E3 restantes en las esquinas restantes de D5 para hacer una unidad de cuadrado en un cuadrado. Recorta la unidad a la medida de 12,7 × 12,7 cm (5 × 5 in) y etiquétala como CenC D/E.

14 Repite los pasos 11 a 13 con el resto de D5 y E3 para hacer un total de cuatro CenC D/E.

15 Marca el centro de los bordes curvos (p. 104) de una A3 y una D6.

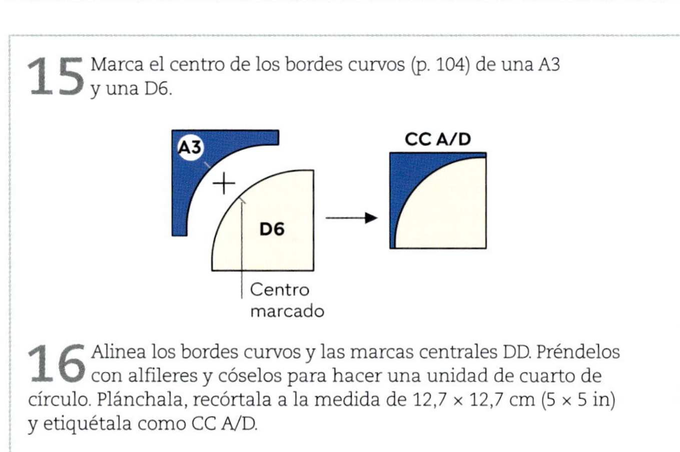

16 Alinea los bordes curvos y las marcas centrales DD. Préndelos con alfileres y cóselos para hacer una unidad de cuarto de círculo. Plánchala, recórtala a la medida de 12,7 × 12,7 cm (5 × 5 in) y etiquétala como CC A/D.

17 Repite los pasos 15 y 16 para hacer la cantidad necesaria de CC en las siguientes combinaciones de telas: cuatro A3/D6, cuatro D7/B3, cuatro D7/C3 y dieciséis E4/D6.

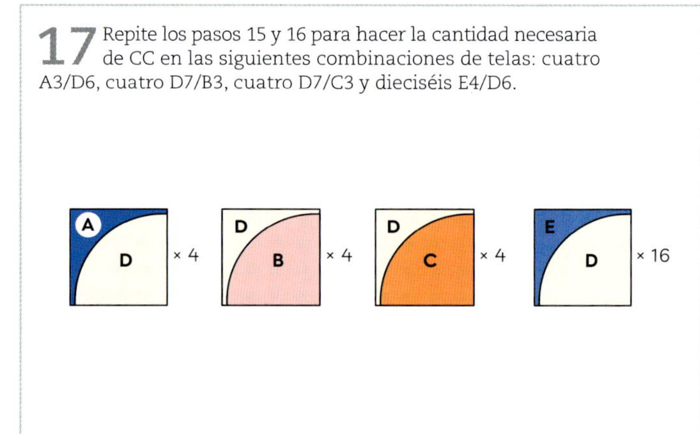

18 Sigue los pasos 15 y 16 para hacer ocho CC con ocho B4 y ocho D8. No los recortes.

19 Coloca la plantilla CC-A sobre uno de los CC del paso 18, alineando la esquina de la plantilla con la esquina de la pieza cóncava B4. Corta siguiendo la plantilla para crear un nuevo borde convexo.

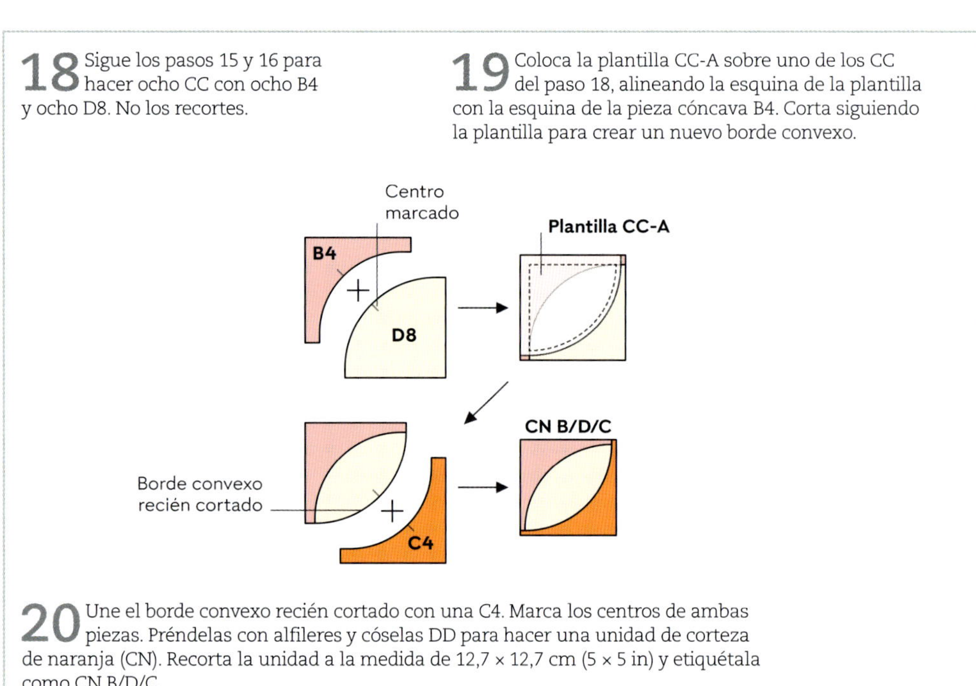

20 Une el borde convexo recién cortado con una C4. Marca los centros de ambas piezas. Préndelas con alfileres y cóselas DD para hacer una unidad de corteza de naranja (CN). Recorta la unidad a la medida de 12,7 × 12,7 cm (5 × 5 in) y etiquétala como CN B/D/C.

21 Repite los pasos 19 y 20 para hacer un total de ocho CN B/D/C.

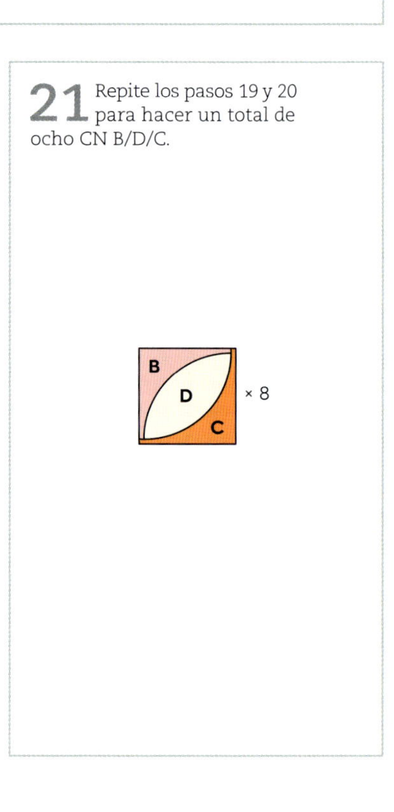

ENSAMBLAJE EN CUADRANTES

Este quilt se ensambla mediante cuadrantes (p. 146). Haz dos cuadrantes A y dos cuadrantes B, que sean versiones especulares entre sí. Alinea cuidadosamente las costuras y plánchalas abiertas después de cada paso.

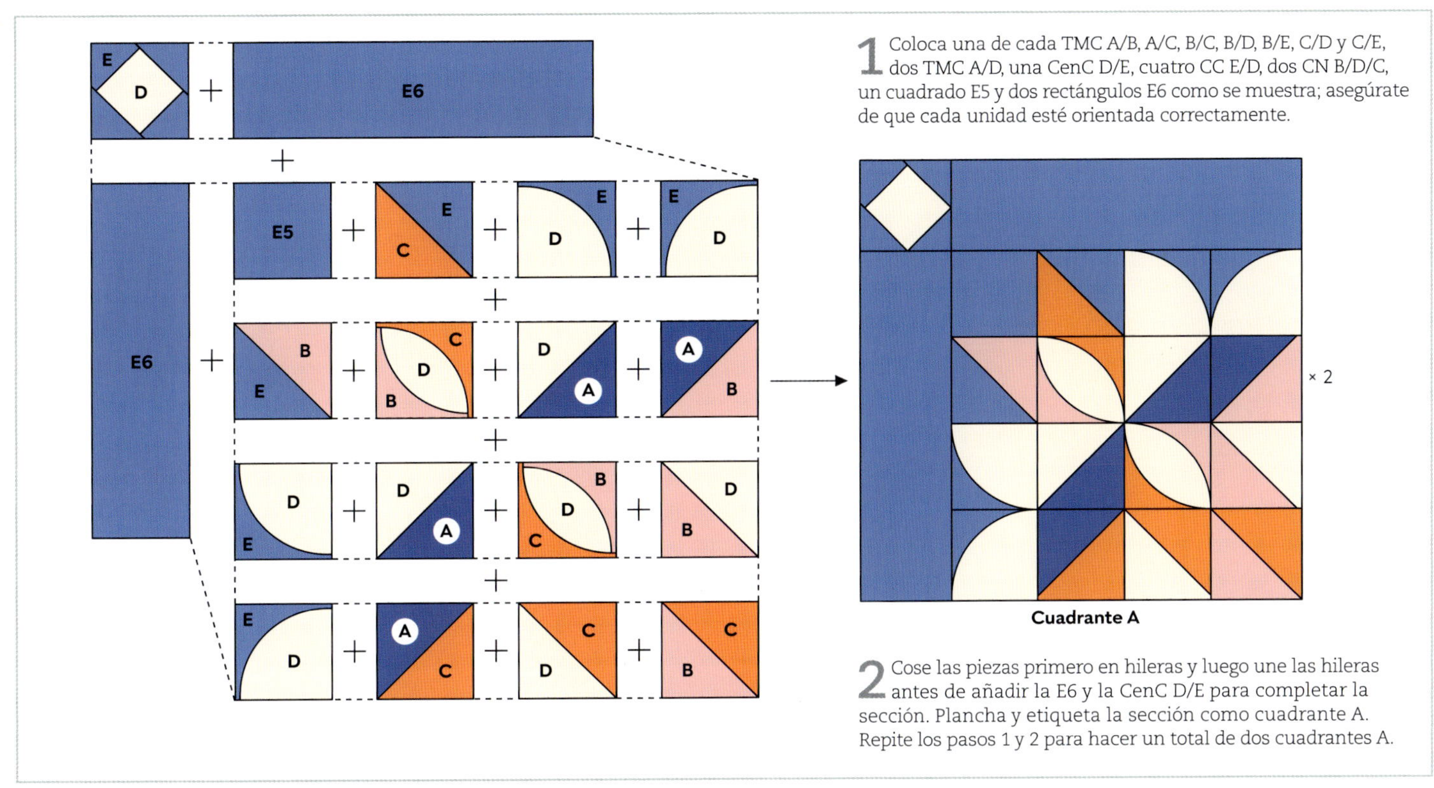

1 Coloca una de cada TMC A/B, A/C, B/C, B/D, B/E, C/D y C/E, dos TMC A/D, una CenC D/E, cuatro CC E/D, dos CN B/D/C, un cuadrado E5 y dos rectángulos E6 como se muestra; asegúrate de que cada unidad esté orientada correctamente.

Cuadrante A

2 Cose las piezas primero en hileras y luego une las hileras antes de añadir la E6 y la CenC D/E para completar la sección. Plancha y etiqueta la sección como cuadrante A. Repite los pasos 1 y 2 para hacer un total de dos cuadrantes A.

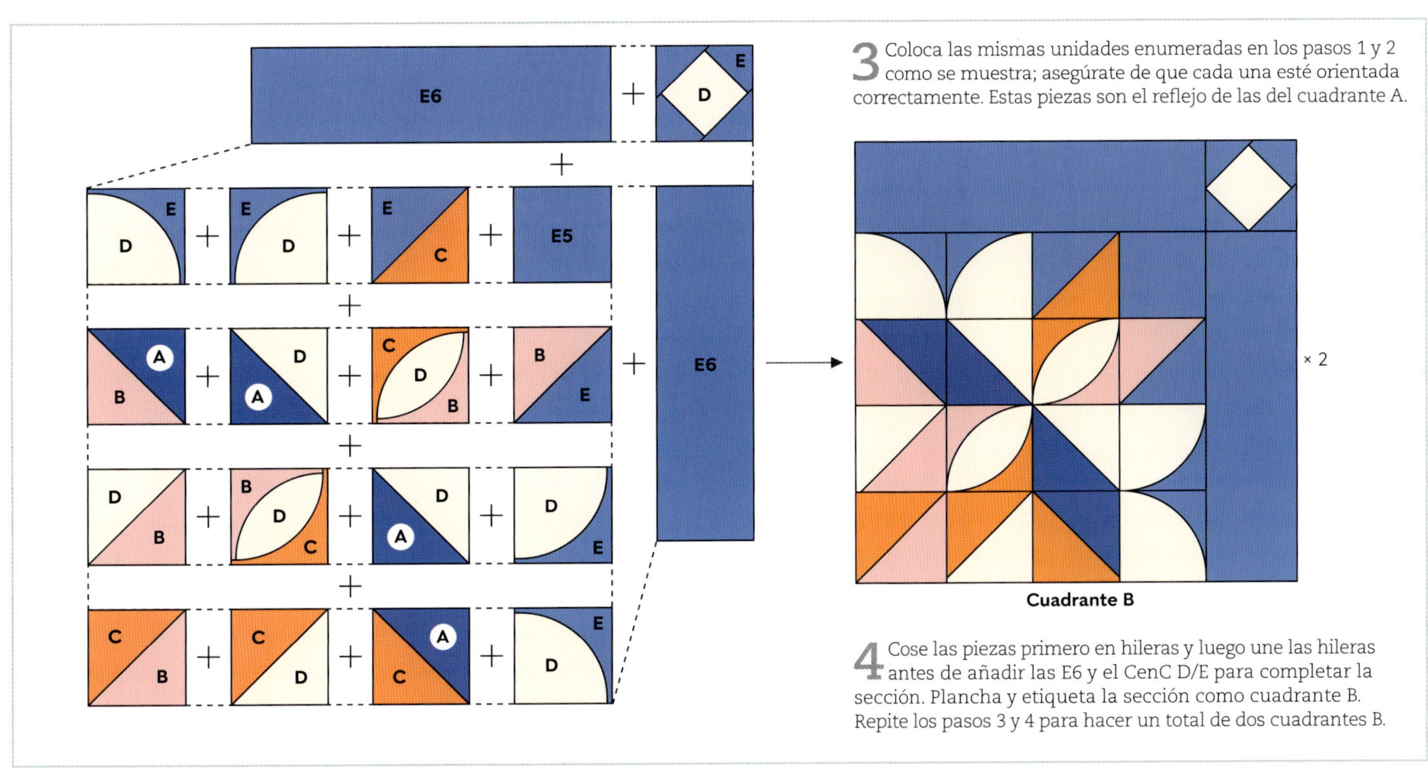

3 Coloca las mismas unidades enumeradas en los pasos 1 y 2 como se muestra; asegúrate de que cada una esté orientada correctamente. Estas piezas son el reflejo de las del cuadrante A.

Cuadrante B

4 Cose las piezas primero en hileras y luego une las hileras antes de añadir las E6 y el CenC D/E para completar la sección. Plancha y etiqueta la sección como cuadrante B. Repite los pasos 3 y 4 para hacer un total de dos cuadrantes B.

ENSAMBLAJE DEL ENMARCADO

Entre cada cuadrante hay tres conjuntos de piezas de enmarcado (*shasing*): una tira A, una tira B y un cuadrado de intersección central. Alinea cuidadosamente las costuras y plánchalas abiertas después de cada paso.

1 Coloca una de cada GV B/D, C/D y D/E, una TCC A/D, dos CC D/B y dos rectángulos D9 como se muestra, asegurándote de que cada unidad esté orientada correctamente.

2 Cose la TCC y los rectángulos D9 en una columna y luego cose los CC en una segunda columna. Une el GV y las dos columnas como se muestra para completar la sección. Plancha y etiqueta la sección como tira de enmarcado A. Repite los pasos 1 y 2 para hacer un total de dos tiras de enmarcado A.

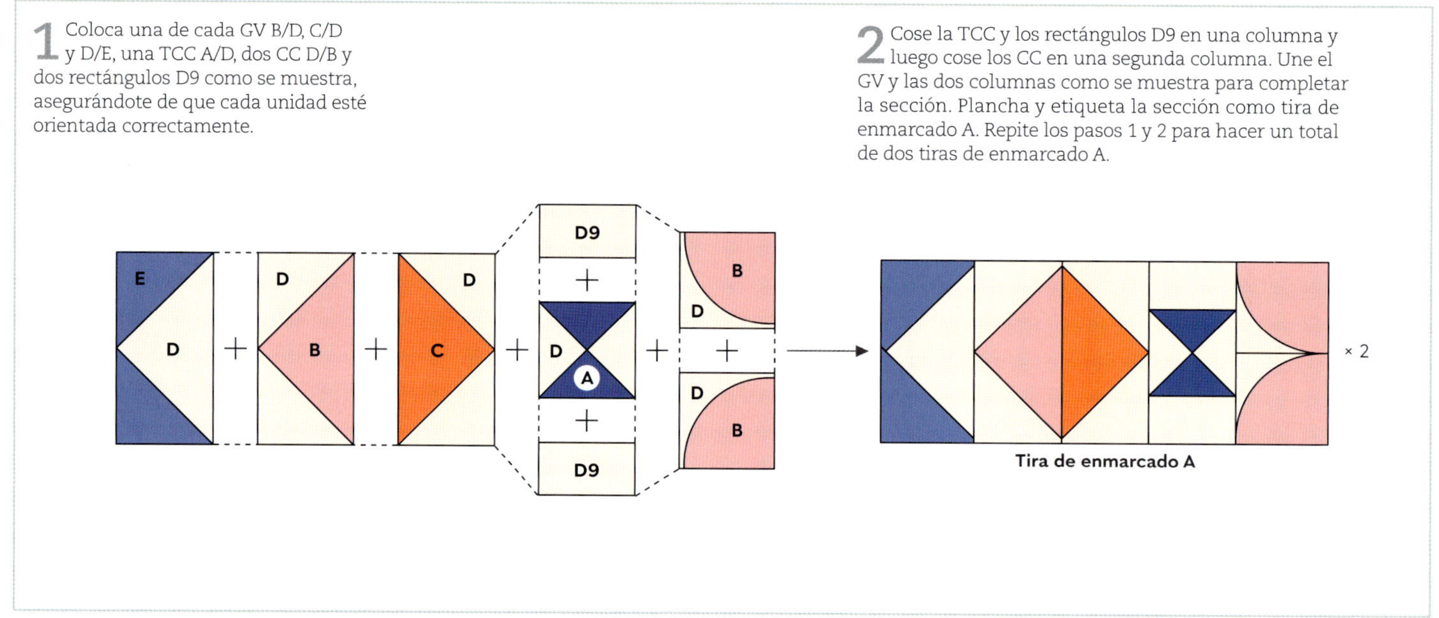

3 Coloca una de cada GV B/D, C/D y D/E, una TCC A/D, dos CC D/C y dos rectángulos D9 como se muestra, asegurándote de que cada unidad esté orientada correctamente.

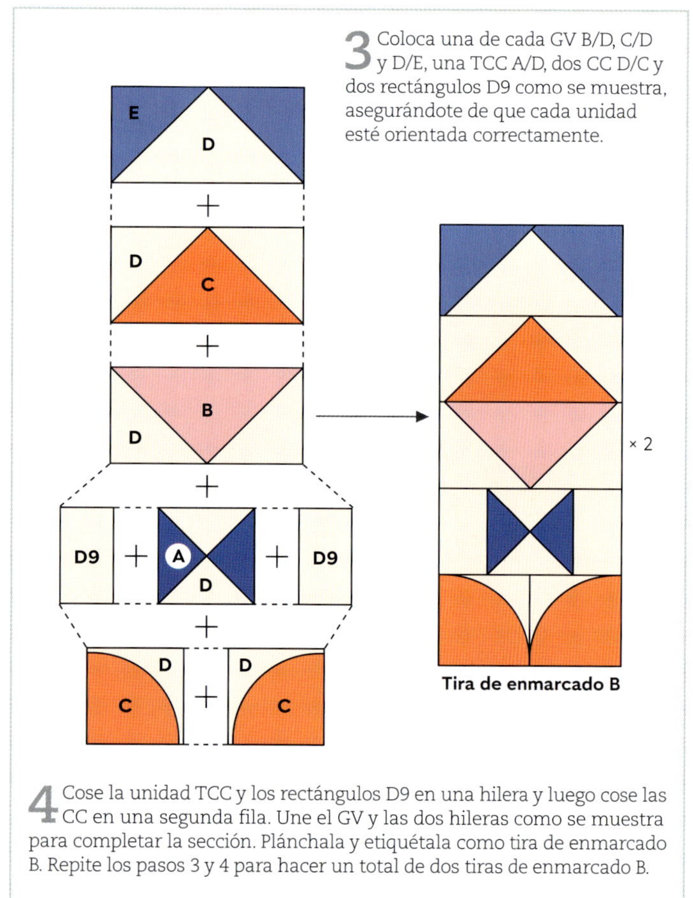

4 Cose la unidad TCC y los rectángulos D9 en una hilera y luego cose las CC en una segunda fila. Une el GV y las dos hileras como se muestra para completar la sección. Plánchala y etiquétala como tira de enmarcado B. Repite los pasos 3 y 4 para hacer un total de dos tiras de enmarcado B.

5 Coloca cuatro CC A/D como se muestra, con las piezas cóncavas A3 encontradas en el centro.

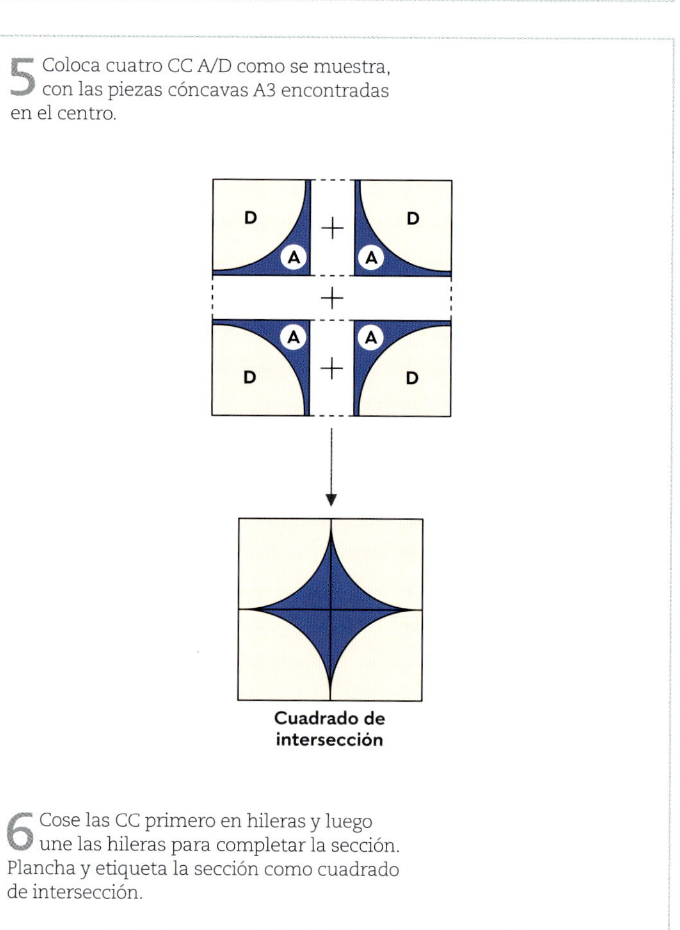

6 Cose las CC primero en hileras y luego une las hileras para completar la sección. Plancha y etiqueta la sección como cuadrado de intersección.

ENSAMBLAJE Y ACABADO DEL QUILT

Haz las tiras de borde antes de montar las secciones. Consulta las ilustraciones para asegurarte de que los cuadrantes, las tiras de enmarcado, el cuadrado de intersección y las tiras de borde estén orientados correctamente. Casa puntas y costuras (p. 141) cuidadosamente y plancha las costuras abiertas después de cada paso.

1 Quita los orillos de las seis tiras AT E8. Cose las tiras, DD, para hacer una tira de al menos 584 cm (230 in) de largo.

2 Dobla la tira por la mitad y luego corta dos tiras de borde de 8,9 × 138 cm (3½ × 54½ in) y dos de 8,9 × 154 cm (3½ × 60½ in).

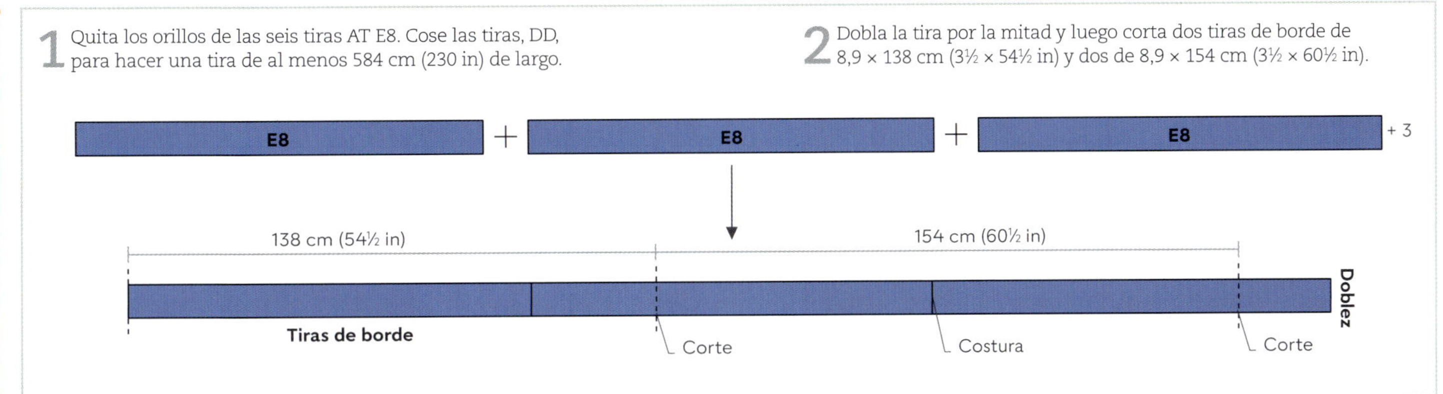

3 Coloca dos cuadrantes A, dos cuadrantes B, dos tiras de enmarcado A, dos tiras de enmarcado B y el cuadrado de intersección como se muestra, asegurándote de que cada sección esté orientada correctamente.

4 Cose un cuadrante A, una tira de enmarcado B y cuadrante B, DD, en una hilera. Plancha. Repite con el segundo cuadrante B, la tira de enmarcado B y las secciones de cuadrante A para hacer una segunda hilera. Plancha.

5 Cose una tira de enmarcado A a la izquierda y a la derecha del cuadrado de intersección, DD, para formar la hilera central. Plancha. Cose las tres filas DD. Plancha.

6 Cose una tira de borde de 138 cm (54½ in) a la izquierda y a la derecha de la cubierta del quilt y luego las de 154 cm (60½ in) en las partes superior e inferior. Plancha las costuras hacia las tiras.

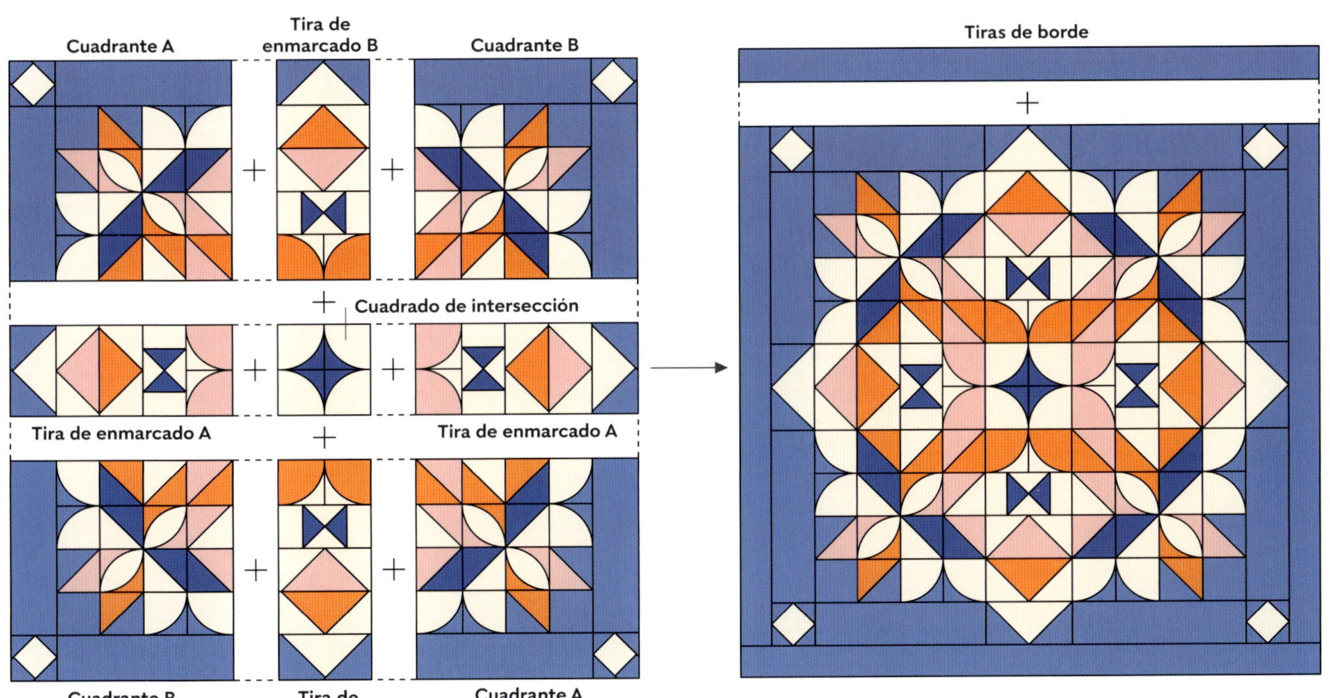

7 Plancha la cubierta por el derecho para eliminar todas las arrugas. Haz una costura de refuerzo (p. 151) a 3,2 mm (⅛ in) del perímetro del quilt para asegurar las costuras.

8 Para el ribete, corta siete tiras de 6,4 cm (2½ in) × AT de la tela elegida. Cose las siete tiras DD para hacer una tira de al menos 648 cm (255 in) de largo.

9 Para terminar el quilt, sujeta las capas (pp. 157–159), acolcha (pp. 160–171) y ribetea (pp. 172–181) como desees.

Flores de papel

Este patrón está inspirado en los matices cambiantes de las flores de lantana, con estrellas centrales que irradian franjas vibrantes y coloridas. El diseño es ideal para practicar las técnicas de MBP.

TAMAÑO FINAL 152 × 152 cm (60 × 60 in)

TÉCNICAS EMPLEADAS Comprender la teoría del color **p. 60**, Preparar plantillas para MBP **p. 115**, Montaje de secciones de MBP **p. 116**, Unir plantillas para MBP **p. 118**, Casar puntas y costuras **p. 141**, Diseño en filas y columnas **p. 146**

MATERIALES

- Equipo básico (p. 14)
- Impresora y papel para plantillas para MBP
- Pinzas (opcional)
- Regla de 8,9 × 31,8 cm (3½ × 12½ in) o para MBP
- Relleno de 168 × 168 cm (66 × 66 in) o mayor

TELA NECESARIA

Telas A–L	(1) 0,75 m (¾ yd) de cada una
Forro*	3,5 m (3¾ yds)
Ribete	0,75 m (¾ yd)

* Tela de forro necesaria si se utiliza una sola costura vertical u horizontal.

Elige una paleta de seis colores principales (p. 60). Selecciona una tela de tono claro y una de tono oscuro de cada color para obtener un total de 12 telas: seis claras y seis oscuras.

Etiqueta las telas del primer color como telas A y B, las del segundo como telas C y D, y así sucesivamente hasta la tela L. En cada bloque se utiliza un par de telas, clara y oscura: mantén cada par junto mientras cortas y montas las piezas para mantener el orden.

REFERENCIA DE COLOR

DETALLES DE LA CUBIERTA

Telas: Ruby and Bee Solids de Windham Fabrics en los tonos Dusk (**A**), Vervain (**B**), Marine Layer (**C**), Provence Blue (**D**), Lemonade (**E**), Avocado (**F**), Mustard Seed (**G**), Pumpkin (**H**), Peachy Keen (**I**), Delphinium (**J**), Posy (**K**) y Perfect Pink (**L**); **Acolchado:** con pantógrafo Sashiko Stars por Stephanie de Hillside Stitches; **Hilo:** King Tut n.º 40 de Superior Threads; **Relleno:** mezcla 80/20 de Hobbs Heirloom; **Ribete:** Perfect Pink

INSTRUCCIONES DE CORTE

Utiliza las tablas y los diagramas siguientes para cortar y etiquetar las piezas necesarias de las telas A–L. Visita la página web de *Quilts* (p. 11) para imprimir las plantillas para MBP necesarias.

TABLAS DE CORTE DE LAS TELAS

TELAS A–L

De cada tela:

Corta (1) 21,6 cm (8½ in) × AT; **corta en la tira:**
A4–L4: (12) 21,6 × 8,9 cm (8½ × 3½ in) (12 de cada tela)

Corta (1) 16,5 cm (6½ in) × AT; **corta en la tira:**
A2–L2: (12) 16,5 × 8,9 cm (6½ × 3½ in) (12 de cada tela)

Corta (2) 10,2 cm (4 in) × AT; **corta en las tiras:** (12) cuadrados de 10,2 × 10,2 cm (4 × 4 in), luego corta cada cuadrado por la mitad en diagonal para obtener (24) triángulos para hacer:
A1–L1: (12) triángulos (12 de cada tela)
A3–L3: (12) triángulos (12 de cada tela)

DIAGRAMAS DE CORTE DE LAS TELAS

1 Corta cada tela A–L como se indica, según las medidas de las tablas de corte de las telas. Etiqueta todas las piezas como corresponda.

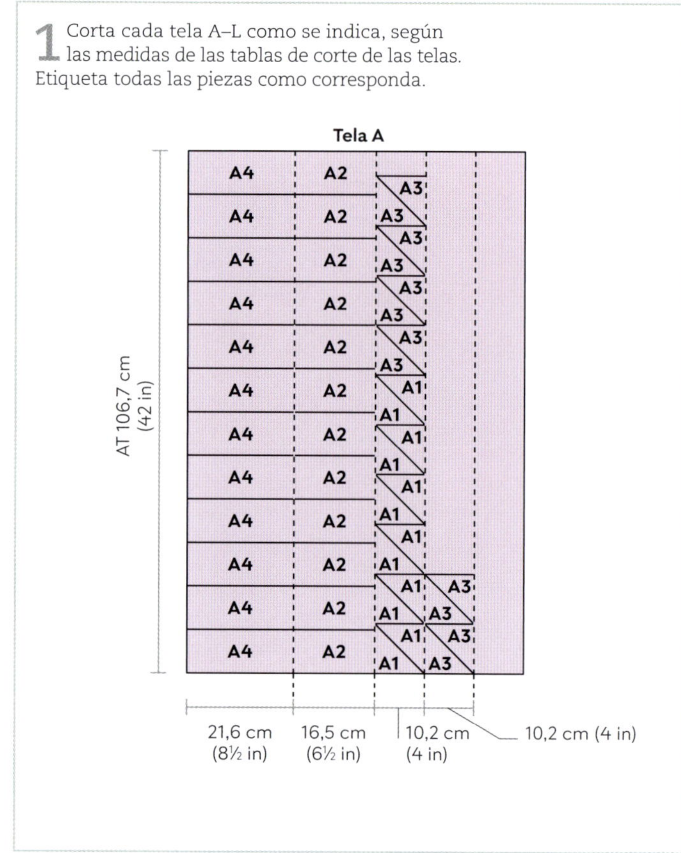

PREPARACIÓN DE PLANTILLAS PARA MBP

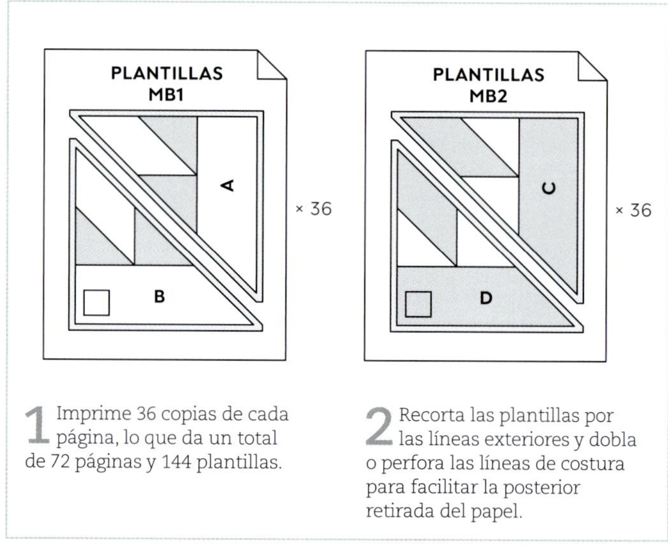

1 Imprime 36 copias de cada página, lo que da un total de 72 páginas y 144 plantillas.

2 Recorta las plantillas por las líneas exteriores y dobla o perfora las líneas de costura para facilitar la posterior retirada del papel.

3 Cada bloque consta de cuatro plantillas: A, B, C y D. Las plantillas A y B forman el medio bloque 1 (MB1), y las plantillas C y D forman el medio bloque 2 (MB2).

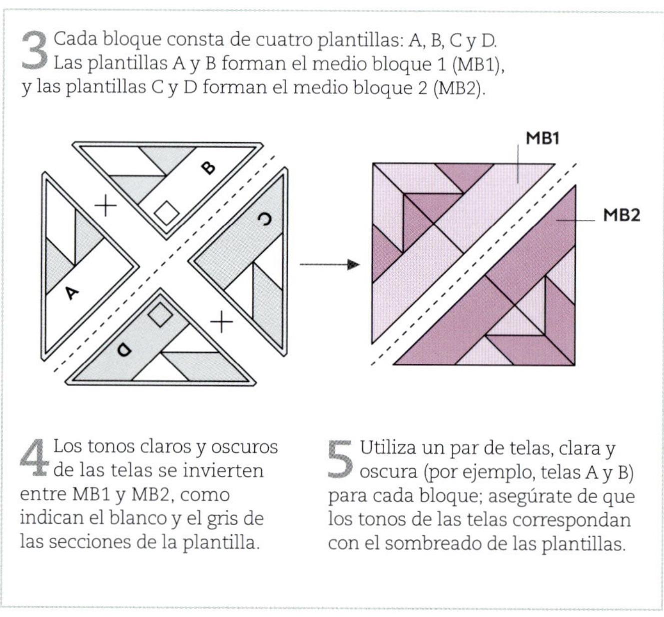

4 Los tonos claros y oscuros de las telas se invierten entre MB1 y MB2, como indican el blanco y el gris de las secciones de la plantilla.

5 Utiliza un par de telas, clara y oscura (por ejemplo, telas A y B) para cada bloque; asegúrate de que los tonos de las telas correspondan con el sombreado de las plantillas.

ENSAMBLAJE DE UN BLOQUE SOBRE BASE DE PAPEL (MBP)

Consulta las técnicas de montaje de secciones (p. 116) para obtener instrucciones más detalladas sobre el MBP.

1 Con la plantilla A con el lado impreso hacia arriba, coloca un B1 RR con la sección 1 y préndelo con alfileres.

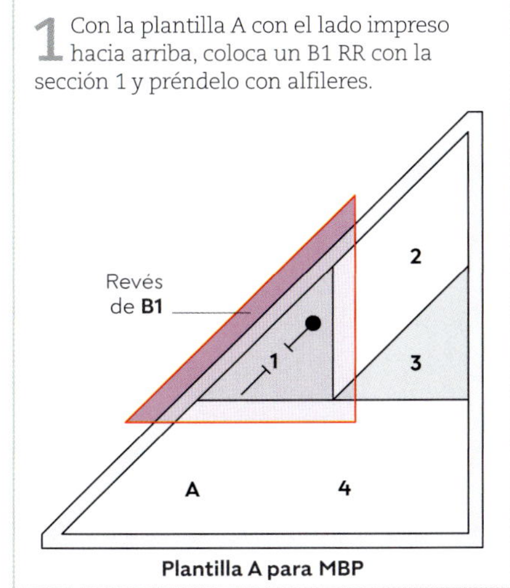

Plantilla A para MBP

2 Alinea una A2 DD con B1. Prende con alfileres.

3 Cose a lo largo de la línea de costura de las secciones 1 y 2.

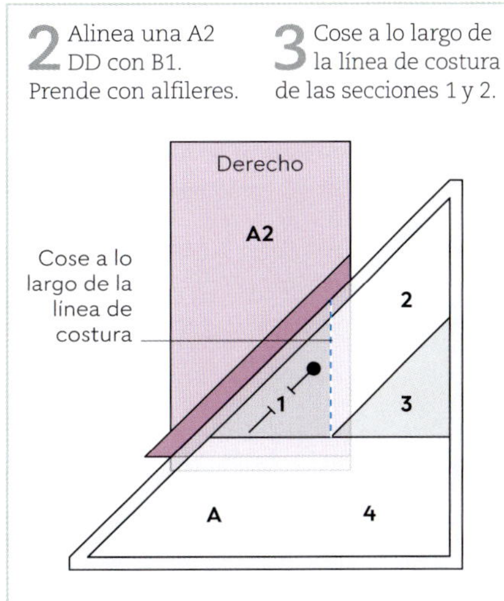

4 Dobla la sección 2 hacia atrás a lo largo de la línea de costura.

5 Recorta la tela sobrante a 6,4 mm (¼ in) del doblez.

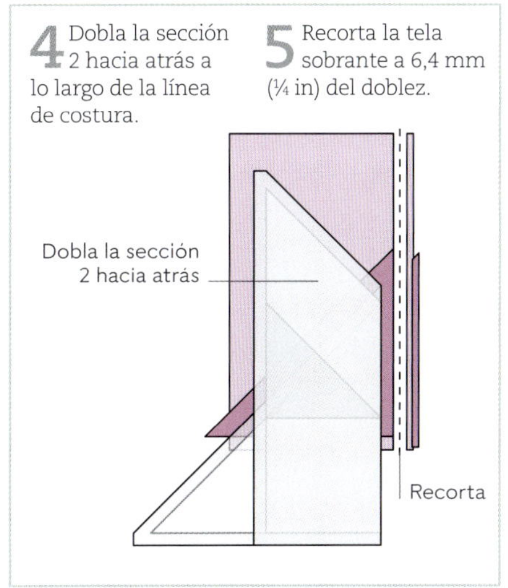

6 Vuelve la plantilla con el lado impreso hacia abajo y plancha A2 en dirección contraria a B1.

7 Verifica que A2 cubra por completo la sección 2.

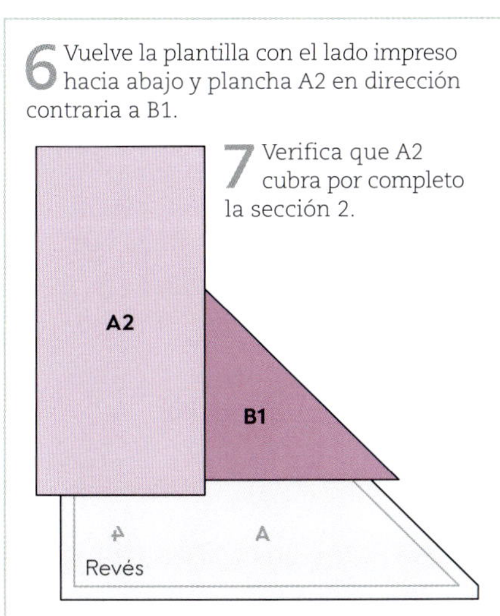

8 Vuelve la plantilla con el lado impreso hacia arriba. Coloca un B3 DD con A2. Verifica que B3 cubra la sección 3 una vez cosido y préndelo con alfileres.

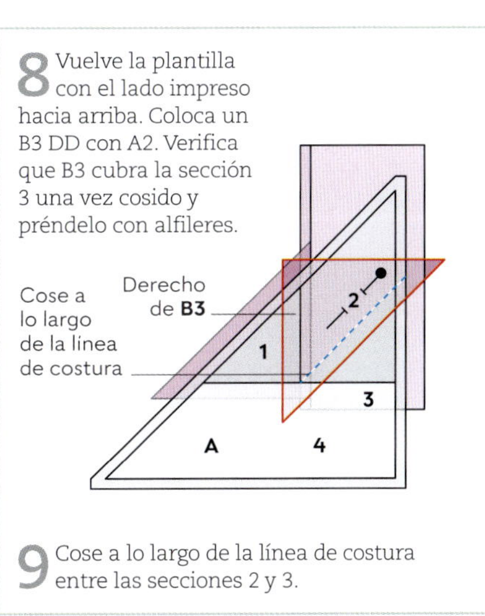

9 Cose a lo largo de la línea de costura entre las secciones 2 y 3.

10 Dobla la sección 3 hacia atrás, recorta la tela sobrante a 6,4 mm (¼ in) del doblez, dale la vuelta y plancha B3 en dirección contraria a A2.

11 Verifica que B3 cubra por completo la sección 3.

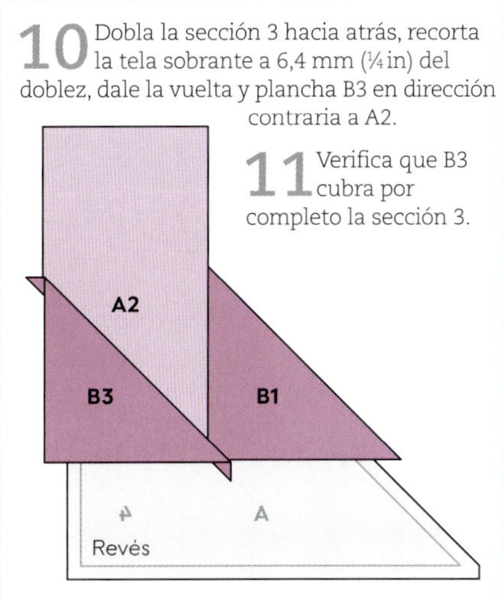

12 Repite los pasos para añadir A4. Tras coser, doblar, recortar el sobrante y planchar, verifica que A4 cubra la sección 4.

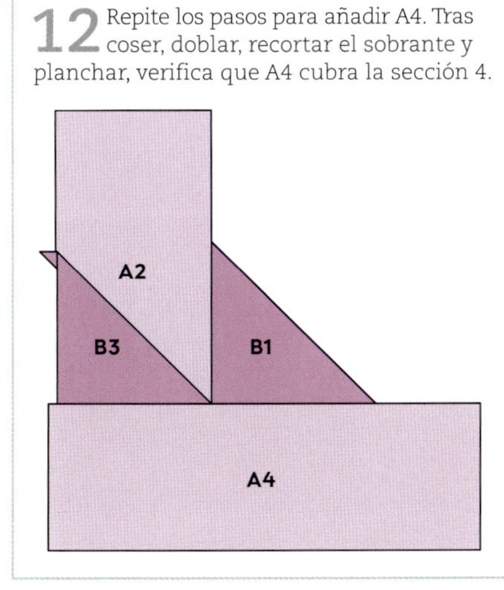

13 Vuelve la plantilla con el lado impreso hacia arriba.

14 Recorta el sobrante de tela a lo largo de los bordes exteriores de la plantilla.

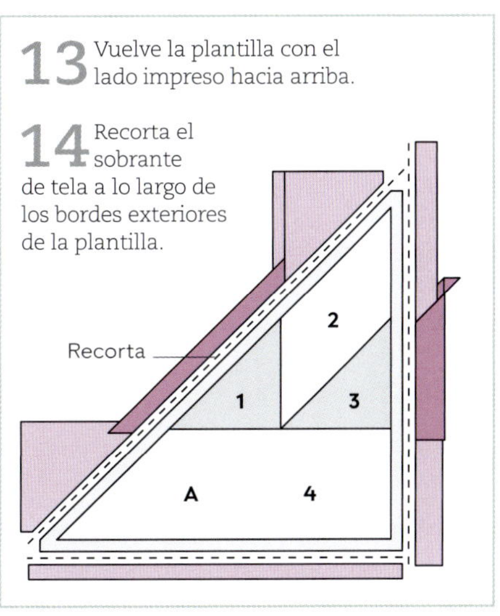

15 Haz un hilván (p. 72) alrededor de los bordes de la plantilla para asegurar las telas en su lugar.

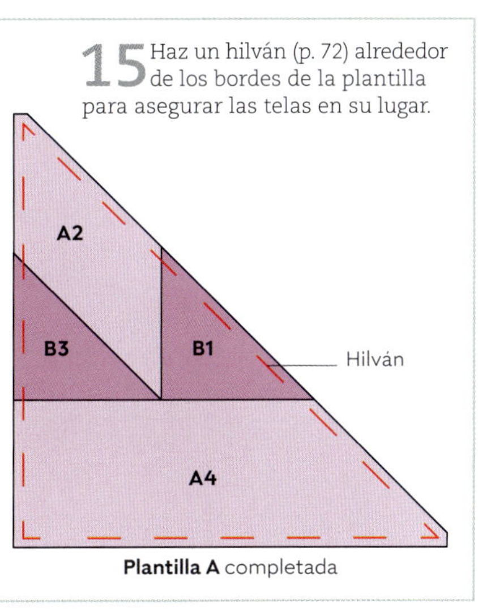

Plantilla A completada

ENSAMBLAJE DE BLOQUES

Consulta cómo unir plantillas (p. 118) para obtener instrucciones más detalladas sobre la manera de ensamblar un bloque A–B usando las telas A y B. Repite para hacer todos los bloques usando los pares de tela clara y oscura correspondientes.

1 Sigue las instrucciones de la página anterior para ensamblar la plantilla A usando B1, A2, B3 y A4.

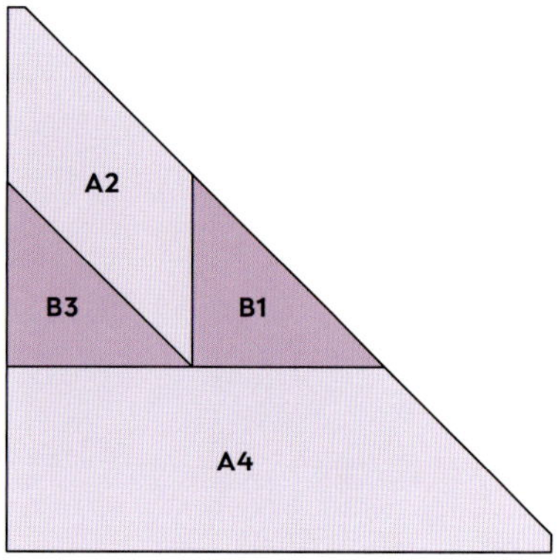

A2 B3 B1 A4

Plantilla A

2 Repite para ensamblar la plantilla B utilizando B1, A2, B3 y A4.

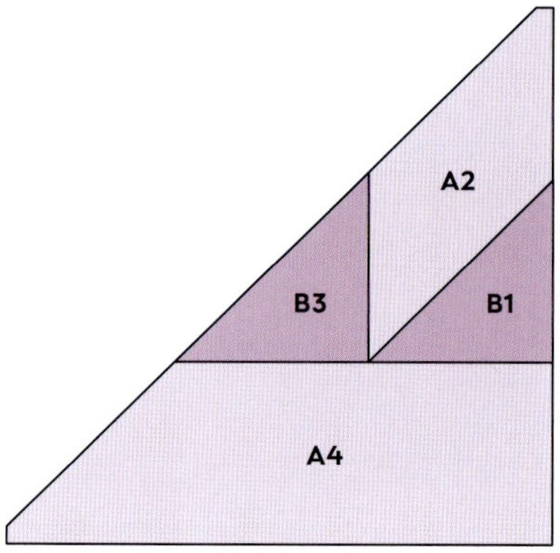

A2 B3 B1 A4

Plantilla B

3 Sigue las instrucciones de la página anterior, invirtiendo los tonos de las telas, para montar la plantilla C usando A1, B2, A3 y B4.

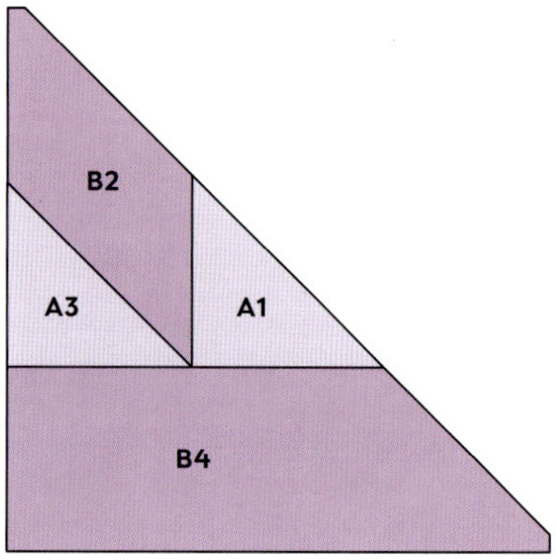

B2 A3 A1 B4

Plantilla C

4 Repite para ensamblar la plantilla D usando A1, B2, A3 y B4.

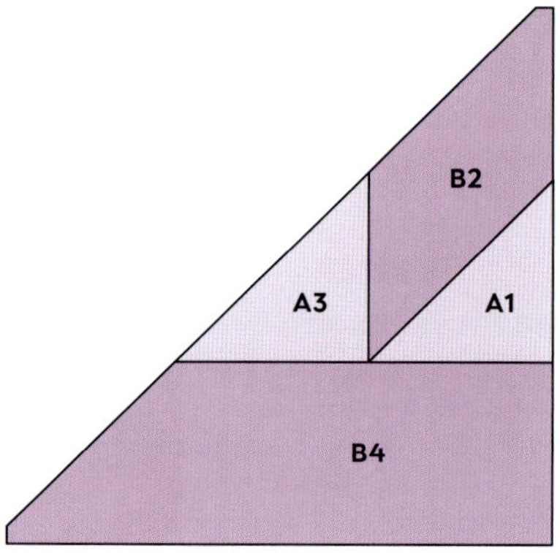

B2 A3 A1 B4

Plantilla D

5 Cose las plantillas A y B, DD, para hacer el MB1. Retira el papel solo de los márgenes de costura y plancha la costura abierta.

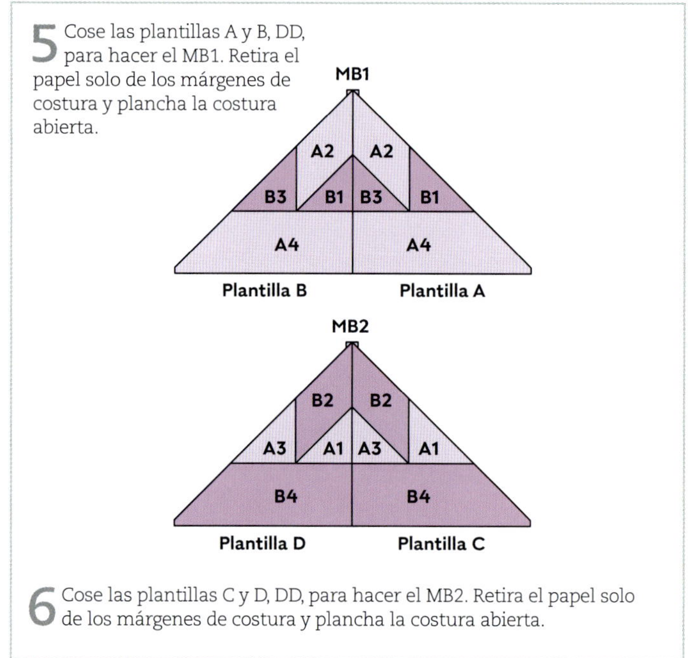

6 Cose las plantillas C y D, DD, para hacer el MB2. Retira el papel solo de los márgenes de costura y plancha la costura abierta.

7 Cose MB1 y MB2 DD para completar el bloque A–B con las telas A y B. Retira el papel solo de los márgenes de costura y plancha la costura abierta.

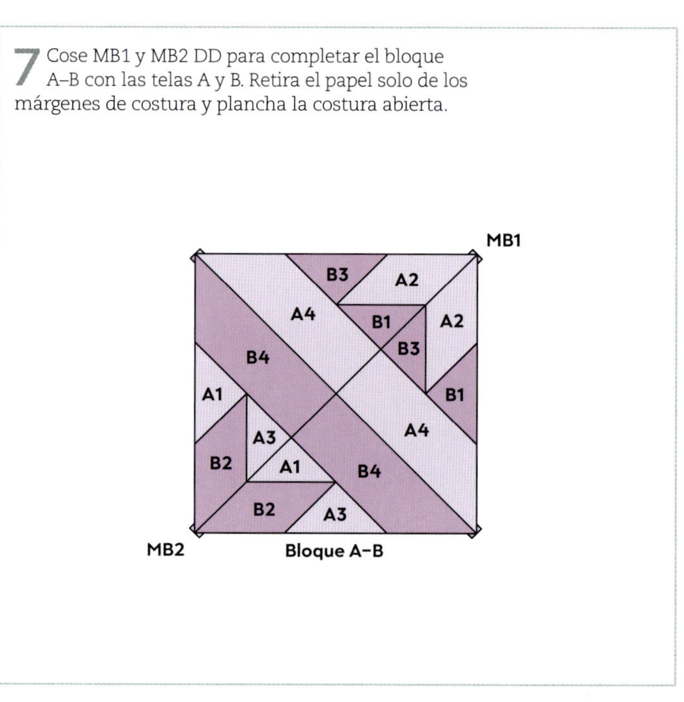

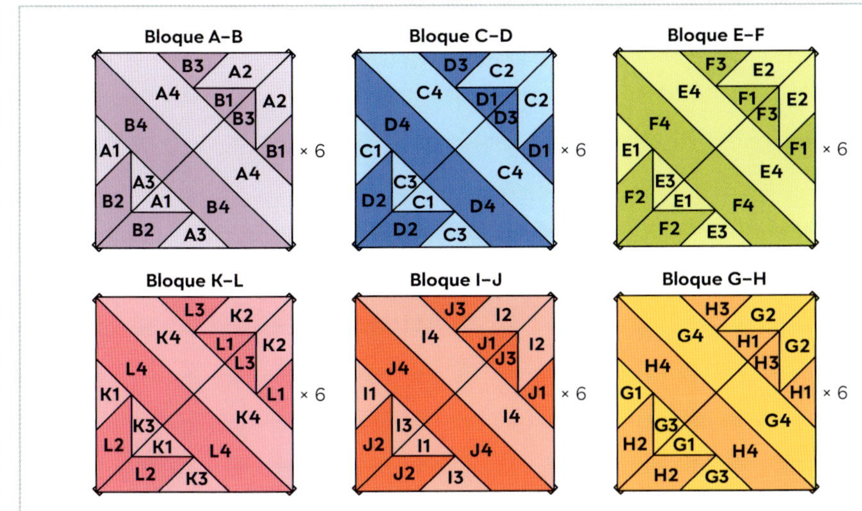

8 Ensambla seis bloques A–B usando las telas A y B.

9 Repite los pasos 1 a 8 con cada par de telas clara y oscura para ensamblar seis bloques C–D con las telas C y D, seis bloques E–F con las telas E y F, seis bloques G–H con las telas G y H, seis bloques I–J con las telas I y J, y seis bloques K–L con las telas K y L, para tener un total de 36 bloques.

10 Retira todos los papeles de los bloques completados.

ENSAMBLAJE Y ACABADO DEL QUILT

Los bloques pueden disponerse y orientarse de cualquier manera: coloca las telas del tono claro junto a las del tono más oscuro para lograr el contraste más dinámico.

1 Ensambla la cubierta del quilt ordenando los bloques en seis filas de seis bloques cada una. Ajusta la colocación y la orientación de los bloques hasta que estés conforme con la distribución de la tela y el color.

Bloque I–J | Bloque C–D | Bloque A–B | Bloque G–H | Bloque K–L | Bloque E–F

2 Cose los bloques en hilera y luego une las filas para completar la cubierta. Plancha las costuras abiertas.

3 Plancha todo el quilt por delante para eliminar arrugas. Haz una costura de refuerzo (p. 151) a 3,2 mm (⅛ in) del perímetro para asegurar las costuras.

4 Para el ribete, corta siete tiras de 6,4 cm (2½ in) × AT de la tela elegida. Cose las siete tiras DD para hacer una tira de al menos 648 cm (255 in) de largo.

5 Para acabar el quilt, sujeta las capas (pp. 157–159), acolcha (pp. 160–171) y ribetea (pp. 172–181) como desees.

Fuera de guion

Este patrón inspirado en el confeti y la alegría de las fiestas, confeccionado combinando instrucciones claras con la libertad de montaje de piezas de bordes rectos y ondulados, es ideal para quienes buscan un enfoque guiado de la improvisación. El tamaño del quilt terminado puede variar, ya que cada quilt será único.

TAMAÑO FINAL Aproximadamente 114 × 114 cm (45 × 45 in)

TÉCNICAS EMPLEADAS Triángulos **p. 95,** Montaje libre de piezas de bordes rectos **p. 110**, Montaje libre de piezas onduladas **p. 111**, Formas libres comunes **p. 112**, Líneas de referencia **p. 143**, Diseño libre **p. 147**

MATERIALES

- Equipo básico (p. 14)
- Pinzas (opcional)
- Rotulador
- Relleno de 152 × 152 cm (60 × 60 in) o mayor

TELA NECESARIA**

Telas A–G	1 FQ de cada una
Tela de fondo (TF)	3 m (3 yds)
Forro*	3 m (3 yds)
Ribete	0,5 m (½ yd)

* Forro necesario si se utiliza una sola costura vertical u horizontal.

** Las cantidades de tela necesaria son estimaciones debido al estilo libre de este patrón y es posible que debas ajustarlas para tu quilt.

Elige siete *fat quarters* (telas A–G) en cualquier combinación de colores lisos, estampados o texturas (p. 64). Este patrón es una gran oportunidad para experimentar con diferentes telas, colores o retales. Si usas retales, sigue la tabla de corte para cortar las piezas necesarias de cualquier tela. Se recomienda elegir una tela de fondo (TF) lisa o de estampado discreto no direccional.

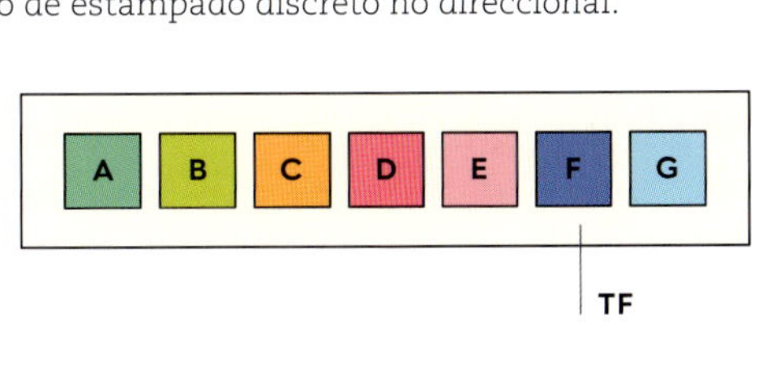

REFERENCIA DE COLOR

DETALLES DE LA CUBIERTA

Telas: Ruby and Bee Solids de Windham Fabrics en los tonos Minty (**A**), Avocado (**B**), Pumpkin (**C**), Perfect Pink (**D**), Posy (**E**), Provence Blue (**F**), Aquamarine (**G**) y Cream Puff (**TF**); **Acolchado:** silueteado múltiple con puntada grande y líneas orgánicas; **Hilo:** DMC n.° 8 en varios colores; **Relleno:** poliéster Poly-Down de Hobbs; **Ribete:** Minty

INSTRUCCIONES DE CORTE

Utiliza las tablas y los diagramas siguientes para cortar y etiquetar las piezas necesarias de las telas A–G y TF. Guarda la tela de fondo restante para rellenar huecos durante el ensamblaje.

TABLAS DE CORTE DE LAS TELAS

TELAS A–G

De cada FQ:

Corta (1) 17,8 cm (7 in) × AT; **corta en la tira:**
A1–G1: (1) 17,8 × 53,3 cm (7 × 21 in) (1 de cada tela)

Corta (1) 10,2 cm (4 in) × AT; **corta en la tira:**
A2–G2: (1) 10,2 × 12,7 cm (4 × 5 in) (1 de cada tela)
A3–G3: (6) 10,2 × 5,1 cm (4 × 2 in) (6 de cada tela)

TELA DE FONDO (TF)

Corta (5) 15,2 cm (6 in) × AT; **corta en las tiras:**
TF1: (7) 15,2 × 53,3 cm (6 × 21 in)
TF2: (4) 15,2 × 10,2 cm (6 × 4 in)
TF3: (4) 15,2 × 10,2 cm (6 × 4 in)

Reserva la tela restante y corta más piezas **TF** si es necesario para rellenar huecos durante el ensamblaje.

DIAGRAMAS DE CORTE DE LAS TELAS

1 Corta las piezas de cada tela A–G como se muestra. Reserva la tela sobrante para usarla si una unidad debe rehacerse o para hacer más unidades.

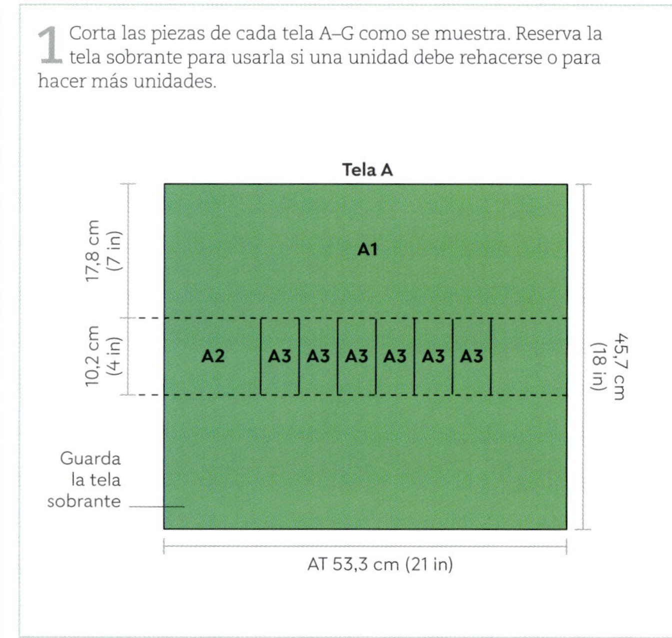

2 Corta cuatro rectángulos TF2 por la mitad en diagonal desde la esquina superior izquierda hasta la esquina inferior derecha para hacer ocho triángulos TF2. Se necesitan siete triángulos; descarta uno.

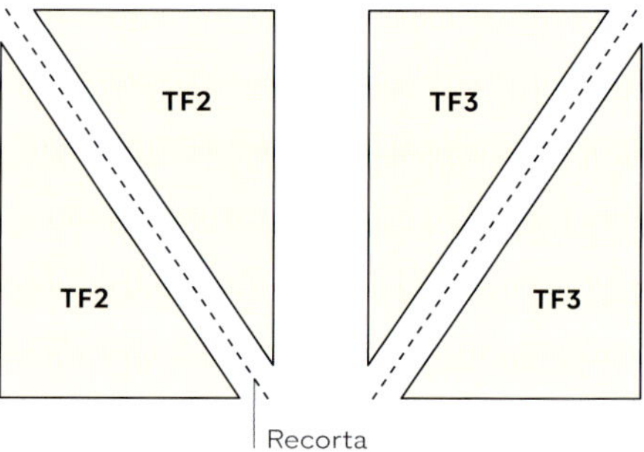

3 Corta cuatro rectángulos TF3 por la mitad en diagonal desde la esquina superior derecha hasta la esquina inferior izquierda para hacer ocho triángulos TF3. Se necesitan siete triángulos; descarta uno.

ENSAMBLAJE DE UNIDADES

Consulta la sección de Montaje libre (pp. 108–115) para obtener instrucciones más detalladas sobre cómo hacer las unidades. Sigue los pasos siguientes como guía y disfruta de la libertad de improvisar. Alinea y une las piezas como desees, manteniendo o recortando la tela sobrante de modo que quede un margen de costura de 6,4 mm (¼ in) [p. 73].

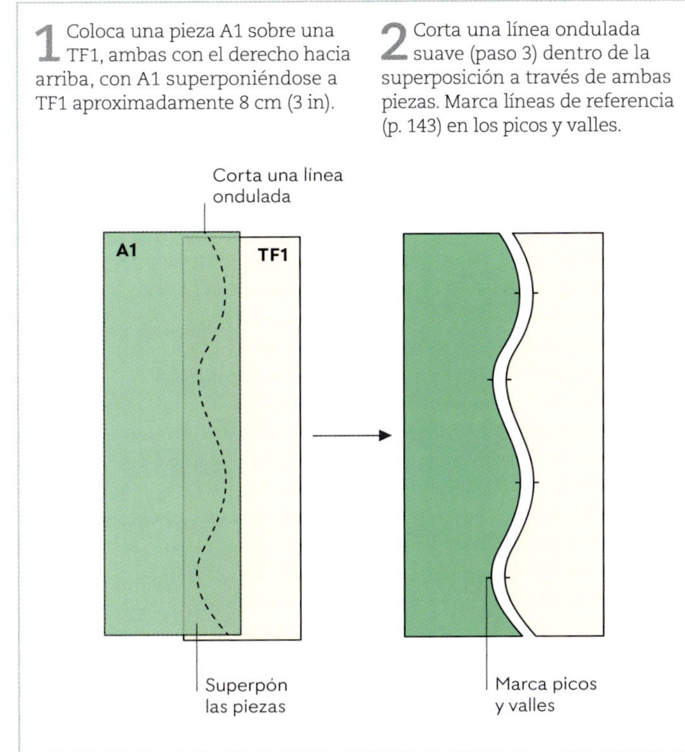

1 Coloca una pieza A1 sobre una TF1, ambas con el derecho hacia arriba, con A1 superponiéndose a TF1 aproximadamente 8 cm (3 in).

2 Corta una línea ondulada suave (paso 3) dentro de la superposición a través de ambas piezas. Marca líneas de referencia (p. 143) en los picos y valles.

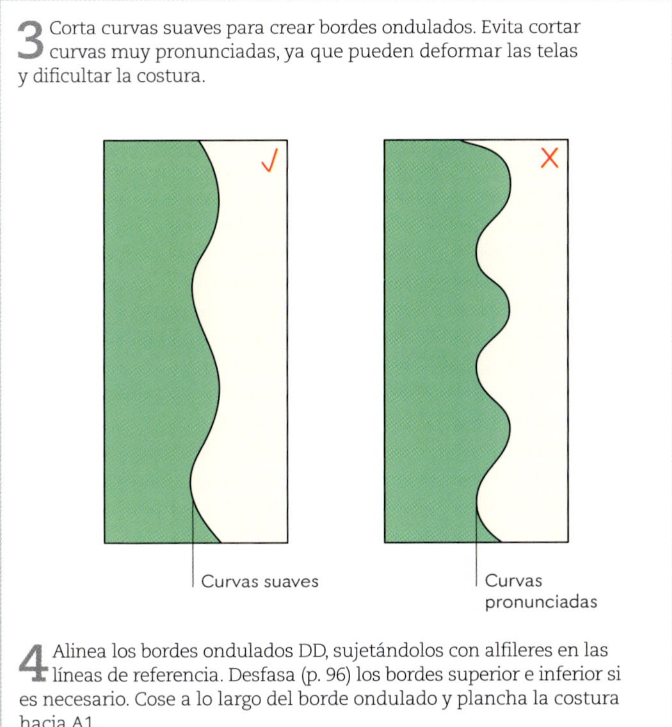

3 Corta curvas suaves para crear bordes ondulados. Evita cortar curvas muy pronunciadas, ya que pueden deformar las telas y dificultar la costura.

4 Alinea los bordes ondulados DD, sujetándolos con alfileres en las líneas de referencia. Desfasa (p. 96) los bordes superior e inferior si es necesario. Cose a lo largo del borde ondulado y plancha la costura hacia A1.

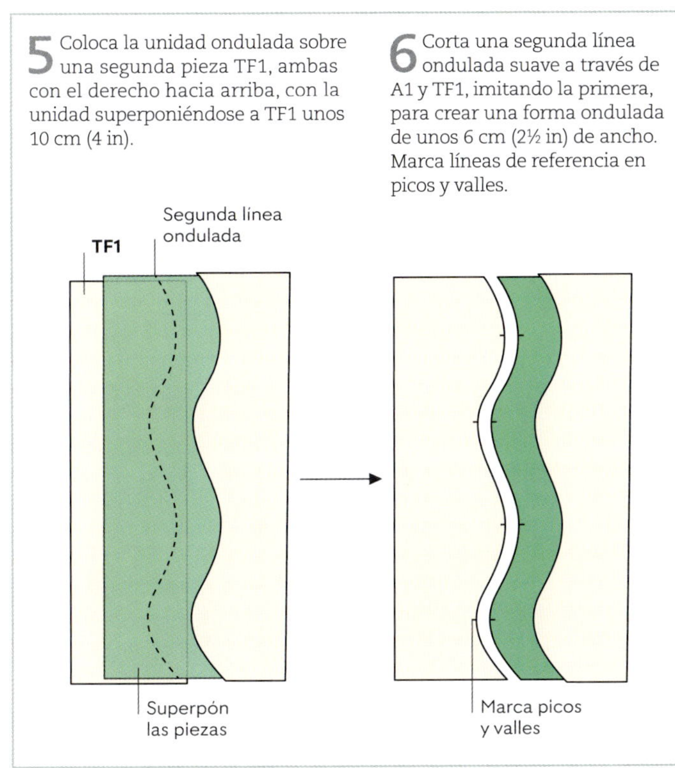

5 Coloca la unidad ondulada sobre una segunda pieza TF1, ambas con el derecho hacia arriba, con la unidad superponiéndose a TF1 unos 10 cm (4 in).

6 Corta una segunda línea ondulada suave a través de A1 y TF1, imitando la primera, para crear una forma ondulada de unos 6 cm (2½ in) de ancho. Marca líneas de referencia en picos y valles.

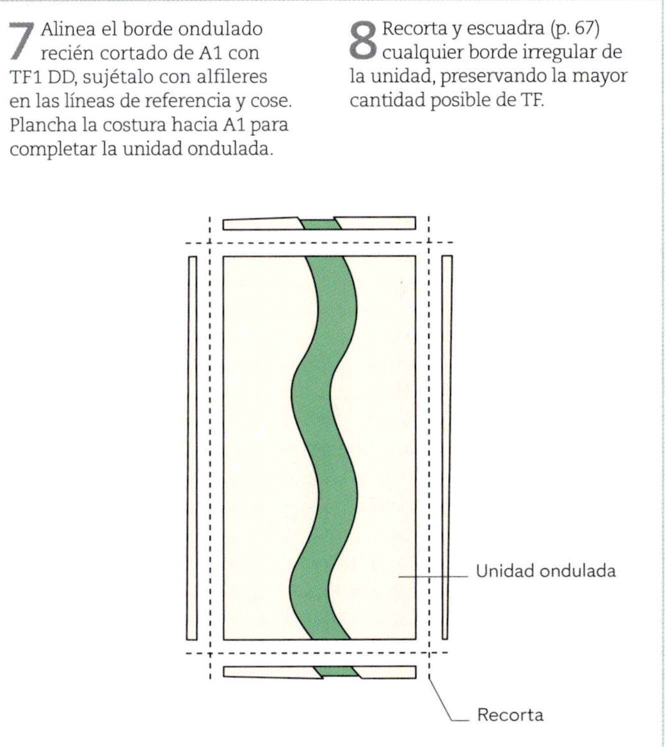

7 Alinea el borde ondulado recién cortado de A1 con TF1 DD, sujétalo con alfileres en las líneas de referencia y cose. Plancha la costura hacia A1 para completar la unidad ondulada.

8 Recorta y escuadra (p. 67) cualquier borde irregular de la unidad, preservando la mayor cantidad posible de TF.

9 Repite los pasos 1 a 8 con las piezas B1, C1, D1, E1, F1, G1 y la TF1 restante para hacer una unidad ondulada de cada una de las telas A–G. Experimenta con la forma de cada onda. La cantidad de tela necesaria indicada da para un segundo intento si es necesario.

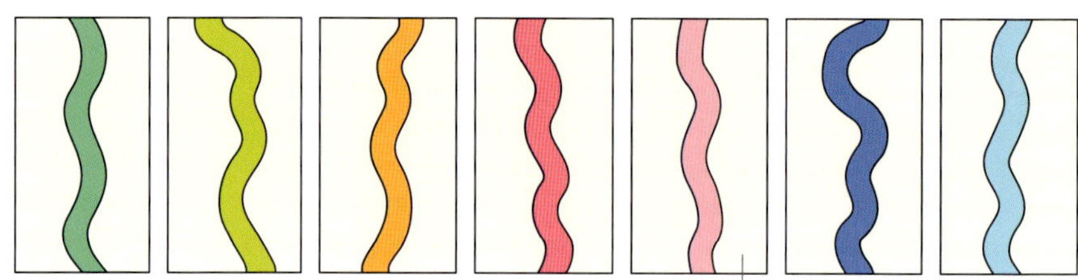

10 Selecciona tres unidades onduladas terminadas y resérvalas para usarlas como unidades de onda grande. Cada unidad debe medir aproximadamente 43–51 cm (17–20 in) de largo.

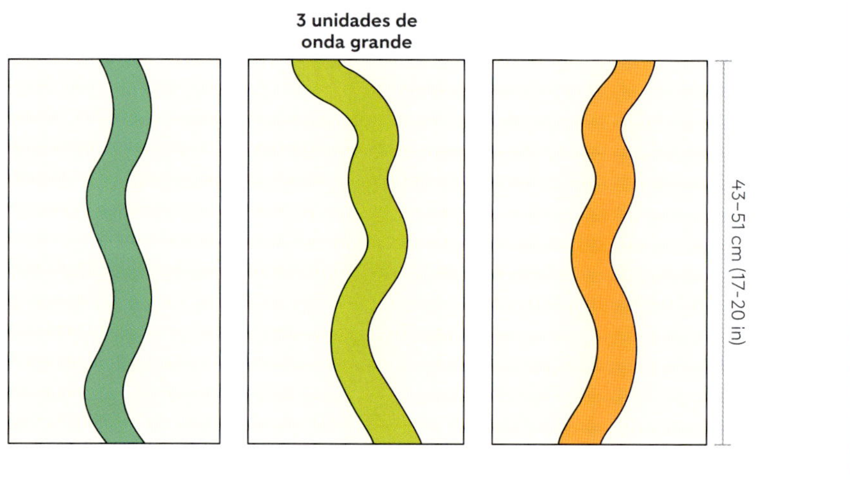

11 Selecciona dos unidades onduladas terminadas y recorta ambas para que midan aproximadamente entre 30 y 41 cm (12–16 in) de largo. Reserva estas unidades para usarlas como unidades de onda mediana.

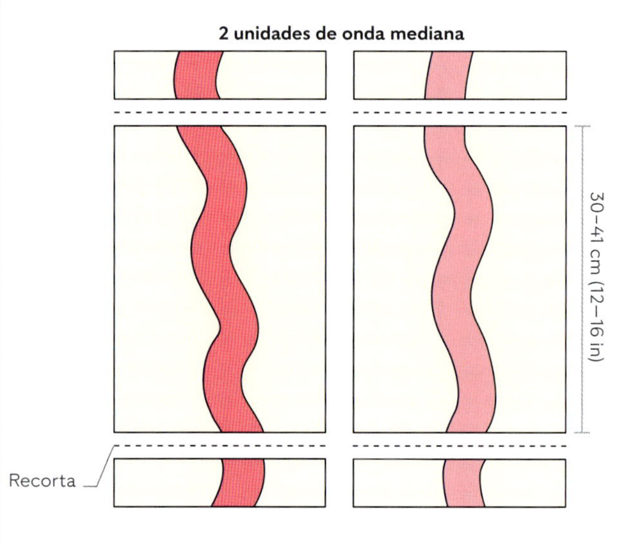

12 Corta por la mitad las dos unidades onduladas restantes para hacer cuatro unidades, cada una de aproximadamente 20–28 cm (8–11 in) de largo. Reserva estas unidades para utilizarlas como unidades de onda pequeña.

4 unidades de onda pequeña

Corta por la mitad

20–28 cm (8–11 in)

13 Coloca un triángulo TF2 DD sobre un rectángulo A2, alineando el borde inclinado de TF2 con el centro superior y la esquina inferior derecha del rectángulo. No es necesario que la colocación sea exacta.

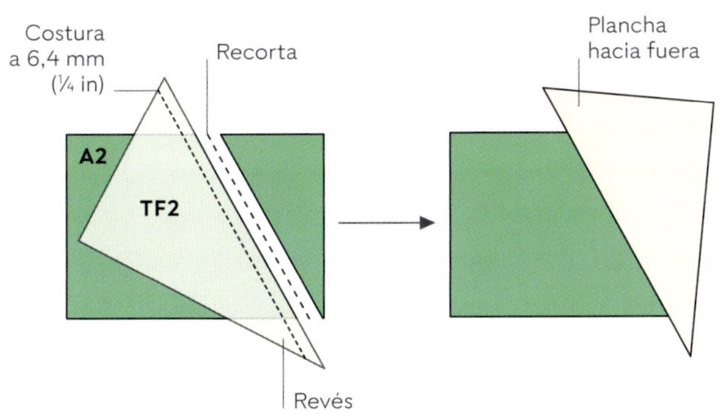

14 Cose a lo largo del borde inclinado con un margen de costura de 6,4 mm (¼ in). Recorta A2 a 6,4 mm (¼ in) de la costura y plancha en dirección contraria al centro.

15 Coloca un triángulo TF3 DD sobre la unidad, alineando el borde inclinado de TF3 con el centro superior y la esquina inferior izquierda de la unidad, superponiendo la costura anterior.

16 Cose a lo largo del borde inclinado, recorta la tela sobrante y plancha en dirección contraria al centro para completar la unidad de triángulo.

17 Recorta y escuadra la unidad de triángulo, preservando la mayor cantidad posible de TF.

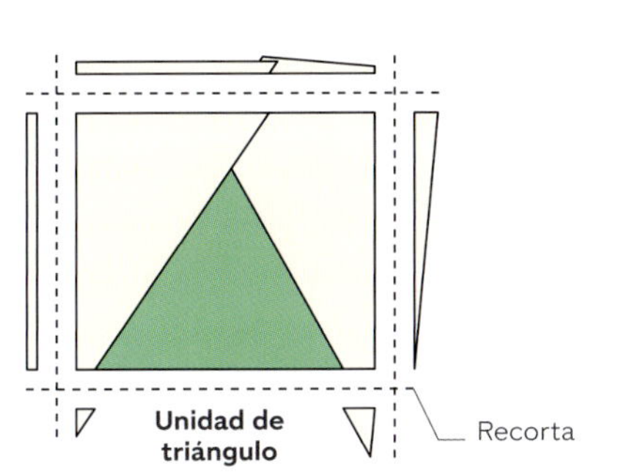

18 Repite los pasos 13 a 17 con B2, C2, D2, E2, F2, G2 y los TF2 y TF3 restantes para hacer una unidad de triángulo de cada tela A–G. Experimenta colocando los triángulos TF2 y TF3 de distintas maneras para crear diferentes formas.

19 Reúne todos los A3–G3. Selecciona al azar siete rectángulos y cóselos para formar una unidad de tira con la técnica de montaje libre de piezas de bordes rectos (p. 110). Asegúrate de mantener un margen de costura de 6,4 mm (¼ in), pero varía el ángulo de las costuras y desalinea los bordes como desees. Plancha las costuras abiertas y recorta la unidad para que mida unos 6 cm (2½ in) de ancho.

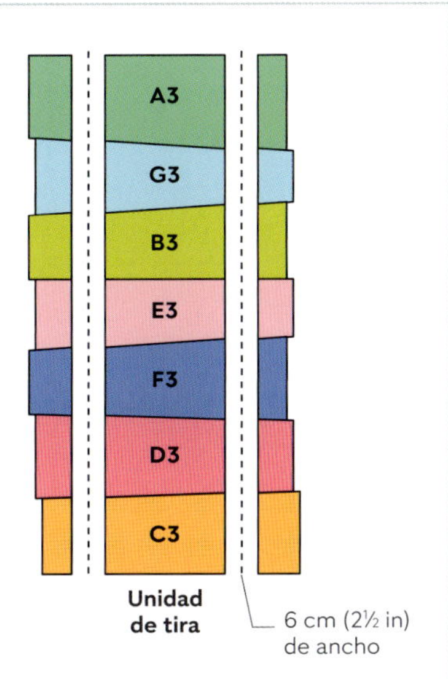

20 Repite el paso 19 para hacer las siguientes unidades de tira: dos de siete rectángulos; dos de seis rectángulos; dos de cinco rectángulos, y dos de tres rectángulos.

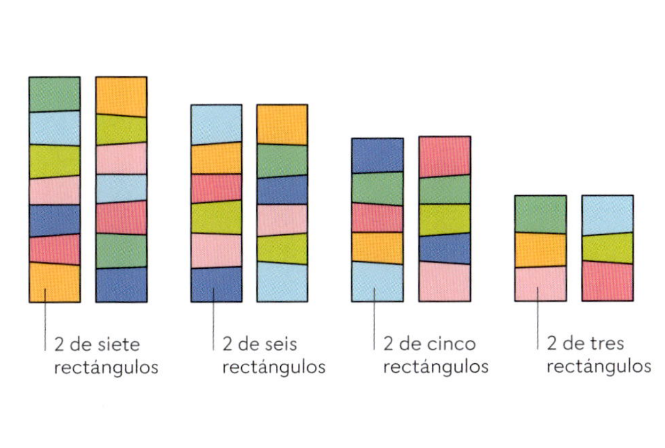

ENSAMBLAJE DE SECCIONES

Ordena todas las unidades completadas según el diseño deseado y luego une las unidades y piezas de TF en secciones manejables. En este patrón se utiliza un diseño de ejemplo para mostrar los pasos del ensamblaje.

1 Coloca todas las unidades completadas sobre una superficie plana de al menos 114 × 114 cm (45 × 45 in). Ajusta la colocación hasta que estés conforme con la distribución de formas, telas y colores. Los bordes solapados y los huecos se solucionarán después, durante el ensamblaje.

2 Evalúa cómo podrían unirse las unidades para formar secciones que contengan entre 2 y 4 unidades cada una. Asegúrate de que las secciones puedan unirse con costuras rectas. Determina el orden de ensamblaje de las unidades en cada sección y luego planifica cómo unir las secciones para formar la cubierta del quilt.

3 Consulta el orden de ensamblaje propuesto en el diagrama de ejemplo: primero une las secciones 1 y 2, y luego añade la sección 3. Después, une la sección 4 y la sección 5, y luego cose estas dos secciones unidas a las secciones 1, 2 y 3. Añade la sección 6. Une las secciones 7 y 8, y finalmente cose estas dos secciones unidas al resto para completar la cubierta.

Sección 7
Sección 8
Sección 6
Sección 5
Sección 4
Sección 1
Sección 3
Sección 2

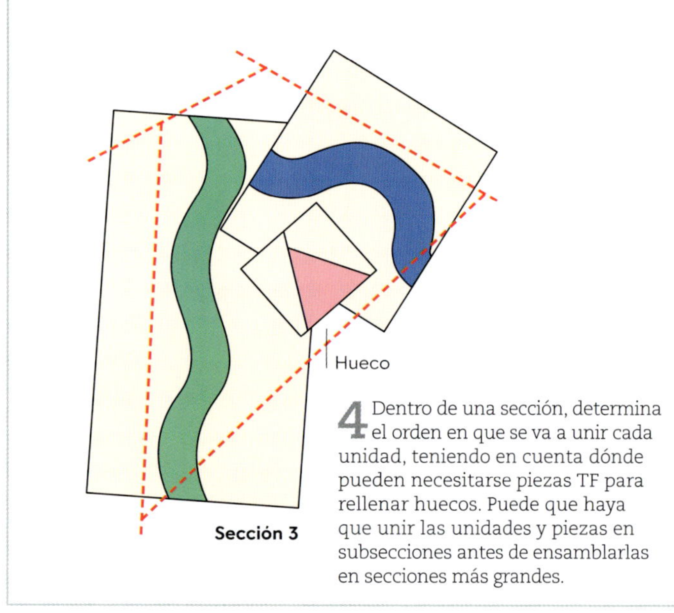

4 Dentro de una sección, determina el orden en que se va a unir cada unidad, teniendo en cuenta dónde pueden necesitarse piezas TF para rellenar huecos. Puede que haya que unir las unidades y piezas en subsecciones antes de ensamblarlas en secciones más grandes.

5 Corta piezas de la TF restante y colócalas junto a una unidad para rellenar cualquier hueco, asegurándote de que sean lo suficientemente grandes para permitir recortar la tela sobrante más adelante.

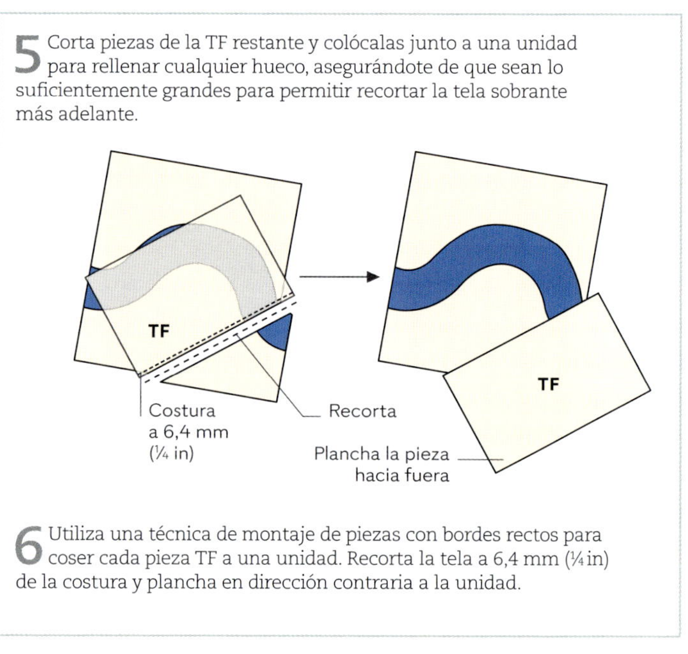

6 Utiliza una técnica de montaje de piezas con bordes rectos para coser cada pieza TF a una unidad. Recorta la tela a 6,4 mm (¼ in) de la costura y plancha en dirección contraria a la unidad.

7 Continúa añadiendo piezas TF de una en una, recortando la tela sobrante y planchando entre pasos.

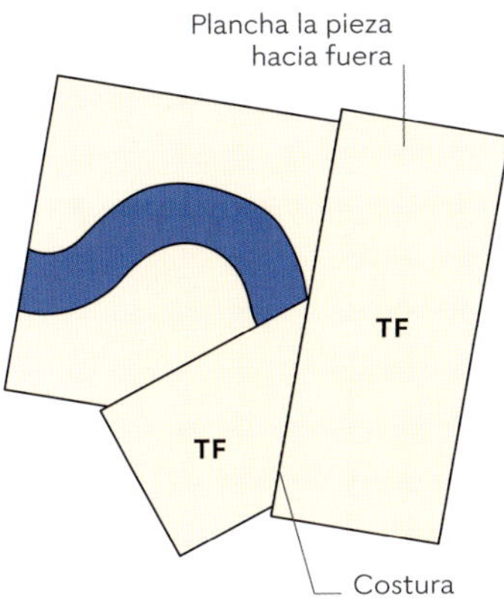

8 Revisa periódicamente la forma general de la unidad para asegurarte de que encaja en el área de la sección deseada, sobrepasándola ligeramente. Si una pieza TF no cubre por completo el hueco previsto, sustitúyela por una pieza algo más grande o añade otra antes de continuar.

9 Repite los pasos 4 a 8 con las restantes unidades de la sección. No recortes los bordes irregulares.

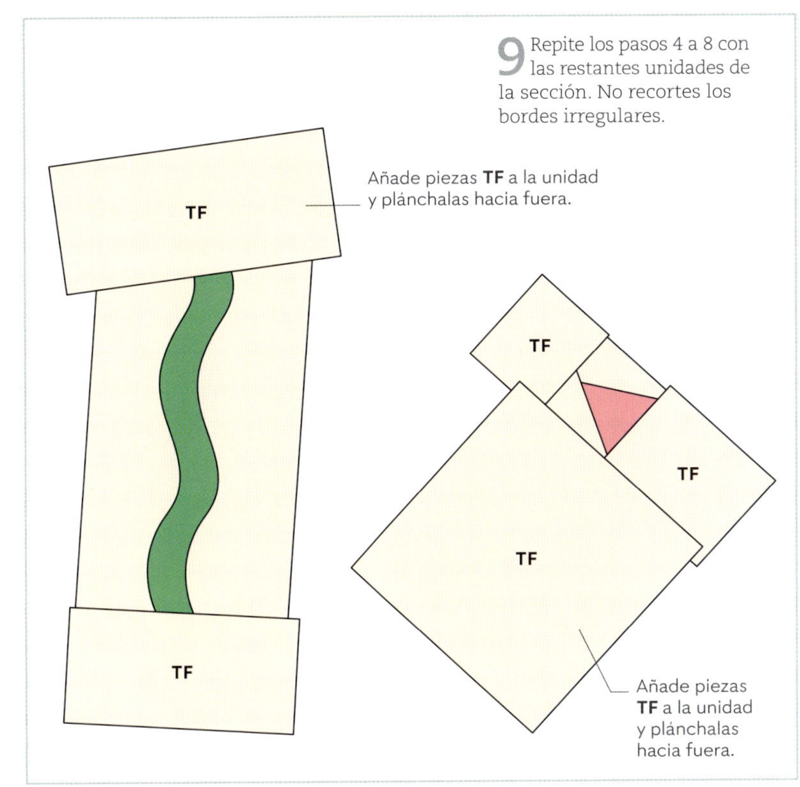

10 Coloca dos unidades según lo planeado, superponiendo los bordes si es necesario. Determina dónde sería mejor colocar la costura para unir las unidades, y luego dobla ambas piezas a lo largo de la línea de costura deseada para formar un pliegue. Marca líneas de referencia en ambas unidades para facilitar la alineación correcta.

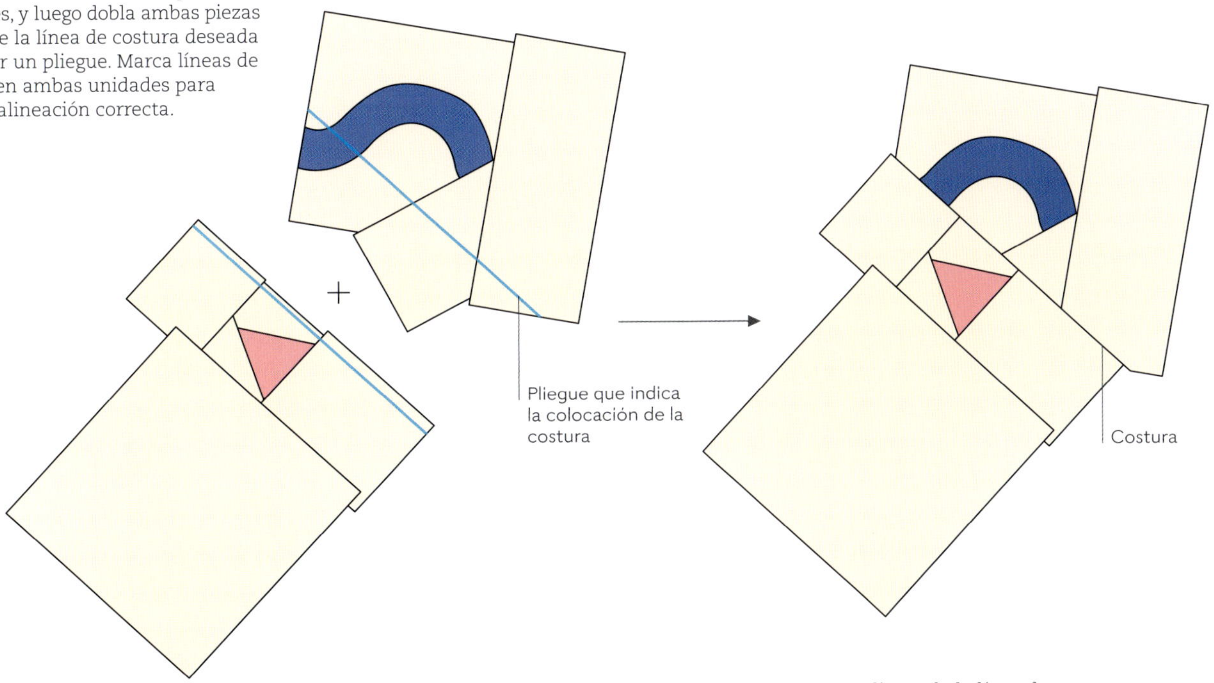

Pliegue que indica la colocación de la costura

Costura

11 Coloca ambas unidades DD, alineando la línea de costura doblada y las líneas de referencia. Cose sobre el pliegue, recorta la tela sobrante a 6,4 mm (¼ in) de distancia de la costura y plancha.

12 Repite los pasos 10 y 11 para unir las unidades restantes y completar la sección. Asegúrate de que la forma general encaje en el área de la sección deseada y la sobrepase ligeramente. Si se necesitan ajustes, añade tela de fondo o deshaz la costura (p. 79) y vuelve a coser.

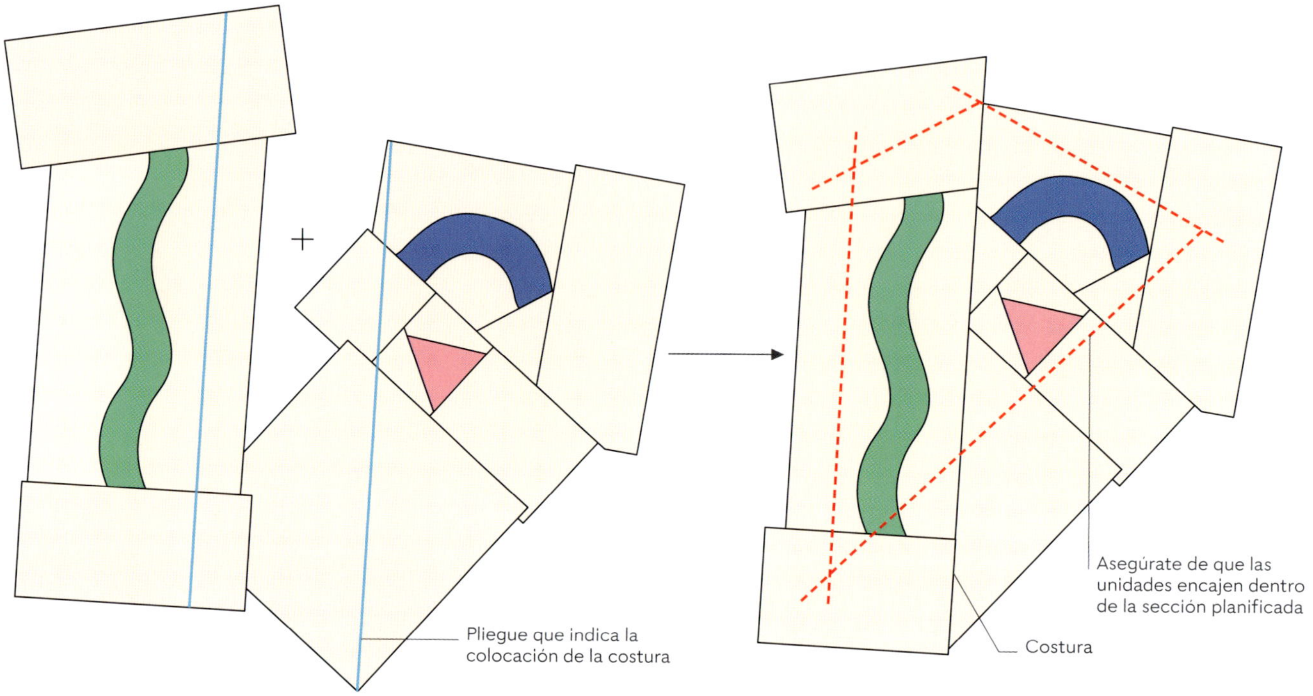

Pliegue que indica la colocación de la costura

Asegúrate de que las unidades encajen dentro de la sección planificada

Costura

13 Repite los pasos 4 a 2 para completar una sección cada vez, asegurándote de que todas las piezas estén alineadas correctamente y encajen dentro del área deseada.

14 A medida que cada sección vaya tomando forma, coloca periódicamente todas las secciones para confirmar que encajarán con las demás según lo planeado.

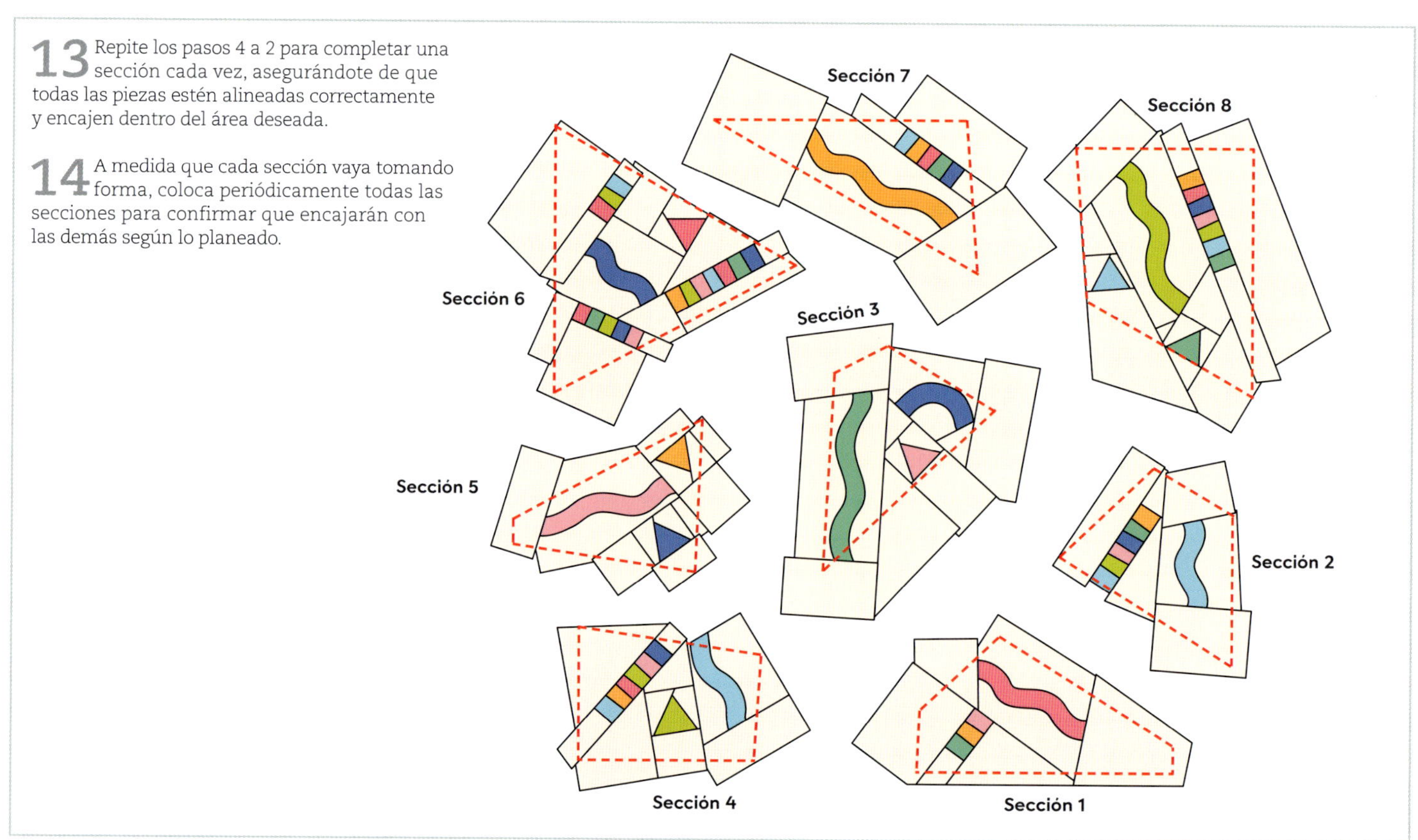

ENSAMBLAJE Y ACABADO DEL QUILT

Para ensamblar la cubierta del quilt utiliza técnicas similares a las empleadas en el ensamblaje de secciones. Une las secciones en el orden planificado, recortando la tela sobrante y rellenando cualquier hueco si es necesario.

1 Coloca las dos primeras secciones por unir superponiendo los bordes si es necesario. Determina dónde sería mejor colocar la costura para unirlas y luego dobla ambas piezas a lo largo de la línea de costura deseada para formar un pliegue. Marca líneas de referencia en ambas unidades para asegurar una alineación correcta.

2 Coloca ambas unidades DD, alineando la línea de costura doblada y las líneas de referencia. Cose sobre el pliegue, recorta la tela sobrante a 6,4 mm (¼ in) de distancia de la costura y plancha. Confirma que la forma general de las secciones unidas encaje dentro del área deseada y ajusta si es necesario.

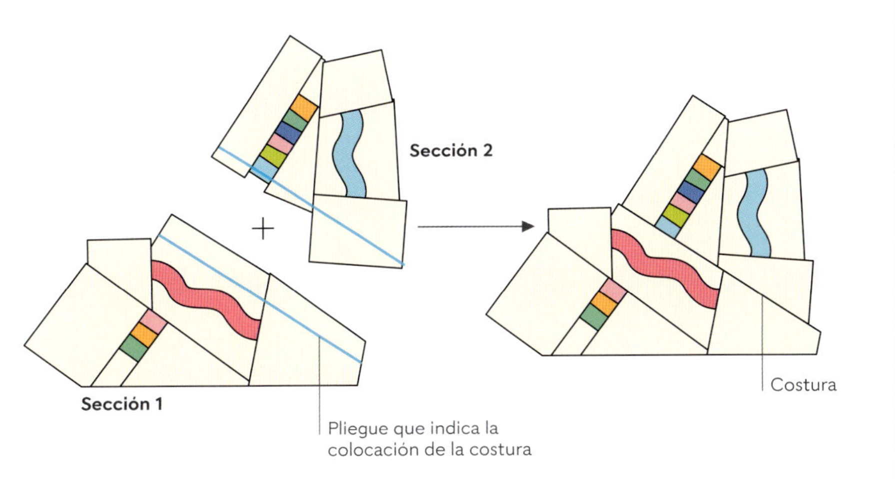

3 Continúa uniendo secciones en el orden planificado hasta que la cubierta esté completa. Añade piezas de TF si es necesario para rellenar cualquier hueco.

4 Escuadra (p. 67) la cubierta para eliminar los bordes irregulares. Añade bordes si lo deseas.

5 Plancha toda la cubierta por delante para eliminar todas las arrugas. Haz una costura de refuerzo (p. 151) a 3,2 mm (⅛ in) del perímetro del quilt para asegurar las costuras y los bordes al bies.

6 Para el ribete, corta seis tiras de 6,4 cm (2½ in) × AT de la tela elegida. Cose las seis tiras DD para obtener una tira de al menos 597 cm (235 in) de largo.

7 Para terminar el quilt, fija las capas (pp. 157–159), acolcha (pp. 160–171) y ribetea (pp. 172–181) como desees.

Edredón arcoíris

Esta versión moderna de un edredón acolchado tradicional está inspirada en el suave degradado cromático del arcoíris. Rellena las bolsitas de tela con guata esponjosa para crear cuadrados abultados, o bullones, y sigue el patrón exactamente o ajústalo al tamaño que prefieras (p. 252).

TAMAÑO FINAL 132 × 152 cm (52 × 60 in)

TÉCNICAS EMPLEADAS Cálculos y fórmulas matemáticas **p. 54**, Comprender la teoría del color **p. 60**, Establecer un margen de costura preciso **p. 73**, Anidar costuras **p. 81**, Casar puntas y costuras **p. 141**, Diseño en filas y columnas **p. 146**, Anudado a mano **p. 171**

MATERIALES

- Equipo básico (p. 14)
- Pinzas (opcional)
- Dos a tres paquetes de 567 g (20 oz) de guata esponjosa de poliéster
- Balanza para pesar la guata esponjosa (opcional)
- Aguja grande para el anudado a mano
- 68,6 m (75 yds) de hilo grueso o lana
- Relleno de quilt de 147 × 168 cm (58 × 66 in) o mayor

TELA NECESARIA

Telas A–M	(1) 0,5 m (½ yd) de cada una
Forro de los bullones (FB)	2,75 m (3 yds)
Forro del quilt*	3,5 m (3¾ yds)
Ribete	0,5 m (½ yd)

* Tela de forro necesaria si se usa una sola costura vertical.

Experimenta con el tono y el contraste al seleccionar las telas A–M (p. 61). Alterna tonos oscuros y claros para obtener un efecto de damero o agrúpalos por color para crear un efecto degradado. Este patrón está pensado y escrito para cortes de tela de 0,5 m (½ yd), pero también puedes utilizar precortados (p. 41) o retales aprovechados. Si usas precortados, reúne cuadrados de 12,7 cm (5 in) y agrúpalos por color. Como cada bullón se cose sobre un cuadrado de forro (FB) que no se verá, usa una tela neutra o retales para este forro.

REFERENCIA DE COLOR

DETALLES DE LA CUBIERTA

Telas: Ruby and Bee Solids de Windham Fabrics en los tonos Wisteria (**A**), Provence Blue (**B**), Starling (**C**), Pasture (**D**), Limeade (**E**), Avocado (**F**), Lemonade (**G**), Mustard Seed (**H**), Daffodil (**I**), Peachy Keen (**J**), Posy (**K**), Vervain (**L**) y Dusk (**M**); **Acolchado:** anudado a mano **Hilo:** DMC n.º 3; **Relleno:** fibra de poliéster y seda Tuscany de Hobbs; **Ribete:** Mustard Seed

INSTRUCCIONES DE CORTE

Utiliza las tablas siguientes para cortar y etiquetar las piezas necesarias de las telas A–M y de forro de bullones (FB). Consulta los cálculos y fórmulas matemáticas (p. 54) para saber cuánta cantidad de relleno, forro y ribete necesitas si decides modificar el tamaño del edredón.

TABLAS DE CORTE DE LAS TELAS

TELAS A–M

De cada tela: corta (2) 12,7 cm (5 in) × AT; **corta en las tiras:**
A1–M1: (15) 12,7 × 12,7 cm (5 × 5 in) [15 de cada tela]

FORRO DE LOS BULLONES (FB)

Corta (22) 11,4 cm (4½ in) × AT; **corta en las tiras:**
FB1: (195) 11,4 × 11,4 cm (4½ × 4½ in)

BULLÓN DE PRUEBA

De retales, **corta:**
T1: (1) 12,7 × 12,7 cm (5 × 5 in)
T2: (1) 11,4 × 11,4 cm (4½ × 4½ in)

AUMENTAR LAS DIMENSIONES DEL QUILT

1 Este patrón requiere trece cortes de 0,5 m (½ yd) para hacer 13 columnas, que dan un ancho total de 132 cm (52 in). Cada corte adicional de 0,5 m (½ yd) de tela añade una columna, que aumenta el ancho del quilt 10,2 cm (4 in).

2 Este patrón requiere cortar 15 cuadrados por tela, dejando suficiente sobrante para hacer cortes adicionales. Cortando un cuadrado más de cada tela A–M se añade una fila, que aumenta la longitud del quilt 10,2 cm (4 in). La tela necesaria indicada permite añadir hasta nueve filas, lo que da una longitud máxima posible de 243,8 cm (96 in) al cortar 24 cuadrados de cada tela.

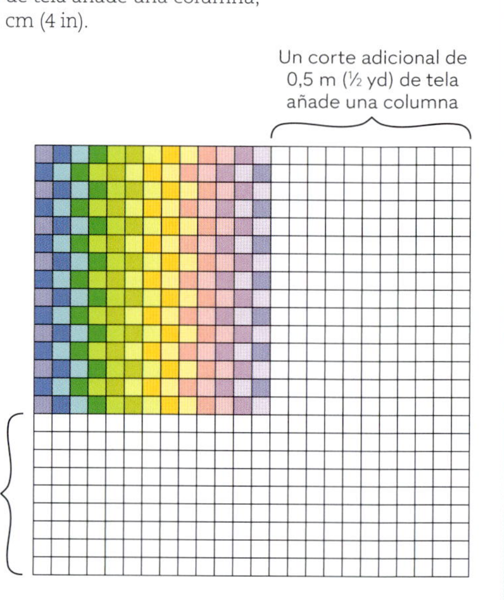

Un cuadrado adicional de 12,7 × 12,7 cm (5 × 5 in) de cada tela añade una fila

CÓMO HACER UN BULLÓN DE PRUEBA

Usa aproximadamente 4 g (0,14 oz) de guata esponjosa de poliéster por bullón para llenar la bolsa dejando espacio para el margen de costura. Se necesita en torno a 1,7 kg (60 oz) de relleno para un quilt de 132 × 152 cm (52 × 60 in); usar más relleno o aumentar el tamaño del quilt puede requerir paquetes adicionales. Haz un bullón de prueba para determinar la cantidad deseada de relleno antes de empezar. La densidad y el volumen de la guata varían según la fibra (poliéster, algodón, lana), así que haz porciones y compra en consecuencia.

1 Sigue las instrucciones de ensamblaje de las bolsas (p. 253) para hacer una bolsa con un cuadrado T1 y un cuadrado T2 cortado de retales. Deja una abertura en un lado.

T1
Añade 4 g (0,14 oz) de guata
Pliegue
T2
Cose la bolsa para cerrarla

2 Utiliza una balanza para pesar unos 4 g (0,14 oz) de guata (un puñado aproximadamente). Mete la guata en la bolsa y cose la abertura con un margen de costura de 6,4 mm (¼ in) para completar el bullón de prueba.

3 Evalúa el volumen del bullón. Procura rellenar algo menos los bullones para que el edredón resulte más liviano y flexible; los bullones sobrecargados harán que sea pesado y difícil de coser.

Reserva 4 g (0,14 oz) de guata por bullón

4 Si es necesario, haz otro bullón de prueba, ajustando la cantidad de relleno. Prepara porciones de la cantidad de relleno deseada para todos los bullones antes de comenzar.

ENSAMBLAJE DE LAS BOLSAS ABULLONADAS

Forma cada bolsa haciendo pliegues en los bordes de un cuadrado de tela mientras lo coses a un cuadrado de forro de bullón más pequeño. En este paso cose con un margen de 3,2 mm (⅛ in) para que las costuras queden ocultas una vez ensamblado el quilt.

1 Coloca un cuadrado A1 de 12,7 × 12,7 cm (5 × 5 in), con el derecho hacia arriba, sobre un cuadrado FB1 de 11,4 × 11,4 cm (4½ × 4½ in), alineando las esquinas superiores derechas. No pongas alfileres. Las esquinas restantes de ambos cuadrados no se alinearán.

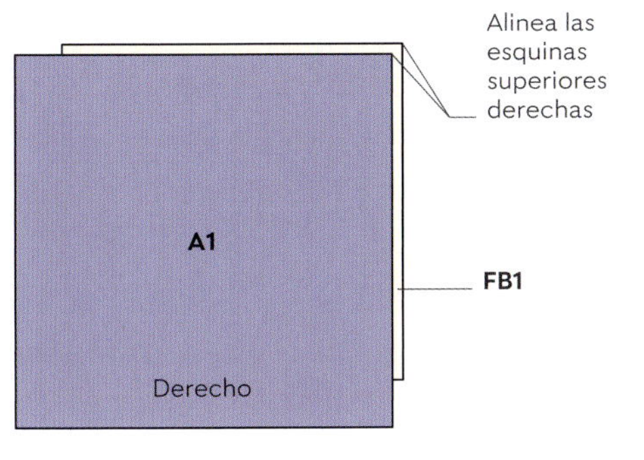

2 Cose aproximadamente 2,5 cm (1 in) a lo largo de los bordes alineados con un margen de costura de 3,2 mm (⅛ in). Detente con la aguja abajo.

3 Alinea las esquinas inferiores derechas de ambas piezas. Dobla el borde de la tela A1 sobre sí mismo aproximadamente 6,4 mm (¼ in) para hacer un pliegue cerca del centro.

Margen de costura de 3,2 mm (⅛ in)
Pliegue central
A1
Alinea las esquinas

4 Continúa cosiendo en línea recta hasta el borde inferior, manteniendo alineadas las esquinas inferiores derechas.

A1
Cose hasta el borde inferior

5 Gira la unidad en sentido antihorario para que la costura con pliegue quede en la parte superior.

6 Alinea el nuevo conjunto de bordes y cose a lo largo de la costura, deteniéndote para hacer un segundo pliegue cerca del centro antes de continuar hasta el borde inferior.

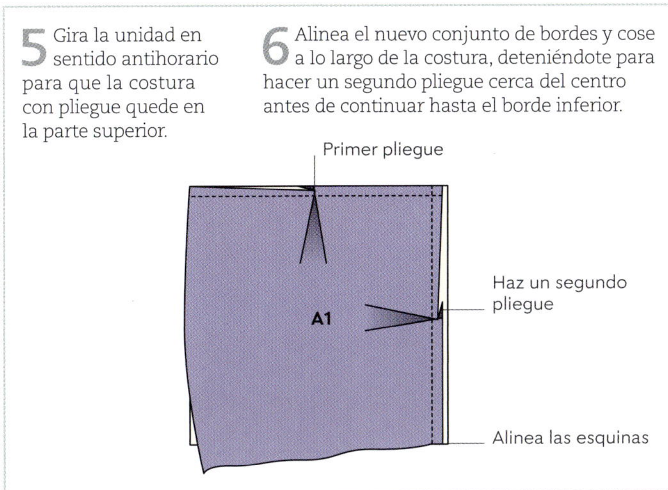

7 Gira la unidad en sentido antihorario para que las costuras con pliegue queden a la izquierda y arriba.

Bolsa A
Haz un tercer pliegue
Alinea las esquinas
Abertura de la bolsa

8 Alinea el nuevo conjunto de bordes y cose, deteniéndote para hacer un tercer pliegue antes de continuar hasta el borde inferior. Deja el cuarto borde abierto y sin coser. Etiqueta la unidad como bolsa A.

9 Repite los pasos 1 a 8 con las restantes A1, B1, C1, etc., y FB1 para hacer 15 bolsas de cada tela A–M. Etiqueta cada bolsa terminada según su tela correspondiente.

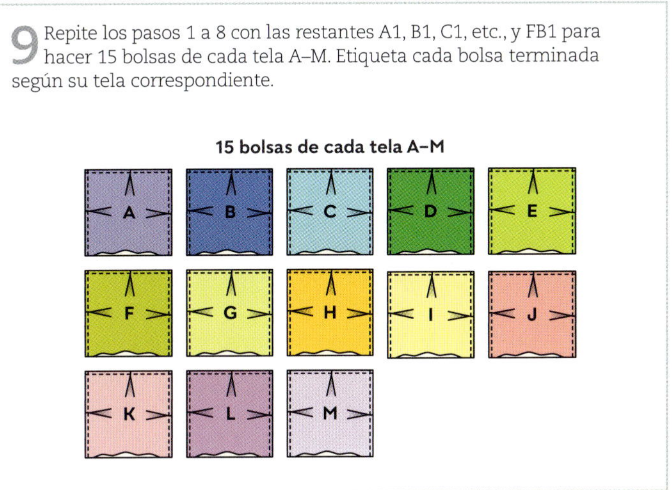

ENSAMBLAJE EN COLUMNAS

Alternando las telas en cada columna se consigue un efecto degradado. Al ensamblar las columnas, coloca las bolsas con la abertura a la derecha para poder rellenarlas.

1 Coloca las bolsas A–M en 13 columnas como se muestra, con un total de 15 bolsas por columna. Alterna dos bolsas en cada columna: A/B en la columna 1, B/C en la columna 2, C/D en la columna 3, y así sucesivamente, alternando las bolsas M/A en la última columna, la columna 13. Asegúrate de que no haya dos bolsas de la misma tela una al lado de la otra al ordenar las columnas.

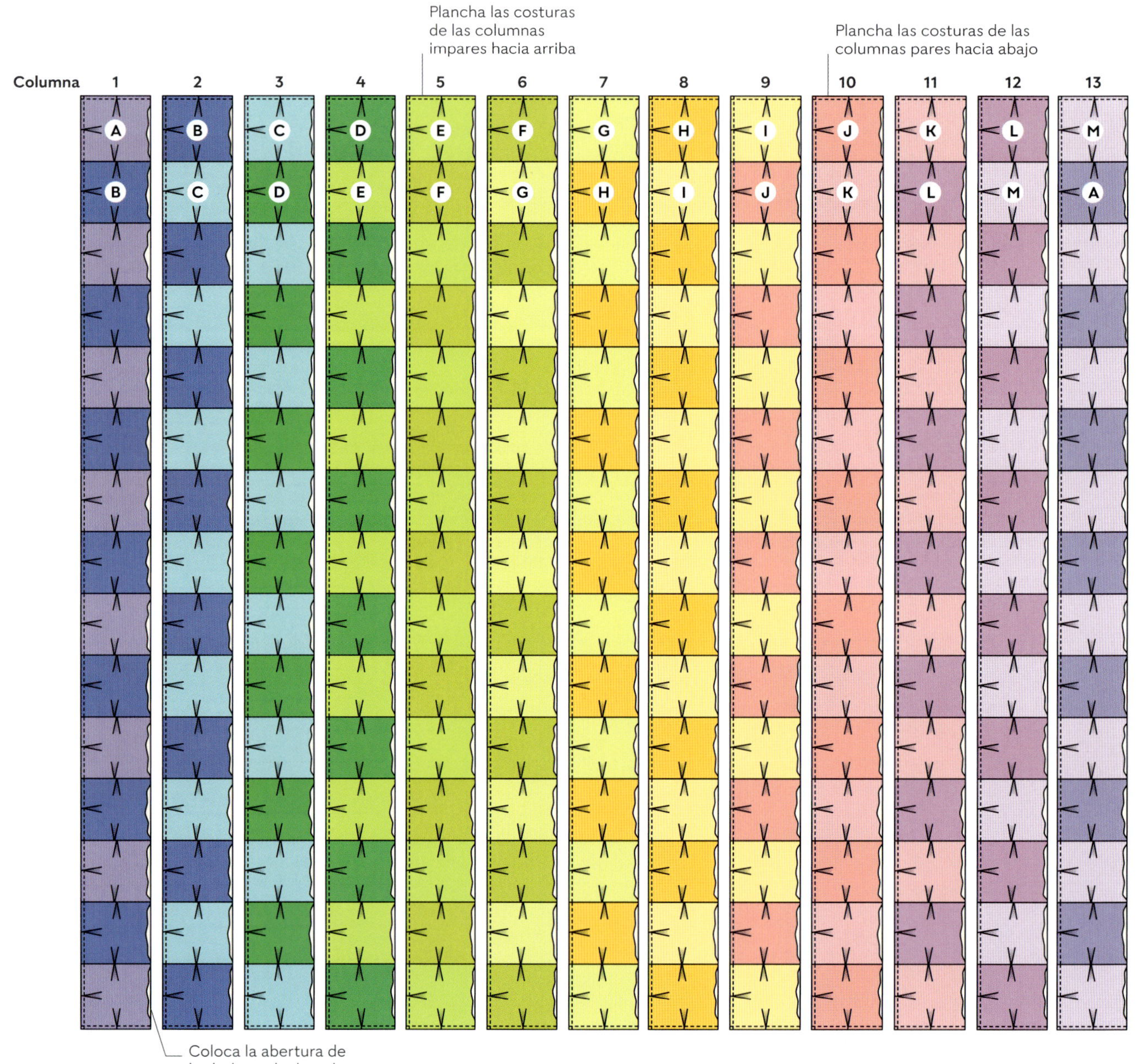

2 Cose las bolsas de cada columna DD, con la abertura a la derecha y con un margen de costura de 6,4 mm (¼ in) para hacer 13 columnas completas. Asegúrate de que las costuras anteriores con un margen de 3,2 mm (⅛ in) queden completamente encerradas dentro del nuevo margen de costura de 6,4 mm (¼ in).

3 Plancha las costuras de las columnas impares hacia arriba y las de las columnas pares hacia abajo.

ENSAMBLAJE Y ACABADO DEL QUILT

Rellena y cierra los bullones de una columna antes de unir la siguiente columna sin rellenar para facilitar el manejo. Al unir columnas, anida las costuras (p. 81) y coloca una pinza en cada intersección para mantener las costuras alineadas y seguras. Haz un nudo a mano (p. 171) en las intersecciones de las costuras para acolchar el edredón, ya que su volumen desaconseja el acolchado a máquina o a mano.

1 Rellena cada bolsa de la columna 1 con unos 4 g (0,14 oz) de guata esponjosa.

Columna 1
Margen de costura de 3,2 mm (⅛ in)
Pliegue central
Cose para encerrar el relleno
Relleno
A
B
A

2 Cose los bordes derechos de todas las bolsas de la columna 1 con un margen de costura de 3,2 mm (⅛ in), deteniéndote cerca del centro de cada bolsa para hacer un pliegue.

3 Coloca la columna 2 sobre la columna 1 ya rellena y cerrada, DD, con las aberturas de la columna 2 a la izquierda. Anida las costuras y coloca una pinza en cada intersección.

4 Cose las columnas con un margen de costura de 6,4 mm (¼ in) para encerrar completamente las costuras anteriores.

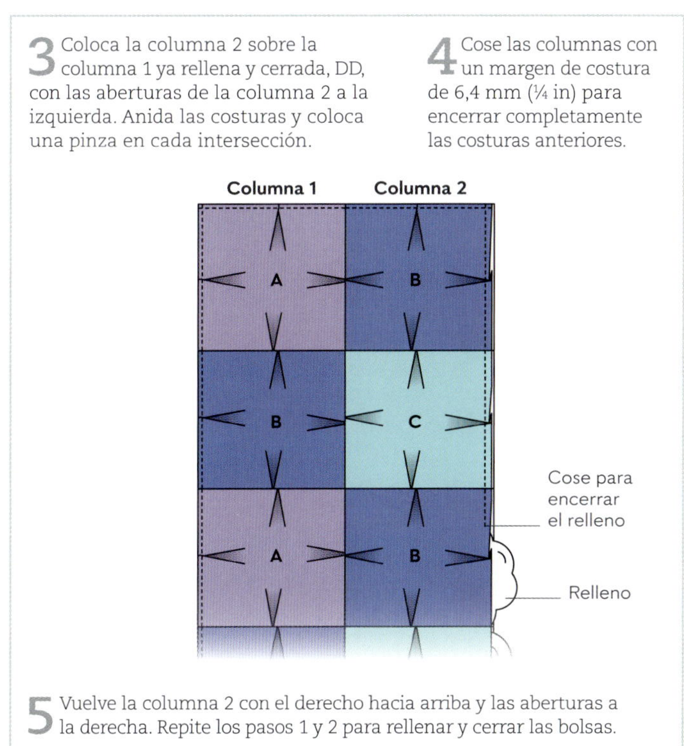

5 Vuelve la columna 2 con el derecho hacia arriba y las aberturas a la derecha. Repite los pasos 1 y 2 para rellenar y cerrar las bolsas.

6 Continúa uniendo nuevas columnas, rellenando las bolsas y cerrando los bullones, de una en una hasta completar la cubierta.

7 Haz una costura de refuerzo (p. 151) a 3,2 mm (⅛ in) del perímetro del quilt para asegurar las costuras.

8 Coloca alfileres en cada intersección de costuras para fijar las capas. Ten cuidado de no estirar demasiado el quilt, ya que los bullones se encogerán y harán que la tela del forro se arrugue.

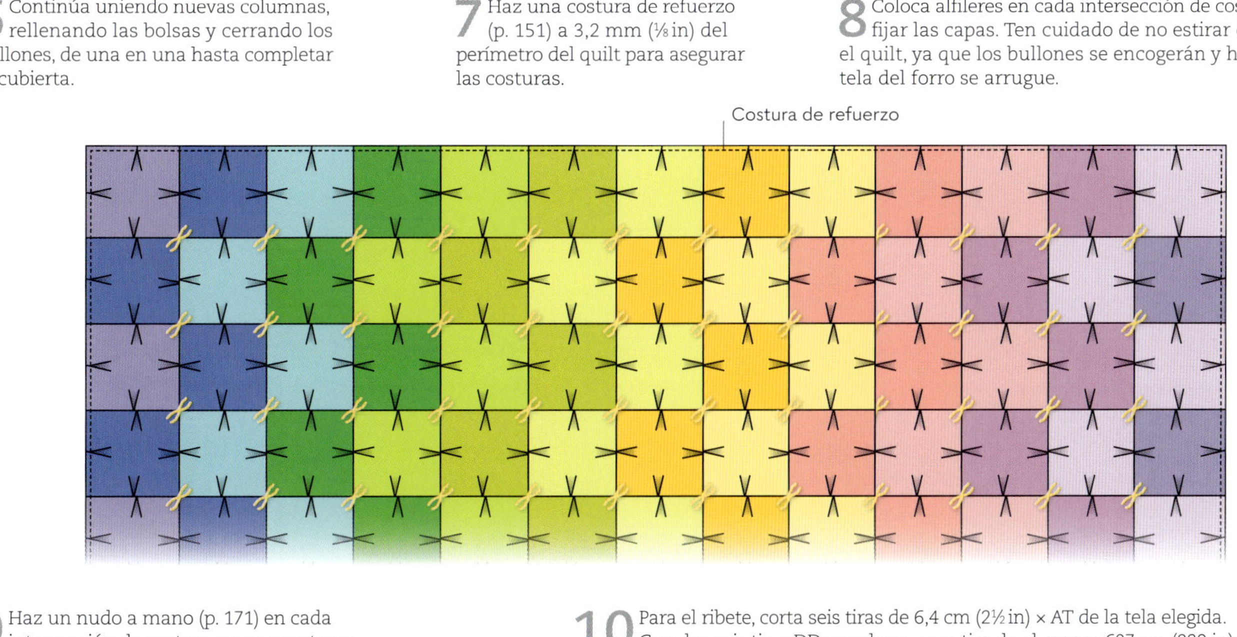

9 Haz un nudo a mano (p. 171) en cada intersección de costuras para mantener las capas unidas entre todos los bullones.

10 Para el ribete, corta seis tiras de 6,4 cm (2½ in) × AT de la tela elegida. Cose las seis tiras DD para hacer una tira de al menos 607 cm (239 in) de largo. Ribetea (pp. 172–181) como desees.

Quilts para decorar y llevar

Esta colección está inspirada en las maneras no tradicionales de completar una cubierta de quilt. Exhibe tu bloque favorito en un tapiz o un cojín, o llévalo contigo en una bolsa o en la espalda de tu chaqueta.

TAMAÑO FINAL Tapiz: 71 × 71 cm (28 × 28 in); bolsa: 39 × 46 × 13 cm (15½ × 18 × 5 in); funda de cojín: 46 × 46 cm (18 × 18 in); parche de espalda: 36 × 36 cm (14 × 14 in)

TÉCNICAS EMPLEADAS TMC **p. 86**, GV **p. 92**, Unidades de cuadrado en un cuadrado **p. 94**, Aplicación **p. 134**, Casar puntas y costuras **p. 141**, Forro de tipo sobre **p. 155**, Añadir cantoneras **p. 173**

MATERIALES

- Equipo básico (p. 14)
- Regla cuadrada de 24,1 × 24,1 cm (9½ × 9½ in) o mayor

FUNDA DE COJÍN
- Relleno de 56 × 56 cm (22 × 22 in) o mayor
- Relleno de cojín de 46 × 46 cm (18 × 18 in)

TAPIZ
- Relleno de 81 × 81 cm (32 × 32 in) o mayor
- Varilla de 66 cm (26 in) para colgar (opcional)

PARCHE DE ESPALDA
- Chaqueta de la talla preferida
- Un cuadrado de 35,6 × 35,6 cm (14 × 14 in) de entretela termoadhesiva

BOLSA
- 2 piezas de relleno de 61 × 61 cm (24 × 24 in) o mayor
- 2 tiras de relleno de 3,2 × 88,9 cm (1¼ × 35 in)

TELA NECESARIA

FUNDA DE COJÍN	
Telas A, B y C*	1 FQ de cada una
Tela D	(2) 11,4 × 11,4 cm (4½ × 4½ in)
Forro**	61 × 61 cm (24 × 24 in)
Parte trasera (sobre)	0,5 m (½ yd)
TAPIZ	
Telas A*, B y C	0,5 m (½ yd) de cada una
Tela D	1 FQ
Forro	1 m (1 yd)
PARCHE DE ESPALDA	
Tela A	1 FQ
Tela B	(1) 14 × 14 cm (5½ × 5½ in)
Tela C	(4) 12,1 × 12,1 cm (4¾ × 4¾ in)
Tela D	(2) 11,4 × 11,4 cm (4½ × 4½ in)
BOLSA	
Telas A* y C*	1 FQ de cada una
Telas B* y D	0,5 m (½ yd) de cada una
Forro	(2) 68,6 × 68,6 cm** (27 × 27 in) (2) 54,6 × 53,3 cm (21½ × 21 in)

REFERENCIA DE COLOR

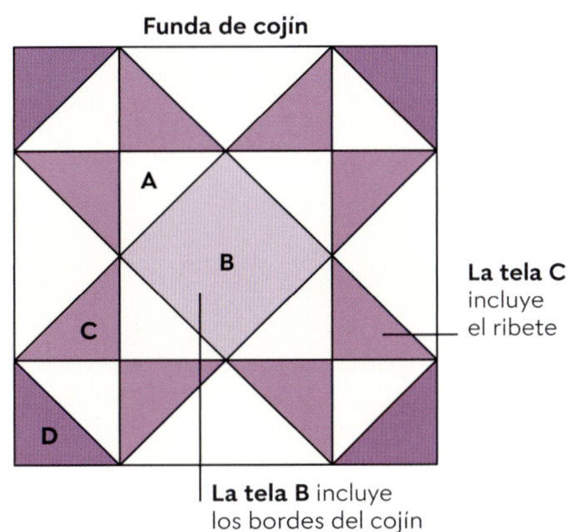

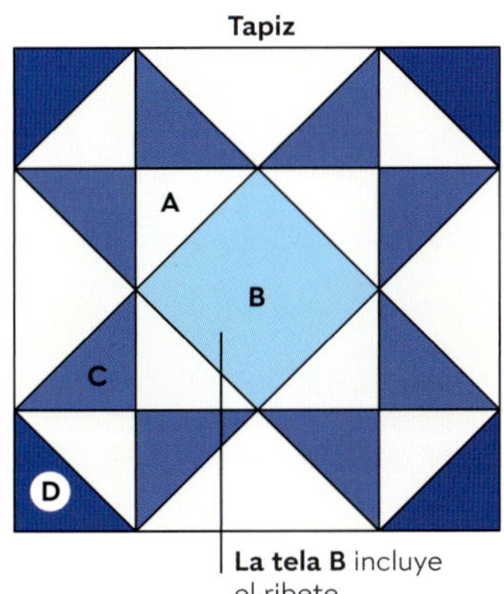

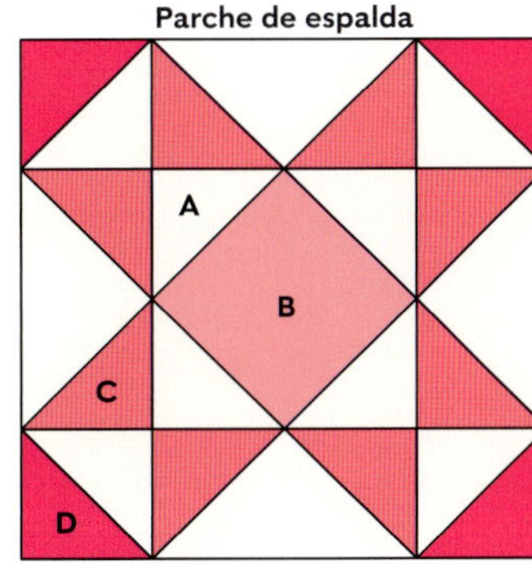

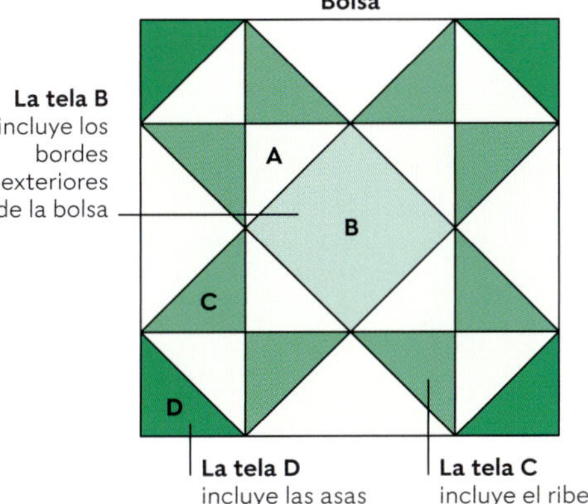

DETALLES DE LA CUBIERTA

Telas para la funda de cojín: Wisp (**A**), Dusk (**B**), Vervain (**C**) y Salvia (**D**); **Telas para el tapiz:** Ruby y Bee Solids de Windham Fabrics en los tonos Wisp (**A**), Marine Layer (**B**), Provence Blue (**C**) y Majorelle Blue (**D**); **Telas para el parche de espalda:** Wisp (**A**), Posy (**B**), Perfect Pink (**C**) y Dragonfruit (**D**); **Telas para la bolsa:** Wisp (**A**), Matcha (**B**), Minty (**C**), Evergreen (**D**) y Flicker in Moss de Ruby Star Society (**forro**); **Acolchado:** con prensatelas andador y puntada grande; **Hilo:** Aurifil n.º 50 y DMC n.º 8 en varios colores; **Relleno:** algodón termoadhesivo de Hobbs Heirloom; **Ribete**: varias telas

* La tela necesaria no contempla sobrante.
** Utiliza una tela neutra o retales, ya que este forro quedará oculto.

INSTRUCCIONES DE CORTE

Utiliza las tablas y los diagramas siguientes para cortar y etiquetar las piezas necesarias para el artículo elegido.

TABLAS DE CORTE DE LAS TELAS

FUNDA DE COJÍN	
A	De un FQ: Corta (1) 22,2 cm (8¾ in) × AT; **corta en la tira:** **A2:** (1) 22,2 × 22,2 cm (8¾ × 8¾ in) Corta (1) 11,4 cm (4½ in) × AT; **corta en la tira:** **A1:** (4) 11,4 × 11,4 cm (4½ × 4½ in)
B	De un FQ: Corta (1) 14 cm (5½ in) × AT; **corta en la tira:** **B1:** (1) 14 × 14 cm (5½ × 5½ in) Corta (4) 6,4 cm (2½ in) × AT; **corta en las tiras:** **B3:** (2) 6,4 × 47 cm (2½ × 18½ in) **B2:** (2) 6,4 × 36,8 cm (2½ × 14½ in)
C	De un FQ: Corta (1) 12,1 cm (4¾ in) × AT; **corta en la tira:** **C1:** (4) 12,1 × 12,1 cm (4¾ × 4¾ in) Corta (5) 6,4 cm (2½ in) × AT; etiquétalas como **C2** y resérvalas para el ribete.
D	De un retal, **corta:** **D1:** (2) 11,4 × 11,4 cm (4½ × 4½ in)
Forro	De un retal, **corta:** **L1:** (1) 61 × 61 cm (24 × 24 in); resérvala para el forro del delantero del cojín. Esta tela quedará oculta.
Parte trasera (sobre)	Corta (1) 36,8 cm (14½ in) × AT; **corta en la tira:** **E1:** (2) 36,8 × 46,4 cm (14½ × 18¼ in); resérvalas para la parte trasera de tipo sobre.

TAPIZ	
A	Corta (1) 22,2 cm (8¾ in) × AT; **corta en la tira:** **A2:** (4) 22,2 × 22,2 cm (8¾ × 8¾ in) Corta (2) 11,4 cm (4½ in) × AT; **corta en las tiras:** **A1:** (16) 11,4 × 11,4 cm (4½ × 4½ in)
B	Corta (1) 14 cm (5½ in) × AT; **corta en la tira:** **B1:** (4) 14 × 14 cm (5½ × 5½ in) Corta (4) 6,4 cm (2½ in) × AT; etiquétalas como **B2** y resérvalas para el ribete.
C	Corta (2) 12,1 cm (4¾ in) × AT; **corta en las tiras:** **C1:** (16) 12,1 × 12,1 cm (4¾ × 4¾ in)
D	De un FQ: Corta (3) 11,4 cm (4½ in) × AT; **corta en las tiras:** **D1:** (10) 11,4 × 11,4 cm (4½ × 4½ in); reserva dos D1 para las cantoneras.
Forro	Corta (1) 88,9 × 88,9 cm (35 × 35 in); resérvala para el forro.

PARCHE DE ESPALDA	
A	De un FQ: Corta (1) 22,2 cm (8¾ in) × AT; **corta en la tira:** **A2:** (1) 22,2 × 22,2 cm (8¾ × 8¾ in) Corta (1) 11,4 cm (4½ in) × AT; **corta: en la tira** **A1**: (4) 11,4 × 11,4 cm (4½ × 4½ in)
B	De un retal, **corta:** **B1:** (1) 14 × 14 cm (5½ × 5½ in)
C	De un retal, **corta:** **C1:** (4) 12,1 × 12,1 cm (4¾ × 4¾ in)
D	De un retal, **corta:** **D1:** (2) 11,4 × 11,4 cm (4½ × 4½ in)

BOLSA	
A	De un FQ: Corta (1) 22,2 cm (8¾ in) × AT; **corta en la tira:** **A2:** (2) 22,2 × 22,2 cm (8¾ × 8¾ in) Corta (2) 11,4 cm (4½ in) × AT; **corta en la tira:** **A1:** (8) 11,4 × 11,4 cm (4½ × 4½ in)
B	Corta (1) 14 cm (5½ in) × AT; **corta en la tira:** **B1:** (2) 14 × 14 cm (5½ × 5½ in) **B3:** (2) 10,2 × 36,8 cm (4 × 14½ in) Corta (2) 10,2 cm (4 in) × AT; **corta en las tiras:** **B4:** (4) 10,2 × 53,3 cm (4 × 21 in) Corta (1) 8,9 cm (3½ in) × AT; **corta en la tira:** **B2**: (2) 8,9 × 36,8 cm (3½ × 14½ in)
C	De un FQ: Corta (2) 12,1 cm (4¾ in) × AT; **corta en las tiras:** **C1:** (8) 12,1 × 12,1 cm (4¾ × 4¾ in) Corta (3) 6,4 cm (2½ in) × AT; etiquétalas como **C2** y resérvalas para el ribete.
D	Corta (2) 12,7 cm (5 in) × AT; **corta en las tiras:** **D2:** (2) 12,7 × 86,4 cm (5 × 34 in); resérvalas para las asas. Corta (1) 11,4 cm (4½ in) × AT; **corta en la tira:** **D1:** (4) 11,4 × 11,4 cm (4½ × 4½ in)
Forro	De retales, **corta:** **L1:** (2) 68,6 × 68,6 cm (27 × 27 in); resérvalas para los forros de las piezas acolchadas, que quedarán ocultos. **L2:** (2) 54,6 × 53,3 cm (21½ × 21 in); resérvalas para el forro de la bolsa. Esta tela será visible.

ENSAMBLAJE DEL BLOQUE

Sigue estas instrucciones para hacer un bloque de estrella denominado *envelope star*. Repite para hacer más bloques si es necesario.

1 Corta dos A1 por la mitad en diagonal para hacer cuatro triángulos complementarios. Dobla cada triángulo y un B1 por la mitad para marcar los dobleces centrales.

2 Coloca dos triángulos en los bordes opuestos de B1, DD, alineando los dobleces centrales, y cóselos. Plancha.

Corta los cuadrados **A1** por la mitad para hacer triángulos complementarios

A1

B1

Unidad de cuadrado en un cuadrado

Dobleces centrales

3 Repite el paso 2, colocando los otros dos triángulos DD en los bordes restantes de B1, para completar la unidad de cuadrado en un cuadrado. Plánchala y recórtala a la medida de 19,1 × 19,1 cm (7½ × 7½ in).

4 Coloca un A1 y un D1 DD. Marca una línea diagonal en el revés del cuadrado más claro.

5 Cose a 6,4 mm (¼ in) de cada lado de la línea marcada. Corta por esta línea para obtener dos unidades de TMC. Plánchalas y recórtalas a la medida de 10,2 × 10,2 cm (4 × 4 in).

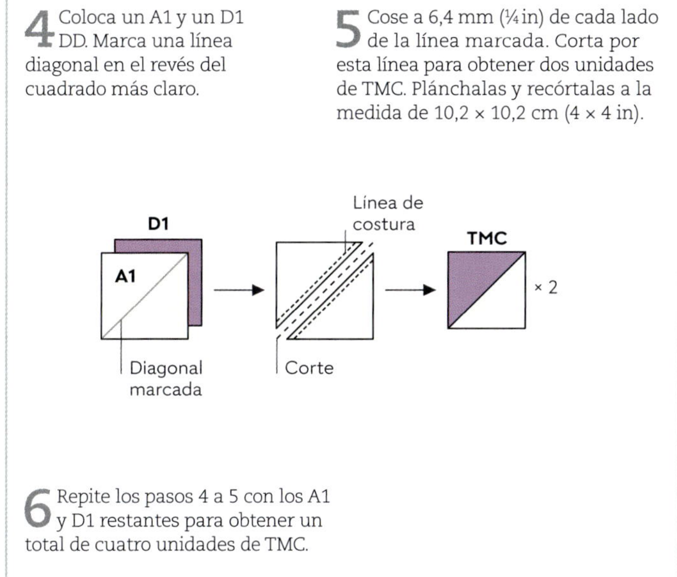

6 Repite los pasos 4 a 5 con los A1 y D1 restantes para obtener un total de cuatro unidades de TMC.

7 Marca una línea diagonal en el revés de cuatro C1. Coloca dos C1 en las esquinas opuestas de un A2, DD, con las líneas diagonales superpuestas en el centro.

A2

C1

Diagonal marcada

Línea de costura

Corte

GV

× 4

8 Cose a 6,4 mm (¼ in) de cada lado de la línea marcada. Corta por esta línea para obtener dos unidades con forma de corazón. Plánchalas.

9 Coloca un C1 en la esquina de cada unidad del paso 8, con las líneas marcadas atravesando los centros.

10 Cose a 6,4 mm (¼ in) de cada lado de las líneas marcadas. Corta por estas líneas para obtener cuatro GV. Plancha. Recorta los GV a la medida de 10,2 × 19,1 cm (4 × 7½ in).

11 Coloca las unidades de TMC, GV y la de cuadrado en un cuadrado como se muestra. Cose las piezas DD en hileras. Plánchalas.

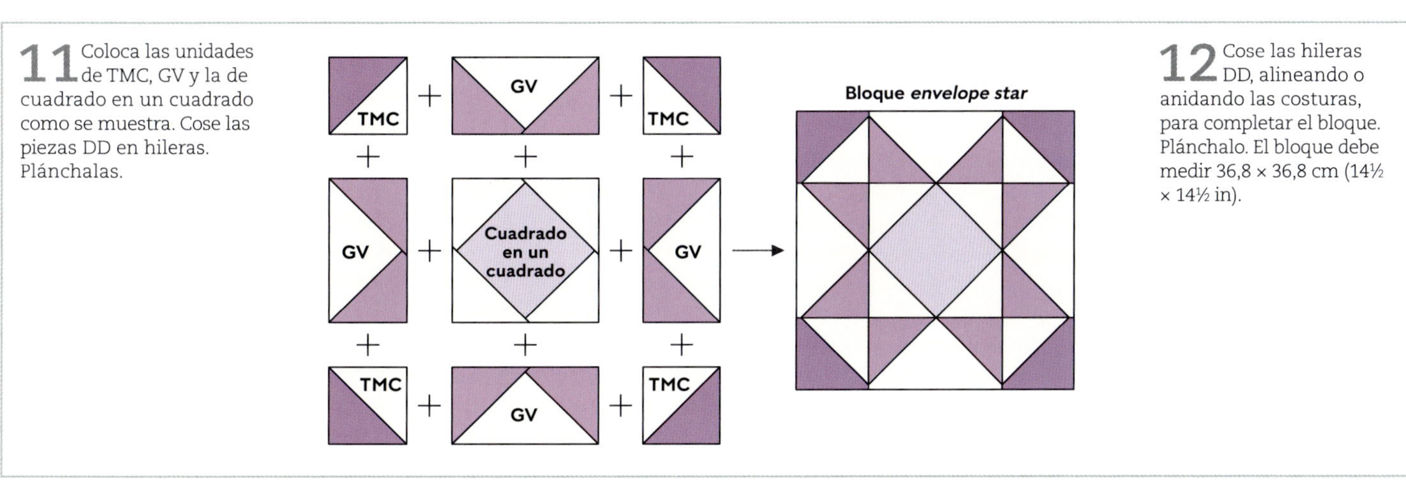

12 Cose las hileras DD, alineando o anidando las costuras, para completar el bloque. Plánchalo. El bloque debe medir 36,8 × 36,8 cm (14½ × 14½ in).

ENSAMBLAJE DE LA FUNDA DE COJÍN

Consulta la p. 155 para obtener instrucciones más detalladas sobre cómo hacer un forro de tipo sobre para confeccionar la parte trasera de la funda.

1 Sigue las instrucciones de ensamblaje del bloque (p. 259) para hacer un bloque de estrella de tipo *envelope star*.

2 Cose una tira B2 en la parte superior y en la parte inferior del bloque. Plancha. Cose una B3 a la izquierda y a la derecha del bloque para completar el delantero de la funda. Plancha.

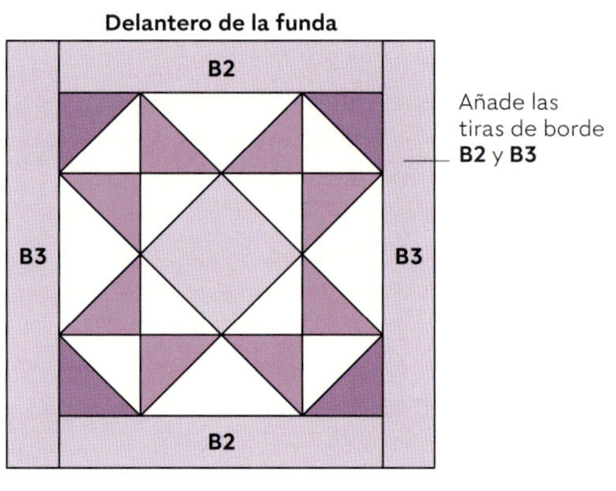

3 Hilvana (pp. 157–159) y acolcha (pp. 160–171) el delantero de la funda como desees, usando la pieza L1 como forro. Recorta el sobrante a la medida de 47 × 47 cm (18½ × 18½ in).

4 Dobla el borde largo de una pieza E1 1,3 cm (½ in), RR, y plánchalo. Vuelve a doblar el borde 1,3 cm (½ in) y plánchalo para hacer un dobladillo. Repite con la segunda pieza E1.

5 Cose a 3,2 mm (⅛ in) del borde con dobladillo de cada E1 para asegurar y completar las piezas de la parte trasera.

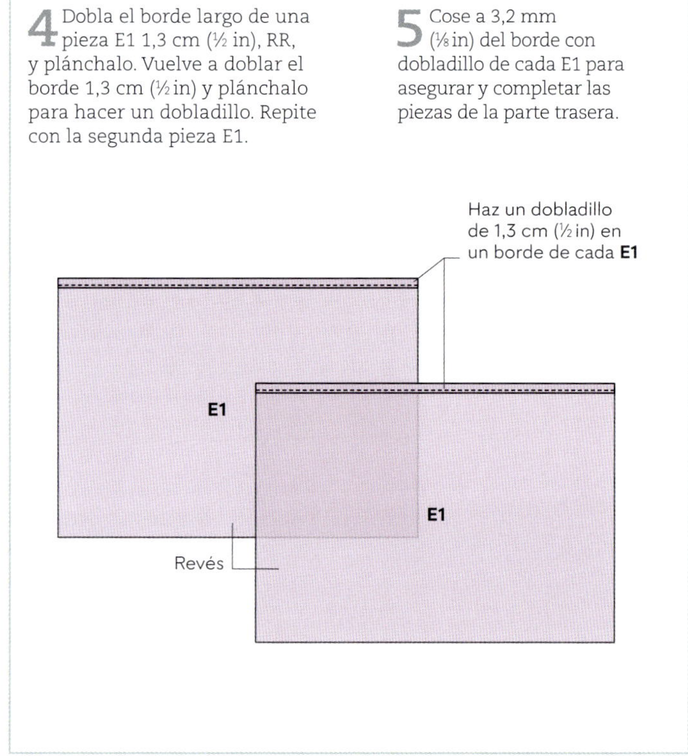

6 Coloca el delantero de la funda y las piezas traseras con dobladillo DD, alineando los bordes exteriores y superponiendo los bordes con dobladillo en el centro. Coloca pinzas (p. 78) a lo largo del perímetro.

7 Cose a 3,2 mm (⅛ in) del borde exterior para asegurar el delantero y la parte trasera de la funda.

Superpón las dos **E1** en el revés del delantero de la funda

E1

E1

Cose a 3,2 mm (⅛ in) del borde exterior

Dobladillo

8 Para hacer el ribete, cose cinco C2 DD para obtener una tira de al menos 221 cm (87 in) de largo. Ribetea (pp. 172–181) como desees para completar la funda e introduce un relleno de cojín de 45,7 × 45,7 cm (18 × 18 in).

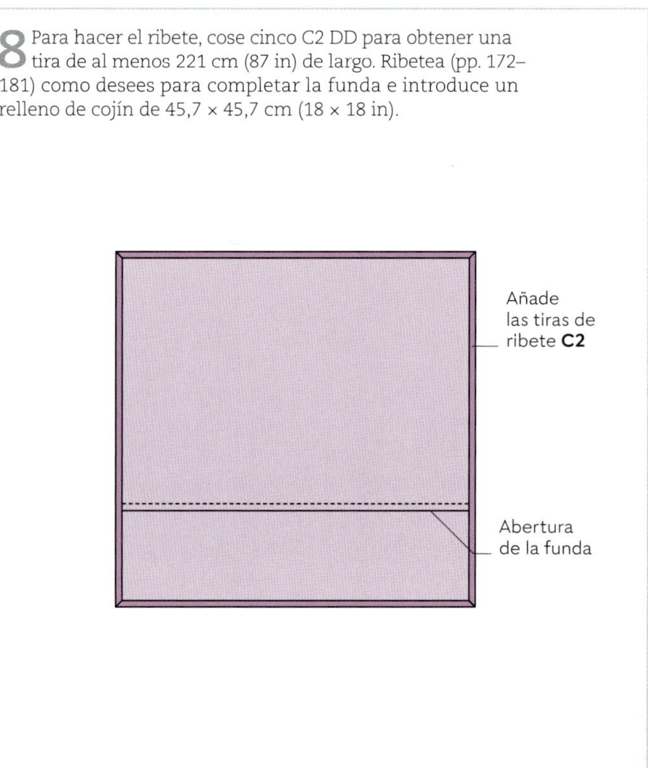

ENSAMBLAJE DEL TAPIZ

Consulta la p. 173 para obtener instrucciones más detalladas sobre cómo coser las cantoneras.

1 Sigue las instrucciones de ensamblaje del bloque (p. 259) para hacer cuatro bloques *envelope star*.

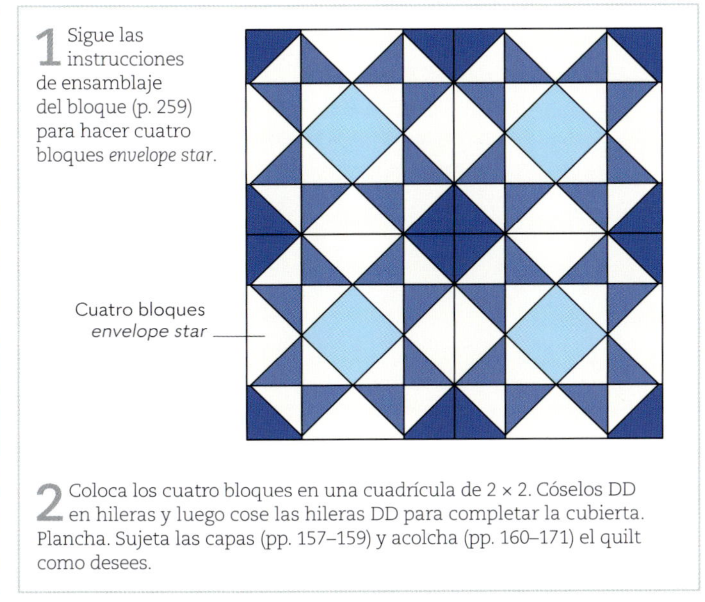

2 Coloca los cuatro bloques en una cuadrícula de 2 × 2. Cóselos DD en hileras y luego cose las hileras DD para completar la cubierta. Plancha. Sujeta las capas (pp. 157–159) y acolcha (pp. 160–171) el quilt como desees.

3 Antes de poner el ribete, dobla dos D1 por la mitad en diagonal, DD, para hacer dos triángulos doblados. Plánchalos.

4 Fija con alfileres los triángulos doblados en las esquinas superiores del revés del quilt y cóselos con un margen de costura de 3,2 mm (⅛ in) para hacer las cantoneras.

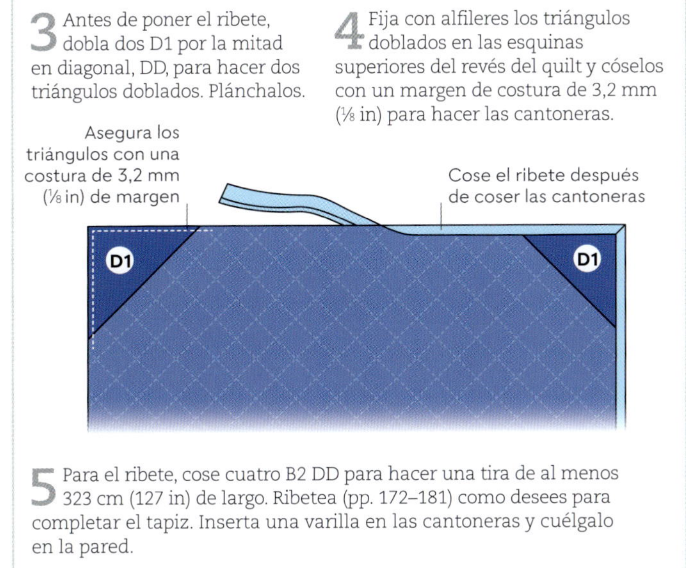

5 Para el ribete, cose cuatro B2 DD para hacer una tira de al menos 323 cm (127 in) de largo. Ribetea (pp. 172–181) como desees para completar el tapiz. Inserta una varilla en las cantoneras y cuélgalo en la pared.

ENSAMBLAJE DEL PARCHE DE ESPALDA

Consulta la p. 134 para obtener instrucciones detalladas sobre técnicas de aplicación y costura de los bordes del bloque.

1 Sigue las instrucciones de la p. 259 para hacer un bloque *envelope star*.

2 Centra un cuadrado de 35,6 × 35,6 cm (14 × 14 in) de entretela termoadhesiva en el revés del bloque. Plancha para pegarlo.

3 Dobla 6,4 mm (¼ in) los bordes exteriores del bloque DD para que descansen sobre la entretela. Plancha para hacer un dobladillo (p. 139).

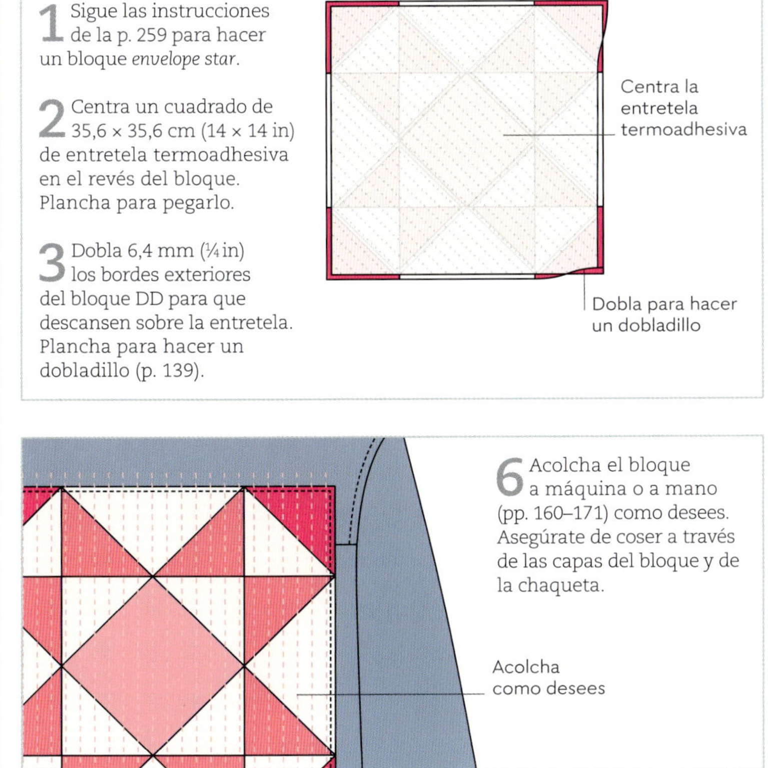

6 Acolcha el bloque a máquina o a mano (pp. 160–171) como desees. Asegúrate de coser a través de las capas del bloque y de la chaqueta.

4 Coloca el bloque como desees en la espalda de una chaqueta, asegurándote de que los bordes queden doblados por debajo. Préndelo con alfileres.

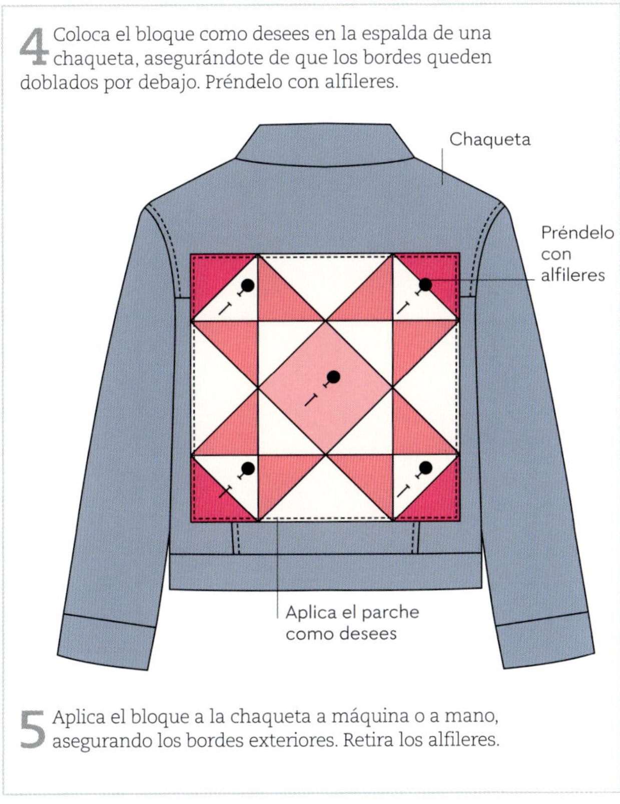

5 Aplica el bloque a la chaqueta a máquina o a mano, asegurando los bordes exteriores. Retira los alfileres.

ENSAMBLAJE DE LA BOLSA

Haz una bolsa exterior, el forro y las asas, y luego termina la bolsa con un ribete. Utiliza un margen de costura de 12,7 mm (½ in) (p. 73) para ensamblar la bolsa.

1 Sigue las instrucciones de ensamblaje del bloque para hacer dos bloques *envelope star.*

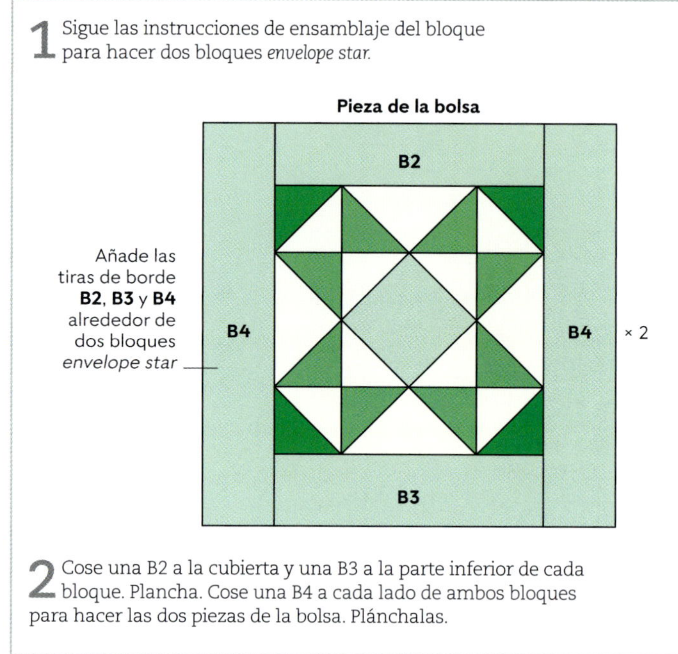

2 Cose una B2 a la cubierta y una B3 a la parte inferior de cada bloque. Plancha. Cose una B4 a cada lado de ambos bloques para hacer las dos piezas de la bolsa. Plánchalas.

3 Hilvana (pp. 157–159) y acolcha (pp. 160–171) las piezas de la bolsa como desees, usando una pieza L1 como forro para cada una.

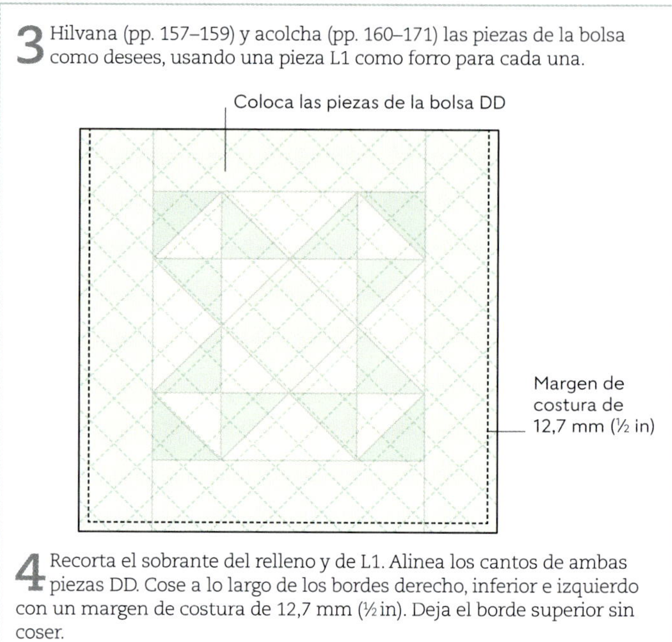

4 Recorta el sobrante del relleno y de L1. Alinea los cantos de ambas piezas DD. Cose a lo largo de los bordes derecho, inferior e izquierdo con un margen de costura de 12,7 mm (½ in). Deja el borde superior sin coser.

5 Marca un cuadrado de 6,4 × 6,4 cm (2½ × 2½ in) en cada esquina inferior de las piezas unidas. Corta con tijeras por las líneas marcadas para quitar ambos cuadrados.

6 Plancha abiertas todas las costuras de las piezas unidas.

7 Alinea y pellizca las costuras inferior y derecha DD en la esquina inferior derecha para formar un borde diagonal. Sujétalas con pinzas (p. 78).

8 Cose a lo largo del borde diagonal con un margen de costura de 12,7 mm (½ in), haciendo puntadas atrás al principio y al final. Repite los pasos 7 y 8 en la esquina izquierda.

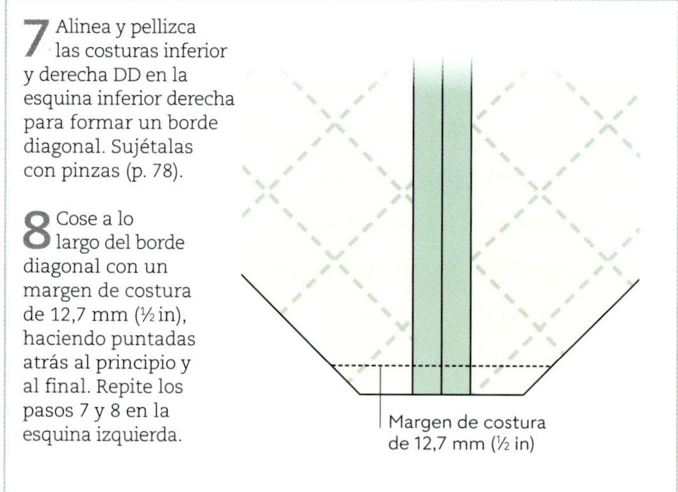

9 Vuelve del derecho las piezas unidas del derecho para formar la bolsa exterior.

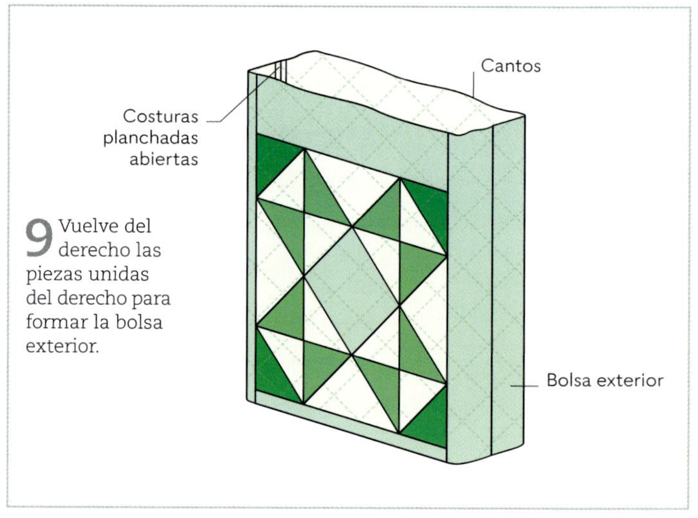

10 Dobla una D2 por la mitad a lo largo, RR. Plancha para marcar el pliegue central. Desdobla la tira y luego dobla los bordes largos hacia dentro de modo que se encuentren en el pliegue. Plancha.

11 Coloca una tira de relleno de 3,2 × 88,9 cm (1¼ × 35 in) dentro de la tira doblada, bajo el pliegue más a la izquierda.

12 Dobla la tira por la mitad a lo largo del pliegue para alinear los dos bordes doblados. La tira doblada debe medir 3,2 cm (1¼ in) de ancho.

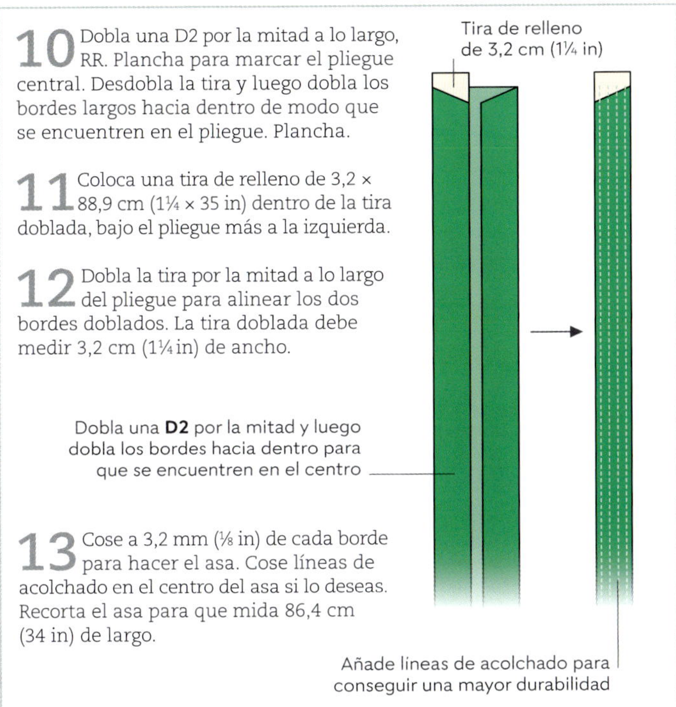

13 Cose a 3,2 mm (⅛ in) de cada borde para hacer el asa. Cose líneas de acolchado en el centro del asa si lo deseas. Recorta el asa para que mida 86,4 cm (34 in) de largo.

14 Dobla cada extremo del asa hacia dentro 1,3 cm (½ in), y luego otra vez 2,5 cm (1 in) para hacer el dobladillo de los extremos. Asegúrate de que los bordes con dobladillo estén en el mismo lado del asa para que queden sobre la bolsa exterior.

Borde con dobladillo

Asegúrate de que los dobladillos estén doblados hacia el mismo lado de las asas

15 Repite los pasos 10 a 14 con la D2 restante para hacer una segunda asa.

16 Prende con alfileres un asa a cada lado de la bolsa exterior, situando los extremos 2,5 cm (1 in) por encima del bloque, dentro de la tira B2 superior. Usa las líneas de costura del bloque para asegurarte de que ambas asas estén alineadas uniformemente.

Cose los extremos de las asas formando un cuadrado de 2,5 × 2,5 cm (1 × 1 in)

2,5 cm (1 in)

17 Asegura cada extremo del asa al exterior de la bolsa cosiendo un cuadrado de 2,5 × 2,5 cm (1 × 1 in). Da unas puntadas atrás al principio y al final para reforzar la costura.

18 Sigue los pasos 4 a 8 usando dos L2 para hacer el forro de la bolsa. Mantén el forro con el revés hacia fuera. Plancha todas las costuras abiertas.

19 Coloca el forro dentro de la bolsa exterior, RR. Alinea los bordes superiores y las costuras laterales de la bolsa exterior y el forro. Sujétalos con alfileres o pinzas.

Introduce el forro dentro de la bolsa exterior

Alinea los bordes superiores y las costuras laterales

20 Cose una basta de 3,2 mm (⅛ in) a lo largo del borde superior para asegurar las capas (p. 72).

21 Para el ribete, cose tres C2 DD para hacer una tira de al menos 142 cm (56 in) de largo. Ribetea el borde superior y termina como desees (pp. 172–181) para completar la bolsa.

Ribetea el borde superior

MUESTRARIO DE BLOQUES

Muestrario de bloques clásicos

Muchos de los bloques de patchwork usados en quilts se han hecho populares por su diseño atemporal y su uso continuo a lo largo de la historia del acolchado. Este muestrario ofrece una visión detallada de algunos de los bloques clásicos más conocidos y sus técnicas de confección.

CLASIFICACIÓN DE LOS BLOQUES DE QUILT

Conocer la clasificación de los bloques en categorías o tipos, desde un simple cuatro parches básico hasta un complejo *New York beauty* montado sobre una base de papel, nos hará apreciar mejor las técnicas y las variantes que hacen a cada bloque único.

BLOQUES DE CUATRO PARCHES

El tipo de bloque más tradicional y básico en el acolchado, el de cuatro parches, es ideal para crear diseños repetitivos o integrarse a la perfección con todos los demás tipos de bloque. Los bloques de este tipo incluyen:

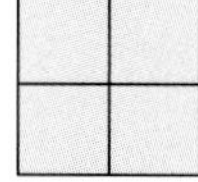

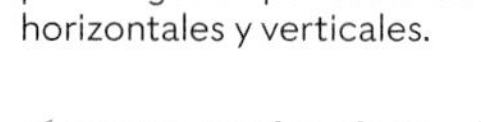

Cuatro parches iguales Bloques divididos en cuatro partes iguales por costuras horizontales y verticales.

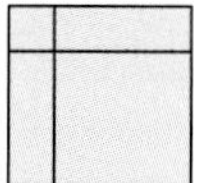

Cuatro parches desiguales Bloques divididos en cuatro partes desiguales por costuras horizontales y verticales.

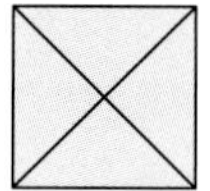

Cuatro parches en diagonal Bloques divididos por dos costuras diagonales para crear cuatro formas principales.

BLOQUES DE NUEVE PARCHES

El bloque de nueve parches está al alcance de personas de todos los niveles de experiencia en el acolchado. Su versatilidad y adaptabilidad generan infinitas variantes. Los bloques de este tipo incluyen:

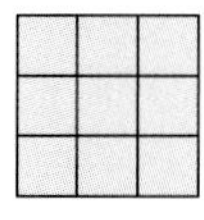

Nueve parches iguales Bloques divididos en nueve partes iguales por dos costuras horizontales y dos verticales.

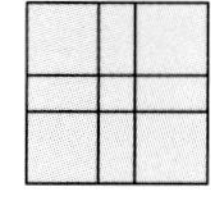

Nueve parches desiguales Bloques divididos en nueve partes desiguales por dos costuras horizontales y dos verticales.

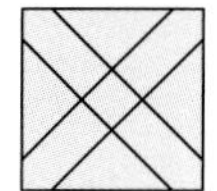

Nueve parches en diagonal Bloques divididos por costuras diagonales para crear nueve formas principales.

BLOQUES DE CUADRADO EN UN CUADRADO

Compuestos por un cuadrado o un rombo dentro de un cuadrado más grande y con un efecto de enmarcado para resaltar el motivo central, los bloques de este tipo incluyen:

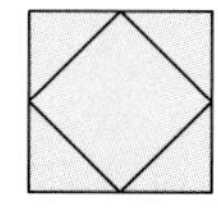

Cuadrado inscrito Bloques formados colocando un cuadrado en punta y añadiendo triángulos alrededor.

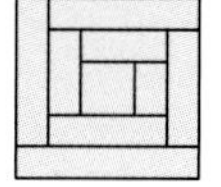

Cabaña de troncos Bloques hechos enmarcando un cuadrado o un rectángulo central con tiras o varias unidades.

BLOQUES MULTIPARCHE

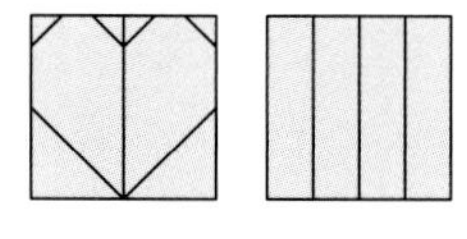

Estos bloques están compuestos por varias formas, con un gran número de unidades o piezas dispuestas en secuencias no repetitivas. Esta categoría comprende bloques muy alejados de la estructura tradicional de los de cuatro y nueve parches.

BLOQUES CURVOS

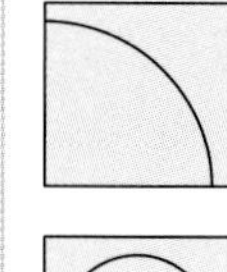

Al desviarse de las líneas rectas del patchwork tradicional, los bloques con piezas curvas aportan un elemento dinámico y fluido a los diseños. Estos bloques presentan a menudo curvas parciales, círculos completos o combinaciones de múltiples curvas dentro de una sola unidad.

BLOQUES MONTADOS SOBRE UNA BASE DE PAPEL

Los bloques montados a máquina sobre una base de papel (MBP) se usan a menudo para quilts con diseños intrincados o ángulos irregulares, ya que este tipo de montaje permite mayor precisión que los métodos tradicionales.

BLOQUES MONTADOS A MANO

El montaje a mano ofrece control y precisión con un equipo mínimo. Esta categoría comprende bloques que se siguen montando a mano por tradición o a causa de las técnicas empleadas, como las costuras en Y, aunque cualquier bloque puede montarse a mano.

BLOQUES MONTADOS SOBRE PAPEL A LA INGLESA

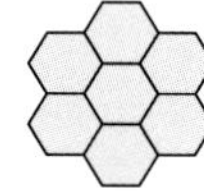

El montaje al estilo inglés (MSP), utilizando plantillas de papel para reforzar piezas angulosas complejas durante el proceso, permite crear diseños que normalmente no serían posibles con otros métodos.

BLOQUES DE CUATRO PARCHES

ELECCIÓN DE ANNIE

TMC (p. 86)

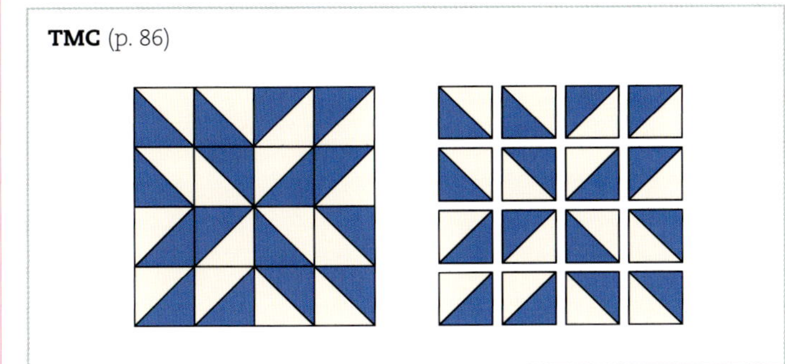

GARRA DE OSO

TMC (p. 86)

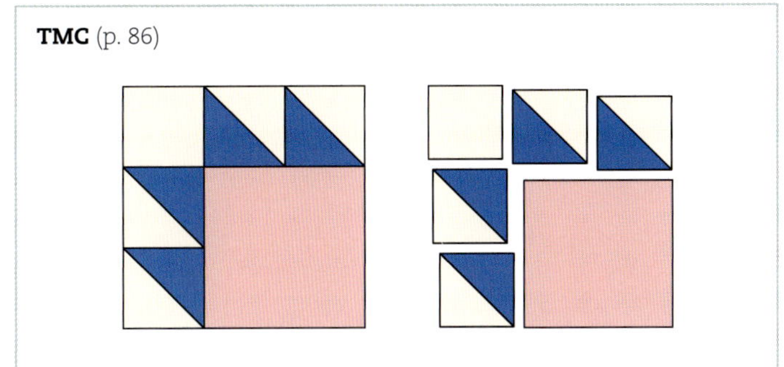

TABLERO DE AJEDREZ

TCC (p. 90); **triángulos complementarios** (p. 95)

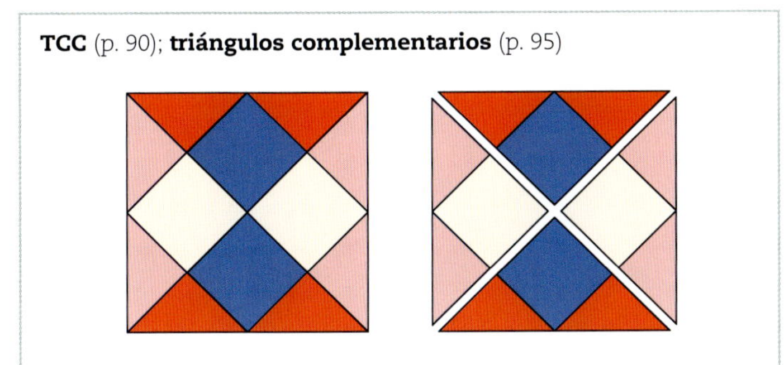

BANDADA DE GANSOS

TMC (p. 86)

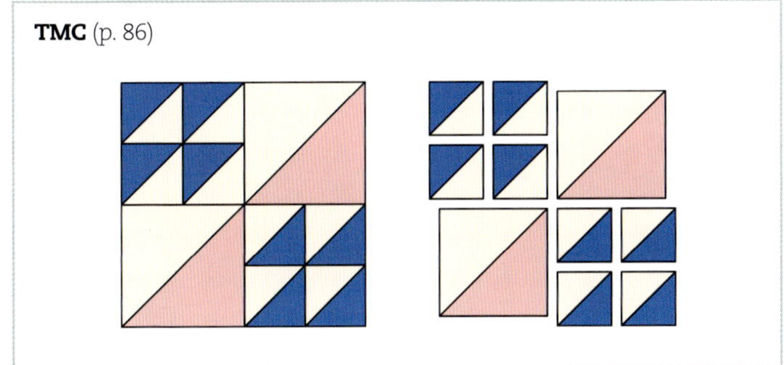

CESTA DE FLORES

TMC (p. 86)

RIBBON STAR

TMC (p. 86)

FLOR BOLA DE NIEVE

Stitch and flip (p. 89)

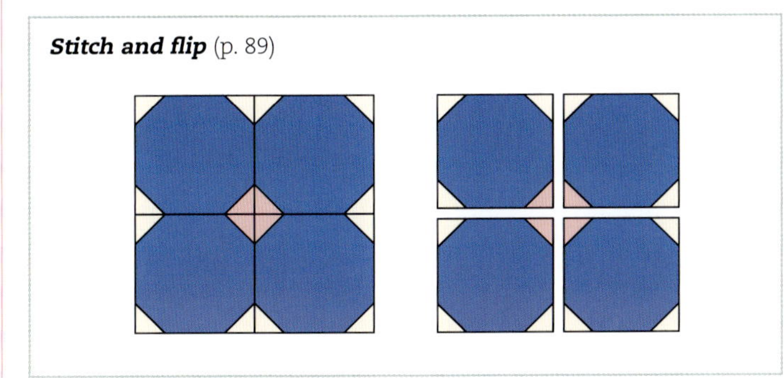

EQUIS Y OES

Stitch and flip (p. 89)

BLOQUES DE NUEVE PARCHES

PATA DE OSO

TMC (p. 86); **enmarcado** (p. 143)

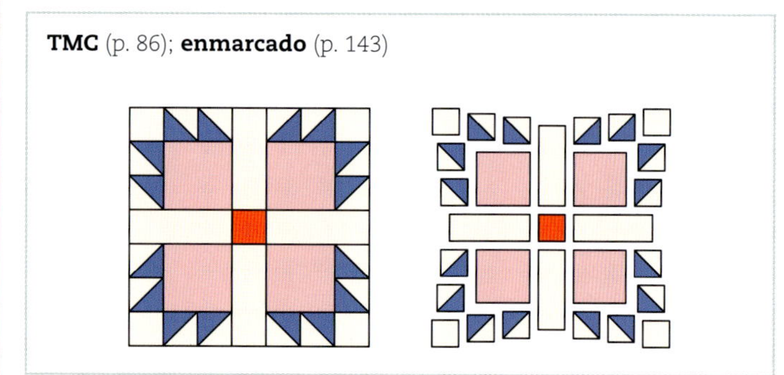

JUEGO DE LAS CUNAS

TMC (p. 86)

MANTEQUERA

Montaje en tiras (p. 83); **TMC** (p. 86)

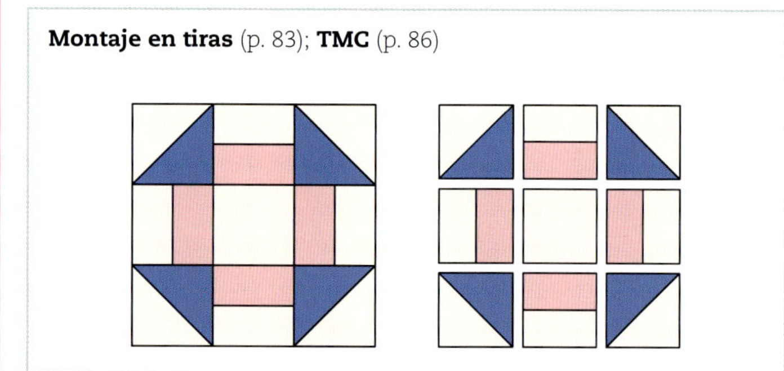

ENVELOPE STAR

TMC (p. 86); **GV** (p. 92); **cuadrado en un cuadrado** (p. 94)

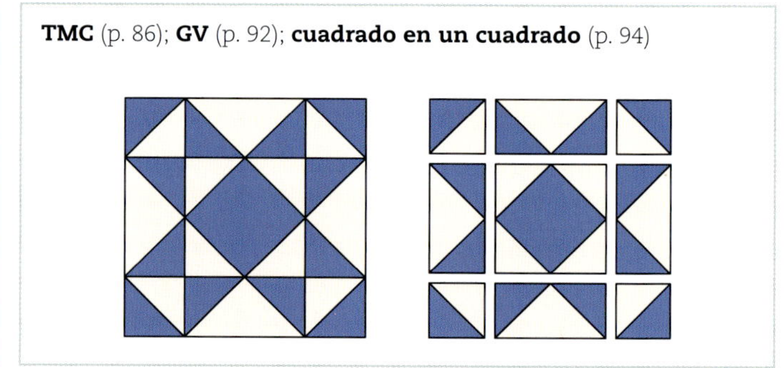

CUADRADO DE LA ABUELA

Nueve parches (p. 84); **triángulos complementarios** (p. 95)

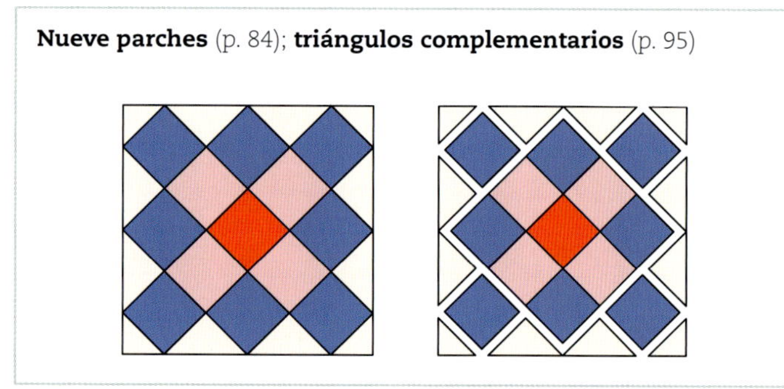

HOJA DE ARCE

TMC (p. 86); ***stitch and flip*** (p. 89)

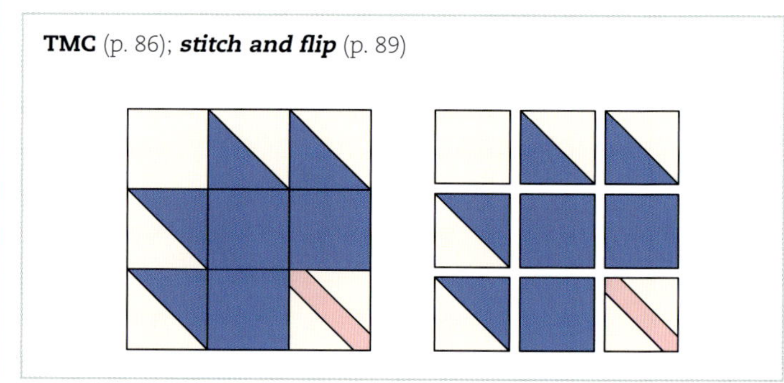

ESTRELLA DE OHIO

TCC (p. 90)

PLUS

Montaje en tiras (p. 83)

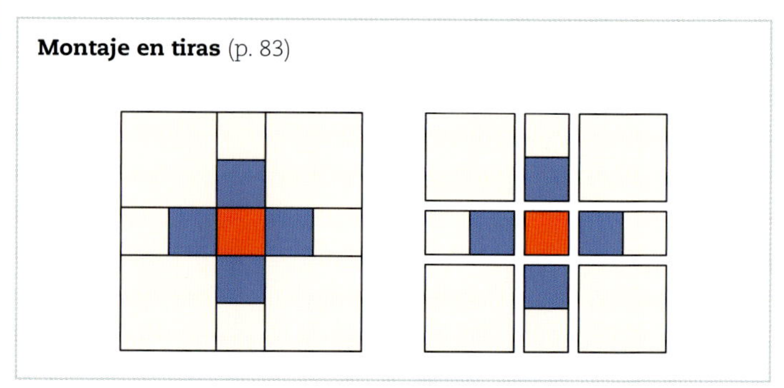

CAMINO A CALIFORNIA

Cuatro parches (p. 84); **TMC** (p. 86)

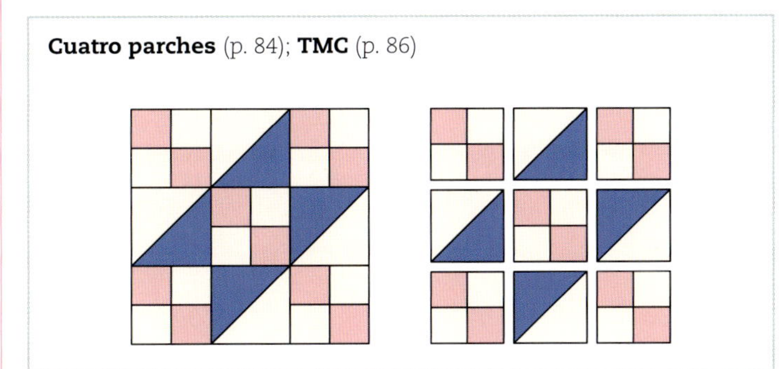

ROLLING STONE

Montaje en tiras (p. 83); **cuadrado dentro de un cuadrado** (p. 94)

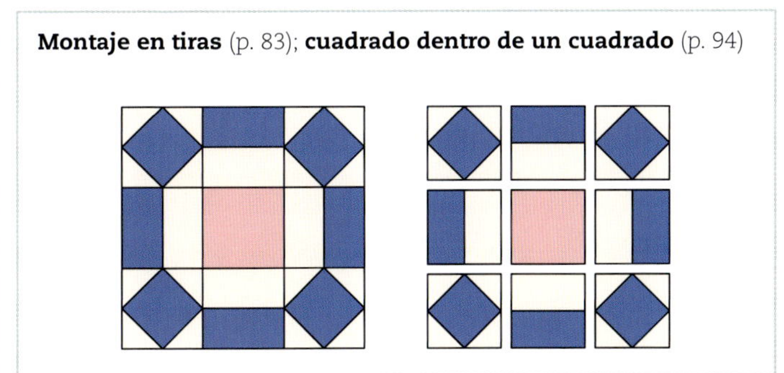

ESTRELLA DE DIENTES DE SIERRA

GV (p. 92)

SHOO FLY

TMC (p. 86)

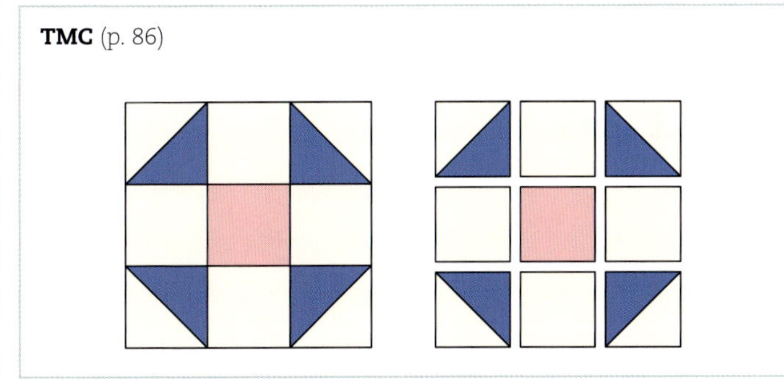

VELETA

TMC (p. 86); ***stitch and flip*** (p. 89)

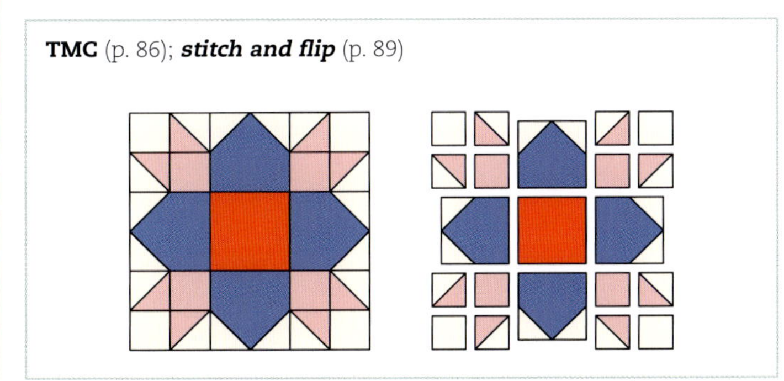

CUADRADO ALADO

TMC (p. 86)

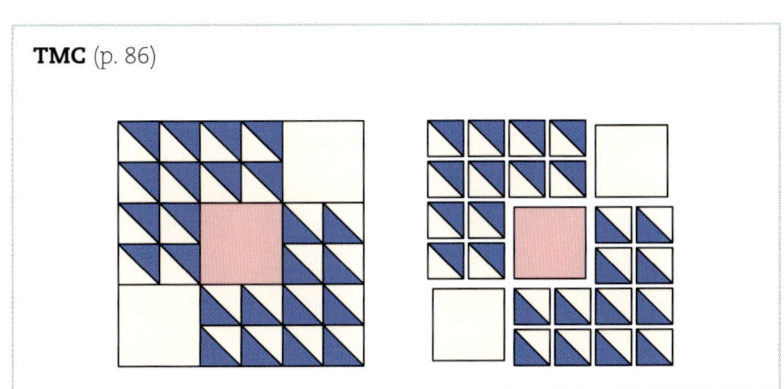

X PLUS

Montaje en tiras (p. 83); ***stitch and flip*** (p. 89); **enmarcado** (p. 143)

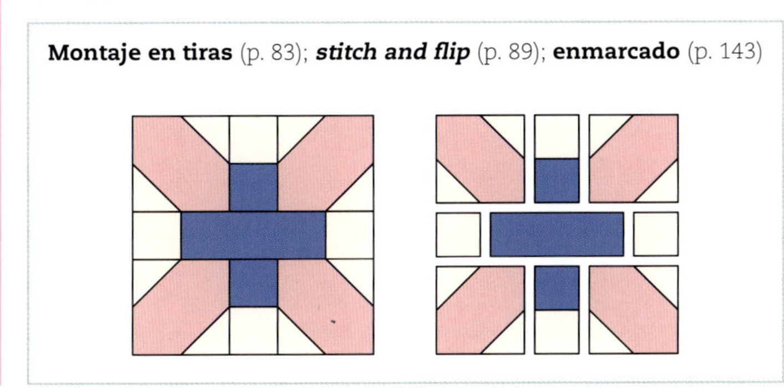

WONKY STAR

Stitch and flip (p. 89); **montaje libre** (p. 108)

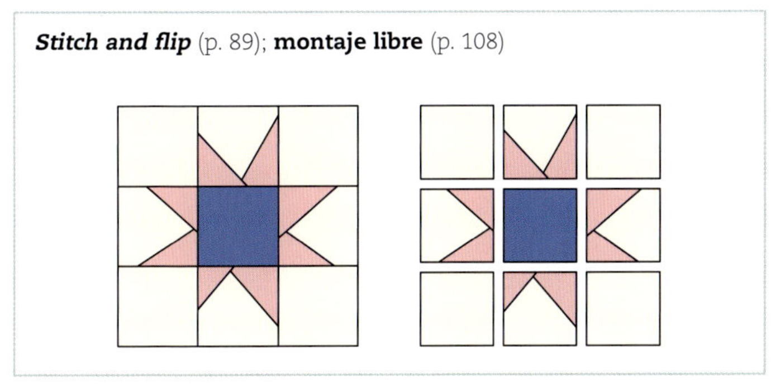

BLOQUES DE CUADRADO EN UN CUADRADO

BLOQUE DE ESTILO ÁBUM

Montaje en tiras (p. 83); **triángulos complementarios** (p. 95)

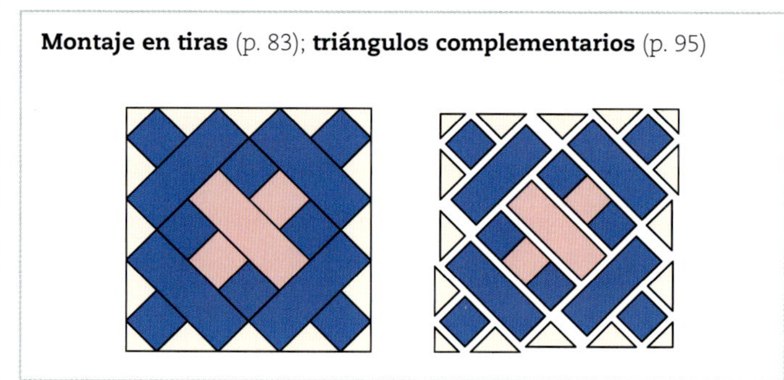

YUNQUE

TMC (p. 86)

CAJA

Cabaña de troncos (p. 85); **TMC** (p. 86)

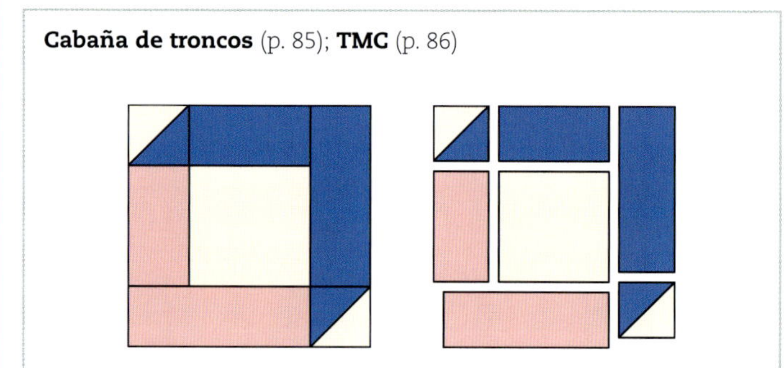

CAROL'S SCRAP TIME

TMC (p. 86); **triángulos complementarios** (p. 95)

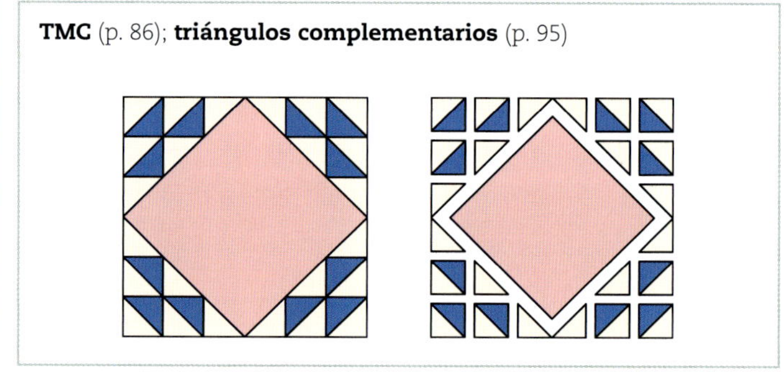

COFFIN STAR

Cuatro parches (p. 84); **triángulos complementarios** (p. 95)

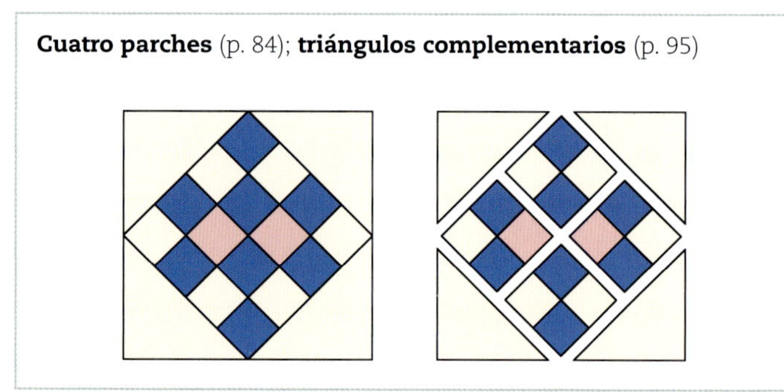

ESCALERAS DEL JUZGADO

Cabaña de troncos (p. 85)

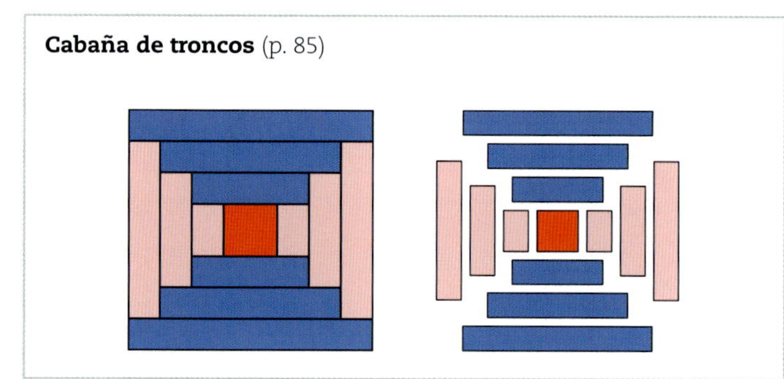

BLOQUE ECONÓMICO

Triángulos complementarios (p. 95)

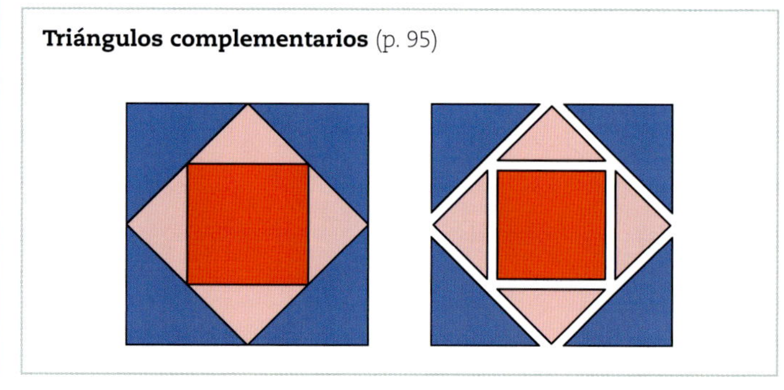

FOLLOW THE LEADER

Cabaña de troncos (p. 85); **GV** (p. 92)

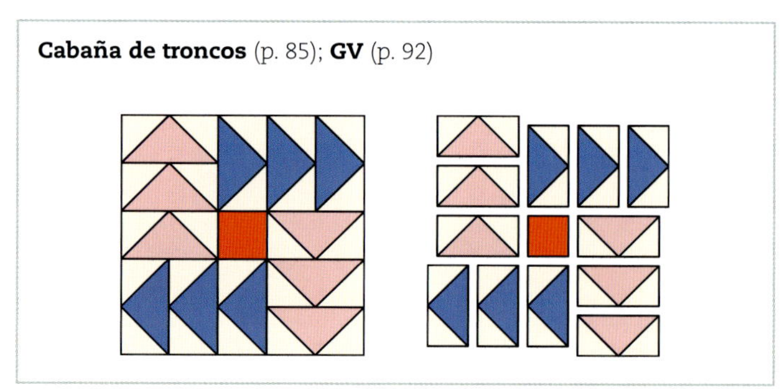

GENTLEMAN'S FANCY

GV (p. 92); **cuadrado en un cuadrado** (p. 94); **triángulos complementarios** (p. 95)

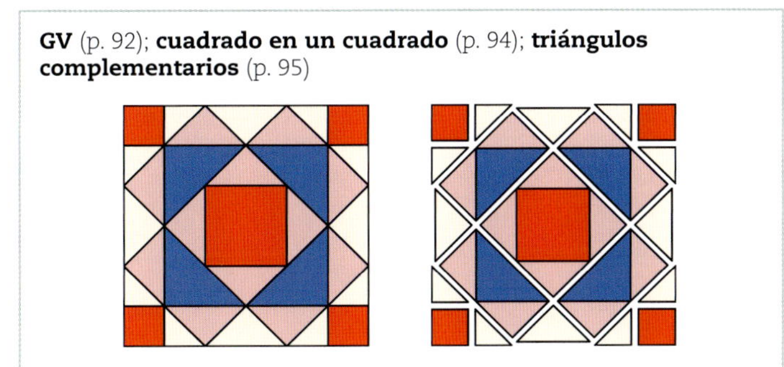

DAMA DEL LAGO

Cabaña de troncos (p.85); **TMC** (p. 86)

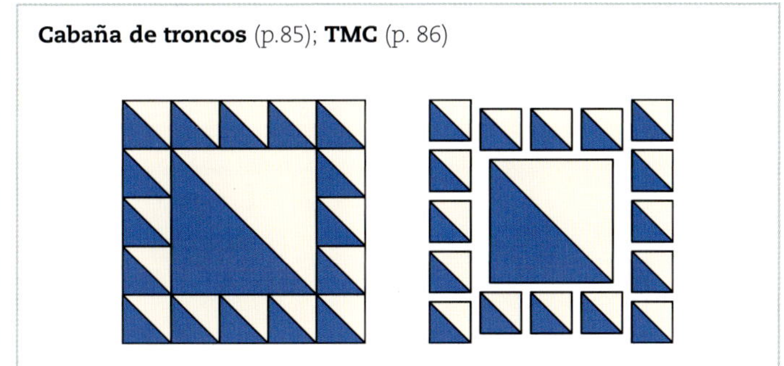

CABAÑA DE TRONCOS

Cabaña de troncos (p. 85)

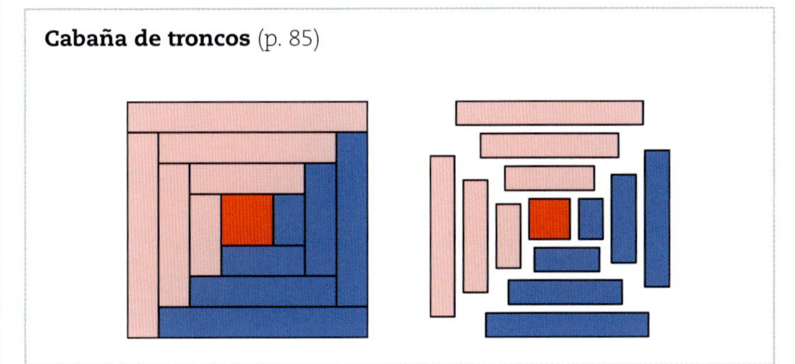

LLAMA MODERNA

Cabaña de troncos (p. 85); **TMC** (p. 86)

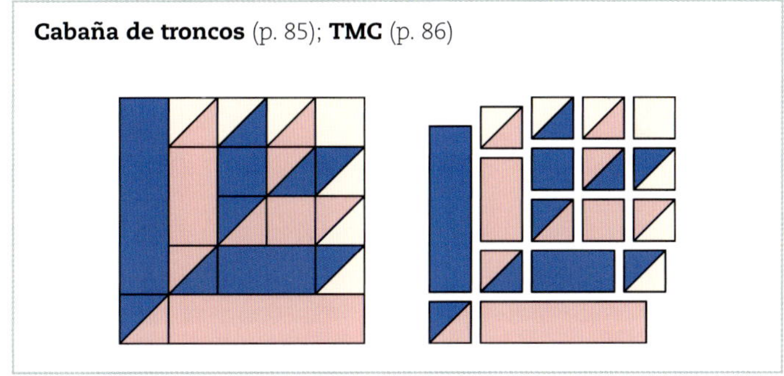

MOSAIC #21

Cabaña de troncos (p. 85); **TMC** (p. 86); **cuadrado en un cuadrado** (p. 94)

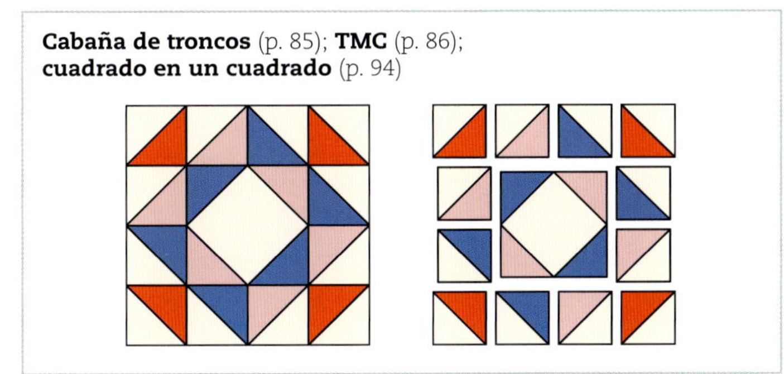

OLAS DEL OCÉANO

TMC (p. 86); **triángulos complementarios** (p. 95)

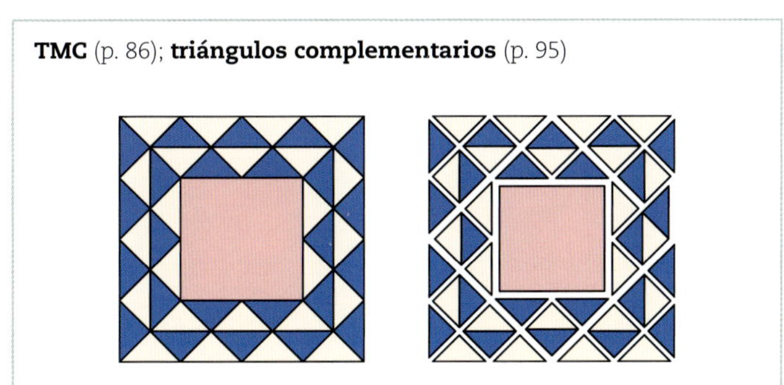

ESTRELLA NACIENTE

GV (p. 92)

UNION SQUARE

TMC (p. 86); **cuadrado en un cuadrado** (p. 94); **triángulos complementarios** (p. 95)

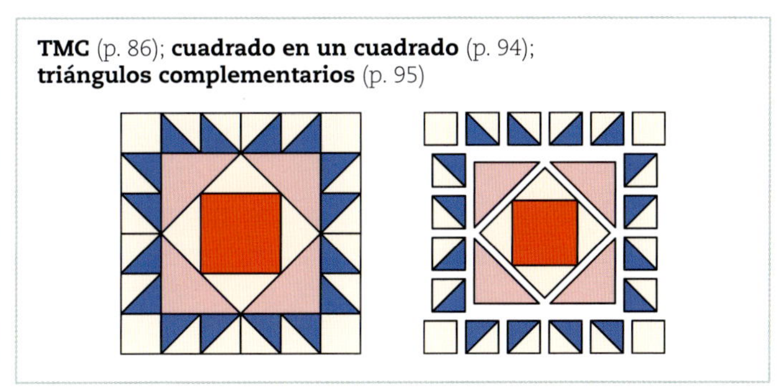

BLOQUES MULTIPARCHE

TRENZADO DE CESTERÍA

Montaje en tiras (p. 83)

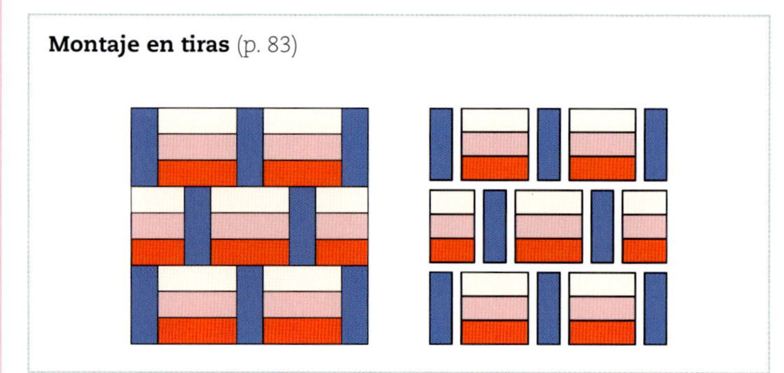

BLACKFORD'S BEAUTY

Cuatro parches (p. 84); **GV** (p. 92)

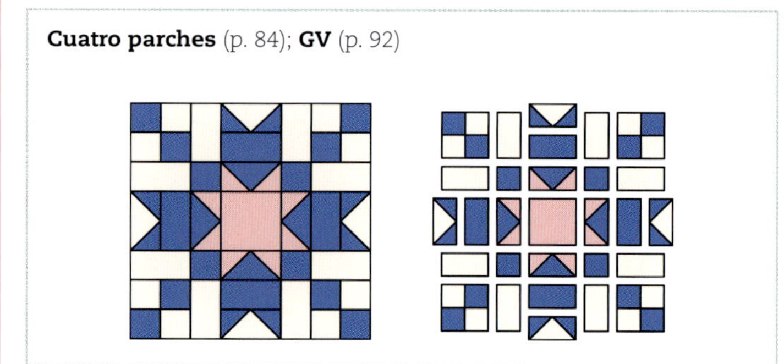

VENTANA ROTA

TMC (p. 86); **GV** (p. 92)

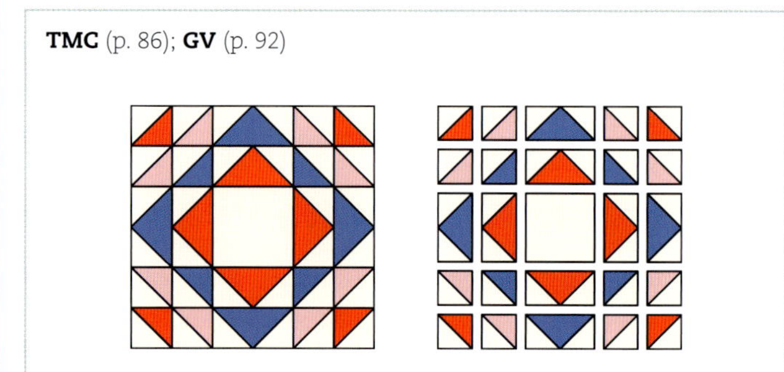

ANILLO DE BODA INGLÉS

TMC (p. 86)

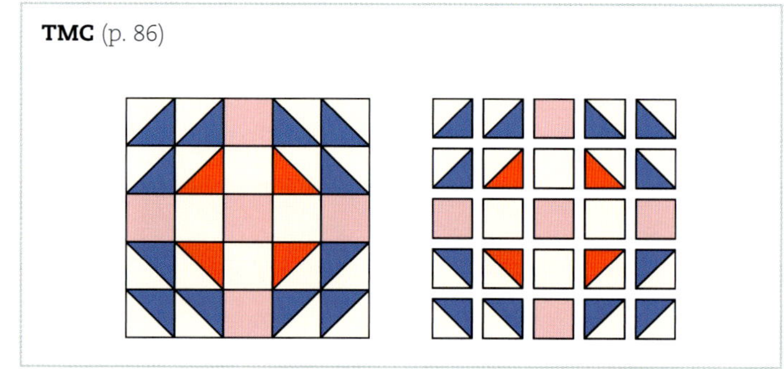

FAVORITO DE FANNY

GV (p. 92); **triángulos complementarios** (p. 95)

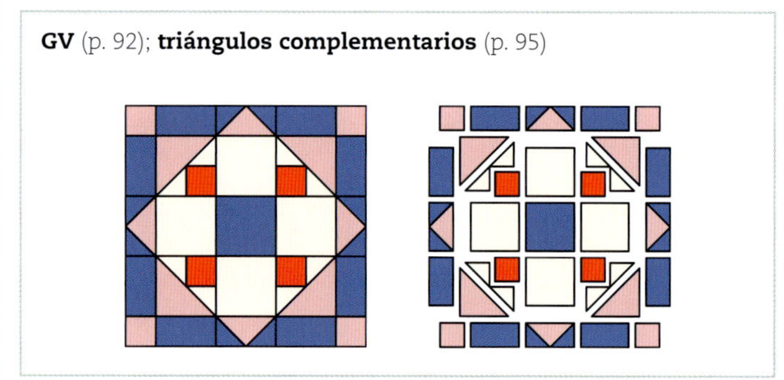

GANSOS EN EL ESTANQUE

Montaje en tiras (p. 83); **nueve parches** (p. 84); **TMC** (p. 86)

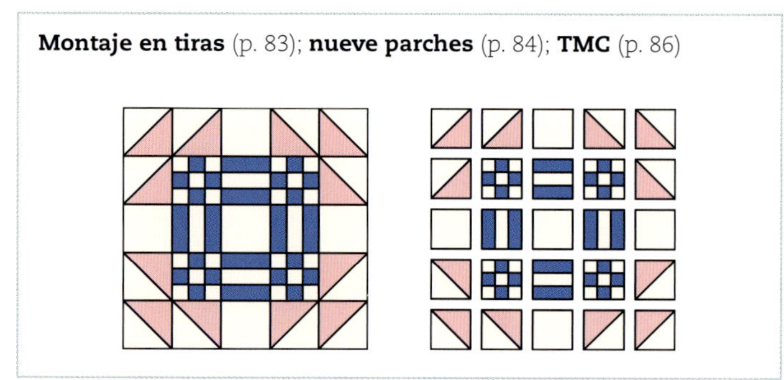

ESTRELLA DE LA MONTAÑA VERDE

TMC (p. 86); **TCC** (p. 90); **GV** (p. 92)

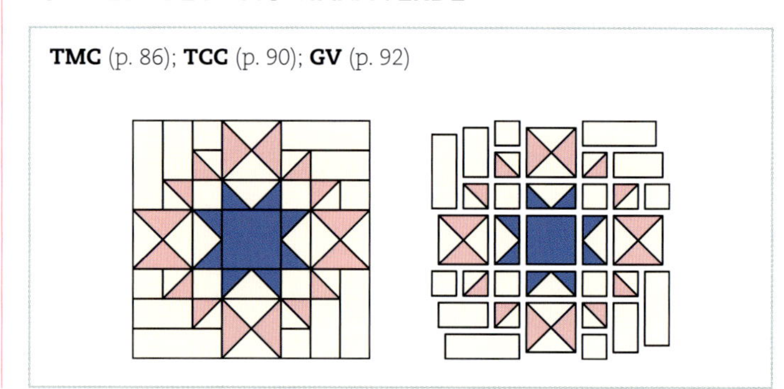

CORAZÓN

Stitch and flip (p. 89)

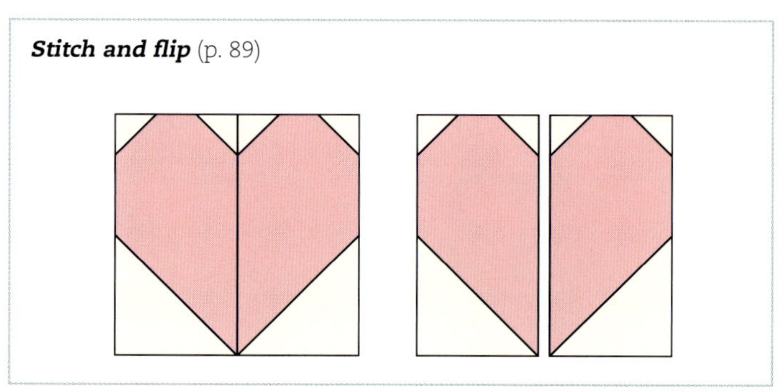

CASA

Montaje en tiras (p. 83); **cabaña de troncos** (p. 85); **TMC** (p. 86)

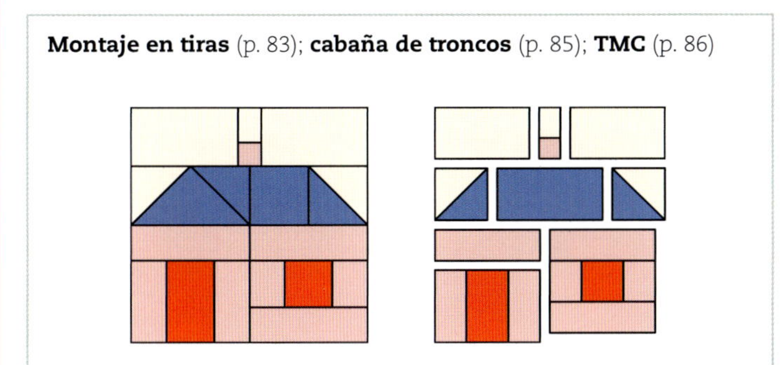

IDAHO BEAUTY

GV (p .92); **cuadrado en un cuadrado** (p. 94)

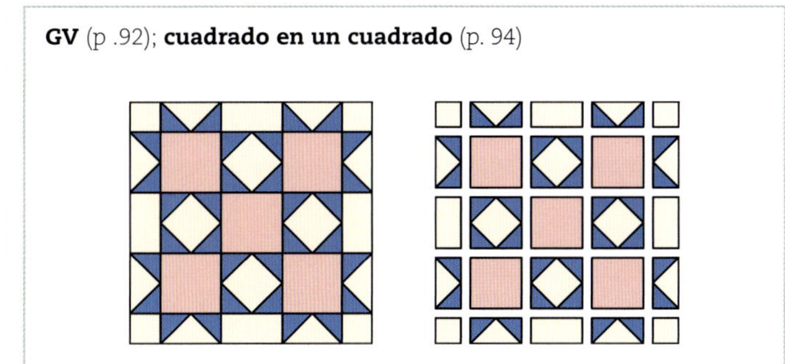

CADENA IRLANDESA

Montaje en tiras (p. 83); **Montaje de tiras impares** (p. 84)

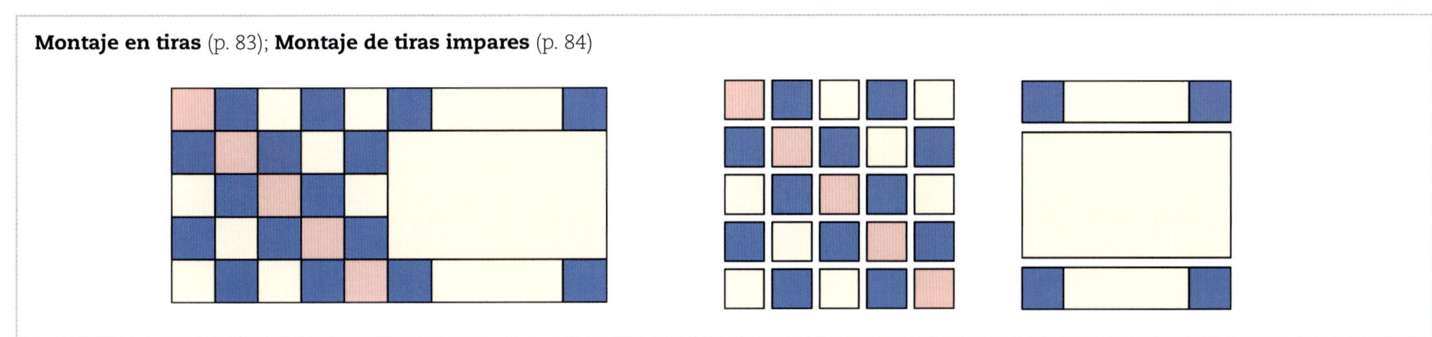

ESTRELLA SOLITARIA

Rombos (p. 102)

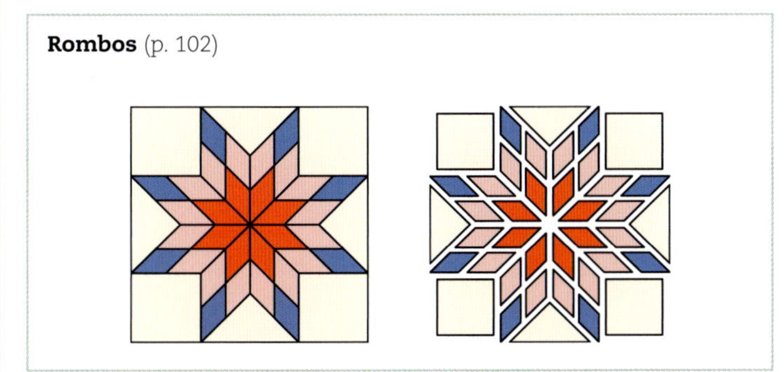

MEMORY STAR

TMC (p. 86); **GV** (p. 92)

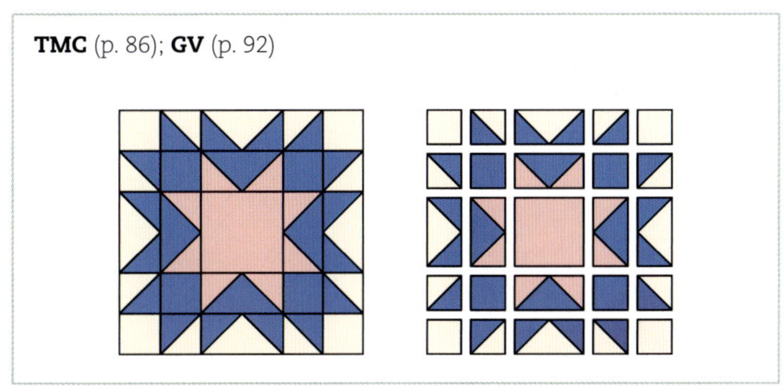

ELECCIÓN DE LA MADRE

TMC (p. 86); **GV** (p. 92)

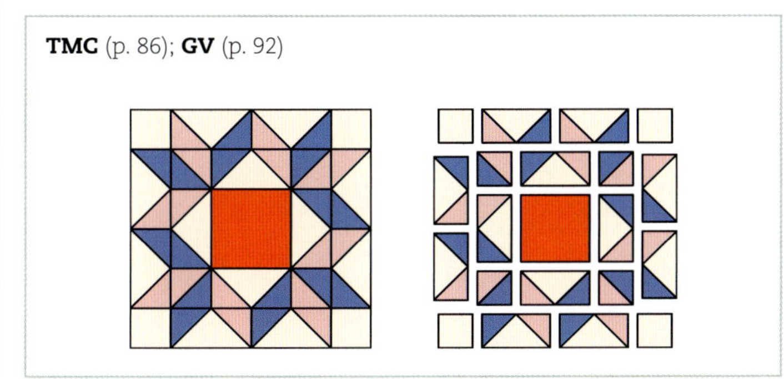

ELECCIÓN DE LA HERMANA

TMC (p. 86)

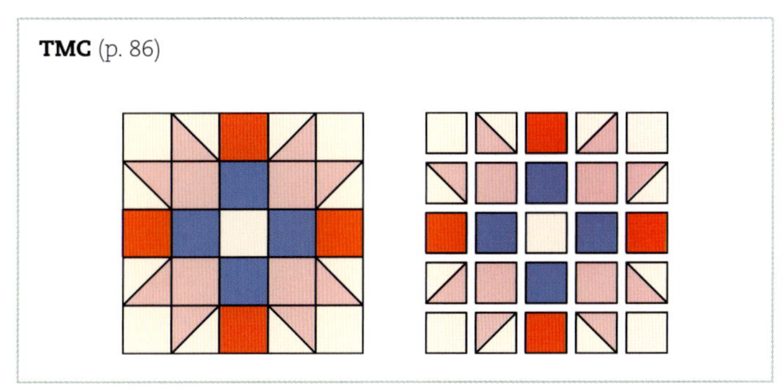

BLOQUES CURVOS

ESTRELLA CURVA

CC (p. 104)

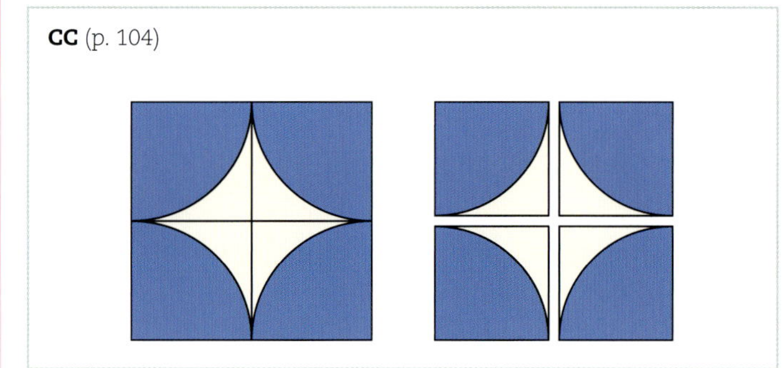

CÍRCULO DE SENDERO DEL BORRACHO

CC (p. 104)

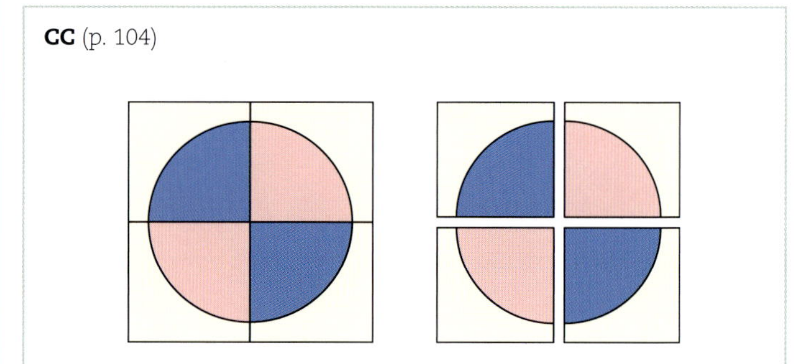

FLOR DE SENDERO DEL BORRACHO

CC (p. 104)

ABANICO DE LA ABUELA

Montaje en tiras (p. 83); **CC** (p. 104)

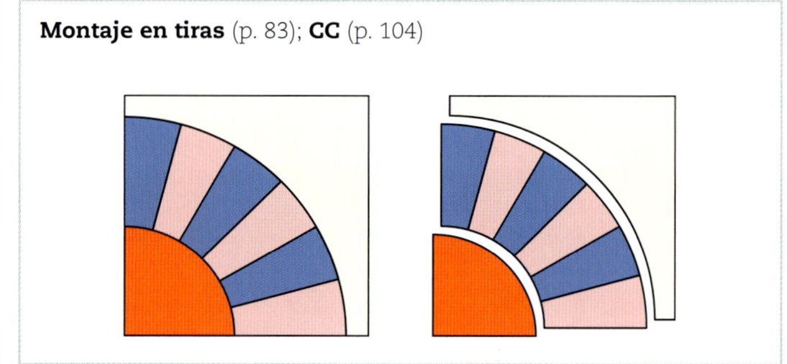

CÁSCARA DE NARANJA

CC (p. 104)

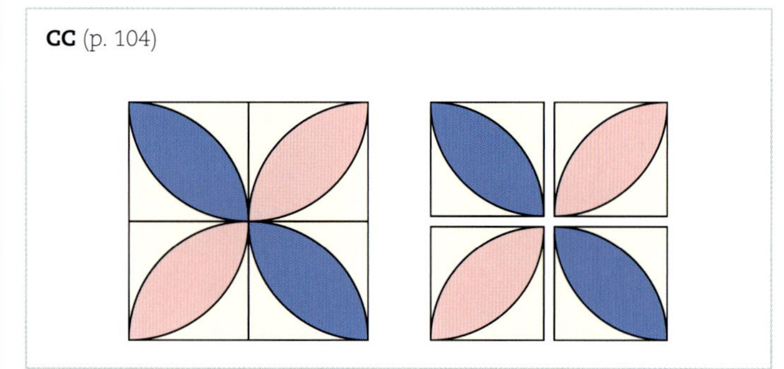

NARANJA PELADA

Curvas (p. 104)

ARCOÍRIS

CC (p. 104)

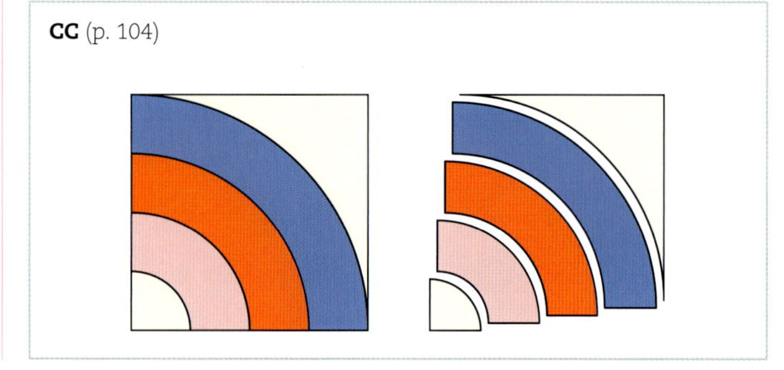

WINDING WAYS

Curvas (p. 104)

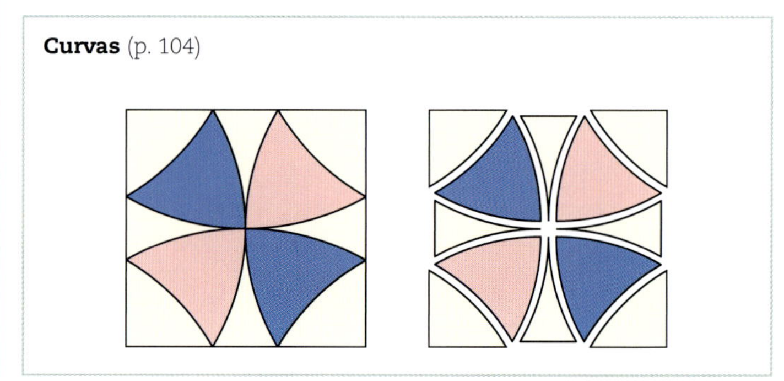

BLOQUES MONTADOS SOBRE UNA BASE DE PAPEL

AVES DEL PARAÍSO

Cuatro parches (p. 84); **MBP** (p. 114)

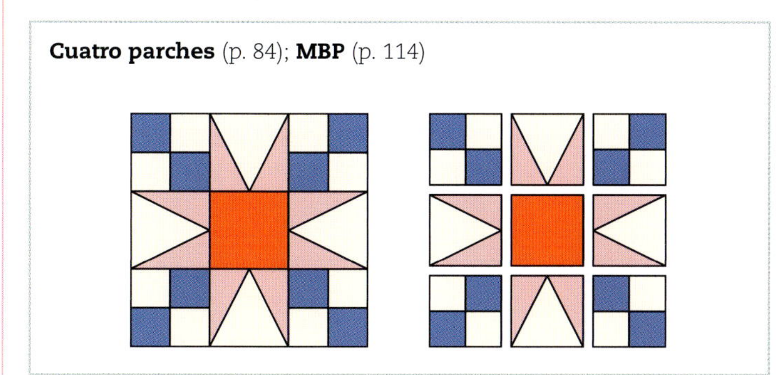

CORNER BEAM

MBP (p. 114)

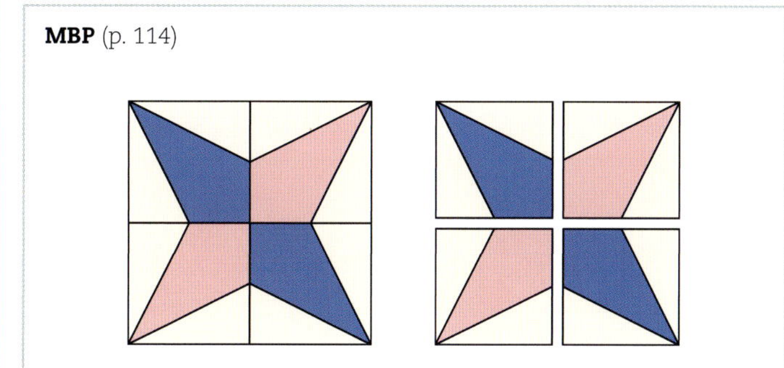

ESTRELLA DE CINCO PUNTAS

MBP (p. 114)

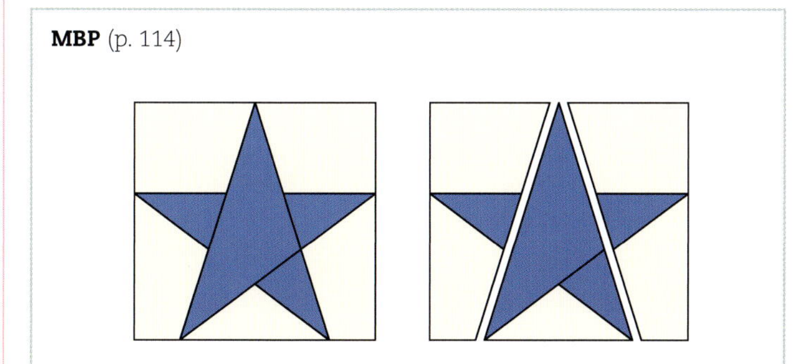

NEW YORK BEAUTY

CC (p. 104); **MBP** (p. 114)

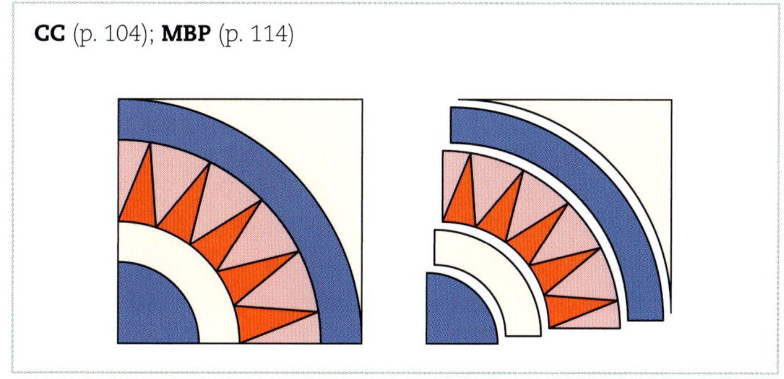

HOJA DE PALMA

TMC (p. 86); **MBP** (p. 114)

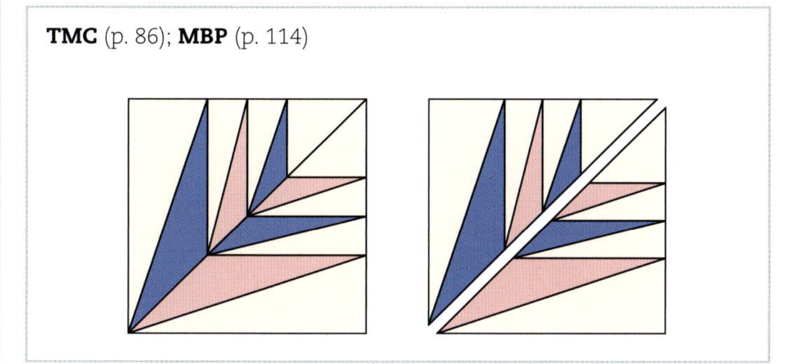

PIÑA

MBP (p. 114)

TORMENTA EN EL MAR

MBP (p. 114)

CUERDAS

TMC (p. 86); **MBP** (p. 114)

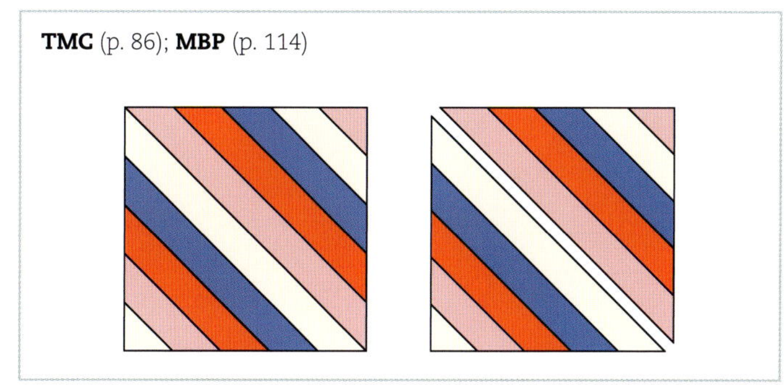

BLOQUES MONTADOS A MANO

CONCHAS

Costuras curvas (p. 123)

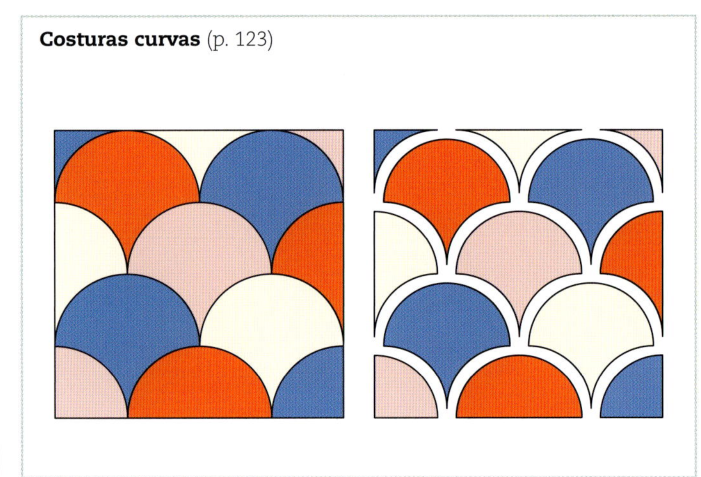

HUELLAS DE GANSO

Triángulos complementarios (p. 95); **rombos** (p. 102); **costuras en Y** (p. 123); **enmarcado** (p. 143)

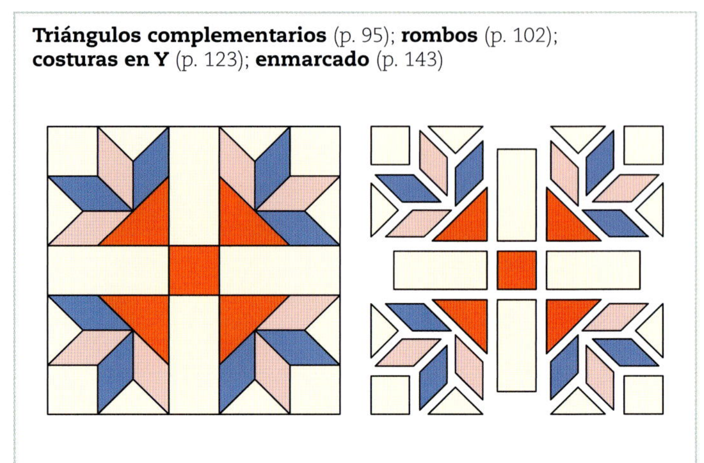

CORAZONES Y MOLLEJAS

TMC (p. 86); **aplicación** p. 134)

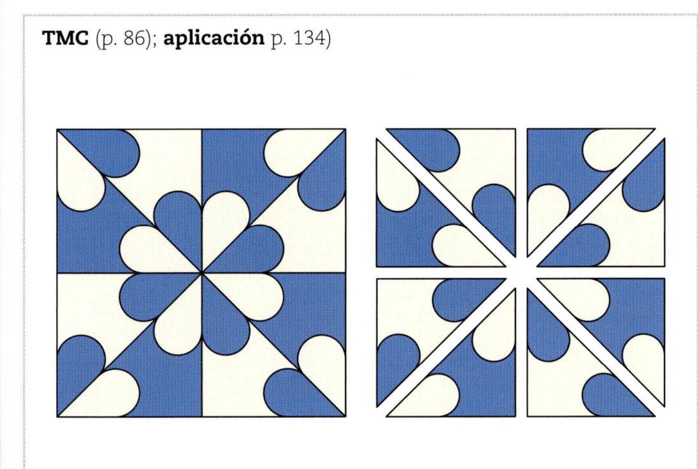

ESTRELLA DE IDAHO

Costuras curvas (p. 123); **costuras en Y** (p. 123)

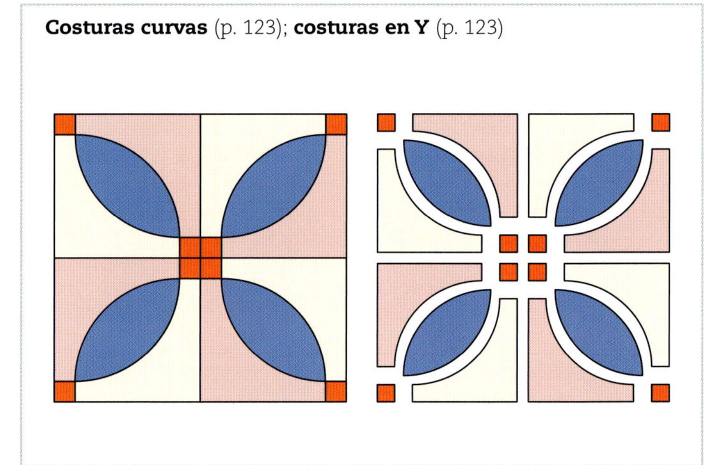

ESTRELLA DE LEMOYNE

Triángulos complementarios (p .95); **rombos** (p. 102); **costuras en Y** (p. 123)

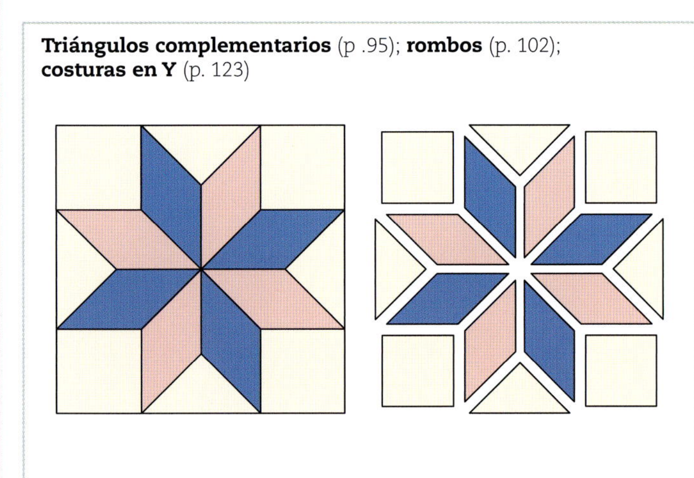

ANILLO DE BODA

Costuras curvas (p. 123); **costuras en Y** (p. 123)

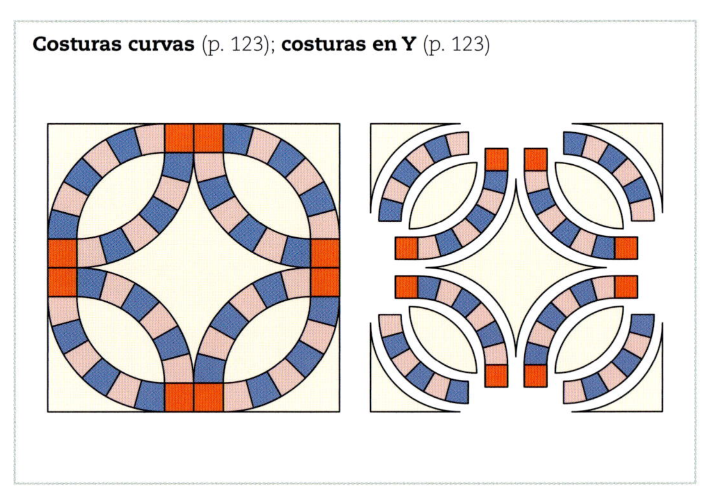

BLOQUES MONTADOS SOBRE PAPEL A LA INGLESA

PLATO DE DRESDE

MSP (p. 124); **aplicación** (p.134)

JARDÍN DE LA ABUELA

MSP (p.124); **hexágono** (p. 125)

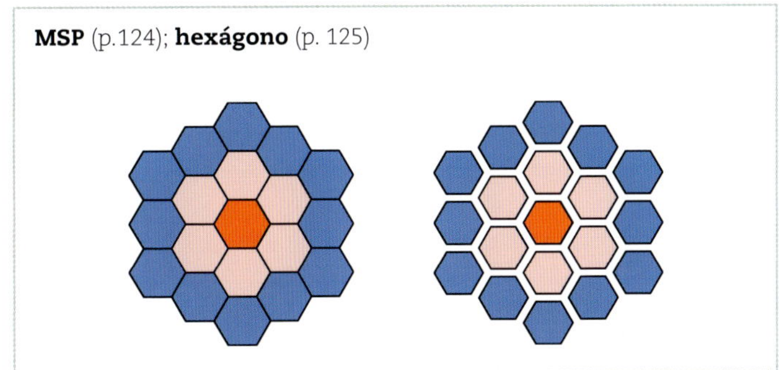

MEDIOS HEXÁGONOS

MSP (p.124); **hexágono** (p. 125)

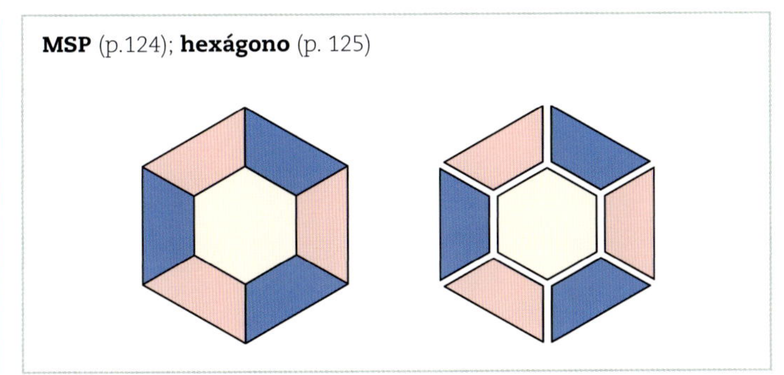

ESTRELLA HEXAGONAL

MSP (p. 124); **hexágono** (p. 125); **triángulos** (p.125)

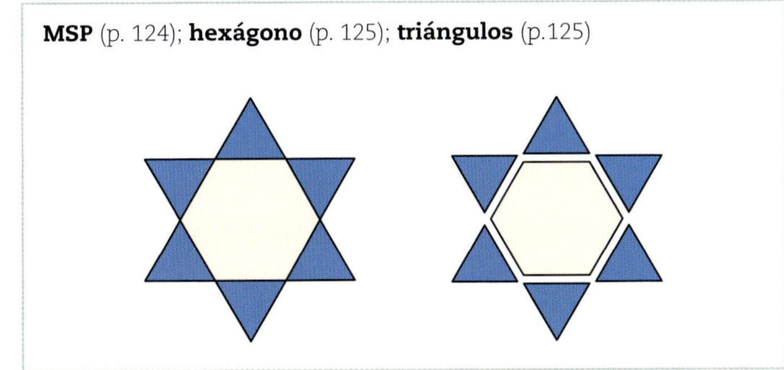

CORAZÓN DE *JEWELS*

MSP (p.124); ***jewel*** (p. 125)

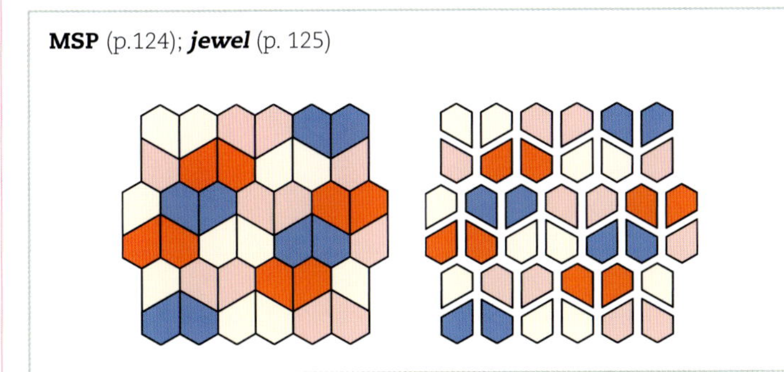

ESTRELLA DE SEIS PUNTAS

MSP (p.124); **rombo** (p. 125)

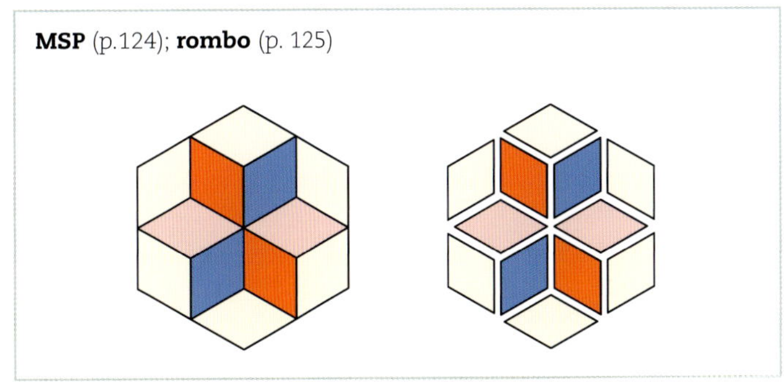

STAR BOUQUET

MSP (p. 124); **hexágono** (p. 125); **rombo** (p. 125); ***jewel*** (p. 125)

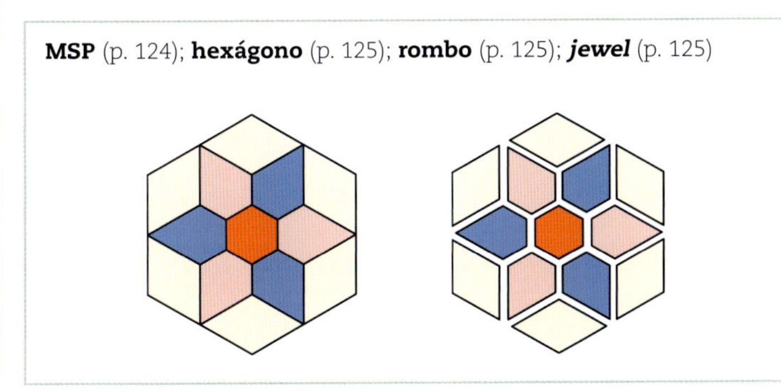

CUBOS EN 3D

MSP (p. 124); **rombo** (p. 125)

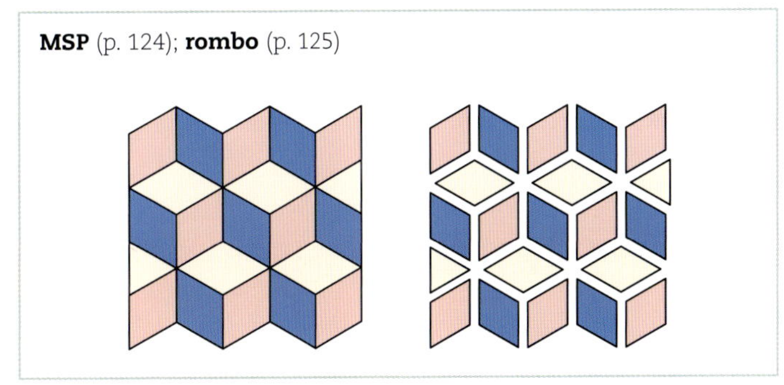

APÉNDICE

Tablas de referencia

Esta sección se ha diseñado para la consulta rápida de equivalencias y cálculos esenciales. Tanto si vas a cortar piezas para unidades comunes como determinar la cantidad de tela para el forro o calcular la necesaria para ribetear, esta serie de tablas te proporcionará toda la información que precisas de un vistazo, con lo que ahorrarás tiempo y evitarás inexactitudes.

TABLAS DE CONVERSIÓN

Utiliza estas tablas para convertir rápidamente medidas del sistema anglosajón en métricas, así como fracciones en decimales.

PULGADAS A YARDAS, CENTÍMETROS Y METROS

Pulgadas (in)	Yardas (yd)	Centímetros (cm)	Metros (m)
4½	⅛	11,4	0,11
9	¼	22,9	0,23
12	⅓	30,5	0,30
13½	⅜	34,3	0,34
18	½	45,7	0,46
22½	⅝	57,2	0,57
24	⅔	61	0,61
27	¾	68,6	0,69
31½	⅞	80	0,80
36	1	91,4	0,91
54	1½	137,2	1,37
72	2	182,9	1,83
90	2½	228,6	2,29
108	3	274,3	2,74
126	3½	320	3,20
144	4	365,8	3,66
162	4½	411,5	4,11
180	5	457,2	4,57
216	6	548,6	5,49
252	7	640,1	6,40
288	8	731,5	7,32
324	9	823	8,23
360	10	914,4	9,14

Equivalencias básicas: 1 in = 2,5 cm; 1 cm = 0,01 m

FRACCIONES A DECIMALES

Fracción	Decimal
⅛	0,125
¼	0,25
⅓	0,33
⅜	0,375
½	0,50
⅝	0,625
⅔	0,67
¾	0,75
⅞	0,875

MARGEN DE COSTURA: PULGADAS A MILÍMETROS

Pulgadas (in)	Milímetros (mm)
⅛	3.2
¼	6.4
⅜	9,5
½	12,7

ELEGIR UN TAMAÑO DE QUILT

Utiliza esta tabla para comparar rápidamente varios tamaños de quilt, relleno y colchón.

TAMAÑOS DE QUILT, RELLENO Y COLCHÓN					
	Cuna	**Individual**	**Doble**	**Grande**	**Extragrande**
Tamaño sugerido de quilt en cm (in)	91 × 137 cm (36 × 54 in)	157 × 221 cm* (62 × 87 in)*	198 × 221 cm* (78 × 87 in)*	213 × 264 cm** (84 × 104 in)**	254 × 264 cm** (100 × 104 in)**
Tamaño mín.-máx. de quilt en cm (in)	69–114 × 132–152 cm (27–45 × 52–60 in)	137–183 × 211–229 cm (54–72 × 83–90 in)	178–206 × 211–244 cm (70–81 × 83–96 in)	193–229 × 224–274 cm (76–90 × 88–108 in)	234–305 × 224–305 cm (92–120 × 88–120 in)
Tamaño de relleno empaquetado en cm (in)	114 × 152 cm (45 × 60 in)	183 × 229 cm (72 × 90 in)	206 × 244 cm (81 × 96 in)	229 × 274 cm (90 × 108 in)	305 × 305 cm (120 × 120 in)
Tamaño de colchón en cm (in)	70 × 140 cm (27 × 52 in)	90 × 190 cm (38 × 75 in)	137 × 191 cm (54 × 75 in)	150 × 200 cm (60 × 80 in)	180 × 200 cm (76 × 80 in)

*__El tamaño sugerido__ permite una caída de 30,5 cm (12 in) en tres lados.
**__El tamaño sugerido__ permite una caída de 30,5 cm (12 in) en los cuatro lados.

CORTES DE UNA TIRA DEL ANCHO DE LA TELA (AT)

Utiliza estas tablas para determinar cuántas piezas de igual longitud se pueden cortar de una sola tira AT (p. 70).

CORTES DE UNA TIRA AT (MEDIDAS COMPLETAS)		
Largo de la pieza en cm (in)	**Número de piezas por tira AT**	**Longitud total de las piezas en cm (in)**
2,5 (1)	42	106,7 (42)
5,1 (2)	21	106,7 (42)
7,6 (3)	14	106,7 (42)
10,2 (4)	10	101,6 (40)
12,7 (5)	8	101,6 (40)
15,2 (6)	7	106,7 (42)
17,8 (7)	6	106,7 (42)
20,3 (8)	5	101,6 (40)
22,9 (9)	4	91,4 (36)
25,4 (10)	4	101,6 (40)
27,9 (11)	3	83,8 (33)
30,5 (12)	3	91,4 (36)
33 (13)	3	99,1 (39)
35,6 (14)	3	106,7 (42)
38,1 (15)	2	76,2 (30)
40,6 (16)	2	81,3 (32)
43,2 (17)	2	86,4 (34)
45,7 (18)	2	91,4 (36)
48,3 (19)	2	96,5 (38)
50,8 (20)	2	101,6 (40)
53,3 (21)	2	106,7 (42)

CORTES DE UNA TIRA AT (MEDIDAS MEDIAS)		
Largo de la pieza en cm (in)	**Número de piezas por tira AT**	**Longitud total de las piezas en cm (in)**
1,3 (½)	84	106,7 (42)
3,8 (1½)	28	106,7 (42)
6,4 (2½)	16	101,6 (40)
8,9 (3½)	12	106,7 (42)
11,4 (4½)	9	102,9 (40½)
14 (5½)	7	97,8 (38½)
16,5 (6½)	6	99,1 (39)
19,1 (7½)	5	95,3 (37½)
21,6 (8½)	4	86,4 (34)
24,1 (9½)	4	96,5 (38)
26,7 (10½)	4	106,7 (42)
29,2 (11½)	3	87,6 (34½)
31,8 (12½)	3	95,3 (37½)
34,3 (13½)	3	102,9 (40½)
36,8 (14½)	2	73,7 (29)
39,4 (15½)	2	78,7 (31)
41,9 (16½)	2	83,8 (33)
44,5 (17½)	2	88,9 (35)
47 (18½)	2	94 (37)
49,5 (19½)	2	99,1 (39)
52,1 (20½)	2	104,1 (41)

Ancho de la pieza: igual al tamaño de la tira AT. **Largo de la pieza:** Medida de una pieza a lo largo del AT.
Número de piezas por tira AT: máximo número de piezas de tela que se pueden cortar de una sola tira AT. Se supone que la tela tiene 106,7 cm (42 in) de ancho.
Longitud total de las piezas: longitud total del número máximo de piezas que se pueden cortar de una sola tira AT.

CORTES POR YARDAS Y METROS

Utiliza esta tabla para determinar el número de tiras AT que se pueden cortar de una yarda, un metro o un *fat quarter* (FQ). Para obtener el número máximo de cuadrados por yarda, metro o FQ, corta el número máximo de tiras y luego corta cada tira (p. 70) en cuadrados.

TIRAS Y CUADRADOS POR YARDA, METRO Y FQ						
	EN UNA YARDA		EN UN METRO		EN UN FQ	
Tira AT en cm (in)	N.° total de tiras	N.° total de cuadrados	N.° total de tiras	N.° total de cuadrados	N.° total de tiras	N.° total de cuadrados
1,3 (½)	72	6048	78	6552	42	1512
2,5 (1)	36	1512	39	1638	21	378
3,8 (1½)	24	672	26	728	14	168
5,1 (2)	18	378	19	399	10	90
6,4 (2½)	14	224	15	240	8	56
7,6 (3)	12	168	13	182	7	42
8,9 (3½)	10	120	11	132	6	30
10,2 (4)	9	90	9	90	5	20
11,4 (4½)	8	72	8	72	4	16
12,7 (5)	7	56	7	56	4	12
14 (5½)	6	42	7	49	3	9
15,2 (6)	6	42	6	42	3	9
16,5 (6½)	5	30	6	36	3	6
17,8 (7)	5	30	5	30	3	6
19,1 (7½)	4	20	5	25	2	4
20,3 (8)	4	20	4	20	2	4
21,6 (8½)	4	16	4	16	2	4
22,9 (9)	4	16	4	16	2	4
24,1 (9½)	3	12	4	16	2	2
25,4 (10)	3	12	3	12	2	2
26,7 (10½)	3	12	3	12	2	2
27,9 (11)	3	9	3	9	1	1
29,2 (11½)	3	9	3	9	1	1
30,5 (12)	3	9	3	9	1	1

AT: se supone que el ancho de la tela es 106,7 cm (42 in).
Yarda: 91,4 cm (36 in) de largo.
Metro: 100 cm (39⅜ in) de largo.
***Fat quarter* (FQ):** se supone que mide 45,7 × 53,3 cm (18 × 21 in), con un AT de 53,3 cm (21 in).

TRIÁNGULOS DE MEDIO CUADRADO

Utiliza esta tabla para determinar el tamaño de las piezas que debes cortar para obtener unidades de TMC mediante las técnicas de una en una, de dos en dos, de cuatro en cuatro, de ocho en ocho o de una tira tubular. Para los tamaños de unidad que no figuran en esta tabla, aplica las fórmulas indicadas para calcular el tamaño de las piezas necesarias.

TÉCNICA		**DE UNA EN UNA Y DE DOS EN DOS** (p. 86)	**DE CUATRO EN CUATRO** (p. 87)	**DE OCHO EN OCHO** (p. 88)	**TIRA TUBULAR*** (p. 88)	
FÓRMULA		**Cuadrados** = **tamaño terminado** + 2,5 cm (1 in)	**Cuadrados** = **tamaño sin terminar** x 1,5) + 1,3 cm (½ in)	**Cuadrados** = **tamaño terminado** + 2,5 cm (1 in)] × 2	**Ancho de tira** = (**tamaño sin terminar** ÷ √2) + 1,3 cm (½ in); redondea al múltiplo más cercano de 6,4 mm (¼ in)	
Tamaño terminado en cm (in)	**Tamaño sin terminar en cm (in)**	**Corta 2 cuadrados (tamaño en cm [in])**	**Corta 2 cuadrados (tamaño en cm [in])**	**Corta 2 cuadrados (tamaño en cm [in])**	**Corta 2 tiras AT (tamaño en cm [in])**	**Unidades de TMC por tira tubular**
5,1 × 5,1 (2 × 2)	6,4 × 6,4 (2½ × 2½)	7,6 × 7,6 (3 × 3)	10,8 × 10,8 (4¼ × 4¼)	15,2 × 15,2 (6 × 6)	6,4 (2½)	20
6,4 × 6,4 (2½ × 2½)	7,6 × 7,6 (3 × 3)	8,9 × 8,9 (3½ × 3½)	12,7 × 12,7 (5 × 5)	17,8 × 17,8 (7 × 7)	7 (2¾)	16
7,6 × 7,6 (3 × 3)	8,9 × 8,9 (3½ × 3½)	10,2 × 10,2 (4 × 4)	14,6 × 14,6 (5¾ × 5¾)	20,3 × 20,3 (8 × 8)	8,3 (3¼)	14
8,9 × 8,9 (3½ × 3½)	10,2 × 10,2 (4 × 4)	11,4 × 11,4 (4½ × 4½)	16,5 × 16,5 (6½ × 6½)	22,9 × 22,9 (9 × 9)	8,9 (3½)	12
10,2 × 10,2 (4 × 4)	11,4 × 11,4 (4½ × 4½)	12,7 × 12,7 (5 × 5)	18,4 × 18,4 (7¼ × 7¼)	25,4 × 25,4 (10 × 10)	9,5 (3¾)	11
11,4 × 11,4 (4½ × 4½)	12,7 × 12,7 (5 × 5)	14 × 14 (5½ × 5½)	20,3 × 20,3 (8 × 8)	27,9 × 27,9 (11 × 11)	10,8 (4¼)	10
12,7 × 12,7 (5 × 5)	14 × 14 (5½ × 5½)	15,2 × 15,2 (6 × 6)	22,2 × 22,2 (8¾ × 8¾)	30,5 × 30,5 (12 × 12)	11,4 (4½)	9
14 × 14 (5½ × 5½)	15,2 × 15,2 (6 × 6)	16,5 × 16,5 (6½ × 6½)	24,1 × 24,1 (9½ × 9½)	33 × 33 (13 × 13)	12,7 (5)	8
15,2 × 15,2 (6 × 6)	16,5 × 16,5 (6½ × 6½)	17,8 × 17,8 (7 × 7)	26 × 26 (10¼ × 10¼)	35,6 × 35,6 (14 × 14)	13,3 (5¼)	7
16,5 × 16,5 (6½ × 6½)	17,8 × 17,8 (7 × 7)	19,1 × 19,1 (7½ × 7½)	27,9 × 27,9 (11 × 11)	38,1 × 38,1 (15 × 15)	14,6 (5¾)	7
17,8 × 17,8 (7 × 7)	19,1 × 19,1 (7½ × 7½)	20,3 × 20,3 (8 × 8)	29,8 × 29,8 (11¾ × 11¾)	40,6 × 40,6 (16 × 16)	15,2 (6)	6
19,1 × 19,1 (7½ × 7½)	20,3 × 20,3 (8 × 8)	21,6 × 21,6 (8½ × 8½)	31,8 × 31,8 (12½ × 12½)	43,2 × 43,2 (17 × 17)	16,5 (6½)	6
20,3 × 20,3 (8 × 8)	21,6 × 21,6 (8½ × 8½)	22,9 × 22,9 (9 × 9)	33,7 × 33,7 (13¼ × 13¼)	45,7 × 45,7 (18 × 18)	17,2 (6¾)	5
21,6 × 21,6 (8½ × 8½)	22,9 × 22,9 (9 × 9)	24,1 × 24,1 (9½ × 9½)	35,6 × 35,6 (14 × 14)	48,3 × 48,3 (19 × 19)	17,8 (7)	5
22,9 × 22,9 (9 × 9)	24,1 × 24,1 (9½ × 9½)	25,4 × 25,4 (10 × 10)	37,5 × 37,5 (14¾ × 14¾)	50,8 × 50,8 (20 × 20)	19,1 (7½)	5
24,1 × 24,1 (9½ × 9½)	25,4 × 25,4 (10 × 10)	26,7 × 26,7 (10½ × 10½)	39,4 × 39,4 (15½ × 15½)	53,3 × 53,3 (21 × 21)	19,7 (7¾)	4
25,4 × 25,4 (10 × 10)	26,7 × 26,7 (10½ × 10½)	27,9 × 27,9 (11 × 11)	41,3 × 41,3 (16¼ × 16¼)	55,9 × 55,9 (22 × 22)	20,3 (8)	4

* La técnica de la tira tubular no requiere recortar la tela sobrante.

Tamaño terminado: tamaño de la unidad de TMC después de haber sido cosida en la cubierta del quilt.

Tamaño sin terminar: tamaño de la unidad de TMC más 6,4 mm (¼ in) de margen de costura en todos los lados. Las unidades de TMC deben recortarse a este tamaño a menos que se indique lo contrario. **Cuadrados:** el tamaño indicado es el de las piezas antes del ensamblaje.

Tiras AT: el tamaño indicado es de las tiras AT antes de cortar. Se supone que el AT es 106,7 cm (42 in).

TRIÁNGULOS DE CUARTO DE CUADRADO

Utiliza esta tabla para determinar el tamaño de las piezas a cortar para obtener unidades de TCC mediante las técnicas de una en una o de dos en dos, o de TCC divididos. Para los tamaños de unidad que no figuran en esta tabla, aplica las fórmulas indicadas para calcular el tamaño de las piezas necesarias.

TÉCNICA			**DE UNA EN UNA (p. 90)**	**DE DOS EN DOS * (p. 90)**		**TCC DIVIDIDOS* (p. 91)**	
FÓRMULA		**Punto central** = **tamaño sin terminar** ÷ 2	**Cuadrados** = **tamaño terminado** + 3,8 cm (1½ in)	Utiliza los **cuadrados iniciales** para hacer dos unidades de TMC y recórtalas a la medida indicada. **Cuadrados** = **tamaño terminado** + 5,1 cm (2 in)		Usa los **cuadrados iniciales** de dos en dos para hacer una unidad de TMC sin terminar. Recorta la unidad de TMC al tamaño indicado. **Unidad de TMC sin terminar** y **cuadrado** = **tamaño sin terminar** + 2,5 cm (1 in)	
Tamaño terminado en cm (in)	**Tamaño sin terminar en cm (in)**	**Punto central en cm (in)**	**Corta 4 cuadrados (cm [in])**	**Corta 2 cuadrados iniciales* (cm [in])**	**Tamaño recortado* en cm (in)**	**Haz 1 unidad de TMC sin terminar* (cm [in])**	**Corta 1 cuadrado (cm [in])**
5,1 × 5,1 (2 × 2)	6,4 × 6,4 (2½ × 2½)	3,2 (1¼)	8,9 × 8,9 (3½ × 3½)	10,2 × 10,2 (4 × 4)	8,9 × 8,9 (3½ × 3½)	8,9 × 8,9 (3½ × 3½)	8,9 × 8,9 (3½ × 3½)
6,4 × 6,4 (2½ × 2½)	7,6 × 7,6 (3 × 3)	3,8 (1½)	10,2 × 10,2 (4 × 4)	11,4 × 11,4 (4½ × 4½)	10,2 × 10,2 (4 × 4)	10,2 × 10,2 (4 × 4)	10,2 × 10,2 (4 × 4)
7,6 × 7,6 (3 × 3)	8,9 × 8,9 (3½ × 3½)	4,4 (1¾)	11,4 × 11,4 (4½ × 4½)	12,7 × 12,7 (5 × 5)	11,4 × 11,4 (4½ × 4½)	11,4 × 11,4 (4½ × 4½)	11,4 × 11,4 (4½ × 4½)
8,9 × 8,9 (3½ × 3½)	10,2 × 10,2 (4 × 4)	5,1 (2)	12,7 × 12,7 (5 × 5)	14 × 14 (5½ × 5½)	12,7 × 12,7 (5 × 5)	12,7 × 12,7 (5 × 5)	12,7 × 12,7 (5 × 5)
10,2 × 10,2 (4 × 4)	11,4 × 11,4 (4½ × 4½)	5,7 (2¼)	14 × 14 (5½ × 5½)	15,2 × 15,2 (6 × 6)	14 × 14 (5½ × 5½)	14 × 14 (5½ × 5½)	14 × 14 (5½ × 5½)
11,4 × 11,4 (4½ × 4½)	12,7 × 12,7 (5 × 5)	6,4 (2½)	15,2 × 15,2 (6 × 6)	16,5 × 16,5 (6½ × 6½)	15,2 × 15,2 (6 × 6)	15,2 × 15,2 (6 × 6)	15,2 × 15,2 (6 × 6)
12,7 × 12,7 (5 × 5)	14 × 14 (5½ × 5½)	7 (2¾)	16,5 × 16,5 (6½ × 6½)	17,8 × 17,8 (7 × 7)	16,5 × 16,5 (6½ × 6½)	16,5 × 16,5 (6½ × 6½)	16,5 × 16,5 (6½ × 6½)
14 × 14 (5½ × 5½)	15,2 × 15,2 (6 × 6)	7,6 (3)	17,8 × 17,8 (7 × 7)	19,1 × 19,1 (7½ × 7½)	17,8 × 17,8 (7 × 7)	17,8 × 17,8 (7 × 7)	17,8 × 17,8 (7 × 7)
15,2 × 15,2 (6 × 6)	16,5 × 16,5 (6½ × 6½)	8,3 (3¼)	19,1 × 19,1 (7½ × 7½)	20,3 × 20,3 (8 × 8)	19,1 × 19,1 (7½ × 7½)	19,1 × 19,1 (7½ × 7½)	19,1 × 19,1 (7½ × 7½)
16,5 × 16,5 (6½ × 6½)	17,8 × 17,8 (7 × 7)	8,9 (3½)	20,3 × 20,3 (8 × 8)	21,6 × 21,6 (8½ × 8½)	20,3 × 20,3 (8 × 8)	20,3 × 20,3 (8 × 8)	20,3 × 20,3 (8 × 8)
17,8 × 17,8 (7 × 7)	19,1 × 19,1 (7½ × 7½)	9,5 (3¾)	21,6 × 21,6 (8½ × 8½)	22,9 × 22,9 (9 × 9)	21,6 × 21,6 (8½ × 8½)	21,6 × 21,6 (8½ × 8½)	21,6 × 21,6 (8½ × 8½)
19,1 × 19,1 (7½ × 7½)	20,3 × 20,3 (8 × 8)	10,2 (4)	22,9 × 22,9 (9 × 9)	24,1 × 24,1 (9½ × 9½)	22,9 × 22,9 (9 × 9)	22,9 × 22,9 (9 × 9)	22,9 × 22,9 (9 × 9)
20,3 × 20,3 (8 × 8)	21,6 × 21,6 (8½ × 8½)	10,8 (4¼)	24,1 × 24,1 (9½ × 9½)	25,4 × 25,4 (10 × 10)	24,1 × 24,1 (9½ × 9½)	24,1 × 24,1 (9½ × 9½)	24,1 × 24,1 (9½ × 9½)
21,6 × 21,6 (8½ × 8½)	22,9 × 22,9 (9 × 9)	11,4 (4½)	25,4 × 25,4 (10 × 10)	26,7 × 26,7 (10½ × 10½)	25,4 × 25,4 (10 × 10)	25,4 × 25,4 (10 × 10)	25,4 × 25,4 (10 × 10)
22,9 × 22,9 (9 × 9)	24,1 × 24,1 (9½ × 9½)	12,1 (4¾)	26,7 × 26,7 (10½ × 10½)	27,9 × 27,9 (11 × 11)	26,7 × 26,7 (10½ × 10½)	26,7 × 26,7 (10½ × 10½)	26,7 × 26,7 (10½ × 10½)
24,1 × 24,1 (9½ × 9½)	25,4 × 25,4 (10 × 10)	12,7 (5)	27,9 × 27,9 (11 × 11)	29,2 × 29,2 (11½ × 11½)	27,9 × 27,9 (11 × 11)	27,9 × 27,9 (11 × 11)	27,9 × 27,9 (11 × 11)
25,4 × 25,4 (10 × 10)	26,7 × 26,7 (10½ × 10½)	13,3 (5¼)	29,2 × 29,2 (11½ × 11½)	30,5 × 30,5 (12 × 12)	29,2 × 29,2 (11½ × 11½)	29,2 × 29,2 (11½ × 11½)	29,2 × 29,2 (11½ × 11½)

* Utiliza los cuadrados iniciales para hacer primero las unidades de TMC antes de hacer las de TCC. Las de TMC deben recortarse a la medida indicada.

Tamaño terminado: tamaño de la unidad de TCC después de haber sido cosida en la cubierta del quilt.

Tamaño sin terminar: tamaño de la unidad de TCC más 6,4 mm (¼ in) de margen de costura en todos los lados. Las piezas de TCC deben recortarse a esta medida.

Punto central: medida para marcar el centro de la unidad de TCC para recortar la tela sobrante.

Cuadrado(s): el tamaño indicado es el de la(s) pieza(s) antes del ensamblaje.

GANSOS VOLANDO

Utiliza esta tabla para determinar el tamaño de las piezas que debes cortar para hacer unidades de gansos volando (GV) mediante la técnica de una en una o de cuatro en cuatro. Para los tamaños de unidad que no figuran en esta tabla, aplica las fórmulas indicadas para calcular el tamaño de las piezas necesarias.

TÉCNICA			**DE UNA EN UNA* (p. 92)**		**DE CUATRO EN CUATRO (p. 93)**	
FÓRMULA		**Centro vertical** = **largo sin terminar** ÷ 2	**Rectángulo** = **ancho sin terminar por largo sin terminar** **Cuadrados pequeños** = **ancho sin terminar**		**Cuadrado grande** = **largo sin terminar** + 3,8 cm (1¼ in) **Cuadrados pequeños** = **ancho sin terminar** + 1,9 cm (¾ in)	
Tamaño terminado en cm (in)	**Tamaño sin terminar en cm (in)**	**Centro vertical en cm (in)**	**Corta 1 rectángulo (cm [in])**	**Corta 2 cuadrados pequeños (cm [in])**	**Corta 1 cuadrado grande (cm [in])**	**Corta 4 cuadrados pequeños (cm [in])**
2,5 × 5,1 (1 × 2)	3,8 × 6,4 (1½ × 2½)	3,2 (1¼)	3,8 × 6,4 (1½ × 2½)	3,8 × 3,8 (1½ × 1½)	9,5 × 9,5 (3¾ × 3¾)	5,7 × 5,7 (2¼ × 2¼)
3,8 × 7,6 (1½ × 3)	5,1 × 8,9 (2 × 3½)	4,4 (1¾)	5,1 × 8,9 (2 × 3½)	5,1 × 5,1 (2 × 2)	12,1 × 12,1 (4¾ × 4¾)	7 × 7 (2¾ × 2¾)
5,1 × 10,2 (2 × 4)	6,4 × 11,4 (2½ × 4½)	5,7 (2¼)	6,4 × 11,4 (2½ × 4½)	6,4 × 6,4 (2½ × 2½)	14,6 × 14,6 (5¾ × 5¾)	8,3 × 8,3 (3¼ × 3¼)
6,4 × 12,7 (2½ × 5)	7,6 × 14 (3 × 5½)	7,1 (2¾)	7,6 × 14 (3 × 5½)	7,6 × 7,6 (3 × 3)	17,1 × 17,1 (6¾ × 6¾)	9,5 × 9,5 (3¾ × 3¾)
7,6 × 15,2 (3 × 6)	8,9 × 16,5 (3½ × 6½)	8,3 (3¼)	8,9 × 16,5 (3½ × 6½)	8,9 × 8,9 (3½ × 3½)	19,7 × 19,7 (7¾ × 7¾)	10,8 × 10,8 (4¼ × 4¼)
8,9 × 17,8 (3½ × 7)	10,2 × 19,1 (4 × 7½)	9,5 (3¾)	10,2 × 19,1 (4 × 7½)	10,2 × 10,2 (4 × 4)	22,2 × 22,2 (8¾ × 8¾)	12,1 × 12,1 (4¾ × 4¾)
10,2 × 20,3 (4 × 8)	11,4 × 21,6 (4½ × 8½)	10,8 (4¼)	11,4 × 21,6 (4½ × 8½)	11,4 × 11,4 (4½ × 4½)	24,8 × 24,8 (9¾ × 9¾)	13,3 × 13,3 (5¼ × 5¼)
11,4 × 22,9 (4½ × 9)	12,7 × 24,1 (5 × 9½)	12,1 (4¾)	12,7 × 24,1 (5 × 9½)	12,7 × 12,7 (5 × 5)	27,3 × 27,3 (10¾ × 10¾)	14,6 × 14,6 (5¾ × 5¾)
12,7 × 25,4 (5 × 10)	14 × 26,7 (5½ × 10½)	13,3 (5¼)	14 × 26,7 (5½ × 10½)	14 × 14 (5½ × 5½)	29,8 × 29,8 (11¾ × 11¾)	15,9 × 15,9 (6¼ × 6¼)
14 × 27,9 (5½ × 11)	15,2 × 29,2 (6 × 11½)	14,6 (5¾)	15,2 × 29,2 (6 × 11½)	15,2 × 15,2 (6 × 6)	32,4 × 32,4 (12¾ × 12¾)	17,1 × 17,1 (6¾ × 6¾)
15,2 × 30,5 (6 × 12)	16,5 × 31,8 (6½ × 12½)	15,9 (6¼)	16,5 × 31,8 (6½ × 12½)	16,5 × 16,5 (6½ × 6½)	34,9 × 34,9 (13¾ × 13¾)	18,4 × 18,4 (7¼ × 7¼)
16,5 × 33 (6½ × 13)	17,8 × 34,3 (7 × 13½)	17,1 (6¾)	17,8 × 34,3 (7 × 13½)	17,8 × 17,8 (7 × 7)	37,5 × 37,5 (14¾ × 14¾)	19,7 × 19,7 (7¾ × 7¾)
17,8 × 35,6 (7 × 14)	19,1 × 36,8 (7½ × 14½)	18,4 (7¼)	19,1 × 36,8 (7½ × 14½)	19,1 × 19,1 (7½ × 7½)	40 × 40 (15¾ × 15¾)	21 × 21 (8¼ × 8¼)
19 × 38,1 (7½ × 15)	20,3 × 39,4 (8 × 15½)	19,7 (7¾)	20,3 × 39,4 (8 × 15½)	20,3 × 20,3 (8 × 8)	42,5 × 42,5 (16¾ × 16¾)	22,2 × 22,2 (8¾ × 8¾)
20,3 × 40,6 (8 × 16)	21,6 × 41,2 (8½ × 16½)	21 (8¼)	21,6 × 41,2 (8½ × 16½)	21,6 × 21,6 (8½ × 8½)	45,1 × 45,1 (17¾ × 17¾)	23,5 × 23,5 (9¼ × 9¼)

* La técnica de una en una no requiere recortar sobrante.
Tamaño terminado: tamaño de la unidad de GV después de haber sido cosida en la cubierta del quilt.
Tamaño sin terminar: tamaño de la unidad de GV más 6,4 mm (¼ in) de margen de costura en todos los lados. La unidad de GV debe recortarse a esta medida a menos que se indique lo contrario. **Centro vertical:** medida para marcar el punto central de la unidad de GV para recortar la tela sobrante.
Rectángulos y **cuadrados:** el tamaño indicado es el de las piezas antes del ensamblaje.

UNIDADES DE CUADRADO EN UN CUADRADO

Utiliza esta tabla para determinar el tamaño de las piezas que debes cortar para hacer unidades de cuadrado en un cuadrado utilizando la técnica de coser y volver las piezas *(stitch and flip)* o añadiendo triángulos complementarios. Para los tamaños de unidad que no figuran en esta tabla, aplica las fórmulas indicadas para calcular el tamaño de las piezas necesarias.

TÉCNICA			*STITCH AND FLIP** (p.94)		TRIÁNGULOS COMPLEMENTARIOS (p. 95)	
FÓRMULA		Medida del centro = tamaño sin terminar ÷ 2	Cuadrado grande = tamaño sin terminar Cuadrados pequeños = (tamaño sin terminar ÷ 2) + 6,4 mm (¼ in)		Corta dos **cuadrados pequeños** por la mitad en diagonal para obtener un total de cuatro triángulos.	
Tamaño terminado en cm (in)	**Tamaño sin terminar en cm (in)**	**Medida del centro en cm (in)**	**Corta 1 cuadrado grande (cm [in])**	**Corta 4 cuadrados pequeños (cm [in])**	**Corta 1 cuadrado central (cm [in])**	**Corta 2 cuadrados pequeños (cm [in])**
5,1 × 5,1 (2 × 2)	6,4 × 6,4 (2½ × 2½)	3,2 (1¼)	6,4 × 6,4 (2½ × 2½)	3,8 × 3,8 (1½ × 1½)	4,8 × 4,8 (1⅞ × 1⅞)	5,1 × 5,1 (2 × 2)
6,4 × 6,4 (2½ × 2½)	7,6 × 7,6 (3 × 3)	3,8 (1½)	7,6 × 7,6 (3 × 3)	4,4 × 4,4 (1¾ × 1¾)	5,4 × 5,4 (2⅛ × 2⅛)	5,7 × 5,7 (2¼ × 2¼)
7,6 × 7,6 (3 × 3)	8,9 × 8,9 (3½ × 3½)	4,4 (1¾)	8,9 × 8,9 (3½ × 3½)	5,1 × 5,1 (2 × 2)	6,7 × 6,7 (2⅝ × 2⅝)	6,4 × 6,4 (2½ × 2½)
8,9 × 8,9 (3½ × 3½)	10,2 × 10,2 (4 × 4)	5,1 (2)	10,2 × 10,2 (4 × 4)	5,7 × 5,7 (2¼ × 2¼)	7,6 × 7,6 (3 × 3)	7 × 7 (2¾ × 2¾)
10,2 × 10,2 (4 × 4)	11,4 × 11,4 (4½ × 4½)	5,7 (2¼)	11,4 × 11,4 (4½ × 4½)	6,4 × 6,4 (2½ × 2½)	8,6 × 8,6 (3⅜ × 3⅜)	7,6 × 7,6 (3 × 3)
11,4 × 11,4 (4½ × 4½)	12,7 × 12,7 (5 × 5)	6,4 (2½)	12,7 × 12,7 (5 × 5)	7 × 7 (2¾ × 2¾)	9,2 × 9,2 (3⅝ × 3⅝)	8,3 × 8,3 (3¼ × 3¼)
12,7 × 12,7 (5 × 5)	14 × 14 (5½ × 5½)	7 (2¾)	14 × 14 (5½ × 5½)	7,6 × 7,6 (3 × 3)	10,2 × 10,2 (4 × 4)	8,9 × 8,9 (3½ × 3½)
14 × 14 (5½ × 5½)	15,2 × 15,2 (6 × 6)	7,6 (3)	15,2 × 15,2 (6 × 6)	8,3 × 8,3 (3¼ × 3¼)	11,1 × 11,1 (4⅜ × 4⅜)	9,5 × 9,5 (3¾ × 3¾)
15,2 × 15,2 (6 × 6)	16,5 × 16,5 (6½ × 6½)	8,3 (3¼)	16,5 × 16,5 (6½ × 6½)	8,9 × 8,9 (3½ × 3½)	12,1 × 12,1 (4¾ × 4¾)	10,2 × 10,2 (4 × 4)
16,5 × 16,5 (6½ × 6½)	17,8 × 17,8 (7 × 7)	8,9 (3½)	17,8 × 17,8 (7 × 7)	9,5 × 9,5 (3¾ × 3¾)	13 × 13 (5⅛ × 5⅛)	10,8 × 10,8 (4¼ × 4¼)
17,8 × 17,8 (7 × 7)	19,1 × 19,1 (7½ × 7½)	9,5 (3¾)	19,1 × 19,1 (7½ × 7½)	10,2 × 10,2 (4 × 4)	14 × 14 (5½ × 5½)	11,4 × 11,4 (4½ × 4½)
19,1 × 19,1 (7½ × 7½)	20,3 × 20,3 (8 × 8)	10,2 (4)	20,3 × 20,3 (8 × 8)	10,8 × 10,8 (4¼ × 4¼)	14,6 × 14,6 (5¾ × 5¾)	12,1 × 12,1 (4¾ × 4¾)
20,3 × 20,3 (8 × 8)	21,6 × 21,6 (8½ × 8½)	10,8 (4¼)	21,6 × 21,6 (8½ × 8½)	11,4 × 11,4 (4½ × 4½)	15,6 × 15,6 (6⅛ × 6⅛)	12,7 × 12,7 (5 × 5)
21,6 × 21,6 (8½ × 8½)	22,9 × 22,9 (9 × 9)	11,4 (4½)	22,9 × 22,9 (9 × 9)	12,1 × 12,1 (4¾ × 4¾)	16,5 × 16,5 (6½ × 6½)	13,3 × 13,3 (5¼ × 5¼)
22,9 × 22,9 (9 × 9)	24,1 × 24,1 (9½ × 9½)	12,1 (4¾)	24,1 × 24,1 (9½ × 9½)	12,7 × 12,7 (5 × 5)	17,5 × 17,5 (6⅞ × 6⅞)	14 × 14 (5½ × 5½)
24,1 × 24,1 (9½ × 9½)	25,4 × 25,4 (10 × 10)	12,7 (5)	25,4 × 25,4 (10 × 10)	13,3 × 13,3 (5¼ × 5¼)	18,4 × 18,4 (7¼ × 7¼)	14,6 × 14,6 (5¾ × 5¾)
25,4 × 25,4 (10 × 10)	26,7 × 26,7 (10½ × 10½)	13,3 (5¼)	26,7 × 26,7 (10½ × 10½)	14 × 14 5½ × 5½	19,4 × 19,4 (7⅝ × 7⅝)	15,2 × 15,2 (6 × 6)

* La técnica *stitch and flip* no requiere recortar sobrante.
Tamaño terminado: tamaño de la unidad de cuadrado en un cuadrado después de haber sido cosida en la cubierta del quilt.
Tamaño sin terminar: tamaño de la unidad de cuadrado en un cuadrado más 6,4 mm (¼ in) de margen de costura en todos los lados.
Las unidades deben recortarse a esta medida a menos que se indique lo contrario. **Medida del centro:** medida para marcar el centro vertical y horizontal de la unidad de cuadrado en un cuadrado para recortar la tela sobrante. **Cuadrados:** el tamaño indicado es el de las piezas antes del ensamblaje.

UNIDADES DE TRIÁNGULOS DE MEDIO RECTÁNGULO

Utiliza esta tabla para determinar el tamaño de las piezas que debes cortar para obtener unidades de TMR mediante la técnica de una en una o de dos en dos. Ten en cuenta que la relación ancho-largo de estas unidades es 1:2 o 2:3. Para los tamaños de unidad que no figuran en esta tabla, aplica las fórmulas indicadas para calcular el tamaño de las piezas necesarias.

UNIDADES DE TRIÁNGULOS DE MEDIO RECTÁNGULO CON UNA RELACIÓN DE 1:2			
TÉCNICA		**DE UNA EN UNA (p. 97)**	**DE DOS EN DOS (p. 97)**
FÓRMULA		**Rectángulos** = (**ancho terminado** + 2,5 cm [1 in]) por (**largo terminado** + 5,1 cm [2 in])	**Rectángulos** = (**ancho terminado** + 3,2 cm [1¼ in]) por (**largo terminado** + 3,8 cm [1½ in])
Tamaño terminado en cm (in)	**Tamaño sin terminar en cm (in)**	**Corta 2 rectángulos (cm [in])**	**Corta 2 rectángulos (cm [in])**
2,5 × 5,1 (1 × 2)	3,8 × 6,4 (1½ × 2½)	5,1 × 10,2 (2 × 4)	5,7 × 8,9 (2¼ × 3½)
3,8 × 7,6 (1½ × 3)	5,1 × 8,9 (2 × 3½)	6,4 × 12,7 (2½ × 5)	7 × 11,4 (2¾ × 4½)
5,1 × 10,2 (2 × 4)	6,4 × 11,4 (2½ × 4½)	7,6 × 15,2 (3 × 6)	8,3 × 14 (3¼ × 5½)
6,4 × 12,7 (2½ × 5)	7,6 × 14 (3 × 5½)	8,9 × 17,8 (3½ × 7)	9,5 × 16,5 (3¾ × 6½)
7,6 × 15,2 (3 × 6)	8,9 × 16,5 (3½ × 6½)	10,2 × 20,3 (4 × 8)	10,8 × 19,1 (4¼ × 7½)
8,9 × 17,8 (3½ × 7)	10,2 × 19,1 (4 × 7½)	11,4 × 22,9 (4½ × 9)	12,1 × 21,6 (4¾ × 8½)
10,2 × 20,3 (4 × 8)	11,4 × 21,6 (4½ × 8½)	12,7 × 25,4 (5 × 10)	13,3 × 24,1 (5¼ × 9½)
11,4 × 22,9 (4½ × 9)	12,7 × 24,1 (5 × 9½)	14 × 27,9 (5½ × 11)	14,6 × 26,7 (5¾ × 10½)
12,7 × 25,4 (5 × 10)	14 × 26,7 (5½ × 10½)	15,2 × 30,5 (6 × 12)	15,9 × 29,2 (6¼ × 11½)
14 × 27,9 (5½ × 11)	15,2 × 29,2 (6 × 11½)	16,5 × 33 (6½ × 13)	17,1 × 31,8 (6¾ × 12½)
15,2 × 30,5 (6 × 12)	16,5 × 31,8 (6½ × 12½)	17,8 × 35,6 (7 × 14)	18,4 × 34,3 (7¼ × 13½)
16,5 × 33 (6½ × 13)	17,8 × 34,3 (7 × 13½)	19,1 × 38,1 (7½ × 15)	19,7 × 36,7 (7¾ × 14½)
17,8 × 35,6 (7 × 14)	19,1 × 36,8 (7½ × 14½)	20,3 × 40,6 (8 × 16)	21 × 39,4 (8¼ × 15½)
19 × 38,1 (7½ × 15)	20,3 × 39,4 (8 × 15½)	21,6 × 43,2 (8½ × 17)	22,2 × 41,9 (8¾ × 16½)
20,3 × 40,6 (8 × 16)	21,6 × 41,2 (8½ × 16½)	22,9 × 45,7 (9 × 18)	23,5 × 44,5 (9¼ × 17½)

UNIDADES DE TRIÁNGULOS DE MEDIO RECTÁNGULO CON UNA RELACIÓN DE 2:3			
TÉCNICA		**DE UNA EN UNA (p. 97)**	**DE DOS EN DOS (p. 97)**
FÓRMULA		**Rectángulos** = (**ancho terminado** + 3,2 cm [1¼ in]) por (**largo terminado** + 5,1 cm [2 in])	**Rectángulos** = (**ancho terminado** + 3,8 cm [1½ in]) por (**largo terminado** + 3,8 cm [1½ in])
Tamaño terminado en cm (in)	**Tamaño sin terminar en cm (in)**	**Corta 2 rectángulos (cm [in])**	**Corta 2 rectángulos (cm [in])**
2,5 × 3,8 (1 × 1½)	3,8 × 5,1 (1½ × 2)	5,7 × 8,9 (2¼ × 3½)	6,4 × 7,6 (2½ × 3)
3,8 × 5,7 (1½ × 2¼)	5,1 × 7 (2 × 2¾)	7 × 10,8 (2¾ × 4¼)	7,6 × 9,5 (3 × 3¾)
5,1 × 7,6 (2 × 3)	6,4 × 8,9 (2½ × 3½)	8,3 × 12,7 (3¼ × 5)	8,3 × 11,4 (3¼ × 4½)
6,4 × 9,5 (2½ × 3¾)	7,6 × 10,8 (3 × 4¼)	9,5 × 14,6 (3¾ × 5¾)	9,5 × 13,3 (3¾ × 5¼)
7,6 × 11,4 (3 × 4½)	8,9 × 12,7 (3½ × 5)	10,8 × 16,5 (4¼ × 6½)	11,4 × 15,2 (4½ × 6)
8,9 × 13,3 (3½ × 5¼)	10,2 × 14,6 (4 × 5¾)	12,1 × 18,4 (4¾ × 7¼)	12,7 × 17,1 (5 × 6¾)
10,2 × 15,2 (4 × 6)	11,4 × 16,5 (4½ × 6½)	13,3 × 20,3 (5¼ × 8)	14 × 19,1 (8,9 × 12,7)
11,4 × 17,1 (4½ × 6¾)	12,7 × 18,4 (5 × 7¼)	14,6 × 22,2 (5¾ × 8¾)	15,2 × 21 (6 × 8¼)
12,7 × 19,1 (5 × 7½)	14 × 20,3 (5½ × 8)	15,9 × 24,1 (6¼ × 9½)	16,5 × 22,9 (6½ × 9)
14 × 21 (5½ × 8¼)	15,2 × 22,2 (6 × 8¾)	17,1 × 26 (6¾ × 10¼)	17,8 × 24,8 (7 × 9¾)
15,2 × 22,9 (6 × 9)	16,5 × 24,1 (6½ × 9½)	18,4 × 27,9 (7¼ × 11)	19,1 × 26,7 (7½ × 10½)
16,5 × 24,8 (6½ × 9¾)	17,8 × 26 (7 × 10¼)	19,7 × 29,9 (7¾ × 11¾)	20,32 × 26 (8 × 10¼)
17,8 × 26,7 (7 × 10½)	19,1 × 27,9 (7½ × 11)	21 × 31,8 (8½ × 12½)	21,6 × 31 (8½ × 12¼)
19,1 × 28,6 (7½ × 11¼)	20,32 × 29,9 (8 × 11¾)	22,2 × 33,7 (8¾ × 13¼)	22,9 × 32,4 (9 × 12¾)
20,32 × 30,5 (8 × 12)	21,6 × 31,8 (8½ × 12½)	23,5 × 35,6 (9¼ × 14)	24,1 × 34,3 (9½ × 13½)

Relación: proporción de ancho y largo de la unidad de TMR.
Tamaño terminado: tamaño de la unidad de TMR después de haber sido cosida en la cubierta del quilt.
Tamaño sin terminar: tamaño de la unidad de TMR más 6,4 mm (¼ in) de margen de costura en todos los lados. Las unidades deben recortarse a esta medida. **Rectángulos:** el tamaño indicado es el de las piezas antes del ensamblaje.

UNIDADES DE TRIÁNGULO EN UN CUADRADO

Utiliza esta tabla para determinar el tamaño de las piezas que debes cortar para obtener unidades de triángulo en un cuadrado. Para los tamaños de unidades que no figuran en esta tabla, aplica las fórmulas indicadas para calcular el tamaño de las piezas necesarias.

TÉCNICA			**TRIÁNGULO EN UN CUADRADO (p. 99)**
FÓRMULA		**Centro vertical** = **ancho sin terminar ÷ 2**	**Rectángulos** = (**ancho sin terminar** + 1,3 cm [½ in]) por (**largo sin terminar** + 3,8 cm [1½ in])
Tamaño terminado en cm (in)	**Tamaño sin terminar en cm (in)**	**Centro vertical en cm (in)**	**Corta 2 rectángulos (cm [in])**
5,1 × 5,1 (2 × 2)	6,4 × 6,4 (2½ × 2½)	3,2 (1¼)	7,6 × 10,2 (3 × 4)
6,4 × 6,4 (2½ × 2½)	7,6 × 7,6 (3 × 3)	3,8 (1½)	8,9 × 11,4 (3½ × 4½)
7,6 × 7,6 (3 × 3)	8,9 × 8,9 (3½ × 3½)	4,4 (1¾)	10,2 × 12,7 (4 × 5)
8,9 × 8,9 (3½ × 3½)	10,2 × 10,2 (4 × 4)	5,1 (2)	11,4 × 14 (4½ × 5½)
10,2 × 10,2 (4 × 4)	11,4 × 11,4 (4½ × 4½)	5,7 (2¼)	12,7 × 15,2 (5 × 6)
11,4 × 11,4 (4½ × 4½)	12,7 × 12,7 (5 × 5)	6,4 (2½)	14 × 16,5 (5½ × 6½)
12,7 × 12,7 (5 × 5)	14 × 14 (5½ × 5½)	7 (2¾)	15,2 × 17,8 (6 × 7)
14 × 14 (5½ × 5½)	15,2 × 15,2 (6 × 6)	7,6 (3)	16,5 × 19,1 (6½ × 7½)
15,2 × 15,2 (6 × 6)	16,5 × 16,5 (6½ × 6½)	8,3 (3¼)	17,8 × 20,3 (7 × 8)
16,5 × 16,5 (6½ × 6½)	17,8 × 17,8 (7 × 7)	8,9 (3½)	19,1 × 21,6 (7½ × 8½)
17,8 × 17,8 (7 × 7)	19,1 × 19,1 (7½ × 7½)	9,5 (3¾)	20,3 × 22,9 (8 × 9)
19,1 × 19,1 (7½ × 7½)	20,3 × 20,3 (8 × 8)	10,2 (4)	21,6 × 24,1 (8½ × 9½)
20,3 × 20,3 (8 × 8)	21,6 × 21,6 (8½ × 8½)	10,8 (4¼)	22,9 × 25,4 (9 × 10)
21,6 × 21,6 (8½ × 8½)	22,9 × 22,9 (9 × 9)	11,4 (4½)	24,1 × 26,7 (9½ × 10½)
22,9 × 22,9 (9 × 9)	24,1 × 24,1 (9½ × 9½)	12,1 (4¾)	25,4 × 27,9 (10 × 11)
24,1 × 24,1 (9½ × 9½)	25,4 × 25,4 (10 × 10)	12,7 (5)	26,7 × 39,5 (10½ × 12)
25,4 × 25,4 (10 × 10)	26,7 × 26,7 (10½ × 10½)	13,3 (5¼)	27,9 × 31,8 (11 × 12½)

Tamaño terminado: tamaño de la unidad de triángulo en un cuadrado después de haber sido cosida en la cubierta del acolchado. **Tamaño sin terminar:** tamaño de la unidad de triángulo en un cuadrado más 6,4 mm (1⁄4 in) de margen de costura en todos los lados. Las unidades deben recortarse a esta medida. **Centro vertical:** medida para marcar el punto central de la unidad de triángulo en un cuadrado para recortar la tela sobrante. **Rectángulos:** el tamaño indicado es el de las piezas antes del ensamblaje.

CORTE DE UNIDADES CON ÁNGULOS IRREGULARES

Utiliza esta tabla para determinar el tamaño de la tira de AT y el número de triángulos equiláteros, medios hexágonos o rombos que se pueden cortar de una sola tira.

TÉCNICA			TRIÁNGULOS EQUILÁTEROS (p. 100)	MEDIOS HEXÁGONOS (p. 101)		ROMBOS DE 60° Y 45° (p. 102)		
FÓRMULA		Ancho de la tira = altura sin terminar		Distancia desde el vértice = ancho de la tira – 6,4 mm (¼ in)		Distancia desde el borde inclinado = ancho de la tira		
Alt. de la unidad terminada en cm (in)	Altura sin terminar en cm (in)	Corta 1 tira AT (cm [in])	Triángulos por tira AT	Distancia desde el vértice en cm (in)	Medios hexágonos por tira AT	Distancia desde el borde inclinado en cm (in)	Rombos de 60° por tira AT	Rombos de 45° por tira AT
3,8 (1½)	5,1 (2)	5,1 (2)	35	4,4 (1¾)	12	5,1 (2)	17	14
5,1 (2)	6,4 (2½)	6,4 (2½)	23	5,7 (2¼)	10	6,4 (2½)	14	11
6,4 (2½)	7,6 (3)	7,6 (3)	19	7 (2¾)	8	7,6 (3)	11	9
7,6 (3)	8,9 (3½)	8,9 (3½)	17	8,3 (3¼)	6	8,9 (3½)	9	7
8,9 (3½)	10,2 (4)	10,2 (4)	15	9,5 (3¾)	5	10,2 (4)	8	6
10,2 (4)	11,4 (4½)	11,4 (4½)	13	10,8 (4¼)	5	11,4 (4½)	7	5
11,4 (4½)	12,7 (5)	12,7 (5)	12	12,1 (4¾)	4	12,7 (5)	6	5
12,7 (5)	14 (5½)	14 (5½)	11	13,3 (5¼)	4	14 (5½)	6	4
14 (5½)	15,2 (6)	15,2 (6)	10	15 (5¾)	3	15,2 (6)	5	4
15,2 (6)	16,5 (6½)	16,5 (6½)	9	16,5 (6¼)	3	16,5 (6½)	5	3
16,5 (6½)	17,8 (7)	17,8 (7)	8	17,1 (6¾)	3	17,8 (7)	4	3
17,8 (7)	19,1 (7½)	19,1 (7½)	8	18,9 (7¼)	2	19,1 (7½)	4	3
19,1 (7½)	20,3 (8)	20,3 (8)	7	19,7 (7¾)	2	20,3 (8)	4	3
20,3 (8)	21,6 (8½)	21,6 (8½)	7	21 (8¼)	2	21,6 (8½)	3	2
21,6 (8½)	22,9 (9)	22,9 (9)	6	22,2 (8¾)	2	22,9 (9)	3	2
22,9 (9)	24,1 (9½)	24,1 (9½)	6	23,5 (9¼)	2	24,1 (9½)	3	2
24,1 (9½)	25,4 (10)	25,4 (10)	5	24,8 (9¾)	2	25,4 (10)	3	2
25,4 (10)	26,7 (10½)	26,7 (10½)	5	26 (10¼)	2	26,7 (10½)	3	2

Altura de la unidad terminada: medida vertical de un triángulo equilátero, un medio hexágono o un rombo después de haber sido cosido en la cubierta del quilt.
Altura sin terminar: medida vertical de un triángulo equilátero, un medio hexágono o un rombo más 1,3 cm (½ in) para el margen de costura.
Tira AT: tamaño de la tira AT antes de cortar. Este siempre es igual a la altura de un triángulo equilátero, un medio hexágono o un rombo sin terminar.
Se supone que el AT es 106,7 cm (42 in).

TELA NECESARIA PARA EL FORRO

Utiliza estas tablas para determinar la cantidad de yardas o metros necesarios para el forro del quilt (p. 57). La tabla supone que las costuras son verticales; si vas a hacer costuras horizontales, considera el largo de la cubierta como el ancho.

CÁLCULO DE YARDAS (p. 57)

Tamaño del forro = (**ancho de la cubierta del quilt** + 6 in) por (**largo de la cubierta del quilt** + 6 in)

Número de piezas de forro = **ancho del forro** ÷ (AT – ½ in), redondeado hacia arriba al número entero más cercano

Yardas de forro = (**largo del forro** x **número de piezas de forro**) ÷ 36 in, redondeado hacia arriba al ¼ de yarda más cercano

	ANCHO DE LA CUBIERTA DEL QUILT (in)		
LARGO DE LA CUBIERTA DEL QUILT (in)	< 36 1 pieza de forro	37–77 2 piezas de forro	78–118 (3) piezas de forro
20	¾ yd	1½ yds	2¼ yds
24	1 yd	1¾ yds	2½ yds
28	1 yd	2 yds	3 yds
32	1¼ yds	2¼ yds	3¼ yds
36	1¼ yds	2½ yds	3½ yds
40	1¼ yds	2¾ yds	4 yds
44	1½ yds	3 yds	4¼ yds
48	1½ yds	3 yds	4½ yds
52	1¾ yds	3¼ yds	5 yds
56	1¾ yds	3½ yds	5¼ yds
60	2 yds	3¾ yds	5½ yds
64	2 yds	4 yds	6 yds
68	2¼ yds	4¼ yds	6¼ yds
72	2¼ yds	4½ yds	6½ yds
76	2½ yds	4¾ yds	7 yds
80	2½ yds	5 yds	7¼ yds
84	2½ yds	5 yds	7½ yds
88	2¾ yds	5¼ yds	8 yds
92	2¾ yds	5½ yds	8¼ yds
96	3 yds	5¾ yds	8½ yds
100	3 yds	6 yds	9 yds
104	3¼ yds	6¼ yds	9¼ yds
108	3¼ yds	6½ yds	9½ yds
112	3½ yds	6¾ yds	10 yds
116	3½ yds	7 yds	10¼ yds
120	3½ yds	7 yds	10½ yds

CÁLCULO DE METROS (p. 57)

Tamaño del forro = (**ancho de la cubierta del quilt** + 15,2 cm) por (**largo de la cubierta del quilt** + 15,2 cm)

Número de piezas de forro = **ancho del forro** ÷ (AT – 1,3 cm), redondeado hacia arriba al número entero más cercano.

Metros de forro = (**largo del forro** x **número de piezas de forro**) ÷ 100 cm, redondeado hacia arriba al múltiplo de 0,25 m más cercano.

	ANCHO DE LA CUBIERTA DEL QUILT en cm		
QUILT TOP LENGTH (cm)	< 91 1 pieza de forro	92–195 2 piezas de forro	196–299 3 piezas de forro
51	0,75 m	1,5 m	2 m
61	1 m	1,75 m	2,5 m
71	1 m	1,75 m	2,75 m
81	1 m	2 m	3 m
91	1,25 m	2,25 m	3,25 m
102	1,25 m	2,5 m	3,75 m
112	1,5 m	2,75 m	4 m
122	1,5 m	2,75 m	4,25 m
132	1,5 m	3 m	4,5 m
142	1,75 m	3,25 m	4,75 m
152	1,75 m	3,5 m	5,25 m
163	2 m	3,75 m	5,5 m
173	2 m	4 m	5,75 m
183	2 m	4 m	6 m
193	2,25 m	4,25 m	6,25 m
203	2,25 m	4,5 m	6,75 m
213	2,5 m	4,75 m	7 m
224	2,5 m	5 m	7,25 m
234	2,5 m	5 m	7,5 m
244	2,75 m	5,25 m	8 m
254	2,75 m	5,5 m	8,25 m
264	3 m	5,75 m	8,5 m
274	3 m	6 m	8,75 m
284	3 m	6 m	9 m
295	3,25 m	6,25 m	9,5 m
305	3,25 m	6,5 m	9,75 m

AT: se supone que es 106,7 cm (42 in).
Sobrante: todas las cantidades de metros o yardas incluyen 7,6 cm (3 in) de más y se redondean hacia arriba al cuarto de la unidad de medida más cercano.
1 pieza de forro: suficiente para cubiertas de hasta 91 cm (36 in) de ancho. **2 piezas de forro:** suficientes para cubiertas de 92–155 cm (37–77 in) de ancho, con una costura vertical. **3 piezas de forro:** suficientes para cubiertas de 196–299 cm (78–118 in) de ancho, con dos costuras verticales. **Margen de costura:** 12,7 mm (½ in).

TELA NECESARIA PARA RIBETEAR

Utiliza estas tablas para determinar la cantidad de yardas o metros necesaria para hacer un ribete al hilo o al bies de 6,4 cm (2½ in) [p. 58].

RIBETE AL HILO (p. 174)				
FORMULA	**Longitud del ribete = perímetro del quilt** + 38,1 cm (15 in) **Número de tiras AT = longitud del ribete** ÷ AT, redondeado hacia arriba al número entero más cercano. **Tela necesaria = número de tiras AT** x **ancho del ribete**			
Perímetro del quilt en cm (in)	**Longitud del ribete (cm [in])**	**Número de tiras AT**	**Tela necesaria (cm [in])**	**Metros (yardas) necesarios***
0–69 (0–27)	0–107 (0–42)	1	6,4 (2½)	0,25 m (¼ yd)
69–175 (27–69)	107–213 (42–84)	2	12,8 (5)	0,25 m (¼ yd)
175–282 (69–111)	213–320 (84–126)	3	19,2 (7½)	0,25 m (¼ yd)
282–389 (111–153)	320–427 (126–168)	4	25,6 (10)	0,25 m (⅓ yd)
389–496 (153–195)	427–533 (168–210)	5	32 (12½)	0,33 m (½ yd)
496–602 (195–237)	533–640 (210–252)	6	38,4 (15)	0,50 m (½ yd)
602–709 (237–279)	640–747 (252–294)	7	44,8 (17)	0,50 m (½ yd)
709–816 (279–321)	747–854 (294–336)	8	51,2 (20)	0,67 m (⅔ yd)
816–922 (321–363)	854–960 (336–378)	9	57,6 (22)	0,67 m (⅔ yd)
922–1029 (363–405)	960–1067 (378–420)	10	64 (25)	0,67 m (¾ yd)
1029–1136 (405–447)	1067–1173 (420–462)	11	70,4 (27)	0,75 m (1 yd)
1136–1243 (447–489)	1173–1280 (462–504)	12	76,8 (30)	1 m (1 yd)

* Los metros y las yardas necesarios se redondean por arriba al cuarto de la unidad de medida más cercano.
Ancho del ribete: Se asume que es de 6,4 cm (2½ in).
AT: se supone que es 106,7 cm (42 in).
Perímetro del quilt: largo total sumado de todos los lados.
Número de tiras AT: número de tiras AT que se deben cortar y unir.

LONGITUD DE UN RIBETE AL BIES CORTADO DE UN CUADRADO (p. 175)			
Corta 1 cuadrado (cm [in])	**Metros (yardas) necesarios***	**N.º de líneas trazadas cada 6,4 cm (2½ in)**	**Longitud aprox. del ribete al bies en cm (in)**
20,3 × 20,3 (8 × 8)	0,25 m (¼ yd)	2	58 (23)
25,4 × 25,4 (10 × 10)	0,33 m (⅓ yd)	2	73 (29)
30,5 × 30,5 (12 × 12)	0,33 m (⅓ yd)	3	127 (50)
35,6 × 35,6 (14 × 14)	0,5 m (½ yd)	3	150 (59)
40,6 × 40,6 (16 × 16)	0,5 m (½ yd)	4	226 (89)
45,7 × 45,7 (18 × 18)	0,5 m (½ yd)	5	318 (125)
50,8 × 50,8 (20 × 20)	0,67 m (⅔ yd)	5	353 (139)
55,9 × 55,9 (22 × 22)	0,67 m (⅔ yd)	6	465 (183)
61 × 61 (24 × 24)	0,67 m (⅔ yd)	6	508 (200)
66 × 66 (26 × 26)	0,75 m (¾ yd)	7	643 (253)
71,1 × 71,1 (28 × 28)	0,75 m (1 yd)	7	694 (273)
76,2 × 76,2 (30 × 30)	1 m (1 yd)	8	848 (334)
81,3 × 81,3 (32 × 32)	1 m (1 yd)	8	904 (356)
86,4 × 86,4 (34 × 34)	1 m (1 yd)	9	1082 (426)
91,4 × 91,4 (36 × 36)	1 m (1 yd)	10	1272 (501)

* Los metros y yardas necesarios se redondean por arriba al cuarto de la unidad de medida correspondiente más cercano.
Ancho del ribete: se supone que es 6,4 cm (2½ in).
Cuadrado: el tamaño indicado es el del cuadrado antes de cortar y ensamblar.

Glosario

acolchado a mano Técnica que requiere coser atravesando todas las capas del sándwich de un quilt a mano con aguja e hilo.

acolchar Coser atravesando todas las capas del sándwich de quilt para unirlas.

almidón Producto líquido utilizado para estabilizar las telas antes de cortarlas o después de ensamblar la cubierta del quilt.

ancho de la tela (AT) Medida de la tela de orillo a orillo; en las telas para quilts suele ser 106,7 cm.

ángulo agudo Ángulo estrecho, que mide menos de 90°.

ángulo irregular En este libro, cualquier ángulo que no mida 45°.

aplicación con dobladillo Técnica de aplicación en la que los cantos de la tela se doblan hacia dentro para crear un borde acabado.

aplicación Técnica consistente en añadir una pieza cosiéndola sobre una tela de fondo, y también, pieza añadida de este modo.

asentar una costura Planchar una costura antes de abrir la unidad para que quede más plana.

basta Punto de costura similar a una bastilla con puntadas largas.

bastilla Punto de costura a mano que se hace pasando el hilo a través de dos piezas de tela dejando un pequeño espacio entre puntadas.

bies Dirección de la tela en diagonal respecto al hilo o los orillos.

blender Tela con motivos sutiles o de pequeña escala diseñada para que parezca casi como si fuera de un color liso.

bloque Parte de un quilt hecha uniendo piezas o unidades de tela de modo que formen un diseño específico.

bordes Piezas de tela alargadas que se cosen a los lados de la cubierta para enmarcar el diseño o aumentar el tamaño del quilt.

canto Borde cortado, sin rematar o acabar, de una tela o un relleno.

casar motivos Alinear los dibujos de dos piezas de una misma tela estampada antes de unirlas para que no se note que han sido cosidas.

combinación cromática Manera en que los colores se relacionan en la rueda de color.

contrahílo Dirección de la trama de un tejido, perpendicular a los orillos.

costura de refuerzo Línea de puntadas hechas a 3,2 mm del perímetro de un bloque o una cubierta de quilt para asegurar costuras y bordes al bies.

costura en Y Tipo de costura formada allí donde se juntan tres piezas en su solo punto.

costuras anidadas Costuras planchadas en direcciones alternas de modo que queden unas sobre otras.

costuras en espiral Costuras planchadas en sentido circular para anidarlas y distribuir el bulto uniformemente.

cuadrado inscrito Unidad de cuadrado en un cuadrado formada por un cuadrado central en punta rodeado por cuatro triángulos complementarios.

cuadrados de intersección Piezas o unidades cuadradas cosidas entre las tiras de enmarcado.

cubierta Capa superior de un quilt, que constituye el punto focal, donde se encuentra el diseño de piezas unidas.

cúter rotatorio Utensilio de corte con una cuchilla circular para cortar las telas con precisión, utilizada con una alfombrilla de corte y una regla.

degradado Cambio progresivo de color o de tono más claro a más oscuro, o viceversa.

derecho (D) Cara de la tela u otro elemento destinada a quedar a la vista; DD significa derecho con derecho, es decir, con las caras del derecho juntas.

desfasar ángulos Desalinear de manera intencionada los bordes de las piezas a fin de que queden correctamente alineados una vez cosidos.

dientes de arrastre Dientes de metal que sujetan la tela por debajo y la trasladan por la máquina de coser.

direccionalidad Orientación de los motivos de las telas estampadas. El estampado puede ser unidireccional (en una sola dirección), bidireccional (en dos direcciones) y multidireccional (en varias direcciones).

dobladillo Borde de una tela acabado doblándolo hacia dentro y cosiéndolo para evitar que se deshilache.

en punta Manera de coser piezas o bloques colocándolos en diagonal.

engomado Método usado a menudo en el MSP para fijar la tela a otro material utilizando pegamento.

enmarcado *(sashing)* Técnica que consiste en insertar tiras de tela en torno a los bloques para crear una especie de marco.

escala En una tela estampada, tamaño de los motivos.

escuadrar Recortar una tela, una unidad, un bloque o la cubierta de un quilt para obtener bordes rectos y esquinas en un ángulo de 90°.

esquinas a inglete Técnica usada al coser un ribete para formar ángulos de 45° en las esquinas del quilt.

estampado de bajo volumen Estampado con motivos muy pequeños sobre un fondo claro o neutro.

***fat eighth* (FE)** Pieza de tela de octavo de yarda, que mide 22,9 × 53,3 cm (9 × 21 in) y se vende precortada.

***fat quarter* (FQ)** Pieza de tela de cuarto de yarda, que mide 45,7 × 53,3 cm (18 × 21 in) y se vende precortada.

forro Capa de tela que constituye la cara posterior, o inferior, de un quilt.

forro de tipo sobre Forro confeccionado con dos piezas que se solapan, usado a menudo para fundas de cojín.

gansos volando (GV) Unidad rectangular compuesta por un triángulo grande y dos más pequeños, dos veces más ancha que larga.

gasa de algodón Fina capa de estabilizador añadida al relleno o guata.

guías y finales Pequeños retales utilizados para evitar que la tela se frunza al empezar o al acabar de coser a máquina, también llamados arañas por el aspecto que les dan los hilos que quedan colgando.

hilo Dirección de la urdimbre de un tejido, paralela a los orillos.

hilván Punto de costura similar a una bastilla con puntadas largas con el que se fija provisionalmente una tela a otra u otro material y que se retira tras la costura definitiva.

hilvanar o embastar Método para fijar provisionalmente una tela a otra o a otro material cosiéndola con un hilván.

largo de puntada Longitud de cada puntada de una costura.

línea de referencia Pequeña marca utilizada como ayuda para alinear.

margen de costura Espacio entre la costura y el canto de la tela; en el acolchado suele medir 6,4 mm.

medallón Diseño de patchwork formado por una secuencia de piezas en torno a una pieza central.

montaje Cosido de las piezas de tela.

montaje en cadena Técnica utilizada para coser a máquina las piezas de patchwork a pares sin cortar el hilo que las une.

montaje libre Técnica de montaje sin ceñirse a un patrón o unas medidas predeterminadas, en la que priman la experimentación y la creatividad.

montaje sobre papel a la inglesa (MSP) Técnica de costura a mano en la que la tela se hilvana alrededor de piezas de papel, que después se retiran, para crear diseños geométricos complejos.

montaje sobre una base de papel (MBP) Técnica de ensamblaje de las piezas de patchwork a máquina cosiendo la tela sobre una base de papel impreso, que luego se retira, para crear diseños complejos.

no direccional Se dice de la tela que puede orientarse en cualquier dirección sin que por ello cambie el diseño general.

nudo de *quilter* Nudo multifunción utilizado para afianzar el hilo antes de empezar a coser a mano.

nudo de rizo Nudo hecho con dos hilos para ocultar los cabos sueltos del acolchado a máquina.

nudo simple Nudo hecho formando un círculo con el hilo y pasando por él el extremo de la hebra.

orillo Cada uno de los bordes de la tela, paralelos a los hilos de la urdimbre, acabados en fábrica.

patchwork Técnica consistente en coser retales formando un dibujo geométrico simple.

pieza Cada uno de los segmentos de tela que se cosen para crear una unidad, un bloque o una cubierta de quilt.

pieza de papel Pieza reutilizable de papel recortado utilizada para estabilizar y dar forma a la tela durante el MSP.

planchar una costura abierta Aplanar los márgenes de una costura terminada uno hacia cada lado.

plantilla Pieza de papel o de plástico de una forma determinada utilizada para cortar piezas de tela de la misma forma.

plegadera Utensilio de plástico o madera para marcar líneas de doblez temporales en la tela.

precortados Piezas de tela cortadas en tamaños estándar por el fabricante o una tienda de tejidos que suelen venderse en lotes surtidos.

prensatelas Accesorio intercambiable de la máquina de coser que mantiene la tela plana sobre los dientes de arrastre.

puntada atrás Puntada que se da hacia atrás por encima de puntadas anteriores para afianzarlas o rematar una costura.

punto de acolchado Punto de costura a mano que se hace introduciendo y sacando la aguja de arriba abajo varias veces seguidas para hacer varias puntadas de una vez.

punto deslizado Punto de costura a mano utilizado para unir dos bordes rectos.

quilt Colcha, manta o cualquier otro artículo acolchado compuesto por tres capas de material unidas por costuras y ribeteadas.

recorte de motivos *(fussy cutting)* Técnica consistente en recortar cuidadosamente motivos seleccionados de una tela estampada para utilizarlos como piezas de patchwork.

relleno Capa que se coloca entre la cubierta y el forro del quilt y hace que este sea mullido.

repetición del motivo Distancia entre dos secciones idénticas del diseño de una tela estampada.

revés (R) Cara de la tela u otro elemento que no queda a la vista; RR significa revés con revés, es decir, con las caras del revés juntas.

ribete Tira de tela cortada al bies o al hilo que se cose en torno al perímetro del quilt para acabar los cantos.

sándwich de quilt Conjunto de las tres capas del quilt (cubierta, relleno y forro), superpuestas RR.

stitch and flip Técnica consistente en coser una pieza cuadrada en la esquina de una pieza más grande, recortar la tela sobrante y plancharla vuelta sobre sí misma para rellenar la esquina.

tamaño sin terminar Medidas de una pieza, una unidad o el quilt antes de coser los bordes externos.

tamaño terminado Medidas finales de una pieza, una unidad o el quilt. después de coser los bordes externos.

tensión En una máquina de coser, equilibrio entre el hilo superior (el que viene del carrete) y el inferior (el de la canilla).

tiras de enmarcado Piezas de tela alargadas que separan elementos de un bloque o una cubierta de quilt.

triángulo complementario Triángulo utilizado para llenar espacios vacíos de los bordes externos de una pieza o de una cubierta de quilt orientada en punta.

triángulo de cuarto de cuadrado (TCC) Cada uno de los cuatro triángulos equiláteros encontrados en el centro que forman una unidad cuadrada.

triángulo de medio cuadrado (TMC) Cada uno de los dos triángulos rectángulos que componen una unidad cuadrada.

triángulo de medio rectángulo (TMR) Cada uno de los dos triángulos alargados que componen una unidad rectangular.

triángulo en un cuadrado Unidad cuadrada formada por un triángulo central con un triángulo complementario a cada lado.

triángulo equilátero Triángulo con todos los lados iguales y ángulos de 60°; se mide por su altura.

unidad Pieza compuesta por piezas más pequeñas cosidas.

vértice Punto en el que se unen dos bordes inclinados.

vista Pieza que se añade a los bordes del quilt en vez del ribete con la que se obtiene el efecto de un acabado sin marco.

Índice

D

M

AGRADECIMIENTOS

AGRADECIMIENTOS DE LAS AUTORAS Este libro no habría sido posible sin la una o la otra: tal vez no fuéramos conscientes de la magnitud del proyecto que íbamos a emprender, pero sabíamos que juntas lo lograríamos. Contamos la una con la otra, nos impulsamos para crecer y nos turnamos a la hora de capear los altibajos. Tener una coautora con la que competir, a la que animar y con la que celebrar ha sido un regalo increíble. Al final nos lo decíamos cada día: no habríamos podido hacerlo solas.

A nuestras familias, Mitch, Jackson y JD, gracias por vuestros ánimos infinitos y apoyo inquebrantable, y por mantenernos cafeinadas y alimentadas. No habríamos escrito este libro sin vosotros a nuestro lado. ¡Os queremos!

Gracias a Bailey por tu preciso montaje y acolchado de *Cabina en cascada*, y a Stephanie y Aimee por el acolchado de *Flores de papel*, *Prímula de Texas* y *Jardín florido*. A Amy, Anna, Alex, Ashelyn y Vickeidy, cuyo entusiasmo y rapidez al comprobar las tablas han sido invaluables, y a los grupos de chat (vosotros ya sabéis quienes sois) por guardar nuestros secretos, deshacer empates en el último minuto y animarnos en cada etapa del camino.

Estamos muy agradecidas a Windham Fabrics, Ruby Star Society, Creative Grids, Hobbs Bonded Fibers y Grace Company por suministrarnos telas, materiales e imágenes. Gracias a Jessie y Annie de Moda Fabrics por los esenciales envíos de tela del almacén a última hora, y en especial a Taz de Camberville Threads: literalmente, no habríamos cumplido los plazos sin tu ayuda y rapidez de entrega.

No podemos dejar de mencionar a nuestras mascotas por su constante compañía a primera hora de la mañana y última de la noche, incluso cuando nuestra atención estaba más centrada en escribir y coser que en rascar barriguitas y jugar; a nuestra cafetería local, por acoger sin saberlo incontables sesiones de lluvia de ideas, y a nuestras fieles máquinas de coser por llegar renqueando hasta la meta con nosotras, sin abandonar ni siquiera cuando pensábamos que tendríamos que hacerlo.

Finalmente, gracias al equipo de DK: a Amy por darnos la oportunidad de escribir este libro; a Emma, Tom y Glenda, cuyas bellas fotografías, diseño y atención a los detalles hicieron realidad nuestra visión, y a Kathy por su paciencia con nuestros inacabables cambios y reescrituras. Muchas gracias a todos.

AGRADECIMIENTOS DE LA EDITORIAL: DK desea agradecer su colaboración a Alexandra Muir como asesora técnica de fotografía; a Noor Ali como modelo de manos; a Katie Hardwicke y Athena Stacey por la revisión de pruebas; a Vanessa Bird por el índice y a Kate Reeves-Brown por la revisión de los textos.

La editorial agradece el suministro de materiales e imágenes que aparecen en este libro a:

Windham Fabrics
Telas Ruby and Bee Solids diseñadas por Heather Ross y Annabel Wrigley para Windham Fabrics
windhamfabrics.com

Ruby Star Society
Telas diseñadas por Melody Miller, Alexia Marcelle Abegg, Rashida Coleman Hale, Kimberly Kight y Sarah Watts
rubystarsociety.com

Creative Grids®
Fabricantes de reglas antideslizantes cuadriculadas.
creativegridsusa.com
creativegrids.com

Hobbs Bonded Fibers
Fabricantes de la guata de alta calidad Hobbs y productos para labores desde 1978
hobbsbatting.com/products

Grace Company
graceframe.com

Janome
janome.com

DK LONDON
Responsable de adquisiciones Amy Slack
Diseño Glenda Fisher
Coordinación de producción Tony Phipps
Control de producción Luca Bazzoli
Coordinación de cubiertas y material de ventas
Emily Cannings
Dirección de arte Maxine Pedliham
Dirección de publicaciones Stephanie Jackson

DK DELHI
Edición de arte Devina Pagay y Rajoshi Chakraborty
Coordinación de arte Ira Sharma
Edición de proyecto Ankita Gupta
Dirección de arte Neha Ahuja Chowdhry
Dirección editorial Saloni Singh
Diseño de preproducción Manish Upreti
Coordinación de preproducción Pushpak Tyagi
Dirección de preproducción Balwant Singh
Coordinación de imágenes de preproducción Jagtar Singh
Dirección de imágenes de preproducción Pankaj Sharma
Dirección creativa Malavika Talukder

Diseño Emma Forge y Tom Forge
Edición Kathy Steer
Fotografía Ruth Jenkinson
Diseño de cubierta Eleanor Ridsdale
Ilustración Christina West y Kacey Crutchfield

DE LA EDICIÓN EN ESPAÑOL
Servicios editoriales deleatur, s.l.
Traducción María Ángeles Martínez de Marigorta
Diseño de cubierta Sara García Pérez
Coordinación de proyecto Cristina Sánchez Bustamante
Dirección editorial Elsa Vicente

Publicado originalmente en Gran Bretaña
en 2025 por Dorling Kindersley Limited
20 Vauxhall Bridge Road, London SW1V 2SA

Parte de Penguin Random House

003-345506-Feb/2026

Título original: *The Quilting Book*
Primera edición 2026

Copyright © 2025 Dorling Kindersley Limited

© Traducción en español 2026 Dorling Kindersley Limited

Copyright © de los textos y las ilustraciones:
Christina West y Kacey Crutchfield 2025

Todos los derechos reservados. Queda prohibida, salvo excepción prevista en la Ley, cualquier forma de reproducción, distribución, comunicación pública y transformación de esta obra sin contar con la autorización de los titulares de la propiedad intelectual.

DK valora y apoya los derechos de autor. Los derechos de autor fomentan la creatividad, animan a la expresión de voces diversas, promueven la libertad de expresión y crean una cultura dinámica Gracias por adquirir una edición autorizada de este libro y por respetar las leyes de propiedad intelectual al no reproducir, escanear ni distribuir ninguna parte del mismo por ningún medio sin autorización. De esta forma apoyas a los autores y haces que DK pueda continuar creando libros que informan e inspiran a los lectores.

ISBN 979-8-2171-3832-6

Impreso y encuadernado en China

www.dkespañol.com

Este libro se ha impreso con papel certificado por el Forest Stewardship Council™ como parte del compromiso de DK por un futuro sostenible. Para más información, visita **www.dk.com/uk/information/sustainability**

SOBRE LAS AUTORAS

CHRISTINA WEST es la fundadora y diseñadora de Kindred Quilt Co., una empresa en línea de patrones de quilts modernos. Lo que empezó con el objetivo de confeccionar ropa de cama personalizada para la habitación de bebé de su hijo desembocó en una pasión por el acolchado y el diseño de quilts a tiempo completo. *Quilts* es su estreno como escritora.

Durante los últimos once años ha perfeccionado sus conocimientos sobre el acolchado y trabajado para numerosos diseñadores, revistas y otras publicaciones como probadora de patrones de quilts. En 2020 se aventuró a publicar sus propios patrones hasta crear su empresa actual. Célebre por su vibrante colorido y sus modernos diseños geométricos, acusa la profunda influencia de los recuerdos de su infancia en los fantásticos paisajes de Texas central donde se crio.

Además de diseñar, ha colaborado con empresas textiles supervisando sus propios juegos de *fat quarters* y ha enseñado teoría del color y técnicas de acolchado en gremios y tiendas de quilts locales, experiencias que reflejan su dedicación a la enseñanza y al fomento de la creatividad en la comunidad de creadores de quilts. Cuando no está confeccionando un quilt, se dedica a compartir sus últimas creaciones, consejos e ideas con sus seguidores en las redes sociales, entrenar a jóvenes beisbolistas y pasar el tiempo en compañía de su marido, su hijo y tres mascotas en el área de North Texas.

www.kindredquiltco.com
www.kindredquiltco.etsy.com

KACEY CRUTCHFIELD es editora técnica de Kacey Crutchfield Consulting, donde colabora con diseñadores de quilts para poner a punto los patrones para su publicación, asegurando la claridad, coherencia y accesibilidad. Antigua profesora de inglés y académica en el campo de la psicopedagogía y la educación de personas de altas capacidades, ha publicado en revistas académicas y libros de texto, y *Quilts* es su primera incursión en el arte del acolchado.

Aprendió a coser siendo muy niña en el cuarto de costura de su abuela y su bisabuela, y se formó por su cuenta en el acolchado tras verse afectada de estrés laboral. Rápidamente se lanzó a aplicar su experiencia en la enseñanza a la prueba de patrones de quilts y pasó a la edición técnica animada por sus amigos y clientes. Desde entonces ha editado cientos de patrones de quilts, incluido el texto y patrones para otros libros sobre acolchado, y es conocida por su atención a los detalles. Su especialidad es trabajar con nuevos diseñadores de patrones, ofreciéndoles un valioso modelo accesible.

Cuando se lo permiten la edición y la elaboración de quilts, comenta sus proyectos de acolchado en las redes sociales, lee o pasa el tiempo con su marido y su perrito en el área de North Texas.

www.kaceycrutchfield.com